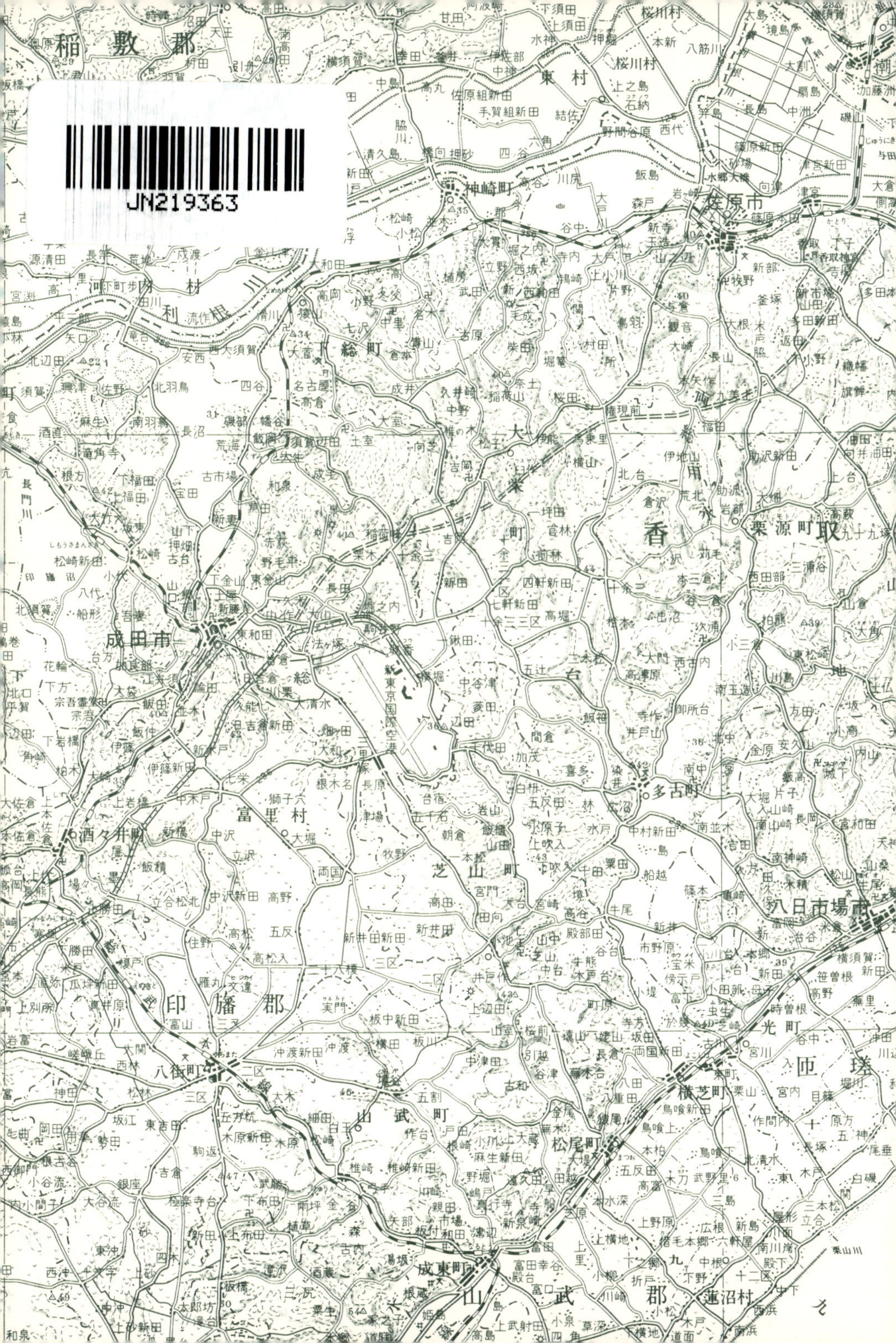

JN219363
稲敷郡
東村
桜川村
佐原市
神崎町
下総町
大栄町
香取郡
栗源町
成田市
多古町
新東京国際空港
富里村
芝山町
酒々井町
八日市場市
印旛郡
八街町
横芝町
光町
匝瑳
山武町
松尾町
成東町
蓮沼村
山武郡
利根川

大原幽学とその周辺

木村礎編

日本史研究叢書

目　次

第三編 村社会の変質

表目次

第四編二

第四編三

第四編四

図目次

写真目次

例　言

本書『大原幽学とその周辺』は、一九七一年より一九八〇年に至る共同研究の成果をまとめたものである。共同研究参加者氏名は「あとがき」に記した。

本書執筆者並びに執筆分担は次の通りである(執筆順)。

木村　礎＝例言、序章、第一編一、同四、同五、同七の1(松沢和彦と共同執筆)、同七の3、同八、第四編三、同四、終章、各編の導入部分、あとがき。

横山十四男・青木歳幸＝第一編二。

松沢　和彦＝第一編三、同七の1(木村礎と共同執筆)、同七の2。

渡辺　隆喜＝第一編六。

鈴木　秀幸＝第二編一、同二、第四編二。

平野　満＝第二編三。

栗原　四郎＝第二編四、第三編三。

川名　登＝第二編五。

神崎　彰利＝第三編一。
門前　博之＝第三編二。
和泉　清司＝第三編四。
藤野　泰造＝第三編五。
藤田　昭造＝第四編一。

研究に当っては、非常に多数の方々並びに機関の御厄介になった。以下に記す(敬称略)。

○干潟町(千葉県香取郡)
役場、教育委員会、中央公民館、鏑木 平山忠義、同 鏑木寿一郎、同 鏑木太郎、宿内 林好衛、万力 林修一、新発田 鵜野治男、米込 杉崎栄、清和甲 菅谷豊三、長部 遠藤良太郎、松沢 宮負克己、溝原 鈴木勝人、同 高木治太郎、関戸 鈴木利夫、万歳 井上洋一、同 寺島修一、米込区有文書、長部区有文書、松沢区有文書、桜井区有文書、中央小学校、東小学校、東公民館。

○山田町(千葉県香取郡)
教育委員会、宇井隆、石毛保英、布施克己、林剛。

○小見川町(千葉県香取郡)
成毛慶之助(西之宮文具店)、小川喜兵衛、増田家淳。

○東庄町(千葉県香取郡)
教有委員会、町史編纂室、上代克己、佐藤邦寿、野口政司。

○旭　市(千葉県)

市史編纂室、林孝一、伊藤実。
○八日市場市（千葉県）
　椎名琁明。
○松尾町（千葉県山武郡）
　菅正身。
○飯岡町（千葉県海上郡）
　教育委員会。
○成田市（千葉県）
　神崎俊夫、糸川平、吉岡慎平、大野政治、市図書館。
○習志野市（千葉県）
　蛭田玄美。
○上田市（長野県）
　保刈定美。
○小諸市（長野県）
　小山宥一、中村清兵衛。
○軽井沢町（長野県北佐久郡）
　岡部忠英。
○名古屋市（愛知県）

名古屋郷土文化会　唐松健夫。

○石部町（滋賀県甲賀郡）

服部絢夫、教育委員会。

○伊吹町（滋賀県坂田郡）

戸並阿仙。

○東　京

国立公文書館、東京大学明治新聞雑誌文庫、小山源吾、島田次郎。

○藤沢市（神奈川県）

青山孝慈。

以上は、主要な方々並びに機関のみであって、右以外にもご厄介をおかけした方々は多い。深く感謝する。

本書は、さきに刊行した『封建村落』（一九五八年）、『新田村落』（一九六〇年）、『譜代藩政の展開と明治維新』（一九六三年）、『耕地と集落の歴史』（一九六九年）、『譜代藩の研究』（一九七二年）、『村落・報徳・地主制』（一九七六年）に引き続く、共同研究の成果をまとめたものである。

大原幽学とその周辺

序章　展　望

大原幽学とその周辺をめぐる諸問題は、幕末～近代初期の日本の歴史を、基底部から照射している。そこには「近代化」へひた走る開明的指導者の姿や、一揆する民衆の姿はない。あるものは、日常生活の安定を求めて懸命に働く庶民の姿のみである。彼らもまた、精神的拠りどころを求め、「思想」を欲した、ということが重大である。彼らはいわば社会経済史的存在であると共に、思想史的存在でもあった。

本書『大原幽学とその周辺』は、激動の時代における、模索する庶民像を描くことを意図したものであって、それを通して、幕末～近代初期における日本社会の基底部を、社会経済史的かつ民衆思想史的に考察するための一助にしたいと思う。

本書の主対象地域は「東総」である。これは下総東部を意味し、具体的には、西は千葉県成田、東は同銚子、南は九十九里浜、北は利根川の間をさす。これは当時の郡名では、下総国香取郡を中心とし、印旛・埴生（はぶ）・武射（むさ）（上総）・匝瑳（そうさ）・海上の諸郡にあたる。幽学生前並びに没後、門人の居住地は、圧倒的にこの「東総」だった（信州上田・

小諸にも若干）。

特に中心となっているのは、現千葉県香取郡干潟町とその周辺（山田町・東庄町・小見川町・旭市、やや西へ飛んで成田市北部）である。干潟町とそれに隣接する山田町・東庄町については「干潟地域」の合称を用いることがある。また、現干潟町域だけを「干潟地域」としている場合も多い。現干潟町内の旧村（江戸時代の村）は西から・鏑木・秋田・万力・南堀之内・米込・長部・松沢・諸徳寺（現、清和甲）・入野・溝原・関戸・桜井・万歳の一三カ村である。干潟町の称は、その南半分がいわゆる椿新田にあることからきている。広大な椿湖の水が九十九里へ落され、そのことによって、湖の干拓に成功し、ここに〃干潟八万石〃といわれる広大な新田が展開するようになったのは、寛文～元禄期のことである。

大原幽学の居宅は、長部村八石の地にある。干潟町の旧村のうち、秋田・万力・米込・入野の諸村は椿新田の中にある。他の大部分は、新田に北接する下総台地に集落を設定し、耕地は台地と新田の双方に持つのが普通である。しかし、若干の村は台地の奥に入り込んでおり、椿新田との関係を持たない。長部村はその一つである。谷田を望む長部村の台地の上に、門人の尽力によって幽学の居宅が設けられたのは天保十三年だが、現在も残っている居宅は天保十四年建造のものらしい。その居宅は長部村の八石にある。幽学の高弟（二代目教主）遠藤良左衛門はこの八石の農民であり、長部村の名主だった。遠藤家の居宅は八石の谷田に面して建っており、幽学の居宅はその裏山に設けられた。この地には、現在、幽学居宅の他に幽学記念館がある。改心楼跡もここにある。

東京から長部村八石の地へ赴くには、総武本線旭駅下車、小見川行きのバスに乗り北行すればよい。ややあって、バスは広大な椿新田の中心部に入る。そこからは下総台地が真正面に見える。新田を抜けて、台地の下に至ると、そこが、中和のバス停留所である。そこで降りてさらに北へ道をとり、平地から台地へと緩やかに上り、それを越えてまた道なりに下ると、やがて八石の谷田や遠藤氏宅が見えてくる。やや高みには小さな白い記念館も見える。ここが晩年の幽学が活躍した本拠地である。

干潟町を含む東総地域の大半は、一見昔と変らぬ農業地帯である。現在その農業生産力はずいぶん上昇しているが、幽学が活動していた時代の東総の生産力は一般に低かった。下総台地の村々の中心耕地は谷田である。谷田の生産性は安定的だが低い。南の椿新田は、台地から離れる度合に応じて水が溜りやすく生産性が低かった。さしたる商業作物もなく、米が自給用・年貢用・販売用の三者を兼ねていた。しかし、北には利根川があり、銚子や佐原が河岸として栄えていた。これ以外にも多数の河岸があった。南は九十九里の漁場である。江戸からの往来は繁く、道は河岸や漁場に向けて走っていた。つまり生産性の低い地域であるにもかかわらず、江戸や河岸の影響を強く受けた地域なのである。

1 研究史の概観

大原幽学研究史は二宮尊徳研究史ほど長大ではないが、それでも、若干の有益な蓄積がある。それらの細部に触れていては、幾ら紙数があっても足りないから、以下では幽学研究史の特質を中心にごく簡単に記す(周辺に関する諸問題についての研究史的叙述は、それぞれの編章において各様の形で展開されている)。また、幽学のような人物については、彼に惚れ込んだ人々が感想風の文章(長短にかかわらず)を書いている場合が少なからずある。これらの感想文は、旧来の研究に依拠しつつ、好きな風に味つけしたものに過ぎず、研究としては殆ど意味がないから省略する。幽学については、史料的研究が十分になされないまま、感懐の吐露が強くなされてきたという傾向が強い。

幽学は、安政五年三月八日未明、切腹自殺をした。彼の没後、その「性学」(「性理学」ともいう)は、遠藤良左衛門(亮規＝文化八〜明治六年)という人物を「教主」として継承された。遠藤は長部村の名主であった。遠藤没後、石毛源五郎(天保三〜大正四年)という人物が三代目「教主」となった。石毛は香取郡府馬村の人である。府馬は長部の東北約三キロにある。この石毛時代、性学内部に対立抗争が起り、明治三十九年一月、石毛は追放された。性学はやがて「八石性理学会」(財団法人)として再建され、現在に至っている。「八石」とは、長部村の中の字であって、そこに遠藤家の居宅があり、幽学以来の諸施設は遠藤家の裏山にあった(一部現存)。

つまり、大原幽学にはじまる性学は、幽学没後も東総を中心として継承されており、したがって、この地方の一部の人々の間では、幽学の名はよく知られていた。しかし、その名が全国的に広まり出したのはずっと遅く、明治末期における地方改良運動の時期からである。日露戦後における国内体制の引締め、再編の方途として戊申詔書(一九〇八年)が発布され、内務官僚を中心に、地方改良運動が全国的に展開されるに至ったことは、最近ではよく知られている。地方改良運動における大きな精神的支柱として取り上げられたのが、二宮尊徳の報徳であることもまたよく知られている。報徳は二宮尊徳(天明七〜安政三)没後、さまざまに屈折しつつも、発展の勢いを見せ、明治末年には、静岡県掛川の岡田良一郎を中心とする「遠江国報徳社」(これが一九一一年に「大日本報徳社」と改称。一九二四年に全国組織としての「大日本報徳社」成立)をはじめ、各地の報徳社が活動していた。したがって、地方改良運動の展開期には、尊徳の名は既に広く知られていた。

これに対し、明治末期の性学は局地的存在であって、大原幽学の名を知る人は東総等の狭い地域を除いて殆どいなかったようである。このような幽学を世に出すのに功があったのは田尻稲次郎(一九一六年東京市長。経済学者、学士院会員、貴族院勅選議員)である。「子爵法学博士田尻稲次郎校閲并序　高木千次郎著述」の『大原幽学事績』という百頁に満たない小冊子が刊行されたのは一九〇七年（再版は一九一〇年、以下の引用は再版本による）である。これを「著述」した高木千次郎は、当時東京小石川区大塚辻町に住んでいたが、元来は長部の人である。この小冊子の発行者は「八石性理学会」、印刷者は小見川（長部の九キロほど北の町、かつての小城下町、利根川河岸）の「成毛茂兵衛」である。小見川成毛氏は「西之宮」として知られ、幽学以来の性学門人の家である。

高木は田尻を知っており、何らかの機会に幽学の事績を記した原稿を田尻に渡した。田尻はこれを見て、はじめて幽学を知り、並々ならぬ関心を持ち、高木に印刷をすすめた。田尻は『大原幽学事績』の「序」を書いた。そこには「今哉我国大戦ノ後ヲ享ケ版図拡張国富ノ涵養極メテ急ナリ、而シテ国富ノ発達ハ農業ニ負フ者尚ホ少シトセス、此時ニ当リ高木氏ノ此著アル、幽学在天ノ霊夫レ或ハ之ヲ導クモノニ非サラン乎」とある。右における「大戦」とは日露戦争のことである。田尻は戦後経営の一環、地方改良運動の一支柱として大原幽学を見たのである。この『大原幽学事績』は、幽学の生涯と仕事を簡略に述べたもので、やや雑然としているが、幽学という人物を世に紹介した最初の書として貴重なものである。

この『大原幽学事績』を飛躍的に充実させたものが、田尻稲次郎編纂『幽学全書』（一九一一年）である。これは五六六頁もの大冊であって、『大原幽学事績』の記事は『幽学全書』の中にほぼ吸収されており（片仮名を平仮名に改む）、多量の史料が新たに追加された。幽学の主著「微味幽玄考」や「ロまめ草」は、『幽学全書』においてはじめて世に紹介された。他にも若干の貴重な史料がある。しかし『幽学全書』には、例えば「道徳百話」のように明らかに幽学著ではないもの（筆者不明、多分高木千次郎だろう）が、幽学の著述と共に何の断りもなく混在している。このような混在は、幽学研究を少しでもやればすぐわかることなのだが、卒然として『幽学全書』だけを読んだのでは、区別がつかないかもしれない。総じてこの本は、史料感覚が弱い。このような弱さは、一部を除いては、その後の幽学研究にも引き継がれた。

この『幽学全書』をさらに充実させたものが、「会計検査院長従二位勲一等法学博士子爵田尻稲次郎閣下編纂　性理教会開祖大原幽学先生遺著」『道徳経済調和之大恩人農村経営上未聞之偉績　幽学全書　完』（一九一七年。以下「増補版」と略称）である。これは千頁を超す大冊で幽学関係史料を集めた前半（＝六六七頁）と、高木千次郎による伝記的研究等の後半（＝三五五頁）とに分たれている。つまり前版に比してやや整然としている。しかし「道徳百話」は依然混入している。この「再版」の大きな特徴は、幽学の書簡や日記類が不完全にではあるが収録されていることと、また幽学の言行を門人が記した「聞書集」や「義論集」、並びに門人の小伝記が「道友列伝」として入っていることである（「道友」とは幽学門人をさす用語であって、彼の没後も広く用いられた）。

以上、田尻と高木の共同作業が、『大原幽学事蹟』（一九〇七年）→『幽学全書』初版（一九一一年）→増補版（一九一七年）と持続されたことを見た。幽学への関心は、第二次桂内閣期（一九〇八年七月〜一九一一年八月）における地方改良運動の開始とほぼ符合しつつ高まったのである。

千葉県内務部編『大原幽学』（一九一一年）は、大原幽学の顕彰と地方改良運動の密接な結びつきを端的に示している。本書は「千葉県内務部」編となっているが、実は千葉中学校教諭池田淳の著作であって、池田による「自序」と帆足準三の「序」がある。帆足はその「序」の冒頭に「幽学の事蹟たるや、まさに夙に世に顕われんとして、顕われざるや久し、輓近、政府大いに力を地方の改良に用う、此においてはじめて人口に膾炙し、多く其の人物学術功績如何を知らんと欲す」（原漢文）。帆足のこの簡潔な「序」は、幽学が当時一般には知られていなかったこと、地方改良運動を契機として幽学の姿が浮び上がってきたことを示している。この「序」は、さらに一九一一年五月、新築の千葉県庁舎において地方資料展覧会が開かれ、そこに幽学の著書や遺物が出品されたことをも語っている。

また、池田淳はその「自序」に次のように書いた。「我 皇、允文允武、聖徳洪大、国家と臣民との前途に対して、いたく宸襟を悩まし給ひ、終に詔書を下して、我国利民福と世界の平和とが、一に我国運に須つあるを宣らせ、臣民の帰嚮する所を示させ給へり。之に於てか、臣民悉く恐懼感激し、一に聖詔をかしこみ、上下挙りて鋭意国運の発展に力を竭し、而して、更に地方の開発が、国運の発展に繋がること重大なるものあるを見、朝野斉しく眼を特に之に致し、苟も地方の進歩開発に資す可きものは、之を行ふて余す所なし……」。また「……其処を得しめば、其事功の如きも、豈に必しも熊沢蕃山、野中兼山、二宮尊徳等の下にあらむや。彼は実に偉大なる徳教家にしてまた傑出せる地方改良家なりき」ともした。ここには、戊申詔書、地方改良運動の展開と大原幽学研究との関係が明白に示されている。

このような傾向性にもかかわらず、池田の『大原幽学』はきわめて優れたものである。池田は幽学や門人たちの史料を広く調べたようであって、「例言」において、「大原幽学の事蹟は、目下研究の初期にありといふべし。其書簡記録伝説及門弟の日乗、その目覩耳聞せる材料の蒐集批判等につき尚開拓の余地頗大なり」としている。関係史料の厖大さを知った池田は、「されば」として「本書は彼の性行教学及び事業等につき、公正の態度を以て研究し、率直平明の筆を以て之を記述せんことをつとめたり。即ち彼の言行事業を以て彼自身を語らしめんことをつとめたり」という研究態度をとったのである。本書は、第一編「大原幽学本伝」、第二編「大原幽学の学説」、第三編「幽学の教育及風俗改善」、第四編「幽学の農村改善」より成り(全二九七頁)、きわめて整然たる体系を持っている。池田の立てた体系は、後人に大きな影響を与えたようである。池田のこの書物には、独特の批判眼が光っており、幽学を高く評価しながらも、のめり込んでいないという特徴がある。簡潔達意の文章とあいまって、現在にも十分通用し得るものである。本書は、初期研究としては不思議なほどの高いレベルに達しているものであって、そのレベルは、中井信彦『大原幽学』(一九六三年)までは超えられなかった。

以上のように、幽学研究は、明治末年に、地方改良運動との関係において開始され、それがいきなり第一のピークとなった。このことは同時に、その後の幽学研究の低調さをも示すものである。大正期に入ると、岩橋遵成がその著『大日本倫理思想発達史 下』(一九一五年)において、幽学の教学の性質について概観するようなことがあったが(岩橋はその大著—下巻、本文九六〇頁—に「独立学派」の章を設け、そこで三浦梅園、二宮尊徳、大原幽学について触れた)、概ね低調であった。昭和に入ってからは、まず、飯田伝一『大原幽学の事蹟』(一九三四年)がやや注目される。飯田は香取郡出身、当時陸軍教授だった。本書の「序」を書いたのは、西域史研究の権威、白鳥庫吉(千葉県出身)である。彼はその「序」において「翁の実践道徳、社会改善、農村振興策は、寧ろ百年後の今日に於いて適用さるべき進歩的なものである。この点に於いて、窮迫せる刻下農村問題の打開に当つて、本書は好個の参考資料であると信ずる」と書いた。当時の日本社会は、つい数年前の大不況の痛手から立ち直っていなかった。その痛手は特に農村に集中した。白鳥が「窮迫せる刻下農村問題」云々としたのには、そうした社会的背景があった。著者たる飯田には、そのような意識が自覚的にはあまりなかったようで、「本書は、単に幽学の残した事蹟の一班を、広く世に知らせたいために、其の片鱗を平易に書いた」とだけしている。しかし、この書物の客観的意味は、白鳥が鋭く指摘したように「窮迫せる刻下農村問題」とのかかわりにおいて書かれた点にある。なお、本書は、啓蒙書としてはよい出来だが、史料の博捜、その処理といった歴史書としての基本において、池田前掲書より劣っている。

飯田の書物刊行の三年後、日本は中国との全面戦争に入る(一九三七年)。さらにその三年後が〃紀元二千六百年〃と日独伊三国同盟の年である(一九四〇年)。「大東亜共栄圏」「東亜新秩序」が声高に叫ばれ、日本はやがて第二次世界大戦に突入する(一九四一年)。

この、大戦期ともいうべき時代に、幽学研究は大きな山場を迎えた。その一翼を担った人物として菅原兵治の名を逸することはできない。当時の菅原は「日本農士学校」の「検校」(校長であろう)であって、いわゆる「農本主義者」と目すべき人物である。菅原は一九三八年十月、長部(当時は香取郡中和村)の性理学会で「何故大原幽学先生を学ぶか」を講演している(「房総郷土研究」六－三、一九三九年。菅原はその後も幽学についての論稿を同誌に寄せている。同誌には、菅原以外にも幽学関係論稿が幾つか掲載されている。幽学研究は一九三〇年代後半における「房総郷土研究」の流行テーマの一たるの観がある)。菅原は彼の主著と思われる『東洋治郷の研究』(一九四〇年)の第四章を「大原幽学と中和郷」にあてた。本書は全体として農本主義的イデオロギーを濃厚に持っている。幽学についての記述も同様の基調に貫かれており、実証的研究の色彩は殆どない。ただし面白いのは、二代目「教主」遠藤良左衛門の時代に設けられた小日向教導所に関する記事であって、その施設跡を見ての異様な感じを率直に記している(後掲)。菅原は、幽学時代の性学と遠藤時代(ことにその末期)の性学との内面的な差を鋭く嗅ぎわけている。

後藤文夫『大原幽学を語る』(一九四一年)という小冊子がある。恐らく、今では誰も読むまい。後藤は岡田内閣(一九三四年七月～一九三六年二月。二・二六事件により倒壊)の内務大臣だった人物である。彼は、日本文化中央聯盟主催の第六回「時局と国民自覚」指導者講習会において、大原幽学について語り、その講演筆記をまとめたのが右の本である(他に「道徳百話」を付す)。これは「国民自覚叢書」の「第十篇」として刊行された。元内務大臣後藤文夫は、「東亜の天地から新秩序の建設に著手を」するの時期に当って、大原幽学を想起したのであった。戦時中、大原幽学はこのような担がれ方もしていたのである(後藤文夫は〝大物〟だから、その講演筆記が書物として残されたのだが、他にも似たような講演が他者によってなされた可能性は多分にある)。

高倉テル『大原幽学伝』と、前掲『大原幽学を語る』は、いずれも「昭和十六年(一九四一年)九月五日印刷、九月十日発行」である。この奇妙な一致に、私は若干の感銘を覚える。高倉は共産主義者であって、これまでの幽学研究者たちとは全く異なる立場にいる。彼が幽学の名を知ったのは一九二三年だったという(一九七一年に再刊された彼の小説『大原幽学』の「あとがき」による)。高倉は運動のかたわら、幽学について根気よく調べ、現地にも赴き、「十年ちかくもかかっ」て伝記を書いたという(同上「あとがき」)。高倉のこの書は幽学をして「世界最初の産業組合」の創立者としたことで知られている。これは、幽学が指導した「先祖株仕法」並びに、消費物資の共同購入(いずれも、第一編の六において詳述)をさしている。これらの性学仕法の内部構造を子細に点検すると、これらが「産業組合」という概念に適合しているのかどうか疑問があり、われわれは、この概念を用いていないが、高倉が「産業組合」云々と指摘することによって、性学仕法の特質の一部を世に広めた功績は認めらるべきである。

高倉テル『大原幽学伝』には幽学への尊敬と愛情がある。その語り口にも独特な情熱がある(もっとも、この種のことは、これまでの幽学研究にも共通しているし、その後も同様な傾向のものが多い。ただ、高倉の場合は、それが平易に流露しているし、合理的説明可能という強味もある)。多くの人々は、高倉テルによってはじめて大原幽学を知ったようである。

ただ、当時の日本の全体状況と高倉の思想的立場との間には決定的なギャップがあり、そのことが、彼の十分な調査活動を妨げたようである。そのためか、残念なことに、この書物には、事実誤認と思われるものが少なからず見受けられ、そのことが、「研究」としては、典拠文献になり難い性質をこの書に与えている。しかし、それを超えた迫力を、この本が持っていることは認めるべきであろう。なお、高倉には他に長編小説『大原幽学』があることも知られている。藤森成吉の戯曲「大原幽学」「七草旅行」は高倉の教示を受けて成ったもののようである（藤森成吉『大原幽学』所収、一九四〇年）。

千葉県教育会編『大原幽学全集』（全九七八頁）の刊行は一九四三年二月である。幽学の全集はこれ一巻だけである。当時の日本は大戦中であって、よくもまあ、これだけのものが出たものだ、と思う。これは、大原幽学が戦時国家日本にとって、有用な人物だと認定されたことと関係している。現在幽学研究において一般に用いられているのは、この『全集』である。これには前掲幽学の主要著作の他に「義論集」「聞書集」も入っている。さらに、彼の主著「微味幽玄考」の前提たる「性学趣意」、易や人相関係の著作、書翰集の充実（もっとも一九三九年に千葉県によって「大原幽学先生書翰集」―四六版八九頁―が刊行されている）、性学への入門誓約証たる「神文」の収録（不完全ではあるが）等、内容的には『幽学全書』より充実している（「道徳百話」は当然のことながら、この『全集』では落ちている）。『全集』は『全書』に比して史料集としてはすっきりしており、これを使用しても大過は起らない。しかし、ここでもなお、幽学自身の著作類と「義論集」「聞書集」等他者による著作類とが混在している。しかも、この『全集』には誤植や読み違い、重複やカットが少なからずあり、十分に配慮された新しい『全集』の刊行が望まれる。

全集刊行の翌一九四四年、鴇田恵吉『大原幽学選集』（全三五〇頁）が刊行されたことは注目される。これは敗戦の前年、国民生活窮乏の時期である。鴇田の幽学研究は相当年期が入っていた模様であって、既に一九三六年には「大原幽学伝記雑考」（「伝記」三―一二）という興味ある論文を書いている。鴇田のこの『選集』の特徴は、例えば「誓約実践篇」「先祖株篇」のような編別構成（全一〇篇）がとられていることである。これは、幽学認識のための幾つかの主要な柱が、鴇田にとって明瞭になっていたことを示すものと考えられる。なお、『選集』所収史料は『全書』『全集』と重複するものが多いが、中には全く新出のものもあり、この『選集』が鴇田独自の研究になる部分を持っていることは明らかである。

以上、一九四五年（第二次世界大戦における日本の敗北）までの幽学研究史を概観したが、その大きな特質は、右にせよ左にせよ、イデオロギー的傾向性が強い、ということである。ことに、体制的かつ右派的立場からの研究が有力だったことは、否定し難い。しかし、そのような状況の中で、不完全ながらも『全書』や『全集』の編纂が推進され、それが、現在の研究をも規定していることもまた明らかな事実である。

一九四五年以降現在に至る研究の動向を概観することは容易ではない。しかし、その特質は、越川春樹や中井信彦の研究（いずれも後述）を除いては体系性が弱い、ということである。これは、別の言い方をすれば、多様な方向性による研究の展開ということでもあり、当否の判断は軽々にはできない。以下主要な方向性につき、ざっと見ておく（幽学や性学についての論文的な文章あるいは言及は多数あるが、いちいちはあげない。以下は、研究の「方向性」の指摘である）。

第一に教育史的方向性ともいうべきものがある。幽学の教学や教示方法には、教育あるいは教育史的観点から取り上げる価値のあるものが少なからずあり、したがって、この方向性からの研究が出るのは当然だし、今後も強化されるだろう。石川謙『わが国における児童観の発達』（一九四九年）には、「大原幽学の児童観・教育観」の項がある。大槻宏樹「一九世紀前半社会教育運動の性格とその機能―大原幽学の性理学を中心とした考察―」（教育史学会紀要編集委員会編『日本の教育史学』第六集、一九六三年）は、「社会教育の近代化への強い打鐘」という観点から書かれたものであり、性学の諸施設や「景物」（後述）の重視に特徴がある。戸沢行夫「大原幽学の教導仕法について―その婦女子養育を中心に―」（「史学」四八―二、一九七七年）は、性学の特徴である女性と子供教育について検討したものである。

第二には思想史的方向性がある。小林英一「大原幽学論」(「思想」四〇七、一九五八年)は、幽学の思想をイデオロギーとして把握することに力点があり、幽学の思想の中に、幕末村方地主のイデオロギー的対応を見出している。小林には他に「下総香取郡に於ける平田篤胤と大原幽学」(「地方史研究」三八、一九五九年)がある。安丸良夫『日本の近代化と民衆思想』(一九七四年)には、幽学の思想と民衆の意識との関係についての言及がある。安丸は幽学には当時の民衆意識がリアルに捉えられているとし、その上で幽学は、「(民衆の)生活習慣を『勝手』=『欲』=『楽しみ』として否定している……ここに幽学の基本的問題意識があった」とした。

思想史研究というものは厄介なものである。それが客観的性質を持つためには、まず、対象とする思想の体系的把握→そして部分的摘出、次に、一定の結論を得るまでの手続きの明示という二つの前提が必要であり、小林のような対応性の指摘や安丸のような言及ではことが済まないのである。

第三に地方史研究としての方向性がある。その良質のものは、必ず史料的吟味を前提としているから、有効性が一般に高い。代表的なものとして小笠原長和・堀江俊次・池田宏樹・川名登「東総農村と大原幽学―千葉県香取郡干潟町近世史料調査報告」(千葉大学文理学部「文化科学紀要」第1輯、一九六三年)がある。ここでは、幕末期東総農村の地域的実証研究を基底に置いた幽学の思想の特質についての指摘(危機認識と家の重視との関係)がなされている。右の研究は千葉大学有志による共同研究であるが、このグループによる東総各地の研究は他にもあり、いずれも有効なものである。川名登「大原幽学門人層の社会的性格について」(「日本歴史」三三五、一九七六年)は、「神文」とその周辺史料の分析を通して、幽学門人の社会的性格を検討した最初のものである。川名には他に宮負定雄に関する研究がある(本書第二編五参照)。なお、千葉大学グループを中心として編纂された『旭市史』第三巻(一九七五年)には、これまでの幽学関係史料集では、全くあるいは不完全にしか収録されていなかった貴重な史料がおさめられている。またその解説も平易ではあるが、高水準を保っている。大野政治『成田市域における大原幽学の研究』(一九五七年)もまた地方史研究としての独自性を持つ有効な研究である。性学活動の一地盤であった信州上田・小諸地方の研究は若干存在するが、微弱であって今後の研究にまつべき部分が多い(本書第一編二参照)。

本書におけるわれわれの研究は、地方史研究としての方向性においてなされており、これまでに若干の研究が発表された。それらは、本書の基礎的部分を形成しているが、論文名はすべて「あとがき」に列挙したので、ここでは省略する。

一九四五年以後における幽学研究の体系化は越川春樹と中井信彦によってなされた。越川には『農村の師大原幽学』(一九五五年)、『大原幽学研究』(一九五七年)がある。本格的なのは後者である。越川の研究に大きな影響を与えているのは前記菅原兵治と安岡正篤であり、両著ともに安岡正篤の序文がある。越川の研究は、『全書』『全集』等所収史料並びに先行文献を十分検討し、さらには戦後社会経済史研究の成果をも若干参照したものであって、当然のことながら、前掲明治末期の高木千次郎・池田淳、昭和初期の飯田伝一、大戦期の高倉テル等の研究レベルと異なっているし、論旨においても包括性・全体性がある。

しかしながら、幽学・性学関係史料は既刊史料集所収のもの以外にも厖大に存在しているのであり、それらの検討がよくなされていないという問題がある。また、総体に史料感覚が弱く、したがって、史実確定において部分的な不安定をまぬがれないという問題もある。とはいえ、越川の研究は、幽学の全体像へ迫ろうとする意志において学ぶべき点が少なくない。

幽学の全体像を描いた研究のうち最も信頼し得るものは、中井信彦『大原幽学』(一九六三年)である(中井は、経済史家である師・野村兼太郎の影響を受けて幽学に関心を持った。野村には『江戸時代の経世家』―一九四二年―の著があり、野村はその中に幽学に関する一項を設けている)。これは、史料処理の恐ろしさや過去の事物を見ることの難しさを熟知している歴史家の著作である(それでも、史実確定における若干のミスや不安定はあるが、それはやむを得ない)。既述のように、幽学研究にはイデオロギー的傾向性が根強くまつわりついていた。また、幽学への惚れ込みが露骨で主観性の強いものも少なからず存在してきた。人間である限り、傾向性や主観性は必ず存在している。しかし、そのような人間としての弱さを自覚し、研究方法において冷静な客観性を保つのが歴史研究というものである。中井が本書の「はしがき」において「客観的な立場から書かれた幽学伝が意外に乏しいという事情を顧みるとき、本書も何らかの意味を持ち得るかと思う。そして、人物伝は、その人の生涯の成長のあとをたどることに主眼を置くべきであって、単なるレッテルを貼ることが目的であってはならないという、わたくしの考え方が、幾分かでも具体化されていれば幸いである」としているのは、前記のように、これまでの多くの幽学研究が持つ傾向性や主観性と関係しているのであって、それとは別の立場で書くという意志の表明なのである。中井は『大原幽学』の他に、幽学の主著「微味幽玄考」並びに性学会席の場における幽学と門人の討論を記した「義論集」の校訂という仕事をも達成した(岩波書店、日本思想大系52『二宮尊徳・大原幽学』一九七三年)。『幽学全書』『大原幽学全集』いずれにも史料校訂において不安心な部分がある。その幾分かが中井のこの仕事によって救われたことになる。この校訂作業と共に書かれた中井の「解説」もまた信頼できるものである。

以上、幽学研究史を大観してきたが、現段階における研究水準と見なし得るものは、一つは中井の仕事であり、二つには千葉大グループの仕事である。他の研究にも、もちろんそれぞれの利点はあるが、それは、右の二研究を基軸にした上で摂取さるべきものと私は考える。なお、史料的には不安定ながらも、『幽学全書』並びに『大原幽学全集』を利用せざるを得ないのが残念ながら現況である。既刊史料の厳密な校訂と未刊文書の刊行が研究を進める最大の方途と言うべきである。それらを果し得ないままでの本書の刊行には、多くの心残りがあることを率直に告白せざるを得ない。

2　本書の意図と方法

本書の意図と方法は、『大原幽学とその周辺』という書名そのものに明白に表現されている。

これまでの幽学研究の殆どは専ら幽学個人に関する研究であって、幕末という時代との関連における把握は弱い。越川春樹『大原幽学研究』は、一章を「時代の背景」にあてているが、その叙述は余りに一般的である。その点中井信彦『大原幽学』は、伝記研究でありながら、例えば「農民指導」の章(ことに先祖株組合の分析の部分)に見られるように、全体として時代への位置づけが明らかにされている。しかし中井は「はしがき」において「……背景である幕末における関東農村そのものの事情に触れるところが少なかった点に自ら大きな不満をもってもいる」としている。これは小冊子の中では書き込みきれなかった、ということである。われわれのこの書物もまた、時代における位置づけに成功しているとは言い難いかもしれない。しかし、われわれは「時代」や「地域」との関係においてこの研究を進めてきたのである。

しかし、本書『大原幽学とその周辺』において意図されている「周辺」とは、時代や地域といった表現の意味する広汎さ漠然さよりずっと具体的なものである。

われわれのいう「周辺」の一つの意味は、幽学が幕末期に活躍した主舞台である東総地域には、幽学・性学以外の知的営みが広く展開していた、ということである。これまでの幽学研究のまずいところは、幽学やその道友(門人)だけが、東総地域に活躍したかの如く描いてきたことである。実際にはもちろんそうではない。さまざまな知的営みが広く展開されており、その中にあって幽学や性学が活動していたのである。本書は、幽学や性学以外の諸活動にも相当の頁を割いているが、これは幽学や性学だけが、この地域に存在していたのではなく、したがって、それらの全体を地域の中にそれぞれ位置づけるべきだ、と考えているからである。

「周辺」の持つ二つ目の意味は、幽学の門人や、幽学が創始した性学のその後の命運をも描くことにある。幽学は孤立した存在ではない。彼は門人を獲得し、その中にあって活動していた。幽学についての個別的研究に意味がないなどと言っているのではない。しかし、幽学並びに門人の全体的把握にこそ広く深い歴史的意味が存在しているのである。

幽学没後における性学の動向については、若干の書物において簡単には言及されている。しかし没後における変質と衰運を丹念にあとづけるという作業はまだなされていない。本書におけるわれわれの仕事もまだ十分ではない。しかし、本書では、幽学没後の研究に大きな比重が割かれている。

つまり、本書『大原幽学とその周辺』における「周辺」は、幽学と同時代における他の知的活動、いわば「横」における周辺、並びに幽学の門人や彼の没後の諸問題、いわば「縦」における周辺の複合を意味している。右のような意味において、幽学を「周辺」との関係において見る、というのが、本書の最大の意図である。

本書の第二の大きな意図は、史実の確定である。幽学研究は、残念なことに、史料感覚や史実確定の意志といった歴史研究にとって最も基本的な部分において、中井信彦や千葉大グループの仕事を除いて弱い。これは歴史研究としては致命的な欠陥である。どうして、このような大きな欠陥が放置されてきたのか不思議なほどである。私は、先行研究における史実確定を疑うことなく、それを前提として幽学研究に入った。おかしい、と思い出したのはしばらくたってからである。先行研究に依拠しつつカードをとっていたわけだが、同じ仕法についてその開始年月が異なるといった事態や、明らかな誤りが、そのまま後の研究に引き継がれているといった事態がしばしばあった。こうした事態にたまりかね、思いきって書いたのが「性学仕法の基礎的考察」(「駿台史学」四一号、一九七七年九月)である。また松沢和彦も同じような思いから「大原幽学日記(全集本)の検討——特に『道の記』『性学日記』『ロまめ草』について」(「駿台史学」同上)を書いた。この二論稿は先行研究並びに『全集』の史料的検討である。こうした史料的検討を改めてしなければならないほど、幽学関係の史実確定は不安定なのである。

幽学並びにその周辺関係史料(文書)は厖大な量にのぼる。当然のことながら本書は、全体としてそれらの原文書に依拠した研究である。もちろん、先行研究や既往の史料集に依拠した部分も若干はあるが、それらを使用した場合にも、史料的信憑性についての配慮はできるだけしたつもりである。

先行研究における史実確定の誤りについては、若干の例外を除き、一々それを挙げて修正する、という手法は、事柄が余りに煩雑になるのでしなかった。また、原文書による史実確定は、歴史研究にとっては、きわめて当然のことであって、何ら誇るに足るべきことではないし、先行研究が若干の史料的過誤を含んでいても、そのことだけで研究の価値を云々すべきでないことももちろんである。ただ知っていただきたいのは、これまでの幽学研究には、右のような不安定さが多くあったということであり、そのことを意識せざるを得ないために、幽学や幽学没後の性学の動向に関する記述が、史実確定のための史料挙示に追われている部分が多々あること、それとは逆に史実的に問題のない部分の記述が簡略化されている傾向があるということである。

本書は全体として史実確定の書であり、議論や主観の表白をできるだけ避けている。それにしても過誤をまぬかれないのが、このような研究の持つ宿命である。大方の御指摘、御叱正をお願いしたい。

3　本書各編の展望

本書は四つの編によって構成されている。各編が含むそれぞれの章(一……、二……と表記)については、各編の冒頭において紹介するので、ここでは、各編の、編としての性格につき概観するに止める。

第一編「大原幽学の行動と思想」は、幽学についての研究を中心とし、門人についてもやや体系的に触れている。本編では、いわば幽学についての伝記的研究が中心となっているが、史実確定、新史料の発掘とその位置づけについての方向性が強く働いており、著名な事柄で史実確定が既に正確になされている問題については省略された部分が多い。したがって、伝記的研究としてはやや変則の観があるが、これも幽学研究の現段階ではやむを得ないことのように思う。

第二編「幕末期東総の知的状況」は幽学・性学以外の、この地域における知的諸活動の研究であって、「周辺」研究における「横」の側面を示している。ここには、寺子屋、和歌・俳諧の展開、さまざまな書物、豪農知識人の思想、下総国学の一面を代表する宮負定雄の研究等が展開されている。

第三編「村社会の変質」もまた「周辺」研究における「横」の一側面を示している。本編のそれぞれの筆者の念頭には、幕末期東総の社会経済的諸状況と幽学や門人たちの活動との関係についての意識が強く働いている。しかし、その意識から直ちに議論を導き出すという態度はとっていない。本編を流れている基調は、史料調査やその分析の結果としての「事実」の提示ということである。

第四編「幽学没後の東総社会と性学の動向」は、その名の如く幽学没後の問題を中心に据えている。この編は「周辺」研究における「縦」の側面を担っている。ただし、その内部では、明治初期の社会経済的状況や性学以外の新しい知的動向にも相当な配慮がなされており、そうした新しい諸状況の中における性学の動向と命運が跡づけられている。総じて、この編で取り扱っている諸主題は、大体において、これまでの研究の空白部分といってよい。したがって、史実提示に追われている嫌いもあるが、これらを通して、明治期における社会と思想とのかかわりを、基底部から照射するためのよりどころの一つが得られれば幸いである。

終章「位置と意味」は、大原幽学とその周辺が持つ同時代における歴史的位置、並びにそれが現代に問いかける歴史的意味についての編者（木村礎）の断想である。これは、本書における唯一の史論的部分であって、実質的には、この「終章」が、本「序章」と共に、本書全体の手引きとなっているのかも知れない。

（木　村　　礎）

第一編　大原幽学の行動と思想

第一編「大原幽学の行動と思想」では、幽学の足跡をひたすら追求し、併せて門人についても筆をさいている。

そう遠くない時代の人なのに、幽学にはわからないことが多い。したがって、本編では、幽学に関する諸事実の「確定」に精力が傾注されている。

一「『漂泊』の幽学」（木村礎）においては、幽学出自についての主流説である尾張藩重臣大道寺氏一族説は、殆ど放棄されている。幽学の師とされる近江伊吹山松尾寺の僧提宗の像は、これまでの研究ではきわめて漠然たるものだったが、本稿では、実像にやや迫っている。また、提宗に再会のため松尾寺を訪れた幽学は、この時既に教導活動への意志を固めていたのだ、とも主張している。

二「活動の開始―信州上田・小諸の門人たち―」（横山十四男・青木歳幸）は、天保元（文政十三）年から翌二年へかけての上田・小諸における幽学の最初の教導活動、ならびに幽学が東総に去ってから後の性学活動についての記述である。信州上田・小諸における幽学の活動については、従来の研究の空白部分である。幽学が上田・小諸において、活発な活動をしていたにもかかわらず、僅か一年でこの地を去った理由については、これまでは推測しか可能でなかったが、新史料の発掘によって、領主による、幽学の教導活動への弾圧が、全く明瞭になった。また本稿には、小諸の小山家一族を中心とする性学活動も描き出されている。

三「東総における交遊と活動」（松沢和彦）では、房総の地に入ってからの幽学の足跡を克明に追求している。幽学が、相模浦賀から海を渡って上総百子村の地を踏んだのは天保二年十一月十八日、これより徐々に北上し、やがて東総（大体、西は成田、東は銚子）の地を活動の舞台とするに至るが、その間、彼は天保飢饉に遭遇した。幽学を迎える人々も、酔中の戯語として彼の言を聞く態度から、厳粛にそれを聞くという態度へと推転して行く。

四「性学の思想」(木村礎)は幽学の思想についての検討である。幽学においては、その思想よりはむしろ仕法が重視され、著名である。しかし、歴史的経過としては、まず彼の思想が人々に受容され、その結果として各種の仕法が成立したのである。幽学の思想を検討する本稿の立場は、それを片言隻句によって捉えるのではなく、体系において捉え、そして中核を指摘する、というところにある。したがって、本稿では、幽学における易の問題が重視され、易から孝への過程が説かれている。そしてその「孝」に、当時の東総社会の現実の反映を見出している。また幽学の教説が、どのように門人(道友)に受容されたかの問題を特に取り上げている。

五「性学の仕法」(木村礎)において特に留意されているのは、それぞれの仕法の開始時期の確定である。奇異なことではあるが、各種仕法は、幽学の活動において最も著名であるにもかかわらず、考証的には不安定である。これは、従来の研究が、歴史研究としては〃甘い〃ものが多かったことを示している(もちろん、全部の研究が〃甘い〃わけではないが)。したがって本稿では、仕法の意味を特に論ずることは止め(これについての立論が従来の研究の主流である)、考証に力点を置かざるを得なかった。ただし、各種仕法を、幽学一人に帰せしむべきではなく、仕法には幽学と農民との合作的要素も強かったという点に注意をうながしている。

六「先祖株組合と性学金融」(渡辺隆喜)は、「先祖株組合」に関する全面的な分析・検討である。先祖株仕法は、仕法中最も著名なものであって、これに触れない研究はない。しかし、その内部構造についての研究は中井信彦『大原幽学』においてはじめて着手された、という状況である。先祖株に関する諸史料は、きわめて難解であって、そのことが、先祖株についての立ち入った研究をためらわせてきたように思う。本稿は、その困難さに、正面から対決した本格的研究である。また本稿では、先祖株研究を通して、性学組織の金融・財政構造にも迫っている。

七「門人群像」（木村礎・松沢和彦）は、幽学の門人を概観すると共に、主要門人について、列伝的に紹介したものである。従来の研究でも、幽学との関係において門人が出現してきているが、主要門人たちの生没年すら明示されなかった。幽学はもちろん、一人で活躍したのではなく、集団の指導者として活躍したのであり、幽学一人を問題にすることは意識的に避けねばならないとするのが本稿の立場である。また、本稿では、性学集団の特徴である女性の活動について特に一項を立てた。

八「破局」（木村礎）には、性学への弾圧、そして幽学の自殺に至る主要問題がほぼ順を追うて記述してある。ここにおいても、正確な事実の獲得に意が注がれている。

（木　村　　礎）

一 「漂泊」の幽学

安政五年(一八五八)三月八日未明、「時に僕十八歳にして漂泊之身と成り……」にはじまる「書置」[1]を残して、幽学は自殺した。数え年(以下同)六十二歳(死の前年、安政四年三月十七日、門人が幽学の「六十一の賀を祝」っており、その関係文書がある。またこのことから、彼の誕生日は「三月十七日」とされている)。

大原幽学の生涯には、不明なことが多い。安政五年に六十二歳、これを逆算すると、彼の生年は寛政九年(一七九七)、「漂泊」に出た「十八歳」は文化十一年(一八一四)となる。こう考えるより他なく、これが、現在の「定説」である。

彼の出自については確証を得難い。この問題は〔補論〕で取り扱うこととし、ここでは触れないが、彼が武家の出[2]だ、ということは確言してよいだろう。

「漂泊」の足跡

「出自」がよくわからないと共に、「漂泊」に出てからの行動も、その初期については全くわからない。幽学は漂泊（遊歴）中日記をつけており、その日記をもとに「口まめ草」[3]という日記的作品を書いた。「口まめ草」は、文政九年から天保十三年まである（精粗は年によりさまざま）。「口まめ草」には「日記拾遺」がついている。この「拾遺」は、彼の最晩年（安政四、五年頃）に往時を回想した記録である。この中に「文政四か五つの年のころ、伊賀の上野より、近江国日野・八幡・彦根のあたり遊びけるふし……」という記事がある。これが、「漂泊」期の幽学についての初出である。それ以前、つまり文化十一年（一八歳）から文政三年（二四歳）までの足跡は全くわからない。

「日記拾遺」には、文政四、五年以降の彼の行動が断片的に記されている。文政六年三月末には「高野山より大和の国宇田郡十東村といへる所に行くとて……」とある。

「口まめ草」本文、文政十三年（天保元年）の主要事件は、幽学が師提宗（ていじゅう）（〔補注〕参照）を再訪し、今後の生き方（道の教導）を固めたことだが、それについての記事の中に「七ヶ年めにて、師の安否をとはむと……」とある。これは、七年前に提宗のもとを離れたことを示している。「七ヶ年め」とは、文政六年から数えてであろう。そのころ幽学は近江伊吹山松尾寺住職提宗のもとで学んでおり、やがてそこを離れたのである。

「拾遺」には文政八年七月のこととして「紀の国有田郡立神の神主に遊びける時……」の記事がある。また同年十月頃のこととして「九条殿に仕へらるゝ上村うしに別れをつげて、僕は伏見より夜舟に乗りて大坂に下り……」とあり、京都―大坂にいたことがわかる。

そして「口まめ草」本文は、文政九年七月十七日からスタートしている。この日「大坂より舟に乗り、未明出帆して」兵庫に至ったのである。これ以降の彼の足跡は「口まめ草」によってほぼ明らかである。即ち、この年は、大坂・兵庫・丸亀・室津・姫路・明石・西宮・尼ヶ崎・天王寺・堺・大坂・奈良・郡山（越年）となる。

翌文政十年は、郡山・大坂・根来・和歌山・堺・大坂・高野山（高野山には六月～十月迄）・大坂・池田・伊丹・大坂・橋本・大坂(越年)となる。

文政十一年は以下の如し。大坂・橋本・京都・橋本・京都・伏見・宇治・黄檗山・大坂・伏見・京都・小浜・敦賀・三国・敦賀・唐崎・大津・三井寺・瀬田・石山寺・京都・亀山・京都(越年)。

文政十二年。京都・伏見・大坂・有間・室津・丸亀・阿波新宮・徳島・紀州和田・大坂・高野山・伏見・京都・坂本・京都(京都着は八月十六日、それ以後、翌文政十三年三月四日迄は、「日記失て不知」となる)。

文政十三年(天保元年)三月五日以降。大坂・京都・大坂・伏見・京都・膳所・坂本・長浜・伊吹山松尾寺(松尾寺に着いたのは三月二十一日、出立したのは二十三日早朝)。松尾寺を出て、中山道に入り、信州上田に入ったのが、八月九日。以後、上田・小諸地域において教導活動を開始する。そして、そこを離れて江戸に向うのが、翌天保二年八月九日である。上田・小諸での活動並びにそれ以降の足跡については本編二にくわしい。

文政九年から同十三年に至る右のような彼の足跡には一定の傾向がある。それは、大坂並びに京都(ことに大坂)を拠点にして、近畿地方と中国筋(時に四国北部)をしきりにへめぐっていることである。このはっきりした傾向から推して、「日記拾遺」初見の文政四、五年以前にも、大体は似たようなことだったろうと考えられる。

文化十一年一八歳にして家を出た幽学は、京都の田島主膳なる人物(九条家の家臣という)の所に寄寓していたといわれている。田島氏はもと熱田の神官だったといわれ、幽学が尾張藩士大道寺氏の一族だという説(最も有名な説だが確証なし。〔補論〕参照)との関係で、「恐らく幽学の生家と何かの関係があったからであろう」(4)との推測もある。

大坂では綿屋吉兵衛という人物と関係が深く、そこに寄寓していたのだろうという説がある。この説は、中井信彦『大原幽学』において採用されている。中井は、この吉兵衛が漂泊中の「幽学にとって、パトロン的な存在であったが、詳しいことは分らない」(5)としている。この綿屋吉兵衛については、中井の調査によって、実在の人物たることがはっきりしている。吉兵衛にとっての幽学は「お伽衆」(話し相手)のようなものだったのだろう、というのが中井の推測である。「口まめ草」文政十二年五月十五日の項に「十五日鈴五・綿吉両ぬし連々にて大坂を出立……(高野山に赴き)……(十八日)二人のぬしは大坂に帰る」とある。この「綿吉」はまず綿屋吉兵衛に間違いなかろう。

文政十三年(天保元年)三月下旬、伊吹山松尾寺を去って、中山道を東行する迄の幽学の足跡の東限は、ほぼ伊吹山と越前三国港をつなぐ線上に、西限は伊予・讃岐・阿波三国境のあたり(阿波奥山の新宮)になる。漂泊中の彼は尾張へは足を踏み入れていない。このことは、彼が、尾張藩士たる実家から勘当されたという話と関係があるのかもしれない。いずれにせよ、元来彼が西国の人であることは、右の足跡から見て明らかなことのように思う。

幽学の「漂泊」は長い。彼はその生涯の過半を旅に暮らした。「漂泊」のスタートを文化十一年、一八歳としよう。では、その終りはいつか。天保二年八月、信州上田を出た幽学は江戸に至り、やがて相州浦賀より安房に入り、じりじり北上して上総・下総に入ってくる。天保四年からの彼の行動は日記「道の記」に明らかだが、このころの彼は、主として道友(門人)の家を転々としていた。下総国香取郡長部村八石にある遠藤家敷地の一廓に幽学の最初の居宅が造られたのは、天保十一年三月とされているが、(6)「道の記」によると、この時期の幽学は、依然東総各地を転々としている。この時できたのは、居宅ではなく、講釈場だった。彼の「草庵」ができたのは、天保十三年九月だから、この時を以て「漂泊」の終結とみると、幽学は二九年間も「漂泊」していたことになる。

「漂泊」とはいっても、文政十三年(天保元)八月上田入り以降と以前とでは、やや性質に差がある。上田入りからの幽学は、上田・小諸地方において、はっきりと教導活動を開始しており、道友の間に身を置いている。翌天保二年八月上田・小諸を離れてからしばらくの間、そうした状態は失われるが、同四年からは東総において同じ状態となり、以後その密度が濃くなる。つまり同じ「漂泊」ではあっても、文政十三年八月以前と以後とでは、事態は異なっている。ここでの問題は、上田以前である。年齢でいえば一八歳から三四歳までの漂泊が問題となる。

「漂泊」中の生活

「漂泊」中の幽学がどうやって食っていたのか、という問題がある。「ロまめ草」文政十一年八月七日、この時彼は若狭小浜の宿にいたのだが、この時の記事に「……退屈の余りに宿の婦女ども抔集り来りて、僕易を起して茶碗に伏せたる物当抔して戯れ居ければ……」とある。彼は、京都において新井流易学を学んだことがあり、文政十年以降、幽学は易や人相の門人をとるようになった。つまり、文政十一年の彼は、既に易のベテランであって、これは、彼の学問であると共に職業でもあった。諸方を転々とし、宿屋に泊りながら、そこで易を立てていたのではないかと推察される。

見知らぬ個人宅を訪れる場合には、紹介状を持っていたようである。幸いに一宿一飯にあずかれば、そこで四方山話をしたり、俳句や和歌をつくって、そこに置いてきたのではないか、とも思われる(「ロまめ草」には俳句や和歌が数多く記されている)。もっとも、これは易と違って職業にはならない。彼が「漂泊」を支える財貨をどのように獲得していたかは、現代人には理解に苦しむところである。

彼は自らを「不学」としていた。しかし、彼が学問をしたことは確かである。彼の学問の中心は易と儒である。このことは後年彼が書いた「性学趣意」や「微味幽玄考」にはっきり出ている。易については、前述のように、京都において新井(白蛾)流易学を学んだ、とされ、これは、後年彼が弟子に与えた易の秘伝書等により明らかである。儒学をどこで誰に学んだかは一層不明である。彼が学んだ儒学の教典は、その著作内容から見て、「大学」「中庸」「論語」「孝経」を中心としている(ことに「中庸」)。この程度のものは一八歳で「漂泊」に出る以前に、既におよそを学んでいたとも思われるが、それだけでは人に説くほどには至らないだろうから、「漂泊」中に研鑽を深めた、と考えるのが至当である。中井信彦は、「漂泊」の初期、田島主膳家寄寓時代にこれらを学んだのではないか、と考えているようである。(7) また、幽学には、国学や神道さらに日本歴史を幾らか学んだ形跡があるが、いつ、誰に学んだのかは全く不明である。幽学は、松尾寺住職提宗を「師」としているのだが、幽学の学説の中には、仏教的なものはきわめて稀薄であって、提宗から何を学んだかも不明である。提宗という人物は、仏教以外の諸学にも造詣の深い人物であったかもしれない（周易にくわしかったという）のだが、人間としての「師」であったのかもしれない。提宗と幽学との学問的関係は、正確に言えば不明である。

幽学への入門誓約証を「神文」という。これについては後述するが、この「神文」は文政十年を初発としている。「神文」には幽学に学ぶ事柄が記されており、文政十年の三通の「神文」は「易道」あるいは「易術」である。この易と人相は初期神文の大きな特徴である。天保四年になると「性学」神文が四通出る。幽学の学問を性学（あるいは性理学。この性理学という名からも、彼における朱子学の影響の強さがわかる）というが、天保四年がその性学神文の初出である。彼の本領は性学にあり、天保九年以後は性学神文だけとなる。

しかし、彼においては、易と性学は密接に結びついていた。易や人相を説き、それを伝授しながら、その中で性学的な内容を説いていた、と考えるべきだし、それを示す文書もある。(8)

発心の時期

前述のように、幽学が人に教えるようになったのは、文政十年からであり、その内容は易であった。この易が、後年の「性学」的内容を持つようになったのはいつか。その時期を文政十三年三月における松尾寺提宗への再訪に置くのが定説である。

「ロまめ草」はこのことを次のように記している。これは「ロまめ草」において最もよく知られている部分である。以下全文引用する。

（文政十三年三月）二十一日此処（長浜―木村）より案内をとり、横ざまに山道をたどりて、伊吹山五合目松尾寺に至る。さとれり。此ふし僕不言といへども、師ははや僕が心中を察し知り給ひて、大いに悦び給へり。其夜子の刻に至て、伏床の中より師改て曰く、汝明けぬれば早々出立して、道を施すべし。外に語るべき言半句も無しと而已にて、後は口を閉ぢてもの言ひ給はず。僕愈師の志を尊敬して、愈師の志を継がんと決定しけり。明る二十三日早旦師に対して、思召さるゝ条、僕が心中に止る上は、曽て是をうしなふことなしと答て出立しけり

世を去ればなほ美し花の春

此別れ互ひにものもいはず、顔をも見ざる心の中を察する友人あらまほしき事なり。七ヶ年めにて、師の安否をとはむと、対面して無事にありしを悦び、しばらくは言葉も無く、泪心中に満る而已。夜に入れば伏臥をともにし給ふ。逗留。僕国々遊歴して御伝授を活用したる事抔語ること終日す。或は道の微味幽玄の月々日々明らかに知れる所を語れば、師は悦びの余り、感泪をつゝみ給ひて曰く、汝予が如く隠者に陥ること無ふして、世に道を伝へ呉よかしと宣玉ひける。師の其志有難くて、僕感泪堪へかねて、言を出すことあたはず、唯伏て心中に承受する而已。師怒て曰く、汝何ぞ迫るや。其せまき心もて、何ぞ世に道を伝ることのならんやと而已にて、言止みけり。こゝにおいて、僕が心中雲の晴たる如くに成りて、人の心は天地の和の如くなる所以、愈明らかに其日関原迄出て宿りぬ。(9)

提宗という人物が、幽学によほど深い影響を与えていることがわかる。その影響の内容が定かでないのは、まことに残念である。右の文章のうち、非常に気になるのは、「此ふし僕不言といへども、師ははや僕が心中を察し知り給ひて……」の「はや」である。これは、幽学が何も言わないのに、師提宗は、早くも幽学の意中を察した、という以外に解釈のしようがない。だから、提宗再訪の時の学幽の胸中には「道」への志(人々にそれを説く志)がほぼ固まっており、それを提宗に告げに来た、ということになる。それを提宗は「はや」察して幽学をはげましたのである。つまり、幽学は提宗にすすめられてはじめて「道」を志したのではなく、それ以前から、そのような意志が熟してきていたのであり、提宗再訪はその確認だったにすぎない。それにしても、幽学に対する提宗の影響がきわめて強かったことはもとよりであって、提宗及び松尾寺については〔補論2〕において別に記す。

とすると、幽学における「道」への発心は、提宗再訪以前でなければならない。「口まめ草」文政十二年正月四日の項に、短いが気になる文章がある。「四日より道の談話始りけり」がそれである。これについては、この時幽学は京都にいるから、京都の心学講舎に行ったのだろうとする説がある。[10]確かに、この短い文章は「始めけり」や「始めたり」ではなく「始(ま)りけり」であって、一般的には、他者の行動を示す文章である。しかし、時には、自らの行動を客体化して述べる場合には、このような語法もあるように思われる。しかしながらこの「始りけり」をどう理解するかの決め手はない、というところであろう。ここでは、この時期の幽学には、少数ながらも「神文」を既に入れている者がいたという事実を指摘しておきたい。前述のように、文政十年には三人(易)、文政十一年には六人(易＝四人、十種神宝秘事、祈禱法＝各一人)、計九人が「神文」を入れている。つまり、文政十二年一月という時点の幽学には、「神文」を入れた門人が既に九人いる。幽学における易と性学とは密接な関係があり、易の門人に「道」を説いても少しもおかしくないのである。したがってここでは、文政十二年正月頃から、「道」への意志が、幽学の内面において明らかになり、それが以後じりじりと熟し、翌十三年三月の提宗再訪時には、動かし難く固まっており、提宗の激励を受けて確定した、と考えたい。

幽学は、意志を固めて提宗のもとを去る。あとは、道を説く時や場所といった条件だけの問題になる。その条件を幽学は、間もなく信州上田・小諸において見出すことになる。

注

(1)『大原幽学全集』七七五〜七七六頁。

(2) 歴史に姿を現わすようになってからの幽学は、庶民の中で生活している。ことに天保四年頃以降は農民の中にいる。しかしその最後は、武家の作法に則った切腹だった。また彼の主著『微味幽玄考』には「武士の章」があり、武士を一種の理想的存在としている。彼の人柄はきわめて庶民的だったが、武士としての自覚を終生持ち続けたように思われる。

(3)『幽学全書』並びに『大原幽学全集』所収。

(4) 中井信彦『大原幽学』一九頁。

(5) 同右、二一頁。

(6) 同右、三一一頁(「略年譜」)。

長部村遠藤氏屋敷の一廓あるいは裏山に幽学居宅が造られたのは何時か。この決定には慎重な配慮が必要である。その時期を示す三つの史料がある。以下ざっと検討しておく。

① 天保十一年説。この根拠は、嘉永五年六月二十二日、遠藤良左衛門が改心楼乱入事件の取調べに当って、関東取締出役に提出した文書の中に「……浪人大原幽学儀、天保十一子年中より伊兵衛(遠藤良左衛門の父―木村)方へ相越多年逗留仕候に付き、同人居宅裏物置修復致し、同所にて心学同様之講釈仕り候処……」(増補版『幽学全書』附録一二九頁)とあることによっている。この文書は、天保十一年に幽学が伊兵衛方をはじめて訪れたように読めるが、それ以

大原幽学居宅（千葉県香取郡干潟町長部字八石）

前からしばしば訪れていることは幽学の日記類に明らかである。したがって、「天保十一年」は「同人居宅裏物置修復致し」にかかる。しかし、この文意は、「講釈」のための場所を設けた、ということであって、これを幽学の居宅と解するのはまずいだろう。

②　天保十三年九月説。幽学の日記的作品「ロまめ草」天保十三年九月十一日の項（『大原幽学全集』四一六頁）に「（九月）十一日長部村に来りければ、良左衛門・源造の二人のぬし始め五六輩にて、僕が住家にとて草庵を結置給へり。九月十八日より此草庵を僕が住家として、此所にて諸人に教をなしぬ。終日暇なければ日記もなし」とある。これは明らかに幽学の「住家」であって、しかもここで教えたのである。厳密な意味での、幽学の長部村定住は、天保十三年九月からだ、というべきであろう。しかし、この「住家」が、直ちに、現在遠藤家裏山にある幽学居宅（国指定史跡）なのかどうかは疑問の余地がある。

③　天保十四年五月説。「聞書集」天保十四年五月二十四日の項に、「（五月）二十四日先生八石御引移り也。農中故道具送りは村の者許り。七つ時迄片付き、夫れより粥を焚き、宜平共十人義式相済ませ、二十五日村道友招き、二十七日外村々粥にて家移義式。二十八日前夜会に付廻文、先生の家出来に付、則先生の所にて前夜会いたし候。二十八日七つ時出席被呉度候。良左衛門。

同六月二十二日

普請出来に付、孫共相招きに付、改め七十人廻文。先生普請出来に付、孫共招度き由、来る二十五日被遣度候。尤男子供八歳以上元服前、勘当の者にても宜敷候。晩泊り二十六日引取に候間、朝より参度者は、昼弁当持参にて可遣候」(『全集』八五九〜八六〇頁)とある。この記事による限り、「先生の家出来」は相当大きな事柄であって、家移り規式(義式)や、良左衛門による道友の招集も行われている。恐らく、この時の建物が、今に残る幽学居宅なのであろう。

要約しよう。天保十一年にできたのは性学の講釈場であって、幽学が時にここに寝泊りするようなことがあったとしても、本質的には幽学居宅ではない。天保十三年九月には「草庵」ができている。これは明らかに「居宅」であり、幽学はこの時定住の地を得た。しかし、この「草庵」そのものは、今に残る幽学居宅ではない(ただし、天保十四年五月の「先生の家」の前身かも知れない)。そして、正規の「居宅」は天保十四年五月にできた。つまり、幽学居宅完成までには幾つかの段階があったのである。

大原幽学居宅の門（前同）

(7) 中井信彦『大原幽学』一九〜二〇頁。

(8) 「道の記」には、天保六年九月付、幽学より銚子陣屋の足軽五人に宛てた書簡が載っている(『全集』五三六〜五三七頁)。これは彼らのいわれなき誹謗に対する抗議文だが、彼らは幽学に「相学」(人相)を学んでいた(彼らの中には「人相」神文を入れていた者もいた)。しかし、幽学はこの「相学」において「性学」を説いていた。

(9) 『全集』三三一〜三三二頁。

(10) 中井信彦『大原幽学』三〇〜三一頁。

〔補論1〕　大原幽学の出自について

幽学の出自は断定不能である。

幽学存在の歴史的意味は、文政十三年（天保元年）以降における、庶民間にあっての教導活動とその社会的影響という点にあり、彼の出自そのものが歴史的意味を持つわけではない。したがって、私は、彼の出自探求にはあまり興味がない。しかし、率直に言って、彼の出自が気になることは確かだし、それが、彼の活躍期の行動や意識を規定している面も少なからず見受けられるので、以下、ごく簡単に、彼の出自についての考察を行う。

まず間違いないのは、幽学がその終生を通して、武士的意識を濃厚に持ち続けた、という事実である。彼の主著「微味幽玄考」には特に「武士の章」があるし、武士を、江戸末期にあっては不思議なほど理想化している。これは、多分、自らの出身階級との関連においてなされたことなのであろう。何といっても、強い印象を受けるのは、その自殺（安政五年三月八日未明）の仕方である。彼は毒を飲んだり、首をくくったりしたのではなく、切腹した。しかもその切腹は、作法に基づいた立派なものだったという。切腹は武士のすることである。

彼における武士意識については、もろもろの徴候があるが省略する（武士意識が強かったからといって、平常の彼が、庶民を見下し、威張っていたというわけではない。彼は日常的には、世なれた、わけへだてのない人柄であった。もちろん厳しい一面をも持っていたが、総体として〃魅力的な人格〃の持主だったように思われる)。彼における、右のような武士意識から、彼の出自が武士階級だったろうという推察が導き出されている。

幽学は、元をただせば武士の出である、というのは定説であり、私もそう考えている。しかし、どこのどの程度の階層のということになると、これは難しい。現在までのところ一切の断定を慎まねばならない。しかし、若干の説や傍証的な史料がないわけではないので、以下略述する。

① 尾張藩大道寺氏一族説

これは、最も一般的に流布している説だが、早くから疑問[1]も持たれており、定説とは言い難く、流布説とも言うべきものである。この大道寺氏は尾張藩家老、三、五〇〇石取という名家である。幽学は大道寺玄蕃の二男だ、という(これについては確とした根拠を持たない履歴「史料」があるが、それらをあげていてはきりがないので全く省略)。なぜ、このような名家と幽学が結びついたのか。その最大の理由は、幽学自らが「大道寺実生」と署名したものが残っているからである。これは、天保六年に幽学が高弟本多元俊に与えた扇子に記されたものである。「実生」は他にも出るが、「大道寺」はこれ以外には出ないとされている。[2] しかし、これ以外にも「大道寺実生」はあったらしい。「未完幽学伝」ともいうべき「無題の手稿本」[3]の中に、天保六年夏、幽学が門人菅谷政俊に宛てた書簡には「大道寺実生　花押」とあるという。同様のものが、宇井包高・本多元俊宛にもあるという。手稿本の筆者は、少なくとも菅谷宛書簡は見たらしいが、現在ではわからない。とにかく、幽学自らが「大道寺実生」と書いたものが、ほんの僅かではあるが存在している(あるいは「いた」)ことは認めてよいことであり、この「大道寺」が、大道寺氏一族説の手がかりとなったのである。しかし、大道寺という姓は他にもあり、幽学署名の「大道寺実生」を、尾張藩の名家大道寺氏に直ちに結びつけるのは、あまりにも飛躍があり、これを以て尾張藩大道寺氏一族説の根拠にはなし難いことはもとよりである。

幽学は、武家の、しかも相当な名家の出なのではないか、という推測は、「聞書集」[4]の記事に原因がある。「聞書集」はその名の如く、幽学の言動の聞書きを一書にまとめたものであって、そこには、幽学や門人たちのいきいきした姿が描かれている。この「聞書集」一の巻・二の巻に幽学の出自を偲ばせる記事がある。これは、非常に有名なものだし、長文でもあるので引用しないが、要するに、これには若い時の幽学が、名家の子弟として生まれ、それにふさわしい文武の修業をしたらしいことが書かれている。そこに描かれている少年時の幽学は、少なくとも下級武士的ではない。「聞書集」に出るこの話は、もちろん、幽学の話を門人が書き留めたものであって、門人の創作ではない。

「大道寺」でしかも上級武士的、この二つが結びついて尾張藩家老大道寺氏一族説となった。また、記録には出ないが、幽学が尾張地方(ことに名古屋)のことを門人に洩らしていた可能性もある。

幽学没後、門人の間に、幽学の出自を確認したいという強い希望が出た。確認作業の方向は迷うことなく、名古屋だった。前掲「無題の手稿本」は以下のように記している。「大原幽学翁ハ性理教会ノ開祖者ナリト雖モ、然カモ其郷国ヲ詳ニセズ、或ハ曰フ尾張藩ノ老臣大道寺氏ノ出ナリト、氏常ニ其原籍ヲ言明セズ、曰ク、後世ニ至リ予ガ教育ノ世ニ普及スルノ時期アラバ、自カラ明カニ知ルコトヲ得ント、然レドモ是レ確然タルモノニアラズ、幽学没後門生力ヲ尽シテ之ヲ確カメント欲シ大道寺家ヲ訪問シ(安政六及ビ明治六年前後二回)テ是ヲ正シタルモ知ルベキモノナカリシ、而シテ其当時大道寺家ノ話シニヨレバ、同年間ニ外出セルモノアリ、果シテ然ルカ、大小ヲ実見ノ上ナラデハ確答致シ兼ヌル由ナリシ、然ルニ大小ハ高松家ニ非サリシヲ以テ已ムヲ得ズ其儘トナレリ」(高松氏については後述)。

つまり、門人たちによる幽学出自調べは、直ちに尾張名古屋大道寺氏を志向しており、この点については迷いはなかった。このことは、幽学生前において、門人たちがそれをほぼ信じていたことを示している。これは、生前の幽学が、大道寺家について門人たちに何か匂わせていたからだとしか考えられない。

しかし、幽学と大道寺氏との関係は不明という他ない。これは、中井信彦の調査によって明白である。(5) 中井の調査は、正当な手順を踏んだ正確なものであって、中井の結論、つまり〝恐らく、幽学は、当時の大道寺氏本宗とは直接の関係を持たない〟に従うべきであろう。(6) しかし、中井は、大道寺氏の分家筋の出だったかも知れない、という推測を捨ててはいない。これはあり得ることではあるが、あくまでも推測である。

大道寺氏一族説との関係において、名古屋万松寺の問題も見落せない。現在でも、名古屋には万松寺通りがあり、その中心はもちろん万松寺である。これは、織田信秀(信長の父)を開基とする寺だが、ここには大道寺氏の墓がある。昭和二十一年の名古屋市戦災復興事業の一環として、他の名古屋市内の墓と共に万松寺境内の墓は、すべて東部(名東区)の平和公園に移された。したがって、現在では、大道寺氏の墓は、平和公園内万松寺墓地に並んでいる。幽学の墓は、その大道寺氏の墓列に向い合って立っている。幽学の墓は、もちろん旧万松寺墓地に、大道寺氏の墓と共にあったものであり、その建立年代は、明治初年だという。(7) 問題は、幽学の墓がなぜ、(8) 大道寺氏墓と共に万松寺にあるのか、ということである。これはもちろん偶然のことではない。これは、大道寺氏や万松寺が、幽学の墓をそこに設けることを承認しなければできないことである。つまり、大道寺氏が幽学を、一族と関係ある者と見なさなければ、万松寺に幽学の墓は建たない(建てられない)のである。

「大原幽学先生之墓」（名古屋市平和公園万松寺墓地内）

　「手稿本」は、明治維新後（多分六年）「菅谷政俊外数名」が大道寺家を訪れた時の模様を記している。「大道寺家ニ至リ詳細ノ事情ヲ語リ、其実否ヲ正シタルニ、其年間ニ当リ浪人セシ者アリト雖モ、確タル証拠ヲ見ルニ非ザレバ確答シ難シ、故ニ其ノ大小ヲ一見センコトヲ乞ハル」と。しかし、その大小（刀）を見せることはできなかった。大道寺家は、菅谷等の話をよく聞いたようであって、必ずしもすげなく扱ったのではないらしい。もっとも、これは、遠路はるばる訪れた、実直な人々を前にして、〝関係ありませんよ〟と言い切らなかった思いやりかもしれない。

　菅谷等は確証を得ないまま、大道寺氏の菩提寺つまり万松寺で「一大法会」を挙行した。費用も大変なものだったろう。こ

名古屋市平和公園内万松寺墓地（「万松寺」標の右が幽学の墓，左が大道寺氏の墓列）

の時大道寺氏は、この挙を差し止めなかったのみならず「其家扶ヲシテ連席セシメタ」のである。この時、肉親の者が赴けば、幽学が大道寺氏の一族たることを認めたことになるが、さすがにそれはせず、「家扶」が出席した。大道寺氏としても、菅谷等の思いを無下には取り扱えなかったのだろう。大道寺氏が、このような態度であれば、万松寺としては別段のことはないから、万松寺に幽学の墓は建つ。以後、万松寺と下総長部を本拠とする性学の人人との交流は続く。

以上が、幽学を以て尾張名古屋大道寺氏の一族とする説の「根拠」である。これだけいろいろあれば、この説が流布するのはもっともである。しかし、これだけの根拠があっても、幽学の出自を確実に証明するものは一つもない、という点には困惑せざるを得ない。歴史研究者にとっては、右のいずれも、確実な証拠ではない。確実な新史料が出現しない限り、現在のところ、大道寺氏一族説は「流布説」ではあり得ても、「定説」にはなり得ないという他ない。

② 幕府御小人目付高松彦七郎弟説

これは、〃高松彦七郎の弟である〃という説ではなく、〃弟だということにした〃という説であって、中井信彦『大原幽学』にはそのいきさつについての説明がある。

この説についての基本文書は、左記のものである。(9)

大原　幽学

右幽学儀拙者弟有之処、其村中ゟ教道(導)受度旨頼ニ付、逗留罷在候内、同人身分儀ニ付何様之儀出来候共拙者引

受其村方江難渋相懸申間敷候、為後日仍如件

天保十一子年二月

御小人目付
高松彦七郎 ㊞

長部村
名主　伊兵衛殿
組頭　惣右衛門殿
源兵衛殿

右は間違いのない原文書である。これは明白な内容を持っており、これによって大道寺氏一族説は吹っ飛んでしまいそうなものだが、そうも行かないところに、幽学出自論の難しさがある。

右の文書に関する中井説の趣旨は「幕府の御小人目付を勤める高松彦七郎なる者が、幽学の実兄と名乗って、村方に対して身元保証の証文を書いているのである」(10)(傍点―木村)というところにある。つまり、中井は、幽学は高松彦七郎の弟ではないが、そういうことにした、としている。何故そうする必要があったのか。これは明白である。「漂泊」中の幽学ならばいざ知らず、下総長部を中心として、定住的活動をしていれば、当然身元がしっかりしていなければ、公式には無宿となってしまうからである(厳密には、「漂泊」中でも確かな身元証明は必要である)。

まず、高松彦七郎とは何者か、という問題がある。彼は幕府御家人で、御小人目付という役を持っていた。彼が、御小人頭足立鉄平の輩下であったこと、少禄で貧しかったこと、幽学の高弟遠藤良左衛門をはじめ性学門人とつき合いがあったこと等々は諸文書に徴して明らかである。幽学が後年、幕府の嫌疑を受けた際、陰に陽に高松が援助

をしたこと、彼の居宅が江戸小石川にあったこと、等々についてはいずれも確証がある。しかし、幽学と江戸の御家人とが、どういう線でつながっているのか。高松彦七郎は、「長部村の出身者であり、性学の有力な門人の一人であった同村の百姓幸八郎の親類に当っていた」[11]とされている。これだと、高松は御家人とはいっても、元来は長部村の出身者だったことになる。

右の文書が、何故、天保十一年二月付で書かれたかも考えてみる必要がある。天保十一年前後の数年間は、幽学の活動が油に乗りきっていた時期である。しかもこの時期に、幽学の身元についての領主による探索があったという徴候はない。もっとも、あらかじめ、こうした身元証明書を作成しておく、ということも考えられるが、これまでそれを持たずに活動してきた幽学が、この時期に急にそれを必要としたというのも変である。この点につき、中井は「わたしは、この文書を、幽学に嫌疑がかかってからのちに、作られたものと判定する」[12]と断言している。この見解は多分正しいであろう。「嫌疑」については、後述するが、これは、嘉永四年以降のことであって、関東取締出役の眼が、このころから光りはじめ、やがて、改心楼乱入事件(後述)が起り、幽学は勘定奉行所の取調べを受ける身となる。こうなると、身元証明書は絶対必要であって、その証人として高松彦七郎が出現し、証明文書を、天保十一年二月にさかのぼって書いたとするのが、中井の「判定」である。中井はなお「天保一一年（一八四〇）二月といえば、遠藤伊兵衛の屋敷内に幽学の居宅ができた時である」[13]として、この年月の持つ意味を指摘している。

結局、幽学は高松彦七郎弟ということで裁判を押し通した。これがなければ、無宿になるところだった。公式にはそうであっても、本当に高松の弟だと信じている人はまずいないというのが、この説の面白いところなのだが、実際にも何か関係があったのではないか、という疑問も実は少しある。高松力蔵という人物が、「閏四月」に「大原伯父君」(幽学)宛に書簡を書いている。[14]幽学活動期における「閏四月」は天保九年と嘉永二年である。この書簡は多分嘉永二年のものなのだろうが、幽学への嫌疑は嘉永四年以降なのだから、何か特別な理由によって、嘉永二年にわざわざ「大原伯父君」と書く必要は全くない。念のためこの書簡の概要を以下記す。力蔵は御家人で、職務のため北陸へ赴き、越前大野郡発坂(ほっさか)村から、この手紙を出した。彼の旅行は「御頭小俣公」(上役の小俣氏)と一緒だった。たまたま学業の話になった時、力蔵は小俣に性学や先祖株の話をした。小俣はひどく感心し、もっとくわしく知りたいと言った。そこで力蔵は、先祖株に関する書類の抜粋を送っていただけませんか、と幽学に依頼したのである。以上に続くこの手紙の最後の部分はこうである。

毎夜(小俣が)論孟之講釈承り度由被申聞此節相始申候、何も稽古之為至極宜敷と存居候、其外追々申上度文略頓首

閏四月　　　　　　　　　　高松　力蔵

大原伯父君

この高松力蔵は、かの彦七郎の子であって、間もなく小野家の養子となり、小野力蔵となる。高松彦七郎には男子が二人いた。兄が彦三郎、弟が力蔵である。嘉永四年四月の改心楼乱入事件後の勘定所の審理に当り、彦三郎が提出した文書の中に「右幽学儀私父彦七郎弟ニ而……」(傍点―木村、以下同)と明確にある。また、年不明十月朔日付、幽学(記名は某)より「高(松)彦三郎、小(野)力蔵二人に宛てた(宛名は並列)書簡には、「時分柄寒冷相催候へ共、御親父様御始皆々様御健に被為入、先は大悦仕候……」(『大原幽学全集』七七二頁)とある。この場合の「御親父様」とは彦七郎であり、彦三郎と力蔵は彦七郎の子なのである(鴇田東皐「大原幽学伝雑考」―「伝記」三の一二―は彦三郎を彦七郎の兄としているが、これは誤り)。

その力蔵が、嘉永二年の時期に、幽学を「伯父君」(正確には叔父君となるべきだが)としているのは何故か(繰り返

すが、幕府の幽学身元の追及は、嘉永四年以降のことである）。大胆に言えば、幽学は実際に高松彦七郎の弟だったのではないか、という疑問が湧くのである（力蔵は五日五日付―多分嘉永四年―の書簡においても「伯父様」としている。この時の力蔵は高松ではなく小野である―遠藤家文書）。

③　尾張藩浪人大原左近養子説

これは、②高松彦七郎弟説と密接にからみつつ、勘定所での審理に当って出現してきたものである。高松彦七郎弟説だけでは、「弟」の幽学が何故名古屋と関係あるのかが全くわからない。ところがこの弟説は、大原左近養子説とからむことによって、名古屋に関係してくる。

「高松家書」[15]として書きとめられた諸文書中に、勘定所での審理段階に出された、幽学身元関係の案文や控が幾つかある。これらは、勘定所との関係において作成されたものであって、公式性を持っている。その一々についてこまかく述べると相当な紙数を要するので、これらの文書が説いている事柄の中心部分を要約的に以下記す。勘定所へ提出した書類での幽学出自の中心部分には、高松彦七郎弟説が座しており、これは揺るがない。彦七郎の父を悦次郎という。浪人である。悦次郎の子が彦七郎と幽学ということになる。以下に、高松氏の系図を整理しておく。

悦次郎（高松）─┬─彦七郎（高松）─┬─彦三郎（高松）
　　　　　　　　│　　　　　　　　　└─力　蔵（小野）
　　　　　　　　└─幽　学（大原）

この、高松悦次郎とは何者か。鴇田東皐「大原幽学伝雑考」には、長部の高木千太郎に照会した結果についての記載がある。それによると、悦次郎は茂兵衛なる人物の子であり、茂兵衛は、長部村遠藤家の一族だという。そして、その茂兵衛が、高松家の御家人株を買って江戸に出たのだともいう。この説は、現在八石の諸施設を守る遠藤良太郎氏の言によっても確認できるものである。なお、江戸に出て絶えた長部村における茂兵衛の系統は、後年先祖株組合の結成に当って、諸徳寺村の菅谷家より孝八郎を入れ、再興された。

とすると、高松悦次郎—彦七郎—彦三郎・力蔵らは、元を洗えば、長部村遠藤家の遠縁になる。そして、力蔵が幽学を「伯父君」としたことに実体的な意味を認める(つまり、幽学は彦七郎の実際の弟)と、幽学もまた、長部村遠藤氏の一族になってしまうのである。これだと、幽学が長部村をたずね、結局そこに居ついたのは、決して偶然ではないことになる。

以上、余りに推定を重ねすぎたようであるが、幽学の出自には、やはり深い謎がある。

さて、勘定所へ提出された公式文書によれば、高松彦七郎の父悦次郎は、江戸で浪々中大原左近という、これも浪人と知り合ったという。大原左近は、尾張藩の浪人で、名古屋で「学問」の師範をしていた。左近は眼病を患い、その治療のため江戸へ出てきた折、高松悦次郎と知り合った。

悦次郎は幽学(もちろん当時は「幽学」という名ではない。彼の幼名は才次郎だという)を左近の養子にやることにした。幽学はこの時六歳だった。その結果、幽学は左近に連れられて名古屋に住むようになったのである。左近はやがて養子幽学を連れて「諸国経歴」に出た。幽学は学問の基礎を、養父左近から受けたとされる。一八歳の時幽学は、養父左近と相談のうえ別れ、それからは一人で「漂泊」する。その「漂泊」の間、一度も実家へ帰らなかった。やがて、信州上田・小諸で教導活動を開始し(天保元〜二年)たが、十分な成果を得られなかったので、関東を志し、「御当地」(江戸であろう。前後の文脈からして長部ではない)へ来た。ところが、その時は、実父悦次郎は既に死んでいた……。以上は彦七郎の子彦三郎名で書かれた「御目付戸川中務少輔殿江差出候草稿」(「高松家書」中に収む)によって、筋を追ったものである。

重要なのは、幽学が六歳の時、尾張藩浪人大原左近の養子となり、名古屋にしばらく居住していたらしいということである。これだと、幽学が大原姓だったこと、並びに名古屋との関係が理解できる。

右の一連の事情を、単なる辻つま合わせの架空な物語と見るか、一片の真実がその中にあると見るかは、難しいところである。高松悦次郎、大原左近共に、当時既に死亡しており、事の真偽は調べようがない。それを見越してこの物語が作られたのかもしれない。しかし、物語としてはよくできていることは事実だし、幕府の目付や勘定所に対し、何から何まで虚偽の陳述をしたと考えるのもやや不自然である。

目付や勘定所は、右のような陳述を受けた。そして、多分勘定所からであろう。事は尾張藩に通知された。これを受けた尾張藩は、藩内の関係地域に、大原左近捜査の廻状を出したのである。尾張春日井郡野崎村の御用留に以下の廻状(16)が記されている。

浪人大原幽学と申立候者、名古屋東出来町ニ住居罷在元御家来ニ而退身いたし候浪人大原左近養子ニ成、文化三寅年東出来町引払、左近一同国々遍歴いたし歩行候内、左近ハ相果候旨申立候由ニ而、訂方之儀申談有之候、付而ハ前顕之左近と申者無之哉、村中篤と相訂早々陣屋へ可申出候、且右躰之者無之候ハヽ、其段村下ニ下ヶ札いたし刻付を以相廻し留村ゟ来る三日迄ニ可返候、已上

十一月朔日　　深　新平

これは、嘉永五年の文書である。嘉永五年は審理が本格的にはじまった年である。これを読むと、幽学が〝名古

屋東出来町に住んでいた大原左近の養子となった〃と述べていることがわかる。出来町は、今も名古屋市内にある(古出来町、新出来町)。この〃東出来町に住んでいた云々〃は重大である。このような、名古屋の町名まで知っていたのは、幽学以外には誰もいないはずであって、これは幽学だけが知っていた事実であろう。また文化三年に「東出来町」を引き払ったという記述にも注目すべきであろう。この時幽学は一〇歳である。先の〃六歳の時大原左近の養子となり々〃云との関係でいうと、幽学は享和二年(六歳)から文化三年(一〇歳)の四年間、つまり、幼少年時代を名古屋東出来町で過ごしたことになる。「東出来町」は城に近いが上級武士の屋敷地ではなく、「同心屋敷群(17)」のあった所のようである。しかし、とにかく武家屋敷の一廓なのだから、ここで、幼少年時の幽学が、上級武士の生活を垣間見ることは十分できたはずである。大道寺氏の名も、ここで知ったのであろう。

私は、大原左近養子説には、独特の具体性があると考える。丸っきりの嘘では、「東出来町」のような具体性を持つことはできないと考える。そのような具体性を教え得る人は誰も幽学の周辺にはいない。

私は、大原左近養子説は、少なくとも大道寺氏一族説よりは、信頼度が高いのではないか、と考えている。これはあくまでも推定であって断定ではない。

しかし、これは養子説であって、当然、それでは、誰の実子なのか、という疑問が出る。既に述べたように、公式には、高松悦次郎の子、即ち、同彦七郎の弟ということで押し通したわけだが、これを全くの作為と見るか、あるいは一片の真実があると見るかが、幽学出自問題についての分岐点であるように思われる。

高松悦次郎と大原左近が、江戸で知り合ったという話は、多分辻つま合わせなのだろう。これらについては固有の具体性がないような感じがある。しかし、大原左近の養子云々そのものには、固有の具体性があり、真実性があるように思われる。

大原左近養子説を採用すると、その後の幽学がよくわかる。彼は養父について学問の基礎を学んだのみならず、養父に「漂泊」の仕方をも教わったのである。つまり、貧乏の味は幼少の時代からよく知っており、だからこそ「漂泊」も可能だったのである。「漂泊」は、恐らく上級武士出身者にはできない業であろう。「大道寺」という名を知っていたことも、幼少時四年間の名古屋生活から理解できる。それをつい書いて見たのかもしれない（「大道寺実生」の署名は、前掲のようにほんの僅かであり、いずれも天保六年のみで、以後はない）。幼少年時に垣間見た上級武士の生活を、門人に話したことは間違いなさそうだが、それがいつの間にやら、幽学自身のこととなって「聞書集」に載せられてしまったのかも知れない。

このように、大原左近養子説は、その後の幽学と割合よく結びつく。ただし、養子になる前、つまり真の意味での出自はわからない、というのが現状なのだ、と言う他ない。

④ 幕府同心組頭安藤新左衛門従弟説

天保十三年六月付大番頭九鬼式部少輔御預同心組頭安藤新左衛門より、長部村名主伊兵衛宛の書簡写[18]に「……拙者従弟之者元安藤市蔵事当時浪士大原幽学儀、先年諸国為遊歴罷出其後打絶罷在候処……貴様方之御預御世話ニ罷在候段於拙者忝奉存候……」とある。安藤家は「代々天台宗ニ而下谷正法院旦那」だという。この安藤氏云々は、右の文書だけであって孤立しており、他に全く関係文書（聞書等をも含めて）を見ない。この点は前三説とは異なっている。この安藤氏云々の文書は、これまでの研究者が全く気づかなかったもののようであって、幽学出自についての新発見文書なのだが、新発見を云々できるほどの価値があるかどうかは大いに疑問である。その理由は、前記のように、この文書が全く孤立している、という点にある。

これはもちろん、幕府の審理に当って提出されたものではない。それのみならず、幽学没後、門人が「安藤」氏とつき合ったという事実もない(高松氏は幽学没後も遠藤良左衛門等と交遊がある)。恐らく、この文書は、幽学への嫌疑がかかってきた段階において、門人の誰かが(文書所在からして菅谷又左衛門か)伝手を求めて、安藤氏に接触し、その結果として作成されたものなのであろう。この安藤氏一族説は、他の関連史料が出現しなければ、問題とすることができないように思われる。

注

(1) 千葉県内務部編(実は県立千葉中学校教諭池田淳著)『大原幽学』(一九一一年)には「大道寺家は食禄三千石の藩士なりといふ。吾人は幽学が果して其家に生れしや否やを詳にせずといへども……」(五頁)とある。せっかく池田がこう書いておいてくれたのに、それ以後の著作の中には、大道寺氏一族説を丸呑みしているものが多い。

(2) 中井信彦『大原幽学』には「幽学が大道寺氏の出であるという伝承の、恐らく唯一の文献的根拠は……」(三頁)として、扇子に記された「大道寺実生」をあげている。

(3) 千葉県香取郡干潟町遠藤良太郎氏所蔵文書。筆者不詳。明治期における性学の分裂(後述)についても言及があり、明治後半のものである。

(4) 『大原幽学全集』所収。

(5) 中井信彦『大原幽学』四〜七頁、また一一〜一三頁。

(6) 筆者は、中井の調査の方向性を信頼し、同じ方向性による調査は行わなかった。中井以上の結論が得られるとは思わないからである。

(7) 万松寺住職談。多分、明治六年、二度目の幽学出身調べを契機として建立されたものであろう。鴇田東皐「大原幽学伝雑考」(「伝記」三—一二、一九三六年)によれば、明治四年。

(8)　幽学の墓は二つある。一つは、長部村遠藤家墓地内、もう一つはこの万松寺である。長部村の墓については、問題はない。ここで問題にしているのは万松寺のものである。

(9)(15)　遠藤家文書。

(10)　中井信彦『大原幽学』二三三頁。

(11)　中井前掲書、二三四頁。

(12)　同右、同右頁。

(13)　同右、二三三頁。この時できたのは、正確には「居宅」ではなく、講釈場である(前述)。

(14)(18)　千葉県香取郡干潟町清和甲、萱谷家文書。

(16)　『新編一宮市史』資料編八、五七八～五七九頁。この文書に最初に着目したのは、水谷盛光「大原幽学出自考―果たして、大道寺玄蕃家の子か―」(『日本歴史』三二二号、一九七五年三月)である。なお、この廻状に対する関係地域の返事についてはわからない。

(17)　前掲、水谷論文。

〔補論2〕　近江伊吹山松尾寺及び僧提宗について

松尾寺については『大日本寺院総覧』に記載がある。ただしその記載には年号の誤記等あり、やや不安定なので、現松尾寺の前に立っている「松尾寺の由来」によって簡略に記す。「当寺は…役の小角の弟子にあたる松尾童子によって、伊吹山小高野に開創された伊吹山五護国寺の一つである。はじめ法相宗…足利義稙の頃兵火に焼け…元禄八年(一六九五)秀水元固和尚によって伊吹山麓の松尾に黄檗宗大本山万福寺の末寺として再興され、開祖は師僧の潮音禅師である。宝永七年の冬不慮の失火に本堂等を焼失す…(享保年間、彦根井伊家の家老西郷氏等により再建)…文政年間清貧の生活を楽しむ七代提宗和尚に大原幽学が師事(その後衰微、明治二十七年本堂と庫裡を再築、昭和二十三年農地改革)、昭和三十九年寺院の全てを大字上野区に移管し、昭和四十二年山麓の松尾より此の地に移転再建…」。

現在伊吹山(一、三七七メートル)には、スキー客のためのリフトが三合目までついている。今の松尾寺は、このリフトの二合目停留場の近く、ほぼ同高位にある(上り方向右)。これは鉄筋コンクリートの建物で、これが、昭和四十二年に「移築再建」されたものである。松尾寺歴代住職等の墓地は、リフトの一合目、上り方向右手の道を十五分位入った所にある。道を外れて、草むらをかきわけると、整然たる墓地が出現する。ここに提宗の墓がある。この墓地の一段下った平地にかつての松尾寺があった。これが、幽学が訪ねた当時の松尾寺の跡である。これは一反歩程度は十分にあり、山中としては広い境内といえる。ここを出て、だらだら坂をやや下ると山麓の集落に至る。幽学が「ロまめ草」文政十三年三月の松尾寺提宗再訪記事において「伊吹山五合目松尾寺に至る」としているのは何かの思い違いではないだろうか。確かに松尾寺は伊吹山中にあったのだが、「五合目」とするには低すぎる。

現在の松尾寺には提宗和尚の画像が残っている。これには「松尾七代提宗和尚像」とある。また、現松尾寺には、提宗の名を記した「喚鐘銘」と題された文書がある。これは、提宗が書いた「鐘銘」の案文ないし控と思われる。以下の如し。「喚鐘銘　父云　願以此功徳　普及於一切　我等與衆生　皆共成仏道　坂田郡伊吹村上野松尾護国禅師法界万霊不同位并為両親菩提也　願主　六代法子　提宗敬而新添之寛政七丁卯歳初秋吉旦　長浜住西川徳左衛門重次」。この短い「喚鐘銘」文書には、問題点が二つある。一つは提宗を「六代法子」としている点である。画像には「七代」とある。石塔も同じである（現松尾寺では「七代」としている）。また寛政七年は「丁卯」ではなく「乙卯」である（「丁卯」は文化四年）。以上、疑問はあるが参考のため掲げた。

松尾寺住職提宗墓碑――「当山重興七代上提下宗鼎大和尚之塔」とあり

歴代住職等の墓地に提宗の石塔がある。その銘に「当山重興七代上提下宗鼎大和尚之塔」とある。提宗は「重興」の住職であって、潮音や秀水と共に、歴代住職中の重鎮の一人だった。提宗は黄檗宗の禅僧であって、相当な学僧だったようである。現松尾寺には、大原幽学の位牌が現存している。明治の終り頃までは毎年八石（はちこく）（下総国香取郡長部村八石。ここに

松尾寺住職提宗画像（松尾寺蔵）

性学の本拠があった）から人が来たようだ、とは現住職戸並阿仙氏の談である。なお、提宗は「ていそう」ではなく「ていじゅう」と読むのが正しいようである。松尾寺並びに提宗については、御住職戸並阿仙氏の親切な御教示によるところが多い。深く感謝する。

上図提宗画像題銘――「松尾七代提宗和尚像」とあり

（文政五年三月松尾寺「人別書」によると、当時の松尾寺住持提宗は四六歳である。―松尾寺には他に一四歳の弟子と四三歳の下男がいた―したがって幽学再訪時文政十三年の提宗は五四歳である。この時幽学は三四歳。なお、この文書は、幽学の高弟遠藤良左衛門―二代目「教主」―が、後年松尾寺に赴いた際譲り受けてきたもののようであり、現在遠藤家にある。なお松尾寺過去帳には、「天保四癸巳年六月遷化、世寿五十七、再建当寺、濃州ノ人、石津郡堂ノ上村、今改養老郡、姓ハ江口氏也、嗣盧山恭和尚、生安永六丁酉年」とある）。

（木村　礎）

二　活動の開始

――信州上田・小諸の門人たち――

大原幽学が初めて房総の地に足を踏み入れたのは、天保二年十一月であるが、その直前の丸一年間、つまり天保元年八月九日から翌天保二年八月九日まで、信州の上田・小諸に居住して、教化活動をしたことは周知のことと言ってよい。そして下総における幽学の「性学仕法」が大きな成果をあげ、多数の門人が集った弘化・嘉永年間にも、彼は自ら数度小諸・上田を訪れて、直々に門人の指導に当っているのである。

この信州における幽学の動静については、彼の日記「口まめ草」にかなりの量をもって記されているので、従来の研究諸書も多かれ少なかれ触れてはいる。だが具体的にどんな教化活動を行い、どういった門人が何人ほど居たのか、ということについては全くといってよいほど触れられていない。したがって、上田・小諸地方で「性学仕法」が行われたのか、行われなかったのか、ということにもほとんど触れられていない。「口まめ草」をはじめ幽学関係史料にも記載がないし、地元史料の調査研究も未着手の状態だったからである。

幽学関係の、上田・小諸の地元史料としては、小諸の小山家文書が唯一の残存史料として早くから注目されており、吉川弘文館の人物叢書『大原幽学』の著者中井信彦氏も披見されている。地元研究者の土屋正次郎氏・若林誠氏も、諸論考の中にこの小山家文書を部分的に引用・使用しておられる。(1) しかし小山家文書の本格的検討は、これらの諸氏によっても行われることなく今日に及んでいる。従って、小山家文書を手がかりとし、関連史料を地元で渉猟するという作業ももちろん行われていなかった。

明治大学の木村礎氏が、昭和五十三年七月末にこの小山家文書を採訪し、整理と史料目録作成に当ると共に、文書撮影をされたことは、信州における幽学研究を本格的に進めるうえの刺激となった。

当時小諸に在住していた青木歳幸は、木村氏の来訪に先立って、小山家文書の目録作成をしたのであったが、土屋正次郎氏・若林誠氏も、文書の披見撮影には立ち会い、地元研究者としての有益な助言を惜しまれなかったのである。

木村氏の友人として、研究会などで同席する機会の多い横山十四男は、上田市出身であることから、同氏の意向に協力し、昭和五十二、五十三の両年度の小諸史料調査に同行し、また五十三年度の千葉県干潟町の明治大学史料調査にも見学参加した。

昭和五十四年八月初旬には、数日の予定を組んで、独自に上田・小諸地方における幽学関係の史料探索に当ったが、上田地域については、その研究主眼を門人の実体把握に置いた。だがそれは不成功に終った。つまり、上田地域では幽学関係の文書史料は一点も発見できなかったのである。また「ロまめ草」に名が出てくる上田在住の門人六人については、三人まではその末裔を辿ることができたが、他の三人は手がかりが得られなかった。

小諸地域については、小山家文書中の「諸用書留　性学道友」(嘉永二年)、「会日記　道友中」(弘化四年〜嘉永元年)によって道友(門人)の名がわかっていたので、その子孫の方々を確認し、文書史料や関連資料の有無を確かめることで、出来れば周辺関連史料によって、これらの道友の社会的立場も確かめたいと願ったのであった。

小諸地域については、かなり手ごたえがあった。特に小諸市内与良区公会堂に収蔵されている文書によって、意外に豊富な収穫があり、道友の社会的立場はほぼ明らかになった。したがって、ここに報告する小諸関係の内容は、小山家文書と与良区有文書の調査結果ということになる。

なお青木歳幸は、昭和五十五年八月にも上田の道友の追跡を継続し、『上田市史』を詳細に検討し直すことと、「原町問屋日記」[2]の天保元年〜二年の部分を調べることによって、いくつかの知見を得た。

本稿は、これらの調査研究に基づき、地元史料によって判明した事柄を中心に報告することになる。小諸の周辺関連資料の調査はいまだ完了していないので、中間報告の形をとらざるをえないことを、あらかじめお断りしておきたい。

1　上田における道友

幽学が初めて上田に来住した天保元年八月から、翌二年八月までの丸一年間について、「ロまめ草」に記載されている上田の道友関係の内容をまとめると、次のように要約できよう。

① 固有名詞のわかっているものは、海野町商人小野沢六左衛門、その子辰三郎、原町商人島田万助・浮丸・半月・八朔の六名である。

② 上田の知友・門人で、幽学の江戸への出発に当り、歌または発句を贈った者は三九人いた。

③ 幽学が山の湯という温泉へ入湯に行っている間に、上田の藩中の武士たちと三日間飯食を共にして楽しんだ。

つまり友人の中には武士もいたのである。

以上の「ロまめ草」の記事を手がかりにして探索してみよう。

まず小野沢六左衛門であるが、彼が、幽学上田滞在中の宿泊の世話をした商人である。幽学と深い交わりをするようになったきっかけは、子息辰三郎が病気療養のため諏訪の医者にかかる際、幽学に付添い同行を依頼したことであった。およそ一ヵ月間の諏訪療養の期間中、幽学と辰三郎はあたかも弥次・喜多道中よろしく狂歌や川柳を競詠し、辰三郎がしばしば呵々大笑していることが「ロまめ草」に記されている。それが病気療治に好影響を及ぼしたことは確かなようで、「辰三郎主し病気平癒して、父六左衛門主限りなく悦ばれて僕をどこへもやらじとて、是より此家を宿と定め日々方々へ行つ来つ語らひぬ」ということで小野沢家を宿とすることになったのである。

幽学が上田で門人をとって教化活動を始めたのは天保二年正月元日からのようで、「当日(元旦)辰三郎・浮丸・半月の三人ㇼ学びの法則を定められけり。九日より入門の者多く愈々稽古はげしく成りぬ」と「ロまめ草」に記されている。ここに出てくる浮丸・半月は俳号であろうが、本名が誰であるかは明らかではない。最初の入門者三人の中で、辰三郎と並記されているのであるから、門人の中の中心的存在であったに違いない。「原町問屋日記」の中でも浮丸・半月の名が出て来ており、問屋の滝沢助右衛門家の者かその親類縁者のように思われるが、明らかではない。

幽学が善光寺詣りをしたとき同行した者の一人である原町八朔主(はっさくぬし)というのは、姓は滝沢で、「原町問屋日記」天保三年の項に、「文政七年申十一月、他所帯刀御免被成下候滝沢八朔」という記事がある。他所帯刀御免という家格はそうざらにあるものではない。上田町の商人の中でも最上級に属するものと思われ、問屋の滝沢助右衛門家の者か、分家の者と思われる。

また島田万助については「(六月)十七日上田小野沢夫婦・島田万助・浮丸・半月の五人来りて僕が病を厭ひ、休みながら右の五人と馳走をかねて当所(小諸)門人ともに十八人連々にて布引山へ行く」と「ロまめ草」に記されており、上田の門人の中ではかなり重視された存在だった模様であるが、彼は上田原町で綿屋を手広く営んでいた町内最有力商人の一人であった。

さて小野沢六左衛門家の当時の様子であるが、文化八年に刊行された『商家高名録』という書物には、太物・小間もの・荒物・瀬戸物を扱う店という看板が掲げられ、薬種・毛筆・唐木などの文字も見える大店で、屋号は柏屋である。

この店のあった場所は、現在の上田市中央一番街、ほかり呉服店のあるところで、上田市内でも目ぬき通りのど真中に当るが、江戸時代でも上田城大手門のすぐ前の、町屋の中枢部に位置を占めていた。こんな場所で幽学が門人を集めて教化活動をしたということであれば、たちまち上田家中でも注目されたに違いない。

小野沢氏の子孫はすでに上田には居らず、行方も明確ではなく、火事で文書類もすべて焼いてしまったとのことで、残存資料も皆無である。ほかり呉服店主の保刈定美氏のお話によれば、昭和五年に小野沢すいさんから、上田市大字上田字海野町四七九一番地の宅地一四〇坪と、二階建居宅四二坪および二階建土蔵などを譲り受けたのだということう。こうして小野沢氏の探索を通じて、幽学関係の史料を発見する可能性は皆無に近いことがわかったのである。

小野沢家に史料が無いということになれば、その他の門人の後裔に当ってみるほかない。門人の中で今のところ唯一人後裔の判然している島田万助家について調べてみた。

上田原町で、綿屋を手広く営んでいた島田万助は、町内でも最有力商人の一人であったが、島田家はその後、「綿万」と称する本家と、「綿良」と称する分家とに分かれ、本家筋はすでに上田には居られない。分家の「綿良」

家が現在でも健在で、かなりの量の古文書を所蔵しておられる。特に綿に関する文書は本家から受け継いで、分家する前の時代のものも所持しておられると聞いたので、その中に幽学関係資料が無いかと期待して調べさせて貰ったが、残念ながら一点も見当らなかったのである。

後年、弘化・嘉永年間に、再び幽学が信州に来て教化活動をするが、その中心は小諸であった。その小諸での道友の会合に、しばしば出席した上田の道友は、小野沢氏のほかは原町で菱屋の屋号を持った中村清兵衛だけであるが、その菱屋は現在では原町を離れ、小諸に移り住み、駅前で立派な土産物品店を営んでいる。古文書の所蔵は無いという。

なおこの上田原町の菱屋は、同じ原町の島田氏(綿良)所蔵の地図によって見ると、島田万助宅と隣接しており、小野沢氏宅とは数十メートルの距離にあったのである。そしてこの菱屋清兵衛も『商家高名録』に載っている。以上、上田における幽学の道友を見ると、氏名の判明している者はすべて上田町の目ぬき通りで商業を営む上級商人もしくはその親類ということになる。こうした商人たちを相手に、幽学はいったいどんな教化活動をしたのであろうか。次にこの点を考察してみよう。

2　上田における活動

幽学が上田で正式に門人をとって教化活動を始めるようになったのは、天保二年正月一日からであったと「ロまめ草」には記されている。ところが入門者はぞくぞくふえて、「(四月)十二日より日々入門の人多く、稽古弥々励しく改心の者多し」という有様だったのである。

この稽古については「稽古益々励しく昼夜まどろむいとまなし」(「口まめ草」五月の記事)という激しい内容のものであった模様であるが、その実体については不明である。また改心の者多し、と記されているその改心の内容もわからない。

だが、教化活動を始めてから半年も経たないうちに、たちまち人気を得て続々入門者があり、幽学に対する門人の信頼がきわめて篤いことに対し、藩当局が黙ってはいなかった。

「五月六日友人四人にて新別所といへる温泉に入りて安楽寺に遊ぶこと楽しく有りけり。十二日に至れば友人追々来りて十余人と成り、世間の風説を恐て十三日上田に帰る」と「口まめ草」に記されている。

「世間の風説を恐れ」るとはどういうことなのか。町人間に面白くない風評が出たとは到底考えられず、上田藩当局から睨まれたと解釈するほかはない。したがって五月初めには、すでに藩当局の圧力が加わるようになっていたということになる。

「口まめ草」では、この「世間の風評を恐て……」の記事のすぐあとに、六月七日から幽学が小諸の翁屋に移ったことが記されており、以後江戸へ出発する八月九日まで上田に来たことの記載は無い。おそらく六月七日以降はずっと小諸に滞在し、教化活動の拠点は小諸に移ったと見るべきであろう。上田の門人がしばしば小諸の幽学を訪ねたという記事が出ているのである。

さて幽学が小諸に居を移したあとの上田の様子はどうであろうか。それについて注目に値する史料が「原町問屋日記」の中にあった。同日記の天保二年六月二十九日の項に、

聖学之儀小諸江被呼参候者も有之候由決而参不申様心得之義申聞候様御奉行様被仰聞候由関左衛門殿被仰聞候

という一文があったのである。

まず上田における幽学の教えが「聖学」と呼ばれていたことが判る。そして六月七日に幽学が小諸に移ってから、上田の門人で小諸へ教えを受けに行く者がかなり居た模様であるが、それに対し、藩当局は、奉行の名において禁止令を出し、その旨を手代の野原関左衛門が示達したのである。奉行—手代を通じて公然と聖学に対する禁止令が出ていることになるわけである。とすると、お上の御用を勤める問屋である滝沢家の子弟縁者たる者、幽学の門人として聖学を続けるわけにはゆかなくなるのが当然である。前に触れたように、幽学の上田における主だった弟子の八朔・浮丸・半月らが、問屋滝沢家の縁者である可能性が強いのであるが、そうだとすれば、彼らは幽学との親交を続けるわけにはゆかなくなったのである。

先の六月二十九日の禁止令は、上田の門人が小諸へ行って幽学の聖学の教えを受けることを禁ずる、という内容で、聖学そのものの否定ではなかったのであるが、同年七月二十五日の項にはより厳しい禁令が出たことを記している。

聖学之儀入門致候者共小寄ホ(など)いたし候趣右聖学之儀風聞不宜義も有之候間相止候様被仰聞候

とあるのであって、ついに聖学そのものを学ぶことを禁ずるに至ったのである。こうして幽学は、最初の教化地上田において、上層商人の間に極めて高い信頼と人気を得たにもかかわらず、藩当局からは弾圧を受けることとなったのである。

ところが「ロまめ草」の記事には、その後にも興味ある内容が載っている。

僕疲れ甚しければとて友人の諫に随ひ七月朔日鴨之助といへるを連て山の湯といへるに行きて温泉入湯しけり。折ふし上田の藩中と飯食をともにし楽むこと三日、されども藩士は五日に帰る。我等は跡に残り六日御桟敷山といへるに登り……

とあるのである。つい二日前の六月二十九日には、奉行の名で、小諸の幽学を訪ねることが禁止されているのに、事もあろうに上田藩の家中の武士が三日間も幽学と飯食を共にしているとは、いったいどういうことなのか。入湯先でたまたま一緒になったので歓談したとは、到底考えることはできまい。両者が上田藩当局の人目をはばかって山の湯で会見したと理解すべきであろう。この時幽学と三日間も飯食を共にした藩士の数が何人であったかは記されていないが、あるいは幽学の教えが上田藩の武士の間にもかなりの影響を与え、何人かは教えを受けており、その中の代表者が、禁止令の発令を機に折入って幽学と会見した、ということなのではなかろうか。

上田藩の家中の武士と幽学との関係については、「ロまめ草」のこの記事のほか、史料は今のところ皆無で何もわからない。しかし上田藩では、上野尚志らの提唱によって安政元年に領内に「永続講」を結成するような働きかけを行っている。この「永続講」というのは、

屋敷田畑等を有する者が、其内永く其家に伝へんと欲する部分を永続御高帳と云ふに記載して、其所だけは子孫に至り財政不如意に至るとも、決して質入などには為ないと書き記して、本人は勿論親類組合等が連印して之を村役人に提出する。村役人此に奥書印形して藩役人に差出すのである。此永続御高帳に記載する土地の高は、五百文程より二貫文程迄と定め……(3)(『上田市史』上、七九二頁)

という内容であって、支配者側の藩の民政担当役人の発議と働きかけで農民の間に弘めようとしている点で、幽学の指導下で下総長部村などで結成された天保七年の「子孫永々相続講」とは根本的に性格が異なると言うべきであろう。しかし、農民の家産を子々孫々まで永続させようという趣旨と、「永(々相)続講」という名称には、両者に共通性が見られる。だがこの上田藩の「永続講」を立案した背景に、果して幽学の教えの影響があるかどうかについては今のところ全く不明である。

3　小諸における道友

幽学が小諸で初めて教化活動をしたのは、天保二年二月十九日からと「ロまめ草」に記されている。小野沢辰三郎の案内で小諸与良町翁屋嘉吉方を訪ね、そこに宿泊して門人を教えたのであるが、二月十九日の入門者は一二人であった。ところが小諸の人達が極めて熱心だったとみえて、

稽古励しく少しの中に道たる所以を知れる者多く僕悦びの余りに

此宿に今日長居の桜かな

と詠んだと「ロまめ草」に記されている。それから三月十四日まで小諸に滞在している。

第二回目の小諸への出張指導は六月七日からであるが、以降江戸へ出立する八月九日まで、幽学は上田へ帰らず、小諸に留まっていた模様である。その間の教化活動で特徴的なことは、子供を野外へ引率しながら指導したことと、おとなの門人に対しても、一六人とか一九人という団体を率いて、糖塚山とか布引山あるいは浅間山というように、大小の山に登っていることである。だが何を教えたのか、ということについては記されていない。「少しの中に道たる所以を知る」という表現はあるが、それだけでは判然しない。

天保二年の教化活動については、小諸の場合も上田と同様、内容はよくわからないのであるが、弘化・嘉永年間の教化活動については、小山家文書によってかなりその内容を知ることができる。

まず、この時期における幽学の来信状態を示すと次の通りである。

①　弘化二年　三月長部村を立ち、信州小諸・上田に赴き五月帰村

② 同　年　八月再び信州に赴き九月帰村

③ 弘化三年　二月信州に赴き、上田・小諸の門人三人を伴って越後高田および諏訪に旅行、五月帰村

④ 同　年　八月また小諸・上田に赴き九月帰村

⑤ 弘化四年　三月信州に赴き五月帰村

第1表　嘉永2年現在，信州の門人一覧

門人名とその親	住　居	町役人経歴	備　考
① 嘉　吉	小諸与良町	年　寄	屋号翁屋
② 仁　蔵	〃	百姓代	嘉吉の伜
③ 源五右衛門	〃	年　寄	小山氏第10分家
㋐ 市郎右衛門	〃	年　寄	
④ 伜　辰郎	〃		嘉永元年入門
⑤ 由兵衛	〃		源五右衛門の分家
⑥ 忠右衛門	〃	年　寄	
⑦ 伝兵衛	〃	年　寄	家号は丸伝
⑧ 同人家内	〃		
⑨ 善三郎	〃		弘化4年5/10～8/23下総へ
⑩ 伯　司	〃		18歳(嘉永2年)，嘉永元年4月～6月下総へ
⑪ 召仕　米作	〃		
㋑ 宗兵衛	〃	年　寄	幕末上田原町綿良と縁組み
⑫ 伜　猪　吉	〃		嘉永元年入門
㋒ 右兵衛	〃	庄　屋	小山氏本家
⑬ 伜　六四郎	〃		
⑭ 七五郎	〃		弘化5年入門
⑮ 栄太郎	〃		
⑯ 繁之助	〃		
⑰ 新十郎	〃	年　寄	屋号は山新
⑱ 任三郎	〃		嘉永元年入門，嘉永2年下総へ，新十郎の弟
⑲ 三木助	〃		新十郎の弟(?)
㋓ 孫兵次	〃		
⑳ 弟　陽五郎	〃		
㉑ 伝右衛門	〃	年　寄	小山氏第6分家，屋号篠伝
㉒ 平次郎	〃		19歳(同上)，伝右衛門の弟嘉永元年4月～6月下総行き
㉓ 利兵衛	小諸本町		屋号は大和屋，掛川氏
㉔ 宇三郎	〃		大和屋の養子，嘉永2年4月入門
㉕ 七　助	上田原町		18歳(同上)，屋号菱屋，中村氏，嘉永元年4月～6月下総へ

⑥　嘉永元年　四月三日〜二十五日の間信州に来駕。そのうち九日〜十五日の間上田の菱屋清兵衛方へ御出向

⑦　嘉永三年　三月二十六日良左衛門先生来駕。四月二日に帰る。そのうち二十八日から一日までは上田[4]

つまり弘化二年から嘉永三年までの六年間に、幽学が六回、良左衛門が一回来信していることになっている。この地に対する教化活動がかなり熱心に行われたと言うべきであろう。ではいったい、小諸ではどんな活動が行われ、どれ程の門人が居たのであろうか。まず門人の素性調べから着手してみよう。

小山家文書に「嘉永二己酉年五月十二日諸用書留　性学道友」と表書きした冊子があるが、その末尾に「下総に書置候名前之覚」と注記をした名簿が載っている。つまり、性学の本拠下総長部村に書き載せられている信州の門人一覧という意味である。そこに記されている門人二五名について、小山家文書による検討と、聞取りによって判明した内容を書き添えて表示してみると、第1表の通りである。

門人二五名のうち二二名が小諸の与良町に住む者であり、残り三人のうち二人は小諸の本町、一人が上田原町となっている。小諸与良町の門人二二名について見ると、うち六名が年寄経験者（天保十一年〜明治四年の間に年寄になった者）である。本人は門人ではないが、その息子が門人となっている表中の㋐〜㋓の四人についてみると、一人は庄屋であり、二人が年寄である。つまり、嘉永二年当時の小諸における幽学門人についてみると、その中心となった人びとは与良町の上層町人（町百姓）だったと言える。それに分家、弟、子供、使用人などが加わっていた、という形なのである。しかも与良町の小山氏一族によって占められていた、と言えるのである。小山氏は、甲斐源氏の安田義定の子孫といわれ、与良町では表中の㋒右兵衛家が本家に当り、江戸初期以降与良町に十数軒の分家を出したのであった。

小諸は元禄十五年から明治二年の版籍奉還まで、牧野氏が一万五千石で支配した城下町で、また北国往還の宿場

町でもあったが、住民の身分はすべて農民となっていた。ただ商業を兼業している農民は「町百姓」と呼ばれ、農業を専業とする「本百姓」と区別されていた。第1表に挙げられている門人は、町百姓の中の主だった者達だったのである。

ではこれらの町百姓たちの所持高はどんな状態だったのか。与良区有文書の中の「和宮様御通輿ニ付入用高割取附帳」(文久元年)によって、与良町の百姓の土地所持状態を示したのが第2表である。与良町の百姓惣数は、表中の一七三名と注2の三三名を加えると、合計で二〇六名となるが、その中の九二名が一石未満の零細土地所持者である。

ところでこの文久元年の「高割取附帳」はじめ、幕末の年貢・諸役割附帳類を見ると、百姓の所持田畑の中に「永続地」として別記された土地のあったことがわかる。(5)「永続地」を持っている百姓は与良町で一四名であるが、その記載形式は、一般百姓なみに、「高……」、「当荒……」、「見取……」と所持高を三様に分けて記したあとに、「同人分永続地」として別に所持高が記されているのである。

一四人の所持する「永続地」の石高内訳を表示してみると第3表の通りである。一四人の顔ぶれを見ると、第1表の門人一覧中の者と明らかに同一家と判断できる者が表中に〇印をつけた五人である。嘉永二年当時、与良町に二二名いた門人が、一二年を

第2表　文久元年，小諸与良町本百姓・町百姓の土地所持状態

所持石高	人数	永続地のある者の数
50石以上	1	1
30〜50 未満	1	0
20〜30 〃	4	2
15〜20 〃	2	1
10〜15 〃	12	1
7〜10 〃	12	0
5〜 7 〃	18	4
4〜 5 〃	17	2
3〜 4 〃	11	3
2〜 3 〃	13	0
1〜 2 〃	23	0
1石未満	59	0
計	173	14

注1)　文久元年「和宮様御通輿 ＝ 付入用高割取附帳」より作成。
2)　表中の計173人のほかに，入作者とこみで記された零細者(1石未満)の名が33名あるが，この史料だけでは素性がはっきりしないので，ここでは別にした。

第3表　永続地所持者の内訳

		ふつう田畑			永続地	
		石高	当荒	見取	石高	見取
		石	石	畝 歩	石	畝 歩
	清左衛門	74.9.4.4	1.1.3.3	9. 7	8.0.5.4	9. 8
	茂助	24.9.1.4	0.1.1.2	反2. 6	1.6.6.0	
	庄右衛門	20.1.0.6	0.4.4.0	2.9.15	1.8.9.3	
○	嘉吉	13.8.3.9	0.3.7.0	3. 6	2.7.7.0	. 2
	平兵衛	11.6.6.6	0.3.5.6	.16	1.6.3.3	
	仁右衛門	5.9.7.8	0.2.2.9		0.3.0.6	2.10
	与次郎	5.1.9.5		.6	0.5.5.0	
○	由兵衛	4.5.5.0			0.4.5.1	1. 5
○	伝右衛門	0.5.0.0		1.0	5.2.6.0	
○	伝兵衛	1.9.8.9			2.6.5.7	. 3
	善蔵	3.6.7.5	0.2.4.2	2.20	0.7.8.0	
○	源五右衛門	2.2.9.2	0.8.8.8	.5	1.5.4.0	
	六郎右衛門	1.3.8.6		4.17	1.7.5.5	
	嘉左衛門	3.0.8.5		.26	0.3.6.0	. 21

注1)　第2表の所持石高には永続地を合算してあるが，ここでは分けて別々に記した。
2)　○印の百姓は，嘉永2年当時性学道友であることが明らかな者。

経た文久元年にどう変ったのか。あるいはこの間に改名したのは誰々か、というような追跡研究が十分行われていないので、「永続地」所持者と性学道友との関係はいまだ不明である。

中井信彦『大原幽学』(吉川弘文館)の末尾年表の嘉永元年の項には「(幽学が)七月、信州に赴き、小諸に先祖株組合を結成」と記されているが、小諸側に現存する史料によって、先祖株組合の結成や先祖株仕法の実施を確認することはできない。

この「永続地」が果して性学仕法と関係があるのかどうかの検討が、上田領における「永続講」と同様に研究課題として残されている。

4　小諸における性学運動

前述のように、小諸・上田における性学運動の実態については不明なことが多いのであるが、今回の調査で、小諸の事情についてはかなりのことが判明した。次にそれを紹介してみよう。

幽学は、下総長部村を中心に、性学仕法が成功を収めるようになった弘化二年、一四年ぶりに信州の上田・小諸

第4表 小諸道友の活動一覧（「諸事日記」「会日記」による）

年代	事項	年代	事項
弘化4 (1847)	3月～5月 幽学信州に来る 5月～8月 善三郎下総へゆく 11月 5人で申合せ，会合日は五の日とす〈当分の間会合を休む〉		（10月20日 下総より，9月出した書状の返事が到着 11月12日 下総へ書状を遣す） 11. 5 丸伝 〃 15〃 15 孫平次宅にて初会合 10〃 25 翁嘉宅 〃 13〃 12. 5 篠伝宅 〃 11〃 （来る15日までの10日間，思い通り行動し，其の趣を申出るよう3人が議定した） 15 山新宅 〃 6〃
弘化5 〃 嘉永元 (1848) 3月15日改元	2月7日 篠伝宅で会合 3月6日，15日，26日に会合 4月3日 大原先生ご来駕 9日～15日 先生上田の菱屋清兵衛ヱ方へ 21日 先生様下総へお帰り，由之助，平次郎，伯次，上田の七助，下総へ参る 4月25日 翁屋で会合，参加者6名 5. 5 善三郎 〃 〃 7〃 .15 新十郎 〃 〃 10〃 是より毎月5日は丸伝，15日は山新，25日は翁嘉で会合することとなる .25 嘉吉宅で会合，参加者8名 6. 5 丸伝 〃 〃 6 （7日平次郎，伯次，上田七助ら帰宅，12日銘々で下総へ書状） 15 山新 〃 〃 12名 25 翁嘉 〃 〃 11〃 7. 5 丸伝 〃 〃 9〃 16 山新 〃 〃 5〃 今後の会から幽玄考の意味を心味するよう申し継ぐ 25 翁嘉 〃 〃 8〃 今夜下総よりの書状上田行3，当地19通到着，直に拝見 8. 5 丸伝 〃 〃 8〃 丸伝，翁嘉のほか，6名を世話人に立てる 15 山新 〃 〃 15〃 25 翁嘉 〃 〃 15〃 （七五郎が先生となる） 9. 5 丸伝 〃 〃 14〃 15 山新 〃 〃 14〃 25 翁嘉 〃 〃 17〃 上田よりの3人参加 10. 5 丸伝 〃 〃 16〃 当会の先生は辰郎	嘉永2 (1849)	1月5日 下総より書状到来 4月3日 下総より書状到来 閏4月 大原先生を迎えにゆくもお繰合せ成り難くお出でにならず ［この年4月下総に書置候名前別紙の通り25名］ 同月下旬…七五郎，辰郎が議定致す 5. 5…丸伝における会合で猪吉が議定する ［下総へ行ったとき八石で議定した者，善三郎，平次郎，伯司，本町宇三郎，上田七助，任三郎］ 5.12 下総へ書状遣す 8.14 〃 10.12 〃 10.21 下総より書状参る
		嘉永3 (1850)	正月.12 辰郎，宇三郎が下総へ年始状 3.15 下総へ書状 3.26 下総より由之助同道にて良左衛門先生来る 4. 2 良左衛門様帰国 伝右衛門，善三郎，上田貞之助，下総まで送る（5/4 帰る） 4.17 六四郎宅で会合の節，儀兵衛新入り 4.25 嘉吉宅 〃 織太郎 〃 5.12 書状出す 6.12 書状出す 6.25 翁嘉で会合の節勝太郎新入り 7.26 〃 為三郎 8.28 折太郎，由之助下総へ 12. 5 任三郎宅会合の節重之助新入り
嘉永元 (1848)	10.15 山新宅にて会合，参加者10名 当会の先生は任三郎 25 嘉吉宅 〃 10〃	嘉永4 (1851)	1.5 丸伝宅会合の節佐兵衛新入り 3.25 翁嘉宅会合の節善之助，喜代作新入り

を訪ねている。それから嘉永元年までの四年間に六回も信州に来訪しているのである。その影響によってと思われるが、嘉永元年三月からは、小諸の道友による会合が、月に三回定期的に行われるようになり、それが嘉永四年三月まで続いた模様である。小山家文書の「会日記」と「諸事日記」がその事情を語る貴重な史料なので、この二者の内容をなるべく忠実に紹介してみたい。第4表がそれである。中井信彦『大原幽学』の巻末年表と食い違う部分もあるが、小諸の事情に関する限り、この史料の方が信頼できるものと言うべきであろう。食い違う点は、中井年表には「嘉永元年七月、(幽学が)信州に赴き、小諸に先祖株組合を結成」とあり、また「嘉永二年三月(幽学が)信州小諸・上田に赴き、四月帰村」とあるのであるが、第4表によってわかるように、嘉永元年に幽学が小諸・上田に来たのは四月三日〜二十一日であり、先祖株組合については何ら触れられていない。また嘉永三年に信州を訪ねたのは幽学ではなく、遠藤良左衛門であった。

さて、「会日記」と「諸事日記」は、弘化四年十一月から書き始め、嘉永四年三月二十五日で擱筆されている。この満三年四ヵ月にわたる期間が、小諸における性学活動が活発に行われた時期ということになると思われる。とにかくこの間には、毎月三回道友の会合が持たれたものと思われ(嘉永元年三月〜十二月の間は確実に月三回持たれている。それ以降は推測)、数名から十数名がこれに出席している。道友総数は明示されていないが、第1表に挙げられた二五名を超えることは無かったと思われる。嘉永三年四月以降、道友会合に加わることを希望した者が七名記されているが、彼らが道友になったかどうかは不明である。

嘉永二年閏四月から五月にかけて、七五郎、辰郎が「議定致す」とあり、また「下総へ参候節、八石ニ而致議定候者」として六名の名が記されているが、この「議定致す」とはいったい何を意味するのだろうか。先祖株組合への加盟を意味するものなのかどうか、この史料だけでは明らかにすることができない。

毎月の道友の会合の内容は必ずしも明らかではないが、同年七月十六日の会合で「後会より幽玄考意味ヲ心味候様申継候」という決定をしているとか、八月二十五日以降の会合では、毎回誰かを「先生」に仕立ててやっていることなどを考えると、具体的な生活改善仕法に関することよりも、倫理・道徳的内容の修養が主眼だったのではないかと思われる。

この道友の会合における議論・修養の一端を物語ると思われる興味ある資料が、小山家の文書所蔵箱の中に入っていた。文字を書いた八枚の附木（つけぎ）（火種から焚木（たきぎ）に火を燃え移すのに使う）がそれである。欠落があったり解読不明の文字もあるが、判読できる内容を左に記してみよう。最初の一枚に「和と申事ハ」と記されているところを見ると、いずれも「和とはどういうことか」という論題に対する各人の答ということである。

①「あまたの人の顔を見て悪しと思ふねん無きを第一と心かける事」（左平次）

②「人にいけんされる事を善と思ふて其善を受て津とめたならば其人又心よく思ふて志ぜんと和するに成べし」（七五郎）

③「あの人古の人と無……誠尽……たらよからう存候」（平二郎）

④「実信みたさす　身越捨衆人へ誠越尽す事のミ」（織太郎）

⑤「猪太郎伝右衛門両人又十日之間けん悪いたし候間……御見察可給候」（両人）

⑥「我意捨形気に随ひ善をよろ古ふ」（？）

⑦「たれの云事成とももちへ多らハ和せよふと思ふ」（？　織太郎代草）

⑧「……居る事に……兎ニモ角ニ……セたら宜敷候故……」（？）

何と率直で、生活に即した意見であることか。こうした意見を出し合って、処世の精神的拠り所を得ようとしたものであろう。⑤には二人の者が仲違いしていることが告白されているが、道友仲間の会合・論議によって、そうした不和も解消されていったのであろう。あるいはこの猪太郎と伝右衛門の両人が嫌悪しあっているという実状があったので、その解決を直接のねらいとして、道友がみんなで「和ということ」について意見を出し合い考えた、ということなのかも知れない。

この附木に書かれた意見は、幽学が来信して直接指導した時のものか、それとも月例の会合のときのものか不明であるが、道友たちはほとんど毎月のように下総へ書状を送り、それに対する個別指導を返書によって受けるという形をとっていた。

嘉永元年七月二十五日に下総から到着した書状の数は、小諸の道友宛が一九通、上田の道友宛が三通となっている。この数がこの時期の小諸・上田の道友の数とほぼ一致するのではないかと思われる。小諸での会合に、時おり上田から柏屋おやすと七助が参加しているが、七助は上田原町の中村清兵衛の伜である。したがって、この時期の上田の道友というのは、柏屋つまり小野沢家と菱屋の中村家の者だけだったと思われる。天保二年当時、数十人居た門人・友人はどうなってしまったのだろうか。いずれにしてもこの時期の性学の活動は、小諸が中心で、上田は取るに足らない存在になっていたのである。

以上信州の上田・小諸における性学の道友とその活動について、現在までに判明した内容を報告した。標題に「活動の開始」と掲げてあるが、下総で本格的教化活動をする前の、天保元年～二年の活動内容だけではなく、下総での成果を逆輸入する形で再度小諸での教化活動を行った弘化・嘉永期の内容紹介がむしろ量的には多くなった。その点はご了承いただきたいと思う。

なお筆者としては、下総に所蔵されている上田・小諸関係の史料を、地元史料と照合・検討するという作業をしていないし、小諸にもまだ未調査の関係史料の存在が当然予想されるのである。今回はそこまで手が廻らなかったので、あくまでも中間報告に留まらざるをえなかったことをお赦しいただきたいと思う。

注

(1) 土屋正次郎氏・若林誠氏の論考には次のものがある。
土屋正次郎「大原幽学—農村指導者の原像を求めて—」①〜④、「技術と普及」(全国農業改良協会発行)、昭和五十一年九月〜十二月号まで四回連載。

同「近世末期の農村計画—大原幽学の村造りから—」「信州自治」(長野県地方課発行)、昭和五十一年四月号。

若林誠「信州における大原幽学の教学について」(自家版)、昭和三十七年。

同「大原幽学と信州」(信濃毎日新聞)、昭和五十年三月四日。

(2) 「原町問屋日記」は、上田原町の問屋滝沢家の日記で、寛文年間から幕末まで書き続けられている貴重な史料である。信州大学教育学部の日本史研究室で複写本を作成、所蔵しておられ、研究上たいへん便宜を受けた。

(3) 「永続講」については上野尚志著『小県郡年表』(復刻版)二一八〜九頁にも説明がある。永続講の提唱者上野尚志は、幕末には藩校の学監助ついで兵学師範となる。維新後は長野県師範講習所の教師、ついで上田変則中学の教師となった学者で、明治十七年に七四歳で没している。従って大原幽学が上田で聖学を教えた天保二年には二二歳の青年であった。聖学の影響を受ける可能性は十分あったのであるが、実態については全く不明である。

(4) 中井年表では嘉永三年三月、幽学が信州小諸・上田に赴き、四月帰村となっているが、地元史料では幽学ではなく良左衛門となっている。

(5) 百姓所持石高を示す帳簿として、文久元年・元治元年・慶応四年と三時点のものを見たが、いずれにも「永続地」が記載されており、しかも総石高に増減が見られても、「永続地」の石高は一四人とも不変であった。

(横山十四男・青木歳幸)

三　東総における交遊と活動

漂泊の大原幽学が房総にはいるのは天保二年十一月、長部への定住は天保十三年九月であるから、下総においては、約一〇年一〇ヵ月の漂泊生活が続けられるのである。そうしてこの間の幽学を語る史料としては、彼の残した日記「道の記」、「無題日記」(1)、「諸君子句集」、「陸奥つれぐ〵草」、「種々日記」と「ロまめ草」が中心となる。「道の記」は天保四年一月一日から同七年一月十七日まで、「諸君子句集」は天保七年一月二十九日から二月八日まで、「陸奥つれぐ〵草」は天保七年二月九日から三月四日まで、「無題日記」は天保七年三月四日から同十一年十二月末まで、「種々日記」は天保十二年一月一日から同十三年七月九日までの記事をそれぞれ含み、「ロまめ草」は文政九年七月十七日から天保十三年九月十八日までの記事を載せているから、ちょうど幽学が房総にはいって定住するまでの期間をほぼカバーすることのできる史料である。

以下、これらの日記と「ロまめ草」を中心として、この期間の幽学の交友と活動について、考察を加えることにする。(2)

1 足跡の概略

文政十三年三月二十三日、道を施すことを誓って、近江伊吹山松尾寺の提宗和向のもとを去った幽学は、美濃岩村より伊勢参宮、戻って中山道を辿り信濃の上田・小諸にはいり、そこで一年間活動し(前述)、やがて江戸に出るが、さらに足を延ばして鎌倉を中心に三浦半島に遊んだ。浦賀まで来たとき、たまたま宿の主人に「鋸山といふ銘山行きて一覧すべし」と強いて勧められたことから、便船で対岸の上総百子村に上陸した。ときに天保二年十一月十八日。これが幽学の房総における第一歩であると同時に、房総における遊歴と教化活動の始まりとなった。

幽学は百子村より鋸山見物の後、内房を海岸に沿って館山へ出るが、この間日本寺の住僧は信濃上田の出身、館山観音寺の住僧は尾張野田龍涇寺の住僧であったこと、またこの辺五、六里の間は上方に縁があり、話題も合うというようなこともあって、少しく安心感を覚えたのであった。また房総の旅の当初に知遇を得た長須賀に住む館山藩の儒者林潤造の、幽学の人柄を見込んでの、久留利藩家老岡本藤左衛門の弟新九郎に対する善導の依頼、さらには幽学の旅に対する知人への伝言・伝書の付与等は、関東人の精神構造に馴染めず、知己の全くなかった、これから後の房総における幽学の旅に、大きな便宜を与えることになったのである。館山を出た幽学は、その後安房を横切って外房の滝口村に出、海岸伝いに北上し、小湊誕生寺に詣で、引き返して館山へ、そして内房海岸沿いに富津へ、鹿野山へ登り、木更津へ出た。そして房総半島を久留利から大多喜へ横切り、勝浦、御宿を経て一ノ宮まで来たとき路用逼迫し、動きがとれないままここで越年したのである。

年が明けて天保三年一月十二日、幽学は一ノ宮を出発、一気に上総を横断して西上総姉ケ崎へ抜け、海岸沿いに館山を訪れたが、さらに内房海岸の村々を廻った後、三月六日、久留利の岡本藤左衛門家に落ち付いた。ここで幽学は藤左衛門の弟新九郎を善導するため三月二十一日まで滞在した。その後幽学は一ノ宮へ出るが、反転して久留利を経て上総を横切り、四月十三日には江戸へ出、さらに鎌倉を見物して、五月一日には再び上総へ帰って来る。そうして東上総より久留利を経、安房に遊び、上総満里谷、松崎、磯ヶ谷村を遊歴して、六月十五日には東上総東金町へあらわれるが、ここから北上して下総へはいり、八日市場、殿部田、山中村を訪れて、七月十四日には一ノ宮へ至る。さらに幽学は、部原から南房州、西上総に遊び、一ノ宮を経て八月二十一日には東金を訪れる。ここでたまたま同宿した海保忠左衛門に伴われて屋形村へ行き、逗留した。

江戸出府後の遊歴では、海保忠左衛門のほか真里谷の妙泉寺、松崎の鈴木紋左衛門、磯ヶ谷の馬立卯兵衛、八日市場の小作氏、足洗の千本松大内蔵、などのような将来親交を重ねる知己を得ることが多かった。九月七日、幽学は再び出発するが、路を北へ取り、飯岡より銚子を経、さらに利根川を越えて常陸へはいり、鹿島に至る。ここで引き返し、香取を経て九月十七日には八日市場へ来て滞在、十月五日出発、殿部田を経て久留利に岡本氏を訪ね、十二日には木更津、それから千葉、山室、横芝を経て八日市場に至り、十月二十二日には、常陸の汲上、さらに大貫、大洗、水戸を経て十一月一日には太田まで到達する。その後同じ路筋を引き返し、銚子、足洗から東上総、安房、西上総を経て曽我、さらに安房に林潤造を訪ね、岡本氏指導の結果を報告し、所々に遊び、暮の二十五日に一ノ宮へ至って越年したのである。

以上は「ロまめ草」によって、天保二年十一月幽学が上総に上陸してから、天保三年末までの幽学の足跡を辿ってみたのであるが、それは江戸・鎌倉行きを除けば、常陸の東部を含め、下総の西部を除き、上総・安房全体の広い地域にわたっているのである。しかし天保四年にはいると、天保二、三年の振幅のきわめて大きかった幽学の足跡は、急激に収束を始めるのである。

「道の記」により天保四年の幽学の足跡を辿ると、それは北は常陸の汲上・鹿島まで、東は下総の銚子、西は長沼、南は上総の一ノ宮まで、郡でいえば下総埴生・香取・海上・匝瑳郡、上総の武射・山辺・長柄郡の範囲にとどまるのである。天保五年も下総・上総においては前年に準ずるし、天保六年もまた五年と同様である。天保七、八年はその足跡は上総全域に拡大する。天保九年には七、八年の上総での痕跡を僅かに残しながら、天保四、五年時の下総の地域に復帰する。天保十一、二年には一層収束の傾向は強まるのである。

2 初期の交遊

天保四年にはいると、幽学の行動地域は東総乃至常陸の狭い範囲に限定されて来る。これは幽学の交遊と密接な関係がある。すなわち、幽学の訪問が特定個所に集中的に行われることから結果的に生じた現象であった。

「道の記」によって、天保四年段階で目立つそのような幽学の訪問先を見ると、鹿島・香取両神宮の神主達、汲上東福寺の法印、殿部田村の南陽道人(修験)・藤田桂助、八日市場村の小作半兵衛(米穀商)[3]とその一族、屋形村の海保忠左衛門・同惣兵衛(地引網主)[4]、足洗村の千本松陸奥(神主)であり、天保五年段階では四年段階に加えて長沼村の本多元精・元俊父子(医師)、並木村の小川三郎兵衛、鏑木村の吉田栄俊(僧侶)・比留間貞斎(医師)・平山忠兵衛(旗本原田家の用人)とその一族、銚子の陣屋の人々(高崎藩足軽)、諸徳寺村の金杉竜蔵、松沢村の宇井出羽守(神主)などであった。これらの人々は宗教人であり、医者であり、商人であり、素封家であり、下級武士であって、在地における上層に属する人々であった。これらの人々は、経済的時間的余裕に文化性をあわせ持ち、知的生活をしていた。

このため各種の遊歴者を受け容れて、生活に潤いをもたせ、種々の情報を得る手だてとしていたのである。『古城村史』は、ほぼ同時期に遊歴して鏑木の平山家を訪問した各種の有名人の名を載せている。大原幽学自身もまたそのような遊歴者の範疇に属する人であるが、彼の日記によると、房総の彼自身の遊歴の途次また逗留中、何人かの無名の遊歴者に邂逅し、交歓したことを記しているのである。

幽学は下総の有力者の間をどのようにして遊歴していたのであろうか。

天保四年正月九日香取へ至った幽学は、二月二十五日まで、その間に若干の鹿島行を挟んで一ヵ月余逗留する。そのうちの一日の交歓風景について、彼は「道の記」に次のように描写している。

（二月）廿日精斎庵文盟主に語らひ、主と渡り殿三人にて暫皆半歌仙…（中略）…此家蛭児神祝ひに、

酒振の一杯嬉し若蛭児

と賞しが、渡り主筆をとりて、

坐につけは梅（にほ）ひけり若蛭児

夫より帰らんとせしか、強て止め給ふにより御知走(ママ)、其席にて笑ひ草有り、其故ハ此地の風俗として飯を強て高盛にする列有り(ママ)、此飯林主馬主手もつけず残されしに、予知走(ママ)に悦ひとしやれて、

山程も残るといいの若蛭児　懸るめて度たひを釣るとハ

と侍りしか、主其反しとて、

これからも高の知れさる目出度さに　はやしが飯を山と残して

春城主筆をとりて、

山ほとも盛し飯をも振舞て　これも宝の内山のぬし

と彼是惣方大笑ひ　ハヽヽヽ…　尾形大内蔵主筆をとりて、尾張のまろう人におのれが人相を見てよとこひ侍りしに、さた(か)にそれとこたひ給ハねハ、

はま千鳥跡なつかしく道問ハ　何とこたひも松風のこへ　是芳

ここでは「えびす祭り」の酒宴に俳諧・戯歌を取り合わせて興がっている。このような人を訪問しての交歓記事は、天保六年までの幽学の日記に随所に記されているのである。そこに登場するのは宴席・酒・和歌・狂歌・戯歌・付合・俳諧・談話等であるが、それらが時と所によって各種各様に組み合わされて座に興趣を添えるのである。その時幽学も座興に一役を買うのであった。このような間にあって幽学は、自己の教学を人々の間に普及させていくのであるが、それさえもまた酒席の座興に取り上げられようとすることもあった。さきに引用した史料に幽学の相学を取り上げて、酒席の座興にしようとし拒否されて、それが戯歌に転化された様子が見られる。時には幽学の教学そのものが座興に仕組まれることもあったのである。「道の記」の天保五年五月の記事に、

廿二日殿ア田来る、滞流せしが宇十ぬ(し)病気、右に(より)廿六日出立して、八日市場に至り泊らんと言に、主今一日逗流と止められしに休足して、美魚なとにて酒を呑やすらひて、日ハ未の刻と思ふ頃に山中村の医師まいらせて、酒呑んとのことなるに、予いなみて出さるをにや、

吉凶質素飲食澹泊謙謹節約者家修之本也、

賽翁か午の歳かと明らめて　麦粱喰て豆に働け　右ワ中宅　無愿坊

と書てめのこにもたせ遣ハすに、

僕前文、

よろしき跡ハ悪敷事ある歟、美味を喰ふた跡は何を喰ふともあまからすとや、

わが唇は賽翁が駒の行通ひ　呑時もあり呑ぬ日もあり

幽学の酒席辞退にかこつけて、彼の日頃説く「道」の中味を俎上に載せて皮肉り、揶揄し、座興としたのである。

東総初期にはこのような生活が次々と展開していくのであるが、この時期は幽学の教学の立場から見るとき、「義論集」で遠藤良左衛門がいっている情を施す時期であったのである。このようななかで後の性学が東総に根付いていくのである。

3　性学の始まり

幽学の下総における教学については、文献的にいえば幽学自らが「口まめ草」に、天保三年九月上旬銚子の医徳寺に逗留中「御陣屋八人、町家三人入門有」と記すのが最初である。それについで同月十四日「香取の社士主殿主に至れは、友人十二人打揃て学び励しき也」と書かれてあるが、以後幽学の教学に関する記事が、「口まめ草」と日記に頻出するようになる。

これらの記事により中井信彦は「このころから、幽学が門人をとり、特にグループをつくらせて教え始めたことを示すのであるが、それは彼のいわゆる性理学そのものの門人であったのではなかった」とする。これは現存の幽学門人の神文のうち性学神文は天保四年に初めて出現すること、それに先行する神文は易・人相に関するものに限られることとから、易学・相学の性学との関係は認めながらも、天保三年の銚子の入門者、香取の「学び」は易学のそれであったと結論したのであった。(5) これは神文の分析に関する限りは正しい。しかし幽学の教学を全体としてみるときは、これは当を得た結論ではないように思われる。

幽学には、下総の教学に先立つ信濃の上田・小諸における教学の体験がある。下総の教学が中井のいうように易学・相学から性学への段階的発展であるならば、信濃の教学は当然易学・相学そのものでなければならないはずである。「ロまめ草」に信濃における幽学の教学の状況を述べている。天保二年「当日(元日)辰三郎・浮丸・半月三人り学びの法則を定められけり」、天保二年二月「九月より入門の者多く、愈稽古はげしく成りぬ」(上田)、「十九日十二人入門あり、稽古励しく」(小諸)、三月「十七日二十一人新加入有り、稽古愈々励しく」、四月「十二日より日々入門の人多く」(上田)、「六月七日小諸翁屋に至れば、其夜入門を願者八人来る」というように、入門者の多いこと、稽古の激しいことを記している。信濃の教学の内容については明確に知ることはできないが、「ロまめ草」に「と、稽古の激しいことを記している。」

少しの中に道たる所以を知れる者多く」と記す一方、「改心の者多し」と表現しているのである。前者は易学・相学に対する表現であり、後者は性学的教学に対する表現である。信州においては易学・相学とともに性学的内容の教学が行われていたのである。

これは神文の面からもいうことができる。信濃での神文は、上田の小野沢有慶の人相神文(天保二年五月)一通に限られている。幽学神文の初出はすでに文政十年九月であり、しかも上田の神文に先立って、一八通入れられているのである。

いま信濃の門人の数をみると、「道の記」において幽学は、信濃における「友人」は四〇〇余名といっている。この場合単に「友人」と記しているから、必ずしもすべてがいわゆる門人でないにしても、相当数のものを門人と考えてよい。しかし今ここでは「ロまめ草」に記すところから、信濃における門人数を敢えて求めると、上田で二四名、小諸で二〇名、計四四名を求めることができる。これは信濃における門人の確定し得る最低の人数である。信濃の教学が易学・相学であるならば、易学・人相の神文はさらに多数残存しなければならないはずである。このようなことは信濃の教学が、易学・相学以外の要素を多分に含んでいたものであったということにほかならない。以外の要素とはいうまでもなく性学的要素である。

天保七年末秋の日付のある「性学趣意」(6)の「凡例」に、幽学は「大道に心を寄て以て其心広くして、其皐ひ(天地の変―松沢)を遁るの為也、且大いなる心を以てすれば、民家においても長く富を守る事に至也、…(中略)…然ども予漂泊の身なれば、分に応じて其道を守らん為、其所々の一飯を貪らん事を恐れて、其人々に性理を語れば、性の徳として何つ程にか朋友の中となり、相互に其行末の楽しからん事を願ふ事にしあれば」と述べている。幽学が、彼の遊歴の途次一宿一飯の恩義に報いるため、所々で性学的なものを説いて回ったことが判る。天保三年三月の久留利藩家老岡本藤左衛門の弟新九郎の指導が、どのように行われたかは不明である。しかし彼の性学的思想に基づいてその指導が行われたことは、容易に想像できるのである。幽学の性学的教学は、房総においては天保二年十一月上総の百子村に上陸すると同時に始まったと考えてよい。易学・相学と性学とは当初より混在していたのである。

しかし神文においては、易学・相学が性学に先行し、両者が中間において交錯しながら、やがて性学のみになるということは厳然とした事実であるし、易学の神文がすでに文政十三年上方遊歴中に出現していることも事実である。(7)ただここで考えておかなければならないのは、易学・相学については幽学に師が存在し、それから継承したものので、幽学の独自性が若干付与されているにしても、すでに、テキスト(伝書)が存在し、形式があった。しかし、いわゆる性学には依るべき思想はあったにしても、幽学自らが創出したものである。信濃の上田・小諸の体験はあったけれども、下総初期の段階ではまだ試行錯誤はまぬかれない状態にあった。テキストは勿論存在しなかった。ここに易学・相学神文の先行する理由があったのである。要するに性学においては、初めは神文を入れるという手続きが存在しなかったのである。

「道の記」の天保四年六月六日の記事に「夫より聖学の咄出しか、石橋筆をとりて、…(中略)…、いざこゝろあらためそめしその日より　生れかわりし我もよき人」とある。ここで「聖学」の文字を幽学自らが初めて使用したのであるが、天保五年以降、彼は日記においてこの語を頻繁に用いるようになる。この語は引続き石橋氏が詠じた和歌から、性学に通じるものであることがわかるのである。同じ事を取り上げて記事にした「ロまめ草」で「岩部村医師石橋うし来り、…(中略)…或日性理学を慕ひて」と記していることから、性学と同じ意味に使ったということを確認できるのである。敢えてここで幽学が「聖学」の文字を使用し、以後もこれを常用するようになったのは、この頃自己の教学に一つの確信を持ち得たことによるものであろう。この年の十一月、長沼の門人によって最初の性学神文が入れられたのも、このことと一連の関係にあるものと考えられよう。

4　教化地域の設定

天保四年段階になると、幽学の行動地域は、東総に収束されることはすでに述べたところである。この地域内で幽学の頻りに訪ね、宿泊する村が出現してくる。それらは長沼・荒海・並木・磯部・小見川・銚子・鏑木・松沢・諸徳寺・足洗・八日市場・殿部田・飯倉・東金・屋形・一ノ宮等の村むらである。これらの間を幽学はどのようにして遊歴したのか、ここでは天保四年の後半から七年四月までの状況を日記(「道の記」・「無題日記」)によってみることにする。(8) 幽学遊歴の道筋に従って方向性を重視し、代表的な地名を選んで幽学の足跡を辿ると次のようになる。

天保四年六月以降

八日市場―飯高―八日市場―鹿島―汲上―銚子―八日市場―源田河岸―八日市場―長沼―八日市場―屋形―八

日市場―岩井不動―八日市場―神崎―屋形―八日市場―足洗―殿部田―神崎―八日市場―屋形―八日市場―足洗―八日市場―一ノ宮

天保五年

一ノ宮―八日市場―長沼―八日市場―銚子―八日市場―長沼―八日市場―銚子―八日市場―小見川（鏑木経由）―八日市場―銚子―八日市場―長沼―八日市場―並木―八日市場―一ノ宮―八日市場―銚子―殿部田―長沼―八日市場

天保六年

八日市場―長沼―殿部田―銚子―八日市場―鏑木―殿部田―長沼―八日市場―銚子―八日市場―一ノ宮―八日市場―鏑木―殿部田―長沼―八日市場―鏑木―長沼―八日市場―鏑木―長沼―八日市場―鏑木―小見川―長沼―八日市場―磯部―小見川（銚子へは四月二十三日以降は行かなくなる。後述）

天保七年

小見川―長沼―八日市場―（この間奥州旅行）―諸徳寺―小見川―長沼―八日市場―長沼―小見川―諸徳寺―八日市場―横芝

このようにして幽学の足跡を見るとき、天保五年になると、そこには規則性を見出すことができる。これは、天保六年にも持続される。仮に八日市場を起点としてみると、それはさらにはっきりする。銚子（後には鏑木）・小見川・長沼・八日市場・一ノ宮の各方面にかなり規則的に足を運んでいたことは明白である。各方面の村は集約されて群をつくっていた。すなわち銚子方面では銚子・足洗・諸徳寺・鏑木・松沢等の村むら、小見川方面では小見川、長沼方面では長沼・荒海・幡谷・並木・磯部等の村むら、八日市場方面では八日市場・殿部田・飯倉・山中等の村むら、一ノ宮方面では一ノ宮・東金等の村むらによって形成されるそれぞれの群である。銚子方面・長沼方面・八日市場方面はきわめて規則的に遊歴していた。八日市場を中心としてみるとき、銚子方面への道筋は鏑木経由と足洗経由の二通りがあったが、地域に広がりがあるため便宜による動きの場合が多かった。長沼方面へは房総台地を突っ切る場合が普通で、小見川方面へは鏑木・松沢等を経由する場合と、長沼から利根川を下ってはいる場合があった。一ノ宮方面へは東金を経由したのである。各方面への期間は一定しない。かくして天保五、六年の間に幽学は銚子方面(後には鏑木・諸徳寺方面)と長沼方面へは、それぞれ年に六回ずつ、二年間で一二回、その間を縫って一ノ宮方面へ年各一回、二年間に二回、小見川方面へも年各一回、二年間に二回行っている。各方面からの交錯点としての意味をもつ八日市場方面へは一一回と九回、二年間で二〇回である。(9)

このような方面別の群の設定は幽学の教化活動と当然に密接な関係がある。この規則性および群は、天保七年十月の「連中誓約の事」(10)に署名している九二名の有力門人を、松沢・諸徳寺・長部・岡飯田・米込・府馬・桜井等の便宜の村むらの者をまとめて「松沢村組」、小見川・野田・小川・本郷等の近接村むらの者をまとめて「小見川連」、長沼・磯部・荒海・竜角寺等隣接の村むらの者をまとめて「長沼組」、さらには「足洗村」の四つの群と対応する。すなわちこのことは、幽学は天保四年末までに自分の遊歴地を教導上の四つの場として確定していたことを示している。また、この天保五、六年の時期で注意すべきは、「道の記」の天保六年八月二十七日の記事で「此村(飯倉村)人大勢来りて性学を乞ふ、よつて講ず」とあるように、性学の一般化、中・下層の者にまで性学が浸透するようになったということである。

ここで気になるのは幽学の遊歴の対象としては存在し、「連中誓約の事」に存在しない八日市場群のことである。もっと厳密にいえば、殿部田の南陽道人・藤田桂助、飯倉の椎名琁蔵は名を連ねているが、中心地の八日市場については一人として名は載せられていないのである。八日市場は他の村にくらべて、幽学の訪問回数は天保四、五年はそれぞれ一七回、天保六年は一一回と群を抜いており、滞在日数も他にくらべ圧倒的に多い。そこでは小作氏を中心とするはなやかな生活が展開され、まさに東総における幽学の根拠地ともいうべきところであった。「口まめ草」に天保三年三月段階では「八日市場小作主に至れば、学びいよいよ励し」などと書かれているから、幽学の教化活動の対象地であったことは否定できない。しかしそれは一時のことで、幽学との間は、酒と遊びの関係が中心であって、いわゆる道友の関係にまで発展し得なかった。幽学の八日市場との関係は、彼が西上の行動(後述)を起した直後の天保七年四月十四日以後絶えてしまう。これ以降彼の日記には、八日市場の記事は全く出現しない。神文の八日市場に関するものは幽学の時代のみならず、以後も一通も存在しないし、後年飯倉を中心に組織され、存在すれば当然その中に包摂されなければならない性学の教学組織「飯倉組」のなかにも、その名は出現しないのである。(11)

この八日市場と同様の現象は他にもある。それは香取であり、足洗であり、銚子である。香取は「口まめ草」の天保三年九月十四日の記事に、「香取の社士主殿主に至れば、友人十二人打揃て学び励しき也」と初めて出現し、当初より幽学の教学に興味を示し、翌天保四年一月九日より二月二十五日まで、香取神宮の神主を中心とする人々と月余にわたり、酒宴・遊山に、和歌・狂歌・俳諧等に派手な交遊を展開したところである。神文も天保四年の香取神宮の神主関係のものが何通か存在するが、(12)天保四年四月十八日より二十七日まで、三回目の訪問をして以後香取の神主との交遊の記事は跡を絶ってしまう。

足洗は先にみたように、天保五、六年には幽学の教化活動の四つの地区の一つを占める位置にあった。天保三年九月千本松大内蔵に遊んだのを初めとし、天保四年には四回、天保五年に一〇回、天保六年七回、天保七、八年各一回ずつ宿泊している。天保五年八月一日の「道の記」の記事に「八月一日足洗へ至りしが、此村中各道を磨れ、中にも三郎平殿陸奥殿女房七郎兵衛殿孝道盛にして、親の悦び有ること朝日の登るが如く、依之不思も三日を逗留に至ぬ」というように、道の学びの極めて盛んな村であり、千本松陸奥の如きは幽学から「松沢辺四里四方の同門は、皆初め陸奥子の導に候」と非常に高く評価されていた。(13)また神文は確認し得るもので天保四年に四名、天保五年に三名入れている。しかし幽学は、天保八年二月十七日の訪問を最後として足を向けなくなった。その後地域からいえば当然記載が予想される「道友永続講控」(14)にも弘化・嘉永時の「年頭叺扣」(15)にもその名は出て来ない。再び神文に足洗が出現するのは幽学没後の文久元年以後である。(16)八日市場・香取・足洗のそれぞれの場合ともに幽学から疎外され、幽学教学の埒外のものとなっていく。その明確な理由については今後の研究にまたなければならない。

これらのものに対し、銚子に対する幽学の疎外の理由はかなりはっきりしている。銚子と幽学の関係のできたのは、「口まめ草」の天保三年九月七日の記事に「銚子に行く、医徳寺に至り逗留、此寺ニ逗留中御陣屋八人、町家三人入門有」とあるのが最初である。御陣屋というのは、飯沼に所在する高崎藩(大河内氏)の陣屋で近辺十七ヵ村の領地を支配するために設けられていたものである。(17)この陣屋勤めの足軽を中心に町人をも含めて密接な親交をもつようになったのである。勿論さきの史料からもわかるが、師弟関係もあり、何人かのものは神文も入れている。(18)幽学は天保五、六年には、定期的に訪れ、比較的長期に滞在し、遊びと指導に日を過ごし、幽学としては気に入った土地であったようである。幽学の銚子滞在中のことは「道の記」に割合にこまかく書かれているのでよく知ることができる。幽学は比較的長期に滞在し、陣屋の関係者・町人等とともに稽古に励み、時には遊山に行をともにして楽しんだ。ここでは陣屋の足軽の妻などの女性との交際・稽古が初期の段階として特徴的に見られるのである。

天保五年十一月十三日、

御陣屋内室方来られて、宮島主・高間主・青(柳)主抔来られて聖学論議、夜□に至る。十四日休足、夜聖学論語、十六日休、十七日ゟ薬湯耳なる時又々御陣屋御頼に随、十八日聖学、…(中略)…廿二日冬至祭をして諸人を扣(招)き聖学論議、此内御陣屋青柳栄次郎ぬし会毎御達あるに依、前文略、白壁の気高くなりぬ冬至梅　とロすさめハ御悦なゝめならす、外様益〻論議御はけミ、…(中略)…御陣屋男女子十八君各々道の至れる事実に朝日の登るが如く、尤町人衆も又右に同じ、廿三日方々ゟ御見舞給、

この時幽学は病気に侵されていた。食事も摂らず薬湯だけにもかかわらず、人々の求めに応じて押して聖学を講じた。また幽学は自分で特別に席を設け、人々を招待さえもしているのである。天保六年二月廿二日に銚子を訪れた際は「御陣屋にて同講し、さる人内々出会」いした。この陣屋には郡奉行一名、代官二名が駐在していたという。[19]この時出会いした「さる人」とは、恐らくこれらのうちの誰かであったのであろう。

しかし、ここに一つの事件が起きたのである。それは次の天保六年四月十九日銚子を訪問した際のことである。「逗留中御陣屋友人の中に一両輩約束違ふ事有つて、其由をつけて」、廿三日に幽学は銚子を引き揚げてしまうのである。九月一日、この幽学の引揚げに関しての風聞が、足洗の千本松陸奥のもとで幽学にもたらされた。それは実際とは異なった尾鰭のついたものであった。それが何であったかは、その後幽学の陣屋の足軽宛の書状によって窺うことができる。すなわち、幽学の相学伝授の際「猥ニ無他言、且可為人之言語有之間鋪旨、以神文御誓言」しあるにもかかわらず、「御家中去御内室儀淫乱抔と被致流布雑言」者があり、そのため「御家中内乱ニ及」んだ。これが原因となって幽学の講学の席に「毎度出席有之御方迄被致遠慮」者があった。このため幽学は銚子を退去したのであった。この流言は門弟中の誰人かによってなされたという疑いを、幽学は抱いたのであるが、差障り(武士の名誉に関する問題)があったので、幽学は敢えて「せんさく」することなしに、また人々に挨拶もしないで銚子から退

去したのであった。しかし、このことだけで幽学が退去するには理由として薄弱のような気がする。恐らく幽学自身が渦中の人物として流言がなされていたのではあるまいか。この時の幽学の退去は銚子を永遠に拒否するというものではなく、「後ニ至而其過被改候ハヽ…(中略)…回村次第可参上趣意具ニ申残」し置いて退去したのであった。ところが、このことにつき歴然とした証人がいるにもかかわらず、銚子退去という幽学の行動に対し、

御陣屋入門の彼是様方御揃御入来有之被仰候は、大原儀面々に無相挨拶(ママ)も遁帰り候叓ハ有之間敷事也、殊ニ大刀手挾者ニ不相似合未練至極也、我等は乍足軽武士の義相心得罷有る抔と甚御立服(ママ)有之候、

と、長四郎という者が、その自宅を訪ねた千本松陸奥に伝えたのである。他者の立場を考えとった行動が理解されずに、逆に幽学自身の名誉を傷つける行動に作為されてはね返って来たのである。このようなことから、銚子は以後幽学の足を踏み入れない土地となった。

5　東総退去の通告

幽学は天保七年四月四日長沼における同門大会の後、上方へ帰ることを道友に告げた。この理由として、幽学が久留利の岡本重郎右衛門に告げたところによれば「上方の友人に暇もこはで此地に来りて長居」をしたからであった。しかし病気と別れの挨拶回りのため両総からすぐに離れることはできなかった。幽学が両総の地を実際に離れて江戸へ出たのは九月も中旬になってからであった。これ以後江戸に約一カ月滞在するが、その後は両総と江戸の間を往来し、交互に滞在するのである。上方への退去宣言後、天保八年九月下総に引き戻されるまでの間、幽学は天保七年中三回、天保八年中四回計七回江戸へ出る。そうして両総にあっては上総を中心として遊歴し、その間に

下総まで足を延ばすことがあった。

この幽学の西上について、越川春樹は『大原幽学研究』において「農村改革という実践活動を展開して行くためには、新たな決意を必要とする段階に来た。そこで門人達に覚悟を求める意図もあったのではないかと思われる」と説いたが、中井信彦は『大原幽学』で越川の説をさらに発展させて、「幽学が突然として関西への帰国を門人たちに宣言して、江戸に出たのは、一見不可解な行動で」、「上方の友人に暇もつげずして、この地に来りて長居したからだという日記の記事は、意味をなさないとした。そのわけは、この時期性学の門人が急激に増加しつつあったこと、退去直前の二月に約一ヵ月をかけて、高弟の宇井包教(出羽守)・遠藤本蔵・本多元俊・椎名琁蔵・檜垣祥蔵の五人と奥州旅行を試みてさえいること、それにその頃活躍していた二宮尊徳が、旗本宇津家の下野国芳賀郡桜町三ヵ村の復興に行き詰まった際、行方を告げず成田山に参籠して懸案を一気に解決したことを取り上げ、幽学の場合と関連させて、幽学の退去宣言も同様の意図をもった行動と解し、九月に江戸より「永々相続講」設立のプランを道友に与えていることと、十二月に長部村名主遠藤家をひそかに訪れていることを挙げてその傍証とした。

この時の幽学の行動を「無題日記」によって辿ってみると、奥州旅行以後の幽学の行動は計画的に行われていることが窺われるのである。特に四月以降の行動についてはそれが明確である。

四月朔日出立して殿部田村南陽道人に宿り、明日二日早朝友人五人長沼村に至り、同門大会、四日人々に暇を遣て、友人八人にて滑川より舟に乗り小見川着、…(中略)…六日松沢村に至り、八日諸徳寺村至り、九月鏑木村平山ぬしに至り、十日飯倉琁子に至り、十一日殿部田南子に至る、十三日八日市場に至り、十四日同門頭分会合、…(中略)…琁子見咲(送)として同行、…(中略)…廿三日一ノ宮に来る、琁子別を呑(惜)ミ逗留して廿四日帰る。

友人五人とは恐らく松沢組・足川・殿部田・飯倉等の高弟と考えられるが、ともに引き連れて長沼へ行き、同門大会を開き、その翌日西上を宣言し、道友に別れを告げたのである。長沼からはさきの五人に長沼組の高弟を含めた八人を引き連れ、幽学の性学教化地域を一巡し、八日市場にて同門頭分(高弟)会合を開き、最後の締め括りをつけたと解することができるのである。飯倉村の椎名琁蔵は別れを惜しんで一ノ宮まで行をともにしたのであった。幽学の西上の決意は恐らく奥州旅行前にあったもので、奥州旅行は越川のいうように、記念旅行的な意味を有したものと解してよかろう。(20)

幽学は八月下旬一ノ宮に在るとき、いったん飯倉に迎えられ、重立った門人と会合するが、その後の幽学の行動について「ロまめ草」には次のように記している。

是より上総・房州の友人に暇をこふとて、漸々に廻り、(この部分全集本「ロまめ草」は欠落)久留利岡本うしに此由をつげければ、御隠居今しばし遊ぶべしと強て止め給ひけれど、上方の友人に暇もこはで此地迄来りて長居せし由語れば、上方の友人達もさぞかし恋しかるべきとて聞入れ給ひて　大原うしわが里に来まして、心隔てなく物語りはべりつるに八月末つかたみやこへ旅立給ふ名残惜さに、別を送りて、

百とせに睦みかはせし心ちして　わかれおしかの音にぞ啼なる　　政易

返し、

別れおしさの中へ撞出す秋の鐘

是より安房・上総の友人に暇をこへば、何方の里にても今一度々々と止められ、よぎなくめぐりける中、屋形村海保沙村ぬしに強て止められ、そちこちと語ふうちにはや十二月末に至りけり、

といっているのである。勿論「ロまめ草」は厳密な意味での日記ではなく、幽学の後の編集になるものではあるが、幽学の当時の状況を表しているものとみてよい。またこの天保七年は遊歴による幽学の宿泊村数が前後の年に比し

て極端に増加していることも、別れのための遊歴を裏づけるものであろう。(21)幽学は天保八年と推定される五月十日付の本多元俊宛の書状で「尚々性学愈ひろまり候に付、帰国延引に相成り候」(22)といっている。この段階でも「延引」であって西上の決意は変えていないのである。要するに幽学が下総を引き揚げて、上方へ赴くことを決意し、行動に移したことは、そのままに受け取ってよいのである。幽学の行動が尊徳の行動と揆を一つにするということは、考えとしては面白いが無理がある。

しかし、西上宣言にもかかわらず、幽学は上方へ立ち去ることをせず、両総の間に留まっていたのは事実である。その理由としては、たまたま襲った全国的飢饉であろう。「無題日記」には、このときの厳しい飢饉の現実を窺わせる記事が頻りに出てくる。天保七年の四月より八月にかけて雨続きの冷夏、天保八年になると、その冷夏の影響をまともに受けて、三月には江戸で死者三千、米価は両に二斗三升、一ノ宮近辺・西上総でも二斗三升と江戸と変らず、極端なときには一斗八升にまで高騰した。田螺・蓬の類はとりつくされてなく、幽学は深山にはいって山うどをとったとある。暇を乞うための遊歴を続けている間に、このような飢饉の厳しい現実は、幽学をして動きのとれないものにしてしまったのである。

さきに幽学の言った一時「帰国延引」の理由となった性学の発展は、飢饉によって動きのとれなくなった幽学が、上総を中心に遊歴した結果の現象であったのである。幽学の下総滞在の意を決定的にしたのは、恐らく天保八年九月十五日(23)の遠藤本蔵差向けの使者二名が一ノ宮滞在中の幽学を、たって長部に迎えたことによるものであろう。

6　東総回帰から定住まで

幽学が東総の門人により回帰を促されて、天保八年九月十五日に長部へ迎えられ、西上を断念するに至って、彼の遊歴地に再度変化が見られることになる。すなわち長沼・松沢・小見川の地域が再び教化地域の中心として復活することになった。しかし、足洗村は復活の対象外となり、やがて消滅するし、また幽学の大きな足掛りとして存在した八日市場も彼方に押しやられた。西上宣言後その中心地となった一ノ宮・屋形・松崎は、対象としては漸減傾向を辿り、天保十一年段階では少なくとも日記の記載からは消える。天保十年には新たに十日市場が出現し、以後性学の一中心地となっていくようになる。また復活した旧地域内でも若干の変化が見られる。松沢組の地域では長部・桜井、小見川の地域では布野が進出してくるのである。これらの地が日記に頻出するのは、それらの土地の有力門人との関係が大きいのである。十日市場では林伊兵衛、長部村では遠藤本蔵(良左衛門)、桜井村では菅谷太左衛門、布野では小川喜兵衛である。

旧地に回帰した幽学の性学は、ますますさかんとなる様子が見られる。幽学が天保八年九月長部に迎えられると間もなく、十月二十一日には「諸徳寺大会大論」とか、十二月十三日「小見川に至る、毎日の講談につかれ十四日休ミ」、また「出立して屋形村千神に至り性学修行」など他地域での記事も見られるが、二月九日「長部村に至り門中大会、昼夜性学論多し」、五月十五日諸徳寺に「同門会合、性学講談」等、天保八年から九年前半にかけ旧地域において、大きな会合が行われているのである。天保九年の年次をもつ「行状突合会席議定」の各地への出現もこれらのことと大きな関連をもつものであろう。(24) これには性学会席における諸人の心得が記されている(一三九頁参照)。

この会席議定は各村性学の中心的家に置かれ、道友会合の席上に掲げられた。会合は、この議定にもとづいて厳粛に行われるようになり、過去における「酒汲ながら聖学論語」のようなことは、この時期では見られなくなった。村の中・下層の者にまで性学が浸透し、出席者の多くなった会席は厳しい規制下に置く必要が出てきたのであった。

しかし、このように順調に発展するかに思われた性学も、一つの暗雲に見舞われた。それは天保十年九月長沼の領主淀藩の大森陣屋よりの性学差止令である。この差止めは「邪宗」と「新規」の学問の嫌疑によるものであったようである。[25]淀藩の当主は稲葉正守で、当時は幕府の要職寺社奉行の地位にあった。天保八年三月には大坂に大塩の乱が発生した。恐らく自領内での幽学の衆人を集め教化することに疑いの目を向け、同類事件の発生を未然に防ごうとする意図があったものであろう。この差止令に関連して長沼村役人は、従来道友の入れた神文の返還を迫るということもあった。[26]このため幽学は長沼への遊歴を一時中止せざるを得ない状態となった。このことは性学、特に長沼組の性学にとっては大きな打撃であった。「高松家書」はこの時の状況を「長沼最寄の門人共凡百五十人程の内行状守り兼候もの共、併に稲葉丹後守性理学差留之節之響に而相止め候もの相除き、当時（嘉永五年）相学居候もの四十人程」といっている。しかしこの差止令もなしくずしのうちに消滅して、やがて旧に復するのである。[27]

また一方これから間もなく、性学のきわめてさかんな諸徳寺において、幽学の宿泊について名主から住所不定者ということで禁止を申し渡されるということがあった。[28]これは天保十一年十一月のことであるから、さきの差止令とは直接の関連はないと思われるが、道友のきわめて多い諸徳寺で、この時期にこのような挙のあったことは注目しなければならない。

天保十一年に、遠藤伊兵衛は居宅裏物置を修復して、幽学に性学講釈の場を提供したが、門人の増加により遠藤家の生活に支障を生じたため、八石の地にさらに家作を営み、幽学の住居を兼ねて性学の教場とした。[29]さらに天保十三年九月になると、伊兵衛は新たに幽学の住居を建て幽学を住まわせることとした。ここに長年にわたる幽学の漂泊の生活は終りを告げることになったのである。

この幽学の長部への定住は、遠藤良左衛門の存在ともあわせて、長部の性学における中心としての地位を決定的なものにしたのである。以後幽学はこの住居を根拠として回村し、性学指導をすることになる。幽学の定住は長部村周辺の道友においては、従来の幽学の遊歴をまって指導を受ける型から、主として道友が長部村幽学居宅へ出向いて指導を受ける型に変るのである。これに伴い小見川連・松沢組の教学地域は解消して一つのまとまりとなり、長部へ指向するようになる。遠藤家の天保十二年の「仕事割」[30]によると、毎月一定日を性学の日として確保しているし、やや後になるが、弘化二年に始まる「月々会合日記」に「男達」と「女共」の毎月の会合日が決められている。これは多数村の多数の道友を一定個所に集中して、効率的に指導するための一つの方法であった。

このような集中方式指導を採用したことは、幽学の回村に大きな変化を与えることになった。幽学の遊歴における宿泊の村数は天保九年には三一カ村、天保十年には三五カ村であったものが、天保十一年には二二カ村、天保十二年には一八カ村となる。宿泊以外の村を加えても天保十一年には二四カ村、天保十二年には二〇カ村である。前に比較して極端な減少が見られるのである。

次に、この時期の性学で見落すことのできないものに仕法がある。多くの性学仕法はこの時期に行われるようになった。しかしこの仕法については別章で扱われるので、ここではただ指摘だけにとどめて置く。

注

（1）この日記には幽学は標題を付さなかった。この標題は筆者が仮につけたものである。

（2）「道の記」、「無題日記」、「諸君子句集」、「陸奥つれ〳〵草」、「種々日記」、「ロまめ草」、何れも大原幽学自筆本、八石性理学会所蔵。以後、八石性理学会所蔵文書については遠藤家文書と表現する。また上記六日記よりの引用、論証は注を省略する。

(3)(4)(5)　中井信彦『大原幽学』。

(6)　千葉県教育会『大原幽学全集』以降『全集』という。

(7)　旭市役所『旭市史』第三巻「大原幽学関係史料」中「大原幽学門人神文集」、以降「神文集」という。

(8)　実際の記載は次のようになる。天保五年の場合。一ノ宮—八日市場—長沼—八日市場—銚子は、一ノ宮—西村—屋形—八日市場—殿部田—高崎—長沼—並木—飯高—八日市場—足洗—万歳—宮原—銚子である。

(9)　村毎の回数は行きと帰りに訪ねるということもあるから、表と回数が一致しないこともある。例えば足洗は天保五年一〇回、天保六年七回、八日市場は天保五年一七回、天保六年一一回。

(10)(30)　遠藤家文書。

(11)　椎名琁明家文書「義式」慶応二年。

(12)　『旭市史』三巻。

(13)　『全集』所収「書簡集」。

(14)　遠藤家文書「道友永続講控」天保十二年三月～弘化二年八月。

(15)　遠藤家文書「年頭叺扣」弘化三年一月、嘉永五年一月。

(16)(18)　「神文集」。

(17)(19)　銚子市『銚子市史』。

(20)　越川春樹『大原幽学研究』。

(21)　天保六年二四ヵ村、天保七年四二ヵ村、天保八年三一ヵ村。

(22)(25)(26)　『全集』所収「書簡集」。

(23)　一般に、大原幽学が遠藤良左衛門によって、一ノ宮より長部へ迎えられたのは、天保八年八月であるとしている。これは「ロまめ草」の記事の「八月に至りて、長部村本蔵子の使ひとして儀七・清吉の二人……」によっているのであろう。「無題日記」によれば、幽学は八月中には長部へ行っておらず、翌月九月十五日の記事に「十五日長部に至り」とある。「口まめ草」は記事に雑なところのあることはすでに明らかにされている。ここでは日記の記事により九月十五日とした。

(24) 遠藤家文書、椎名琁明家文書、林孝一家文書、吉岡慎平家文書等。

(27) 遠藤家文書「高松家書」。

(28) 菅谷豊三家文書「文通控」。

(29) 田尻稲次郎『幽学全書』(増補版)一九一七年。

（松沢　和彦）

四　性学の思想

大原幽学の思想については、幾つかの先行研究がある。私もかつて、「大原幽学の思想―若干の前提―」(1)並びに「大原幽学の思想―体系と核心―」(2)を書いた。

拙稿「大原幽学の思想―若干の前提―」の構成と概略は、以下の如し。「一、問題」においては「仕法」(後述)と「思想」のからみ合いに主論点を置いた。多くの幽学研究は、彼の仕法の独自性に着目し、その解明に努めてきた。しかし、幽学の「仕法」は、時間的には「思想」展開後の所産なのである。幽学は、その思想的活動によって道友(門人)を獲得し、やがて門人と共に各種の仕法を展開するに至る。「二、先行研究における『思想』」は、明治末年以来の、大原幽学の「思想」研究史の検討である。「三、『思想』検討のための史料」においては、幽学自らの著作類と、門人の聞書類とを区別すべきことを説いた。有名な「微味幽玄考」は幽学自らが執筆したものである。これに対し「義論集」や「聞書集」(これらも有名であるが)は、門人の編になるものであって、これらは、門人の見た幽学、という観点のみにおいて一次史料となるべきものだ、という当然のことを書いた。「四、『思想』の形成過程」においては、天保七年を以て、幽学の性学(あるいは性理学)の確立時点とし、それ以前における「形成過程」を検討した。そこでの主要論点は、易と性学との密接なからみ合いである。

別稿「大原幽学の思想―体系と核心―」の「一、はじめに」においては、幽学の思想を、彼が残した片々たる短文からのみ論ずることを不可とし、彼の思想の核心に迫り、体系を展望するためには「性学趣意」と「微味幽玄考」によるべきことを記した（ただし、彼の短文に意味がないと言っているわけではない）。したがって次は「二、『性学趣意』の検討」、「三、『微味幽玄考』と『性学趣意』―両者の対応関係を中心に―」となる。二、三いずれも考証的検討である。そして、「四、『微味幽玄考』―性学の思想体系―」において、世界観、「之」について、人性観、実践論、社会観、同時代の学問・学者への批判、の六項について書いた。

また、右二稿とは別に「性学思想の受容と変質(3)」において、幽学の思想が、どのように門人に受容され、変質して行ったかについて見た。

以下では、右の前三稿のうち、考証的部分をはずし、しかもきわめて要約的に、幽学の思想とその門人による受容形態を述べることにする。前三稿との重複は避けられないが御寛容ありたい。

1 景物と書

幽学は多くの「景物」や「書」（軸物）を残した。門人や知友に与える和歌・俳句の短冊を幽学は「景物」と称し、その記事が「口まめ草」等に多く見えるし、それは現在でも各所に残っている。「景物」という語の初見は、「口まめ草」天保五年七月六日である。

（天保五年七月）六日出立して（下総香取郡鏑木村を―木村）処々参り景物に添参らせし句、

足洗村喜兵衛主へ

富士見える黄金が原の小春哉

てうし青柳栄次郎主へ

白壁の気高くなりぬ冬至梅

同処宮島夫婦へ

目の届く丈は吾妻の小春哉

彼は俳句や和歌（ことに俳句）を多く詠み、これ以前にも多くの作品がある。天保五年七月六日という時点で、はじめて俳句を詠んだわけでもないし、それを短冊に書いて人に渡したわけでもない。この日あたりから幽学は、人に与える短冊を「景物」と称するようになったということである。

幽学の景物のうち、最も有名なものは「わかれても心はかよへ友人の　誠の道の隔なければ」である。これは、天保二年八月九日、幽学が信州上田・小諸地方を離れた時、知友に送った歌である。恐らくこれも短冊に書いて送ったのだろう。これは、彼の好きな歌だったようで、諸方に残っている。しかし、この「わかれても……」から、旅にあって、別離を常とした彼の感懐を知り得ても、彼の思想を知るというわけにはいくまい。

幽学は数多くの書を残した。幽学が没したあと、門人が集まって、幽学の書がどこにどの程度残っているかの大体を調査したようである（一部再配分された形跡もある）。その調査記録が「遺書授名録」(4)である。この文書の冒頭に、以下のような略号とその解説が記されている。

○印ハ絹地

ソレ　初メ世の中ソレナリ

キ　　機ニ臨ミ
コ　　孝経
セ　　積善
ヒ　　慎其独

右の五種の他に、略号のない三種が「遺書授名録」に記されている。以下順に記す。

①　略号「ソレ」＝「世の中に道たる事者偏らさるものなれ者道の明らかならさる人者偏て己か学ふ道の外者言ひ破らんとする事もあるへし、予ハ此土を去て後何程あしさまに言ひなすとも亦何れを学ふとも家内を脩の一の事を忘るへからす捨へからす、必ゝ偏らすして子ゝ孫ゝ迄も道に離るへからすの伝へ専一とすへき事をのみ頼置候
亦家ゝの人ゝ者皆神聖人にあらされハ時として破る事のある者必定ニ候、若過て其破となりし時者それなりにして唯ゝ道をたに忘れされハ過ち反て脩之能き種とならん、自他ともに然る也

天保七年申初夏書　　　　　実正（花押）」

これは「三幅対」の第三幅であって、それが独立の書となったものである。

②　略号「キ」＝「夫人者機に臨変に応を宜くすといへとも天地の自然にあらさるハ嘗ていわす行ハさるを必ゝ心の法りとすへし

于時天保十三寅中夏為記念残之　　　　　大原　幽学（花押）」

第１表　幽学の主要な書の種類並びにそれを持っている村と人数

村名	人数	ソレ	キ	コ	セ	ヒ	会席	三幅対	計
長沼	19	1	2	9	12	3	5	1	33
荒海	12			8	5		5		18
幡谷	4			2	3		5		10
四ツ谷	4			3	3		1		7
宝田	4		1		4		1		6
竜角寺	3		1	2	1	1	1		6
磯部	1			1	1				2
鏑木	12			5	8	1	5		19
米込	5		2	2	1		1	1	7
十日市場	13	1	1	7	6	3	5		23
諸徳寺*	19			7	10	1	5	2	25
岡飯田	10		1	5	7	3	5		21
野田	5		1	2	4		1		8
小川	2				1		1	1	3
米之井	3			1	1	1	1		4
阿玉台	8			1	5		2	1	9
府馬	2				2				2
稲荷入	1				1				1
小貝野	1			1	1				2
桜井	5			5	5				10
飯倉	1			1	1				2
新町	1				1				1
田部	1				1				1
青馬	1			1	1				2
布野	6				6				6
屋形	1						5		5
長部**	1			1				1	2
計	145	2	9	64	91	13	49	7	235

注）＊諸徳寺村の１人は「尺蠖之屈」という別のものを持っている。
＊＊長部村は全部「誠自成」。（「遺書授名録」一遠藤家文書による。）

③　略号「コ」＝一般的なのは「夫孝徳之本」の一行書きである。少数ながら、以下のような二行書きもある。

「夫孝徳之本也
教之所繇生也
大原　幽学（花押）」

④　略号「セ」＝「可恐積悪、可常積善」（四字ずつ二行書き）。

⑤　略号「ヒ」＝「慎其独」。

⑥　略号なく「会席」とあるもの＝「行条（行状）突合会席議定」。

⑦ 「三幅対」(略号なし)。

⑧ 「誠自成」(略号なし)。ただしこれは長部村のみ(数は不明)。

「遺書授名録」によって、どの村にどのような書が当時残っていたかを表示しておく(第1表。長部村は「誠自成」のみで他はごく少ないことになっているが、実際にはそのようなことはなく、この村には、現在でも各種の書が相当数残っている。「遺書授名録」において、何故このように少ないかは不明)。

右に表示された幽学の書は、その種類においても、本数においても全部ではない。しかし、幽学の書の傾向はこれだけで十分わかる。つまり「積善……」[5]が最も多く、次いで「夫孝徳之本」、三位が「会席議定」となる。「会席議定」は性学会合の席にかけて置くもので、会席における規則が記されている。これは、性学の中心村には五本ある場合が多い。「会席議定」は幽学がそこにいるものとして、これを掛けたものである。「三幅対」[6]は、有名なものだが、三幅全部書くと、非常な長文になる故か、ごく少ない。あるいは、この三幅対は、幽学没後の如くには重視されていなかったのかも知れない。

三幅対や会席議定は別として、他はいずれも、言ってしまえば、中国古典からの断片的引用であって、これをもとに、幽学の思想を云々することは危険だし、滑稽でもある。ただ、「積善之家必有余慶」がよく知られているように、「周易」上経の、そして「夫孝徳之本」が「孝経」の文句であることに注意したい。なお「慎其独」は「大学」、長部村に数多くあった「誠自成」は「中庸」の文句である。「易」「孝経」「大学」「中庸」は幽学の教養の根底にあり、彼は主としてこれらの古典に依拠しつつ、その思想を展開したことについては、後述するが、そうした傾向は、これらの書にはっきりと出ている。

2　各種の短文

幽学はまた数々の短い文章を残しており、それらがまとめられて幾つかの写本となって現在に伝わっている。その代表的なものが「残す言の葉集」「発教録」「心得草」の三である。その他「連中誓約之事」の「奥書」(天保八年春)、「教導筋奉申上候」(嘉永五年六月、改心楼乱入一件―後述―が契機となって幽学が関東取締出役の調べを受けた時書いたもの)、そして「書置」(安政五年三月八日未明、自殺する直前に書いたもの)がある。また書簡の中には幽学の思想を知るに足るものが少なからずある。さらに「道の記」をはじめとする彼の日記や「口まめ草」(日記的作品)も、彼の思想を知る手がかりとなる。(7)これらの短文から、彼の思想の全体を云々することはできないが、一面を窺うことはもちろんできる。しかも、これらは、多くの門人(大部分は農民)の理解をたすけるために、ごく平易にしかも短く書かれている。したがって、彼における「易」や、主著「微味幽玄考」、そしてその前提としての「性学趣意」の検討を通して、彼の思想の核心と体系に迫る前に、これらについて検討することも無益ではない。以下短文集(日記類や書簡を除く)につき、ごく簡単に記す。

「残す言の葉集」に収められているものは以下の如し。①「三幅対」。②「会合の床に添る三幅」、これは、「会席議定」に似たもの。③「生涯心得の事」、これは六つの小文から成り、「性の儘」、「和」、「三幅対」第二幅の「愚・譲・恭・謙」、子供教育、誠自成、情愛、「性に率ふ」等について簡潔に述べている。これらはいずれも幽学の思想における重要な構成要素である。④「禁事」、最初に「此の書、初心に披見無用」とある。次いで、「道」を押しつけがましく説くな、初心者には「張合いの味」のみを説き、中庸・太極等の「理」を説くな、とある。つまり、幽学の門人中の高弟クラスの人々への教示である。だから〝初心者には見せるな〟と冒頭に書いたのであろう。⑤「性理微味の極」、これは彼の性学(性理学)の極についてやさしく述べたもので、「道の幽玄」の語もある。彼の主著「微味幽玄考」の表題がここに出現している。⑥「廻文」、これは「行状日記」(農事日記)の必要を説いたもので、有名な「年中仕事割」の提唱である。この最後には「于時天保未年正月日　幽玄堂静斎　道友中へ」とあり、天保六年のものである。「年中仕事割」の初見は天保九年(8)だが、可能性としては、天保六年に遡り得ることになる。全体として「残す言の葉集」は、性学確立期(天保六、七年)のものと思われる。

「発教録」は、数多くの小文の集成である。冒頭には「家内破と成る種の有り、又破とならずとも没落する種多し、是を九箇条に縮める」として、「慢心、吝嗇、色欲、飲酒、惑疑、屓吝、愛溺、薄情、浮気」の九をあげている。また、関東と上方の人心の比較をしている。これは、天保七年十月「連中誓約之事」(9)における「博奕、不義密通、賭諸勝負、職行二重、女郎買、強欲、謀計、大酒、訴訟発頭、誓或は手躍・浄瑠璃・長唄・三味線之類ひ、人の心の浮かなる所作」(いわゆる性学一四ヵ条)とは、異なっており、この九ヵ条は、恐らく性学一四ヵ条以前のものだろう。また、上方・関東の人心の比較は、多分、幽学が関東に入ってきて間もなくのものだろう。以上の九ヵ条、上方・関東人心の比較に続いて、八三もの小文が羅列されている。これらの小文は、前後に関係を持ちながら展開されているわけではなく、それらの殆どはそれぞれ孤立している。したがって、八三もの小文を一々紹介することはできないから、およそのことを述べるに止める。これらは、全体としては日常道徳の断片的説示といえる。しかし、「性学趣意」や「微味幽玄考」の構成要素となっているような「理論」的文章もある。「性学趣意」「微味幽玄考」の文章の一部が引き抜かれて「発教録」に入ったのか、逆に「発教録」における「理論」的小文が、「性学趣意」「微味幽玄考」に入っているのか、つまり、どちらが前なのか、これは難しい問題だが、ここでは「発教録」

所収小文の方を前と見たい。「性学趣意」（天保七年九月成る）の後文には、「（門人の）望に任せ急に記した」とある。つまり幽学は、天保七年九月以前に「性学趣意」に記しているようなことを門人に断片的に話しており、それらの体系化を「性学趣意」において試みたのである（これが、「微味幽玄考」に発展）。彼は「性学趣意」の執筆にひどく苦労し、ついにまとまらなかったのだが、それにしても、メモ的なものを何も持たず、「性学趣意」の執筆にかかったとは思えない。「発教録」には、そのメモ的な小文も若干入っているから、これらを「性学趣意」執筆以前と見たいのである（難しい問題であって、確定は今後にまつ）。

このように、「発教録」には、日常道徳的小文と「性学趣意」の前提になる小文とが混在しているが、注目すべきは、易的世界観と「性理学」、あるいは「道」との結合が説かれていることである。即ち「五行活用を知らざれば、性理を学ぶといへども空論に成る事多し、自然の理を失ふ事多し」、「陰陽消長の自然の活理を以て、天道の太極たるを知り、且其自然の備はり顕はる天道の太極を知り、且天地の自然に準ふ道の太極を知る、即ち人道也」。幽学における性学が、易と不即不離の関係において成立してきたことについては後述するが、このような小文の中に、既にそれが端的に説かれていることに注意したい。

「心得草」もまた短文集ではあるが、「残す言の葉集」や「発教録」と異なり、元服や結婚の「規式」（儀式）に当って読み上げられ誓約する文章、つまり形の定まった文章（いずれも性学にあっては著名なもの）が少なからず収められている。即ち、「帯締る度毎に志を可定事」、「元服了簡定」、「男の心得」、「女の心得」、「夫婦結ぶ誓ひの事」、「夫より妻へ言渡す事」、「孕女心得方」、「子供仕込心得の掟」等は、形の定まった文章であって、きわめて一般的なものである。この他、「制禁」（前出「心得草」における「禁事」と同趣旨）、「性学修業の心得」（一一ヵ条にわたり、平易に心得を説く。入門誓約証たる「神文」を入れた直後に読み聞かせるもの）、「農家の心得」、「商始時定置べき心法の事」（これは商業・商家の心得であって、投機をいましめ、薄利多売をすすめている)等が、この「心得草」に収められている。中に一つ「男女の心得」という異質の文章が入っている。既に、「男の心得」、「女の心得」(いずれも幽学の文章)があるのに「男女の心得」とはおかしなことだが、この九ヵ条から成る「男女の心得」は、「心得草」所収の他の文章とは異なって和式漢文臭が強く、かつ、「国家の為め、患難厭ふ間敷事」、「愛国の御為め、忠孝の為め……」等異質な文章が少なくない。何よりも「性学を出精し、八石相談背く間敷事」(傍点―木村)云々は、幽学時代の慣用句ではない。これは、幽学没後遠藤時代にしきりに用いられた語である[10]。この「男女の心得」は、遠藤時代のものの混入である。

以上、「残す言の葉集」「発教録」「心得草」の三点は、幽学短文集というべきものだが、これ以外にも著名な短文がある。まず「連中誓約之事[11]」(天保七年十月)の「奥書」(天保八年春)がある。これは門人の「誓約」を受納し、「分相応」を強調したものである。

最も著名なものとして「教導筋奉申上候[12]」(嘉永五年六月)がある。これは、改心楼乱入事件(後述)を契機とする関東取締出役の調べに当り、幽学が自ら執筆提出したものである。そこには性学の形成や本質が諄々と説かれている。これは、幽学の思想を知るには不可欠の文章であって、数多く転写され、多数の門人がこれを読んだ。しかし、ここには、裁判に臨んでの避けられない潤色もまた存在している。その好例は、自らの性学を「……心学に御座候」(「教導筋奉申上候」の本文中に二ヵ所)、あるいは「心学同様の講釈仕候」(「教導筋奉申上候」の追加として出した「御尋ニ付以書付奉申上候[13]」中に一ヵ所)としていることである。これについては既に中井信彦『大原幽学』の鋭い指摘がある。つまり、これは、教学上の嫌疑を避けるために、「地頭所役人酒井助三郎の示唆[14]」によって、そう書いた、とする指摘である。幽学は必ずしも心学を敵視してはいなかったが[15]、自らの性学を心学だとしていたわけではない。

それを「心学」だと敢えて書いたのは、取調べ役人の嫌疑を避けるための方便なのである。これと関連しているのであろうか「……何時と無く人々性理学と唱へ、又近来は人々唯性学と相唱へ候儀にて、私風情無学文盲の名け候儀には無レ之候」ともあり、性理学（性学）という名は、他人がつけたのだ、としているが、これは明らかな曲言である。最初はあるいはそうだったのかも知れない。しかし、幽学が「口まめ草」において、自らの教説を「聖学」と称するようになったのは、天保五年六月頃からであり（信州上田・小諸時代にも既に「聖学」と呼ばれていた）、それが、この年の末には「性学」となっている。つまり、最初は「聖学」とか「性学」の名を他人がつけたのかもしれない（それはわからないことである）が、天保五年以降彼はずっと、「性理学」あるいは「性学」を自ら用いているのである。「性学趣意」は天保七年のものである（幽学への入門証たる「神文」における「性学」の初出は天保四年十一月）。嘉永五年六月になって、急に〝性理学あるいは性学という名は他人がつけたのだ〟と言っても、それが曲言であることは、幽学自身が最もよく知っていただろう。それにこの「教導筋奉申上候」は、先祖株仕法等々の各種仕法についての記述がなく、これらも隠蔽されている。自らを「無学文盲」とするのも卑下に過ぎよう。

要するに、この「教導筋奉申上候」には嫌疑を避けるための幾つもの配慮が具体的に存在しており、この配慮が文章の全体に微妙な影響を与えている。幽学の教説それ自体は、少しも反体制ではないから、この「教導筋……」には、右にあげた他には、極端な歪曲はなく、大体において性学の本質を、出役にもよくわかるように説いてはいる。しかし、この出役にもよくわかるように、そして嫌疑を避けたい、という全体を通じての姿勢には気になるところがあり、これを以て、幽学の思想解明の論拠とすることは避けねばならない。

「教導筋奉申上候」と共に著名なものが、「書置」である。これは、死を直前にしての絶筆であって、誰にも憚る必要のない文章である。ここには、彼の生涯をかけた性学が、時に僕十八歳にして漂泊之身と成り、愈師之伝を守り、乍不学大学・中庸・孝経三書之微味幽玄を採り、学之為に国々の先生方に義論を乞ひ願ひ、性理を明らめて以来、弥人を導く事を念とし、淫犯・飲食・遊楽之念去り、己に勤めて以て人を導く事を得、不孝子も不孝子に至らしむる無、年々歳々多に至る

と要約されている。しかし、この「書置」は、当然のことながら自殺の理由を書くことに主眼があり、性学の本質開陳を目的としたものではない。

以上が、幽学が書いた短文の主要なものである（他にも存在する可能性がないわけではない―但し聞書きの類は別）。これらの短文ないし短文集所収の多数の小文を通して、幽学の思想を語ることは不可能ではない。これらの文章はいずれも幽学が自ら書いたものであり、それぞれが幽学の思想を一断面において表現している。しかし、妙な言い方だが、これらの短文なり小文なりをある種の意図を以て組み合わせて行けば、本来の幽学とは別の幽学が出現してくる可能性は十分ある。例えば、三幅対第一幅を中軸とし、他に神道的ないし国学的な語をつなぎ合わせて行けば、彼は神道家になってしまう。[16] 土着的な語り口で日常道徳を説いた小文のみを集めれば、彼を農民出身の通俗道徳家に仕立てることもできる。右はもちろん極端な例だが、いわゆる「思想史」研究には、このような危険が多いことは、既にしばしば指摘されている。その危険を避けるためには、右のような短文・小文への一義的な依拠を止め、その思想の本質を示す史料に真正面からぶつかり、それによって得られた、その思想の中核や体系の中に、右のような断片を位置づける作業がなさるべきである。つまり、右に掲げた幽学の短文や小文からのみ幽学の思想を語っては、歴史研究の手続きとしてまずい。なさるべきは、他の主著「微味幽玄考」をよくよく検討・分析し、その成立の経緯をもたずね、そのことによって、幽学の思想の中核と体系を見出し、それを前提として右の短文・小文の意味や位置づけを考えることなのである。以下彼の思想を、易―「性学趣意」―「微味幽玄考」の線において検

討する。ただし、これについては、既に前掲二拙稿において述べているので、簡潔な記述を期する。

3　易

本編の七において、「神文」[17]について触れているが、そこに見るように(二二〇頁)[18]、天保八年までは「易」「人相」がきわめて多い(同九年以降は、すべて「性学」)。「性学」の初出は天保四年からであり、「性学」が「易」「人相」を上廻るのは天保七年からである。「人相」は「易」と同根のものと考えてよいだろうから、幽学の初期教説における易の比重はきわめて高い。また易から性学へと展開して行くのだから、幽学の教説における、易と性学との関係についての考察が必須となる。

『大原幽学全集』には、易・人相等に関係する皆伝書や口伝書が数多く収められている。『幽学遺品目録』(大原幽学百十年祭奉讃会、一九六八年三月)にも、数多く載っている。『目録』における年代記載をもとに、それらを順に並べてみると「新井流易学皆伝秘書」(天保五年一月)、「古易奥儀」(天保五年九月)、「血色口伝」(天保六年春)、「人相奥儀」(天保六年十二月)、「相学記」(天保六年)となる。この他、年代のわからないものが多くある。注意すべきは、右の年代は、幽学が誰かに伝授した年を示しはしても、それが作成された年を示すものではない、ということである。これら多数の易・人相等の関係書が、いつ頃作成(といっても、これらはもちろん幽学の独創ではなく、誰かに伝授されたものであろう)されたかについての確定はほぼ不可能だが、文政十年を初発とする神文は、その後しばらくの間は、易や人相についてのものなのだから、この時期の幽学は、既に各種の伝授書を持っていた、と考えてよい。初見の神文に従えば、文政十年頃には、それらを持っていたろう、ということである。『遺品目録』等の年代記載が、天保五、六年に集中しているのは、このころから彼の東総での活躍が安定的となってきたことと関係している。また、天保七年以前で切れているのも偶然ではなく、この頃から急速に「性学」に傾くからである。つまり、東総各地に残された幽学の易や人相についての各種伝授書は、幽学における易や人相教示の最後の時点のものと解せられる。

幽学は、その遊歴中多分、易・人相の関係書を持ち歩いていたのだろう。笠竹も持っていたようである。「ロまめ草」文政十一年八月七日の項[19]に、彼が若狭小浜の旅宿において、たわむれに易を起した記事があることについては既述した。これは筮竹を立てて占ったことを示すものであろう。青年から壮年にかけての幽学の長期にわたる「漂泊」において、易は、いつの頃からか生活手段としての重要な地位を占めるようになっていたと考えられる。

幽学がいつ頃、どこで易を習得したかはわからない(幽学は、この種のわからなさに満ちた人物でもある)。『大原幽学全集』所収「新井流易学皆伝秘書」の「解説」に重要なことが書いてある。以下の如し。「幽学は壮年の頃京都流寓中、某氏に従ひて新井白峨[20]流易学を学び、その直伝を得て古易の奥儀を極め、後諸国遊歴中この易学を以て、占トを為し、或はこれを門人に授けて糊口の資けとした」。語調はきわめて断定的だが、その内容は「壮年の頃」「京都流寓中」「某氏に従ひて」等々、きわめて曖昧なのである。これは文政十年(はじめて易神文入る)以前のことでなければならないが、彼の旅行記的作品「ロまめ草」は文政九年からはじまっており、そこには易を学んだ記事はない。幽学についての信用できる記録は、文政九年以前には遡り得ないから、上記「解説」の典拠を求めることは徒労である。「解説」は聞書きをもとにしているのかもしれない。

しかし、前記文政十一年八月七日の若狭小浜における記事並びに、東総へ入ってからの各種伝授書の存在等から、彼が、易断や人相見またそれらの伝授等を、遊歴中のいつの頃からか(最も遅くとも文政十年、多分これより数年前)生活の資としていたことは断定してよいことである。つまり、易は、幽学にとって、最も身についた「学問」だったのである。

「解説」はまた、次のように指摘している。「『微味幽玄考』の哲学的根拠が、この新井流易学に負ふところ頗る大なりしこと、『中庸』の性・道・教の解釈に用ふる之の字をユクと訓ずるは、全くこの易学より来れる幽学独特の解釈たる淵源を知ることを得るのである」。これはその趣旨において全く正しい指摘である。ただし、之＝ユクについては、易にそうした用法がある。また、ユクを適用した「中庸」の読み方(解釈)についても、それが真に彼「独特の解釈」なのかどうかは慎重な検討を要することである(之＝ユクについては後述)。幽学における易は、主著「微味幽玄考」に示される彼の思想体系において、決定的かつ根源的な意味を持つものであり、これについては具体的に後述する。

4　「性学趣意」

易に次いで問題となるのは「性学趣意」である。易も「性学趣意」も、結局は「微味幽玄考」に集約されるのであり、「幽玄考」だけを検討すればよいようにも思われるが、それでは、思想の形成過程がわからない。以下「性学趣意」につき簡略に記す。(21)

「性学趣意」は「微味幽玄考」にくらべるとずっと小さいものだが、これは明らかに「幽玄考」の原型であって、その体系性において他のさまざまな短文類とは異なっている。「趣意」は、前・中・後三編にわかれ、しだいに腰くだけになっており、明らかに未完の書である。しかし、その内容は殆ど「幽玄考」に吸収され、中には、同じ文章ないしは類似の文章もある。一例だけあげる。以下は両書の書出しである。

夫性の大ひなる者譬ふるに物なし、其故如何となれば、性者則天地の和になりたる物にして則其儘也、則其如く也。亦其土の風によつて其形気の異なるといへども、然ども北極星を戴く国も亦南極星を戴く国も、性においで者天地の和する所以の者皆一也(「性学趣意」[22])

夫、性の大ひなるや、天地の和則性、性則天地の和にして其儘なる者也。其土々によつて形気も風も異るといへども、北極星を見る国も、南極星を見る国も、天地の和する所以の者一ッにして、性たる所以の者亦同じ(「微味幽玄考」[23])。

「幽玄考」の方がやや洗練されているが、大体は同じ文章といってよい。

大原幽学における性学の思想を、便宜のために①根本理念に関する部分、②その実践に関する部分(これはさらに人倫に関する部分と、農業や致富等の実務的・世俗的部分とに区分される)とに分けてみよう。「性学趣意」(ことにその前編)には、この①が、既にほぼ全面的に展開され、それが、そのまま「幽玄考」に流れ込んでいる。つまり、易的世界観(太極、陰陽、五行等)と人倫との結合、之=ユクの捉え方、「和」、「孝」と「慈」、「仁」と「敬」等々間もなく「幽玄考」において展開される幽学の哲学のすべては、既に「性学趣意」において全面的に出揃っている。ただ「趣意」は書き進むにつれて次第に腰くだけになっており、そこでばらばらに散乱している具体論は、「幽玄考」において体系化される。

つまり、幽学の思想のうちの理論的部分は既に「性学趣意」において展開されている。この「趣意」が腰くだけのまま擱筆されたのは、天保七年九月である。この時点は、幽学における思想の確立を考える場合、非常に重要である。この年は、後掲表(二二〇頁)に見るように、易神文五、人相神文五に対して性学神文三一と、性学神文が他をはじめて上廻った年であり、しかも思想的には、幽学の思想の基本的部分が、全面的に展開され、それが書くという行為によって客体化された年でもある。「性学趣意」は、幽学における性学の確立を示す著作なのである。

5　「微味幽玄考」

「微味幽玄考」は幽学の主著である。ここには、彼のいわば世界観の哲学・人性観・実践論が、不可分かつ統一的に展開されている。これは、なまなかな市井の説教家や寺子屋の師匠ではなし得ない仕事であり、明らかに彼が思想家であったことを示している。もっとも、幽学は自らの「不学」(彼が自らを語った言葉)を自覚していたし、われわれもまた「微味幽玄考」を傑出した独創的な思想の書だとすることはできない。それは、中井信彦が指摘するように、たしかに「低次の層位」に位置する、しかも「つぎはぎ」[24]だらけの書である。しかし、この書は、世界観の哲学から日条的な実践論に至るまでの一貫した思想展開において特徴があり、しかも、彼は、その哲学によって、自ら行為し、哲学と行為とを生身の人間において統一的に具現していた。彼においては、思想と人格とが統一されている。幽学は、自分に確信がなく出来もしないことは「幽玄考」に書かなかった。このような意味で「幽玄考」は、思想とそれを語る人間が不即不離の関係にあることを示す好範例である。[25]彼の教説は、それが、どんなに卑俗なものであっても、彼の哲学にもとづいていた。わけもわからず、「孝経」や「中庸」の文句を連発していたのではなく(そうした人々は、どこにも当時はいたはずである)、その言葉の必然性を理解し、それを平たく説明し、その実践の仕方を教えたのである。このような意味で「微味幽玄考」は、幽学の思想を知るための基本書であって、これとの関係において、短文・小文類の位置づけがなされねばならない。

「微味幽玄考」には、易→「性学趣意」と続く、彼の思想が全面的に展開されているが、それは、真の意味における完成した書物ではない。しかも、各巻の書かれた年代も必ずしも明瞭ではない。彼が、腰くだけのまま「性学趣意」を擱筆したのは天保七年九月だが、彼はこの年の末にまた「著述」を開始しているようである。[26] ここで「著述」されているのは、「性学趣意」でないことは確かだが、この段階で急速に「幽玄考」が仕上げられたわけではない。「微味幽玄考」を校訂した中井信彦は、「微味幽玄考」としてまとまるまでの段階を考証[27]しているが、それによると、「性学微味考」→「性学幽玄考」→「性理学幽玄考」→「微味幽玄考」となるようであり、トップの「性学微味考」を「天保七年末か、ないしは八年夏に書かれた可能性が濃[28]」いとしている。多分そうであろう。この「性学微味考」の前に「性学趣意」が置かれることになる。中井の説くように、「微味幽玄考」は一気に書かれたものではなく、多忙をきわめる門人との接触や各種の仕法指導の合間を縫って書かれた本なのであって、中井信彦は、日本思想大系に収めた「微味幽玄考」の成稿時期(各巻ごとに異なる)を、弘化二年十月から嘉永五年七月の間に置いている。

この「微味幽玄考」を要約的に説明することは非常な難事である。やむなく、幾つかの項目に分って説明する。(以下の部分は、拙稿「大原幽学の思想―体系と核心―」における「四、『微味幽玄考』―性学の思想体系―」の要約)。

a　世界観

「微味幽玄考」の特色は、人性観・教育論・実践論の根底に、いわば世界観の哲学ともいうべきものが座っていることである。彼は五常(仁・義・礼・智・信)を鸚鵡返しに説くだけでは駄目だ、と次のように主張する。

其太極たる所以を知らずして、五常を唯宜(ムベ)なる事と思ひ求て教諭(ヲシユ)るにおゐては、徳有り、孽(ワザハ)ひ有り。もし五常を形にするにおゐては、孽ひあるとも益無し。[29]

幽学は、五常の本質やその形成の淵源を考えることなく、ただ形式的にそれを説いていても仕方ないことだ、として、「五常」と「太極」との関係について示唆している。周知の如く、人倫における「五常」は宇宙における「五行」(木・火・土・金・水)より化生するものである。では「五行」はどのようにして化生するのか。幽学は説く。

五行の生ずる本元、則天地の和也、其五行の備はりたる者、則天地の和能く備りたる也。是則太極也。[30]

つまり、「太極」とは、「天地の和」を具有する本源的存在であって、この「天地の和」(する状態)から五行が生じ、五行から五常が生ずるのである。この「太極」＝「天地(陰陽)の和」―五行―五常とする幽学の考え方は、非常に直線的であって、これについては既に池田淳の批判がある。[31]幽学の思想は、全体として直線的であって、矛盾とか対立についての思惟方式は弱い(全くないわけではないが)。

太極から発して人倫五常に至るというこの思惟構造は、いうまでもなく、中国古代の哲学たる易ならびにそれより発した儒学が具有していたものであって、つまりきわめて古典的構造なのである。幽学におけるこのような古典的思惟構造は、要するに彼が儒学的教養を根底に持っていたことを示している。

右のような、古典的思惟構造は、当時の知識人がごく一般的に持っていたものであって、幽学の独創では全くない。しかし彼の特質は、このような思惟構造にあってもやはり存在している。その一つは、万物の形成を「気」の動態に置くというその形成論である(存在論はごく一般的。また、気の発動に力点を置く学説は他にももちろんあり、これも彼の独創ではない。しかし、「気」の動態を重視したことは、彼の思想全体を規定している)。もう一つの特質は、「和」の重視である。つまり、「和」する状態から、「気」が発し、それによって、事物が次々と発展するのである。彼における「和」は天地陰陽の「和」から、土と肥料の「和」にまで貫徹しているものであって、いわば和することによって動くのである(和することによって動かない、という世俗的構造ではない)。

b　「之」について

彼の思想は、易を根源とし、儒によって培われたというごく平凡なものである。その平凡さの中にあって、彼は、和することにより、万物並びに人間が気を発し動く、といういわば動の哲学を身につけた。彼における動の哲学を端的に表現しているものが「之＝ユク」の思想である。これは、幽学の思想において有名なものではあるが、その割にはよく理解されていないふしがある。

これは「中庸」第一章の次の章句の読み方に関している。

天命之謂性、率性之謂道、修道之謂教

これは、一般的には、次のように読む。

天の命ずる、之を性と謂い、性に率う、之を道と謂い、道を修むる、之を教と謂う(32)

ところが幽学は、以下のように読む。

天命の之くを性と謂い、性に率って之くを道と謂い、道を修めて之くを教と謂う

幽学は、この「三ツの之の字をユクと訓じて、以て其幽玄を明らむる時は、先万物自ら生じ、自ら育はるゝ所以を知る」(33)（傍点―木村）とした。また「……天命之謂レ性の其之の字は、天の陽気の万性に之施すの所以を指す也(34)」ともしている。この他にも「之」についての解説がある。前著「性学趣意」においても「之」は強調されている。

右の簡単な用例からもわかるように、「之」は生成を媒介する概念、動きの概念、運動概念、転化を媒介する発展概念である。「之」ことによって、AからBが生まれる、あるいは、それによってAがBになる、といったことである。さきに、幽学の思想においては、動が重視されていると記したが、この動は「之」があってはじめて可能となる。いってしまえば、「之」ことによって動くのである。この「之」は、幽学における動の重視を可能にする

概念であって、「之」と「動」は不可分の関係にある。

この「之」に媒介されて、太極から次々に「之」き、実践に至る。彼の思想の直線的構造もまた「之」によってはじめてよく理解される。

では、この「之」は彼の独創なのか。既に「新井流易学皆伝秘書」には「之」がしばしば見える。即ち「未済ニ之ク」、「凶ヨリ吉ニ之クニ従ヒ……」、「……他卦ニ之ク……」、「得〻変需ニ之ク」等々である。右のうち、わかりやすいのは「凶ヨリ吉ニ之ク……」であるが、これは、凶から吉へと動き変る、ということである。幽学の思想における「之」が、これらからきていることは明らかであって、彼は、それを性学の基本概念に据えたのである。なお、この「之」は幽学や新井流易学の独創ではない。易には古くからこの思想がある。「易繫辞上」には「弁吉凶者乎辞……辞有険易」を受けて、直ちに「辞也者、各指其所之」とある。この部分は「辞なるものは、おのおの其の之く所を指す」と読む。(35) つまり、易には古くから動概念としての「之」があり、幽学は易の素養を通して、これを自らの性学において重視し、それを媒介として、太極・天地陰陽から五行→五常→日常の生活倫理を次々に関係づけたのである。したがって、彼における五常や日常的生活倫理の個々は決して孤立したものではなく、「之」った結果としてそのようになり、そして次へと「之」のである。この構造は、既に指摘しているように、統一的かつ体系的ではあるが、きわめて直線的であって、「矛盾」や「対立」の入り込む余地が少なく、全体として日本人的思惟構造の一典型たるの観を呈している。

c　人 性 観

ここでの「人性観」とは、幽学が、人間の本質をどのように捉えていたか、ということである。人間論といってもよい。幽学にあっては、「太極」＝「天地の和」から次々と「之」のだから、そのことから当然に導き出される帰結がある。彼の人性観を示す文章は「微味幽玄考」の随所に見出されるが、以下のものが最も端的で明確である。

　庶人も天地の和の別御霊（わけみたま）なれば、自然の養育（ヤシナイ）を以て道け（ミチビ）ば、本心の正しきに至らずといふこと無し。(36)

「別御霊」というような国学的あるいは神道的表現は、「幽玄考」のみならず、「三幅対」第一幅を除いてはあまりないものだが、幽学は〝天地の和を分有するものとしての人間〟というほどの意味において、この語を用いた。このような存在としての人間は、したがって「自然の養育を以て道けば」「本心の正しきに至」る存在である。つまり、平たくいえば性善論だが、性善たる人間の存在が「天地の和」のいわば必然の帰結として導き出されているわけである。このような人性観の持主でなければ、他人の教導に当ることはできないだろう。

d　実践論

幽学の実践論の一々について述べていたら限りのないことになるので、ここではその中核的なもののみを摘出するに止める。

彼の実践論の中核は「孝」である。孝についての彼の教説はいわば無数といってよいほどのものがある。彼における世界観→人性観の人倫的帰結は「孝」であって、この「孝」から、多様な実践論が展開する。彼の哲学と実践との接点が「孝」なのである。「孝」の思想的位置づけを示すものとしては、次の文章が適当であろう。

　斯くの如く行ひ勤め起して後なを天地の和するが如く行ふて、以て父母を楽しましむる事を広く大ひにせむと志すにおゐては、其相応に孝道を勤むるを楽（ミ）とする朋友日々に増して、語り合ふ事も聞事も皆父母の悦ぶを楽（ミ）

とすることに至る(37)。

この場合「天地の和するが如く行ふ」ことが「以て父母を楽しましむる事」に直ちにつながる。つまり、「天地の和」と「孝」とがつながる。このようなものとして彼の孝はあった。つまり、孝は、哲学的帰結なのである。このことについては、事実としては問題ないのだが、なぜ「天地の和」が「以て」「孝」に結びつくのかは説明されていない。幽学の思想構造からすれば、「天地の和」が仁に帰結してもよいし、忠に帰結してもよいのである。なぜ「以て」「孝」に帰結するのか、ここには、重大な選択がある。しかし、これについては幽学は語らない。幽学が哲学から実践論へと「之」に当って、なぜ「孝」を選択したかの論理的筋道は不明である。しかし、彼の「孝」は当然「家」の重視(これが具体的には「先祖株」仕法となる)と結びついている。家の重視とは、具体的には、一家離散の憂き目を見ることなく、家族そろって安隠な生涯を送ることである。幕末期の東総には家の崩壊・一家離散の事態が、どの村にも少なからずあったようであり、これとの関係において「孝」が選択され、重視されたと考えることが、最も容易である。

このように、彼の「孝」が現実の「家」との関係において説かれたことはほぼ確かなのだが、家解体の防止、というい わば消極的な意味しか持たない「孝」に、多くの農民が本当に感銘を受けたのか、ということは考えてみる必要がある。この時期のこの地方は、家の解体・一家離散が甚しかったとされているが、そのことを通して一般農民(一部上層農民だけではなく)が、家の意識を強めてきているのではないか、このような家についての農民的自覚と幽学の「孝」が一致したのではないか、とも考えられる。いずれにせよ、幽学の「孝」が、当時における一般農民の「家」の在り方や家意識と離れ難く結びついていたことは確かである。

「孝」についで注目すべきは「自(おのずか)ら」の多出である。これは、①「自ら」こうなったという意味と、②「自ら」の状態でなさねばならないという意味の二つがある。重視されるのは②である。

いわゆる「慎独」の思想についても注意したい。これは「中庸」第一章の句「故君子慎其独也」に根拠を置いている。幽学における「慎独」とは、「人欲」の有無を常に自己の内面に問い、それを除去することであり、自己点検の思想・内省の思想ともいうべきものである。そして「慎独」が達成された境地を「中」といい、この境地が「太極」となる。このようにして、「慎独」の達成を通して、人間個人の精神と「太極」の世界が合一する。ここにも、世界と個人についてのそれなりの省察がある。

幽学の教説は、それが教説である限り当然外に向ってなされるのではあるが、その前提には、常に自己への問いかけが強く内在している。その自己への問いかけの柱となるものが「慎独」なのである。

この他、「分相応」の思想も重大だが、これについては、既に多く説かれていることでもあり、省略する。

e　社　会　観

これについても簡略に止めるが、彼の社会観・時代観はきわめて体制的なものである。一々引用はしないが、このことは全く明白なことであって、論議の余地が殆どない。

彼は、万世一系の天皇、天皇による政権の委任(鎌倉幕府)、武家政治の存続、江戸幕府の存在等々をそのまま容認する。そして幽学は、その生きている同時代を「天下泰平」の世とした。幽学が生きていた時代を現代の多くの歴史家は天下泰平の世とは見ない。同時代人たる幽学と、現代の歴史家との間には、これだけの大きな差がある。彼の晩年は、ペリー来航、和親条約の締結等々、決して泰平とは思えないのだが、彼の思想の中には、そうした政治的動乱についての視点が全く欠落している。これも、幽学の大きな特徴である。

このような「天下泰平」観と、「危」「災」の観念が同居しているのが、彼の社会観の特質である。つまり、天下は泰平なのだが、それでも個人ごと家ごとにはさまざまな「危」や「災」が訪れる、だからそこから遁れる工夫をしなければならない、と彼は説く。一例だけ引用しておく。

> 天下泰平にあらむ限りを、家名全からしむる事を知るには、先づ災ひと成る事の起りを知るに有り。……災ひを遁るゝ事の心得も無く、唯金銀を貯るは無益なるべし。……然ば災ひの起りを知るには、則子孫永続の原を知る也。(38)

つまり、「天下泰平」であっても「家名を全からしむる事」ができない場合が多くある、ということであって、現代風に言えば、体制が悪いから「危」や「災」が起るのではなく、体制とは関係なくそれは起る、しかもしばしば起る、ということである。したがって、幽学の「思想」としては、「天下泰平」観と「危災」観は矛盾なく同居いている。しかし、本当に矛盾がないのか。

幽学は、「危災」を遁れるために、「家内和睦」「孝」を重視した。この「家内和睦」や「孝」は現実的には「家」の維持と関係している。ここまでは、幽学の「危災」観は、体制と全く矛盾しない。しかし、幽学が「家」の維持を「先祖株」仕法として推進した時、彼は体制と衝突した。彼の天下泰平観は、「孝」→「家」の維持→「先祖株」仕法と実践を深めるにつれて、体制との矛盾を深めて行く。彼は、この矛盾に気づかなかったようである。しかし、彼の「孝」は、「先祖株」の推進によって、客観的には、幕藩体制と衝突した。

幽学の思想は、主著「微味幽玄考」の全面的検討を通してはじめて云々し得ることである。「幽玄考」はその前提に「性学趣意」や「易」を置いており、したがって、この線に沿って検討することこそが、検討の「方法」なのであり、それによって、はじめて書や短文・小文の位置づけが可能になる。

幽学の思想の根底にあるものは、易と儒であり、仏教は、全くといってよいほどなく、神道・国学的文章は、日本の歴史を説明するに当って、稀に記されているのみである。したがって、幽学を「三道不偏」論者だったとするのは正しくない。易や儒を根底にしながらも、他をきびしく排斥することなく、それぞれの存在理由を認めていた、というだけのことである。

幽学が、人倫五常を鸚鵡返しに唱える市井の道徳家ではなかったことは、今や明らかである。彼の人間論や実践論の基底には、いわば世界観の哲学があり、それらはすべて離れ難く結びついていた。「性学趣意」や「微味幽玄考」は、学説的には確かに独創的ではない。しかも「不学」であったこともまた確かである。しかし、彼は哲学を自力で展開した。しかもその哲学を、実践において、人格において表現した。幽学は、彼に直接に触れた東総の農民にとっては驚くべき人物だったのであり、その驚きと喜びは、多くの門人をして、つたないながらも筆をとらせずにはおかないような性質のものだったのである。

6 門人による受容

右のような全体性を持つ幽学の思想を、門人たちは、どのように受け容れたのか。これについても拙稿「性学思想の受容と変質」[39]で述べているので、以下若干の要点を記すに止める。

信州の上田・小諸にも幽学の門人がいた。上田・小諸は、天保元年八月から翌二年八月の間、幽学の最初の教導地域である（前述のように、幽学の教導活動の最初を、これより遡って考えることができる。しかしそれは史料的には不安定であって、確実には、上田・小諸が最初になる)。幽学はここを去って後、江戸―安房・上総と遊歴し、やがて下総に出現する。下総での活動以来、幽学はしばらく信州を訪れないが、ややあって再訪する。信州上田・小諸と幽学との関係や、同地における門人の活動等については、別稿にくわしいので、ここでは全く省略し、上田・小諸地方が幽学に親しいものであったこと、その関係は幽学没後も遠藤時代までは確実に存在していた(遠藤没後の石毛時代にもこの関係は微弱ながらもあったようである)ことを指摘するに止める。

小諸市与良町の小山家には、性学関係文書が蔵されている(小山家文書)。その中に数片の附木(つけぎ)がある。附木とは杉や檜の薄い小片であって、燃えやすく、火を移しとる時に用いるものである。この附木に「和」についての意見が記されている(前述)。一片一人で、記名もある。これは、性学の会席において、「和」とは何か、についての設問があり、来会者が、それぞれに意見を書いたもの、つまり、「和」についての答案である。この設問をしたのが幽学かどうかは確かでない。大事に保存してある所をみると幽学かもしれない。しかし、幽学不在の折には、高弟が会席の頭をつとめるのだから、幽学以外の人が設問しているのかもしれない(いずれでもよい)。答を附木に書いたのは、会席の人々が廻覧するためか、会席の頭がそれを読んで講評したからである(これも、どちらでもよい)。この附木の内容については別稿に記してある(七三頁)ので、是非参照していただきたい。

この会席に集まった人々は、小山家一族を中心とする小諸与良町の商人あるいは商人兼農民であって、まずは普通の人々である。これらの人々が、立派な答案(中には答案を出せなかった人もいるが)をそれぞれ自分で書いていることにまず注意したい。各人の「和」についての答案は、それぞれ苦心の作ではあるが、いずれもきわめて日常的かつ世間的な、いわゆる人づきあいに関するものであって、「幽玄考」にあるような「……五行の生ずる本元、則天地の和也[40]」とか「天地一和[41]」とは遠いものである。つまり、これらの答案は、日常生活における「和」を語ったもので、当然のことながら、全く哲学的ではない。性学においては、これでも十分によいのだけれど、やはり一面的である。つまり、幽学における哲学的な「和」は、彼らの理解の外にあったといわねばならない。

以下に示すものは、附木ではなく、小紙片に書かれたものである。やや長いので紙に書いたのであろう。設問は「之」である。

之の字の味ひヲ磨物ニ縦(たとえる)

砥ニ小刀を当(て)水を掛、静が善き歟急ぐが善歟と種々工夫して、漸々其中程ヲ得てとぐ時ハ、砥と小刀と水と手と心との五ツ混ず混る(まぜこずる)時ハ、前々思事段々無く成り、只何気無き者也、此混る所則之の字、混るが之の字の味ひと存候[42]

これは、まことに堂々たる答案である。しかし残念ながら間違っている。既述のように、「之」は運動を媒介する概念、転化概念、つまり、動きについての概念であって、この小紙片が記しているような、いわば〝渾然一体〟的概念ではない。「之」は幽学の思想にあっては、非常に重要ではあるが、やや難解な概念でもあり、したがって、この設問を受け、右の答案を書いた人(記名なし)は、高級な門人である。それでも、このように、いわば〝堂々〟と間違えている。幽学の思想を体系的に、ほぼ正確に理解することは、一般の門人には非常に難しく、それは至難の業であった。幽学は「不学」ではあったが、その幽学と一般門人との思想的・知的な差は、きわめて大きかった。

数多くの門人が、幽学をどのように見、どのように接していたのか、幽学の教説をどう受けとめていたのか、どの程度理解していたのか等々、つまり、門人にとっての幽学という問題を考えるに当って最もよく引合いに出されるのは「義論集」[43]である。「義論集」は一～四からなり、四の前半までの主人公は大原幽学自身である。しかし、「学頭」とされた本多元俊はじめ高名な門人が多数出現している。四の後半での主人公は遠藤良左衛門(高弟、幽学没学における性学の後継者。後述)で、そこでは主として先祖株仕法について語られている。

「義論集」には、「遠藤良左衛門しるす」とした「天保卯の春三月」の「序」がある。この「天保卯」は天保十四年である。この序は著名なものだが、以下に、その書出しを紹介しておく。

大原うし、人を道(みちび)くに、初め一とせ二年の中は、必先情を施して其情の能通る時に至りて後、理を学ばしむる也。しかして専ら理ばかり学ぶこと亦二年三とせ、其うちにまた／＼情を施されて、先生にあふ時は一度々々に心胖(ゆたか)に快く、唯穏に成りて、其あふ度に理の知れること、真の闇の夜に足本手本にともし火をかゝげたるが如く也。(44)

ここには幽学の教育方法と、幽学に接する門人の心情がきちんとした文章で書かれている。遠藤は自分ではあまり文章を書いていないが、それでも若干のものが残っている(後述)。右の「序」に見るような、流麗な一種の美文は、後年の遠藤が全く書かなかったものである。本文の冒頭には、幽学と高弟本多元俊の問答が置かれている。

于レ時天保午(五年―木村)正月十一日、長沼村本多元俊子曰、我天下に敵無きことを願ふ。然ども今十人にして凡六七人の外は和し難しと。

先生曰、小哉／＼、天下に敵無き事を願ふ者、何ぞ彼人是人と数る哉。徧(ちまた)に往きこふ人にとても、更に悪をミ不レ受ミの有レ徳ば天下に可レ亡(なカル)レ敵矣。(45)

俊子、我愚也と云て独り笑へり。

この文章は、「序」と同性質の文章であり、「義論集」全体が、この種の文章によって統一されている。「義論集」の文章は、知的な、緊張感に富んだ、しかも流麗な文章であって、独特な文学性もある。これは幽学の文章とは異なっているし、どちらかといえば幽学の文章よりも良質のものだ、といえるように思う。このような文章を誰が書いたのか、という疑問は、早くからありそうなものだが、実は全くない。多数の人々の言葉を同一のすぐれた文体で統一して行く、という作業は並々ならぬものである。メモをもとに誰かがこれを書いたのだろうが、その筆者が遠藤良左衛門だとは思えない[46](編者は、遠藤と見てよい。ただし、四の後半では彼が主人公となっており、この部分の編者は多分別人であろう)。この「義論集」の筆者が誰かという問題は、疑問提示のみに止め、後考に全くゆだねざるを得ない。

知的でややとり澄ました文章にふさわしく、「義論集」における討論の過半は、性学の根本についてのいわば哲学的論議であり、その論議は、「中庸」をはじめ、儒学の経典を中心に展開されている。もちろん、このような性学論議の他に、性学の具体的適用、つまり実践の問題も本書の主題の一つである。しかし、農業技術の問題等々、およそ仕法に関することは、四の後半(先祖株問題)を除いては、全く出てこない。要するに全体が知的、かつよい意味での抽象性に富んでおり、性学の根本義をめぐる討論が主音階になっている。

このことと関係して、「義論集」に登場する人物は、遠藤良左衛門・本多元俊等々の著名な高弟が多い。著名でない人物も出るが、それは少ない。女性は全く登場しない。

「義論集」に見る限り、そこに登場する人々には知的雰囲気が強い。幽学は、知的集団のまん中に座っている師匠である。これはもちろん、幽学が、そうした雰囲気を持っており、高弟といわれるような人々は、幽学のそうした側面を重視していた、ということである。だが、「義論集」だけが門人の見た幽学を表現しているわけではない。

「聞書集」[47]という素朴な題を持つ本がある。これは、一般的には「義論集」ほど著名ではないが、性学門人の中では同じように重視された。これは四巻より成り、第三巻までは幽学在世中の、第四巻は没後(幽学は安政五年三月八日没）の記事である。これは「義論集」とは異なり、討論記録ではなく、主として幽学の言動を集めたものである（編者不明。方々よりメモを集め、それを誰かが編纂したもの）。しかし、ここにも、幽学と門人たちとのやりとりが活写されており、門人の見た幽学が、表現されている。

この「聞書集」と「義論集」は非常に異なっている。まず、文章のスタイルが全く違う。「聞書集」での本多元俊を見よう。

宇井氏道友へ御尋ねに曰く、稽古の居りになりし者引立てるには、如何してよからん歟。又へんこにして何角よりおさめた積りにて、稽古等閑に成る人を引立るには、如何してよからん歟。本多氏答て曰く、いつもいつもひとつ処を御教道被ㇾ成候と、おらァハア覚へたと云ふ積り出来申候。(48)

よくわからないところもあるが、文体を知るには十分である。ここでは、本多等は「おらァハア」とか「へんこ」とかの下総方言で語り合っている。幽学もまたそうだった。彼は「聞書集」では、自分のことを「おれ」か「おら」と言い、相手を「主」（ぬし）と言い（このあたりでは、二人称を「ぬしゃあ」という風に言う）、誰かの女房のことを「かかあ」と言う人物として登場している。(49)

「聞書集」の表現形態は、「義論集」と大差がある。また、ここに書留められている内容も「義論集」と差がある。性学についての根本論が「義論集」の主音階になっていることについては前述したが、「聞書集」ではそれは微弱である。「聞書集」では性学の実践論が強く響いているが、この点は「義論集」においても共通している。

「聞書集」天保十四年五月六日の項は長いものだが、これは、農業ごとに田植についての幽学の教示を記したものとして知られている。(50)「聞書集」にはこのような記事が他にもあり（「義論集」にはこの種の記事はない）、全体的に取り上げる内容やそれを記す筆致が具体的である。つまり、両者とも性学の実践論においては共通しているが、その他の点になると「義論集」では哲学論が強く、日常生活的具体論は弱い。「聞書集」は反対に、日常生活的具体論に強く、哲学論に弱いという構図になる。

登場人物にもまた差がある。両者ともに幽学が主人公であり、他に遠藤や本多等も共通して出る。しかし、「聞書集」には「義論集」に出現してくる寺子屋師匠や村の知識人（例えば、松沢村の国学者宮負定雄の父定賢や、鏑木村の豪農知識人平山忠兵衛等）は出てこない。代って一般の農民が出てくる。女性も多数出てくる。つまり、「聞書集」と「義論集」とでは、同じ幽学門人であっても登場人物の傾向性が異なっている。

性学において、「義論集」と似た調子を持つものは見出せない。しかし、「聞書集」と似た調子のものは他に幾つかある。例えば「誓の元づな」[51]である。これは、いわゆる預り子（換子）教育についての幽学の言葉を集めたものだが、そこでの幽学の語り口は「聞書集」と似たようなものである。また天保十四年八月八日〜九日「伝授集」[52]には、幽学が農民に囲まれながら、肥料の作り方、入れ方（大地と肥料の「和」）について教示している姿が描かれている。これももちろん「聞書集」的である。また「云置事之扣」[53]（安政二、三年頃）と題された文書には、幽学の言葉が記されているが、これも「聞書集」的なものである。さらに、菅谷又左衛門の「日記」（菅谷家文書）も同様の性質を持っている。

「義論集」と「聞書集」等二種類の幽学言行録があることは、門人たちの幽学像把握に少なくとも二種類のタイプがあったことを意味している。ある門人は「義論集」的に、他の門人は「聞書集」的に幽学像を描いている。太極＝天地の和から、大地と肥料の和にいたる幽学の全体像を、その全体においてつかまえることは、個々の門人にとって不可能であり、それぞれの門人ごとに異なる幽学像が形成され、それが大きく二つに分けられたことを、「義論集」・「聞書集」両書の存在そのものが示している。

このことは、幽学没後における性学の急速な変質と、深く関係しているのである(後述)。

注

(1) 津田秀夫編『近世国家の展開』(一九八〇年)所収。
(2) 芳賀幸四郎先生古稀記念『日本文化史研究』(一九八〇年)所収。
(3) 「明治大学人文科学研究所紀要」第一七冊。
(4)(17)(53) 遠藤家文書。
(5) 他に割合見られる「不語怪力乱神」は、この「授名録」には入っていない。また、旭市足川の飯島治郎左衛門氏宅には「一　実生花押」という珍しいものがある。
(6) 「三幅対」の第一幅は、天照皇太神や八百万の神々について記した、幽学の文章としては、珍しく神道的・国学的なものである。幽学没後を継いだ遠藤良左衛門時代の末期の明治五年、教部省の役人山崎衡が、性学を教部省の傘下に入れようと尽力した際、山崎は、この第一幅を性学の教旨として説明し、性学を教部省傘下に入れることに成功した(後述)。しかし、これは幽学としては珍しい文章で、しかもその数は、表に見るように少ない。三幅対のうち、最も有名なものは第二幅である。これは以下の如し。「聡明睿智守之以愚　大馬鹿者是を守るに利口を以てす、功被天下守之以譲　世の中の嘲りにあふ是を有ッに手柄顔を以てす、勇力振世守之以怯　柔弱未練是に陥事に握り挙を以てす、富有四海守之以謙　身上を亡す是をいたすに気高きを以てす」。第三幅は、神と親とに仕えることを説いた比較的短い文章である。以上三幅が対になっているので「三幅対」といわれた。
(7) 以上、いずれも『大原幽学全集』所収。
(8) 天保九年正月、諸徳寺村菅谷家「年中仕事割」(菅谷家文書)。
(9) これは、門人が幽学に誓約したものだが、その内容は、もちろん幽学の影響下にある。
(10) 遠藤時代の九カ条(後出)の最後に、「八石相談聊背間敷」とある。

(11)　『大原幽学全集』（以下『全集』と略称）三四～三九頁。
(12)　『全集』二五二～二五八頁。
(13)　『全集』二五九頁。
(14)　中井信彦『大原幽学』二四七頁。
(15)　「発教録」に「富士講心学を拙しと悪口する者も有れども、是は第一家内を治めんとする者にして、己れ而已秀でんとする者よりは智者なるべし」（『全集』一六二頁）とある。つまり幽学は「富士講心学」を一概には斥けていない（このような態度は他の教学についても共通している）が、もとより自分を心学の徒だと考えていたわけではない。
(16)　後年（明治五年）、これに似たことがあって、性学は教部省の神道教会の一下部組織に組み入れられた。そしてこのことが、その後の性学の思想的変質に大きな役割を果した。
(18)　二二〇頁の表は、川名登「大原幽学門人層の社会的性格について」（「日本歴史」三三五号、一九七六年四月）に主として依拠。
(19)　『全集』三一八頁。
(20)　新井白峨（一七一五～九二）。新井祐勝（浅見絅斎門下）の子として江戸に生まれ、のち京都に移り占筮で名をなした。晩年加賀藩に仕え、藩校明倫堂の建設に尽力（吉川弘文館『国史大辞典』）。多くの著書（全集もあり）があり、この方面では著名な人である。白峨は幽学が生まれる五年前に没しているから、「解説」における「直伝」とは白峨直伝ではなく、新井流を誰かに伝授されたということである。
(21)　やや詳細には、前掲、拙稿「大原幽学の思想―体系と核心―」。
(22)　『全集』一頁。
(23)　『微味幽玄考』よりの引用はすべて中井信彦校訂本（日本思想大系52『二宮尊徳・大原幽学』所収）による。
(24)　日本思想大系52『二宮尊徳・大原幽学』における中井の解説。
(25)　一般的には、思想や言葉とそれを考えたり語ったりしている人間の行動とは一致しない場合が多い。中にはまるっきり逆な場合すらある。

(26)「道の記」天保七年十二月十一日(『全集』五四六頁)。

(27)前掲、日本思想大系本解説。

(28)同右、四六七頁。

(29)同右、二五八頁。「微味幽玄考」「義論集」よりの引用は、すべて右による。これを「中井本」と以下略称。

(30)中井本、二四九頁。

(31)千葉県内務部編纂(実は千葉中学校教諭池田淳の著)『大原幽学』(一九一一年)は、幽学の太極、五行論につき次のように批判している。「彼が天地陰陽の和を以て太極としたるは、太極を以て宇宙の第一原理と称へざらんとしたるが如く(称えようとしたようであって—木村)、また宋儒が両儀(天地陰陽—木村)の発展を太極の動静に帰したるに倣はずして、直に太極に両儀ありと云ひ、而して彼の主張が理気並立にあるか或は気一元にあるか、其本体の解釈に於て少からず精詳を欠くを見るなり」(一一七頁)。

(32)島田虔次『大学・中庸』。島田はこの本を朱子の立場に立って注釈した、とその「解説」に記している。したがって右島田本における訓み方は、朱子学的なものとみてよい。

(33)中井本、二三八頁。

(34)中井本、二六〇頁。

(35)本田済『易』四八四頁。

(36)中井本、二五九頁。

(37)中井本、二六四〜二六五頁。

(38)中井本、三〇六〜三〇七頁。

(39)「明治大学人文科学研究所紀要」一七。

(40)中井本、三四九頁。

(41)同右、二五五頁。

(42)附木や小紙片は、すべて長野県小諸市、小山家文書。

(43)「義論集」は元来「行条突合義論」といったようである(小諸、小山家文書)。つまり、性学の会席における「義論」(すぐれた論という意味であろうか。いわゆる「議論」ではない)を集めたものである。これは増補版『幽学全書』、『大原幽学全集』、並びに、日本思想大系52『二宮尊徳・大原幽学』に収められている。『大原幽学』の部において収められたものは「微味幽玄考」と「義論集」。校訂者は中井信彦。「義論集」よりの引用はすべて中井校訂本による。

(44) 中井本、三五六頁。

(45) 中井本、三五七頁。

(46)「義論集」の筆者が誰であるかは、これまで問われたことがない。漠然と遠藤良左衛門と考えられているように思う。しかし、これには疑問がある。現段階ではこの難問を解決することはできない。疑問提示だけに止めざるを得ないのは残念である。

(47)「聞書集」は増補版『全書』、『全集』所収。

(48) 天保八年七月二十八日の項。『全集』八五七頁。

(49) 私は、一九四一～四三年の間、千葉県印旛郡に住んだことがある。「聞書集」の下総方言は、印旛郡地方と全く同じであって、正確に表記されている。

(50)『全集』八五七～八六〇頁。

(51)『全集』六〇四～六〇六頁。

(52) 干潟町宿内、林好衛氏所蔵文書。

（木村　礎）

五　性学の仕法

文政十三年(天保元)八月、中山道を東へとり、信州上田に入った時、大原幽学は歴史の舞台に、はっきりと姿を現わしたことになる。時に三四歳、長い「漂泊」を通して、人生の辛酸を知り尽した男になっていたはずだが、青年の血気をいまだ濃厚に存し、しかも前途にはなお長い壮年があった。

上田・小諸、そして江戸を経過しての房総入り、それ以後の活動の足跡は、諸史料によってほぼ明確である。壮年期の彼は、水を得た大魚の如きものであった。嘉永四年(幽学五五歳)四月の、博徒らによる改心楼乱入事件を契機とする、幕府の取調べ、それが終ってからの自殺(安政五年三月、六二歳)、晩年の彼には悲劇性が強いが、壮年期の幽学にはそのような影はない。

上田・小諸以後の幽学には、語の最良の意味における人間の教師としての相貌がある。この教師は、人間の内面をつき動かし、それを通して人々を社会的行動に向わせた。彼は自得した「道」(性学)を思想や精神において説くと共に、その社会的実践の方途をも指示した。彼の思想そのものは、伝統的教学の枠を出るものではなかったが、それが社会的実践と結びつくことによって、思想そのものもまた光芒を放つに至る。

ここでは、彼における社会的実践を概観する。それは、教え方や門人の組織の仕方といったことから、耕地整理や住宅の建て方といった具体的なものにまで及ぶ、きわめて広汎なものである。これを、以下では「1　教導方式と組織」、「2　各種仕法」の二部に分けて記す。これらはいずれもきわめて有名なものが多く、幽学が語られる場合の中心は常にこれである。中には語り尽されているものも少なからずあり、したがって本稿での叙述は簡潔を旨とする。なお、これらの教導方式・組織・仕法が、それぞれ密接にからみ合っていることはもとよりである。

1　教導方式と組織

「義論集」の「序」にみる幽学　「義論集」という書物がある。(1)これは幽学と門人、あるいは門人相互の討論を記したもので、普通の農民が多数出現している珍しい本である。この本には、天保十四年に記された遠藤良左衛門名の「序」がある。その冒頭の部分は既に掲げた(一二八頁)。この「序」は幽学に惚れ込んだ人間の文章であり、相当な割引きが必要なのだが、それでも、幽学がどんな風に教えていたかを窺い知ることができる。その一つは、まず「情」をうつし、やがて「理」を教え、その相互作用を通して門人を導いた、ということである。一律に、そして頭ごなしに教えるということはしなかった。二つには、彼の教えが、常に社会的実践への鼓舞と結びついていた、ということである。幽学の教えを理解した多くの人々は、実践へと駆り立てられた。幽学は煽動者的素質を持った人間ではないから、彼における実践への鼓舞は、人間の内面を静かではあるが力強く揺り動かすといった性質のものだったようである。門人における実践意欲の高まりは、彼の教示が、当時の農村社会の現実と深く関係していたことを示している。

「序」はまた〟幽学に接するだけで、心が豊かに穏やかになる〟とも言う。このころ(天保十四年には四七歳)の幽学は、何か不思議な魅力をたたえた人間になっていたようである。幽学の教説は、人々によく理解できたらしい。高弟本多元俊が意地の悪い「或人」と交した問答が「義論集」に載っているが、そこで元俊は「大原先生に一日学ば、他に三年学びたる如く得ヲ理也」と言っている。或人はそれに応じて〟君は彼に何日学んだのか〟と聞く。元俊〟およそ五日だ〟。或人〟それでは十五年学んだことになるな。では……〟と元俊を問いつめる。

幽学は女や子供にもわかりやすく話した。錦絵なども教材に用いられた。主として幽学の言行を書き留めた「聞書集」(2)には、幽学と門人との対話が多数載っているが、彼は女たちにもいろいろなことを話し、彼女らもまた、それぞれの仕方で幽学の言を聞き、その行動を見ていた。

「聞書集」等にみる幽学　「義論集」登場人物は、いずれも乙に澄ましたようなところがあるが、「聞書集」にはそれがない。そこには、下総方言でしゃべる人々(幽学も同じ)が活写されている。ここには、ずけずけ物を言う率直な幽学が表現されている。また「聞書集」に出る幽学は、真面目なことを説きながら、不思議に明るい。この明るさは、彼生来のものだったようである。幽学は、その晩年における悲劇の故に、重厚・沈鬱な性格の持主として描かれ易いが、彼の日記的作品「ロまめ草」や幾つかの旅行記に表現されている彼の性格はその逆である。戯文めいた文章もずいぶん書いたし、弥次喜多的な道中記もある。明るさと軽み(軽薄さではない)は、彼の天性だったようである。でなければ、あの長い「漂泊」は、多分できなかったろうし、門人に、広々とした豊かな気持を抱かせることもなかっただろう。

幽学は、しかし、時には非常に厳しい態度を門人に見せた。彼の厳しさについての話も幾つか残っているが、ここでは「大原幽学先生ノ伝ニ付一般ノ知及バザル件々、塚本日省氏ヘ通知スベキ談片ノ目次並ニ写本類」(3)という長い表題を持つ短い文章の一部を引用しておく。

一、本宅へ宇井出羽本多元俊合宿臥褥中ニ両人問答ノ折、先生起出両人ヲ殴打シテ訓戒セラレ(タル)段、

一、元俊茶ノ湯ニ屈託セシ折モ、五人会合ノ席上ニテ先生鉄槌ニテ茶碗打割り、破片ヲ列席ノ者ニ分配シテ訓戒セラレタル段

いずれも本多元俊が殴られたり、叱られたりした話である。元俊は埴生郡長沼村の医、「義論集」に「学頭」として出てくる人物、門人中屈指の知識人である。幽学が自殺直前に、しんみりと若い時の旅の模様などを語った相手は、この元俊だった。

討論の重視 彼が教導に当って討論を重んじたことは特記されてよい。前掲「義論集」は元来討論記録なのである。幽学は諸方に多くの書を残したが、その中に「行条(状)突合会席議定之事」というものがある。

行状突合会席議定之事(4)

一会席中酒之酔人無用之事、并むだロ、不幕引、差出ロ、穴さがし、道友之外他人之噂無用之事、附リ、一人発言すれバ、一統静リ、能〻味ひ可聞知事、其外連中誓約之趣急度可相守事、

大原 幽学記

これは、討論のルールを記したもので、諸村の門人たちは、性学の会合を開く時、これを座敷に掲げて討論した(正面向って左にこの「会席議定」、中央に「不可語怪力乱神」、右に「積善……」を掲げたという—遠藤良太郎氏談)。この軸は今も諸方に残っている。

以上、幽学という人間、その教え方の特質、共同討論の重視といった一般的なことを記した。以下、さらに、具体的項目に分けて簡単に記す。本書中の他の部分で、ややまとめて記しているものについては、項目を出す程度に止める。

景　物　幽学は、門人に短冊等を与えて、彼らを励ました。これらを幽学は「景物」と総称した。「景物」の始まりは、天保五年頃のようである(一〇一頁)。

女性教育　幽学は女性教育を非常に重視した。これは、幽学の教説の中心たる「孝」―「家」の必然的帰結である。幽学の正式の門人になるには「神文」を入れる必要があったが、女性は、この「神文」を入れることができなかった。これは、当時の一般的な社会風潮と関係している。しかし、門人中における女性の位置は、実際には高く、女性門人の伝記が編まれているほどである。これは、当時のこの種集団としては、きわめて珍しく、貴重視すべきものである。女性の問題については、本編七のうち「主要女性門人」の項にまとめて叙述しているので、ここでは多くを述べない。

子供教育　幽学は門人子弟の教育に力を入れた。子供教育もまた、「孝」―「家」に結びついて必然的に出現したものである。千葉県内務部編『大原幽学』は、子供教育の実施時期の最初につき「彼が子供の仕込始めは、天保十二年、八石教会前の耕地を整理せし際、童幼を集めてうねぶみをなさしめ、遠藤良左衛門の家に宿せしめ、寝食起居動作につきて、教導保護したるにありと、老人は語り居れり」と記している(一二〇頁)。

この記事は、天保十二年の耕地整理が契機となって独特の子供教育がはじまった、と「老人」が語った、ということである。遠藤家前の耕地整理は、その計画立案は天保十二年正月、実施は同年二月中旬～三月中旬である。子供教育についての史料上の初見は、天保十二年閏正月二十二日(帳面の表題は二十一日付)～二月七日に至る「子供大会日記」[5]である。つまり、耕地整理と時期がほぼ一致している。しかし、注意すべきは、耕地整理実施前に「子供大会」が開かれていることである。耕地整理が契機となって子供が集められ、彼らを労働力として使う一方、教育した、というのではなく、正しくは、子供教育のために「大会」を開き、それが耕地整理の時期にぶつかったので、彼らを労働力に幾らか用いた、というところであろう。これは微妙な差であるが、この微妙さの持つ意味は大きい。「子供大会日記」の記事は、二月七日で切れており、正規の大会は多分これで終ったのだろう。しかし一方では「おおなわふみ」(大縄踏み)に関する文書もある。これは、子供らが、耕地整理の土地固めに動員された記録である。「子供大会」に集まった少年のうち、年かさの者が残って労働奉仕をしたのだろう。

さて、『大原幽学全集』所収「子供大会日記抄」によって、子供の集団教育のあり方を概観しておこう。「閏正月廿二日改」の部分に記されている子供(いずれも男子)は計三四人、七歳から一六歳の幅がある。彼らのうち二人は世話人、いずれも一六歳。残る三二人が七組に分たれている。大きな組は八人、小さな組は二人から成っている(なぜこう大きな差があるかは不明)。それぞれの組は、例えば「清太郎組」の如くよばれており、組の冒頭に書かれたこの「清太郎」がその組の長である。組長は組内の年長者が多いが、常に最年長者が組長になっているわけではない。

各組の組織の仕方で特徴的なことは、同じ村の子供を同じ組にしないという原則である。例えば、野田村の三人はそれぞれ別の三組に、桜井村の三人も同、長部村の七人は六組に組織されている。この場合は、一五歳と七歳の子供が同じ組にいる。まことに心憎い組み方である。とにかく、この組み方の原則は、一つの組に違う村の子供を入れるということであって、「子供大会」におけるこの原則が、預り子教育へ発展するように思われる。

性学における子供教育の最大の特徴は、「預り子」といわれるものである。これは、門人が相互に子弟を交換して、教育に当るというやり方である。つまり、子供に他人の飯を食わせるわけだが、預る方も責任を持って教導せねばならないから、なかなか大変である。

千葉県内務部編『大原幽学』には、幽学の預り子教育についての注意書ともいうべきものが載っている(二〇七〜二一〇頁。『幽学全集』にはほぼ同文のものが「子供仕込心得の掟」として載っている。二四三〜二四五頁)。これは二六カ条に及ぶもので、子供教育のみならず、子供を預る家の教育といった趣きがある。この作成年次は、嘉永四年八月十一日である。この時期には預り子教育がかなり普及していたのであろう。

「聞書集」弘化五年（嘉永元）九月晦日の項に、幽学が預り子教育について述べた次のような言葉が載っている。[6]

「当村は預り子供皆のらにする事。又口を聞かぬ子が多く出来る。是等は自分々々が口を聞くがきらひな故に、子供迄仕込んで返事を能くさせたいと云ふ気がない。自分の子は仕方も無いが、預り子供が夫れでは済むまい」。つまり、〃子供がろくに口をきかず、返事もしないのは、預る家が悪いのだ〃という意である。前掲、天保十二年閏正月の「子供大会」以前には、預り子というやり方は、多分なかったろうから、このやり方の開始は、恐らく、早くて天保末年、大体は弘化初年からのことと思われる。弘化二年正月、幽学は、長部村道友並びに子供取締の「定」（遠藤家文書）を出した。これは子供取締三人、頭二人、見習四人を指名したものである。

幽学の高弟、後に二代目「教主」となる遠藤良左衛門は、この預り子教育に殊のほか熱心だった。彼は、妻ゑつが〃自分の子と他人の子ではやはり自分の子が可愛い〃と他の女たちに言ったのを聞き、彼女を離縁したことはよく知られている（後、幽学の取りなしで復縁）。これについては後述する。

会合と前夜組織　「道の記」[7]は、天保四年より天保十三年に至る幽学の日記であって、これにより、彼の行動を克明に知ることができる。この時期の彼は、東総を中心に油の乗りきった活動をしている。この日記を見て驚くことは、彼の激しい移動である。定住の住居がないから（遠藤氏の裏山に居宅が設けられたのは、前述の如く天保十三年九月—定着の頃より日記がと切れる）、動いているより他ないのだが、それにしても激しい。旅は幽学の天性と化していた。この旅の中にあって、彼はしきりに、自らの性学を「論講」していた。この「論講」に類する言葉は、しばしば「道の記」に出てくるし、この「論講」が省かれている場合も、多くあるらしい。〃何村より何村に至る〃という記事は、性学の講釈をやりつつ移動している姿を示しているように思う。幽学はこうした講釈を、寺や個人の家でやっていた。この時期の幽学にはあたかも巡廻教師の観がある。

こうした状態から、次第に長部遠藤家での講釈が多くなり、やがて幽学居宅を新たに設け、さらには改心楼が設立されたのである。つまり会合は次第に大規模なものになってきた。それにつれて、会合が組織化された。男の大会(男会)が十七日、女会が十八日と定まった年月はつまびらかではないが、恐らく、天保十四年五月における幽学居宅の新築と関係しているのであろう。

男会・女会ともに非常に盛大なものだったという。遠村の門人達は代表を派遣し、帰ってきた代表を中心に、村ごとの会を開きもした。長部村八石での会を大会とすると、村ごとの会は小会になる。月の十八日の女の大会には「……世話人前夜といはるゝ、五十歳以上の男子ありて、一組に一人乃至三人位づゝ、手引として附き来るなり」と千葉県内務部編『大原幽学』は記している(一八六頁)。この前夜組織は性学の大きな特徴である。これは恐らく、翌日の会合の準備を前夜のうちに整えておく、というところから出た称なのだろうが、これが、しだいに性学組織運営の中心になってくる。

幽学没後、二代目教主となった遠藤良左衛門は、幽学の時代に、いわば自然発生的に誕生したこの組織を整備・拡大した。遠藤時代には小前夜・中前夜・大前夜の制が確立した。遠藤時代の前夜組織については、『旭市史』第三巻に的確な記述がある。(8) これによれば、「小前夜」は「幽学門人の中心的活動家の集団」であって、各村の運動の指導者であると共に中央組織を形成している。そして、「中前夜・大前夜は、会運営の上下の関係に応じてつくられており、各段階における集会の責任を分担」した模様である。文久三年六月における小・中・大前夜は一四四人(小＝五一、中＝五〇、大＝四三)、他に世話人が六七人、さらに「十七日前夜」(十七日の大会の準備係であろう)が二一人いる。(9) これは、遠藤時代における整備された前夜体系だが、その始源は、幽学時代に遡ることができる。

旅　松尾芭蕉は旅の詩人といわれるが、幽学は、いわば旅の名人であり、その生涯の多くを旅に費やした。多くの門人を得るようになってからも、彼は「漂泊」を止めなかったし、門人たちにも旅をすすめた(彼の弟子、二代目教主遠藤良左衛門は旅に死んだ—後述)。また、時には門人と共に旅に出た。「諸君子句集」「陸奥つれぐ〵草」(10)は、天保七年二月、幽学が門人宇井出羽・本多元俊・椎名琁蔵・遠藤良左衛門・檜垣祥蔵の五人と共に、磐城平—相馬—岩沼—仙台—多賀城方面を旅した時の記録である。この時の幽学の戯名は「ぶら〳〵斎遊」、また、各門人それぞれ戯名(本多＝虎の家嘯、遠藤＝跡見田惣太等)があって、弥次喜多のような旅をした。彼らは名所見物を通して歴史を学ぶだけでなく、未知の人々との接触を通して、自己を確認したのであろう。旅の仕方を教えたのはもちろん幽学である。

規　式　幽学という人は、よほど人心の機微に通じていたようである。彼は、門人たちの生活に形式というものを与えた。形式と内面との関係を幽学はよく心得ていた。彼が与えた生活の形式(「規式」という場合が多かった)の中心は、一つは年中行事の規式、もう一つは年齢階梯の規式であって、彼は、これらの一つ一つに意味と形式を与えた。

彼が作成した「規式解」(11)がある。これは、正月や各式日(一日・十五日・二十八日)等についての彼独特の意味づけである。正月・式日・雑煮式・締縄・鏡餅・松・竹・樫炭・橙・譲葉・鳳尾草・昆布・島海老・田作・七草目録・七草の規式・十五日規式と続く。つまり、これは、生活における秩序の問題と関係している。

天保十四年、諸徳寺村の高弟菅谷又左衛門は「年中定礼控」(12)を作成した。これは多分、自らの家に適用すべく作成されたのだろうが、この中には明らかに性学の影響がある。またこの地域の一般性をも表現している。内容は主として、何日に何を食うか、ということである。以下紹介しておく。

年中定例控

正　月　元日規式雑煮、二日同、三日同、五日（記載なし）、七日七草のかゆ、十四日さきとふ、十五日規式雑煮、

二　月　朔日雑煮、八日ぼたもち、初午稲荷祭御膳、十五日釈迦如来日餅、

三　月　三日しん粉の草餅、種蒔正月しんこの草餅、蒔上正月しんこの草餅、廿七日餅止、

四　月　五日餅止、十七日赤飯、早里しんこの草餅、早里のツトコ止、

五　月　五日千巻しんこ、十八夜止若有れハこざきもちか、渋落し餅止牡丹餅、

六　月　朔日赤飯、土用餅搗、十五日津嶋祭赤飯、廿七日新ばし止、

七　月　十四日餅止だんご、十五日そんめん、

八　月　朔日せきはん、十五夜こざき餅か、

九　月　五日こわめし、九日兎めし、

十　月　朔日こわめし猿田参り止、初のいのこ餅但しいの子は初のいの子限り外止、廿日蛭子講止、

十一月　十五日なぶかし、廿二日松沢神楽餅、

十二月　朔日餅、八日餅止、廿五日せちもち搗、

月〻十七日ハひきわりのこなもち亦小さきもち宜し、

十八夜ハ若あれバ小さきもちかなぶかし

菅谷又左衛門

右における「規式雑羨」の「規式」は性学用語である。また、最後に「月々十七日」のことが書いてあるが、これは性学の大会日である。「止」という字が少なからずあるが、これは幽学の教えにしたがって「止」めた、ということなのだろう。

菅谷又左衛門は、性学の熱心な信奉者かつ上級幹部である。彼は幽学の教えにしたがって、ハレの日の食物を右のようにきめた。これには、伝統的な部分と性学の規定とが混在している。

幽学が、生涯の折目・節目に当って、それぞれ規式を設け、自覚をうながしたこともよく知られている。まず、はじめに「ひもとき」に当っての心得がある。「ひもとき」とは、子供が着物のつけひもを外し、帯を締めることで、幼年から少年・少女への移行を示す。おおむね七歳時にこの儀式がある。この時には儀式と共に「帯締る度毎に志を可定事尤も生涯可守之事」という六ヵ条の教訓、十五歳の元服時には、その儀式と共に「元服了簡定」(全五条)が与えられる。結婚に当っては「夫婦結ぶ誓ひの事」「夫より妻へ言渡す事」があり、妊娠した女性には「孕女心得方」があるといった具合である。幽学の正式の門人になるには「神文」を入れねばならないが、この時には神文式があり、それが終ると「性学修業の心得」を述べることになる。[13]家の新築に当っては「家移り規式」がある。

年中行事についての独特な意味づけ、そして生涯の折目・節目における規式と教訓、これらを通じて、人間の精神を外側から規定していったこと、そのような手段を性学が持っていたことに注意を払う必要がある。

医　事　幽学は、素人ではあったが幾らか医学の心得があった。幽学の高弟埴生郡長沼村の本多元俊(天保五年正月神文)は、この地方の高名な医者であって、前掲「大原幽学先生ノ伝ニ付一般ノ知及バザル件々……」には、幽学と元俊との関係につき「一、本多元俊氏ヘ初メテ来訪ノ際ヨリ周易伝授、(元俊が)佐倉城内ヘ出診ノ際、供人トシ(テ)参ラレ、遂ニ夜中家人ニ忍ンテ優遇逆ニ師事セシ段」とした項がある(詳細記事はない)。佐倉は漢方のみならず、蘭方も盛んな医学水準の高い所で(当時の藩主は堀田正睦)、そこへ元俊が診療に行った、という右の記事が本当だとすると、元俊は村の医者としては抜群の存在だったことになる。右の記事は、元俊の供をして(多分薬箱でも担いで)幽学が佐倉へ行った、ということである。

その元俊に幽学が「医師生涯心得之事」[14]を与えているのだから奇妙である。以下に掲げる。

医師生涯心得之事

一、仁道を専らとすべき事、
一、薬売には成る間敷事、
一、風雨雪霜の厭ひ無く病家を見廻り懈怠ある間敷事、
一、飲酒生涯禁之事、
一、病家にて成丈食事せず、空腹の節麦飯粟飯にて別に支度せざる品は食することもあるべし、
一、薬礼の多少にかかわるべからず、
一、医行は人之難渋を救ふの仁事故、成丈薬二帖か三帖にて病平癒を心掛くべき事、若し人々難儀に心付無きに於ては父母を恥かしむるのみならず、其身生涯の安堵極むべからず、故に右七箇条に不限、是に類ひする事は日々顧て速に革むべし、為入念残之

大原　幽学

これは心得であって、技術の教示ではない。医については玄人の元俊が素人の幽学に、こうした「心得」を書いてもらったことは、元俊が人間的にすぐれた医者だったことを示している。

しかし、幽学は「心得」を説くだけではなく、医術に若干の心得があった。現在でも、「大原幽学記念館」には幽学が用いた薬研が存在している。『大原幽学全集』所収「配剤録抄」(七七八〜七八三頁)は、幽学が病人に薬を与

えた記録である。これによって、ずいぶん病人を診ていることがわかる。

「閏五月四日」付、幽学から増田俊斎(門人)に宛てた手紙が残っている[15]。増田俊斎は小見川在野田村の医者である。この「閏五月」は多分弘化三年だろう。これは幽学の返簡で、その大意は下痢の止め方である。悪性の下痢をどう止めるかについて、医者である俊斎が幽学にたずね、幽学は返事を書いた。その書き方は「……亦妙法と承及候」「鳥サイ角宜キ説も有之候」といったもので、他の多くの手紙のように断定的かつ明快ではない。しかし、それにしても、医者増田俊斎の医学上の質問に答えているのである。こういう知識をどこで獲得してきたのだろうか[16]。不思議の感に打たれる。

注

(1) 増補版『幽学全書』、『大原幽学全集』(以下『全集』)並びに日本思想大系52『二宮尊徳・大原幽学』(幽学の部の校訂者は中井信彦)所収。以下の引用は中井校訂本による。
(2) 増補版『全書』、『全集』所収。
(3) 千葉県香取郡山田町府馬、宇井隆氏所蔵文書。
(4) 小見川町布野、小川家所蔵「行状突合会席議定之事」による。これは諸方に残っているが、文章が微妙に異なっている場合がある。また年月日が入っているものとないものとがある。しかし趣旨はいずれも同じ。
(5) 遠藤家文書。『全集』に「子供大会日記抄」を掲載。
(6) 『全集』八八三頁。
(7) 同右、所収。
(8) 『旭市史』第三巻、七二二・七二三頁。
(9) 同右、七二二頁の第九表による。

(10)　いずれも増補版『全書』、『全集』所収。
(11)　『全集』所収。
(12)　菅谷家文書。
(13)　「ひもとき」規式の際の教訓以下は、『全集』所収「心得草」による。
(14)　幽学が元俊に「医師生涯心得之事」を与えたのは天保七年だとされている（『幽学全書』二一一頁）。同じ文章が『全集』の「心得草」にも収められている（二四八頁）。これは嘉永六年正月、小見川在野田村の医増田俊斎に与えたものである。
(15)　小見川町野田、増田家淳氏所蔵文書。
(16)　「閏正月九月」付（天保十二年）の幽学より元俊への書簡（『全集』六三六頁）に「尤小生遊歴中国々の名医達の説承有之」とあり、幽学が医学知識を、「遊歴中」に得たことがわかる。この元俊への返簡は、前掲増田俊斎の場合と同じく、元俊の医学上の質問に答えたもので、一応の処方を記している。しかし「小生医道之儀は不存事故」、自分の言は確たることではなく、聞きおぼえに過ぎないから、よく研究してくれ、としている。

2　各種仕法

幽学在世時における性学の仕法は多様であり、相互に密接な関連がある。幽学没後は、仕法の多様性が失われ、ある一部分（例えば丹精＝労働奉仕）のみが強調されるようになる。

幽学在世時の各種仕法は、今となってはすべて幽学から発したものとされているが、現実には、農民である門人の発議や献身にもとづくものが少なくなかったようである。各種仕法は幽学と門人との合作といってよい。しかし、幽学没後、仕法の多様性や活性が失われているところから見ると、やはり幽学という人物がいなければ、各種仕法は成立しなかった、と考えるべきなのかもしれない。

以下、各種仕法を一覧するが、その考察の仕方を限定しておく。それは、各仕法の開始年次の確定という作業を中心とする、ということである。この作業は、先行研究において、必ずしも厳密に実施されているとは言えず、中には史料的根拠の定かでない判断もあり、これが、幽学や性学の研究を混乱させる一因となっている。したがって、以下では、各仕法開始年次の考証(1)に力点を置き、それぞれの意味については簡単に記すに止める。

また、本書では、各部分において仕法を取り扱っているので、それらについては取り扱っている章を指示するに止め、ここでは極度に記述を要約する。

先祖株仕法　これは性学仕法のうち最も著名なものであって、本編の六は、全頁をこれにあてている。

先祖株仕法の中核たる長部村について見ると、その事実上の結成は天保九年九月、領主への許可申請は天保十一年二月、その認可は同年八月十七日である。この仕法を実施した村は、長部・諸徳寺・十日市場・岡飯田・荒海・幡谷・長沼の諸村である(長部・諸徳寺はほぼ村ぐるみ)。他に桜井村と信州小諸でも行われた可能性がある(他にもあるかもしれない)。

先祖株組合結成における遠藤良左衛門の役割の大きさについては、幾つもの徴候がある。幽学が嘉永元年九月二十八日付で、小諸の門人に宛てて先祖株組合の結成をすすめた書簡には、「……時に先祖株纏、取立候心得之儀は……先祖株を纏、御領主へ致願済に候は、当村良左衛門に候」とある(『大原幽学全集』七四四頁)。幽学は浪人だから願人には当然なれない。しかし、この仕法における遠藤の寄与が高くなければ、わざわざこう書くこともあるまい。「義論集」一、二、三並びに四の前半の主役は幽学だが、四の後半の中心は遠藤であり、そのテーマは先祖株である(幽学が主役の部分では先祖株の問題は出ない)。遠藤と先祖株との関係については次のような記述がある。「時に長部村遠藤の姓良左衛門子は、……同(天保)九年戌の初秋に至て、子孫永続の望を立……同十一年子の春三月(二月ー木村)に至て、道友十有一人所謂議定して、纒株を取立、御領主え御願申上……」。つまり「子孫永続の望」(先祖株計画)を立てたのは遠藤だ、という文章になっている。これに似た文章は「義論集」四の後半の他の部分にもある。

幽学が先祖株仕法の推進にきわめて積極的であり、その実現のために熱心に立ち働いたことは否定できない。しかし、遠藤の寄与もまた、当時の関係者の等しく認めるところだったのであり、先祖株仕法には幽学と遠藤との合作的色彩が濃い。

いわゆる、消費物資の共同購入 これについても、本編の六にくわしい記述がある。この仕法は、慶応元年「道友相談諸買物控」によれば、嘉永元年より安政三年の間実施、以後しばらく中断、慶応元年より再興されたものである。いつまで、これが継続されたかは定かでない。

年中仕事割 これは、農作業に計画性を持たせるため、幽学がすすめて作らせたものである。もちろん各戸一律ではなく、戸ごとの労働力と反別を基礎として、労働力の配分と農事暦を定めている。

「年中仕事割」のうち知られているものは、天保十二年正月長部村遠藤家のもので、中井信彦『大原幽学』は、これと嘉永五年のものとを比較して、後者における「稲作日程繰上げ」に注目している。先行研究は、いずれも、右の天保十二年正月のものを初見と明言しているわけではないが、これ以前のものには触れていない。しかし、現在までのところ「年中仕事割」の初見は、天保九年正月、諸徳寺村萱谷家の「年中仕事割」である。「心得草」所収「廻文」(『大原幽学全集』三一〜三三頁)は、「年中仕事割」作成のすすめとも言うべき文章であって、これは天保六年に記されている。したがって、萱谷家の天保九年より以前のものが存在している可能性がある。

「年中仕事割」の内容については、第三編の四において、米込村杉崎家の農事日記との比較において取り上げている。

改心楼　これは、下総香取郡長部村遠藤家の裏山に設けられた性学の教導所である。これについては第一編の八にくわしい。工事がスタートしたのは嘉永二年四月、棟上げは同年十一月二十五日、「開校」は翌三年一月十九日。しかし、実際にここで会合が開かれたのは、嘉永三年三月八日である。つまり、完成は嘉永三年三月である。(2)

荒海村教導所　これは、下総埴生郡荒海村平右衛門宅敷地に設けられたもの。規模は改心楼よりずっと小さかった。この設立が許可されたのは、嘉永五年三月(3)である。これについても、第一編の八に記述してある。

幽学没後の諸施設　幽学の没(安政五年三月八日)後、遠藤良左衛門が二代目「教主」となる(遠藤は、明治六年八月没)。遠藤時代は、性学施設の拡大期である。かつて破却された改心楼に代る教導所、弁当所、各村手習所、小日向(府馬村の内)教導所等々、その数はきわめて多い。遠藤は明治六年八月、近江甲賀郡石部宿で没した(後述)が、その関係で、後年石部にも性学施設が設けられた。東京の根岸にも施設があった。

これら諸施設の設立年次の確定は難しいが、およそのことはわかる。これについては第四編の三、四において記述されている。

耕地整理　これは、長部村のうち八石(はちこく)の谷田を整理したことである(長部村全部の耕地を整理したことではない)。八石には遠藤良左衛門の屋敷があり、幽学居宅や改心楼は遠藤宅の裏山に設けられた。つまり、八石は性学の中心地である。

八石の地は下総台地の一部であり、谷の水田の成立は、他の例から推して、恐らく古代末～中世初頭であろう。この古くからの水田は、農民の保有関係の長い歴史に規定されて、小さく分筆され、錯綜していた。これらを整理し、大体一反前後の整然たる水田を作った。この水田は、現在、国の史跡に指定されている。越川春樹『大原幽学研究』により、耕地整理の図を掲げておく。併せて現景写真をも掲げる。

高木千次郎著『大原幽学事績』(初版は一九〇七年、再版は一九一〇年。以下の引用は再版による)は、この耕地整理につき、こう述べている(一二～一三頁)。

幽学ノ耕地整理ニ着手スルヤ道路、溝渠、畦畔ノ改良ハ勿論特ニ灌漑排水ノ設備ニ意ヲ用ヒ而シテ土地ノ交換分合ヲ為サシメタリ

土地ノ交換ヲ行フニ就テハ普通農民ノ習慣トシテ祖先伝来ノ土地ヲバ一歩モ失フコト能ハズ、少シモ枉グルコト能ハズナド主張スルコト有勝ナルニ、之ニ反シテ幽学ノ教化ヲ受タル農民ハ皆自己ノ利益ヨリモ他人ノ利益ヲ重要視シタリ、故ニ交換ニ際シテモ坪数ノ多少ヲ以テ其当否ヲ決スルコトナク…(略)…南方ニ在ル某ノ畑地ト北ノ極端ニ在ル田地ト交換シタルアリ、又西方ニアル山林百五十坪ト中央ニアル田地ト交換シタルモノアリ…(略)

幽学ノ耕地ヲ整理スルヤ、従来大ナルハ百坪、小ナルハ三十坪、甚ダシキハ五坪三坪ナル田ヲ変ジテ、小ハ百坪、大ハ四百五十坪ニナシ、曲直甚シキ畦畔ヲ正直ト為シ、挿秧ニ正条植法ヲ実行スルニ便利ナラシメタリ、道路溝渠ヲ改良シ排水引水ニ便ナラシメタリ、一夜ニシテ引水シ排水スルコトヲ得セシメタリ、此ノ如ク排水引水共ニ便利ナルヲ以テ二毛作ヲ行フコトヲ奨励セリ…(略)

ざっと右のようなことなのだが、問題は、『大原幽学事績』

第1図 天保12年，長部村八石耕地整理図

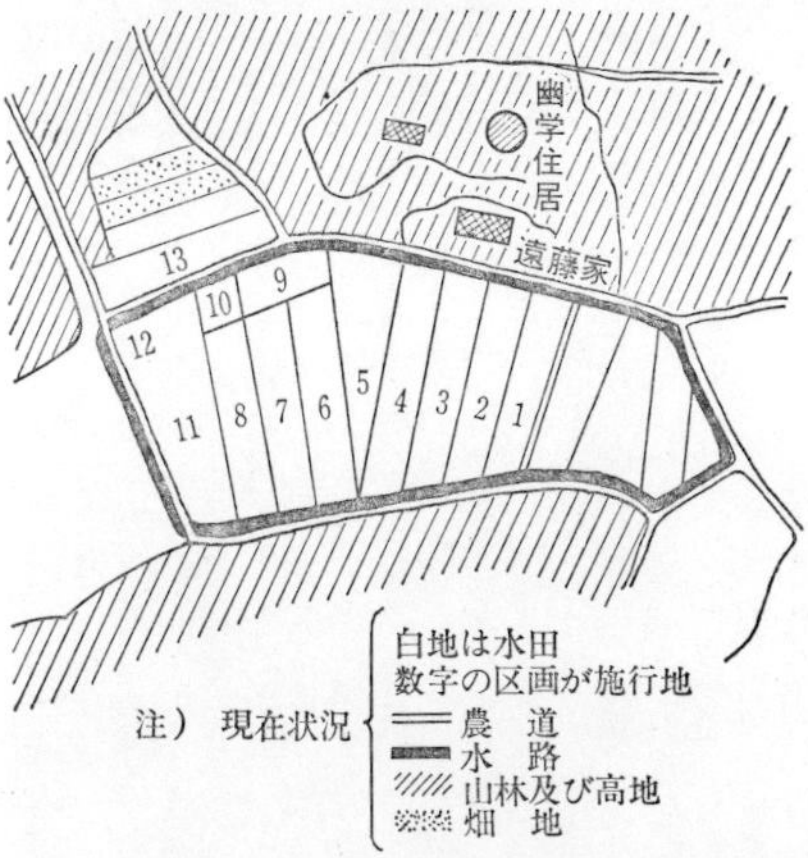

(越川春樹『大原幽学研究』192頁より引用)

幽学の指導により整理された谷田（千葉県香取郡干潟町長部字八石）

が、この耕地整理を、天保七年のこととしていることである。「幽学夙ニ此点ニ着眼シ天保七年耕地整理ニ着手シ門生ノ一部ヲシテ之ヲ為サシメタリ」（一一頁）とある。(4)

いかなる史料的根拠によって『事績』が、これを「天保七年」としたかはわからない。天保七年において、耕地整理に関する史料を見出すことは不可能と思われる。これに対し、千葉県内務部編『大原幽学』、越川春樹『大原幽学研究』、中井信彦『大原幽学』は、いずれも天保十二年説であって、これが至当と思われる。天保十二年説といっても、三者には微妙な差があるのだが、その差について検討することは止め、以下に天保十二年説の史料的根拠を記す。

幽学の日記「道の記」天保十二年正月四日の項に「(十日市場、林伊兵衛宅を)四日出立して、長部村遠藤伊兵衛方に至り、終日田面相談、並先祖株願立談也」とあり、二月十六日の項には「(十日市場より)十六日長部村に至り、田面相談する事終日」とある。(5)問題はこの「田面相談」である。前記正月四日には「田面相談、並先祖株」と書き分けられているから「田面相談」は先祖株のことではなく、耕地整理の相談であろう。

もう一つの典拠として、幽学の日記的作品「ロまめ草」がある。この「ロまめ草」天保十二年歳旦の歌の次に以下のようにある。

(天保十二年)二月十六日より三月半までに、長部村において子孫永続の法りいよいよ定り、田畑の修理する事迄も悉く行届き、僕来れば村うちの友人、残るかたなく打揃ひ来れる楽しさに、

せこ毎に楽みつるゝ左男姫の
心の儘にかぜ薫りける(6)(傍点—木村)

右における「子孫永続の法り」とは、長部村先祖株組合の拡大改組をさしている。これと並行して「田畑の修理する事」即ち耕地整理も実施されたのであり、その時期は、天保十二年の二月中旬より三月中旬の一ヵ月である。右の一ヵ月については「道の記」には全く記載がなく、「ロまめ草」にだけ右のように一括記載されている。以上、「道の記」及び「ロまめ草」の記事による限り、長部村耕地整理は、天保十二年正月早々に企画立案され、二月中旬〜三月中旬に、一気に行われた、とするのが至当である。

長部村住居移転　これは、台地上に、神社を中心として不規則に集居していた長部村の農家を、二戸ずつ組にして適所に分散配置することであって、現在でも、その姿を見ることができる。

概念図を越川春樹『大原幽学研究』から引用しておく(第2図)。

千葉県内務部編『大原幽学』は「家屋の移転は天保十三年の頃議定せられ実行せられしも、各種の故障と七ヶ年の厄難との為に、全部の実行を妨害せられたり」としている(二七六頁)。これはなかなかの大事業だから、村民の議定書や実施の経過を示す文書が残っていそうなものだが、未見である。しかし、完全ではないにしても実施され

第２図　天保13年頃，長部村農家移転図

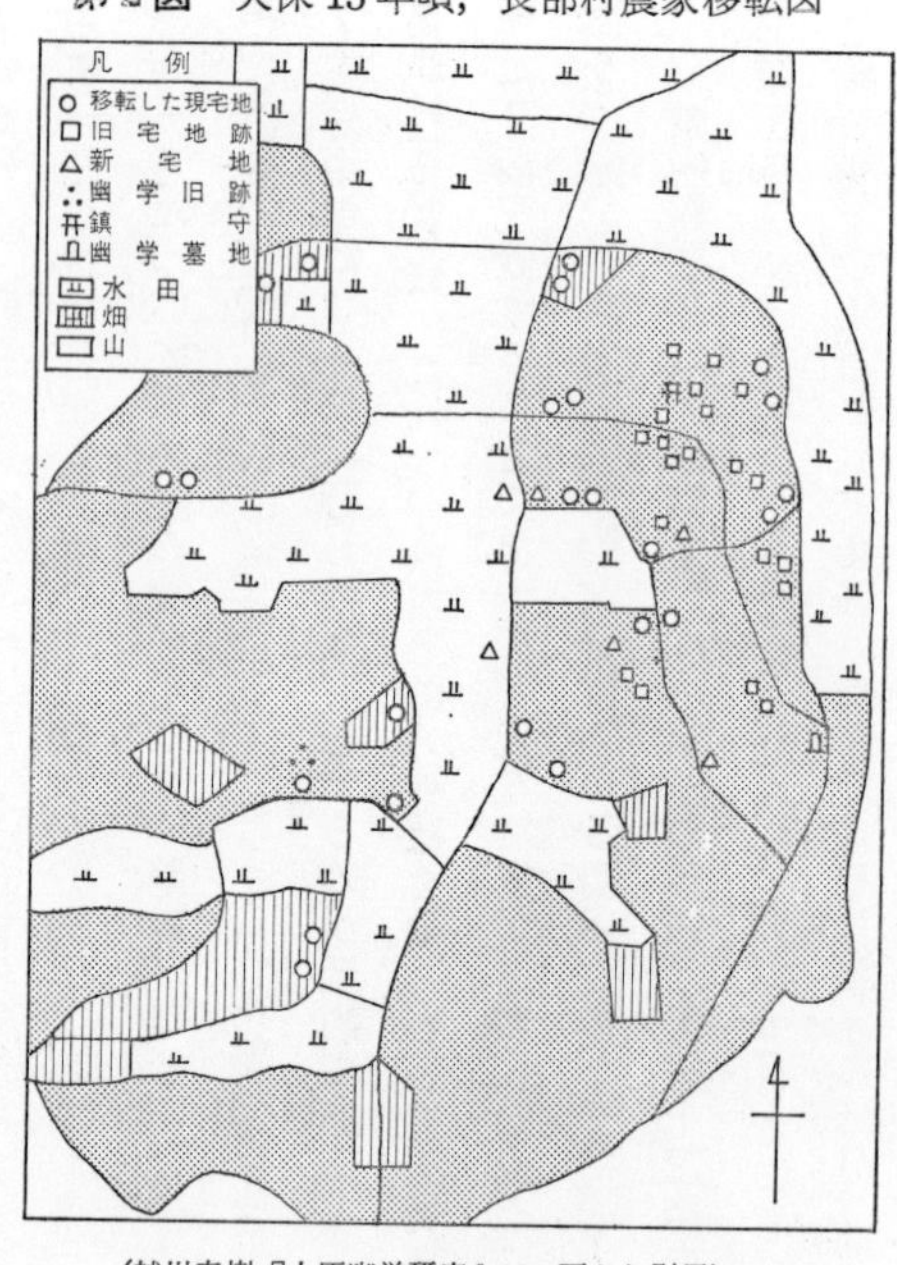

（越川春樹『大原幽学研究』194 頁より引用）

たことは確かである。

住居移転についての文献的根拠は、「道の記」天保十二年九月「四日長部村遠藤ぬしに行き、道友屋舗場所見立抔して、六日十日市場林氏に帰り、病療養して日々を暮しぬ」(7)だけのようである。これは、「道友屋舗場所」を「見立」てたということであって、実施を示すものではない。また、この記事は、幽学が一人で「見立」てたのか、遠藤良左衛門がこれに同行しているのか、定かでないが、多分一緒だったろう。この前後、幽学は珍しく病気にかかっており、一人では無理だったと思われる。多分、実際の「見立」ては遠藤がやったのだろう。

天保十二年九月四日に「見立」てを行った（五日にもやった可能性はある）とすると、実施はいつかが問題になる。これは確定できない。中井信彦は「本格的に行なわれたのは、天保一三年のことであったと思われる」(8)としているが、妥当であろう。

田植の指導　幽学が田植に当って正条植を教えた話は有名である。「聞書集」には、これについての生き生きとした記事がある。これは幽学が田圃に入って手ずから教えたことであり、多くの門人はこれに深い感銘を受けた。

正条植教示といったことは、これまで述べてきた諸仕法と異なり、史料上の初見が実際の開始時期を示すとは限らない。しかし、それでも史料上の初見を確定する必要はある。『大原幽学事績』は次のように記す。「幽学曽テ此点ニ深ク意ヲ用ヒ、天保七年挿秧ニ際シ耕地整理ノ完了セシ土地ニ正条植法ヲ行ハシメ爾来年々歳々其区域ヲ拡張シテ遂ニ多クノ門生ヲシテ皆之ヲ行ハシムルニ至レリ」（一七頁）。つまり「天保七年」説だが、これには史料的根拠がない。『事績』は耕地整理をも天保七年としており（前述）、誤った思い込みがあるらしい。

千葉県内務部編『大原幽学』には、次のような引用がある。「聞書集に…（略）…又、天保八年五月十八日八ッ時、良左衛門の後の田迄、先生御出、田植のけいこ也」（二七五頁）。しかし、「聞書集」天保八年五月十八日の項には、右の記事はない。これは、天保十四年五月十八日の記事である。つまり、内務部編『大原幽学』には、単純ミスがある。

田植指導についての史料上の初見は、恐らく「道の記」天保十一年五月「尤も三日より二十七日迄、毎日右村々（長部・諸徳寺・十日市場）田植指南」[9]である。幽学はこの五月を殆ど「田植指南」に費やしている。翌十二年四月には、荒海村平右衛門に田植指南をしている記事が「道の記」にある。これ以降になると、田植に関する記事が各種史料に散見されるようになる。

肥料の指導　幽学の農事指導は田植や年中仕事割だけではなく、広汎なものだったが、特記すべきは、肥料についての指導である。これは、天保十一年以降の田植指南と並行して行われている。「聞書集」天保十四年四月六日の記事に、田植と並んで「当村は田の肥しに青草抔多く入れる。土肥等皆前々の仕くせ御叱り」とある。苅敷や土肥の入れ方を幽学が批判しているのである。

「天保十四年八月八日ゟ九日伝授集」という文書[10]がある。この文書の中心は、天保十四年八月九日に、幽学が田を見廻りながら、一緒についてくる門人に耕作や肥料について説明している部分である。この説明会は九日に開かれることが前からわかっていたので、「九日早朝ニ道友集り」、「五ツ時(午前八時頃)道友不残出ル」という盛況だったらしい(「不残」といっても長部と諸徳寺らしい)。この文書は、幽学の説明を誰かが拙い文章で書きとったもので、意味のわからない部分が多いが、その要点は二つある。一つは、〃田の水切りをよくせよ〃ということである。これは、水田生産力そのものの上昇並びに二毛作につながる。もう一つは「土こひ切かへしてすこし置、ほてりのさへ(最中)ちうに入レ」よといった趣旨である。これは、発酵中の堆肥のことであろう。草を山のように積み、それに人糞尿をかける。しばらくすると草が発酵して、朝などは湯気が立ち昇る。その中に手を入れると熱い。これが「ほてり」である。青草の苅敷から堆肥へという志向がここに見える。また水田耕起については、次のような記述がある。

能干たる田ハ耕(うな)ウ三日前ニ水をかけ置、干て土こひお(を)のし、又水を五分位にかけ、夫をまんのなそひニ致し、五寸深ニ耕べし、夫ゟ段々年々深く耕よふニすべし

まことに稚拙な文章だが、幽学が門人に、何をどんな風に教えたのか、教わる方もどんなに熱心だったかが、伝わってくる。

幽学の農事指導は門人にはありがたいものだった。彼の指導通りにやるのは大変だったろうが、やれば、生産は上がる。幽学が、このような知識と技術をどこでどうして身につけたかについては推測の他ない。長年にわたる西国遊歴中にそれを身につけた、とするのが一般的推測である。彼は、田植の実演をしているのだから、遊歴中に、農家の手伝いなどもしていたのだろう。

幽学の農事指導の特徴は、自給肥料の改良による土地生産力の上昇、という点にあった。幽学の活動した地域は九十九里にごく近いのだが、干鰯等の金肥導入、それを梃子とした商品作物の栽培といった方向性を、幽学は決して指示しなかった。彼は伝統的な自給農法の改良を門人に教えたのである(二毛作の推進においても、その裏作は麦が

中心だったと思われる)。このような農法は、やがて社会の趨勢と矛盾を来すことになるが、その客観的矛盾にもかかわらず、幽学の門人たちが、その指導を熱心に受容したという事実は重要である。

宿内集落の設定　宿内(しゅくうち)は鏑木村のうちにある。ここに、谷田を前面に控えた整然たる小集落が存在している。宿内の開拓は、嘉永三年十月着手、同四年三月完成というのが定説である。しかし、開拓を示す一次史料は残存していないようであって、右の年次を確定する根拠はやや不安定である。宿内には、明治四十三年に建てられた開拓記念碑が現存している。これにより、右のように説かれているのである。しかし、嘉永三、四年と明治四十三年との間には六〇年の歳月が横たわっており、従って、記念碑の記載が全く正しいにしても、証拠としては不安定である。

嘉永四年四月、長部村改心楼に博徒等が乱入するという事件が起り、これが契機となって幽学は関東取締出役、さらには勘定所の取調べを受けることになるが(後述)、この時、鏑木村の豪農平山忠兵衛(第二編の四、第三編の三参照)は、関東取締出役によって予備的な事情聴取を受けた。忠兵衛はその直後、問答の模様をメモしておいたが、そのメモ[11]の中に宿内に関する部分がある。以下は、性学が墓所を直すのではないかについての問答である。

中　山「鏑木村でも九軒一同にかたゐん所へ家作いたしたそふだ。」
忠兵衛「左様にござります。」
中　山「新規に墓所を拵たそふだ。」
忠兵衛「御意に御座ります。此もの共家作いたしました所ハ本村より半里もへだゝり墓所遠く……。」
…(略)…
中　山「鏑木村でも田地の形を直したそふだ。」
忠兵衛「イエ形ハ直しませんが右九軒の者の居ります処より谷向ふの畑へ通ふ道がござりません故通ひ道を附

ました……」(中山とは関東取締出役中山誠一郎のこと)。

鏑木村の「本村」は、平山氏の住む塙台(はなわ)のあたりだが、ここから「半里もへだゝ」っている所は、鏑木村では宿内のみである。道についての問答は、宿内集落の谷田を横ぎって台地へ登る道をつけたということである。

右の問答で問題になっている場所は、宿内である(それ以外に考えようがない)。とすると、この問答は、嘉永五年六月のものだから、この時には既に宿内における新集落と耕地はできていたことになる。つまり、記念碑における嘉永四年三月完成説は、きわめて信憑性が高いのである。

幽学の破局の因となった改心楼乱入事件が起ったのは、嘉永四年四月十八日である。宿内の完成はその一ヵ月前の三月である。改心楼と宿内は、関東取締出役の疑惑を招いたという点において共通性がある。出役が幽学個人や性学の活動に疑惑を持ちはじめた時期の確定は難しいが、嘉永三年三月の改心楼完成の頃には、それは多分具体的になっていただろう(翌年の改心楼乱入事件はその疑惑を確かめるための挑発である)。出役の眼は、改心楼完成の七ヵ月後に着手された宿内新集落の建設にも向けられていたはずで、宿内についての情報も集めており、それが前述のような平山忠兵衛への質問となって表われたのである。

家屋普請　幽学は、どこで学んだのか、家相にも通じており、「四神中央巻奥儀」並びに「家相畳之数様々口伝」の二書が『大原幽学全集』に収められている。これらは迷信的家相論を打破したものとされている。幽学は、自らの住宅論にもとづいて門人の家普請を指導した。このような幽学普請(性学普請)は、最近まで所々に残っていた。(12)

『大原幽学事績』は、性学普請の要領を以下の如く記している。

家屋ノ構造法ハ奢侈ニ流ル、ヲ防ガン為メニ表ハ藁庇トシ裏ハ瓦ヲ以テスルモ杉皮ヲ以テスルモ適宜トシ、構造間取リ等其分ニ応ジテ差等アリ、勾配ハ低ク五寸勾配ト為シ家根ノ厚サ一尺五寸ヲ限リト為シタリ、是レ一見或ハ経済上ニ不可ナルガ如シト雖モ交際上家政上常ニ節倹ヲ守ル為メニ此ノ如ク為サシムルナリ、柱ハ大ニ失セズ小ニ失セザル様四寸角ト為シ味噌部屋台所納戸名々一定ノ法則アリ、敷居鴨居厚サ各々一寸八分ト為シタリ」（一五頁）。

大野政治『成田市域に於ける大原幽学の研究』には、性学普譜たる成田市幡谷神崎俊夫氏宅の研究がある。それによって上に図示する。

第3図　幡谷村(成田市幡谷)神崎氏宅図

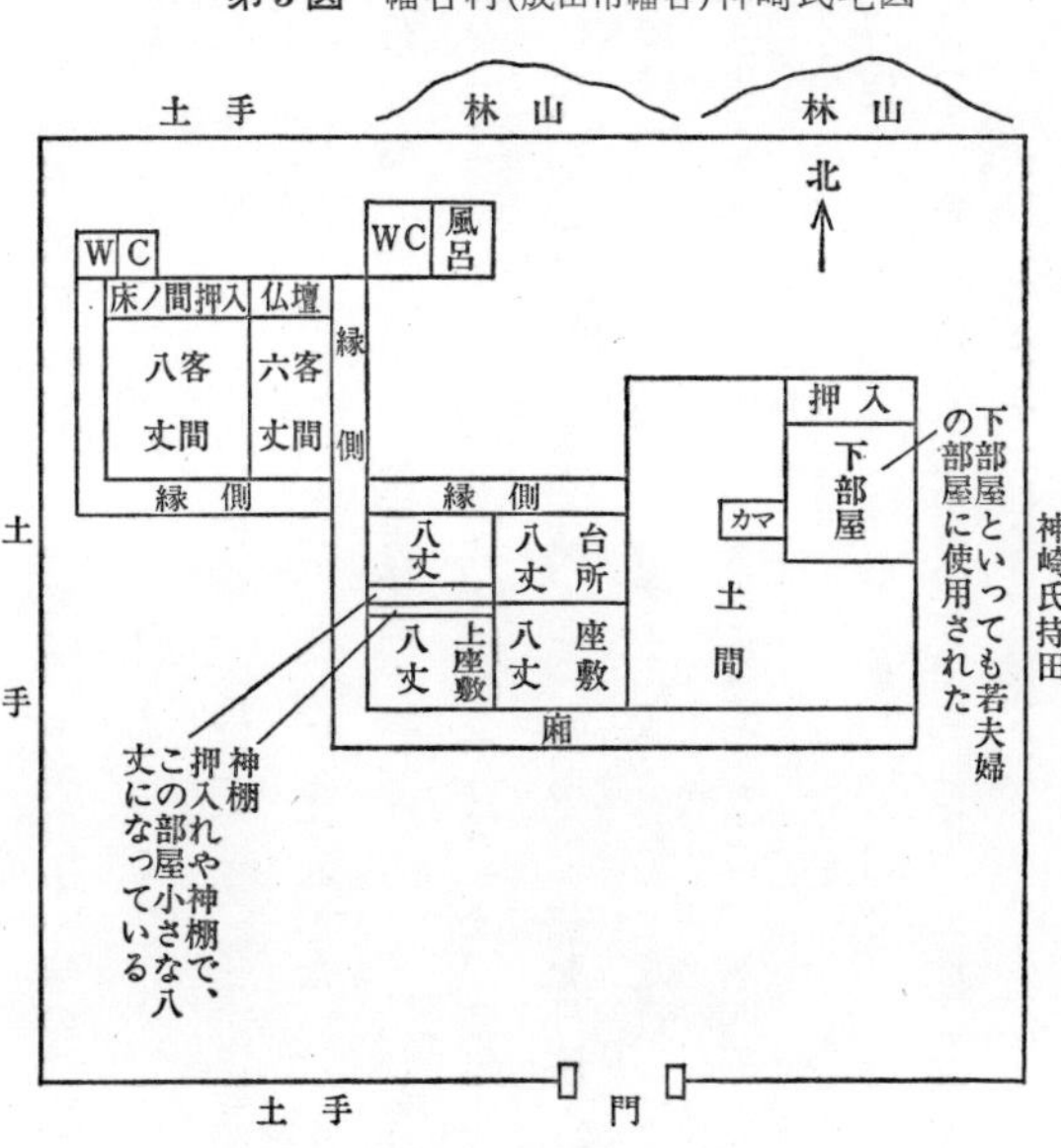

(大野政治『成田市域に於ける大原幽学の研究』59 頁より引用)

この家は、弘化四年当時の主人神崎孫右衛門（有力門人の一人）が、幽学の指示にしたがって造ったものである。孫右衛門は完成に当って「家移り規式」を行い、併せて「規則」と「遺書」を書いた（弘化四年七月十一日付）。これらは、彼が「代々相続人」へ残した訓戒である。右の「規則」と「遺書」には幽学の後書がある（同年九月十三日付）。

幽学居宅の新築　長部遠藤氏の裏山に、幽学居宅が現存している。この住宅はいかにも質素だが、幽学の指示に基づいて造られたものにふさわしく丈夫な建物で、さまざまな特徴があるとされている（国指定史跡）。

幽学居宅設立の時期については、①天保十一年の講釈場、②天保十三年九月の「草庵」、③天保十四年五月の居宅(現存)という段階を踏んだようである。これについては前述した。

性学服　成田市幡谷神崎俊夫氏宅には、今でも性学服といわれる幽学考案の衣服が大事に保存されている。性学服作成の年次については、確かめるすべがない。

丹　精　耕地整理・住居移転・改心楼建設等々、これらは門人の労働奉仕によったものである。性学では、これを「丹精」といった。幽学時代の「丹精」は、自発性がきわめて強いし、その「丹精」は共同の利益につながっていた。幽学裁判中(後述)は、その費用の一部を丹精・奉公によって捻出した。幽学没後、遠藤時代の後半からの丹精は「八石」の組織を維持するためのものに変質してくる。遠藤没後、石毛時代(ことにその初期)には丹精・奉公の強化・組織化が目立つ。これらについては、第四編の三、四に具体的な記述がある。

注

(1)　各仕法開始年次の確定作業としては、拙稿「性学仕法の基礎的考察」(「駿台史学」四一号、一九七七年九月)がある。本稿は主として右拙稿に依拠する。

(2)　越川春樹『大原幽学研究』は、その「大原幽学年譜」において、「〇五月(嘉永三年)改心楼竣工」とし、中井信彦『大原幽学』は、その「略年譜」において「〇四月(嘉永三年)、門人の労働奉仕による改心楼建設成る」としているが、各種文書による限り「三月」と見るべきである。

(3)　越川・中井いずれも前掲書において、荒海村教導所の設立許可を「嘉永三年三月」としているが、これは「嘉永五年」が正しい。

(4)　『幽学全書』(一九一一年)も、天保七年説をそのまま踏襲している。

(5)　『大原幽学全集』五七〇頁。

(6)『全集』四一四〜四一五頁。
(7)『全集』五七二頁。
(8) 中井『大原幽学』一六四頁。
(9)『全集』五六八頁。
(10) 千葉県香取郡干潟町鏑木字宿内、林好衛氏所蔵文書。
(11) 千葉県香取郡干潟町鏑木、平山忠義氏所蔵文書。『古城村誌』前編三六八〜三七四頁。
(12) 旭市十日市場、林孝一氏(林伊兵衛子孫)宅の性学普請は、一九七八年解体された。近く干潟町内において復原の予定。小見川市野田の増田家淳氏(増田俊斎子孫)宅の一部には、性学普請のあとがある。成田市幡谷、神崎俊夫氏住宅については本文中に図示。

(木村　礎)

六　先祖株組合と性学金融

性学と称する大原幽学の教説を、現実の幕末期東総農村の救済に適用した方法のうち、もっとも代表的な仕法が先祖株組合であったことはよく知られている。「此先祖株未熟ニ相成候而ハ、自分之家を亡す種たる故、必一統大切ニ守るべし(1)」と説いた幽学は、当時の農村荒廃を農家の永続を基礎として克服しようと意図したことから、共同財産の増大をはかる先祖株組合は、性学仕法の中核におかれることになった。そのため幽学指揮のもとに展開した性学仕法、すなわち正条植・客土法などの稲作指導、耕地整理、計画的集落の造成、共同購入、子供交換、前夜組織による会合体制と、その発展としての改心楼・手習所などによる共同的修養の練成などは、すべて先祖株仕法を基礎とした経済的仕法の充実に裏うちされて現実的効用を発揮しえたことはいうまでもない。

本稿は性学における精神的修養的仕法に対し、経済的仕法の有様を金融的側面から検討し、性学仕法の特質を明らかにすることを課題としている。商品経済の渦中にまきこまれて荒廃化する幕末期農村の救済法を、いわれるところの産業組合の祖として先祖株組合が、組合員による経済的共同運用の先駆であったとすれば、まさに流通経済に対応した生産的消費的構造の質が問われねばならないからである。

この点に関する従来の研究は皆無であるといってよい。史料的に『大原幽学全集』(千葉県教育会編)の域を出ない研究はいうまでもなく、地方史料を用いた最新の幽学研究も同様である。前者は性学仕法のうち修養的教説を主とする史料集であり、経済的仕法に関する史料はわずかにすぎない。それはこの全集編集の意図もさることながら、現存する八石性理学会関係文書全体においても、経済的仕法に関する史料はそれ程多くないこととも関連する。このことが全集の限界性に関連するとともに、性学仕法の研究に一層の深化と新しい知見を加えられた『大原幽学』(中井信彦著)もまた一定の限界を与えることになった。本稿は八石性理学会文書を参考にしながら、諸徳寺の菅谷豊三家文書を検討することにより、この課題に接近したい。当時の菅谷家の当主又左衛門は、幽学門下の高弟の一人として、性学仕法の金融を担当した人物であった。

注

(1) 天保九年「道友先祖株差引帳」干潟町長部、遠藤良太郎家文書。

1　性学と先祖株

大原幽学が、かつての和歌・俳句や人相・手相を主とする易学から、社会道徳の教説として「聖学」または「性学」を講じはじめた天保四年は、東北飢饉をはじめ大風雨の被害、播州一揆により人心頗る動揺し、米価も次第に騰貴し、七年の天保大飢饉にむけて農村の荒廃を一層進行させる幕あけの年であった。この時期、幽学自身は諸国遍歴の最後の土地となる東総干潟地域に到達する寸前であった。この地に翌五年二月到達した幽学は万歳村に止宿し、周辺村々の有力者から入門者を募るとともに、しばしば鏑木・万力・諸徳寺・松沢の諸村を訪れるようになった。同年四月には、この地域の最初の門人長部村の遠藤本蔵を得、同年中には松沢村の神主宇井出羽守、諸徳寺村の金杉常長らが入門した。

翌六年には、諸徳寺村で菅谷武左衛門・同又左衛門が、長部村で高木治兵衛・同儀七らが入門し、両村における性学普及の中核になると同時に、両村ではまた翌七年に多くの入門者を得て、干潟地域のみならず、東総諸村における性学の中心的位置を形成するに至った。

菅谷又左衛門が、同村の最初の門人金杉常長宅に逗留中の大原幽学に入門するのは、天保六年九月のことである。すでに二ヵ月前に入門していた分家武左衛門とともに、廻村する幽学にしたがって性学を修め、翌七年三月には二人ともども「道の味ひを能く知」(1)りえた褒美として景物を与えられるまでになった。

ところが、この年八月二十二日、幽学は何を感じたか高弟宇井出羽守・遠藤本蔵・菅谷又左衛門らと飯倉村で逢い、後事を托して東総からの退去を告げている。西上を宣言するに至る理由は明らかでない。九月十一日に西上の途につくまで、幽学は小川村で著述に従事し、九月八日には諸徳寺村を訪問し、「友人と語らふ事終日」(2)と、道話交換や世間話に数月をすごしたらしい。帰国を決意した幽学が、その直前に、何故に諸徳寺村を訪れたかは判然としないが、この地を去って二ヵ月後、江戸小網町から出した幽学の性学惣門人に宛てた手紙が、その理由を考える手がかりを与えてくれる。九月十三日付の二通の手紙のうち、一通は幽学西上後の東総地方の性学について宇井出羽・千本松陸奥・本多元俊の三人を中心として世話するよう指示するとともに、幽学が存在しなくてもそれまで納めていた年頭、八朔の祝儀、門人一人当り二〇〇文を、むこう五年間積み立て、それをもって門人中の困窮者の救済や景物に用いるよう書き送っている。他の一通では「性学同門中子孫永々相続講」(3)組織化のための定款案を示したのである。この定款案は、講中結成のための誓約を箇条書にしたものであり、とくに年二度の大会の際は、年頭、八朔の祝儀二〇〇文を積み立て、この積銭をもって子孫永続のための助力とすることを求めていた。この誓約に加えて積立ての懸銭は、一〇両までは一割、五〇両までは五分、五〇両以上は三分の利足で、諸徳寺村の門人又左衛門に預け置くべきことを申し送ったのであった。

この二通の門人宛の手紙は、退去直前、幽学が諸徳寺村を訪れた話の内容が、「子孫永々相続講」の組織化と、その金融上の又左衛門への依頼が主であったことをうかがわせる。後述するように、菅谷又左衛門は当時諸徳寺村の組頭（のち名主）として近在きっての富農であり、有力者であったばかりでなく、幽学が指摘する次のような意味からも金融を担当するうえで最適任者であった。いつの頃かは不明であるが、幽学は他の門人に対し「尤又左衛門一人に而致出金には無之、且又浜方門人共年中通行之儀故、是地も考被呉度候」[4]と書き送ったように、性学関係の出資に際しては又左衛門を中心としながら、「浜方」すなわち十日市場村・足川村の門人に依頼する姿勢を明らかにしていた。

この両村において金融を担当し得たものは十日市場村は林伊兵衛家（割元名主、醸造業）であり、足川村は岩井市右衛門家（割元役、網元）である。林伊兵衛入門の契機は婿養子となった又左衛門の弟幸左衛門（のち諸徳寺村に帰り、天保十五年分家）の勧誘であった。幸左衛門は八年に入門し、伊兵衛を説得するかたわら、まずその子正太郎を入門（天保九年）させ、その修養の効果を知り得た伊兵衛本人を、翌十年に入門させるのである。また岩井市右衛門（幼名金次郎または孝之助）は又左衛門の外孫（娘の子）に当り、彼もまた早く入門していた。これに加え、のちに融資を担当した有力門人の米込村杉崎伝蔵家もまた又左衛門の妻ゆきの実家であり、性学仕法をめぐる金融は長部村遠藤伊兵衛（本蔵。良左衛門の父）を除いては、実質的には菅谷家の縁戚関係によって担当されるのである。帰国直前の幽学はこのような現実を知悉のうえ、又左衛門に懸銭預金者としての依頼を終えて東総の地を去ったものと思われる。

江戸からの手紙を受けとったこの地の人々は、早速、書面中に示された子孫永々相続講の定款案にそって誓約し、講を組織してその旨を幽学に書き送っている。天保七年十月当時、この講中に加盟し誓約した門人は足洗村八人、松沢村組(長部・諸徳寺村を含む)三九人、小見川連一九人、長沼村組二三人、殿部田村二人、飯倉村一人の合計九二名であった(5)。この講結成にともなう懸銭の制度は、先組株組合にも解消されることなく、永続講銭または年頭叺銭として明治期まで継続される。このような講結成を知らされた幽学は、大いに喜んだもののその後約一年、東総の地を訪れることはほとんどなかった。だが、翌八年九月十七日、諸徳寺村を訪れた頃より再び干潟地域に来村する機会が多くなった。翌月二十一日には「諸徳寺村大会、大議論あり(6)」とある。この種の大会は翌九年二月九日、「長部村に至り門中大会、昼夜性学論議多し(7)」とあり、明らかに性学門人の総集会が両村に開かれていたことが知れる。春秋二回の大会が幽学の干潟地域への再遊時、まず諸徳寺・長部村に開かれたのである。

このように、性学普及の中核ができるとともに大会制も明確化し、門人の勧誘も軌道にのり出した。この時期、同年八月より先祖株組合の結成が行われる。「道の記(8)」より先祖株組織化に関する記事を拾うと、

天保九年

八月二十三日　長部村着、子孫永続の取極め(天保十一年二月届出)

十月二十七日　諸徳寺村に至り子孫永続の取極め(届出不明)

十一月十　日　幡谷村孫左衛門主に至り、先祖面積立取極(天保十三年十月届出)

十一月十二日　荒海村左内主に至り、先祖面積立取極め(天保十二年五月許可)

天保十二年

三月二十三日　十日市場村林主に至り、先祖願向調終日

六月　七日　桜井村太左衛門殿ニ至リ、終日先祖面調

右の如く六ヵ村にみられる。このほか岡飯田村は嘉永元年に先祖面調が行われ、当時信州小諸でも取極めの会合がもたれていた。(9) 長沼村中心に周辺村々でも組合結成が行われたが、その結成期は不明である。嘉永二年、中央教導所ともいうべき改心楼の建設時までには、少なくとも九ヵ所で先祖株組合が結成されていたらしい。なかでも長部村が模範的役割を担当したことはいうまでもない。

長部村とほぼ同時期に結成された諸徳寺村の先祖株組合についてまずみておこう。菅谷家文書の「道友除株積合控帳」によれば、先祖株結成は同門の仲間としての「道友中誓約之事」を優先し、まず確認した。この道友中誓約の内容は、幽学が西上を決意し、江戸へ行った天保七年九月の十三日付で東総地方の門人に書き送った「性学同門中子孫永々相続講」の案文の前半部分を詳説したものである。博奕、不義密通、諸勝負、職行二重、女郎買、強欲、謀計、訴訟発頭、狂言、あるいは手踊、浄瑠璃、長唄、三味線のほか怪力乱神、不相応の奢侈、危き商売や行為をなすことは子孫滅亡の原因であるので一切しないこと、もし同門のうちでこのような行い悪しき者が出た場合、その最寄の門人はもちろん遠方からでも訪れて諫言すること、一方、心得違いをした者はどれほど厳重な戒めであっても受け入れること。この戒めに背いた場合、道友中より破門されても怨まないこと等を誓約したものである。

この誓約につづいて「為取替置一札」により組合契約が行われた。これによれば、

一、金三両分之地面先祖株与定、是を除き置、此利分を永く積上、是を以て為令楽親先祖を、此心懸同志之面々持寄一統積上、其年々之利分者永々積上可申事

とする中核条項につづいて、二、右の如く提出した地面とその利分の世話人は、その時々一同相談して決めること。三、組合員のうち不幸にも滅亡したものがあっても、右の除株は一文も返さない。しかし金三両分が利分と合計し

一〇〇両以上になった場合、その段階で滅亡の家はその半株で家名の相続を認めるが、残り半株は子孫のため積み置く等の三ヵ条を基本骨子として、これにより性学一四ヵ条の取決めに背き破門になろうとも、除株は一文も返さないし、また受取りを請求してはならないこと、などを契約した。為取替一札はこの三ヵ条にひきつづき、この三ヵ条を家族全員が承知する旨と、除株の割返し要求は子孫になっても行わないこと、一〇〇両株以上となり不幸にも滅亡した場合、その半株を相続するについても、相続者が「馬鹿者」であれば取り消し、相続に適当な人物が出た時に返還すること等も併せ、家族全体で誓約し、爪印することになっていた。

領主への届出が不明である諸徳寺村に対し、幡谷村は天保十一年二月の長部村より遅れて同十三年十月となった。提出された幡谷の道友議定誓約をみると、諸徳寺村の内容と多少の変化がみられる。形式的には先祖株取立てにともなう「道友議定誓約一札」(10)が「道友中誓約之事」と「為取替置一札」とから成っていることに変りはない。道友中誓約の内容が前述の箇条のほかに、大酒の禁止、倹約する人に損失をかけぬこと、初着祝、紐解、十五祝、日待、庚申、子安講にかこつけての酒宴馳走の禁止などがつけ加えられて、より具体的箇条となっている。また為取替置一札は「先祖より譲受来候田畑之内、金五両分者先祖之株与定、少茂私之暮方ニ不取用是を除置、此得分を永々纆置」と表現を変えているのである。除株としての土地が三両分より五両分に訂正されたのは早く、諸徳寺村でも天保十年正月の「先祖株纆合控」(11)にはすでに加盟者は全員五両を出資していた。荒海村では天保九年十二月の「道友為取替一札」(12)で、金五両分の地面の提出を契約しており、三両から五両への変化は恐らく物価騰貴による地代価の上昇が背景をなしていたのであろう。幡谷村では提出した為取替一札の最後に、加盟組合員たる全家族が、戸主は実印を、家族は全員が爪印を捺している。

こうして誓約した組合員の性格については、荒海村・長部村の事例が報告されている。(13)荒海村(八〇～一〇〇戸)の場合、天保九年に村役人層五名によって契約された先祖株組合は、十二年には中農層一一名を新たに加えて拡大されたが、いずれも村方騒動では攻撃される側の人々であり、商品生産の波にのった攻撃側とは異なり、経済的に没落する側の人々であることが明らかにされた。長部村では天保九年に名主・組頭・百姓代を含む合計一一人によって始められた組合は、天保十二年に潰家再興農家八軒を含め一四人を新たに加えて運営されるようになっている。この点を第1表によってみれば、組合員二五名は村民の大部分ではあるが、うち四名は不明である。また二五名中の三名は道友ではなかった。こうして天保十二年は上農層の村役人層を中心にして始まった先祖株組合は、中・下層の農民を含め、あわせて道友外の人々をも含めて拡大する転機となった。

第1表　長部村の先祖株組合員

持高＼村民	(天保9)初期組合員	(天保11,12)新組合員	未加盟	合計
1石以下		1	2(弘化3加入)	3
1石台		1	1(弘化2加入)	2
2		4		4
3	1	2		3
4	1		1	2
5				
6				
7	1		1(弘化3加入)	2
8	1			1
9	2(組頭)			2
10	1	1		2
11～12		1	1	2
13～14	1(百姓代)			1
15～20	2			2
21石以上	1(名主)			1
合計	11	10(不明4)	6	27(不明4)

注）不明者4名のうちの1人仙蔵は飯倉村の椎名琁蔵である。
嘉永4年「高反別名寄帳」，嘉永6年「先祖株総締取調帳」。

諸徳寺村の場合をみれば、天保九年に一四人で始まり、十二年に四人加入して全員で一八人となる。全員が道友か否かは不明であるが、新加入のうち二人は中心人物の又左衛門が代印している。これは恐らく又左衛門の金銭的後援によって加盟した人々であろう。諸徳寺村は東総台地縁辺のかつての椿海に面する斜面の村で、村高三五五石余、旗本三人支配の相給村である。幕末期の正確な戸数は不明だが、三給村となった享保十四年当時は八三戸である。恐らく天保期には同数から一〇〇戸位とも思われるが、村高のわりに戸数の多いのは椿海の干拓により干潟化した隣村（入野村）に土地を所持する人々が多いからである。

諸徳寺村の先祖株組合員一八名の所持高は不明である。中心人物菅谷又左衛門が旗本藪recte一郎領（一三一石）の組頭であったように、村役人と小前層の共同の組合である。初期一四人は菅谷姓七人、大扱姓二人、神田・堀江・石毛・金杉姓各一人に長部村の一株が加わっており、半数を占める菅谷姓は同族関係にあったようである。たとえば、

添書一札之事

一、中田壱反六畝拾六歩　字溜下川添
　　分米壱石九斗八升四合

右者私所持之田地、此度本家之御先祖御位牌面に差上申候、依之当亥年ヨリ御年貢高掛物、貴殿方ニ而御勤可被成候、尤御先祖面之儀ニ御座候間、向後質地書入等ニハ決而為致間敷様、子々孫々迄申残可被下候為後世之為証文相添、譲渡申一札依而如件

天保十亥三月
　　　　　　　　　　　　　　　　　　　　　　政照ゟ五代目
　　　　　　　　　　　　　　　　　　　　　　菅谷又左衛門政成

当村本家　菅谷源兵衛殿江

右史料[14]に示されるように、又左衛門家は本家の先祖面（先祖株として提出した土地）を譲渡し、また「去ル子年ゟ先祖面引当に遣し申候」[15]と金六両を分家武左衛門に貸与しているのである。ほかに後に分家する幸左衛門の株金も出資し、長部村と同様に本・分家の復興に努力した。

菅谷家の当時の経営をみれば、第2表のようである。三代政永が相続した明和五年の時点で八一石余の所持高を有し、四代政光相続時には若干減ったものの、五代政成の相続時には八五石余に増している。先祖株組合結成時に

は約九〇石となり、総所持地も一七町八反六畝歩余に達していた。貸付金も化政期に増大し、四代政光時代には毎年平均約五三両の利益を生み出していた。しかし、この間、一方では滞納も多く捨金も四五六両余におよび、結局利益惣額は一、三七六両余となった。貸付金高の変化は文化期に増大し、文化十二、三年には、一ヵ年に一四二両余の利益を出しピークとなったが、文政元年には七一両余に減少し、同二年はほとんど利益はない。政成相続時の文政三年より天保初年までは貸付金は減少し、天保五年当時で二八三両余にすぎない。この間の具体的実態は不明であるが、恐らくは高利貸付蓄積の基盤である農村の荒廃により、貸付金融の困難な時期であったと思われる。

天保期には五年の二八三両に対し七年は三四一両、九年は四一七両と文化期ほどではないが、貸付けを増す傾向にあった。先祖株組合結成時の所持地が自村と入野村に加えて、松沢・堀之内・米込村に増しているように、同家の金融圏は、これら村々のほか新町・関戸・大久保・琴田・野田・古内村などへ拡大しつつあり、最低一割から最高二割、平均一割五分の高利貸付けをする当時の一般的な村方地主の性格をもつ地主として存在した。菅谷家にとって先祖株とは、一義的に

第2表　菅谷又左衛門家の相続内容

世代	所持高	所持地	金融
又左衛門政永相続時（明和5年12月）	81石766	耕地｛村内17石436、入野村64石329｝ 山11ヵ所	質置金61両 貸金44両2分
又左衛門政光相続時（寛政6年6月）	62石827	耕地｛村内18石886、入野村43石940、長部村8反3畝｝ 山13ヵ所	質地金101両 頼母子掛金3口
又左衛門政成相続時（文政3年11月）	85石705	耕地｛村内3町5反1畝余、入野村7町4反歩、長部村8反1畝余｝ 山3町1反9畝余（13ヵ所）	譲り金103両 頼母子掛金7口 貸付金1376両余
先祖株組合結成時（天保10年）	89石66	耕地｛村内4町9反6畝余、入野村7町1反9畝余、米込村ほか1町1反7畝余｝ 山4町5反4畝歩	貸金417両余 （領主貸金，御用金を除く）

注）　寛政6年「万覚帳」，文政3年「金銭地面山并諸道具譲訳帳」，天保8年「田畑山買調覚帳」，天保11年「高株控帳」，天保9年「金銭利息取立簿」，いずれも菅谷豊三家文書。

は、同族的紐帯の強化による農村荒廃情況ののり切りのための手段であり、二義的には、地主的蓄積基盤の強化であった。

幡谷村先祖株組合は村目付として「小児養育見廻」「御年貢米鑼立」[16]を担当した神崎孫右衛門を中心に、一六人で結成されたが、役所への提出文書によれば、そのうち二人は無印、三人は代印、七人は家族員のいない後家か年若な百姓である。家族構成員六、七名の普通の農民は七人にすぎない。正確なことはわからないが、この村もまた村役人を中心に小前層、それも加盟上層農民の援助を受け得る関係下層農民が共同したようである。

つまり先祖株組合は、結成上の形式からいえば、永々相続講の案文（前半分）を継承した道友中誓約書を前提として為取替一札に捺印したように、何よりも道友の家相続のための基礎的仕法として成立した。永々相続講に関する案文の後半部分は、前述したように、永続講のまま二〇〇文の積銭の蓄積体制（菅谷家担当）を全道友が確認した部分である。この道友間における二重構造的仕法は、天保十二年をさかいに潰百姓の再興者や、道友外の下層農家の新規加入をもって質的に飛躍し、彼らを道友中誓約の中に包摂することによって、門人の増大と基礎的仕法の拡大を試みたのであった。

注

（1）千葉県教育会編『大原幽学全集』（以下『全集』と略称）四六四頁。
（2）『全集』五四五頁。
（3）『全集』七三八頁。
（4）『全集』七四〇頁。
（5）『全集』三六頁。
（6）『全集』五五〇頁。

（7）『全集』五五二頁。
（8）『全集』五五五頁以下。
（9）諸徳寺村の幸左衛門より小諸の道友宛書簡（小諸市与良町、小山宥一家文書）によれば、「時に先祖株取立之儀、御一統御丹精被成置候趣、当方道友一統悦入候…（中略）…当時岡飯田村道友、此度大先生出席ニ而壱人別ニ村中引立る生根てなくてハ先祖株纏させる事不相成旨被申聞」とある。
（10）「道友議定誓約一札」成田市荒海、吉岡慎平家文書。
（11）天保十年「先祖株纏合控」干潟町諸徳寺、萱谷豊三家文書。
（12）（13）中井信彦著『大原幽学』九八頁。
（14）天保十年「添書一札之事」萱谷家文書。
（15）天保九年「金銭利息取立簿」萱谷家文書。
（16）「従御領主様拝領目録」前掲、吉岡家文書。

2　先祖株組合の実態

成立した先祖株組合とその後の組合経営について、幽学は次のように述べている。(1)

時于先祖株纏取立候心得事之儀者、第一親先祖を悦ハ志むる為にすへし、於当時ニ茂、実以親先祖を悦ハしめ楽ましめ度か儘に、先祖株を纏、御領主江致願済を候者当村良左衛門ニ候、依之於当村者、若し災有之節者極而後之幸之種と相成候、次ニ岡飯田村門人共追付爰ニ可至存候、外村門人共者、最初子孫之危を見極、是を永続なら志め度か儘に先祖纏候儀故、災を以て後之幸之種とする事能する者鮮し、是今門人中ニ急度試候事也、此二の幽玄を能々味ひ、必々無余情互ニ慎而会席可為議論この史料は幽学が小諸道友の先祖株取立ての際に書き送った手紙の一節である。つまり、先祖株結成とその後の運営には二つの傾向があり、長部村と後進の岡飯田村とは親先祖を喜ばしめ楽しませるものであるから、災いを他日の幸いとすることが可能であり、他の村々の先祖株組合は子孫の危機をみて、家の永続を願うための結成であるため、災いを他日の幸いとすることができないものが多いというのである。二つの傾向の成立する根拠は、結成主体の門人層の当時における家をめぐる認識の差異にあった。一方はかつての農村荒廃による家の存続の危機に対応した組織化であり、他は現在進行しつつある危機に迫られた対応であったからであろうか。

そのためこの引用文に続いて、幽学は、先祖株結成の第二の必要性として、株を一纏めにするは「則一つ家内と心得」るためであることを強調する。個人的判断による財産の継承では、当主あるいは子孫の心得違いで没落することを防ぐことはできないから、何事も組合中の道友に相談し対処すべきことを説き、先祖のためには命も捨てる覚悟で議定しなければ、「愚俗之常」として世情に流されやすく、道友の離間はいうまでもなく、組合自体の「緩勝」の生まれることを戒めている。同じ子孫永続を願う組織ながら、先祖の苦難の帰結としての組織化と、将来にそなえた組織化とでは、必然的に組合を構成する道友層の心構えと関連するため、共有財産設定による家族的連帯の強化を説いたのである。

このように組合設定後、十年にしてなお二つの傾向を指摘せざるを得なかった先祖株組合の実態について、以下検討してみよう。

まず、長部村の先祖株組合についてみると、天保九年九月結成の組合員は、名主伊兵衛ほか一〇人で、総額六〇両二分の「纒株地面代金」(2)を拠出した。一人当り五両ならば五五両であるが、現実には五両二分多く出資されている。(3)この資金をもって同年十二月には八反一畝歩の水田を購入(=質地)した。以後、毎年生み出された先祖面(購入

第3表　長部村先祖面の推移

繰入日	字	品等	反別	附米	代金	購入先	備考
天保9年12月	かやば	下田	10畝145	3俵斗升	8両分朱	当村治兵衛より質入	
	〃	〃	12.00	3.0	8.0	惣右衛門より質入	
	古門	〃	5.26	1.3	3.2	仁右衛門 〃	かけ増12両
	〃	〃	6.117	〃	5.0	政右衛門 〃	寅年受戻
	須刎	〃	13.01	4.2	14.0	伊兵衛 〃	〃
	兎田	〃	13.185	3.0	5.0	忠右衛門 〃	〃
	五反田	〃	11.22	3.2	12.0	仁右衛門 〃	
	〃	〃	7.265	2.0	5.0	嘉左衛門 〃	天保11年12月受戻
天保10.12	さかしう	〃	3.15	1.0	3.0	仁右衛門 〃	寅12受戻
	向田	中田	8.22	2.1	1.0	〃 〃	〃
天保11.12	大谷	下田	11.15	2.2	5.2	多左衛門 〃	
	五反田	〃	14.03	3.15	8.0	吉蔵 〃	丑年受戻
	一丁田	〃	13.26	〃	〃	伊兵衛 〃	
	かやば	〃	〃	3.0	6.0	安左衛門 〃	寅12受戻
	東下	中田	15.27	5.1	7.0	治兵衛 〃	かけ増10両
	かやば	下田	15.18	4.0	14.0	仁兵衛より買入	
	古門	〃	10.00	2 2	11.0	〃	
	源田	〃	13.10	4.0	15.2	治郎左衛門 〃	
天保12.12	兎田	〃	6.12	2.0	7.22	仁右衛門 〃	普請仕立，附米3俵
	東下	中田	14.24	5.0	8.0	治兵衛より質入	かけ増10両
天保14.12	こしまき	下田	10.23	3.0	8.0	〃	
天保15.12	兎田	〃	1.25	0.15	1.0	吉兵衛 〃	普請仕立
	かやば	〃	10.14	3.0	8.0	治兵衛 〃	
	兎田	〃	1.00	?	0.2	政右衛門 〃	普請仕立
弘化 2.12	〃	〃	8.27	2.1	7.0	〃	
弘化 3.12	〃	〃	13.06	3.0	14.0	助右衛門 〃	
	古門	山	20.00	?	3.0	〃 より買入	
	兎田	下田	9.10	3.1	13.0	嘉右衛門より質入	普請仕立
	かやば	〃	16.00	4.2	16.2	茂十郎 〃	
	台ノ下	上田	(2カ所)	10.0	4.0	佐兵衛 〃	
	〃	〃	7.00	2.2	2.1	新兵衛 〃	

注）天保9年「御免先祖株大帳」，遠藤家文書。

地）からあがる利益をもって、新たに土地を購入しつづけるのであるが、この先祖面に繰り入れられた土地を、弘化三年まで表示すれば第3表のようになる。天保九年十二月、六〇両二分で購入した下田八筆の八反一畝歩は、翌年十二月には利益三両三分をもって四両分（一分立替）の土地二筆を購入しており、十一年には同年分利益と新加盟一四人を加えた一四五両余から先祖株認可願入用を差し引き、更に嘉左衛門の受戻し分五両を控除し、新たに質地、買入分八筆を加えて一三四両株の地所が確保された。いずれも村内の農民より購入したものである。

先祖面における利益生出しの方式は、質地直小作関係を基軸として附米（＝小作米）－貢租・諸役＝徳米（利米）×相場として生み出されたもので、村方地主の土地集積法を導入したものである。畝歩以下の厘単位まで土地面積が把握された有畝歩法であり、「普請仕立」と称する耕地整理によっては、附米の変更による小作料の引上げもはかられている。この方法は長部村組合に限らず、いずれの先祖株組合も同様であった。

天保十年までの組合の実態をみれば、先祖株一口の五両分は平均六畝二二歩である。これよりあがる小作料は七斗五升四合（反当り一石一斗一升）で利益は一分一朱である。したがって利潤率は六％にすぎない。この計算でいけば、組合員一戸当り目標の一〇〇両に達するまでには一四六年を必要とした。天保十一年の場合は利潤率四％と更に落ち、目標一〇〇両に達するには四〇〇年を必要とする。加盟上の誓約によれば、一〇〇両に達して滅亡した場合は、「馬鹿者」でない限り半額で家の再興を許される仕組みであったが、いかに子孫永々相続講の実践組合とはいえ、一四六年は世代にして四代から五代に当り、現実的利益として期待できるものではないことになる。株金五両でさえこの有様であったから、本来の予定株金と思われる三両から五両への増額も、地価騰貴もさることながら、道友間の負担能力の現実と理想とのはざまで決定されていたのであろう。それにしても、このような現実は、先祖株組合の発足当初から問題とならざるを得ず、天保十二年をさかいとする稲作指導や耕地整理に積極的に取組みをはじめる一方、組合員の増員により効果を高める必要に迫られるに至った。

長部村の新規加入者一四名は、すでに天保十一年十二月に加入を申請し、初期組合員と地株を共同で運用することになった(第1表)。株金総額は一四五両二朱余、諸入用を控除して一三四両二分が質地購入分である。その先祖面は第3表の通り一町九反三畝一五歩である。新加盟一四人のうち潰百姓を再興した八人のほか飯倉村琁蔵を含んでいる。門人外の加入者三人のうち新兵衛(後家まつ)家は、名主伊兵衛家の本家に当り、伊兵衛が一株を出資したものであり、組頭治郎左衛門も自身が新たに加入するとともに、本家相続のため治郎右衛門の株立てを行ったものである。ほかに治左衛門も加入したが、先祖株の基本は同族的結合の強化であった。

道友ではあるが、他村の飯倉村琁蔵の株は、次の如く推移した。

(弘化元年)
辰十二月出分

一、金拾両　　長部村　嘉左衛門殿地代金

但し飯倉村琁蔵先祖面ぬけるニ付、右分ニ又左衛門入置、右長部先祖面壱ロ又左衛門分ニ成ル(4)

(弘化二年)
巳十二月ゟ預り

一、金拾両　　飯倉村　琁蔵殿

但し長部村先祖面当人ニ渡ノ分ニ付、又左衛門引受長部村嘉左衛門殿株を渡ス、右飯倉先祖面分ハ又左衛門名前ニ成ル(5)

弘化元年十二月、琁蔵が先祖面をぬける際(破門のためか?)長部村の嘉左衛門株を同時に諸徳寺村の萱谷家が出金して引き取っており、これが翌二年十二月に再び琁蔵からの入金で嘉左衛門株を返しているのである。この段階で従来の嘉左衛門株は琁蔵名義となり、琁蔵株は又左衛門名義となったから、他村の株所有者は二名となる。譲り渡された株の所有者嘉左衛門は、嘉永四年の長部村土地所有者には登場しない。第1表における不明の一人である。同様に当時の不明者のうち一人は琁蔵であり、他は門人外の治郎右衛門と治左衛門であった。

このように、長部村先祖株組合は天保十一年十二月、二五名により再編成されたが、その株は固定したまま最後まで持続したものではない。株立てた道友でありながら他村の有力者に移譲されたものや、自村の有力者の保護のもとに名目的な株が継承されていた。しかも組合末期においてなお無高として存在不明なものがいた。このような実態も、先祖株組合を中心とする農村改良の効果如何に関連している。仕法の順調な発展が確実ならば、破門以外の譲渡は起らぬ筈であったし、無高層の建直しも可能だからである。

そのため天保十二年以来、各種の改革が長部村のみならず、道友の存在する各村で試みられるに至った。長部村では客土法や田植法の改良による稲作技術の改善、耕地整理、耕地の交換分合や家屋の移動などがこの時期から実施される。また天保十二年正月には年間の農事予定表である「仕事割控」(6)が作成され、年間の耕作労働力の配分に留意され、合理化された余剰労働力を丹精と称する性学上の積立金を生むための労力に援用することが奨励される。干潟地域における農事予定表の初見は、諸徳寺村の天保九年「年中仕事割」(7)である。すでにこの地域への幽学の定着と時を同じくして指導が開始されていた。田植技術の指導もこの頃より行われ、天保十二年より十四年にかけて一層拡大される。嘉永五年版行の「年中仕業割并日記控」(8)を見ると、裏表紙には弘化三年正月の農業上の心構えに関する幽学の教えを記しており、以後の同種文書はいずれも同じ教えを記しているところよりみれば、天保末期より弘化期にかけてが農業指導上の画期であったと思われる。この仕事割の検討は他章に譲る。

天保十二年が長部村改革のうちで画期的な年であったことは、改革上の必要経費を多額に借り入れたことによっても知られる。この年十二月、村内の水田六町六反五畝歩余を質入れまたは書入れとして六五〇両を、十日市場村伊兵衛より借り入れている。(9) これら借入金はあい前後して始められた八石耕地整理や家の移転、耕地の交換分合の経費として用いられた。前掲第3表によっても、先祖面繰入れ地の「普請仕立」が、十二年十二月以後であることが知れよう。長部村改革の全体については検討できないので、ここでは八石の耕地整理についてやや詳しく述べておこう。

のち改心楼の牛渡村事件の際、長部村より関東取締出役に提出した文書によると、耕地整理について次の如く述べている。

伊兵衛持地字八石壱町弐反弐畝拾四歩之場所ハ、別而山寄麁田ニ而、九之筆ニ畝割相分り居候処、田面両側山際より清水湧出し、日天雨之節者田面之内中通り水押浣連、年々田面致度損、往々ハ亡所ニも可相成儀ニ付、素ゟ両側ニ有来候古溝を浚ひ、面中通り地低之場所江畝別、一筆限り土地持出し修理仕候儀ニ而、尤元有形横畔之儀者、不用ニ相成候間、取除候儀ニ御座候…(後略)(10)。

九筆で一町二反二畝歩余の八石の谷戸田は清水湧出場で、水はけが悪く下田であったものを、双方の山際の古溝を改善して排水化し、田面中央の低地に畦畔を通して土盛りしたので、従来の横畔は消滅し、区画整理も完成したというのである。この耕地整理を図表化した天保十二年「字八石方田地有畝分附米控」(11)によれば、整理後の耕地有畝歩は一町五反八畝一二歩で一五筆に分かれている。附米は四一表五斗と算定された。もちろんこの八石の水田も、八筆分は十日市場村伊兵衛家に質入れして八五両借入れの担保となっていたから、この借金も附米の中から返済が意図されている。

遠藤伊兵衛家所持のこの八石の土地は、直接には先祖面として提供されてはいない。それ故先祖株組合の収支に

第4表　耕地整理後の八石耕地経営

小作人	耕地反別	石高	年貢諸役	附米	
全体	整理前1町1反4畝0.5斗 整理後1町5反4畝0.5斗	12石387	14俵314	有畝1反ニ付2俵半	
貞助	普請田　6反6畝歩			16俵2斗	19俵32
	八石山中田　4畝歩			2.	
	畑　2反歩			0.36	
	屋敷			0.1	
	草かり場(八石畑上の山)			0.06	
源左衛門	普請田　8反5畝5歩17			21.15	22俵32
	畑　2反歩			0.36	
	屋敷			0.15	
	草かり場(八石畑上の山)			0.06	

注）附米合42俵24，十日市場作徳米12俵32。嘉永元年「八石田地控」，菅谷家文書。

直接関係しなかったが、地主も小作人も組合員であり、のち幽学の居所も八石に置かれたように、八石の耕地整理は性学仕法の中心的普請として実施された。そのため八石耕地をめぐる収支決算は、遠藤家のみでなく諸徳寺村の菅谷家の担当ともされるのである。嘉永元年当時の耕地整理地の経営についてみれば第4・5表のようになる。

第5表　嘉永元年，八石耕地の取分比

石高	12石387	(明治11年収穫高21石19)	100%
年貢諸役	14俵3147		28%
附米	42俵24		80%
十日市場作徳米	12俵32		24%
徳米	15俵		28%

注）嘉永元年「八石田地控」，菅谷家文書。明治11年「耕宅地山林原野収穫地価地租壱筆限簿」，長部区有文書。

第4表によれば、耕地整理前後の反別に若干の相違があるものの、そのほかの数値は前年にほとんど変りない。これによると、貞助・源左衛門の二人の小作人は、整理耕地のみでなく付随した畑、草刈場、屋敷まで借用したことになる。それらを合わせ、両人合計の附米は四二俵二斗四升である。第5表でその比率をみれば、この附米は現実の生産高と推定される明治十一年改租時の八石耕地全体(耕地一町六反二三歩)の収穫量二一石一斗九升に対し八〇%に当る。その内訳は領主取分の年貢諸役が二八%、十日市場村伊兵衛家への返済分が二四%、利米として遠藤伊兵衛家の取分が二八%である。現実収穫量に対する小作料率が八〇%に達する事実は、全国的にも稀にみる高率小作料といえよう。明治政府の地租改正においても小作料率は六八%で、小作人取分も三二%が確保されていた。八石耕地の小作人取分

は二〇％にしかすぎない。

小作料について耕地整理をみれば、「弘化四未年ゟ三ヶ年者、有畝歩壱反ニ付弐俵半ニ作る相談也[12]」とある。つまり、反当り一石の小作料契約であった。この点について、すでに天保十二年の耕地整理時の相談によれば、当時の附米総額四一俵五斗は反当り二俵六分に相当し、「尤当丑年より申年迄八ヶ年之中如斯、申年より子年迄五ヶ年之中、壱反ニ付弐俵七分也、丑年より巳年迄五ヶ年之中、壱反ニ付弐俵八分也、午年より戌年迄五ヶ年之中、壱反ニ付弐俵九分也、亥年より壱段ニ付三俵附と成也[13]」と決めていた。嘉永元年は当初の八年目に当るが、それでも小作料は反当り一石の二俵五分にしかすぎない。整理後八年目においてなお当初の予定小作料に達していないのである。とはいえ、嘉永元年当時の反当り二俵半の小作料も三年契約であったことからみれば、生産力の上昇の緩やかさにも拘わらず、依然としてその上昇分の小作料増徴への配慮がはたらいていたものと思われる。

小作人は先祖株組合員である。組合における構成員相互の共同扶助の精神と、耕地整理、稲作技術の向上による生産力上昇分の地主的利米の増徴とは、全く相反するものであったといわねばならない。

注

(1) 小諸道友宛大原幽学書簡、東京杉並区西荻窪、小山源吾家文書、『全集』七四四頁。
(2) 天保九年「道友先祖株差引帳」遠藤家文書。
(3) 嘉永六年「先祖株惣締高取調帳」(『全集』遠藤家文書)によれば、天保九、十、十一年は、組合員一一人で五五両の出金、水田七反三畝歩の購入となっている。本文史料は右の編纂史料に比べ、当時の現実と思われるので参照した。
(4) 天保十三年「道友取引扣」菅谷家文書。
(5) 弘化三年「預り金并勘定明細改扣」菅谷家文書。

(6) 天保十二年「仕事割控」遠藤家文書。
(7) 天保九年「年中仕事割」菅谷家文書。
(8) 嘉永五年「年中仕業割并日記控」遠藤家文書。
(9)(11)(13) 天保十二年「十日市場村伊兵衛殿江質地井ニ書入控」遠藤家文書。
(10) 嘉永五年「乍恐以書付奉申上候」干潟町宿内、林好衛家文書。
(12) 嘉永元年「八石田地控」菅谷家文書。

3　先祖株組合の変質

以上、耕地整理地にみられた実態は、また先祖面における小作関係とも共通していた。長部村における先祖株組合の実績をみれば、第6・7表のようになる。第6表は年次別の先祖面における徳米の変化をみたものである。表によれば、すでに天保九年先祖株纒め当時の反当り附米量、すなわち反当り小作料は一石一斗一升(二俵三斗一升＝二俵七分八厘)であった。それも天保十三年に一石一斗二升に、十四年に一石一斗七升に上昇するのである。当時の稲作指導による生産力上昇分は、小作料増徴に帰結したことは明らかである。

表によれば、この小作料の増収は嘉永期まで続く。八石の耕地整理地が反当り一石であったことからすれば、さらに高率の小作料であった。明治十一年当時の長部村における水田平均反当り収穫量は、一石二斗七升八合である。これに対する平均反当り小作料一石一斗七升は、九二％という驚くべき高率小作料となる。小作人の多くは下層道友で、なかには先祖面に提供した自己所持地の直小作形態で小作する上層農家もあったが、いずれも組合員である。組合による組合員からの収奪というこのような関係は、耕作反別の少なさはあるものの、組合内部の構造的矛盾と

第6表　長部村先祖株組合実績表

年　次	組合員	先祖面	附　米	年貢，諸役，切米	徳　米	反当附米
天保9年12月	11人	8反1畝歩	22俵2斗			1石11
10.12		93畝07	25.3			1.11
11.12	25	193.15	53.15			1.11
12.12		214.21	58.15			1.09
13.12		210.10	58.3	26俵	32俵3	1.12
14.12		174.26	51.	32.375	18.025	1.17
弘化元.12		171.04	50.	31.207	18.193	1.17
2.12	26	180.25	53.1	40.387	12.112	1.18
3.12	28	204.16	58.2	28.104	30.335	1.15
4.12	〃	245.17	71.144	40.023	31.121	1.17
嘉永元.12		245.17	71.3	40.224	31.075	1.17
2.12		252.18	23.2	59.269	13.33	1.17
3.12		252.18	73.35	38.152	35.197	1.17
4.12		275.25				
5.12		300.25				
6.12		?	85.3	55.262	30.037	
安政元.12		?	85.3	56.387	28.062	
2.12		?	85.3	46.23	39.063	
3.12		308.11	86.3	48.353	37.346	1.13
4.12		336.14	92.2	58.323	33.276	1.10

注）　天保9年「道友先祖株差引帳」，天保13～嘉永3年「道友先祖株取立控」，嘉永6～安政4年「先祖株附米取立帳」，嘉永6年「先祖株総締高取調帳」，いずれも遠藤家文書。

いえるほどの厳しいものであった。恐らくは農業技術の指導、性学による信仰的対応などがこの矛盾の顕在化を防いだのであろう。

第7表は年次別の地面代金（＝惣株金）と、利米代金（第6表中の徳米の換金化したもの）の変化を示したものである。利米代金はその年度の諸経費を控除し、残りは年度末に元株金に合算される。つまり利益分の質地を新たに購入し、先祖面を拡大するのである。こうして生み出された組合最後の安政四年当時の推定地面代金二六四両余は、全組合員二八人の当初の株金五両(1)に対して一・八九倍に達していた。金額にすれば九両一分二朱余である。年々の利益率は高くはないものの、高率小作料に支えられて着実に利益を生み出していた。

ところが先祖株組合の展開において、嘉永三年は大きな転機となった。かつて幽学は、先祖株組合の資金繰りについて次のように戒

第７表　長部村先祖株組合利益表

年　次	地面代金	利米代金	諸経費	利益率
天保９年12月	60両２分朱			
10. 12	64.1	３両３分		0.06
11. 12	134.2	2.3	11両１分１朱	0.04
12. 12	138.03	6.21	2.32	0.05
13. 2	144.23	6.2		0.04
14. 12	154.21	6.3		0.04
弘化元. 12	163.01	8.2		0.05
2. 12	176.12	7.12		0.04
3. 12	202.3	12.12		0.06
4. 12	202.22	11.3	12.0	0.06
嘉永元. 12	214.2	12.32	1.0	0.06
2. 12	222.1	7.3		0.03
3. 12	230.32	26.22	18.02	0.11
4. 12	247.22	16.3		0.07
5. 12	259.12	21.22	10.0	0.08
6. 12	259.3	15.	14.12	0.06
安政元. 12	(259.3)	13.	13.0	(0.05)
2. 12	(259.02)	16.	16.22	(0.06)
3. 12	(264.12)	17.01	11.31	(0.06)
4. 12	(264.12)	15.	15.0	(0.06)

注）　銭貫文以下省略。天保９年「道友先祖株差引帳」，遠藤家文書。

めていた。「先祖株作徳米代金等之儀ハ、何程外ニ差支等有之候ても、此金銭やりくり致間敷候、先祖株田地買入等其外一統相談を以出金等ハ格別、聊たり共外用ニ取用る事堅無用」(2)となし、そうでなければ「先祖株未熟」となって組合は勿論、自分の家を滅ぼすことになると忠告している。先祖株購入以外への出金を厳重に注意したのである。この原則は組合結成以来、一貫して保たれたが、嘉永三年を契機とし、特に同六年からは完全に変質する。諸経費をみれば、天保十一年は先祖株出願入用である。天保十二年は単に「諸入用」とあるだけで内容は不明である。弘化四年の一二両中の一〇両は潰れ株取直し入用である。残り二両は先祖株利益金を入れる判箱代であり、出金の意図は首肯されよう。

だが問題は嘉永三年である。この年正月には改心楼開校資金として八両二朱、十二月には改心楼普請金として一〇両が出金されている。幸い利米代金の最大となった年度であったことにもよるが、本来、改心楼と先祖株とは直接的関係はない筈である。先祖株は組合員共同の財産であるのに対し、改心楼は道友＝全門人の教導所である。限られた組合員の限られた利益をもって、全体の修養道場としての改心楼費用に充当することは、共に道友たる以上、間接的には止むを得ないにしても、常に許されるものではなかった。改心楼への出金は三年度限りで終ったものの、嘉永五年からは改心楼事件関係費として出金されることになった。同年の諸経費一〇両は「一件ニ付諸入用」[3]である。一件とは、この年より始まる改心楼をめぐる牛渡村一件の幕府勘定所による吟味一件であり、その出京費用などである。

嘉永五年度まで諸入用の支出も利米代金より少なく、全体の利益を多少減ずる程度であったが、翌六年より事情は一変する。先祖面よりあがる利益はほとんどが他への支出となった。嘉永六年の諸経費は、領主清水家よりの拝借金の丑年元利返済分である。安政元年は米込村一件入用の借用金の返済および江戸行き諸入用である。翌二年は拝借金の年賦返済分、同三年はこれら諸入用に加えて検見、高札入用などが支出され、四年には先祖株による利益金一五両のみでは不足し、丹精金も含めて二九両余が一件入用借金の返済にあてられた。拝借金は不作にともなう年貢滞納分の振替とみられるが、江戸における性学事件吟味諸入用とこの拝借金とが、嘉永・安政期における長部村先祖株組合の実効を、消滅させるに至っていた。

長部村組合に対し、諸徳寺村の先祖株組合の実績をみれば第8表のようになる。表によればこの村の先祖株組合の運営は長部村と異なり、先祖面としての土地集積は天保十四年をピークに止めており、代って弘化元年からは貸付金に重点を移してゆく点に特色がある。天保十四年当時における先祖面の耕作者は八人、うち村内四人、村外四人である。村外三人は翌年に耕作を止め、代って道友による寄合作や組合員の耕作となる。残り一人の村外者は長部村名主伊兵衛で、長部村大谷の水田二反八畝歩を反当り一石の附米で耕作している。彼自身は長部村道友総代として、諸徳寺村先祖株組合に一株を所有する組合員でもあった。この伊兵衛の耕地と附米量は安政期まで不変であり、最後まで先祖面を耕作する一人である。ところが諸徳寺村の先祖面は生産力の低い水田ということもあって反

第8表　諸徳寺村先祖株組合実績表

年次	先祖面	貸付金	徳米	利米代金	諸経費
天保10年	109畝02歩 (外畑2筆)		米5俵永613文		
11 〃			10俵	4両分	0両23
12 〃			11.38	5両1〆350文	2.02
13 〃			14.224	5.2	1.0
14 〃	211.00		11.242	5.12	1.0
弘化元 〃	211.00	3両	10.256	5.3	0.32
2 〃	161.00	26.3	〃	5.0	0.12
3 〃	161.00	33.0	〃	4.3	
4 〃	161.00	33.0	〃	4.3	
嘉永2 〃	141.00	43.2	〃	5.1	
3 〃	91.00	88.32	〃	6.0	
4 〃	91.00	88.32	〃	5.12	
6 〃				6.12	6.12
安政元 〃				6.12	6.12
2 〃				6.11	6.11

注）天保10年「先祖株纏合控」，天保14，15年「年中諸懸リ并ニ利米取立扣」，弘化3,4年「先祖面利米受取并諸懸リ扣」，嘉永2〜5年「先祖面利米并諸懸リ扣」，嘉永7年「丹精年始年々扣」，いずれも菅谷家文書。

当り附米は最低八斗より最高一石まで相違があり、平均二俵三分七厘(＝九斗四升八合)であった。これも「右地面相直リ候ハヽ、道友相談ニ而利米之儀取究(4)」ることとされたから、耕地整理による生産力の上昇は、直ちに小作料の増徴に帰結したことは長部村と同様である。

諸徳寺村における先祖面の特色の一つは、組合員による先祖面に対する監視が、長部村ほど強くないことである。先祖面の耕地が、必ずしも村内になかったこととも関係するのかも知れないが、すでに天保期の耕作人四人に対しては、「作人方ニ而御年貢諸役相勤、無豊凶利米弐斗五升宛遣ス筈(5)」とされており、弘化三年からは全耕作人とも同様になった。利米は耕作地により若干の相違はあるものの、貢租諸役の処理はすべて作人自身に委ねられ、したがって長部村の如く、違作などによる切米の計算や先祖面に関する諸経費の算出は不必要となる。耕作人は一人以外すべて組合員であったが、それでも諸徳寺村の先祖株組合は、先祖面の耕作に執着するよりは、利米の確保に重点が置かれていたといえよう。

このことはまた、先祖面としての土地集積よりは貸付金とその利息回収に重点を移した運営という第二の特色とも関連する。弘化元年、先祖面の収益のうち金三両を桜井村の左源司（道友）に用立てたことを契機に、以後、先祖面耕地は減少し、貸付金が増加する。貸付金の場合、利子は年利四分または六分の低利であるが、建前上は利米で取り立てられる。たとえば金二〇両の貸付けに対し「此利米二俵之儀者、年々壱両ニ付壱石かへニ致し、代金ニ而遣し可申筈」(6)とされるように、その利米も換算石代が取り決められて、結局は利米代金で納入される。このような運営は、貸付金の担保が書入れ地の直小作または別小作の形態を前提としたからと思われる。この時期には貸付金のみならず先祖面の徳米も、「作人方ニ而御年貢諸役相勤、無豊凶利米弐斗、尤年々壱両ニ付壱石買ニ致議定也」(7)と、換算石代により利米を代金化して納めることになった。それだけ諸徳寺村は、耕作者も融資を受けたものと同様に、組合の直接的関係が長部村より薄く、組合員個々の自立化の性格が強いという特徴をもつに至った。

組合運営上、右の如き差異をもちながら、諸徳寺村組合もまた利益を順調に伸ばしていた。だが、その利益もまた、嘉永六年以後はすべて一件入用に投ぜられている。この点は長部村同様、先祖株組合としての本来的機能を失ったわけで、後述の如く、安政四年、幕府評定所における先祖株組合解散の判決によって解体後、借金返済を担当する私的な団体に改組されたものと、本質的に同じ性格のものとなっていた。

先祖株組合は安政四年十月、改心楼事件の裁決によって解散を命ぜられた。諸徳寺村ではこれをうけて、同年十一月次の如く、株金の割戻しを行っている。

請取申金子一札之事

一、金八両弐分三朱ト銭百三拾八文

右者先祖株元金并ニ徳米代金共、書面之通リ不残、我等慥ニ受取申処相違無御座候、為後日之一札差上申候

以上

安政四巳十一月　　　　喜惣右衛門 ㊞

又左衛門殿(8)

組合員全員に従来の出資、利益金として一率八両二分三朱余が返還されており、その内容は、株金五両に対し利益は一・七四倍に相当している。長部村の一株当り割戻金九両余よりは少ない。この割戻しをうけた諸徳寺村組合員のうち、又左衛門および長部村道友惣代良左衛門ら一二人は、安政五年正月、「一同相談之上、地面買請下作ニ附置、年々其揚米ヲ以、一件入用之借用相済、年来相立皆済之砌り者、銘々割戻し之取極」(9)を行った。一二人への割戻金の総計一〇四両二分をもって質地を購入し、その小作米をもって一件入用の借用分返済に充当しようとするもので、割戻しは返済終了まで延期することを決めたのである。先祖株組合と同じ原理に立つ組合で、単に利益を借金返済にあてるのであったから、先祖株組合の私的な借金返済組合化ともいえよう。

　諸徳寺村のこの借金返済的先祖株組合は、一二人のほか、割戻しを受けた旧組合員のうち二人が天保十年以来の利益分のみを提供し、桜井村太平もまた八両三分の一株を出資し、合計一二三両で運営されることになった。その具体的仕法を示したものが第9表である。この場

第9表　諸徳寺村の一件入用返済法

	収入			支出
賄小作人	佐左衛門	26両2分株	徳米1両株ニ4升	
	又左衛門	12.2分2朱株	〃	
	七郎右衛門	19. 2分株	〃	拝借返済2両3分
	幸左衛門	10. 2分株	〃	一件入用立替返済
	嘉三郎	4. 株	〃	七郎右衛門 2.2
	又左衛門	15. 株	〃	佐左衛門 5.3
	六兵衛	10. 株	〃	栄左衛門 5.0
	琴田村3人	27. 株	〃	彦兵衛 4.12
	安右衛門	2反8畝歩	附米7俵	
長部村	良左衛門	2反8畝歩	〃	
	惣利米代		20両1分2朱40文	20両1分2朱

注）万延元年「一件入用払方預り控」，菅谷家文書。

合も購入地の監視による利益の増大を企図するという長部村方式よりは、購入地面株金の徳米を重視するという従来からの諸徳寺村方式が踏襲されていた。

このような先祖株組合の解散にともなう借金返済組合化は、諸徳寺村に限らず各村組合が、組合員を若干減らしながらも持続したと思われる。その一例を示せば次のとおりである。

差上申一札之事

一、金六拾両

右者先祖株として壱軒分五両宛纏置候処、嘉永五子年ゟ性理学六ヶ年之間、御奉行所之御吟味を蒙り、安政四巳年落着之節、右纏株銘々へ割戻し可申旨被仰付、依而連名之者分ヶ取リ仕候、然るに長沼組も有志之者より、一件入用ニ差上度旨八石江申上候所、長部村遠藤良左衛門様御出被下、御相談之上、壱軒分得分を加へ九両宛ニ差出、地面買求め差上之処、一件入用払方手当として御預リ被下…(中略)…其意ニ従ひ一昨酉年迄ニ皆済ニ相成候ニ付、右元株割戻し銘々受取申候、然ルニ我々共六人相談之上、同酉年八石大事件ニ付入費足り合として、右元金へ利を加へ拾両ニ致し差上…(後略)

明治八亥年一月

埴生郡長沼村
成毛　謙助　㊞
(ほか五人略)

香取郡長部村
遠藤　良祐殿
ほか(10)

長沼組の先祖株組合もまた有志者により割戻金(九両)が出資されて借金返済組合が組織され、明治六年に借金皆済のため再度の割戻しが行われた事情が判明する。この史料はさらに同六年の二代目教主亮規死亡事件の入用補充のための組合化を、八石本部に申請したものである。

先祖株組合は運営上、長部村と諸徳寺村とは好対照をなすが、共に嘉永三年の改心楼建設を契機として、その後起った同楼をめぐる牛渡村事件吟味の諸費用返済の団体に変質する。この変質した先祖株組合は、安政四年十月の解散命令後は、組織を縮小させせながらも基本的に継続し、借金返済組合の性格をより明確化した。

注

(1) もちろん中途加盟者は株金五両を出すだけではない。弘化二、三年加入の組合員は、加入時点の一人当り利益分を加算して出資している。

(2)(3) 天保九年「道友先祖株差引帳」遠藤家文書。

(4) 嘉永二年「先祖面利米并ニ諸懸リ扣」菅谷家文書。

(5) 天保十四年「年中諸懸リ并ニ利米取立控」菅谷家文書。

(6)(7) 弘化三年「先祖面利先受取并諸懸リ扣」菅谷家文書。

(8) 安政四年「先祖株受取入包紙」菅谷家文書。

(9) 安政五年「一件入用借用金払方手当控」菅谷家文書。

(10) 明治八年「差上申一札之事」遠藤家文書。

4　性学仕法の財政構造

ところで、先祖株組合を変質せしめるに至った仕法をめぐる財政的構造はどのようになっていたのであろうか。ここでは性学仕法の財政構造を検討してみたい。

第10表　道友永続講銭収入の推移

村名	天保12.3	天保12.8	天保13.2	天保13.8	天保14.2	天保14.8	天保15.2	天保15.8	弘化2.2	弘化2.8
長部村	12人	22人	22人	21人	23人	23人	19人	21人	18人	18人
諸徳寺村	13	12	15	17	14	14	14	13	12	10
桜井村	14	14	15	5	9	13	15	16	13	13
十日市場村	6	6	7	8	9	9	9	9	8	7
稲荷入村	2	2	3	3	3	?	5	小見野・府馬共 7	4	4
神田村	1									
府馬村	2	2	4	4	4	4				
米込村	1		3	5	5	7	7	8	4	4
青馬村	1			1	2	3	9	平山・高部共 8		
小見野村	1		2	2	2	2	3			
新町村	1		1	1	1	?				飯倉 1
五郷内村	1		2	2	2	?				松沢 3
平山村					1	1			5	5
野田村					2	1			小川 5	5
岡飯田村						2			7	7
小見川村						1			布野 5	5
合	12カ村 56人	12カ村 64人	11カ村 74人	11カ村 69人	14カ村 75人	14カ村 82人	14カ村 81人	82人	80人	20カ村 82人
金額	11〆600文	12〆800文	13〆800文	14〆800文	15〆文	16〆400文	16〆200文	16〆400文	16文	16〆400文
	3両1分2朱372文		4両1朱784文		4両2分2朱1〆77文		4両3分2〆046文		4両3分1〆248文	

注）　数値は史料のまま。天保12年「道友永続講控」，遠藤家文書。

性学仕法の財政収支の構造をみると、収入においては①道友永続講、②年頭叺料、③丹精、④若者奉公、⑤先祖株組合となる。支出では①幽学居所の八石経費、②景物入費、③改心楼建設および維持費、④拝借金・一件入用金返済費などである。このうち先祖株は共同組合の経費として、組合財産創出の仕法であったから、直接性学仕法全体にかかわるものではない。

そこでまず道友永続講についてみれば、これはすでに述べたように、天保七年九月、東総退去を決意した幽学が、江戸から惣門人にあて書き送った手紙の内容と関連する。手紙によれば、年頭、八朔の祝儀として、門人一人当り二〇〇文を提出し、こ

第11表　永続講銭・叺料の変化

年次	長部周辺村々			長沼組		合計
	門人	叺米	年頭銭	門人	年頭叺代	
弘化3年	81人	1石62	16〆200文	42人	2両2分2朱	51〆200文
4〃	87	1.74	17〆400	43	2.22　400文	53〆400
嘉永元〃	75	1.5	15〆	44	2.3	50〆
2〃	83	1.64	16〆600	40	2.2	58〆
3〃	84	1.68	16〆800	43	2.22　400文	52〆800
4〃	93	1.86	18〆600	44	2.3	50〆800
5〃	99	1.98	19〆800	40	2.2	54〆400
6〃	99	1.88	18〆800	45	2.31	54〆800
安政元〃						8両22〆232文
2〃						6.32　100文
4〃						6.33
文久元〃	356		5.1分2朱 35〆700文	48	1.2	12両3〆658文

注）弘化3年「年頭叺扣」，嘉永7年「丹精年始年々控」，万延元年「年頭荷升料控」，いずれも遠藤家文書。

れを積み立て子孫永続の費用や景物経費にあてるという内容であった。幽学はその後、東総退去の意志を捨て、長部村八石に永住を決意したため、この永続講銭は幽学の生活費と景物費用にあてられている。この永続講銭の年間惣額は不明であるが、長部村周辺村々に限ってみれば、第10表のようになる。永続講銭は年頭一〇〇文、八朔一〇〇文ずつ徴収され、門人数の増加に応じて増額する仕組みで、天保十二年の三両一分二朱余の収入は、弘化二年には四両三分余に増加した。門人はこのほか長沼・荒海方面に多く、実際の収入額はもっと多い。この史料には長部村本蔵（＝良左衛門）と諸徳寺村又左衛門が署名し、両人が財政を担当したことがわかるものの、詳細な支出上の記載はない。

道友永続講銭のほかに、門人全員に課されたものに叺米があった。叺米は遠隔諸村が代米納であるのに対し、長部周辺村々は現物納であった。門人当り年頭叺米は一つ（白米二升）と糯米二合五勺である。永続講銭、叺米のほか、天保十四年には諸徳寺・府馬村などには「先生御年始」、「年中性学掛リ[1]」銭がそれぞれ一〇〇文ずつ課されている。したがってこれら村々では、門人一人当り永続講銭二〇〇文、先生年玉一〇〇文、年中性学銭一〇〇文、年頭叺米二升、糯米二合五勺を支出したことになる。これら収入の全体が八石経費に充当された。だが永続講銭および年頭叺米の収入が明治期まで継続されるのに対し、先生年玉銭や性学掛銭がいつまで徴収されたのか、またそれも二村のみか長部周辺村全体かは判然としない。天保十四年当時の菅谷家取扱いの諸徳寺村・桜井村・十日市場村・米込村・稲荷入村・府馬村・布野組村々・青馬村の総年頭叺米は、白米三俵二斗六升、糯米一斗八升であった。

永続講銭と年頭叺米の収入は、弘化三年以後は第11表のように推移する。長部周辺村々は現物の叺米と、一人二〇〇文の年頭銭（＝永続講銭）が、遠隔地の長沼組村々は年頭銭に叺米代を合わせて納入した。この時期にはすでに糯米は徴収されていない。合計には長部周辺村々および長沼組村々以外の、房総門人からの出金も含まれているが、全体として弘化・嘉永期は八両前後の収入であったようである。

丹精および若者奉公は、恐らく仕法開始直後から実施されたと思われるが、その規模の推移はわからない。丹精とは道友寄合耕作や男の縄ない、女の糸とり機織などである。性学仕法全体の中で、丹精や若者奉公が大きな意味をもち出すのは改心楼建設以後である。それまでこれらは専ら自己経営の充実のために行われたが、改心楼建設をさかいに、仕法全体に奉仕する出資金や労働力に変化するからである。改心楼はじめ各村の教導所、弁当所建設が若者層の労働奉仕に支えられたばかりでなく、家具類が丹精によって整えられる。改心楼建設決定時の相談の模様をみれば次のようであった。

四月六日晩、小前夜、講釈場相談極る。初穂料ニ縄ない丹精ニ而致ス、夜着者女共丹精ニ而、夜仕事之跡ニ而少々宛、綿者壱畝宛も作リ寝る日間ニ丹精致ス相談

十日、大前夜ニ而講釈所取立之相談有、究る、男等者夜仕業してから縄ないて其普請之助ニす。

十三日、此度会合所取立ニ付…（中略）…村々道友之中可相成人者、無利足ニ而致出金可被置候、尤返金之

儀者、去ル前夜会ニ而申入置候通り、道友中余力之丹精ニ而追々可為致返
済、

嘉永二酉年四月十三日(2)

丹精を基礎として建設することを申し合わせているのである。そればかりか、より重大なことは先祖株仕法で検討したように改心楼建設以後、一件吟味諸経費の補塡に充当されるようにもなる。嘉永六年より安政二年までの収入をみれば、第12表のようになる。表は各村の先祖株徳米代金と丹精金の総額を示しているが、これらはすべて一件入用経費として支出されたものである。すでに述べた長部・諸徳寺村以外の先祖株組合も、その利益とともに丹精金もすべて一件入用に充当されていた。

第12表　先祖株組合益金と丹精金

		嘉永6年	安政元年	安政2年
先祖株作徳	諸徳寺村	6両1分2朱	6両1分2朱	6両1分1朱
	十日市場村	6.0	7.0	6.0
	岡飯田村	3.0	2.3	2.12
	長部村			16両90文
丹精金		24両2分43文	24両1分558文	22両3朱13文

注）嘉永7年「丹精年始年々控」。

若者奉公は労働奉仕により給金を貯金するもので、史料的には安政二年が最初である。これまた丹精の一種であったから、丹精金とも称されたが、菅谷家取扱いの安政二年は一〇両二分、同三年で八両三分二朱、四年は五両二朱、五年は一〇両余と推移する。(3)慶応四年六月より一年半の間には、「八石大難渋之時節、孫揃之者弐百十七人給金差出(4)」しており、その総額は六七九両にのぼった。以後、借金返済のための若者奉公が奨励され、明治十五年には一、一五九円にも達するのである。

性学仕法の財政構造は不明な点が非常に多い。年中仕事割の作成による労働力の合理的配分を志向したとは思えないほど、財政関係史料は不統一でしかも少ない。この傾向は収入に対し支出に顕著である。とくに支出の中心となる八石財政は全く見当がつかない。わずかに安政四年の場合、四月より十一月まで八ヵ月分の幽学への支出が判

明する。それによるとこの間一五回にわたって支出した総額は一三七両二分二朱余にのぼる。(5) この支出に対し、村村より薬代や先生大小拵代の名目で集金されたが、その額は五五両余に過ぎず、不足分は融資担当者の負担となり、やりくりされたようである。この関係帳簿が作成されていたことは明白であるが、残存していない。全体としてこの種の史料は、改心楼建設以後、増大する借用金に比例して整えられていったようである。

支出のうち数値の比較的判明するのは、改心楼・教導所建設費や一件入用である。改心楼は前述の如く、有力道友層からの無利足借入金と丹精によって建設し、借金もまた丹精によって返済する道友層による自力建設が意図された。改心楼建設の総費用も不明な点が多いが、大よそ七六〇両ほどと思われる。このうち一一五両は十日市場伊兵衛・諸徳寺村又左衛門等によって支出されており、これらは門人「一軒前一ヶ月ニ半日」の丹精で、「十ヶ年ニ者右金子返済(6)」の筈であった。

この時期まで平穏に運営されていた性学仕法をめぐる財政は、翌四年に起った牛渡村一件の吟味入用によって、道友層に一層の負担を課すことになった。吟味開始期の安政五年のみで二六六両余、翌六年は一八五両余で、二年間のみでも四五一両余にのぼる。安政四年までの足かけ六年間の吟味中の諸入用は一、〇〇〇両以上に達したものと思われる。

そのうえ安政三年には長部村ほか二ヵ村で四二九両の拝借金(7)(無利足八ヵ年賦)を受けている。すでに述べたように、嘉永六年より拝借金の年賦返済が始まっており、先祖株益金を圧迫していたことよりみれば、別口の拝借金とも思われる。性学仕法を財政的にみれば、嘉永三年の改心楼建設を契機に、権力による社会的圧迫と災害による自然的圧迫とによって、仕法自体の危機が訪れていたといえよう。

注

(1) 天保十四年「道友中ゟ年始書付控」菅谷家文書。
(2) 嘉永二年「無題(性学日記)」菅谷家文書。
(3) 安政二年「丹精金預控」菅谷家文書。
(4) 慶応四年「村々丹精之控」遠藤家文書。
(5) 安政四年「金子出入調」菅谷家文書。
(6) 嘉永五年「教導所普請入用帳」遠藤家文書。
(7) 安政三年「三ヶ村平均持切扣」遠藤家文書。

5　共同購入と菅谷家

道友間の金融について、従来知られているところは、長部村改革にともなう十日市場村伊兵衛からの六五〇両借入れの件のみである。先祖株組合を中心とする性学仕法が、商品経済や自然災害から農村荒廃をくいとめるための、自給的共同組織としての性格が指摘されながら、その実態について触れた業績は皆無である。この点をもっともよく体現する共同購入にしても、その実態は全く不明であった。従来、共同購入の消費組合に関しては、「定款もなければ帳簿もない。注文はすべて良左衛門が口頭で受け、単にその覚え書きを作っておくだけだった。そして配給を終ると期日を通知して、組合員に自由に代金を届けさせた」[(1)]ことが指摘されているにすぎない。

共同購入に関し、わずかに手がかりとなる慶応元年「道友相談諸買物控」[(2)]をみると、次のようなことがわかる。この年長部村では、道友相談のうえ、性学仕法遵守のための改革書を同時に作成した。その内容は、当村之儀者、先生之御教を蒙リ、子孫永続之為め、との家も一ッ家与心得、先祖迄も銘々之仏間江据置、相互ひに永く無隔可相守取極之処、末々に相成候ハヽ、聊の事ゟ間柄之遠く相成るを恐れ、田畑山林之売引等に至る迠、一同之以相談、無私可致ニ付、帳面壱冊江前月付置勤め来り、嘉永元申年ゟ安政三辰年迠九ヶ年之間、無滞仕来リ候所、一件中ゟ漸々与十ヶ年程の間、おこたり、自然与間柄も隔心相発候ニ付、此度一統相談之上、先年之通り改革いたし、聊之ものたり共、私に者買求申間敷段、一同取極爪印仍而如件

慶応元丑年十二月十一日

（連名印略）(3)

第13表　慶応2年，遠藤良左衛門家の支出内容

費　目	内　　容	金　　額
生活食品	いわし，油揚，ウドン，豆腐，茶，醤油，砂糖	3両1分2朱5〆852文937匁
生活用具	火鉢，油さし，下駄，きせる，鏡，線香，こたつやぐら	2両3分3朱2〆460文
衣　類	手拭，袖口，木綿，繻伴	4両3分1〆709文25匁9分
農　具	箕，もみ通し，ざる，土するす	2両1分3〆288文
種　肥	大根種，こやし	10両148文
手間代	真木山，土用，炭焼，曓屋	6両2分3朱788文
医　療	薬礼，せんじ薬，馬療治	1両3朱308文
交　際	香典，布施	1分357文
その他	石代，御用金	3両1分549文
不　明	かつう，しりがえ，とらがへ，石やみ	2両3朱124文
合　計		38両1分2朱10〆538文962匁9分

注）慶応元年「道友相談諸買物控」，遠藤家文書。

幽学の教説を徹底するため、嘉永元年より安政三年まで九年間実施した共同の購入法を、今度ふたたび実施したいというのである。この共同購入は「帳面壱冊江前月付置」とあるように、正確に記帳されたが、この関連帳簿は全くない。慶応元年の改革議定と同時に作成された前記「道友相談諸買物控」によれば、道友二一人（当時の長部村全戸数は二六、七戸）の支出内容が、七月一日より十二月一日まで毎月毎に記されている。この一例を遠藤家にとり、同家の七月より十月までの支出分をまとめて示すと、第13表のようになる。

表によれば、もっとも支出額の多いものは種肥で、なかでも肥料代は一〇両である。本来、肥料購入が多いのは、毎年三、四月頃の水田仕付け時である。にもかかわらず、七月か

ら十月に一〇両も購入し、しかもそれが自家用であったとすれば、年間を通じて相当の使用量となる。長部村内の道友で、肥代に二、三両支出しているものは何人かいる。ちなみに諸徳寺村の萱谷家は、慶応三年で年間二分二朱余、同四年は干鰯七俵分の二両二分余であった。(4)

ついで多額なのは手間代である。なかでも炭焼手間代が多い。炭焼きのため雇ったものへの給金である。したがって帳面は「道友相談諸買物控」と、共同購入の注文簿的名称となっているが、必ずしも内容はそうではない。この雇銭は全く良左衛門家の支出のみで、他の道友も支出したのではない。このような性格は表中の松沢村への御用金・石代・医療費なども同様である。

帳面の表題通り、共同購入の性格をもった費目は、日常生活用品、食品や衣類・農具・大根種などであろう。油揚・ウドン・砂糖・豆腐・醬油などの費目をみれば、自給生活がいかに貨幣経済に侵蝕されているかを知ることができる。しかし、海岸に近い長部村が、購入魚はいわしのみで、しかも少量であるように、迫りくる貨幣経済に抵抗している様子もうかがい知れる。交際費も酒代も少ない。他の道友には元結代・同油・びん付油などもあるが、量的には少ない。これら生活諸品が、いかなるルートでいかに安価に仕入れられ、当時の貨幣経済の圧迫にいかに有効であったかは全くわからない。とはいえ、奢侈品の購入がほとんどみられないように、これら購入品はかつて報告されたような、性学仕法の効用を再び実現しようとしたのである。

嘉永元年十二月、長部村名主伊兵衛は、領主に次のように性学仕法の効用を報告していた。

一、道友之間、神酒ニ至迄酒者一口ニ而も呑候者一人茂無御座候、并ニ男女共祝儀不幸之外ハ、髪結候ニ而も麻元髪ニて、銭出候元結一切用不申、且又、諸振舞道友一統禁事申候…(中略)

一、食事之儀者、米麦粟致等分、魚類之儀者鰯之外一切用不申候

一、五ヶ年以前ゟ、道友之もの共子供ニ至迄、休日之外繻伴着通しニ而丹精仕候(5)

生活の中で、酒は呑まず、麻元結にて無駄な出費はせず、諸振舞も禁じた。食事も自給の主穀と魚は鰯のみで、衣類はほとんど繻伴を着通しにするというのである。現実にこれらが徹底されれば、相当な耐乏生活になった筈である。前記、慶応元年の購入品をみる限り、理想実現のため努力はされたようである。

この「道友相談諸買物控」に結集した道友の組織は、史料的表題からは共同購入組合のようにみられるが、必ずしも我々が理解する共同購入組合ではない。共同購入を含めて参加道友全員の支出を監視する支出相談組合ともいうべきものであった。相互に支出を監視することによって無駄を省き、性学の実効を高めようとしたのである。

ところで、共同購入の資金はいうまでもなく参加道友の各個人が提出し、世話人として良左衛門が運用した。二一人の道友の支出品目も費額も、当然に相違はあるが、購入を通じての資金融通もまた当然に行われたであろう。支出に関する相互の話合いは、当然収入との兼合いに留意されたであろうから、富裕者が道友仲間に資金的に援助する場合もあった筈であるが、長部村の場合、世話人として良左衛門がいかに資金のやりくりをしたかは全くわからない。

そこで菅谷家の史料を手がかりに、長部村とは異なった共同購入のあり方について検討してみよう。菅谷家の性学入門時における経営状況についてはすでに検討した。高利貸的村方地主の性格をもつ菅谷家の、入門後の推移を土地所有でみれば次のようである。

同家は天保十五年、次男幸左衛門を分家(反別一町四反一畝余、石高一〇石)(6)させたこともあり、天保十年の持高八九石余、田畑一三町余は、明治八年には総所持高五〇石余、反別七町四畝余(うち手作分一町九反四畝歩)(7)に減少する。必ずしも分家創出による財産減のみではなかったことは、数値の比較で判断できよう。

第14表　菅谷家の家計収支

年次＼収支	収　　入	支　　出
天保5年	62両3分2朱12〆986文	
13 〃		58両1分　7〆883文　10匁
弘化2 〃		39両666文
3 〃		40両1分2朱　3〆7文　3匁5分
4 〃	61両2朱	52両1分2朱500文
嘉永元 〃		32両1朱　2〆763文
2 〃	67両2分439文	19両3分2朱　152文　5匁
安政2 〃		31両1朱　18〆448文
5 〃		17両2分1朱　29〆705文
6 〃		20両3分1朱　60〆281文　24匁
7 〃		32両1分　71〆560文
慶応3 〃	107両3朱　2〆524文	147両1分3朱　188文
4 〃	79両2分3朱　23〆334文	116両1分　225〆933文　69匁5分
明治5 〃		235両2分3朱　1〆25文
6 〃		273両3分2朱　7〆59文
7 〃		400円61銭
8 〃		485円16銭

注）天保5年「金銭万覚帳」，天保13年「当座諸入用扣」，弘化2,3年「当座諸入用并頼母子種置籾換米之扣」，弘化4,5年，嘉永2年「当座諸入用并頼母子種置籾諸職人手間扣」安政2年「年中諸入用控」，安政5,6,7年「年中臨時諸入用控」，慶応3,4年「諸入用当座控」，明治5年「諸入用控」，いずれも菅谷家文書。

この間における同家の収支をみれば、第14表のようになる。収入は入門時までみられた高利貸収入はなくなり、しかも商品作物がないため、専ら米の販売が主な収入源であった。天保四年当時の米穀販売は一八〇俵(手作一〇七俵、小作米七三俵)を販売し、七七両を得ているが、[8]翌五年には大豆・麦を含め六二両余の収入であった。文久期頃までの収入規模は、この程度であったらしい。表中で判明する弘化四・嘉永二年とも六〇両台であった。

収入に対し支出は、月々の支出を記す「諸入用」、臨時出資を記す「臨時入用」、「頼母子入用」、「諸職人手間」、「医師薬礼・買薬」などの大項目に区分され、記帳されている。このうち諸入用、臨時入用、医師薬礼・買薬などは文久期まで継続するものの、他の項目は途中で消滅する。たとえば頼母子入用は天保十三年に一六口で一五両支出されたものが、弘化三年に一〇両余、嘉永元年に三両余となり、同二年には一分余に減ずる、以後わずかな支出があっても特別項目とはならず、諸入用に合記された。性学仕法が頼母子講の蔓延によって、荒廃する農村の現実を救済することを目的としたとすれば、少なくとも菅谷家の家計簿からは、その教説の効用を推知することができよう。[9]

諸職人手間代は、天保四年に一〇両余あった支出は、弘化二年には三両余に減じ、翌三年より計上されていない。この支出は以後もわずか見られるが諸入用に合記されている。支出構造上での右の如き取扱いは、道友相互の労働奉仕や若者の手伝いなどにより、特別支出を必要としなくなったことに照応しよう。消滅するこれら二項目に対し、医師薬礼・買薬は弘化二年には八両、同三、四年とも二両、嘉永二年四両、安政二年六両、同五年三両と継続的に支出されている。医師は諸徳寺村の玄昌・関戸村の良節・桜井村玄悦・周監（村不明）への御礼のほか、嘉永元年より八石滞在の本多元俊への薬礼も含まれる。その後、野田村俊斎や「八石薬代[10]」の支出もみられる。弘化四年に「配剤録[11]」なる幽学の薬調合記録もあるが、菅谷家をみる限り、道友として本多元俊の世話になるのは嘉永元年以後であり、八石の薬を購入するのは安政期になってからである。幽学の薬事知識の豊かさは認めるにしても、薬を通して道友の貧困を救うほどにはなっていないと思われる。

ところで、菅谷家の総支出は、天保十三年当時で約六〇両ほどである。わずかながらも黒字家計であった。その後支出が切りつめられて一層黒字幅は大きくなる。とくに嘉永二年度の支出は一九両余（安政五年は約二二両）で最低であった。こうして安政七年まで黒字（と思われる）であった家計は、慶応三年以後赤字となる。急速な支出増に米穀販売の収入が追いつかない状況となる。この事態を打開するため、当時の又左衛門（政興、元治元年相続）は、八石教会より「明治七年頃ヨリ退校致シ、借財ノ為メ、明治八年中、家事向改革之為メ、親類一同相談之上居宅売払、物置ノ庇シニ仮住居[12]」するようになる。これとともに払下げ原野を開墾し、茶園を経営しようとして三代目教主石毛源五郎一派と対立した。開港後、輸出の花形として登場した商品作物の茶を栽培して、経営の改善を図ろうとした又左衛門に対し、石毛派は商品生産を禁じた幽学の教説に違反するものとして茶樹を抜き去る事件を起している。

第15表　菅谷家貸付金の推移

	貸付総額	備考
天保10年	107両2分2朱	ウチ60両松沢村権兵衛，利1割
11〃	18.22	
12〃	10.02	利5分
13〃	116.1	ウチ50両殿様頼母子金　利8分～1割
14〃	8.0	
弘化元〃	15.0	
2〃	47.2	ウチ10両普諸金，5両殿様先納金
3〃	65.2	ウチ50両殿様頼母子金
4〃	105.0	ウチ70両隣太郎右衛門，23両御用金，利1割
嘉永元〃	26.12	ウチ8両先祖面地所買金，利4分～8分
2〃	3.2	
3〃	9.3	
4〃	5.0	

注）　天保9年「金銭利息取立簿」，菅谷家文書。

この間の事情の詳細は他章に譲る。

菅谷家における所持高および所有地の減少は、家計簿に表現された収支の不均衡から帰結しただけではなかった。道友間金融の担当者として、同家をめぐる借入金の増大とも関係していたのである。すでに述べたように、菅谷家は天保五年に二八三両、七年に三四一両、九年に四一七両と伸ばしていた高利貸付けは、天保十年以後、第15表のように変化する。同家固有の私的な貸付けは減少し、利子も従来の平均一割五分の高利より、表の如く一割以下に低下する。幽学の教説に応じ、高利貸付けを止め、低利融資に転身したのである。貸付け範囲も従来より縮小され、自村の諸徳寺村に集中するようになり、大口貸付金は領主の頼母子金、同じく永続講金などに限られてくる。二人の例外を除いてはすべて小口融資となった。

菅谷家は右の如き私的金融と並行して、道友金融を担当した。天保十三年当時の道友金融をみれば、十日市場村伊兵衛・長部村伊兵衛・文左衛門・米込村伝蔵・桜井村老母(太左衛門母?)・竜角寺村七蔵・小座村嘉左衛門などへの融資のほか、村内の嘉兵衛・六兵衛・多吉(本家)に融資していた。融資額・回数などより融資の緊密さをみれば、村外では十日市場村伊兵衛・米込村伝蔵に、村内では右の三人共にきわめて密着している。たとえば嘉兵衛の場合をみれば次のようである。

東　嘉兵衛殿場

辰正　月廿一日　三分一朱二〇〇文預り
同　三朱七九文　干鰯一俵立替
一　月廿五日　一分　渡ス
一　月廿八日　二〇〇文かし　永続講
二　月十　日　二朱かし　村無尽
二　月廿一日　二朱かし　綿代
三　月廿三日　二朱かし
同　二〇九文かし　菅笠仕立代
五　月十七日　二朱かし　小遣
同　一四八文かし　佐原薬
七　月六　日　二朱かし
八　月六　日　二朱かし
八　月廿一日　一分七四七文かし　春麦一俵
九　月五　日　二朱かし
十　月六　日　一分預り　但居森売金
十　月十八日　一分かし　永命寺勧化代
十一月三　日　一分二朱預り　居森売金

十一月十一日　一分二朱六〇〇文かし　から粟代
十二月六　日　二朱かし　　高掛り
是迠〆二両一分一朱一〆九八七文
預り一両一分三朱二〇〇文(13)

年間における立替貸付金と預金の明細が記され、最後に精算されているのである。貸付けの名目は高掛り・村無尽・勧化代など、村内の公的なものから永続講・綿代・小遣にまでおよんでいる。このうち高掛り・村無尽・勧化代は多吉・六兵衛にもみられ、永続講・干鰯代・菅笠代は同時日に多吉か六兵衛かにみられるので、物品によってすでに多少の共同購入が行われていたかも知れない。ただし共同購入の規模、範囲は不明である。のち嘉永元年には諸徳寺村の道友層で肥粕・干鰯・塩などについて共同購入を行っている。(14)このとき干鰯は同じ道友の足川村金次郎から四八俵を、諸徳寺村道友九人で購入した。菅谷家は五俵であった。同家の性学入門後の金肥購入金は、年々干鰯五～六俵と粕一～二俵である。入門前の天保四年は、分家と三人で干鰯一〇〇俵購入し、分配しており、又左衛門家は三八俵である。同家は性学入門によって金肥導入を激減させているのであって、性学仕法が自給肥料を主とし、金肥導入による貨幣経済の村々への浸透を極力避けた事実が証明される。諸徳寺村における共同購入は、性学普及以前よりみられた本・分家関係による購入形態から拡大し、道友層による共同購入が実施されたが、それは塩・干鰯などの特殊品目であり、日常生活用品に関しては菅谷家と特別な関係（小作層）にある下層道友数軒に限られたようである。長部村に比較し諸徳寺村は、共同購入の規模は小さく、かつ道友層は家計を自立的に運用したといえよう。共同購入においても先祖株組合に関する幽学の指摘する二つの傾向と照応するのである。

注

(1)(9)　昭和十四年「先祖株百年記念」。
(2)　慶応元年「道友相談諸買物控」遠藤家文書。
(3)　慶応元年「長部村道友改革書」同前。
(4)　慶応三、四年「諸入用当座控」菅谷家文書。
(5)　「議定仕候以来始末書」前掲、吉岡家文書。
(6)　「天保十五年「田畑山譲記」菅谷家文書。
(7)　明治八年「田畑附作帳」同前。
(8)　天保四年「金銭万覚帳」同前。
(10)　安政五年「年中臨時諸入用扣」同前。
(11)　『全集』七七八頁。
(12)　明治十四年「始末書」同前。
(13)　天保十三年「道友取引控」同前。
(14)　嘉永元年「当座諸色之扣并組入用立替」同前。

6　道友金融の展開過程

天保十三年の道友金融をみれば、菅谷家の一方的な融資だけではない事情が判明する。むしろ一般的には嘉兵衛で例示したように、同一人から預り金を得て一方で融資する関係であった。預り金は、現在我々が考える預金ではない。購入金の前払いや融資をうけるために提出した米麦の売払い、借入金利足分の前渡し分であり、いわゆる預

第16表　菅谷家の借入金と用立金

年　次	用立金	借入金
弘化3年	60両余	
4 〃	7.2	
嘉永元〃	3.2	29両余
2 〃	135.0	25.0
3 〃	86.0	505.0
4 〃	191.1	351.3
5 〃	8.0	200.
6 〃		519.02

注）嘉永元年「年々取引扣」，菅谷家文書。

り金であった。このような道友間における預・貸金関係は弘化期まで不変であった。

弘化三年当時の預・貸金関係をみれば、預り金は飯倉村琁蔵・十日市場村伊兵衛・小見川村茂兵衛・足川村金次郎ら、八石年頭米などを含め二〇人より四七両余と米麦粟七俵余を受け取っている。これに対し貸金は、十日市場村伊兵衛・足川村金次郎らを含め、村内外二二人に六〇両余を支出した[1]。村内道友には嘉兵衛・六兵衛・多吉らも含まれている。この頃まで菅谷家の道友金融の特質は、村外の各村有力道友との融資と、村内の下層道友との預・貸金関係という二重構造で運用され、しかも預・貸金の均衡はほぼ保たれていたとみられる。

この均衡が破れるのは嘉永二、三年頃からである。第16表は菅谷家の借入金と道友層への用立金の変化を示したものである。用立金は嘉永二年より急増し、借入金は翌三年より急増する。この内容を検討すれば、嘉永二年の用立金の増加は江戸高松力蔵養子資金および会合所(=改心楼)普請への用立てが主である。嘉永三年は米込村伝蔵(改心楼関係費を含む)へ、同四年は鏑木村宿内および八石普請金の立替分である。つまり、改心楼建設と宿内部落取立事業を中心とする用立金の増大が、この時期の特色であった。これに対応して増大した借入金は、嘉永三年には十日市場村伊兵衛からの二〇〇両を筆頭に、新町の川岸屋清右衛門一五〇両や村方先祖株金が多く、翌四年には足川村金次郎より二〇〇両、鏑木村平右衛門一〇〇両、同五年には万歳村の七右衛門・元右衛門、溝原村の弥五兵衛、新町村清右衛門の各五〇両ずつ、道友外の高利貸付資金の借入れがみられ、嘉永六年には五一九両余に達する。

つまり借入れに関する先祖株資金の流用は、以後の同組合利金や丹精金の返済融資に繰入れの先鞭となり、道友

第17表　菅谷家の融資額の推移

年　次	預り金	借入金	用立金	備　考
安政３年12月	56両２分２朱余	295両	235両	
4. 11	?	620	620	ウチ500両良祐，正太郎世話
5. 3	?	740	740	ウチ64両３分又左衛門借用
万延元. 4	76両３分１朱余	552.32	609.02	
文久元. 4	?	745.2	749	
2. 12	82両２分２朱	?	1,102.2	ウチ430両２分又左衛門借用
3. 10	1,589.32		1,620.02	ウチ491両３分２朱　〃
明治14		3,892.05	899.75	
17	(八石分のみ	14,674.62)		

注）安政２年「借用并預金調扣」，安政３年「道友ゟ金銀出入扣」，万延元年「借用并預り金控」，「預り分諸々江用達控」，文久元年「道友取引控」，文久２年「預り分諸々江用達控」，明治14年「金員借用調」，いずれも菅谷家文書。

中の最大有力者、足川村金次郎（＝孝之助、岩井市右衛門）、十日市場村伊兵衛（その子正太郎）からの融資と、道友外の高利貸的資金の導入という、以後の性学仕法をめぐる金融の基本的構造がここに確定したのであった。このとき道友外で最大の債権者となった高利貸資本家川岸屋清右衛門に対しては、借用金二〇〇両の担保に菅谷家の入野村所持地二町八反歩が質入れされている。この借用は「此弐百両之儀者、長部村ゟ下質弐百両之証文受取置、年々作徳米之儀者、長部村ゟ新町村清右衛門江払」(2)とされるように、性学仕法推進のためのものであった。菅谷家の信用において資金を確保したわけで、高利返済に対する危険度は同家が負担しなければならず、のちにはこの資金は菅谷家の私的借入れとみなされている。同家ではこの担保地の受戻しに相当苦心した。

以上にみられた性学仕法をめぐる金融上の特質は、その後の推移をみれば、第17表のようになる。表によれば預り金は幕末期を通じて五〇～八〇両前後あったことが判明する。これに対し借入金は安政期より急増する。安政四年十一月現在の六二〇両は、もっぱら足川村金次郎から借り入れられた資金であり、そのうち五〇〇両は金次郎の要請で、遠藤良祐（良左衛門の子）と林正太郎（伊兵衛の子）が世話することになったため、菅谷家の運用資金から除外されている。同家はそのため残り一二〇両を預り金に加え、さらに足川村孝之助より二二五両を借り入れて、再び用立規模を拡大した。しかも道友層および仕法関係への用立のみでなく、自己への私的借用も多くなっている。私的借用金はすでに嘉永三年に一三八両みられており(3)、内訳は先祖株より四九両、土地担保の高利貸資本より七〇両などである。いずれも性学仕法のための借入れであったが、前述の川岸屋清右衛門からの借入れと同様に私借となった。これらが同家の所持高の減少に関連する。明治十四年現在、菅谷家のこのような私的借用金は三、八九二円余に達したのであった。

なお道友金融は、菅谷家のみで担当したわけではない。長部村遠藤家、十日市場村林家が担当したことは前述した通りである。この関係は幕末期ずつと続いていたらしく、安政五年には前述の如く、足川村市右衛門(＝孝之助、岩井氏)よりの借入金五〇〇両は、菅谷家の担当より両家の担当に移されている。それ故、幕末～明治期の八石財政をめぐる負債規模がどの程度か定かではない。遠藤家に残る明治十四年から十七年にかけての借用金調簿をみると(4)、負債額は一万四、六七四円余にのぼる。これは三代目教主石毛源五郎派の負債額であり、最大の債権者は府馬村の質屋経営者平山小八の二、五一五円であった。恐らく二代目遠藤家の資金運用上の負債の一部は、この負債へと引き継がれたと思われるが、この負債額には、林家はもちろん菅谷家の負債は含まれていない。

このように、嘉永期をさかいに急増する性学仕法をめぐる融資規模は、一方では道友中の有力者足川村市右衛門による低利融資に、他方では平山小八に代表される高利貸資本に支えられており、三代目教主石毛派の形成は、資金的基盤を前者から後者に移す契機となった。性学門徒の古派に対する新派の形成は、金融的にみれば、このような関連を前提としており、その間にあって、資金運用を担当した菅谷・林・遠藤家は、行きがかり上はもちろん、融資の性格とその責任上からも、新派たり得ぬ立場にあったように思われる。

最後に、道友間金融の実態をやや詳細にみておこう。嘉永期より足川村孝之助・十日市場村正太郎らからの低利融資と、周辺諸村の中小高利貸資金の借入れにより資金運用を行っていた菅谷家の用立内容についてみれば、第18表のようになる。表によれば万延元年は、嘉永三年に八石普請時に借用した川岸屋清右衛門からの借金返済分二〇〇両のほか、八石普請雑用分や一件入用などに全体の半分を用立てている。表示はしていないが、この比率は安政期の方がより高い。八石経費ともいうべきこの部分に宿内・長部・十日市場・岡飯田などにおける道友のその地中心人物への用立てが、対外融資のほとんどであった。万延期は安政期の延長として、八石をめぐる諸事件関係の出資が多く、村内への融資は比較的少ない。文久三年になると、長部村良左衛門への融資、鏑木村手習所普請金への融資などを中心とする村外有力道友への出金もさることながら、六割以上は村内および菅谷家の私的借用分である。又左衛門分としての個人的借用分は、川岸屋田地受戻金、普請金、その他質地受戻金、弁当所入用金などに利用されており、この金額がまた「一件入用分」(5)ともされているのである。万延元年の川岸屋清右衛門返済分が皆済とはならず、そのまま継続し、これを含

第18表　菅谷家資金の用立内容

用立内容	万延元年4月	文久3年12月	金額
川岸屋清右衛門返済	200両	長部村良左衛門	320両
宿内啓一郎ほか2人	62.	〃　孝八郎ほか3人	46.2
一件入用	63.22	鏑木村道友5人	100.
米込村伝蔵	60.	〃　治左衛門ほか3人	31.
八石普請雑用	50.	米込村伝蔵	95.
長部村良左衛門	25.	岡飯田村佐左衛門ほか1人	81.
〃　五郎兵衛	30.	府馬村新左衛門	60.
〃　孝八郎	19.2	溝原村利平治	60.
十日市場村正太郎	20.	ほか村外5人	8.32
岡飯田村伝左衛門	15.	村内　栄左衛門	122.
村内　幸左衛門	45.2	村内　幸左衛門	76.2
村内　栄左衛門	12.	村内　民之助	25.
村内　源兵衛	2.	村内　源兵衛	5.
村内　平　蔵	4.	村内　佐左衛門	43.
村内　作左衛門	6.	村内　新兵衛	33.
村内　孫左衛門	3.	村内　ほか村内16人	169.1
村内　太左衛門	2.2	村内　又左衛門	457.2
合　計	630両2朱		1,733両2分2朱

注）　万延元年「預り分諸々用達控」，文久2年「預り分諸々江用達控」。

めた八石普請の借用も、結局のところは菅谷家の私借として処理されねばならなかったことを示している。同家は自己への融資を最大として、分家栄左衛門や幸左衛門のほか二、三人をのぞいては、多数の道友に小口融資を行っていた。

このとき九両の融資をうけた治郎左衛門の場合をみると、その融資構造はすでに述べた天保十三年の嘉兵衛の場合と同様である。菅谷家により月々の村無尽・伊勢講・門後・丹精分・染代・薬・塩・小遣などが立て替えられ、彼自身の日雇給金・月番・機織代・手間代・大豆代などの預り金と相殺されて、なお余分の立替金が用立金となっている。当時このような関係は治郎左衛門一人であり、小口融資が必ずしも小作的立場からする生活費補助的融資であったとは限らない。分家栄左衛門と幸左衛門の大口融資は、当時両家が道友中の指導的地位におり、その立場からの用立てと思われるが、多くの小口融資は幽学没後、新たに入門した新道友を中心に行われていた。

以上、菅谷家をめぐる道友金融を考察した結果、次のことが判明した。

まず第一に、預り金融資ともいうべき初期の金融から、嘉永二、三年をさかいにする借金運用の融資へと変化することである。この変化を促進したのはいうまでもなく改心楼建設と、それにつづく宿内部落の取立てであり、改心楼事件の吟味諸入用であった。そのため先祖株利金・丹精金はすべて借用金返済資金に繰り入れられ、先祖株組合解散後は借金返済組合に変質する。

第二は、借入金は足川村孝之助(岩井市右衛門)や十日市場村正太郎(林伊兵衛子)を頼みとして行われ、道友内の低利融資を基本としたが、諸徳寺村周辺の高利貸資本からの補助もあおぐに至ったことである。菅谷家は双方からの融資の要として、信用を付す立場から所持地の質入れを行い、結果としてこれが私借で処理されることになった。慶応期からの同家の家計上における収支の逆転とあいまって、同家が経済的に困窮する原因となった。

第三は、菅谷家の融資内容である。近村の有力道友との大口融資と、諸徳寺村を中心とする小口融資を基本とするが、金融担当以来、村内の下層道友の生活資金立替の融資も行うという三重の融資構造をもった。基本的には長部村の如き、村内全道友の生活用品にいたるまでの共同購入の担当者となることはなかったが、肥料・塩などの特殊品や下層道友数人との間に共同で購入を行っていた。幽学没後の融資の大勢は、大口融資にかわって小口融資が主流となった。

注

(1)　弘化三年「預り金并勘定明済改扣」菅谷家文書。
(2)　嘉永元年「年々取引扣」同前。
(3)　嘉永三年「家材締」同前。
(4)　明治十七年「無題」(借金調)遠藤家文書。
(5)　文久二年「預り分諸々用達控」菅谷家文書。

7　先祖株組合崩壊の原因

大原幽学は安政五年三月八日未明、長部村墓地で自刃した。遺書によれば「今爰に至而、処々に不幸不正に帰者追々出来を見聞に不忍、致自殺」[1]すことを述べ、「門人には大金を為費候甲斐無之、弥僕が不忠不幸之甚也」と責めていた。

嘉永四年四月、事件発生以来足かけ八年、事件の吟味が始まってから七年目の安政四年十月その裁許がおり、幽学が一〇〇日の押込めから解放されて帰村する翌五年二月までの間、性学仕法をめぐる客観的情勢は厳しいものになっていった。事件発生後、嘉永五年五月に香取郡布野・小見川・野田・平山の四ヵ村の門人は、領主の命令で性学門より脱退し、嘉永六年三月までには長部組で一〇五人、長沼組で六八人が幽学より破門されていた。(2)安政四年九月までにはさらに五五人が破門され、残った門人は六〇人ほどにすぎなかった。(3)

事件発生後、門人の間に起ったこの動揺は、幽学が憂えたように、門人側の心得違いがあったことを十分予測できよう。領主権力に抗しがたく止むなく脱退したものがいたように、権力側の性学門に対する疑惑と、門人をあげて事件吟味のため奔走する東総地域の状況が、性学仕法自体の緩みを生み出していた面があったことは事実であろう。だが、破門者をこれほど多く生じ、幽学自身が自殺までしなければならなかった背景は、破門された側の心の問題だけではあるまい。むしろ性学仕法の中核としての先祖株組合の実態、その解散令に対する絶望が、幽学自身はもとより門人層にもあったのではなかろうか。心の問題だけならば、門人の心得違いは幽学自身の帰村で、再び心を性学に集中させることは可能な筈であり、事実、後継者となった二代目教主遠藤亮規の時代になると、入門者は激増する。

このようにみると、幽学自殺の背景は、領主権力による迫害と門人層の心得違いとのみみられるが、必ずしもそうではない。大金を投じた門人らへの詫びの言葉を述べているように、古くは先祖株組合を基礎とする性学仕法の運営が、事件を契機として変質したこと、新しくは事件吟味のための費用の増大が、新たな困難を村々にもたらしたことなどが、間接的な原因であったことはいうまでもない。だが、直接的な原因は、むしろ意外に、幽学自身は気づいていた仕法自体の根本的矛盾にあったように思えてならない。

根本的矛盾とは、第一に、先祖株組合の資金蓄積法における地主小作方式導入の問題である。最初、村役人層の富裕農を中心に始まった先祖株組合は、天保十二年をさかいに小作貧農的道友あるいは門人外の農民を抱えこむことによって拡大された。組合における先祖面の耕作は、これら下層道友が担当することによって、地主小作的社会関係を組合内部に構造化した。天保十二年より盛んとなる農業改善仕法による生産力上昇の試みも、地主的徳分の増徴に帰結したことは、小作貧農層を含め、道友全体の永続を期待する性学仕法の弱点の一であった。二宮尊徳による報徳仕法が、小作貧農層の切捨てによって仕法を維持したのと好対照をなす。

第二は、共同購入を含む道友間金融の問題である。長部村の共同購入に関していえば、共同購入を目的とした消費組合というよりは、共同支出監視組合的性格をもち、支出抑制機能を主に担当しており、一方の共同購入的機能においては、小作貧農的道友も恩恵をこうむったことは十分予想される。だが共同購入をめぐる資金的関係は全く不明であった。諸徳寺村では、諸経費の支出全般にわたる共同組合的組織はなく、萱谷家をとりまく数人(小作層)に同様な関係がみられたほかは、自立する諸道友との干鰯・塩などに限る共同購入であった。それでも道友間の大口融資より小口融資が主流となる傾向にあり、金融的側面からいっても、小作貧農的道友の抱えこみは大きな問題となっていた。

幽学自身は仕法の基礎において同族的結合を排し、共有財産設定による村ぐるみの結合を意図していたといわれる。とはいえ、一方ではそれ自体も先祖株という名称にも表われているように、家族的結合という擬似同族結合が意図されており、現実的にも同族的結合は否定できなかった。萱谷家が村内において同族を中心に先祖株を組織し、長部村の門人外小農家の組合加入が本家取立てにあったように、また幽学自身が、萱谷家を中核に、親戚の十日市場村林伊兵衛・足川村岩井市右衛門・米込村杉崎伝蔵らを金融の担当者に据えたようにである。本・分家の血縁的結合は、共有財産仕法にともなう擬似的再結合化で、精神的紐帯の再編という問題をもつと同様に、成功した場合

において も、経済的金融的にははるかに困難な問題に逢着するのである。

とくに改心楼建設後の増大する性学仕法の金融は、岩井市右衛門を代表とする同族の結びつきが利用されざるを得なかった。岩井家は足川代官と称された足川村の割元役で網元である。幼名金次郎（=孝之助）時代に幽学に入門した市右衛門は、商品生産を禁じた教えを守るため、家督を叔父に譲り、自らは一町歩余をもって純農家となったが失敗し、安政元年には再び実家を相続し、網元に復帰していた。(4) 農業に失敗し、高利貸的網元に戻った岩井市右衛門が、性学仕法の最大の債権者になったことは、皮肉というか、やはり当時の一つの現実であった。岩井家の低利融資の不足分は、道友外の高利貸層より借り入れねばならず、融資担当者の財産を減少させる結果となった。

第三は、領主権力との関係である。すでに先祖株組合の結成上の特質、すなわち村落上層農中心の結成→村ぐるみ→モデル集落の造成（宿内）=中農村落の形成という仕法の深化の中に、封建領主権力との相容れない本質を生み出していたことが指摘されている。(5) 共有財産制それ自体もさることながら、折角の宿内部落がモデルとはなり得ない、旧村の社会的現実は容易に変え難かった。幽学は先祖株組合の二つの傾向を指摘し、長部方式を模範としたことも、錯綜的支配のもとで領主層の性学への関心は様々であり、村ぐるみの仕法化を困難にしていた反証であった。

第四は、商品生産と自給的農業の問題である。商品生産と高利貸金融の現実と、低利融資による自給農業の固守という理想との関連である。生産力の上昇を正条植や客土法、耕地整理など、どちらかといえば技術的側面に拘泥し、商品生産や金肥の導入という本質面を排した消極的態度は、報徳仕法と本質的に異なる。時流に逆らうという保守的態度は、地域性とも関連した土地生産力の緩慢性を規定し、有力道友層の没落に帰結し、性学仕法自体の将来的展望に影を落す。その意味で先祖株仕法を基礎とする性学仕法は、村方地主の地主的基盤の確保を企図した仕法と、簡単にきめつけることは出来ない。地主的基盤の安定化を図る意図のあったことには相違ないが、地主的道友層もまた自己の骨身を削って努力していたのであった。

注

(1)『全集』七七六頁。
(2) 嘉永六年「幽学門人名前取調帳」遠藤家文書。
(3) 安政四年「幽学門人名前取調帳」同前。
(4)『旭市史』第三巻、七一三頁。
(5) 中井信彦『大原幽学』。

（渡辺　隆喜）

七　門人群像

幽学は次第に門人を獲得して行く。その門人は「道友」と称された。幽学と多数の門人との関係、そして個々の門人のそれぞれの生き方は、幕末期における活力にみちた庶民群像を示している。

従来の幽学研究は、門人について触れることがきわめて少なかった。主要門人すらも幽学との関係において引合いに出される程度であって、その生没年すら明らかにされなかった。このことは、幽学の活動の本質に背いている。幽学は集団の指導者だったのであり、そのことによって社会的意味を持ったのである。また、幽学の仕法(前述)と一般にいわれるものも、その内実は、彼を取り巻く門人の、いわば農民的知恵の反映と見られる部分が少なからずあり、すべてを幽学に帰せしめることはできないように思われる。

以下では、まず、門人数の概観を試み、次に主要門人につき、略伝を記す。門人略伝については、男性門人と女性門人に分ける。女性門人の略伝がわかるのは、幽学一門の大きな社会的特色である。

1 「神文」と門人

幽学への入門誓約証を「神文」という。神文は、文政十年から明治三十七年迄現存している(大原幽学遺品保存館)。『大原幽学全集』には「道友録」として、神文を入れた年次、居村、氏名が列挙してある。しかし、その列挙内容には重大な欠陥がある。神文には、何を修学するかが、例えば、「易道」「人相」「性学」の如く記されているのだが、これが右の「道友録」には欠けている。この欠を補ったものが、『旭市史』第三巻所収「大原幽学門人神文集」である。これは①大原幽学遺品保存館所蔵神文を中心とし、②他二家の神文を若干追加したものである。①は一、九一五通、②は四通である。②のうち三通が①と重複するので、その総数は一、九一六通となる。これ以外にも若干存在しているが、大勢には影響ないので、この一、九一六通を本稿では基準数とする。①の一、九一五通には、それぞれ年代順に番号が附せられている。その一、九一一〜一、九一五の五通は年不記である。しかし、一、九一一〜一、九一四の四通には「性学(同門)」とあり、このような内容表記は天保四〜十一年のものである。一、九一五には「周易」とあり、このような表記は天保八年以前に限定される。つまり、一、九一一〜一五の五通は、いずれも幽学在世中の神文である。

第1表 幽学・遠藤・石毛各時代の神文数

「教主」名	神文数
大原幽学	617
遠藤良左衛門	1,111
石毛源五郎	188
計	1,916

注）『旭市史』第3巻による。

幽学は、安政五年三月八日自殺した。しかし幽学の学統は、これで絶えたわけではなく、幽学のあとを継いだ遠藤良左衛門の時代には、却って神文が激増した。遠藤は明治六年八月二十二日没し、そのあとを石毛源五郎が継いだ。この石毛時代にも若干の神文が入っている(宛名はいずれも「大原先生」)。各時期の神文数を上に表示

第2表　幽学時代の神文数

	易道	人相	神宝秘事	祈禱法	性学	計
	通	通	通	通	通	通
文政10年	3					3
〃 11	4		1	1		6
〃 12	4	4				8
天保元		1				1
〃 2		1				1
〃 3	2	3				5
〃 4	1	19			5	25
〃 5	1	58			10	69
〃 6	16	32			26	74
〃 7	5	5			32	42
〃 8	1	8			35	44
〃 9					88	88
〃 10					43	43
〃 11					8	8
〃 12					21	21
〃 13					5	5
〃 14					9	9
弘化元					18	18
〃 2					16	16
〃 3					15	15
〃 4					17	17
嘉永元					8	8
〃 2					11	11
〃 3					25	25
〃 4					14	14
〃 5					7	7
〃 6					8	8
安政元					5	5
〃 2					7	7
〃 3					5	5
〃 4					4	4
不　明	1				4	5
計	38	131	1	1	446	617

注）（川名登「大原幽学門人層の社会的性格について」－「日本歴史」335－所出表に，『旭市史』第3巻により追加）

する（第1表）。

女性は、いくら熱心な門人でも神文を入れることができなかったし、男性でも、神文を入れないが門人同様の人がいた。また一人で何通もの神文を入れるというようなことがあり（後述）、神文数が直ちに門人数を正確に表現しているわけではない。また、神文を入れても、やがて離れて行く人々もあったから、ある特定の年次における門人数は神文では把握できないということもある。このように、神文数が直ちに門人数ということにはならないのだが、それでも神文数は門人の趨勢を示すことは確かであって、以下、神文を中心に門人の動向を見ておく。

幽学並びにその学統の教学は、一般に「性学」（あるいは「性理学」）といわれたが、性学神文の初出は天保四年であって、それ以前はすべて「易」や「人相」等の神文である。天保四〜八年の間は、「性学」神文と「易」「人相」神文の混在時期、天保九年以降はすべて「性学」となる。このことは、幽学における性学の形成と確立を示す重要な事実だから、前頁に、幽学在世時における神文の推移をややくわしく表示しておく(第2表)。

この表は、①幽学の教学が易や人相からスタートしたこと、②天保四年における性学神文の初出は、この時期に「性学」が自覚的に成立したこと、を示している。しかし、前述(六四頁)のように、幽学の教説は既に天保元、二年の上田・小諸時代に「聖学」といわれており、この語は、東総に入っても使用されていた。つまり、「聖学」と「性学」には連続性がある。そして、「聖学」の時期の神文が、易や人相なのである。したがって、「性学」と易・人相には強い連続性があり、この連続性は、幽学における性学にとっての根底的な問題なのである。③性学神文は、天保四年以降着実に増加し、天保七年には易・人相神文を超え、同九年以降には性学神文だけとなる。そして、この天保九年は年間神文の最多年であり、この時期前後に幽学の活動のピークがある。④天保九年以降神文数は時に多少がありながらも全体的には下降気味となる。そして嘉永五年以降、神文数は激減する。これは、嘉永四年四月の改心楼乱入事件(後述)を契機として、幕府による性学の取調べが行われたことと照応している。

幽学時代の神文を村ごとに組み替えたものが第3表である。幽学時代初期の神文には村名を記してないものが少なからずある(一三五通)が、その多くは易や人相神文である。つまり、ここに表示されているものの大部分は性学神文であり、性学の地域性を知るには十分である。

この表における「村別神文数」とは、村ごとの神文数であって、例えば諸徳寺村からは五五通の神文が出ていることを示す。上代村では一通の神文が出ており、上代村と同様の村が計一六あるということを示す。

これを見れば、性学の地域分布並びに、各村内における性学の力量のおよそが判明する。これらの村々の殆どは

第3表　幽学時代神文の地域性

村別神文数	村数	神文数小計	村名
1	16	16	上代，田部，牧野，琴田，北小川，上小堀，銚子，足川，横芝，本郷，岩藤，安西，南城，東台，当，信州小諸
2	7	14	神田，志高，五郷内，平山，新町，飯倉，四ツ谷
3	6	18	小貝野，下小川，野田，米野井，西足洗，成田
4	6	24	稲荷入，入野，高部，万歳，小川，磯部
5	2	10	阿玉，幡谷
7	4	28	松沢，小見川，阿玉台，屋形
8	2	16	米込，布野
9	2	18	府馬，竜角寺
11	1	11	荒海
13	1	13	青馬
17	1	17	鏑木
19	1	19	長沼
20	1	20	十日市場
25	1	25	岡飯田
34	1	34	桜井
44	1	44	長部
55	1	55	諸徳寺
		235	不明
合計	54	617	

注）松沢和彦作表。『旭市史』第3巻による。

下総国香取・埴生・海上郡、つまり東総地域にある。村内において性学の力が強い村々はそう多くはないが、諸徳寺・長部両村ではほぼ村ぐるみの性学であり、それに準ずる村も若干あることがわかる。

以上は、神文を中心とした門人の概観であるが、以下、東総時代の門人につきやや詳述しておく。この時期の神文総数は五九八通である。性学門人に限れば四四六通となる(第2表)。しかし、必ずしも神文を入れた者のみが門人ではなかった。

「道友永続講控」によると、天保十二年八月の長部村の講金積立者二二一名中、神文を入れていないもの四名(神文門人一〇名、不明八名)を確認できる。女性には神文門人はいないのだが、「道の記」の天保五年六月十三日の記事に

「此内陸奥殿内室珍敷手柄有て景物を出しぬ」、十一月十三日・二十二日の記事には、高崎藩の陣屋の足軽の内室達が男性ともども聖学を論議し道の至れること、同六年十一月十日には「此門人内婦人ニ景物せしむる人あれども」等と記されている。また男女ともに月毎に会合をもつ機会を作ってあることは、先述した通りである。男性でも元服以前は神文を入れることはできないが、同五年十一月廿二日・廿三日には、孝道のことで一三歳と一〇歳の男児に景物を与えた。このように幽学においては神文の有無を問わず、性を問わず、年齢を問わず、すべて道友＝門人であった。それは性学が家の永続を標榜する限り、家族の構成員を包摂しなければ、その十分な効果は期待し得ないからである。したがって性学門人＝道友は、数において厖大なものが存在することになる。

門人の幽学へ入れた性学神文は五種類ある。それは①性学道友加人に関するもの、②性学同門加入に関するもの、③性学執心につき入門に関するもの、④家名相続に関するもの、⑤猶又改心に関するものである。このうち④は四通、⑤は一通であるから、臨時特例的なものと見ることができる。

同一人で神文を入れる際①から③の神文においては、その理解度に応じて③②①の順序で神文を入れたのではないかと、かつて指摘されたことがあった。(1) いま複数の神文を入れた確実な者を「神文集」によって見ると、二五名を数え得る。そのうち一人で三通を入れている者は二名、うち一名は③②①の順序、他の一名は②①の順で①が二通となっている。二通を入れている者は二三名、そのうち③②の順序の者が二名、③①の順序の者が一名、②①の順の者が二名である。④①の順の者が一名、①②の順のものが三名、①②を入れながら同年月で順序を知り得ないものが一二名、①を二通入れているものが二名となっている。したがって③②①の順によっている者は七名、逆順の者が三名、不明が一二名、その他の者が三名ということになり、全体として見ると、性学神文が③②①の順で入れられたとは必ずしも言い切れないようである。一人で同一神文（日付は異なる）を入れたものが三名存在するが、その意味するところは今はわからない。

一般的に学問・技術・芸能等で門人が師に対して神文を入れるということは、当時としては珍しいことではなかった。したがって幽学が神文をとったとしても不思議な行為ではない。しかし神文は、一般的に師より得た秘密に属する事柄を第三者に洩らすことを禁忌し、神かけて師に誓うことであった。かかる観点から幽学の性学神文を見るときは、そこに一般神文とは大きな差異を見出すのである。

門人の幽学へ入れる性学神文には、「我意申間敷」きこと、「心得違」いある時、道友または同門中より「何程厳敷御誡」めあっても「立腹仕間敷」きこと、「愚を恥らひ秘置」くことを「無腹蔵明合」うこと、「可恥事」などは門人の外妻子であっても語り聞かせないこと、「朋友之信義誓約」は「急度」守ること等が書かれてあり、神かけて幽学にそれらを誓ったのである。(2)

このような神文を入れる意味について幽学自身が述べている。(3)

愚痴文盲之輩は、善き事を聞かばとても、唯聞たる耳に而は、眼前之事に迷有て、其善を行ふ事之可相成所以なし、…(中略)…十日経れば既に元に帰る。…(中略)…漸々十ケ年も学んで、漸く眼前之事に離るゝ事を得る也、故に其是を得る迄之中の不正を為禁、十四ケ条余の悪き行ひと分に応ぜぬ事と、怪き事抔一切仕間敷と、是に生根を居へさせ、若し是を於相背は、何程厳敷御誡被下候共、聊立腹不仕、其御誡急度可相守と道友互に議定させ置く神文、

といっている。つまるところ幽学において神文を入れるということは、学んでも一進一退して実現の困難な性学の体得に至るまでの間の、弛み崩れのもととなる不正を禁ずるために、神かけて道友相互間で結んだ議定であり、「生涯の生根を極めさせる」(4)、ふんぎりをつけさせる踏切台としての意味があったのである。

この神文を入れることのできる者は「兼々申込、月々講釈承り罷出候とも、最寄重立候門人を慕ひ、凡行状相直候上ニ無之而は、妄りに入相免」すものではなかった。(5)嘉永六年二月幽学の江戸滞在中に、四谷の平蔵という者が神文を入れたときのことが、「在府日記」に記録されている。(6)幽学はその時、

是迄の運(はこび)も聞いて有から、隋分平蔵志道友一統之了簡次第、…(中略)…先長沼の末子の事ニ候へは、惣領志受継て、道友一統を大切ニ心懸ケ、能親た(ち)へ通して、末のくゝりを遂るてなくてはならぬ、夫か我等方に、其志しを持たせ通されるか、当人も末遂られるか、篤と相談する様、

とのことであった。若干の問題はあったものの相談はまとまり、また平蔵の了簡も定まったということで幽学の許可を得たのであった。二月十日の一日は神文の練習に費やし、翌日書き上げた神文に幽学の前で爪印、「一心決定」したのである。幽学は書き物二枚(夫孝徳之本等)を与え、「末子の心得方」を教諭した。

神文を入れるには当人に積極的で強固な意志があり、しかも道友の目がねにかなった者でなければ許されず、「只ウマイコトを聞きタイという(いいかげんな)腹」では神文の趣旨に適合するものではなかった。(7)

この神文を入れるについては、一〇〇疋の準備が必要であった。(8)一疋は一〇文であるから一貫文必要であり、ある程度生活に余裕のあるものでなければ神文を入れることは困難であったろう。これは恐らく幽学の生活資金として重要な財源であったと考えられる。幽学没後神文門人の急増現象が起るが、これは改心楼事件公事を原因とする八石の財政難との関係において考えて見る必要がありはしないだろうか。

次に神文門人と一般門人との間に処遇上差があったかどうかであるが、それについてははっきりとした徴標は見られない。「月々会合日記」の弘化五年四月十七日の記事に「田植差掛り道友計り集合男達」とある。本来はこの日は男性の会合日であるが、田植作業が始まって忙しいから「道友」ばかり集合するということである。この「道

友」とは、翌月五月十七日に「田植中に付神文之人達耳集ル」と記すことから、神文之人達と同義に考えてよいようである。要するにこんな程度の差である。性学の運営の一つの方法として小前夜・中前夜・大前夜がある。これに参加できる者は上達の者のうちから選ばれたものである。しかしこれには、神文門人でないものも参加している。神文は元服後でなければ入れる資格ができない。菅谷幸八郎は一四歳で最高の前夜である小前夜に参加してその責を果した(9)。また遠藤伊兵衛も神文門人ではない。しかし「前夜出席勝手次第」ということになっていた(10)。また門地によらず性学上達の度合いで性学会合の座位がきまったというが、神文との関係は不明である。神文門人と一般門人との間には、処遇上明確な差はなかったと考えてよい。

最後に門人の数に言及しておきたい。「年頭叺扣」によると、弘化三年一月には長部周辺二二ヵ村で八二軒、長沼組(村数不明)四二軒、その他の房総門人一二八軒(村数不明)計二五七軒、嘉永三年一月には長部周辺二三ヵ村で九九軒、長沼組で四〇軒、その他の房総門人一三六軒計二七五軒の数字を確認し得る。これは年二回ずつ八石へ納入した金穀の留書であるが、この金穀は門人個々の納入でなく家別に納入していることから、夫々の家に複数存在するような門人はここでは埋没してしまっていることと、これは必ずしも納入を強制されていないことから確実な軒数さえも把握できない。ただここで注意をはらっておかなくてはならないのは、幽学が日頃行き来していないらしい相当数の房総門人からの音信があったことである。

幽学も時により自己の門人の概数に言及していることがある。天保六年三月段階の房総における「友人」は三五〇余、天保十年十一月段階の房総門人は五〇〇余といっている(11)。幽学の挙げた数字は恐らくその時までの累積であろう。

性学門人の人数の確定不能なことは、幽学在世中においても「幽学門人の内ニハ御座候得共、年々増減等有之候間、聢と相定り不申候」[12]という状態であった。恐らくこの場合の門人は神文門人についてのことであると思われるが、その数の確定さえも困難であったのである。ましてや家族を含んだルーズな関係の門人数を把握することは、不可能だったといわねばならない。

注

(1) 川名登「大原幽学門人層の社会的性格について」(「日本歴史」三三五)。
(2) 「神文集」。
(3) 『全集』所収「書簡集」。
(4)(7) 菅谷豊三家文書「日記」(但し仮題)。
(5)(8) 遠藤家文書「神儒仏三道を為混候由察当無拠筋も有之候得共自分心得之趣を以申披可致と認め草稿」。
(6) 遠藤家文書「在府日記」。
(9) 『全集』所収「書簡集」「聞書集」。
(10) 遠藤家文書「定」。
(11) 『全集』所収「廻文集」。
(12) 遠藤家文書「幽学門人名前取調帳」嘉永五年十二月頃。

(木村 礎・松沢和彦)

男女を問わず、主要門人についての行状記や列伝が作成されたことは、性学の大きな特徴である。そこには、彼らがおかれていた状況と性学門人のいわば理想型が描かれている。その描き方はやや紋切り型ではあるが、全くの庶民の伝記が、これだけ多数記述されたのは、この時代にあっては珍しいことのように思う。以下略述する。

2　主要男性門人

a　遠藤良左衛門

遠藤良左衛門、前名は本蔵、香取郡長部村名主遠藤伊兵衛の子。文化八年に生まれ、明治六年八月二十二日、六三歳にて近江石部で客死した。

良左衛門の父伊兵衛は安政三年一月死没する。良左衛門は伊兵衛の生前からすでに名主見習いとして活躍していたが、父の死により名主役を襲いだ。また良左衛門は、性学の側から見ると大原幽学在世中から重視されており、幽学没後は二代目教主の地位についた。したがって良左衛門は、政教の二面を一身につけた特殊な地位にあった人物である。

良左衛門は若い頃博奕・浄瑠璃・手踊りを好み、色欲に溺れる放蕩者であった。そのため年々三〇両程ずつ借金をして、親伊兵衛に後始末をさせることが常であった。良左衛門が幽学に入門したのは天保五年の春といわれている。幽学が下総で性学をはじめたのは天保初年で、良左衛門の放蕩の時期とほぼ一致するのである。

良左衛門は入門すると、「身の危き事を不知不孝に陥り候儀を被申聞」、「両親の心痛に気付き」、「身体無置所心地ニ相成り自分と改心」したのであった。幽学はまた「往々名主役をも可相勤身分ニ而、右様不行跡ニ而、村方之もの引立候心付も無之暮し候ハヽ、此躰ニ而ハ不遠一村滅亡より外有之間敷」と教諭した。これに感じた良左衛門は、それ以後何時とはなく幽学の教えに信服していったのである。

当時長部村には賭博・強欲・吝嗇・色情等の悪行をする者が多かった。なかには「家は滅亡候とも、子孫永続不致候とも、不孝に相成候とも酒は相止め難き抔」うそぶく者さえもあった。かかる村内の実情を認識した良左衛門は、幽学を頼み、高木良蔵の協力を得て「身命を不顧」、「実情をもつて昼夜骨折」って改革に努力をしたのであった。村改革に対する良左衛門の意欲と行動について、幽学は「本蔵儀年々拾両や拾五両はいるとも、人の世話をして迚も身上持てないに定り有身上柄に候故、此上はヒツソク為致、他村世話相止させ候」といい、逼塞させる為の相談までを考えた。

良左衛門は、上方への退去を宣言した幽学を、天保八年九月、再び東総へ迎えることに成功するが、それ以後は幽学の指導のもとに、村内へ性学的仕法を展開するようになる。その仕法の一つに先祖株組合がある。一般にはこれは幽学の考えといわれているが、「義論集」によると、良左衛門が考え出したのではないかと、窺われるような節も見られるのである。また先祖株との関連において、財産平等主義的考えも持っていたようである。

良左衛門は、天保十一年に自宅物置を直して、性学講釈の場を幽学に提供した。このことは、幽学をして、やがて漂泊生活から定住を得させて、長部村が、将来性学の中心地となる端緒を開いたことになる。

幽学は良左衛門を本多元俊とともに高く評価していたが、良左衛門に一日の長を認めていた様子が窺える。幽学と良左衛門との間は、幽学自らが「おれも良左衛門も少しの事があっても、おれは良左衛門が方へ行って咄して見なくては気が済まない。良左衛門も少しの事でもおれに聞かなければいられないと云って来る」といっているように、深い相互関係にあったのである。

良左衛門は文ないし理の人ではなく、実行ないし肚の人であった。高松彦三郎は良左衛門を「実意を尽し謙遜にて、弁才等は生来無之、黙々として懇誠篤実無類之ものニ而、一面識ニ而ハ愚鈍之様ニも相見候程ニ而奇特之人物」と評した。そこには村夫子の面影を見ることが出来る。かかる良左衛門を道友が「おとっつあん」「親父」と呼び、親しみ慕ったのも頷くことができる。良左衛門が二代目教主に推されたのもおそらく理由はこの辺にあったのであろう。(1)

b　高木　貞助

文化四、五年頃の生まれで長部村の百姓である。性質は短気・我儘・癇症、些細なことで急に腹を立て、人に刃物などを投げ付けるというような自制心の欠けた人物であった。遠藤良左衛門の熱心な教導と、またともに幽学について学び、性学の理合を「人たるものは万物の霊にして仁義の美徳を具足してありながら、浅間敷我行誠に愧へし…(中略)…実誠の志し後世貫徹する時は、身は死するも其精神志意子々孫々ニ押渡り、道心天地と共に尽る時なき事」と悟った。以後私欲を萌すということは全くなく、家族のものの心もきわめて正しく清高比類がなく、貞助自身の癇症も全くなくなって柔和貞実となり、しかも瓢々として神仙の如くであった。

農業を丹精し、諸方より子弟を預り教導し、多くのものが改心することとなった。後に貞助は醜い病に侵され、顔面が膿みただれて、人に会うことも憚られるようになったので、従来は改心楼下に住んでいたのであるが転居した。人々は「此人にして此病ある。実に伯牛も免れ得じ」と嘆息した。大原幽学は、このような病気にもかかわらず耕作に出精しているということで、嘉永五年景物を出して表彰した。(2)

c　高木　良蔵

高木良蔵は文化十二年生まれ、長部村の百姓である。前名は政右衛門、明治二十二年八月八日、七五歳にて死去した。その性質は愚痴・蒙昧・偏固であった。父の政右衛門は良蔵の愚痴・偏固を直すために、三味線を買って与え習わせた。しかし、偏固・愚痴に関しては若干はなくなるという効果はあったものの、生活が惰弱に流れるということになってしまった。良蔵は天保五年秋に幽学に入門した。良蔵は四歳違いの遠藤良左衛門と申し合わせ、努力して性学を学び、目さきの欲望にのみ従えば、人間の破滅に至ることを恐れて日夜修行した。しかし「魯鈍」のため並々ならない丹精の結果、「人の性は至善にして、其深は天命にいて、我身あらん限りは其実体須臾も離るゝ事なく、天地自然の道を行ふ時は、己道心に居て常に正きが故ニ、自然ニ人をも養ひ道ひくこと容易き事を深察」し、その志す所は遠藤良左衛門と同位に到達した。また遠藤良左衛門と同様に自然と人を導くことが可能であった。村内の道友は数が多く指導することは困難であったが、良左衛門と協力してその衝に当ったのである。特に癇症・短気の高木貞助の指導には見るべきものがあり、成果を挙げた。また先祖株組合設立に当っては、良左衛門と協力して努力を惜しまなかった。

良蔵の父政右衛門は、百姓を嫌って米商売を営み、銚子・潮来方面と取引をしていた。この商売は相場による利欲商売であるので、良蔵はこれを止めさせ、農業一筋に改めさせたのであった。(3)

d　嘉右衛門・あさ夫婦

嘉右衛門は文化八年生まれ、あさは文化十一年生まれの三歳違いの夫婦で、長部村の百姓である。嘉右衛門は大酒飲み、かつ博奕を好んで家業の農業は一向に顧みなかった。このような放蕩無頼の生活を数年続けた後、天保七年頃一度は幽学に入門し、その指導を受けようとした。しかしその指導の内容が難しく理解できないということで間もなく止めてしまった。その後も酒に溺れ、木挽渡世で房総・奥羽辺まで出稼ぎに行っては博奕に耽り、農業は妻あさに任せきりであったので、身代は衰える一方であった。このような嘉右衛門の生活態度に対し、貞淑な妻のあさは育児・農業のかたわら賃機に精を出した。しかし、このようにして苦労して蓄えた僅かばかりの金も、嘉右衛門は不時に持ち出しては遣い捨てたのである。ある時の如きは深夜帰宅し、あさに酒を買って来ることを要求したが、そのとき蓄えは一銭もなく、ためにあさは自分のさしている簪を金に代え、妊娠の身を押して酒を買いに出たが、厳寒のため凍結した場所で転倒し、酒徳利を割ってしまった。あさは朝方まで待つよう頼んだが、嘉右衛門は腹を立て、手元にあった薪であさを打擲するというようなこともあった。嘉右衛門は、あさが苦労して蓄えた金銭がなくなれば、あさの衣類・家財道具迄も持ち出し、行方不明のまま木挽渡世をして回り、時どきは家へ立ち帰る。このような状況が、天保九年から弘化二年まで八ヵ年にわたり繰り返されたのである。いくらあさが諫めても聞き容れず、家は遂に極貧状態に陥り、あさは村人の世話でようやく生活をするという有様になってしまった。遠藤良左衛門へ相談したところ、良左衛門は死を覚悟して諫言する以外にないと教えた。あさは、誠心誠意嘉右衛門を諫めたが、聞き容れるところとならなかった。このためあさは意を決し、井戸に跳び込んで死のうとした。これを発見した嘉右衛門は、はじめてあさの誠意にうたれ、心から後悔して「追々改心相成り、夫妻相和し、篤実無二のもの」となったのである。[4]

e　高木源左衛門

高木源左衛門は文化五年頃の生まれ、長部村の百姓である。

最初のうちは行状はよくなかったが、幽学へ入門し稽古するようになってから非を改めた。道友、村内の子供のうちには柔弱、飲酒にふけり、農業不精の者があった。これらの者を改心させるため源左衛門は三ヵ年の間、食事は麦飯三椀、「沢庵之香之物」三切れだけで農業に励み、縄をない肥しの蓄え方等に意をそそいだので、その気持が通じて、彼らは改心することとなった。また心得違いのものを引き受けて世話をする等、成果を挙げたのである。(5)

f　菅谷又左衛門

菅谷又左衛門は文化十四年生まれ、元治元年十二月二十一日、四八歳にて死去した。又左衛門諱は政輿、前名を時三郎といった。又左衛門は菅谷家の世襲名である。父は又左衛門政成である。幽学高弟として活躍した菅谷幸左衛門は弟である。香取郡諸徳寺村の百姓で、組頭・名主等を勤めた有力な地主であった。農業のかたわら質屋を営み、また寺小屋を開いて子弟の教育に当っていた。

菅谷家は大原幽学とは政成の時代から密接な関係にあり、幽学の諸徳寺村訪問の際の定宿であり、諸徳寺村道友の中心的存在であった。政輿が幽学に入門したのは、家督相続前の天保八年、二一歳の時であった。家督相続後間もなく質屋を「利欲不実の渡世」として愧じて止め、農業を専らに丹精するようになったといわれている。政輿は「家を修め、子々孫々ニ迄、眼前の利欲を離れ、正敷道を不失法則を相立度」と日夜勉学し、村内のものを引き立てる努力をした。諸徳寺村には博奕を打つものが六人いた。それらの内二人を指導して改心させ、性学を学ばせることに成功したが、このほかは道友養成に関してはさほどの成果は挙げ得なかった。政輿は一般の人々と比較すれば清潔ではあったが、目さきの私欲のゆえか道学練磨の道友の間にあって、しかも重立つ身分に属する者としては憚られる「弛み」が一時期見られることもあった。しかし嘉永末年には「後世子孫を押渡し、私意の萌し一点無之確乎」とした道友となった。幽学に対しては情愛厚く、八石を我が家のようにして時間の許す限りは八石へ出掛けることが多かったし、「七ヶ年の厄難」には、江戸にいる幽学に付き添って離れることがなかった。

改心楼建設にあたっては「別而丹精」し、資金の融通をはかったが、竣工してからは弟幸左衛門・石毛佐左衛門・菅谷文蔵等の道友とともに改心楼世話役の中心となって道友の教導に勤めた。また政興は八石の資金・先祖株積立金を預って、その運用利殖に努力をした。この資金運用に関しては、すでに幽学が天保七年九月「子孫永々相続講」結成を呼びかけた際も、講金を父政成に預ける予定であったが、その後先祖株組合の積立金、その他八石資金を預り、政成、政興と引き続き運用利殖をはかったのである。

一方政興は、家にあっては「農耕丹精」し、母への孝養を尽した。その結果政興は「正直潔白、約定之信曽而違た事無」く、「守りの堅き事諸人に秀」ずと評されるに至った。(6)

g　菅谷幸左衛門

菅谷幸左衛門は文政四年生まれ、明治三十五年十二月二十日死去、享年八二歳であった。前名は万治、忠右衛門、さらに幸左衛門と変えた。諸徳寺村菅谷又左衛門政成の子、又左衛門政興の弟に当る。幸左衛門の幽学への入門は、天保八年一七歳のときのことである。

性質は柔和・沈着・実直・胆量のある者であった。天保九年一八歳のとき、海上郡十日市場村の豪家林伊兵衛の聟となった。これは伊兵衛が病気勝ちであり、子正太郎は幼かったので後見ということで迎えられ、伊兵衛娘すわを嫁としたのである。最初、幸左衛門は林家へ赴くことは肯んじなかった。それは孝を尽すために生涯無妻を決心していたからである。しかし、父又左衛門のたっての希望により林家の聟となったのである。林家では幸左衛門を素直に迎え入れるということをしなかった。家の者は幸左衛門を軽蔑した。また幸左衛門が性学を学んでいるということで嘲弄した。しかし幸左衛門の誠意は伊兵衛および正太郎を性学に赴かせ、改心させることに成功し、また林家の乱れた家政の改革も行われることとなった。さらにはその後の十日市場への性学浸透の端緒ともなったのである。天保十二年には父又左衛門が死亡したので、それを機会に妻子を連れて諸徳寺村に戻った。林家における苦労の体験は、その後の幸左衛門の性学活動に生かされる。十日市場での数年間の苦労は、「自ら徳器成就」し、「道学の力も進み」、長部の教導所で重立った道友を数多く養成するということに役立った。幸左衛門の志すところは、「偏えに師幽学の志を継ぎ、学風を後世子孫まで相伝」えるということであった。(7)

h　杉崎　伝蔵

杉崎伝蔵は文化五年生まれ、慶応四年六月九日死没、享年六一歳、香取郡米込村の百姓であった。

伝蔵は幽学へは天保十年に三二歳で入門した。この性学入門については、祖父は利益ないものと考え、すこぶる反対した。しかし止めようとしなかったので数回にわたり勘当されることとなった。それでも伝蔵は陰で倦むことなく勤め、上達して有力門人となった。かくして家庭内は勿論親戚・知音・懇意の者までも感化したのであった。また村内に対しては「道義一筋を以て、非分の貪欲不心掛様、正心法為相立」たのである。伝蔵は長部の遠藤良左衛門家に対しては「教化の根元」ということで特に面倒をみたけれども、伝蔵の世話を受けない家は一軒もないといわれる程であった。また伝蔵の薫陶に感じ奮起して立ち直った者も多かった。八石へ対しても丹精するところ多大であった。例えば総計二〇〇間余にわたる籬垣は伝蔵の努力の結果であった。伝蔵は「其常を重んじ仁を行ふ」に類する人物であると評された。

しかしこのような伝蔵であっても、「取扱向諸事無法、筋違而已多有之、且道学之妨多ニ付」ということで、幽学から破門されたことがあった。嘉永元年八月のことである。(8)

i　石毛佐左衛門

石毛佐左衛門は享和二年生まれ、明治四年六月二日、七〇歳にて死去した。初め佐重(十)といった。香取郡入野村の百姓である。幽学への入門は天保六年四月、神文を入れたのは人相神文が天保六年閏七月十八日、性学は天保六年八月十五日であった。

佐左衛門性質は剛毅、一方温厚・柔和で「我察等之儀は平日聊も無之奇特」の者であり、よく辛苦に耐え、きわめて親切者であった。また「村方悪風儀之中程能交」る融通性もある一方、「義之為ニは一命をも不惜心魂」を備えた人物でもあった。これに対し佐左衛門の家族は両親・妻子・兄弟とも「近辺ニ珍敷と一同申候程之愚痴、偏固の性質」をもつ者で、ある意味でのもてあまし家族であった。

性学入門については両親は不同意であった。しかしながら家内を忍び、学びを一日も怠るということはしなかった。菅谷又左衛門・同幸左衛門を親代りとし、「稽古之功を積」むにしたがって、「自分勝手を離れ志宜敷」く、「農業格別出精、家内治方骨折、身ニ奢せず、已に勤め人に及ほ」したのであった。

改心楼建築時には中心となって活躍し、また「七ヶ年の厄難」の間にあっては、幽学の救護のために当局の疑惑を招く程の行動をしたのであった。この期間中の八石からの江戸滞在費その他経費の支出は、厖大で容易でないものがあったが、「志を屈すること無」く、人々を督励して調達した。しかし、この間の性学の衰微は憂慮されるものがあったが、「砕励修練」して守り切ったのであった。(9)

j　林　伊兵衛

林伊兵衛は寛政六年生まれ、明治三年七月十三日、七七歳にて没した。海上郡十日市場村の人である。組与力給知四ヵ村の割元名主を勤めた村内最有力の地主であった。伊兵衛が父親から身代を相続したときは二、五〇〇両程の借金があったという。伊兵衛は農業の外に醤油商売・漁業・呉服商・雑貨商を営み、権謀をもって利益を貪取り五、〇〇〇両程の身代となった。ここで父親より相続した借財を返済するとともに、さらに質屋を営み、表向きは一万両程の暮らし方であったが、世間では一万五、〇〇〇両程の財産であると専ら噂した。このように暮らし向きがよくなると、伊兵衛を始めとする一家は、以前の貧乏暮らしを全く忘れ、生活は漸次贅沢となり、住宅も華美に造作して住むようになった。娘なども一枚二〇両の鼈甲製の櫛を買ってまだ不足顔する始末だった。伊兵衛自身もまた昼夜酒肴美食、しかもしたい放題の生活をするようになった。このため多病質となり、また浮腫のために歩行困難となった。伊兵衛のこの病身と子の正太郎が幼いため、家取続きの意味をもって娘の壻に諸徳寺村の菅谷幸左衛門を迎えたのである。伊兵衛の子正太郎は、この頃きわめて生活が乱れていた。この様子を見た幸左衛門は、伊兵衛・正太郎ともども幽学への入門を薦めた。しかし伊兵衛は肯んぜず、取り敢えず正太郎のみを幽学に預けて指導を受けることとしたのであった。この結果はきわめてよかった。不思議に思った伊兵衛が八石へ行って様子を見ると、幽学稽古の席順は徳行の優劣のみにより、孝道の者は貧賤であっても、富家の行状未熟の者の上位につくという状況を見て感ずるところあり、入門することとなった。伊兵衛の入門は天保十年四五歳の時であった。幽学の教えを受けて伊兵衛は、これまでの強欲・利勘・奢侈、しかも吝嗇であって、村内その他の者より怨みを受けてさえいることをここで初めて知り、心から後悔したのである。幽学の職業二重を禁忌する主張にしたがい、他の職業を止め、農業一筋に努めることとなった。一方、目さきの私欲から離れ、華美広大な家屋も取り縮め、質素節倹を専ら努め、金銭も惜しむことなく使用して親類・縁者・貧窮難儀の者の面倒も見るようになり、村内の潰れ百姓株を一二軒復興させたのであった。伊兵衛の誠意より出たこの挙は、他村にまでも影響を及ぼし、不行状者が改まったほどであった。家業を農業一本にしぼり、住宅を縮小し、質素倹約に赴くという家政改革は、きわめて短時日のうちに実施された。この挙について幽学は感賞もしたが、また厳しく注意もした。急激な改革は旧きに馴染んだ人心の大きな抵抗をもたらし、事を失敗に帰させることのあることを幽学は危ぶんだからである。しかし実際のところ、伊兵衛家のこの頃の家政は度を超えて拡大し、必要以上に失費が多くなっていたのである。この矛盾に家族は気付いていたので順調に事は運んだのであった。したがって妻子は怨みを抱かなかったのみでなく、妻の如きは田の耕作さえもするようになった。この改革は突如として行われたので、伊兵衛家の内情を知らず、その意味を解することのできなかった世間からは、伊兵衛の性学の稽古は年数も経ず未熟であり、少しばかり私欲に離れ慢心したからだとか、伊兵衛狂乱などと言い囃され、悪評が高かった。

これより伊兵衛は身持正しく、志も清潔に酒を一切断って養生に努めたことから健康は回復した。また長部村の風を慕い、同村の改革には資金を融通して、その成就を援助し、十日市場での先祖株組合の設立の中心となって努力したのである。十日市場における性学の普及には伊兵衛の力が与って大きかった。(10)

k　林　正太郎

林正太郎は文政十三年（天保元年）生まれ、明治二十九年十一月五日、六七歳で没した。十日市場村林伊兵衛の子である。

正太郎は年九歳の時、出入職人とともに酒店で茶碗酒三、四杯ずつ呑み、金銭を塵芥のように遣い捨て、他人が意見をしても全く聞かない不良児であった。これには理由があった。母親は継母で正太郎を愛さなかったこと、また父伊兵衛の病弱と正太郎の幼少とから、身代を見る目的で、将来分家を予定していたのであるが、諸徳寺村より菅谷幸左衛門を迎えて壻としたこと、このようなことを子供心に怨んだ正太郎は「継母(に)愛されず、身代も行々幸左衛門ニ可被奪、残念ニ付、身上有丈遣ひ捨」てようとしたのであった。正太郎の荒れた様子を見て幸左衛門は、正太郎を幽学に預けることを伊兵衛に薦め、また幽学に頼み正太郎を預ってもらった。正太郎を預った幽学は、言葉にて教えるということはしなかった。唯心を尽して憐れみながら側に置いた。環境として毎日が孝道の話だけである。子供心にも教えを受けたしと思う気持が萌した時を見計らって、幽学はただ一言「人の子たるもの親の大恩生涯忘るべからさる旨」を諭したところ、これが心魂に徹し、我儘の行動は徐々に改まっていったのである。

改心後の正太郎は、孝心至って厚く、農業に励み、性学を修行し、行いは正しく、書物はあまり読むことは出来ないが、徳をもって人を教導することを会得した。幽学在世中は若手門人の中心的存在であった。(11)

1　林　宜　平

林宜平は文化四年生まれ、明治四年九月三日、六四歳にて死去した。前名は作兵衛、十日市場村の百姓である。宜平、人物は「人に対し、不実不正之事毛頭無」く、「真心鉄石の如く、至而手堅き性質」の者であった。宜平は林伊兵衛の親戚である。始め宜平は伊兵衛に対し讐敵の思いをもった。伊兵衛が財をなしながら、極貧の宜平家に対し一顧だにもしなかったからである。林伊兵衛は天保十年に入門するが、宜平は天保十三年入門した。宜平は伊兵衛の「抱え」となってともに性学の道を修行することになった。宜平は極貧であった。父親および同居の叔母は大病、その最中に妻は多くの子を残して死亡した。しかもそのうえ、大酒飲みの愚昧な弟を厄介として抱えていた。

宜平自身は日傭・夜稼ぎ等辛苦丹精して、極貧のうちにもこれらのものを養育していた。

宜平は、この間の僅かな時間を見つけ教導所へ出掛けては道を学んだ。自分は垢つき破れた衣服を着け、髪は自宅では二〇日余も手入れもしないという状態で努力したのである。十日市場村の性学は「大晦日」性学といわれたが、これが悉く改まったのはこの宜平の力に与るところが多かったのである。

改心楼建設の時も宜平は丹精して厭うということがなかったし、「七ヶ年の厄難」に際しても助力するところがあった。

宜平はまさに「孝悌仁慈の道の為には実に身命を不惜、心魂貧賤にも移すあたわざる大丈夫」であった。(12)

m　岩井重右衛門

岩井重右衛門は文政八年生まれ、明治十八年三月五日、年六〇歳にて没す。父は海上郡足川村の網主兼農業の岩井重兵衛である。

重右衛門は最初金次郎、次に孝之助また市右衛門といった。その人となりは大酒飲み、不身持、放蕩不羈、一方心寛く、小節にこだわらず、目さきの私欲なく、人の和をよく得て村内の者は慕い寄り、一同心服するようなところがあった。

重右衛門が幽学に入門したのは一三歳の時であった。豪家のこととて八石との関係は改心楼建設時の融資、「七ヶ年の厄難」にかかわる資金援助等経済面でのつながりが多かった。また幽学没後の数多い足川村入門者の原動力となったのである。

重右衛門生後四ヵ月で父を失い、祖父母に育てられた。叔父重兵衛が後見して家業を見たが、農業・漁業経営でこの間に四千両の身代を築き上げたのである。本来ならば重右衛門がかねての約束の通り、この身代を請け取るはずであった。しかし重右衛門は、これまでの叔父重兵衛の丹精を思いやったことと、農業一筋の幽学の教えに従って、これを重兵衛に譲ろうとした。重兵衛はまたこの身代を請け取ることを肯んぜず、重右衛門へ渡そうとする。かくして三年の間相互に譲り合って決着がつかなかった。結果において、重右衛門が若干の土地を得て分家した。しかし「七ヶ年の厄難」に関して努力した重右衛門は、資産を失ってしまう。そこで叔父重兵衛は本・分家の交換を申し出て、安政元年に、重右衛門が本家を相続することになった。[13]

n　宮崎才兵衛

宮崎才兵衛は文化十年生まれ、明治十四年三月一日、六九歳にて死亡した。前名は平太郎、岡飯田村の裕福な百姓である。

才兵衛、性は柔和温厚で、実意のある者であった。天保十一年入門、天保十五年に神文を入れている。才兵衛は岡飯田村の学頭といわれ、「遺書授名録」によれば、会席五幅を与えられているから、相当に高く評価されていた人物である。改心楼建設時には資金を融資した。

才兵衛は酒造業を始める目的で算段して金策をし、酒造道具一式を買い整え、酒倉を建築し、酒会所も出来、販売手続きまで完了したが、突然に酒造株をも含めて一切を他へ譲って、酒造の意志を全く放棄してしまった。それはたまたまこの頃幽学へ入門し、「甚不宜利欲ニ迷い…(中略)…百姓一筋の良民に有之候を、右利欲の念萠し候て…(中略)…遂ニ強慾謀計と相成、滅亡之種を蒔候もの数多歴々有之候て、近辺ニ証明有之義…(中略)…発明いたし」たからにほかならない。

その後家族が和睦し、父子兄弟の者が実情をもって修身斉家につとめたので、村内村外とも不和の者は一人もないといわれるような状態となった。(14)

o　星野惣左衛門

星野惣左衛門は天保三年生まれ、明治二年三月二十八日、三八歳で死去した。岡飯田村百姓勘兵衛の子で、幼名を力太郎といった。遠藤良左衛門の子供分となり、八歳頃より性学を学び始めた。惣左衛門は幽学の「心中」をよく体認し、固く守り、成長してからは性学以外のことを片時も考えなかった。また性学の本旨を体得しよく勤め、特に教導に力を尽したことなどから小前夜に出席するようになった。岡飯田村においては性学の普及をはかり、多くの人を改心に至らせた。

惣左衛門は二六歳位より吐血病に罹り、時には多量の咯血をすることがあっても、凛然として力を落すということはなかった。この病気は長患いであったが、かえって道の広大であることを悟ることとなった。これが影響して、従来落ちつきのなかった惣左衛門の父の精神状態も寛裕となり、改心して性学の目指すところに向ったのである。死に臨み、子惣太郎への遺言は「八石の老師父(良左衛門)六十の老年に及びても、先師の志を継て毫も怠らず、汝必ず御志を継て助けべし」とだけいって、他事には言及しなかった。このような確固とした志をもっていたので、自村だけでなく他村の者まで、惣左衛門生存中は一致して和を保ったのであった。(15)

p　本多　元俊

本多元俊は元精の子で、文化八年生まれ、明治九年六月二十四日、六六歳にて死没した。家は代々医者で元俊は六代目に当る。埴生郡長沼村で医者のかたわら農業（高七石五斗三升）を営んでいた。

元俊の父元精は幽学と親しかった。元精は酒乱・痼症の手余り者であったが、元俊は幼時よりよく孝養を尽した。元俊は長沼一帯の性学の中心的人物であり、「学頭」で長沼先生と呼ばれた。元俊が幽学へ入門したのは天保三年中といわれているから、二十歳をそれ程出ない時期に入門したのである。最初幽学に会った時、元俊は「一向に賤、麁末の取扱」いをしたが、幽学は元俊の才気を見て意に介しなかった。やがて元俊は幽学に心服して入門、真の師としたのである。元俊が神文を入れたのは、人相で天保五年正月、易伝で天保七年二月であるが、性学の神文は見えない。幽学は天保五年十二月「此人発達当時幷なし」といい、天保六年三月には四千人の友人のうち秀でた者として表彰した。元俊は幽学教学の初期における最有力の門人であった。幽学は玄俊宅を長沼遊歴時の定宿とした。したがって玄俊宅は、幽学の長沼辺教化の足掛りであった。

元俊は「才気有」り、「医術も巧者」であったが、性学を学んで「精微の理合等会得」し、「中庸之人心道心之分チを明らめ」、「医を以て道の微妙を悟り、道を行ひて医術に達」したのであった。元俊は性学と医術を一致させたのである。元俊は特に「気病・労痎・陰病の類」いの治療に妙を得ていた。しかし元俊は、性学と医術の一致を得てからは、医術による病気治癒よりは「道を以て人を道く方広大の仁術」として治療は弟子に任せ、自分は道友の教導に努力するという日夜であった。

天保十年、領主淀藩の性学差止令の出された時は、気も弛み飲酒し怠るところがあったが、間もなく旧に復した。天保十二年四月には道友の気が緩んだということで、幽学に代り断食を決行するというようなことも敢えてした。荒海村に教導所ができると、元俊はこれも引き請けて取り仕切った。

本多元俊は遠藤良左衛門とともに幽学の手足として活躍し、下総性学中の双璧であった。(16)

q　**成毛五郎兵衛**

成毛五郎兵衛は文化三年生まれ、明治二十八年十月十五日、九〇歳にて没した。はじめ忠三郎といい、のち五郎兵衛と改めた。嘉永五年頃高六石三斗を所持した長沼村の百姓であった。

行状等においてはさほど問題のある人物ではなかったが、「我意専らに、我慢強情等押張」る癖があった。このため村民の憎しみを受け、差支えが生じ、自分で後悔することが多かったのである。

五郎兵衛が幽学へ神文を入れたのは天保五年一月である。入門以後は「一日も廃せず、性学の教通り堅く相守り、聊も不緩」勤めた。天保十年領主淀藩による性学差止令の出た時、荒海村糸川節五郎を頼り、また小川善右衛門と語らって「踏こたへ」村内道友の引立てをはかり、後の長沼村性学発展の足掛りを残したのであった。長沼組学頭本多元俊の如きも差止令により崩れかけたのであるが、五郎兵衛・善右衛門の努力により踏み留まったのであった。五郎兵衛は「七ヶ年の厄難」事件が起り、幽学が江戸に出ると、幽学に随従してともに江戸に出て、常に幽学の身辺にあって、その行状を「在府日記」に書き残した。幽学は五郎兵衛を「長沼一人前の男」と評した。(17)

r　**小川善右衛門**

小川善右衛門は文化二年生まれ、明治八年五月二十五日没した。享年七一歳。善右衛門、前名は貞蔵といった。天保四年十一月、下総における最初の性学神文を長沼村の四名が入れたが、善右衛門はこのなかの一人であった。幽学は天保六年十二月、長沼村の八名の門人に景物を与えて表彰した。「此八人は北総百六十余人之中に、格を離れ」すぐれた者達であった。これらのなかに善右衛門も含まれていたが、さらにこのなかで「尚格別に道を得」た者として高く称揚されたことのある人物である。

善右衛門は、入門前は惰弱で飲酒を好み、密通などの不行跡をした身持の悪い者であった。入門後「性善の理合」を学び、「孝悌忠信」の道を理解して、「非義非道の欲情」を教えられることなく自ずと理解するに至った。また幽学より、「人心の危きと道心の善との差別有之趣」を教えられてより、「人の心の善悪は仕癖習ハせによりて、追々善にも悪にも陥」る事を実際に試し、その結果を兄弟弟子・未熟者の教導に生かしたのであった。

天保十年領主淀藩よりの性学差止めの際、村内一五名の兄弟弟子中四名が性学を堅守したが、これは成毛五郎兵衛とこの善右衛門が、「踏こた」え、「引立」てた結果であった。またその後、性学が「免許同様」になると、優れた門人が出るようになるが、これもこの両人の努力の成果になるものであった[18]。

s　糸川平右衛門

糸川平右衛門は文化三年生まれ、文久三年四月十七日、五八歳にて死没した。荒海村の有力な地主で名主となったこともあった。

性質は強直、負けず嫌い、公事出入等を好み、邪智権謀を弄し、疑い深い人物といわれた。平右衛門は天保三年頃入門した。幽学の指導により「人たるもの善なることを知らずして、人に対して不実等を我不知仕向ながら、或ハ人を怨み或は人を忌ミ、相互ニ讐敵のことく相成、滅亡ニ至るもの、世の人の常なること」と悟って改心するに至った。これより豪華な居宅も取り縮めて質素に作り直し、丹精して暮らしていた。荒海村に名主の不正が原因で出入が起き、それに関して天保十年の名主役就任に際しては、去就に悩み迷ったが、幽学の助言により就任するということもあった。淀藩による長沼村性学差止めに際し、その影響で弛みを生じ、「旧来の悪癖再度萠し、行状不宜」ということで破門された。しかし破門時の幽学の訓誡、領主田安家よりの行賞等の刺激により、行状は立ち直ったが、さらにまだ「奢侈名聞之念慮有リ真実ニ無之を」、子平三郎の諫言により改心して破門は許されたのであった。性学を怠った理由は「元来之性質不宜故、自身にて心配丹精したく候得共狂」ってしまったのであった。大体感情の起伏の激しい人であったようで、感情的に物事に対処することについて、幽学から注意されるようなこともあった。嘉永五年、荒海村教導所設立に当っては、平右衛門より優れた者がいたが、元名主ということで願人となったのであった。[19]

t　亘富蔵

亘富蔵は文政六年生まれ、香取郡小川村の人である。

一六歳のとき二六歳の娘と通じ、夫婦となることを言い張って親を困らせたことがあった。万事につけこのような事をする人物であった。良左衛門をはじめとする長部村の様子を見て感激、発憤して改心し、日夜粉骨砕身して父母に孝養を尽した。片足不具の弟を可愛がり、煙草渡世株式を譲って生活の立つようにし、自分は村内に別居して農業一筋に励み、日傭い・夜稼ぎに出て生活を立てた。

月々の長部村講釈には出席、数年間懈りなく修行した。小川村には弟子が少なく、互いに協力し合うことができないが、悪徳共に嘲弄されても厭わず、行状の宜しい人物であった。[20]

u　神崎孫右衛門

列伝類には、埴生郡幡谷村（田安領。現、成田市）神崎孫右衛門の記事がない。しかし、各種の文書に徴すると、彼が長沼村の本多元俊、荒海村の糸川平右衛門と共に、埴生郡地方の性学門人の中心人物だったことは明らかである。

孫右衛門は天明五年生まれ、幽学より一二歳年長である。悴の喜平次が神文を入れたのは天保八年八月(孫右衛門の神文は残っていない。失われたのか、それとも「村目付」という職掌上入れることを控えたのかは不明。いずれにせよ、れっきとした性学門人である)。「御領主様拝領目録」によると、天保八年十二月「苗子帯刀御免」となったが、これ以前から「村目付」だった。「村目付」という職制については判然としないが、名主よりは上の職位であって、埴生郡田安領村々の元締的立場だったようである。彼が「苗字帯刀御免」となったのは、郷中取締、小児養育見廻(間引をせず子育てするよう見廻ること)、年貢納入、御用金取集め等の好成績の故であり、また引き続き村目付にも任命されたのである。

天保十三年十月、幡谷村先祖株願書(田安地方役所宛)の筆頭署名人は孫右衛門(全一四軒)、弘化四年七月六三歳の時、「規則并遺書之条」を書き、幽学の教えにしたがって永く家を維持すべきことを「代々相続人」に説いた。この文書には幽学が後文をつけている。孫右衛門が、幽学の教示にしたがって、いわゆる〝性学普請〟をしたことについては前述した。[21]

注

(1) 遠藤家文書「一件年ニ両度突合姓名帳」昭和七年(以降「突合姓名帳」という)、遠藤家文書「高松家書」、『旭市史』第三巻所収、大原幽学関係史料「大原幽学門人神文集」(以降「神文集」という)、田尻稲次郎編『幽学全書』(一九一七年)附録「事蹟」所収「乍恐以書付奉申上候」、『日本思想史大系』所収「義論集」、千葉県教育会編『大原幽学全集』所収「書簡集」、『大原幽学全集』所収「聞書集」。

(2) 「高松家書」、『大原幽学全集』所収「景物集」。

(3) 「突合姓名帳」、「高松家書」、「義論集」。

(4)(5)(20) 「高松家書」。

(6) 遠藤家文書「性学主要門人略伝」(仮題)、「突合姓名帳」、「高松家書」。
(7) 「突合姓名帳」、「高松家書」、「神文集」、「性学主要門人略伝」、「聞書集」。
(8) 萱谷豊三家文書「書状扣」、「突合姓名帳」、「高松家書」。
(9) 「突合姓名帳」、「神文集」、「高松家書」、「性学主要門人略伝」。
(10) 『旭市史』第三巻所収、大原幽学関係史料「幽学死後の組織的展開」、「突合姓名帳」、「高松家書」、「性学主要門人略伝」。
(11) 「突合姓名帳」、「高松家書」。
(12) 「突合姓名帳」、「高松家書」、「性学主要門人略伝」。
(13) 『旭市史』第三巻、「突合姓名帳」、「高松家書」。
(14) 「突合姓名帳」、「高松家書」、「神文集」。
(15) 遠藤家文書「幽学門人名前取調帳」、「性学主要門人略伝」。
(16) 遠藤家文書「道の記」、『幽学全書』所収、「乍恐以書付奉申上候」、「突合姓名帳」、「高松家書」、「神文集」。
(17) 「突合姓名帳」、「高松家書」、「聞書集」、『幽学全書』所収、「乍恐以書付奉申上候」、「神文集」。
(18) 「突合姓名帳」、「高松家集」「神文書」、「道の記」。
(19) 中井信彦『大原幽学』、「突合姓名帳」、「高松家書」、「義論集」。
(21) 吉岡家文書、神崎家文書。

(松沢　和彦)

3　主要女性門人

「神文」(1)の中に女性の名を見出すことはできない。これは、女性門人がいなかったということではなく、女性は

「神文」を入れることができなかった、ということである。このことに、もしも幽学における女性蔑視を見出すとすれば、それは決定的な過ちをおかすことになる。実際には幽学門人の中での女性の役割は大きかった。ただ当時の社会状況との関係において、「神文」という形式をとらなかった、ということである。

「神文」と門人数との関係は、もちろん、完全には対応していない。[2] しかし、その大体の傾向(教勢の興隆あるいは衰退等の)を「神文」の数が示していることはもとよりである。だが女性は「神文」に全く出現しないから、女性門人数の推移は、およそのこともわからない。ここでは相当数の女性門人がいた、という他ない。

幽学の門人については、何種類かの、いわば〝門人列伝〟ともいわるべきものが、後年編纂された。やや整ったものとして「性理学自然之実行集」[3]がある。これは、明治二十七年頃までに編まれたもののようで、[4]ここには二〇人の有力門人が記されている。このうち七人が女性である。門人列伝のうち、女性が三分の一をも占めるのは、この種集団では、多分、きわめて珍しいことに属するだろう。

幽学の思想については、既述(「性学の思想」)してあるが、その中核に位置するものは「孝」である。「孝」は、彼の哲学と実践論の接点にあたり、彼の思想のいわば中核に位置している。彼の易的世界観は、人倫五常のうちの「孝」に帰結し、この「孝」から次々と実践論が展開する、というのが、彼の思想の大まかな構造である。彼における「孝」は、幕末社会における「家」の問題と密接に関係している。幕末社会における、一般農民にとっての(武士や上層農民にとっての、ではなく)「家」の歴史的性質については、まだよく理解し得ないことが多々あり、今後の大きな問題なのだが、幽学の「孝」が、一般農民にとっての「家」の維持あるいは発展との関係において選択されたものであることは疑いない。

幽学における女性の重視は、この「家」との関係における、いわば必然的な帰結なのである。[5] それは、「家」の維持・発展は、女性抜きにはあり得ない、という、当然の現実からきている。幽学がことに重視したのは、母であり妻であったが、最初から母や妻である女性はいないから、つまりは女性一般の重視ということになる。子供重視もまた「家」との関係においてなされる。

こうした幽学の思想や教育、そして仕法における女性の比重の高さを明確に指摘したのは、千葉県内務部編（実は千葉中学校教諭池田淳著）『大原幽学』（一九一一年）である。池田は、性学の会合においては、「男子大会」とは別に「婦人大会」が設けられていることに注目して、その組織の大略を記し、「当時に於て、如斯婦人会を開くが如きは、実に破天荒の事といはざるべからず」とした。(6) 以来この問題は幽学研究者の常に注目するところとなり、最近に至るもその研究は継続されている。(7)

以下では、主要な女性門人について、概観を試みる。史料は特に断らない限り、「性理学自然之実行集」である。

長部村遠藤伊兵衛妻**ほの**（以下女性名には傍点を付す）。ほのは天明八年、青馬村宮沢七右衛門の長女として生まれ、明治元年没（八一歳）。文化四年二〇歳の時伊兵衛に嫁し、翌々六年六月男子（幼名亀太郎、後本蔵、後良左衛門。幽学の高弟、二代目「教主」）を出生した。伊兵衛は、小さな長部村（二〇〇余石）では上層に属し、やがて名主を勤めるが、一般的には中農程度で、ほのが嫁した当時は他借も少なからずあったらしい。ほのは夫と共によく働き、一七、八年で他借を皆済したという。大原幽学の東総における本格的活動は天保四年からのことで、この年十一月、埴生郡長沼村の四人が「性学」の神文を入れている。ほのの子本蔵（良左衛門）が、性学神文を入れたのは天保五年四月、翌六年には人相神文を入れている。(8) 良左衛門は、後年、天保六年に幽学の弟子になった、と記している。

ほのの夫伊兵衛は温厚実直な人物で、幽学を手篤くもてなし、やがて自宅裏山に幽学の居宅（今もあり）を設けるなどの協力をした(ただし、「神文」は入れず)。居宅を設けて以来、遠藤家のある長部村八石(はちこく)は、性学活動の中心地的様相を呈し、遠藤家には幽学門人の出入が劇しくなったが、ほのはこれらの人々を常に親切にもてなし、彼女は道友の母のような存在になった、という。嘉永四年四月、改心楼への博徒等乱入事件(後述)以来、幽学並びに性学に対する幕府の取調べがはじまり、それは安政四年十月まで続いた(翌安政五年三月八日、幽学自刃)。この時期は性学にとっての苦難の時期で、後に「七ヶ年の厄難」といわれるようになるが、この時期にあってもほのは全く変ることなく「村方は悪風一ト方ならずといへども、此母更ニ替る事無し、唯道を全くするの外余念無」き女性であった。ほのの子良左衛門の妻をゐつというが、ゐつはほのより早く文久二年九月に没した。ほのはよく仕えてくれたゐつの死を深く悲しんだが、当時「教主」の地位にあった良左衛門の母として、よく性学の活動を助けた。

遠藤良左衛門妻**ゐつ**。大角村林外記の娘。文久二年九月四九歳で没(したがって文化十一年生まれ)。彼女については、没後間もない元治元年に「ゐつ女の記」が書かれており、それが「性理学自然之実行集」に収められた。ゐつが良左衛門に嫁したのは文政十二年四月(一六歳)、三年後に嘉蔵(長じて良輔)を生んだ。

「ゐつ女の記」の中心テーマは離縁である。幽学の仕法の一つに、後に預り子(換子)教育といわれるようになったものがある。これは、自分の子を他家に出し、他人の子を自家が引き受け(ただし、門人間のみ)、相互に教育することである。つまり、子供に他人の飯を食わせることだが、これによって親の溺愛を制し、子の甘えをなくそうとするのが狙いである。ゐつの夫遠藤良左衛門は、ことのほかこれに熱心だった。長子嘉蔵は一一歳の時「良左衛門の心に不叶勘当」となった(どこに預けたかは不明)。ある時、多勢の子供が集まった(性学の子供集会)。しかし、嘉蔵は「勘当」されていたのでそこにはいなかった。ゐつは勘当された息子を思い、台所で涙を流した。それがたまたま夫良左衛門に見つかった。良左衛門は、「我子より人の子がかわいゝでなければバ此教はむだ事となるべし」と激しく叱った。ゑつはこの時は黙っていたが、他の時、女たちの前で「亭主にさまざましからるけれど、自分のうんだ子と人のうんだ子とはおなじにてなられまい」と語る。これを知った良左衛門はゑつを実家に帰し（天保十二年三月）、やがて離縁する。事の次第を知った道友はびっくりし、幽学も心配した。幽学は〃俺に免じて、ゑつを復縁しろ〃と良左衛門を諭し、ようやくゑつは戻る（天保十三年五月）。

これが「ゑつ女の記」の大略である。性学の仕法を頑固に押し通そうとする良左衛門、〃建前論だけでは済まないぞ〃と主張するゑつ、困惑する幽学、この物語には三人三様の姿がよく描かれている。ゑつは気性は激しかったようだが、頼り甲斐のある女性で、その早世は多くの人を悲しませた。

諸徳寺村、菅谷又左衛門（政成）の妻**ゑつ**。もう一人ゑつがいる。こちらは、明治三年三月、七三歳で没したから、寛政十年生まれ。このゑつは「十四歳にて夫をむか」えたとあるから、菅谷家の家付きの娘で夫は養子である。この夫が又左衛門政成である。菅谷家は「又左衛門」を襲名するのでややこしいが、ゑつと政成の間の長子が、幽学の高弟として活動した又左衛門政興である。この夫婦には五人の男子があり、長男が右の政興、次男が幸左衛門で、これも著名な活動家である。

ゑつの夫政成は、幽学の門人となったが、天保十二年四六歳で没した。したがって、子政興はじめ五人の子を熱心な性学の徒に仕立てたのはこのゑつである。のみならず彼女は、諸徳寺村をあげて性学化するのに功のあった人物で、諸徳寺村が長部村・十日市場村と並んで「性学三ヵ村」の一になったのは、ゑつの貢献によるところが大きいとされている。ゑつはまた遠藤良左衛門母ほのと非常に親しく（ほのは一〇歳年長）、姉と妹のようだったという。

菅谷又左衛門（政興）の妻**ゆき**。文政五年生まれ、明治十八年没（六四歳）。米込村杉崎伝蔵の二女。一三歳の時、諸徳寺村菅谷又左衛門政興に嫁した。一三歳は天保五年だが、この時期は、幽学の東総での活動の初期である。菅谷家では、この時期、早くも一家をあげて(舅政成・姑ゑつ・夫政興)幽学に傾倒し、ゆきの家父杉崎伝蔵も同じだった。ゆきの周辺における性学色はきわめて濃厚で、当然のようにゆきも性学を信奉した。

ゆきが性学の活動家として頭角を表わしたのは「七ヶ年の厄難」の時期においてである。この時期、苦難に見舞われ、動揺する性学組織の中にあって、節を屈しなかった男性門人は約六〇人程度見られる(後述)が、その他に若干の女性がいた。師幽学によって、その志を賞されたのは、このゆきと小見川の成毛茂兵衛の妻なみ(後述)の二人である。

晩年のゆきは不幸だった。師幽学は安政五年三月に自刃し、そのあとを継いだ遠藤良左衛門は明治六年八月に没した。遠藤のあとを継いだ石毛源五郎の時代になると、性学の内部分裂(後述)が起った。それは、明治十年頃には早くも兆しを見せ、十三年に激発した。その内部抗争の激発は、まず菅谷家を舞台として起ったのである。ゆきの夫政興は元治元年四八歳で没し、彼女は女手一つで子を育てた。長じた嫡子又左衛門(襲名)は、ゆきの目には、必ずしも性学熱心とは映らなかった。又左衛門は茶畑を作って、茶を売ろうとした。これが、性学の教えに背くとして問題になり、ゆきは当時の「教主」石毛源五郎等に頼んで、息子の茶の樹を悉く引き抜いてもらった。明治十三年一月のこの事件は、性学内部における抗争の激化を示すもので、これについては後述する。ゆきはこの内部対立に当っては石毛派に属した。諸徳寺村・長部村・十日市場村等、古くから性学の中心だった村々の大勢は反石毛だった。茶の樹事件以後も、菅谷家を舞台に石毛派と反石毛派の抗争が続くという不幸があり、ゆきは結局菅谷家を出て、東京府下金杉村の伊藤隼(旧幕臣、石毛派)宅において没した。

ゆきは純粋で、個性的な人だったように思われる。彼女はそれなりの仕方で幽学の教えを理解し、純粋に貫こうとした。そのことが石毛派の精神主義的傾向(後述)との共鳴を生み、不幸を呼んだ。しかし、彼女としては、かつて「七ヶ年の厄難」の時期に見事に貫いた志操を、晩年まで貫徹した、といえるだろう。

以上、ほの、ゑつ、もう一人のゑつ、そしてゆきは、いずれも性学の大立物たる遠藤良左衛門や菅谷又左衛門の母あるいは妻であって、そのことが、彼女らを列伝中の人とした、という考えもあり得るが、どうもそうではないらしい。遠藤や菅谷の他にも、例えば長沼村の本多元俊、荒海村の糸川平右衛門、十日市場村の林伊兵衛等の大立物はいるし、彼らに準ずる人々も少なくない。これらの母や妻は列伝中の人ではないのであって、上記の女性たちはやはり、個人として性学の貢献者だった、と考えるのが至当である。

以上は、一般的には中農クラスの人々だが、飯倉村の琁蔵（姓は椎名）はそうではない。琁蔵は、農間石屋渡世で「困窮之身」だった。しかし、彼は「気のかたき正直一ぺん実意の深」い男で、暇な時には寺子屋の師匠もしていた。「神文」は天保五年八月、つまり初期の門人である。「義論集」[9]には子供教育についての琁蔵と幽学との見事な討論がのっている。この琁蔵の妻が**やす**である。鏑木村金杉佐右衛門の娘。[10]夫琁蔵は、天保九年に没した（享年不詳、ただし若い）。

琁蔵とやすの間には子が生まれなかった。心配した幽学のすすめで、手習子の利助（七歳、政吉と改名、後琁蔵を襲名）を養子とした。その後間もなく、夫琁蔵は急病で没した。政吉は一〇歳の時遠藤良左衛門方へ引き取られ、一二歳の八月長沼村本多元俊方、一三歳の十二月十日市場村林正太郎方、一五歳の正月諸徳寺村菅谷又左衛門方（いずれも幽学高弟）へと転々した。そして一五歳の時八石で元服し、琁蔵を襲名した。この間やすはよく働き、若死した夫が信奉した性学をよく守った。彼女は、後述する溝原村のはつのような力の強い豪傑肌の女性ではなかったから、男の一日仕事を二日かけて働いた。しかも、夫が残した三〇両余の借財も少しずつ返済した。一人で家を守ったのである。子政吉が、諸家を転々としている期間には、諸家でどんなに断っても政吉の食扶持の米を届けた。飯倉村から、右の村々へはいずれも近くはない。長部・諸徳寺・十日市場は四里前後、長沼村へはその倍はあろう。遠い道を米袋を背負って歩く、孤独な女性の背中が見える。子旋蔵は元服以後飯倉に戻った。やすと旋蔵は飯倉に性学を広めることに努め、やがて、自宅の庭の一部に手習所を設けた。彼らが、飯倉村を中心に達成した性学普及を示す文書は、今も椎名家にある。やすは七九歳の長寿を保ったが、没年月は不明である。

小見川、成毛茂兵衛妻**なみ**。なみの名は「性理学自然之実行集」にはないが、幽学が性学の模範とした女性であって、「聞書集」(11)に「西之宮妻」としてしばしば登場している。小見川本町(河岸に接す)には数人の門人がいたが、成毛茂兵衛(明治九年三月七一歳で没、神文は天保五年正月)はその一人である。幽学にすすめられて、利幅は薄いが安定している紙屋を開業したことで知られている(現在も同様)。茂兵衛は「西之宮」といわれ(この家は現在もそういわれている)、したがってなみは「西之宮妻」となる。なみは小見村太郎左衛門の長女、八三歳の長寿を保った。没年月は明治二十五年七月(12)。したがって、文化七年生まれ、幽学が没した安政五年には四九歳である。

「聞書集」安政元年三月二十二日の項(13)は、なみの話やなみについての事を記している。これには「大勢の中でも、一件中地金にならぬ女は、又左衛門妻・西之宮妻也」とある。「一件中」とは「七ヶ年の厄難」の時期をさす。「地金」になるとは、「元の不行跡」にもどることを意味する。つまり、困難な時期にあっても、その志操を貫き、性学の道を外れなかったのは、又左衛門妻(ゆき、前述)とこのなみの二人だった、というのである。これは文章の調子からいって幽学の言葉であろう。「聞書集」所収記事の紹介は省略するが、なみは一口に言って利発で、はきはき物を言う(理路整然と物を言える)女性だったようである。当時の一般の女性は、愚痴っぽいか、ただ黙っているか、あるいは笑っているか、といったことが多かったようだが、なみは違った。「ごぢやりごぢやりと咄」す男性をはがゆく思い、それを口に出す(説得的に話すことができる)女性であった。もちろん口先ばかりの人物ではなく、家政や人々のとりまとめ、性学の実践等において卓越した女性だったのである。

溝原村鈴木英三祖母はつ。[14]「性理学自然之実行集」のはつの部分の末尾は「当酉七十五歳」とある。この「酉」は、明治六年である。彼女は翌七年一月没した。七六歳ということになる。したがって寛政十一年生まれ。溝原村伊右衛門の娘、一八歳の時、同村利左衛門（いずれも鈴木姓）へ嫁した。このはつが母や妻としてではなく、「鈴木英三祖母」として「実行集」に出るのは、鈴木英三が後年性学の大立物になったからである。英三は、二代目教主遠藤良左衛門の弟子で、府馬村石毛源五郎と共に遠藤によく仕えた。遠藤没（明治六年八月）後、明治七年七月に石毛が三代目「教主」となるが、鈴木は石毛の忠実な盟友となった。石毛時代における性学内部の分裂にあっては、石毛派に属した（大正七年没、八二歳）。もっとも、石毛がついに教主の座を追われた明治三十九年（後述）の頃には両者の関係は疎遠になったようである。つまり鈴木英三は、石毛時代の性学の大立物だった。だからはつは「鈴木英三祖母」として「実行集」に出現するのである。しかし「実行集」の記載よりも早い時期に「鈴木はつ女一代之記」という伝記が書かれており、はつの存在そのものは英三とは関係なく、周辺の人々に広く知れわたっていた。この「一代之記」は二十項目にわたり、はつの言行を記している（ただし最後の項は、はつの肖像画の説明）。庶民の女性の一代記を長々と具体的に記しているこのような文書は、きわめて稀であろう。[15]「一代之記」の筆者は不明だし、成立年も定かでない。ただし、末尾に「佐野永寿院様御認被下候、誠ニ以難有御事也」とある。佐野永寿院とは、江戸時代の溝原村の分給（一七三石余）旗本佐野氏（佐野氏は維新後しばらく鈴木家に寄寓）の妻で、明治十四年一月鈴木家で没した[16]人である。この佐野永寿院がはつの画像を描いてくれたのである。したがって、「はつ女一代之記」の成立は、明治十四年一月以前である。文体からして（「……でありしと云」のような）、恐らくはつの没（明治七年一月）直後ぐらいの時期に、はつをしのんで、この「一代之記」が書かれたのだろうと推測しておく。

珍しいものなので、以下に「鈴木はつ女一代之記」全文を掲げておく。

鈴木はつ女一代之記

一、はつ女六才の時、実父の里関戸村鈴木三左衛門（是ハ溝原村利右衛門分家也）へ参りし時、伯父三左衛門ハ多筆子を仕立、手習師匠子供に教るを聞に、実語経に有る父母には孝をつくせ□云□聞て孝の一ッを胸におさめ、又子供ハよく□事共親には薬をふるもふべしとの□云ふ事ハ、親がよき教を□正しく守り、善事行へバ子ハ孝子になると云、是等（に）よ□て孝の一ッを心の備へと定めしよし、

良薬とはたとへていふなり、

（二）、六才の時、府馬村秋葉市左衛門と（の）家にて、嫁女さん（産）のために子を残し死去致シ、家内の者歎き一方ならず、この□を聞て溝原村伊衛門ハ親類の事乳も少シハ出ル、此方ニ而もらい受ヶそだてべくとて祖母と実母とはつ女と三人づれにて府馬村へ参り、右之次第を咄候得者、市左衛門の悦一方ならず、直ニ差上度とて相談出来、はつ女其子をせなにせをひ、祖母や実母ハ市左衛門家内（の）者と種〻咄いたし居る中、はつ女子を〻（おって）て溝原へ参りと云、跡〻にて祖母達咄仕舞ニなり、はつハ何方（へ）参りしやと尋候得共不見、壱人ニて子をせをい溝原へ参りしよし、其子をもろ□よりハ何方より菓子なりくだもの等みやげ□もろふても古満吉がにと云て、自分一切不食との云伝あり、

三、（以下番号朱書）はつ女十三才の時、四斗入米を、くもなく（苦）かつぎしよし、力衆にすぐれしよし、

四、はつ女ハ同姓伊右衛門娘ナリ、十八才にして当家へ嫁ス、其後程無く姑病之床と追〻長病にてなやみ居る事三ヶ年、其病苦かいほふ（介抱）のしんせつ一ト通リならず、此かんびやう（看病）の為め、我命にかかわれバ本望と思ひ人とせ心を尽すといへ共養生不相叶して死去す、

一、(ママ)同姓利左衛門へかして(嫁)より妹はな女といふあり、同村佐兵衛江嫁す、其はなとむつまじき事人に感ぜぬ者無し、或時はな病之床ニ相成候ニ付、はつはなの元に及び世話一ト方ならねば、姉にいだかれ寝たいといふ、はつむねに洩しのびながら、妹に力落させまじと其躰を見せず、其夜いだき伏けり、明る朝(あした)タ我家に用事有ッて帰りしあとにて、はないき引取たり、其由を聞てはつかけ行、なに〳〵といへ共、せんかた無し、其有様見る人感ぜぬハ無し、

是ハ(ママ)さんで死去ニ付、躰よごれしを、はつ自分のあたらしき持行着せしと云、

五、或時亭主散財せしニ付、父おしかり甚しければ、はつ父に向ひ、おしかりハ御尤ながらどうぞおゆるし願ます、此亭主の散財ハ全く亭主でハござりませぬ、御先祖が此世江出まして世上江施しをする所かと思ひますから、どふぞおゆるし被下よと云けれバ、父も其真心に感じ、「御ゆるし」(朱書)下、しかりとどまりたり、右等の心尽し故親夫トの志し片時もそこのふ事無し、「夫ハ(朱書)二十五才時より(の)ほふとう(放蕩)いたしたと云〇」、〇一ッ子失ひテゟ

六、はつ女、はやり目をわづらひし時、夫佐原宿へ行キ、序ニはつかゐん求メ来り、目の薬リ買て来タ、目の上へつけべしと云ニ付、直にとりて目の中へ入シ故、大ひ(に)いたみ、目とび出す計りなりし故、直ニ水にて洗ひ候得共、はつかゐん故、大ひに目いため、上総国ふだ(布田カ)の目医者ニかかり居りを、弟伊左衛門と舅利左衛門両人ニて、馬にて迎へニ行申時、大寺村江通りかかりし時、死人出来、其村若者とも女壱人馬に乗リ来ルを見て、どらにうはち(銅鑼鐃鈸)をたたき、をどろかせし処、此馬たちはねよこはね有、家門へ飛込かかりしを、はつ女かた(片)手綱を引キつめ、綱を二ッにして馬のしりを打候得共、馬ハ門より飛出し、通りの真中を飛びかふてかけしよし、居合人々よけるがま(間)に不合ほどでありしと云、此馬ハ二歳時求めて段々大きくなり(十寸＝馬高五尺)ときもありしと云、米

六俵位でもなんと(も)ない、人をにかげ(鬼鹿毛)馬と云しよし、馬をはつ女大切(に)いたせし故、はつ女のゆふ事ハ聞しとの事、

七、人のつくりてのなひあれ田あれ畑けをこんりうし耕作するがすきでありしと云、

八、生家の実母世間の咄を聞に、柴馬(はつ女のこと)のかゝが衣類が諸方之質ニ入てある(と)云ふ云聞て驚キ来り長持等開き見れバ、大かたなくなりし故、かゝアこれどふしたのと云けれバ、何レニいたすともをれのものなり、すまのかいなし(17)、たゞ仕舞置タでハ何にもならず、市町へ出し人にほどこし候得者、人大ひ(に)に悦と申候得者母もあき□(れカ)て帰りしと云、是ハ皆夫のあそびために金の入し時遣せしよし、

九、米を売り候処、米附の若ひ者来り米を附ル事(不)出来こまりしをみて、はつ女懐妊して今ニりん(臨)月(と)云頃、大はら故米を腹にあてゞ馬につけしを見て馬方驚き(し)事咄伝へ有之聞書ス、

十、生家伊衛門之弟ほふとふ(放蕩)する事有る時、其父母深く是を心配す、夫を聞て流るゝ水ハ流すがよい、せき(堰)をすれ(ば)必きれる、留め間敷とていさめしよし、此いさめ(に)よりて両親あきらめしと云、

十一、舅親利左衛門ハ名主役を勤御地頭様の御勝手まかなひニ江戸御屋敷を勤居りし故、はつ女留主居致し居、御免勧化や浪士其外一切取あつかいせしと云、其致方男も不及と人かたりしよし、

十二、生家実父死去之節、畑にわた(綿)をつみ被居処へ人知らせニ参り候故、弟伊衛門(に)いだかれ、つき(築)山の方をにらみて居りし、はつ女見てぢっさんらハ大をゝじやう(往生)なり、子ニいだかれてりんぢう(臨終)此上なし、をれは又をれのかゝりがあるといって、さらば／＼と云て家へ綿の入たるざるを持帰りしと云、

十三、親夫養子娘孫まで余り気を気をつかいし故、少シく気うつと相成し時ありし故、養(じ)よふ旁ゝ舅利左衛門分家の姉貝塚村治郎左衛門ト幸右衛門等道行ニて甲州ミノブ(身延)参詣をし諸方見物出候節、甲斐国ゟ駿河国江

流の富士川一時十三里ヲ乗りし時舟ニ米積てありてハ人乗ル事(不)相成故米を船の中ゟはつ女岸の上へさし出し見て水主ども大ひ(に)驚キ、治郎左衛門言ヶるよふ、こふゆふニハたくさん食物がいりますと云て又大咲(笑)てありしと帰りて来(て)の咄、

十四、舅利左衛門病床ニてはら少シくだりし時、自分のきぬ(絹)の紋付等をふぐ(ほ)し、年寄はたい□と置し、いかなるよき衣類にても少しもをしむけしきなし、実ニ孝心の志かんずる計りなり、

十五、舅利左衛門八十八才賀を祝(い)し時御殿様より御紋附拝領被□しを着し、村方鎮神参詣して帰り茶呑み居躰なり、後に居ル壱人の老母は利平次へ□家ニ出(せ)し娘ナリ、茶受を持出し子供ハ江州青木ヶ峰[18]へ八石尊父様の御供いたし参りたる利喜太郎なり、前に居ハはつ女男子当時□平右衛門の養子なりし英三郎なり、「英三(朱書)郎事初高松当時之籍面ハ彦太郎、一度小日向江戸孝太郎の籍へ入し故ナリ」、

十六、英三[19]仏檀(壇)の修ふくせんと大工を頼み拵んとせし所、祖母曰ク父江相談して拵かと被聞ケル所、英三思ふには、親父ハ江戸にて様々散財する故、仏檀位ハ相談せずに拵てもよかろふと思ひしが、祖父に被聞て当惑せり、性学を学びながら祖母にハ叶わぬとたんそくして、早速大工をも断り父江相談せしといふ、夫等ハミ(身)の心懸次第也、其家族として相談するが子の道女の道たる事、唯〻自分ハつとめ仮初にも人の心にさわる事無し、能向ふわり出しを守るとなん、

十七、夫外ニ家を拵ひ目かけ(妾)をきし(置)、女と両人の飯米をはつ女人手にかけづに搗て送り候、亭子(主)誠ニきげんのとりにくき方を、よく御世話をいたしてくれ(る)とて常〻心中にて御礼言て居ルなり、少シもしっとらしき躰なし、世の人かんじ入候、

十八、ある時本家利右衛門宅へ留主居致し居り候処へごふとう(強盗)入来り、金を出せ被申故、わたくしハ留主の者

故何方でも御尋被下、あり丈ハ上ルと云バ、夫ならさがし見るとてさがせども金ハ無し、依而老母自分生家へ連行〇弟伊衛門へ云よふハ、今晩ハ御客をつれ(て)来たが、こゝ開ヶて持合の金不残差出べしと云、伊衛門ハおどろキながら有合の金差出たと云押(由)、

〇連行道すがらしづかに(い)かふと云シ由、翌朝老母云、ゆふべの人ハよい人であった、暗いからしづかにせよ(と)云たと、世の中わるい人(は)いない(と)云しに、人皆かんじ入云、

十九、為道学丹精わくを引躰、一日夜ゝ百六十目程引し事あり、

二十、壱ッぷくいたし居ル躰也、此のにが(似顔)をがはつ女の姿なり、よくにてある也、

席ゝ等之節娘とみ女種ゝ様ゝ〳〵物をこしらひて食事させる躰、後に居ル子供は孝七郎なり、此子よく老母につかいしなり、

佐野永寿院様御認被下候、誠ニ以難有御事也、(干潟町溝原、鈴木家文書)。

「鈴木はつ女一代之記」は、一口にいって、働く女の生涯を記したものである。それは、一三歳の時、四斗入の米俵を苦もなくかつぎ、「力衆にすぐれしよし」といった風のものである。暴れ馬を止めたとか、「人のつくりてのなひあれ田あれ畑けをこんりうし耕作するがすきでありしと云」う話が一つの柱となっている。もう一つの話の中心は、夫の放蕩を少しも騒がなかったとか、名主の勤めを夫に代って立派にやったとか、一家の柱、村の重鎮としての仕事を苦もなくやってのけたとかいうことである。「一代之記」に描かれたはつは、力が強く、豪胆でしかも情がこまかく、目配りの広い、つまりは女傑である。はつが女離れのした女性だったような印象を「一代之記」は与える。しかし労働の生涯を送った当時の女性の中には、このような人もいたのである。この「一代之記」は、当時の村落社会において尊敬を集める女性のタイプの一つを表現している。

府馬村石毛源五郎母**くら**。石毛源五郎は前述のように、遠藤没後の教主であり、くらはその母である。この場合は、はつの場合とは異なり、石毛の母たることによって「性理学自然之実行集」にのったのだろう。「実行集」には、石毛派の色彩が入り込んでいる。くらは府馬村帰命台、五郎兵衛の娘。文化九年生まれ、明治十七年没。二〇歳（一九歳という説もあり）の時同村根崎、石毛利右衛門に嫁した。利右衛門は医者（産婦人科）で元仙と称した。天保三年男子（辰之助、後源五郎）を生んだ。夫元仙は翌四年早世した。その後もくらは姑によく仕え、貞女として領主（旗本）に表彰されたことがある。性学の門に入ったのは晩年であって、多分、子源五郎（神文は安政五年十月）の影響であろう。彼女における性学との関係は、前掲の女性らとは異なっているようである。子源五郎はこの母を非常に尊敬した。

くらを除いた前掲の女性たちは、それぞれに個性的である。以上の他、「鈴木はつ女一代之記」や「性理学自然之実行集」等に登場しない女性たちが、性学門人の中には多数いた。このように、幽学の性学集団は、女性を多数含むという点に大きな特色があった。幕末～明治初期という時代において、女性の言行や生涯が、これだけ明瞭にわかる集団は、他には多分ないだろう。庶民の女性は、恐らくどこでも、このように生き生きと動いていたのだろう。そして、彼女らの労働の生涯は殆ど記録されなかった。しかし、幽学の率いる性学集団は、女性の言行に男性と同じ社会的価値を認め、それを右のように記録したのである。

注

（1）『旭市史』第三巻所収「大原幽学門人神文集」によって、「神文」の概観を得ることができる。『旭市史』第三巻所収以外にも若干散在している模様。「宛名」は「大原先生」、この様式は幽学没後も踏襲された。

（2）「神文」を入れないが、性学同調者は相当いた模様。また、「神文」を入れてもいつしか性学と離れた者、さらには「破門」された者などもおり、「神文」と門人数は、完全には対応しない。ことに、ある一時点における門人数の把握は神文では難しい。

（3）山田町府馬、石毛保英氏所蔵文書。

（4）「性理学自然之実行集」所収人物のうち最も没年の遅い者は、府馬村島田新左衛門の明治二十四年、この新左衛門の記事の末尾には「明治二十七年秋於八石、白神源助記」とある。しかし、この「実行集」は、白神が明治二十七年に一挙に編纂したものではなく、それまでにあった列伝や個人の小伝をとりまとめたものである。なお白神源助は元長州藩士、三代日教主石毛源五郎の腹心。石毛時代には、性学に内部分裂が起った(後述)から、「実行集」には石毛派的色彩がある。また分裂以前の人物についても、幽学の高弟として著名な遠藤良左衛門（二代目「教主」）・本多元俊・糸川平右衛門らが落ちており、〃列伝〃としては不完全なものである。

（5）「孝」と「家」が不可分に結びつくのが幽学の教説と各種仕法との基本関係である。ある村において性学を奉ずる家が大多数を占めれば、仕法は当然村ぐるみになるが、それは、結果としてそうなったということであって、最初から「村」の再建を目標としたものではない。事実性学の思想や仕法が村ぐるみの様相を呈したのは、「三カ村」といわれた長部・諸徳寺・十日市場の諸村、それにやや近い様相を見せたのは荒海・岡飯田(つまり、先祖株組合施行村)だけであって、他はとても村ぐるみとはいえない。

この点は二宮尊徳の仕法が、最初から「村」の再建をめざしたのとは異なっている。尊徳は常に領主権力を背負って仕法を進め、幽学にはそれがなかった（領主から表彰された村がある程度）という差の他に、教学の質の差ということもある。つまり、幽学においては「孝」―「家」となり、そのことから女性や子供重視が出る。これに対し尊徳は、最初から「村」だから、特に女性や子供の問題が表面に出ることはなかった、と理解される。

（6）千葉県内務部編『大原幽学』一八六頁。

（7）この問題についての最近の研究として、戸沢行夫「大原幽学の教導仕法について―その婦女子養育を中心に―」(「史学」四八―二、一九七七年六月)。

(8) 村名を記さず、ただ「本蔵」とあるが、これは長部村本蔵のことであろう。
(9) 「性学の思想」の項参照。
(10) やすについては「性理学自然之実行集」には「鏑木村金杉佐右衛門の妹也」とあるが、椎名家の戒名札には「娘」とある。ここでは戒名札をとる。
(11) 幽学の言行を記した記録(『大原幽学全集』所収)。
(12) 小見川町、成毛氏(西之宮文具店)戒名札。
(13) 『全集』八九〇〜八九一頁。
(14) 溝原村は長部村に東接。四百石ほどの村で、うち一七三石余が旗本佐野氏知行。鈴木家はこの佐野領溝原村の名主。
(15) 私は「鈴木はつ女一代之記」のような農民的で具体的な女性の伝記を他に見たことがない(干潟町溝原、鈴木家文書)。
(16) 佐野永寿院が没した時の香奠帳が鈴木家文書の中にある。
(17) すまのかいなし。原「寿満のかいなし」、意味不詳。「須磨の貝」に引っかけた地口かとも思われるが、わからない。前後の関係からすると、〃甲斐がない〃という意味を含んでいるように思われる。
(18) 遠藤良左衛門は明治六年七月、西国への旅に出たが、八月二十二日近江石部で没し、そこの「青木ヶ峰」に葬られ、鈴木利喜太郎はその墓守となった。「青木ヶ峰」は遠藤没後、門人間に知られるようになった地名であって、この地名が「鈴木はつ女一代之記」に出現していることは、この文書が、遠藤没後に記されたことを示す。なお、「八石尊父」とは遠藤のこと。
(19) はつの孫鈴木英三のこと(前述)。

(木村　礎)

八　破　局

破局の予想は誰にもできなかった。

天保十年秋には、埴生郡長沼村（淀藩領＝稲葉氏）において、〃性学は邪宗にまぎらわしい〃とする領主の弾圧（後述）が起っていたが、それはまだ局部的で、一般には性学の評判はよかった。

1　領主の表彰

香取郡長部村における先祖株仕法については前述してあるが、その領主（清水氏＝三卿の一）による公許は、天保十一年八月十七日だった。長沼村では弾圧の徴候が見えるのに、長部村ではこのころ、むしろ性学を奨励していたのである。長部村の東、香取郡桜井村（旗本筒井氏領）において性学が表彰されたのは、天保十二年九月である。以下に掲げる。(1)

下知書之事

晩年の大原幽学画像（没後画かれたもの。大原幽学記念館蔵）

其村方定例之休日又者先生衆入来之節、会日相定、性
学無懈怠可致出精候、為其如斯候、以上
（天保十二）
丑九月　　　長沢武兵衛
下総国香取郡
桜井村
名主　惣右衛門殿
組頭　利右衛門殿
〃　四郎兵衛殿
性学道友中

埴生郡幡谷村の神崎孫右衛門は、熱心な性学門人だったが、領主より苗字帯刀御免の待遇を受け、「村目付」として活躍していた。[2] 同村荒海村では、弘化二年四月、地方役人による「性学之者御呼出御教諭」があったが、別段のことはなかった。[3] 両村いずれも田安氏（三卿の一）領である。

長部村名主伊兵衛、同見習良左衛門（伊兵衛の子）は弘化五年（嘉永元）二月十六日、領主清水氏に対し、先祖株組合結成・認可以来の村方の模様を報告した。これは、一般に「議定仕候以来の始末書」として知られているものである。[4]

長文のものだが、一口にいって、先祖株結成以来の村方全般の立直りを述べたものである。これに対して、領主清水氏は、銀三枚を長部村に与え、褒賞した。これには短い文章がついているが、その大意は、「右村方(長部村)之儀、山寄麁田ニ而其上困窮ニ陥退転之もの多」かったが、「其方」たちの尽力で「追々立直潰百姓等をも取立候段奇特之儀ニ付」というものである。(5) ここには「性学」とか大原幽学らの表現はないが、遠藤伊兵衛・良左衛門共に性学に依拠して村方立直りを促進したのだから、性学が褒められたのと同じである。

つまり、嘉永元年当時における性学の教勢は、一部にかげりはあるものの、全体としては順調であり、大きく伸びようとしていた。こうした全体的状況が道友(幽学の門人)をして、稽古所＝教導所＝改心楼の設立を意図せしめることとなった。

2　改心楼の建設

年月日も宛名も差出人も記されていない稽古所設立願書の下書が残っている。(6) これは、嘉永元年の後半から嘉永二年の四月前半までに書かれたものである。多分嘉永二年三月ころのものであろう。宛先は清水役所、差出人は遠藤伊兵衛か良左衛門、二人連名かも知れない。この長文の「乍恐以書付奉願上候」(稽古所設立願書)の前半には、明和以降天保元年に至る村方の衰退、家数四〇軒から二四軒への減少、風紀の頽廃、大原幽学の出現、先祖株の結成等々がまず記されている。これらの内容は、さきの先祖株許可願書と大同小異である。後半は、天保十一年八月十七日、つまり、長部村先祖株組合の、領主清水氏による認可以来の性学教勢の発展を記している。以下に掲げる。

……天保十一子八月十七日先祖株纒方相願御聞済被下置、其節頂戴之御判拝礼之為め、月々十七日休日与相定、

> 男女子供ニ至迄不残伊兵衛宅江相集リ拝礼相済候後道稽古仕候、依之、大原幽学他村門人之者如長部村致修行度被頼入、追々大勢ニ相成、伊兵衛宅ニ而者農業之障ニ相成候ニ付、則伊兵衛持山之内江他村之道友助力いたし、八畳敷二間之草庵相拵、当時是江大原幽学招置稽古仕罷有候処、村内之者共弥ミ丹精仕…（中略）…扨又大原幽学門人年々相増、講釈之節者凡三百五十人ゟ四百人相集り、八畳敷二間ニ者門人過半納リ不申、依之、寺を借り致講釈候へ者、酒之酔人抔入込困入罷有候、然処、他村道友共ゟも稽古場取立度趣頻ニ被申出候ニ付、伊兵衛持山之内江右稽古所取立申度奉存候得共、自己ニ取立候而者、又々不法之者抔入来リ候而者迷惑之儀も有之哉ニ奉存候、全他村ゟ慕被呉候ニ依而村内之者共弥々道学致丹精、潰百姓取立度志ニ相成申候事故、右稽古所取立之段御聞済被下置候得者、村方之者共者不及申、他村道友之者共迄、孝子出来候様丹精仕度心底ニ御座候、何卒御上様之以御慈悲、御聞済被成下置候得者、難有御仁恵与偏ニ奉願上候

これには、性学が「潰百姓取立」てに効あるものとして記述されているが、これはもちろん、さきの領主の褒状が、潰百姓取立てへの尽力をうたっていることに対応させたものである。

これによって、長部村における性学の講釈が、最初、遠藤伊兵衛の自宅で行われていたこと、次いで、裏山に建てた幽学「草庵」がその場になっていたことがわかる。しかし、三五〇人から四〇〇人に及ぶ来聴者をこれでは捌き切れず、専用の稽古所の設立計画が熟したのである。

この「稽古所」は「教導所」とも呼ばれたが、一般には「改心楼」として知られている。性学では、この道に入ることを「改心」と表現していたから、この称は無理なく定まり、稽古所は、既に建設開始段階において「改心楼」と呼ばれていた。

領主の許可を得て、改心楼の建設が開始されたのは嘉永二年四月である。最初の「改心楼材木持寄扣[7]」が記され

たのは嘉永二年四月二十四日であった。ここには、一七二本（椎一本の他はすべて松と杉）の材木が持ち寄られたことが記されている。その大きさは七寸廻りから七尺廻りまでさまざまだが、大体は二〜四尺廻りのものである。持ち寄った人数は一五人で、うち伊兵衛が三三本を出している。個人分の他に「当村」（長部村）分一三本がある。もちろん、これらだけでは足りないから、以後材木が追加されている。四月中に江戸深川才賀屋や同しなのやに材木や板を注文もしている。その代金八両二分は同年十一月七日に米込村の伝蔵が支払った。(8)

嘉永二年四月「一番会合所寄進人足扣」(9)という帳面がある。この「会合所」とは改心楼をさす。人足についての帳面は一番から少なくとも十七番まであり、この番号は時間の経過を示しているから、右の「一番」は、改心楼建設の最初を示す。この帳面の冒頭には「始」とあり、次いで「四月十五日絵図面定　良左衛門」とある。したがって、この事業が、嘉永二年四月十五日における遠藤良左衛門の「絵図面定」によってスタートしたことは明らかである。(10)この日「材木見立」が萱谷又左衛門等四人によって行われた。以後、材木や建具についての見立てや調査がなされた。幽学については、四月二十四日の項に「一材木買揃　大先生添西茂」とある。「西茂」とは小見川の西之宮茂兵衛である。実際には、彼が「材木買揃」を行ったと見てよい（他の項目には「添」のような記載はない）。「土普請」は同年閏四月早々から開始された。これは地形や道造りをさす。地形には良左衛門以下十数人が時を選んで参加している。

改心楼建設に投下された労働力の計算はできないが、それは容易なものでなかったろう。漸く、棟上げに至ったのは、嘉永二年十一月二十五日のことだった。(11)「十三番会合所普請人足扣」(12)（嘉永二年十一月十六日より）は、この日の人員につき、「建上人足」一六人、木挽七人の他、早朝よりの出席者七人、昼すぎよりの出席者二九人を記している。この日はさまざまな人々を合わせて六九人もの大人数で賑わった。棟上げ直後の十一月二十七日には「屋根地拵」が行われた(13)。これは屋根をふく準備であって、これに参加したのは二〇人、うち二人は「屋根屋掛合」とある。つまり、この二人は屋根屋との交渉掛りであり、専門の屋根屋も来ていることがわかる。人足として参加した者は、もちろん長部村や周辺諸村だけではなく、香取・印旛・埴生郡の門人が広く参加している。

改心楼が開校したのは、嘉永三年一月十九日である。「十五番改心楼普請人足控(14)」(嘉永三年一月十二日より)によると、一月十七日・十八日が「開校仕度」に費やされ、「十九日改心楼開校」とある。しかし、この「開校」は完成ないし竣工とは言い難く、二十三日には開校後の運営についての相談が幹部によってなされ、二十四日には「竈相談」があった。つまり、開校時には竈の施設もなかったのである。しかし、施設不備ながら「開校」に踏み切った行為を通して、改心楼建設に打ち込んだ関係者の非常な熱意と期待を窺うことができる。

開校後も石段の施設、植木の植付け、垣根結い等、こまかい仕事が続けられた(15)。嘉永三年二月十八日よりの「十七番改心楼人足控(16)」によると、二月中は「杉苗植」「さくわん(左官)手伝」「小細工」等々のこまかい仕事が行われているが、三月に入ると、そうした記事が全くなくなる。人名はもちろん出ているが、作業内容はもはや記されない。諸徳寺村菅谷又左衛門日記には「(嘉永三年三月)八日改心楼初会女共」とある。これは前記「十七番改心楼人足控」の「八日女会」と符合している。この日以前にも「元服突合仕度」等の行事が行われているのだが、この、三月八日を以て「改心楼初会」が開かれたとすることができるだろう(翌九日には「男会」が開かれている)。又左衛門の日記には、幽学の言が多く記されているが、三月十一日の項には、「手前等普請の時者当主顔ニ而楽のみして居たから、夫が大借金ニ成ている」とある。この「手前等」とは幽学自身のことである。「当主顔」して普請を見ていたのは幽学だけである。つまり、この文章は、改心楼建設に当って幽学自身はあまり働かなかったので、それが門人に対して「借金に成ている」(気持の負担になっている)というほどの意味である(幽学自身は、改心楼建設には、あまり乗気でなかったようである)。注目すべきは、幽学が「普請の時者……」として、改心楼普請を過去形で語っていることである。このように、嘉永三年三月初旬という時点で、改心楼は完成していた。

「改心楼普請入用扣、為後世記置」が書かれたのは、嘉永三年六月十七日である。これは改心楼普請入用の総括である(ただし門人の勤労奉仕=「丹精」―分については全く記されていない。これは購入した材木・板・畳・金物や大工・家根屋・左官・畳屋の手間賃の控である)。改心楼が三月に完成しているにもかかわらず、この「入用扣」が三ヵ月も後に記されたのは何故か。これは恐らく、各資材や手間賃の請求が六月に入った頃出揃ったことを意味するのであろう。この「入用扣」が記された時期に改心楼が完成したのではなく、その完成はこれより三ヵ月も早かったのである。(17)

「入用扣」に書き上げられた合計は、金九九両一分、銀一七匁、銭一貫四三〇文、つまり、およそ一〇〇両といったところだが、この「扣」の末尾に記された「普請金立替名前」(「嘉永五子年正月改」とあり、この部分は後述改心楼乱入事件=牛渡村一件―後に追録されたもの)によると、合計一一五両である。この費用は資力ある主要門人によって立て替えられた。立替人名と金額を以下記す。

十日市場村伊兵衛=三〇両、諸徳寺村又左衛門・長部村良左衛門=各二〇両、米込村伝蔵・岡飯田村平太郎・足川村金次郎=各一〇両、野田村庄左衛門・小見川茂兵衛・鏑木村啓一郎=各五両。

十日市場村伊兵衛は資力のある人物だが、他はそれほどでもないから、ずいぶん無理した人もいたに相違ない。この立替金は十年間で志ある門人が返済することになっていた(返済担当の門人を年一〇〇軒とし、四軒が組になって田一反を作る。これだと一〇〇軒で二町五反。その収穫から年貢米を引いた残りを一五石と見込み、これを年々返済にあてる。十年で完済の予定。ただし、この計画は多分実施されなかっただろう。翌年起った乱入事件、そして裁判によって、事情は大きく変ったからである。―後述)。

改心楼の設立は、大原幽学の唱導する性学が、嘉永初年において、いわば絶頂に達したことを象徴している。巨大な建物が長部村の台地に出現した。それはひどく目立つ建物だったに違いない。南から長部村に入るにしたがい、やがて美しい谷田が眼に入る。これは、幽学指導のもとに耕地整理された水田である。その水田を越えた山裾に遠藤家がある。遠藤家の背後の山に幽学居宅がある。改心楼はその居宅より一段高い位置にあり、否応なしにその偉観が目に入ったはずである。

この改心楼に博徒等が乱入したのは、完成の翌嘉永四年四月十八日である。改心楼の平和は一年少々しか続かなかった。乱入事件を契機として、幽学は裁判を受ける身となり、事態は破局に向って走る(後述)。

3　荒海村教導所の建設

埴生郡荒海村に教導所が設立されたのは、改心楼乱入事件の翌嘉永五年である。これは、事態の進行が決して一様のものではないことをよく示している。荒海村教導所設立願書が同村「百姓平右衛門」と「村役人惣代、名主喜右衛門」の連名で磯部寛五郎役所(領主田安家の地方支配役所)に提出されたのは、嘉永五年閏二月だった(翌三月許可)(18)。連名とはいっても中心は平右衛門である。彼は熱心な性学の徒で、長部村に習い荒海村にも教導所を立てようと志したのである。この願書もまた長文なので、その一部を引用するに止める。(19)

乍恐以書付奉願上候

総州埴生郡荒海村性学道友之者惣代百姓平右衛門奉申上候、私共儀先年心得違ニ而追々奢侈ニ押移り或ハ公事訴訟ニ身を入既ニ家名も没落ニ可及之所、十八ヶ年以前天保六未年中　清水様御領知同国香取郡長部村ニ罷在候大原幽学与申人江随心仕性理相学年来之心得違発明改心仕御百姓漸家名相続罷在候、…(中略)…右性理学之儀者、聊異風異説等触候儀ニ者毛頭無御座、性善之理より中庸之不偏不倚を第一ニ相心得、独ヲ慎ゟ段々修身斉家銘々農業出精仕、余業商利等ニ不趣、第一御国恩を難有相弁、先祖父母之恩深きを知り、且子孫之世迠右心を不失、御百姓永続仕候様、子々孫々ニも学び可為勤之教ニ御座候、…(中略)…互ニ談合仕候処、追々出席之もの多く相成、其上道友之外講談承リ度もの有之候得共、百姓家之儀ニも有之手狭ニ而寄合之度毎差支候儀共間々有之候、依之今般道友中一統相談之上、私屋敷続ニ有来候三間ニ四間之藁葺物置小屋を其侭修復取繕ひ、右小屋を教導所ニいたし置、農隙之折々道友中寄合是ニ而稽古仕、子々孫々迠為相学度、且講釈承リ度もの江も為聞度奉存候、…(中略)…決て異説妄談等申触レ利欲ニ拘リ候儀等者神以無御座候間、何卒可相成者私屋敷続ニ有来候物置小屋取繕ひ以来教導所ニ仕、…(中略)…若聊たリ共前文之趣ニ相振候而利欲ケ間敷儀又ハ異説邪説之由外ゟ達御聴候歟、又ハ右教導所之儀ニ付争論出入ケ間敷儀出来、或者百姓ニ不似合儀御座候ハヽ、何時成共右教導所御取毀之上何様之御咎蒙　仰候共、其節決而一言之御訴訟申上間敷候間、何卒以　御慈悲右願之通り御聞済被成下置候ハバ…(後略)

総州埴生郡荒海村
百姓　平右衛門

嘉永五子年
閏二月

村役人惣代
名主　嘉右衛門

磯部寛五郎様
御役所

なお、この願書には幡谷村（荒海村と同じく田安領）の「村目付見習」神崎孫右衛門の添書がある。孫右衛門もまた熱心な道友だった。

この平右衛門の願書は、性学の特質やその賛同者の増加を記し、彼の屋敷地内にある物置小屋を改修して、それを教導所にしたい、という趣旨であって、その限りでは長部村における教導所（改心楼）設立願書（前掲）と大差ない。しかし、大きな違いもある。それは、〝性学は決して異論邪説ではない〟とするくどいほどの弁明である。既に天保十年頃には、埴生郡長沼村（淀藩領。荒海村の西方約一・五キロ）等において弾圧の兆しはあったのだが（後述）、それは未だ性学全体を覆う暗い影にはなっていなかった。しかし、弾圧の暗雲はしだいに広がり、嘉永四年四月十八日の改心楼乱入事件（後述）によってそれが一気に具体化してきた。荒海村平右衛門による教導所設立願書の提出は、弾圧が全体として具体化してきた時期のものである。願書を出す方も、村役人も、受け取る方も、そうした周辺諸事情を熟知していたのであり、異端邪説への配慮は当然だった。

この願書は受理され、翌三月教導所設立が許可された。領主側の性学への対応が決して一様ではないことがよく理解される。しかし、これも、安政四年十一月には破却された。安政四年十月に幽学裁判についての幕府勘定所の裁決が下り、長部村改心楼の破却が決定されたが、これに伴い荒海村教導所も運命を共にした。田安家地方役人の性学への理解も、幕府勘定所の裁決には抗し得なかった、ということである。[20]

4　改心楼乱入事件

嘉永四年四月十八日夕方に起った博徒等による改心楼乱入事件については、中井信彦『大原幽学』にくわしい[21]ので、ここでは簡略に止める。この事件は、以後「七ヶ年の厄難」[22]といわれた性学の苦難の発端であった。以下、この事件の概略を記している翌嘉永五年六月の文書[23]によって概観しておく。

嘉永四年四月十八日夕方改心楼に至り、〃入門させてくれ〃からはじまる一連の嫌がらせをやったのは、鏑木村(長部村の西隣)百姓仙吉悴栄助、海上郡松岸村百姓半次、[24]常州新治郡牛渡村名主後見喜兵衛悴忠左衛門、同人召使い嘉兵衛、牛渡村百姓政兵衛の五人である。彼らはまず遠藤良左衛門に会い入門を申し入れた。良左衛門が断ると、幽学に面談したいと迫り、幽学のいる場所へ押し入ろうとした。彼らは飯を出させたり、持参の酒を飲んだりした。今や彼らが難癖をつけにきたことは明白だった。居合せた門人のうち入野村佐左衛門がたまりかねてしんばり棒を持ち出した。これが悪かった。半次は、しんばり棒で打たれて頭に傷を受けた、とわめき出したのである。結局、栄助のみが幽学と会い、半次の傷をめぐって問答が交された。埒が明かないまま幽学のもとを出た栄助は、他の四人と相談して、今度は金をゆする始末である。この事件は、長部村名主伊兵衛が鏑木村名主に連絡して栄助以下を引き取ってもらい、一応落着したが、何とも後味の悪いことだった。実はこの事件は、関東取締出役が命じて起させたものであった。事件の一年二ヵ月後に書かれた右の文書は、「為御探索」栄助以下がやってきたとも、「其節者全御探索御用使とは曽而不存」とも明白に記している。なぜ、出役が探索させたのか、これについては、右文書に「下総国香取郡長部村ニおゐて性学を唱浪人大原静斎事幽学と申もの差置門人大勢相集講釈等いたし候ニ付、何様之教方いたし候哉」を尋ねるために探索させた、とある。

なぜ、栄助ら五人が探索の役割を担って登場したのか。行動の中心にいたのは牛渡村忠左衛門である(この事件は一般に「牛渡村一件」といわれた)。忠左衛門は名主後見喜兵衛の悴であって、いわゆるならず者ではない。その忠左衛門がなぜこの行動の中心になったのか。彼は、土浦本町問屋久兵衛の親佐左衛門の指示を受けてこの挙に出たのである。[25] 佐左衛門に指示を出したのが関東取締出役である。[26] 出役は当時、各地域の町場や中心的な村(寄場村)を根拠にして活動していたから、土浦の問屋が出役の指示を受けても少しもおかしくない。つまり、関東取締出役—土浦の問屋—牛渡村忠左衛門という線になる。その忠左衛門が気心の知れた同村の二人(一人は召使い)を選び、その上で、現地の事情にくわしい鏑木村の博徒栄助と接触し、恐らく栄助が半次(これも博徒)を語らったのであろう。「道案内」をしたのは、乱入事件の手先をつとめ、当日活躍をした栄助の父仙吉だった。これは、出役の道案内をつとめる者で、一種の顔役である。[27] この仙吉と、頭に傷を受けたとしてわめいた半次は、いずれも「八州廻り手先」だったようであり、その手先頭はかの有名な飯岡助五郎だった。[28]

嘉永四年四月十八日の夕方から夜にかけて起った改心楼乱入事件は、偶発事件では決してなく、関東取締出役が命じて起させた意図的事件だった。したがって、この事件がなくとも、大原幽学や性学に対する弾圧は、形を変えて必ず起るような性質のものであって、正にこれは必然的な事件だったのである。

5　弾圧

幽学や性学全般に対する弾圧の意図は、信州上田以来根深い。ただ、改心楼乱入事件までは、それは部分的あるいは隠微なものだったにすぎない。以下、弾圧の根に遡る(ただし上田時代は省略)と共に、乱入事件以後のいわゆる「七ヶ年の厄難」について簡単に記す。

埴生郡長沼村の人、本多元俊(文化八〜明治九)は、埴生・印旛方面の道友の中心人物たるに止まらず、全道友中にあって「学頭」といわれた人物である。道友は幽学に対してはもちろん「先生」といっていたが、元俊へもまた「先生」（本多先生あるいは長沼先生）であった。これは、彼が医師であることと関係していたかもしれない。幽学の日記たる「道の記」天保五年九月九日の項には「（滑川を）九日出立して、長沼本多玄精殿泊り、子息元俊殿発明せらるゝ事数多あり」と記されている。[29]「神文」を入れたのは天保五年正月。[30]

その本多元俊が、長沼村における性学の危機を手紙で知らせたのは、天保十年九月の多分十日頃のことである。元俊のこの手紙は残っていないが、九月十二日付の幽学の返事が残っている。[31]本多元俊は長沼村の村役人から〝神文を取り返しなさい〟と言われ、それを幽学に知らせた。これに対し幽学は「其御村役人衆より神文可被取返と被申渡候趣致承知候、乍然所以なく神文可返法何国に有や承度候」と返事の冒頭に端的に書き、神文を入れたことの意味を述べ、〝それでも取り返すというなら是非もないが、会って話そう、よく考えてくれ〟と結んだのである。元俊の書簡は状況の報告であって、彼自身の神文取返しの意思表示ではないはずだが、それを、幽学は元俊自身の神文返却要請と受け取ったらしく、怒っているような文章を書いている。

長沼村は、山城淀藩（稲葉氏）の飛地の一部であって、淀藩下総領の中心は大森（印旛郡。利根川河岸たる木下（きおろし）に接続した大村―一、〇六二石余〈『旧高旧領取調帳』〉。全村淀藩領）にあったようである（大森役所）。この淀藩領内において、性学に対する最初の弾圧が起った。

弾圧の渦中にあった本多元俊はずいぶん苦労したようである。九月十五日（天保十年）付の書簡で、幽学は「性学之儀被致苦労由承候」と元俊をねぎらい、〝西より太陽が出るようになれば別だが、それが東から出て西へ入るうちは性学をやめることはない〟と書いた。[32]しかし事態は急速に進み、長沼村をはじめ淀藩領内の門人脱落が続いた。幽学はこれに対するに、「破門」をもってした。この「破門」処置は改心楼一件以後も行われる。この処置はずいぶんきつい処置ではあるが、一方では「破門」によって、彼らの社会的安全を計るという意味もあったように思われる。

天保十年十一月二十七日付、幽学より本多元俊ならびに「古誓衆」(破門をした人々)にあてた書簡[33]によると、稲葉領内の性学門人は、領主により「他村止」という罰を受けたようである。しかしその実態はわからないが、読んで字の如くであれば、一定期間他村へ赴くことを禁止されたのであろう。書簡にはこうある。「……貴様方無実之罪に蒙他村止候ニ付、房総之友人面々御地頭所々々へ、御窺申上候所、御差止の儀一ヶ村も無之、却而其村老若男女迄も能々可為聞抔、被仰渡方多く、依之右五百余人之道友、愈貴様方の蒙無実罪を憤り、大公儀江可訴出仕度之者有之……」。

幽学は「破門」した門人に対し、深い同情を以てこの書簡を書き送ったのだが、当時は、このような弾圧は淀藩領以外では全く起っておらず、却って性学は領主によって好意的に取り扱われていたことがわかる(でなければ、以後における先祖株仕法の公許などあり得ない)。

しかし、性学に対する淀藩の態度ははっきりしており、天保十年十二月、これを差し止めたのである。[34]淀藩はどのような理由で性学を弾圧したのか。重要な書簡[35]がある。その冒頭に「他村止」について触れているから、これは恐らく十一月下旬あるいは十二月初旬のものであろう。この書簡には、性学への嫌疑の内容とそれに対する幽学の意見が記されている。つまりこれは、本多元俊が領主による嫌疑の内容を幽学に報告し、幽学がこれに答えたものである。その嫌疑の第一点は、性学は邪宗に紛らわしい、第二点は(邪宗ではないにしても)新規の教えではないのか、という点にあった(幽学の答えは省略)。第三点として「除株」(先祖株)が問題となっている。この天保十年という年は、長部村等において先祖株が結成された翌年ではあるが、未だ領主の公許(長部村では翌十一年)を受けていない時期である。この先祖株仕法は後に大きな問題となり、結局解散させられるのだが、それをこの天保十年という時期にいち早く問題とした淀藩地方役人の眼力は恐ろしいほどのものである。

天保十年九月より十二月にかけての、淀藩地方役人による領内性学の弾圧は、以上のようなものだった。興隆期の性学が、これによって少なからざる傷手を受けたことは確かだが、この事件は、淀藩領以外には広がらなかったし、本多元俊はその後も活動を続ける。

しかし、嘉永四年四月十八日の改心楼乱入事件を契機として、性学の前途は急激に暗転する。さきにこの事件を概観したが、事件の根は中々に深いようである。ここに一通の探索書(写)(36)がある。これには、「先般申上候長部村教導所之儀者、同村之者共自己ニ取建候由之風聞も専有之候間、猶又事実得と探索仕候処、自己ニ取建候儀ニ無之、右を姦曲邪智之もの共長部村之者を相欺、自身不正を押隠し、又者教導所取潰しニ相成候様可致と種々取巧候趣承込候間、左ニ申上候」という長々しい題がついている。この筆者はわからない。誰かの意を受けて探索したものなのだが、その誰かもわからない。総体に性学に同情的である。

この文書は、まず清水地方役人坂井助三郎の「貪慾不埒」について記している。坂井は村方からの願書類の処理を何やかやと遅らせて賄賂を取る、というのである。清水領大惣代万力村太右衛門なる者についても記している。彼は江戸両国吉川町の茶屋の娘を妾とし、江戸へ用事で赴くたびに酒宴遊興をしていたという。総じて勝手な男で、改心楼などができてみんなの行状がよくなると、自分の悪行が目立って仕方ないと考え、坂井と組んで改心楼の取潰しを企んだという。万力村は長部村のすぐ南である。長部村の近辺には、太右衛門と同じような考えの者、あるいは「目明」「岡引」「博奕打」が多勢おり、彼らは改心楼の建設を苦々しく思っており、改心楼は立派すぎるとか、田畑を潰して建てたとか、様々の風評をまき散らしたという。前述、土浦町佐左衛門のことも出てくる。彼は「彼地ニ而者名も聞へ候程之悪徒」であるという。この文書には、八州廻りが乱暴者を改心楼に派遣したのだ、とはっきり書いてある。

この文書に書いてあるさまざまないわば些事を、すべて事実と見るわけにはいかない。しかし、この文書は、改心楼建設をめぐってさまざまな思惑が浮動していたことを大まかには示している。性学門人が改心楼建設に示した熱意は並々ならぬものがあり、ともすれば、それにだけ眼を奪われ勝ちだが、その周辺には、事あらば、性学の足を引っ張ろうとする、冷たいとげとげしい空気が渦巻いていたことも見落してはならない。

6　破　門

改心楼乱入事件が引きがねとなって、幽学や性学門人の調査が始まったのは、翌嘉永五年からのことのようである(後述)。早くもこの年五月二十三日、小見川藩領（内田氏、譜代、一万石）布野村喜兵衛ら一三人の門人が、神文の返却を申し出た。これは小見川藩の性学禁止に対応している。彼らは正しい教えから離れることは、まことに残念だが、領主の命令に背くわけには行かない、破門になっても不正の行いは一切しない、という一札を幽学に入れ、「破門」された。心ならずも領主の命により性学を離れ、「破門」される者は以後も続いた。[37]

幽学の門人数の確定は難しい。大きな手掛りは、入門の時、「大原先生」に入れる「神文」である。これは現在でも大切に保存(幽学記念館)されている。神文数は文政十年から明治三十七年に至る一、九一六通とされている。[38]ただし、「神文」を入れ得たのは男性だけだったので、性学熱心な女性の数も門人に加えるべきだし、「神文」を入れるまでには至らない性学同調者もいた。つまり、一、九一六プラスαというところが性学門人の概数である。

しかし、これは、文政十年から明治三十七年という長期間を通しての数であって、ある特定の年次における門人数ではない。死亡者は年々出るし、「神文」を入れはしたものの、いわば入れっぱなしで、その後ろくな活動もしない者が当然いた。したがって、ある年次における実際の門人数の正確な把握は難しい。

一つの手掛りは、天保十年十一月二十七日付の幽学より本多元俊並びに古誓衆宛の書簡(前出)に「……五百余人之道友」と記されていることである。天保十年末までの神文数は『旭市史』第三巻によれば四一〇通(年号月日欠の「周易」石井計高を加える)である。この中、初期に神文を入れた僧侶や神官およそ三〇人前後は、実質的には性学から離れているだろう。しかし、女性や未だ神文を入れていない熱心家は相当いたはずだから、幽学が天保十年末において「五百余人之道友」と記したことは、大体信用してよい数である(本編七の1参照)。

では、嘉永四年四月における改心楼乱入事件当時の門人数はどれほどか。天保十一年から嘉永三年末(嘉永四年の神文は七月から入る)までの神文数は一五三通と案外少ない。しかしこれは堅い数と見込まれる。この一五三以外にも女性などのプラスαが見込めるから、天保十一〜嘉永三年の新規門人並びにその同調者を二〇〇人程度と見込も

第1表 嘉永5年12月頃の門人数

村名	軒数	人数	主要門人名
長部	22	28	遠藤良左衛門
諸徳寺	10	16	菅谷又左衛門
入野	1	3	
十日市場	11	13	林伊兵衛
足川	1	1	
米込	3	5	杉崎伝蔵
鏑木	10	12	
岡飯田	7	10	
阿玉台	6	12	
府馬	4	5	
小貝野	1	1	
米之井	3	3	
小川	3	4	
桜井	3	3	
飯倉	1	1	
平木	1	1	
新町	1	1	
和田村 稲荷入	1	1	
神田村 同上	1	1	
荒海	6	10	糸川平右衛門
長沼	9	12	本多元俊
幡谷	4	4	神崎孫右衛門
竜角寺	2	3	
宝田	3	3	
磯部	2	2	
西大柄	2	2	
計*	117 (118)	158 (157)	

注) *計が合わない。( )内は木村の計算。
(嘉永5年12月頃「幽学門人名前取調帳」, 遠藤家文書による。)

う。さきの、天保十年末の五〇〇人と合せると、およそ七〇〇人という数字が、改心楼乱入事件当時の門弟数と考えられる。事件以後はどうか。

改心楼乱入事件を口火として、幽学並びに性学に対する関東取締出役の調査がはじまったのは嘉永五年、以後上級機関による審理が、安政四年まで断続的に実施される(後述)。この間幽学側では各種の書類をそれらに提出しているが、その一つに「幽学門人名前取調帳」(39)がある。これは嘉永五年十二月二日「御奉行所江奉書上候改心楼掛札姓名帳」と同綴されており、共に奉行所(勘定奉行所)へ提出されたものらしい。これには、主要門人は悉く入っており、信憑性が高いものと思われる。これを前頁に表示した(第1表)。

家数にして一一七(あるいは一一八)、人数にして一五八(あるいは一五七)という意外な少なさである。右の「取調帳」には「破門之分」として布野村喜兵衛等一三軒、一五人(表示せず)も記されているが、彼らを加えても大勢は変らない。「取調帳」はその末尾に「右者幽学門人之内ニ者御座候得共、年々増減等有之候間、聢与相定り居り不申

第2表　安政4年9月の門人数

村名	人数	内破門	内死亡	残
長部	21	0	0	21
諸徳寺	12	6	1	5
入野	1	0	0	1
米込	3	0	1	2
鏑木	10	9	0	1
岡飯田	7	7	0	0
阿玉台	6	2	0	4
府馬	4	4	0	0
小貝野	1	1	0	0
米之井	3	0	0	3
小川	3	3	0	0
桜井	3	3	0	0
和田村稲荷入	1	1	0	0
神田村同上	1	1	0	0
十日市場	11	4	0	7
飯倉	1	0	0	1
平木	1	1	0	0
新町	1	1	0	0
荒海	5	0	0	5
長沼	9	2	0	7
幡谷	4	4	0	0
竜角寺	2	0	0	2
宝田	3	3	0	0
磯部	2	2	0	0
西大柄	2	1	0	1
計*	117	55	2	60

注）＊原文書貼紙には「〆百拾七人，内五十七人去る子年(嘉永5)以来破門相成申候，弐人死去候，当明残而五十五人」とあり，数が合わない。

(安政4年9月7日「幽学門人名前取調帳」，遠藤家文書による。)

候」と記しており、門人数の正確な把握が困難だったことがわかる。なお、この「取調帳」の筆者は不明だが、裁判とのかかわりからいって、遠藤良左衛門・菅谷又左衛門らのごくごくの幽学側近だったと思われる。

それにしても少ない。これは裁判にもかかわらず、道友たることを一応表明した者に限られているのではないか。つまり彼らは、性学の中核部隊だったと思われる。しかもこの時点では、裁判ははじまったばかりであり、今後の動揺も十分考えられるから、前掲のような末文が特に記されているのではないか、と考えられる。

このように、嘉永五年十二月という時点においては、数百人の門人が、表面に現われない形で（何らの文書も残さずに）離散あるいは埋没してしまい、残るは中核部隊だけとなった。

さらに下って安政四年九月七日「幽学門人名前取調帳」(40)がある。判決が下りたのは同年十月二十三日だから、この文書は「七ヶ年の厄難」の最終期に作成されたものである。前頁に表示した（第2表）。

この文書末尾の貼紙には、「当明残而五十五人」とあり、これが多分正しいのだろうが、文書を村ごとに検討すると、残りは六十人となる（「破門」の貼紙がはがれたものが若干あるのかも知れない）。つまり、この文書に記されたのは一一七人で、このうちには死亡二が含まれているから、実際には一一五人が総数となる。これらのうち「子年以来」破門が五五～六〇人いる（子年＝嘉永五年）。約半数が嘉永五～安政四年九月の間に「破門」になり、残るのはわずか五五～六〇人程度なのである。これは、弾圧と長い裁判が、いかに多くの門人を離散させたかを示す悲しい数字である。幽学が育てた性学組織は、安政四年九月という時点で壊滅に瀕している。しかし、この時点においても、なお幽学門人たることを止めなかった人々の勇気と意志力は、人間の持ち得る立派さを表現している。

7　裁　判

幽学並びに性学についての関東取締出役の取調べは、嘉永五年二月から六月にかけて、銚子在の本城村で行われた。五月には江戸で清水家の取調べもあった。[41]取調べの最初のピークは六月中〜下旬だったようである。六月十五日、中山誠一郎ら四人の出役が佐原村永沢仁兵衛宅に出張し、同村の伊能茂左衛門が鏑木村の平山忠兵衛へ出役のもとへ出頭するよう通知してきた。[42]出役は正式審理（翌十六日）の事前調査を内々で行ったのである。平山忠兵衛はこの辺きっての豪農・知識人（後述）で、性学にも関係あり、事情をきくには最適の人物だった。忠兵衛はこの時のメモを残しており、それが『古城村誌』[43]に収録されている。これは有名かつ長文のものなので、簡略な紹介に止める。このメモは「嘉永五年六月八州御取締御出役衆より性学の筋内々にて御尋問に付御答の扣」と題されている。問答録だから話があちこちしているが、当然幾つかの力点がある。第一は忠兵衛と性学との関係について。第二は性学の内容、そして幽学の学力や人物について。この部分における、

吉　岡「先生ハ博学で御座るか」

忠兵衛「私共のわかる事でハ御座りませんが博学でハないやうに存ます」

という問答は特に有名である（吉岡は吉岡静助。取調べに当った四人の出役の一人）。もう一人の出役関畝四郎は〝先生は女狂いしたこともあるそうだな〟とか〝男色を好むそうじゃないか〟としきりに鎌をかけ、忠兵衛にきっぱりと否定されている。総じて吉岡は幽学や性学に同情的、関はその反対のように見受けられる。二人で論争もしている。取調べの中心は中山誠一郎で、もう一人の出役渡辺園十郎は、「性学の者ハ

家を立かへるといふ事だが左様か」、「性学の者ハ土手をつくさふだが何の故だらふ」ときいただけで、あとは沈黙している。

取調べにおける第三の力点は改心楼についてであり、第四点は宿内（新集落の設定。既述）のことや、田の形を直すこと（耕地整地。既述）についてである。先祖株仕法については質問されていないし、当然忠兵衛も語っていない。総じて忠兵衛の言は正確で、幽学や性学に同情的である。

四人の出役と平山忠兵衛の問答は六月十五日に行われ、翌十六日出役は本城村に赴き、忠兵衛は帰宅した。十六日の本城村での取調べを受けた人々は、長部村＝二人（幽学、良左衛門）、諸徳寺村＝三人（又左衛門、他）、入野村＝一人（佐左衛門）、米込村＝一人（伝蔵）、十日市場村＝二人（伊兵衛、他）、鏑木村＝九人、幡谷村＝一人（孫右衛門）、荒海村＝一人（平右衛門）、長沼村＝五人（本多元俊、他）の二五人で、他に差添人一三人がいた。(44)

大原幽学が、あの「教導筋奉申上候」（嘉永五年六月）を書いたのは、この取調べに当ってである（恐らく、十六日の取調べの前に出しておいたのであろう。少なくとも、二十二日の申渡しの前には提出している）。これは幽学の文書のうち最も有名なものの一つであって、『大原幽学全集』(45)に収録されているし、多くの研究者がこれに言及している。本書においても「性学の思想」の部分で触れているので、ここでは多くを記さない。一口に言ってこれは、彼における性学（性理学）の成立と特質について述べたものであって、先祖株をはじめ各種仕法に関しては全く述べられていない。改心楼問題については、恐らくこれと同時に提出されたと思われる別文書に記されている。この別文書には彼の身許（高松彦七郎弟云々）と、改心楼設立における幽学のかかわり方が記されている。(46)それによると、幽学は、教導所の建設をたびたび差し止めたが、門人たちがどんどん進めてしまった、という。さきに見た改心楼の設立経過からすると、これはその通りらしい。かといって、幽学の責任が軽くなるわけではないことは、彼自身がよく弁えており、〝これはかねてからの教えにも齟齬することで、まことに申訳ない〟としている。

遠藤良左衛門（当時、長部村名主見習）もまた多事だった。彼はこの頃上申書を書いている。(47)それは六月二十二日付で、「……私共村方字八石与申山地ニ浪人大原幽学居宅并教導所修理いたし同人差置尚又田面等先規有形を相直し候哉之旨御尋ニ御座候」と題されており、専ら改心楼の建設について記している。この最後の方に「尤逸々御領知御役所江申立、差図受執計候儀ニ有之哉之旨御糺ニ御座候へ共、右等申上御差図受候儀ニ一切無御座候段申上候」とある。これと同時期に書かれた別文書にも(48)「……別段御領知役所江願上等者不仕自己取建候儀ニ而……」とある。つまり、改心楼の建設は領主清水家の預り知るところではなく、皆村方の一存でやったことだというのである。これは前述の通り事実ではない。改心楼事件が領主をも巻き込んでいる様子が、これらの文書によっても知られる。もっとも、右の二通の文書が、遠藤良左衛門がこう書いた裏には、多分清水家地方役人の差金があったのであろう。改心楼が清水家地方役所の許可を受けて設立されたぐらいのことは当然知っていたろうし、後の勘定奉行所での審理において遠藤良左衛門は、〝領主の許可を受けている〟と言い切っている。出役宛に実際に提出されたかどうかはきわめて疑わしい。出役は、

関東取締出役の申渡しは六月二十二日に行われた。これについても、中井信彦『大原幽学』にくわしい。(49)その要旨は、奉行所に審理を上げる、という点にあった。出役たちは結局幽学や性学を彼らの責任で処理することはできなかった。出役はむしろ幽学の教えや門人の行状に感銘を受けたようにも見える。この申渡しでは改心楼問題については全く触れられていない。これには清水家も関与しており、出役には、多分取り扱い切れない性質のものだったのだろう。先祖株仕法についても沈黙している。つまり出役は問題の要所に一応は気づきながら、殊さらにそれを避け、問題をすべて勘定所の審理に任せたのである。結局、この時は誰も処罰されなかったのだが、事が勘定所

にまで上がるということは、幽学や門人にとっては一大事であった。勘定所による最終的な結着までは、長期にわたって行動の自由を奪われるからである。

勘定所の審理は八月（嘉永五年）からはじまった。これについても中井信彦の記述がある。[50] 長沼の五郎兵衛が書いた「在府日記」という五冊に及ぶ日記がある。これは裁判中の幽学及び性学の動向を克明に記した貴重な記録である。その嘉永六年三月十四日の項に、勘定所における審理の模様が問答体で記してある。生き生きとした、また注目すべき内容を持つものなので、以下に掲げておく（ただし、仮名づかい等が独特で、読みにくいので、原文に沿いながら読みやすいように修正しておく。形式もわかりやすいよう若干修正）。

十四日（嘉永六年三月）早朝下宿へ帰り、差添五兵衛殿に相談いたし、平右衛門殿（荒海村）代りニ頼ミ、五ツ半時下代重吉案内ニ而腰掛江参り候処、一同先江御出ニ而打揃て訴所(ママ)へ着御届ヶ仕候

と書き出されたこの日の記事によると、幽学も取調べを受けているが、その内容は記されていない。生彩があるのは門人たちの取調べの記事である。恐らく五郎兵衛は同座していたのだろう。

一同ハ菊地様之御調ニ御座候、

菊　地「良左衛門、改心楼ハ領主江願済で出来たのか」

良左衛門「御意に御座りまする」

菊　地「ムミ、夫ハ書面を以て願たのか」

良左衛門「ヘイ、左様でハ御座りませぬ、口上で願いました。夫ハよかろうと仰せ聞かれまして御座りました」

菊　地「ムミ、夫で其方の物置小屋を修覆致したというでハないか」

良左衛門「御意に御座ります」（実は裏山を切り開いて作っている―木村）

菊　地「夫ハ何間で有る」
良左衛門「二間ニ四間で御座ります」(実は七間に五間―木村)
菊　地「場所ハ八石と言う所だな。荒海村平右衛門、其方銚子ニ而取締方へ始末書を出して有ったが是ニ相違ないか(と読聞せらるゝ)」
平右衛門「へゝ、御意ニ御座りまする。夫ニ相違御座りませぬ」
菊　地「ムゝ、其方之屋敷続江教導所取立てたのハ、是ハ領主へ願済みで有ったのだ。夫も改心楼と言うのか」
平右衛門「是は未だ名ハ御座りませぬが、改心楼と名附たい存念で御座りまする」
菊　地「夫で書下ヶが有るというのだな、それは誰が書いたのだ」
平右衛門「御意に御座ります」(この時平右衛門はとぼけて、田安家地方役人磯部寛五郎の名をいわない。菊地もこれ以上は追及しない)
菊　地「夫で、其方講釈すると言うが、何を講釈するので有る」
平右衛門「中庸を講じまするが、大勢幽学の教えを交えまして、勤め行いました所を語り合い、第一顧みて独を慎む事を専一と致しまするので御座ります」
菊　地「それはそうであろうが、中庸を講釈するというは難しい、容易に出来るものでハないが、門人の内ハ皆中庸を読んであるか、元俊などハどうだ、何か講釈するに目当と書物が無くてハなるまいが、何か幽学の書いた幽玄考とか何か外ニ書物でも有るのか」
元　俊「へゝ、幽学の申しまするに、自分さえ改心致せバ、家内の者ハひとりがてにだんだんなって参ります。

唯自分の悪しきを改め行い勤めるのが道を修むるの教だと申事で御座りまする。誠に少しの事にても自分の行い悪しくなりまするると、たちまち家内も乱れるようになりまする」

菊　地「ムヽそうか、良左衛門其方幽学門人名前帳面上げてあるが、下の張紙はなんだ」

良左衛門「へヽ、あれハ改心楼看板の者江張札仕りました」

菊　地「ムヽそうか、それハ夫でよいが先祖株名前之者ハ誰ヽ猶また地面之事も此帳面では得と分らない。是を能く見て誰にも分るように言えないか（と菊地は帳面を差し出す）」。

問答体はこれで途切れている。菊地が先祖株の帳面を皆の前に差し出した後、恐らくは良左衛門であろう、〃すぐにはできません〃と答えたのである。以後十日市場や荒海村の先祖株仕法について質問があった。いったんはこれで終り、連中は腰掛まで戻ったのだが、また呼出しがあり、〃先祖株を立てて以来、何程の利益があったのか、それは村のためになったのか、それらを「ちょいと見ても訳の分る様に調べて出」せと菊地は命じた。また先祖株議定書を提出せよともいわれ、これでこの日の調べは終った。其夜のうちに十日市場・荒海へ飛脚が立った。これは恐らく菊地に指示された書類を整えるためである。

この審理は、調べる側は菊地一人、調べられる方は複数である。問答に登場するのは良左衛門・平右衛門・元俊の三人だが、日記の筆者五郎兵衛も同席していたのだろうし、他にもいたかもしれない。調べる菊地の態度は威丈高ではなく、しごくおだやかである。かねて提出してあった先祖株関係書類はよく理解できなかったようで、〃ちょいと見てもわかるようにしてくれ〃と言うところなど、まことに率直である。この菊地の指示に応じて作成されたのが、嘉永六年三月十九日「先祖株惣締高取調帳」(51)である。この文書の末尾には「右は御差出の節、先祖株早速御見分り安き様取調可差出旨被仰渡候に付、奉申上候」とあり、この文書が、去る十四日の取調べにおける菊地の指示に応じて急速に作成されたことがわかる。

8　辛　酸

一例として嘉永六年三月十四日の審理の模様を記してみたが、審理はこの後も長く続く。幽学はずっと江戸に留め置かれたし、他の関係者も村と江戸との間を激しく往来した。彼らは日限を切った帰村許可を奉行所から与えられはしたが、直ぐ江戸へ戻らねばならず、何度もそうしたことが繰り返された。菅谷家には当主又左衛門あるいは弟又右衛門（幸左衛門）が、奉行所の許可を得て帰村した時の、地頭所あての帰村届、また奉行所からの呼出しを地頭所あてに届けた書類、嘉永六年十月～安政四年九月の間のが十通残っている（写）[52]。

銚子や江戸での滞在費・交通費、その他もろもろの雑費、それらは容易ならざるものだった。遠藤家や菅谷家の文書の中には、さまざまな「一件諸入用控」類（「一件」とは裁判一件をさす）が残っているが、それらの一部を検討した中井信彦は、「（年）平均二〇〇両と仮定しても、総額千両を遥かに超えたに相違ない」と推定している[53]。この推定は多分当っているだろう。ただ「嘉永」とだけある「一件諸入用荒増」[54]によれば、子丑（嘉永五、六）両年だけで、その費用は四五一両二分二朱である。裁判はあと四年続くのだから、総計はおそらく、一、三〇〇両～一、五〇〇両ぐらいにはなったのだろう。

越川春樹『大原幽学研究』の「年譜」には、安政元年二月の項に「門人達、滞在中の費用を補うため、奉公、写字、楊子売、土工等をなす」とあり、中井信彦『大原幽学』の「略年譜」にも同年同月の項に「門人ら滞在費を補うため土工・雇足軽・番太となる者多し」とある。これは、安政元年二月にだけ、こうしたことが行われたことを示すものではない。裁判中門人たちはこのようにして裁判費用を補った。幽学も刀剣の目利きをして利を得たという。先祖株組合の上がり金もこれに投入された(安政五年正月・八月「一件入用借用金手当控」[55])。道友の持地も売却されている(安政六年正月「一件入用借金払方為手当足川村孝之助殿江相渡候田地控」[56])。

この厄難の時期に、道友諸家の子女が奉公に出て、その給金を裁判費用にあてたことは著名である。彼らの多くは青年というよりはむしろ少年少女だった。彼らの奉公は、嘉永六年十一月頃からはじまったようで、幽学が彼らに与えた「遺書」が、この時期から残っている[57]。この「遺書」は著名なものなので、一々の紹介はしないが、幽学は、そこで、彼らの給金醵出に深く感謝し、しっかり奉公しなさい、人に可愛がられるようにしなさい、と諭す。そこには逆境にあっても、少年少女をいたわる幽学の気持がにじみ出ている。このような状況において発揮された、このような精神のあり方を〝やさしさ〟と言うのであろう。

なお、奉公給金を性学のために醵出することは、幽学死後、間もなく一般化し、さらには制度に近いものにすらなり、「丹精奉公」の語が広く用いられるようになった。これについては後述する。

9 裁決

奉行所の裁決が下りたのは安政四年十月二十三日だった。その内容については中井信彦『大原幽学』にくわしい[58]が、事柄は重要なので、以下順に記しておく[59]。

改心楼に乱入した者のうち、栄助と半次は「敲之上所払」。忠左衛門と政兵衛は「手鎖」。嘉兵衛は「急度御叱」。次いで良左衛門等への裁決となる。以下に原文のまま記す。

一、良左衛門源兵衛惣右衛門儀、村内風俗改リ困窮立直リ候様、浪人大原幽学弟子ニ相成、身分慎方等之教諭受候段、心底ニおゐて奇特之筋ニ而、改心楼与唱候教示所取建又者道友先祖株与唱追々地所一纒ニいたし候仕方等、規定取極候段も、領知役場聞済受候儀ニ而、同人村内ニ差置候も追而幽学兄高松彦七郎ゟ受合一札取置候与者乍申、領知役場江も不申立、年来幽学ヲ村内ニ差置、年貢地ニ無之候共伊兵衛持山切開石垣ヲ以土留いたし、弁利ニ任道ヲ附、庭構木戸等取建教諭所調度向等追々取揃候段、却而農民不相応之儀ニ而、右始末一同不埒ニ付、良左衛門者過料三貫文其外之もの共急度御叱被置候、

但村内江取建候教導所者取毀チ、先祖株与唱候一纒ニいたし候地所者、銘々江割戻し都而五人組前書帳其余前々御触之趣堅可相守旨被仰渡候、

つまり、良左衛門は「過料三貫文」（源兵衛と惣右衛門は「急度御叱」）、改心楼は破却、先祖株は禁止（土地を銘々に戻す）である。

次に又左衛門・又右衛門（諸徳寺村）、佐左衛門（入野村）の裁決となり、三人共「急度御叱」。

鏑木村の善兵衛は長部村伊兵衛より連絡を受け、改心楼に赴いたにもかかわらず、栄助等の「不法」をおさえることができず、結局、良左衛門らから金子を出させ、これで結着をつけようとした。これは不埒なので「急度御叱」。

そして、大原幽学となる。全文を掲げる。

一、大原幽学儀、別奇怪之儀申触候ニ者無之、中庸を愚昧之もの共江分り安き様手近申諭、又者御法度ヲ堅相守領主地頭重シ、其身ヲ慎、先祖父母等も大切ニ可致、都而百姓共為筋可相成儀教示いたし候儀ニ而、教導所取建先祖株与唱候議定取極候も領主役場聞済受候儀ニ而、追而兄高松彦七郎より受合一札ヲも差出候与も、人別ニも

不加、年来下総国長部村伊兵衛持地内ニ罷在候、門人共同人持山切開、石垣ヲ以土留いたし、道筋江石ヲ敷、庭構木戸門等所々取建、教導所ヲ改心楼与号家具等ヲも追々取揃、且者農民不似合之儀、都而前々御触之趣ニも相違いたし候儀之処、夫々差図いたし聢与読書も出来兼候身分、右楼上ニ而神道仏道ヲも取交、聞伝候事共を其身之了簡ヲ以道理ヲ附講談等いたし、且百姓株又者田地等之儀仕置筋ニ拘候儀ニ付、同人之身分立さハる(「たずさわる」か—木村)べく筋ニ無之処、道友先祖株抔与唱候議定取極、追々田畑一纏ニいたし候次第取極候始末、不埒ニ付押込被　仰付候

但兄高松彦七郎江御預ヶ被遊候段被　仰付候

つまり、幽学は「押込」となった。

次は平右衛門(荒海村)・正太郎(林氏、十日市場)・幸右衛門となる。

一、平右衛門正太郎幸右衛門儀、不埒之筋無之、御構無御座候段被　仰渡候

但荒海村地内ニ取建候教導所者取毀チ、其外一同先祖株与唱一纏ニいたし候地所者、銘々江割戻、都而五人組前書帳其余前々　御触之趣堅可相守旨被　仰渡候

つまり、平右衛門らは個人的には「御構」なしである。荒海村教導所は破却、先祖株は解散。

栄助の父仙吉は「御構」なし。

伊兵衛と喜兵衛は「御吟味中病死」。吟味のため召し出された人々は他にも多くいたが、彼らはすべて「不埒之筋無之、御構無御座」となった(本多元俊らはこの中に入っている)。

裁決の内容は全く明瞭である。要点は二つに絞られている。改心楼・荒海村教導所(いずれも破却)と先祖株組合(解散)である。個人については、乱入した者も処罰されている。幽学・良左衛門以下個人ごとへの処罰は、破却や

解散といった決定的措置とは逆にむしろ軽いようにも思われる。しかし、幽学に関係している部分にはさまざまな含みが感じられる。

大原幽学は「押込」(百日)に処せられた。これはこれで明快なことであって、押込期限が満ちれば、平常の活動ができる、と考えられるのだが、判決文の中には無気味なおどしが幾つかある。一つには、幽学の滞在そのものが領主に届けられておらず、したがって人別帳に記されていない、という指摘である。これは、「押込」が満ちて帰村したら、領主に届け、人別帳に記載されるようにせよ、ということである。しかし、届けても、それを領主が許容するだろうか。多分許容されないだろう。今や年老いた幽学に、かつてのような「漂泊」ができるだろうか。第二には、幽学の教説そのものへの批判である。裁決文は、〃別に奇怪なことを述べたわけではない〃としているし、それどころか、幽学に帰伏した良左衛門らは〃奇特なことだ〃ともされたほどである。しかし、この部分だけを取り上げることは問題がある。幽学の教説に対する不信や軽蔑を露わにした部分もある。以下その部分を、読み下しで再引用しよう。「……しかと読書も出来かね候身分(にもかかわらず)、右楼上にて(改心楼で)、神道仏道をも取りまじえ、聞伝え候事どもを、其身の了簡を以て道理をつけ講談等いたし……」(傍点—木村)の部分がそれである。つまり、〃幽学は勝手な教説をはいている〃としているのである。しかも〃ろくに書物も読めないくせに〃と侮蔑の念をあらわに表明すらしている(幽学は自らを「不学」としてはいたが、「微味幽玄考」の筆者でもあったのである)。つまり、幽学の教説は「其身の了簡を以て道理をつけ」たものとして、きびしく批判されているのであって、これでは、元のような活動は今後できない。

幽学に対する処罰は、表面的には「押込」だったが、実は、〃今度やったら承知しないぞ〃という威嚇が、右の文章の中に、誰にもわかるような形で表現されている。幽学は、この裁決によって社会的に葬られた、といえるだろう。[60]

10　自　殺

裁決が下り、奉行所から「徹味幽玄考」「義論集」等の著書や幽学の刀が返却された。押込先(高松氏宅)へ幽学を送り届けるために役人が出張してきて、夜五ッ時(午後八時頃)に幽学は奉行所を出た。遠藤良左衛門が幽学に同道し、高松氏の宅(小石川)に着いたのは四ッ時(午後十時頃)だった。[61]江戸小石川高松氏宅での「押込」が解けたのは、翌安政元年二月五日、長部村への帰着は二月十五日だった。[62]

安政五年三月七日から八日(この日未明、幽学自刃)にかけての幽学の行動は、五郎兵衛(長沼村)の「在府日記」によって知ることができる。

七日、五郎兵衛は八石にいた(改心楼は既に破却されているから、幽学居宅の別室か良左衛門宅にいたのだろう)。彼は、府馬村の太兵衛(宇井氏)宅に本多元俊(「本多先生」とある)が来ているのを知り、元俊のもとへ何事かを相談に行った。元俊はその時、「大先生」(幽学)に御目にかかりたい、と五郎兵衛に言った。五郎兵衛は八石へ帰って元俊を待っていたところ、暮方になって彼はやってきた(ここまでは、五郎兵衛自身の行動と直接見聞の記録である。以下は直接見聞と伝聞とが交じり合っている)。

この日昼すぎ、「大先生」は幸左衛門(諸徳寺村又左衛門弟)に髪を結わせ、それより湯に入った。その時〝湯加減をよく見てくれ、今日はゆっくり入って垢をすっかり落したい〟と幽学は言った。元俊がくると、幽学は元俊としばらく話しこんだ(「種々御教諭＝御座候」とある)。夜になると、〝書きものをする〟といって幽学は奥座敷へ入った

（この時「書置」等を書いたのであろう）。午後十時頃幽学は奥座敷より出てきた。幽学は元俊に〃日記を語って聞せよう〃と言い、「長々の旅にて詠じたる歌など聞せ」た。幽学が再び奥座敷へ入ったのは（居合せた人々は当然のことながら就寝するものと思った）「九ツ」（深夜零時頃）だった。幽学は「八ツ半頃」（八日午前三時頃）外へ出た（これは居合せた人々の後の推量であって、誰もその姿を見たわけではない。この推量が正しいとすると、幽学が奥座敷に入った時刻から約三時間あり、この間に書きものを続けたとも思われる）。幽学が居ないのに最初に気づいのは良左衛門である。彼は方々を探し、ついに遠藤家の墓所まで行った。そこで、良左衛門は、幽学が腹を切り、息が絶える直前の姿を見出したのである。多分良左衛門の報告によってであろう、慌てて又左衛門ら七人（五郎兵衛はその中にいる。元俊はいない―深夜府馬へ戻ったのだろう）が駆け付けた時は、息が絶えていた。

　これが、「在府日記」に記された安政五年三月七日～八日未明である。

　自殺に当って幽学は四通の文書を残した。一通は高松彦三郎（彦七郎の子）宛のものである。うち一通は自殺する旨を書いたもの、一通は贈与する遺品の目録である。長部村村役人に宛てた他の一通には、自殺するから、この金三両を、入用にあててくれ（死後の始末のための入用としてという意味であろう）と記されている（金三両共）。そしてもう一通が、道友に宛てた「書置」である。[63]

「時に僕十八歳にして漂泊之身と成……」にはじまるこの「書置」は、幽学関係文書のうち恐らく最も有名なものであろう。少なくとも、かつて裁判に当って提出した「教導筋奉申上候」と双璧をなすものである。この「書置」には、「……門人之中埒も無く眼前之事に迷ひ」「元之不孝・不正に帰者」の多いことが、深い嘆きを以て語られている。領主に迷惑をかけたことも記されている。最も胸に響くのは、〃自分は人を教える「器」ではないのだ〃とする血を吐くような自省である。

「大原幽学翁之墓」(千葉県香取郡干潟町長部，遠藤家墓地)

幽学自殺の原因として、一般には、〃門人離散による失意〃があげられているようである。門人離散の状況については、既に見た。しかし、志操の堅い信用できる人人も数十人は残っていたのであって、幽学は彼らに守られて裁判に臨み、裁判中—押込—帰村後の生活をしていたのである。このことの持つ意味は、数百人の離散(前述)よりもずっと重いように思われる。世間をよく知っている幽学が、残った門人の持つ重い意味を理解できなかったとはとても考えられない。つまり、門人の離散が彼を自殺に追い込んだとすることへのためらいが私にはある。

先祖株解散や改心楼破却等については「書置」は全く触れていない。一番の問題は、自らの教説を、これまでのようには公然と語り得ない、という点にあったのではないか、と思われる(前述)。また、領主からの追及があれば、長部を去ってまた「漂泊」せねばならず(この時幽学はもう六二歳である)、さらに、そのことをめぐって、最後まで残った門人にも迷惑をかけるのは目に見えている。この時期の幽学には、一切の過去の喪失、そして未来の暗黒、この両者が錯綜していたのではないか。

幽学が自殺した場所は、長部村の東のはずれの山中にある村の墓地である。この墓地には遠藤家の他、長部村諸家の墓がある。幽学の墓石は、現在、遠藤家の墓の中に立っている。

幽学の死後、遺品の形見分けが行われた。(64) 例えば、「一、繻絆新しき方　長沼村ひな、幡谷村きぬ、富田村きぬ」の如くである。地元の門人に分けられた遺品はおよそ八五種(箸まである)。遺品を受けた門人の数は、男七〇人、女九人、計七九人(多くは一品、二品から数品を受けた者もいる)、この他、江戸の高松氏・神谷氏・戸川屋の三人が遺品を受けている。さらに子供(男子のみ)にも与えられている。それは長部村一七人、諸徳寺村五人、十日市場村一三人である。この三ヵ村は、〃性学三ヵ村〃といわれた性学の中心村である。遺品を受けた門人の居村を以下に記しておく。長部・諸徳寺・十日市場・米込・溝原・桜井・松沢・府馬・飯倉・小見川・岡飯田・布野・小貝野・富田・阿玉台・長沼・荒海・幡谷・竜角寺。これらの村には、最後まで幽学に忠実な人々がいたのである。

注

(1)(55)　千葉県香取郡干潟町清和甲、菅谷豊三氏所蔵文書(以下「菅谷家文書」と略称)。

(2)　千葉県成田市荒海、吉岡慎平氏所蔵文書(以下「吉岡家文書」と略称)。

(3)　千葉県成田市幡谷、神崎俊夫氏所蔵文書(以下「神崎家文書」と略称)。

(4)　『大原幽学全集』二七四頁。

(5)　千葉県香取郡干潟町長部、遠藤良太郎氏所蔵文書(以下「遠藤家文書」と略称)。「申(嘉永元)二月」付。これは遠藤父子の報告に対して与えられたものと考えられる。

(6)(7)(9)(12)(14)(16)(36)(37)(39)(40)(47)(48)(54)(56)　遠藤家文書。

(8)　「材木注文扣」(嘉永二年四月)、遠藤家文書。
(10)　改心楼の建設に当っては「……幽学の設計により工事に着手」(中井信彦『大原幽学』三一二頁、略年譜)とするのが一般的だが、絵図面を最終的に「定」めたのは遠藤良左衛門である。
(11)　諸徳寺村、菅谷又左衛門の日記と思われる文書(菅谷家文書)の、嘉永二年十一月二十五日の項に「廿五日会合所棟上」とある。この「会合所」は改心楼である。
(13)　嘉永二年十一月二十七日より「十四番会合所普請人足扣」(遠藤家文書)。
(15)　嘉永三年二月五日より「十六番改心楼普請人足扣」(遠藤家文書)。
(17)　中井信彦は「(嘉永三年)四月、門人の労働奉仕による改心楼の建設成る」(中井『大原幽学』三一二頁、略年譜)とし、越川春樹は「(嘉永三年)五月、改心楼竣工(間口七間、奥行五間)」としている(越川『大原幽学研究』三三三頁、年譜)。これは、嘉永三年六月十七日「改心楼普請入用扣」を基準にして改心楼完成時期を逆推したのではないか、と思われるが、その完成は既述のように三月と見るべきである。こまかいことだが、幽学研究には、右のような微細な差異が少なからずあるので、特に記した。
(18)　越川春樹『大原幽学研究』は「(嘉永三年)三月、荒海教導所許可さる」(三三四頁、年譜)とし、中井信彦『大原幽学』もまた「(嘉永三年)三月、荒海村教導所認可される」(三一二頁、略年譜)としているが、これはいずれも「嘉永五年三月」が正しい。
(19)　荒海、吉岡家文書。長部、遠藤家文書。清和甲、菅谷家文書。
(20)　田安家地方役人磯部寛五郎は、性学に深い理解を示した人物のようであって、荒海教導所「定」の作成にも手をかしていた。また、後年(元治元年)平右衛門の死に当っては弔辞を送っている。
なお、荒海村教導所もまた「改心楼」と名づけるつもりだったらしいことに注目したい。長沼村の五郎兵衛の記した「在府日記」嘉永六年三月十四日(奉行所での取調べの模様を記す)の項に、取調官と平右衛門の問答が記されている。以下の如し。

「ムヽ、其方之屋敷続江教導所取立たのハ、是ハ領主へ願済みで有ったのだ。夫も改心楼と言うのか」「是ハ未だ名ハ御座りませぬが、改心楼と名附たい存念で御座りまする」。

(21) 中井のこの部分の記述は、主として『幽学全書』六六〜六八頁、同増補版附録一一〇〜一一二頁所収文書によっている。

(22) 嘉永四年四月十八日の改心楼乱入事件を契機として、幕府の性学取調べがはじまり、その裁決は安政四年十月に下った。この間の歳月を門人は後年「七ヶ年の厄難」と称した。

(23) 遠藤家文書。嘉永五年六月「乍恐以書付奉願上候」。これは事件の双方の関係者が、関東取締出役中山誠一郎・渡辺園十郎・吉岡静助・関畝四郎の四人に宛てたもので、全事件のうち傷害事件の吟味取下げを願ったものである。しかし、事件のおよその経過はもちろん書かれている。

(24) 中井信彦『大原幽学』には「船戸村(香取郡)五左衛門の悴半次」とある。同人である。

(25) 中井信彦『大原幽学』一九四頁。

(26) 幕府が文化二年に設置した関東における治安取締り機構。これについての研究は大いに進み、最近では周知のことに属するので詳細は省略。要するに、関東における移動警察(勘定奉行配下)である。

(27) 嘉永四年七月(乱入事件の三ヵ月後)に長部村名主伊兵衛、差添組頭源兵衛が出役中山・関に出した「乍恐以書付奉申上候」は、村々に入ってくる浪人の取締りに関するものであるが(乱入事件後、浪人問題がやかましくなったようである)、この問題につき伊兵衛等は仙吉に相談している。その部分は「……道案内ニ差出置候鏑木村仙吉江申談」と表現されている。仙吉は「道案内」であると共に、村役人がやりたがらない、あるいは苦手な問題を処理する顔役でもあった。

(28) 中井信彦『大原幽学』一九二頁。

(29) 『大原幽学全集』(以下『全集』と略称)五二〇頁。

(30) 『旭市史』第三巻「大原幽学門人神文集」。

(31) 『大原幽学先生関係書翰集』(以下『書翰集』と略称)四一頁。『全集』六二四頁。

(32)(33) 『書翰集』四四頁。

(34) 「口まめ草」天保十年十二月の項に「十二月に至りて大森の役所より、性理学さしとめの由なればとて、友人の親々達は忽ち行ひ崩るゝ事に至りぬ」とある。

(35) 『書翰集』四一～四三頁。『書翰集』は「此書宛名も月日」もない、としているが、『全集』(六二二～六二四頁)では、この書簡を「天保十亥九月十二日　大原静斎花押　本多元俊兄」としている。これは、この書簡の次に掲出されている「天保十亥九月十二日　大原静斎　本多元俊兄」を誤って重複させたものである。つまり『全集』は誤っており、『書翰集』が正しい。

(38) 『旭市史』第三巻所収「大原幽学門人神文集」。計一、九一六通とする根拠については、川名登「大原幽学門人層の社会的性格について」(『日本歴史』三三五)参照。

(41) 中井信彦『大原幽学』二三一頁。

(42) 『古城村誌』前編、三六八頁。

(43) 『古城村誌』前編、三六八～三七四頁。

(44) 『古城村誌』前編、三七四頁。

(45) 『全集』二五二～二五八頁。

(46) 嘉永五年六月、大原幽学より出役四人宛「御尋に付以書付奉申上候」(『全集』二五九頁)。

(49) 中井『大原幽学』二四一～二四三頁。

(50) 中井、同右二四三頁。

(51) 遠藤家文書。『全集』二七六～二九五頁。

(52) 表紙に嘉永六丑年十月六日とだけ記した横帳。内容は帰村届・出頭届(菅谷家文書)。

(53) 中井信彦『大原幽学』二五三頁。

(57) 『全集』にはこの種の「遺書」が一三通収録されている(うち一〇通は女子宛)。奉公に出た人数はこれより多かったと思われる。

(58) 中井信彦『大原幽学』二六四～二七三頁。

(59)　安政四年十月二十三日「差上申一札之事」による。これは事件関係者が奉行所に出した請書であって、奉行所の裁決をそのまま記し、それを請ける一般的形式になっている(遠藤家文書)。
(60)　奉行所の裁決は、本質的には農民側に甘く(彼らは村方立直りの主体である)、幽学には厳しい。幽学へのこの厳しさを裁決文から読み取らないと、彼の自殺は理解できない。
(61)　「在府日記」(遠藤家文書)。
(62)　中井信彦『大原幽学』二七三〜二七四頁。
(63)　以上四通とも『全集』所収。七七二頁〜七七七頁。
(64)　安政五年三月八日「先生御譲物扣」(遠藤家文書)。これは三月八日に直ちに形見分けをしたということではなく、後日形見分けをしたのを、三月八日付にしたのである。

(木村　礎)

第二編　幕末期東総の知的状況

第二編「幕末期東総の知的状況」の主旨は、同時代・同地域における幽学や性学門人以外の知的状況の展望にある。

特定の個人を中心に置いた研究は、当然のことながら、あたかも、その個人しかそこに存在しなかったような叙述に陥り勝ちである。われわれはそれを恐れた。幽学が活動した天保～安政期の東総には、幽学以外の知的活動が広く存在していた。性学はそのような状況の中に展開したものである。各様の知的状況の中に幽学や性学を置くことによって、はじめて、その真の意味がわかるのだ、という思いがわれわれにはある。

一「寺子屋と村社会」(鈴木秀幸)によって、われわれは、現干潟町の地域に、当時伝統的な寺子屋が広く存在していたことを知る。しかし、天保期になると、伝統的な寺子屋教育批判の声が高まってきたことをも知る。幽学のこの地への出現が、こうした批判の時期であったことは興味深い。また、寺子屋の一層の普及や、師匠たちの知的営為への熱意が、東総農村のいわゆる「荒廃」(経済状況の全国的構造変化の局地的表現、と理解し得る—後述)や、その克服への意志とからみ合っていることにも注意すべきである。

二「和歌の展開と村社会」(鈴木秀幸)は類例のきわめて少ない研究である。幕末農村における和歌や俳諧の広汎な展開は、きわめて明白な事実であるにもかかわらず、その研究は閑却されてきたし、研究の提唱はなされても、具体的な研究は少なかった。この時期、村社会における詠歌は雅懐の吐露としてだけあったのでは決してない。それはむしろ経世の志と共にあった。歌会に集まる上・中流の農民たちの胸中には、揺れはじめ、しかも、将来への予測のつかない現実への不安感があり、それが経世の志と詠歌を結んだ。本稿には、また和歌・俳諧・性学三者を担う社会階層についての指摘がある。この時期の性学は上・中層の関心をひいていたが、やがて急速に下層をも巻き込むようになる。

三「蔵書に見る知的状況―平山・宇井・林家の場合―」(平野満)は、上層農民の蔵書の研究である。天保期以降、各種の書物がこの地方に浸透してくる。われわれの文書調査は、常に蔵書調査をも伴っており、簡単ながら目録も作られた。上層農民の蔵書目録作成は容易ではない。しかも、蔵書を通しての知的状況の確定には、幾多の困難があり、その困難はついに克服し得なかった。しかし、本稿に提示された三家における蔵書の量や質が、今後のこの種の研究の大きな踏石になることは全く明らかである。

四「豪農平山家の思想」(栗原四郎)は、鏑木村(現、干潟町内)の豪農平山家の思想的側面についての研究である。平山家と幽学との関係は、〝不即不離〟といった程度のものだと漠然と考えられてきたが、実は然らず、きわめて近かった。それが、改心楼乱入事件(嘉永四年)の少し前から、平山氏は性学から歌会へと傾斜する。旗本領主を通じて全国動向を知り得る平山氏は、性学の限界をいち早く見抜いたに相違ない。平山氏の視野の広さを示すものとして「時事」文書がある。平山家と国学者・尊攘論者との接近もまた顕著な現象である。こうした広い視野は、幽学や性学がついに持ち得なかったものである。

五「下総国学―宮負定雄を中心として―」(川名登)は、草莽の国学として著名な下総国学を、宮負定雄を軸にして叙述したものである。宮負の居村松沢村(現、干潟町内)は、幽学が居を定めた長部村(同)の西隣である。宮負定雄と大原幽学は、いずれも寛政九年生まれであって、全くの同時代人、しかも全く同じ地域で活躍していた。そして、一方は国学、他方は性学である。時代や地域が生み出す人物像は、決して一様ではない。宮負と幽学、いずれも農事達者であったが、その農事発展の理念と仕法はいちじるしく異なっている。二人によって、くっきりと表現された多様性ほど、歴史の豊富さを示すものはない。

(木村　礎)

一　寺子屋と村社会

1　問　題

この約一〇年間における近世の庶民教育を対象とした主要な研究文献を拾ってみよう。

○一九六九年四月、H・パッシン『日本近代化と教育』（サイマル出版会）
○一九七〇年一〇月、R・P・ドーア『江戸時代の教育』（岩波書店）
○一九七〇年一二月、石島庸男「幕末——寺子屋の展開」（「栃木史論」六号）
○一九七三年三月、籠谷次郎「幕末期北河内農村における寺子屋への就学について」（「地方史研究」一二二号）
○一九七四年一二月、小原信「江戸時代の教育観」（「実存主義」七〇号）
○一九七五年一一月、利根啓三郎「江戸近郊農村における寺子屋の一性格とその歴史的背景」（「日本歴史」三三〇号）
○一九七八年三月、津田秀夫『近世民衆教育運動の展開』（御茶の水書房）

○一九七八年一二月、高橋敏『日本民衆教育史研究』（未来社）

近世の庶民教育史は外国研究者を中心とした、いわゆる「近代化論」によって再評価・再検討がなされた。この論議の中から、とくに庶民教育の内実が問題となってきた。そのひとつの方法が、石島・籠谷・利根らの地方史料（実態）を精査し、社会経済史的な観点で分析したものであり、いまひとつの方法は、小原らの従前から著名な史料を見直し、哲学・思想史的な観点で把握したものである。こうした研究は近年、「民衆教育史」として津田や高橋らにより深められている。すなわち前者は、明治期の公教育の萌芽を郷学に求め、人民共立の学校と権力を対峙させている。また後者は幕末における「余力学文」思想を追うことにより、民衆の内面的自立化を論証しようとしている。

本稿も以上のような有機的・構造的な分析志向の流れに沿うように心がけ、ひとつの農村について、士族教育（藩校）との関連・社会経済史的動向との関係・教育者と被教育者の実態とその意識を、時期区分もしつつ考証していく。

ところで江戸時代における全国の総藩数は二七六といわれ、うち藩校建営の明確な藩は二一五である。[1]房総の藩学の設立は佐倉藩の「学問所」（寛政四年）がその嚆矢とされている。[2]

だが、こうした士族レベルの教育には、いくつかの限界と問題が横たわっていた。

(1)幕府自体、士族の学問教育に年々規制を加えていくため不振の度を加える。その典型的な例が昌平坂学問所である。

(2)士族の教学の根本には治者の論理が貫徹していた。それが、就学の資格を制限し、教育の内容をせばめてしまう。

(3)藩体制の再編制のために、藩校の充実化が叫ばれてくるのであるが、幕末維新期の政治優先の世相により機能は低下する。

(4)一方、庶民教育機関への指導は弱かった。

次に庶民教育機関、とりわけ全国的に普及した寺子屋について、石川謙の業績[3]に依拠しつつ、その要点を列記してみる。

(1)寺子屋の開業は幕末につれ、増加する。そのうち第一期は元禄～正徳・享保期(年平均一・〇校)、第二期は天明・寛政期(同一二・六～一三・八校)、第三期は天保期(同一四一・七校)である。

(2)その寺子屋経営者は平民が四〇・四六％で最も多い。次いで武士(二四・九〇％)、僧侶(一六・三一％)、神官(六・八二％)、医者(六・五九％)、その他(一・九二％)の順である。

(3)そこにおける教科目をその種類別、開業時別にみると第一類(読・習)が宝暦～享和、文化～天保、弘化～慶応、明治の四期とも第一位であり、一貫して増加の傾向がみうけられる。しかし第二類(読・書・算)、第三類(読・習・算・礼・画)、第四類(漢・算・和)、第五類(読・算・医・仏)も第二期から急増する。

(4)こうした寺子屋における一校平均の通学寺子数は六〇・〇一人である。

そこで、以上の成果に基づいて、次のような新たな問題点が指摘できる。

(1)三つの画期(開業)は何を意味するのか。単に商工業化、すなわち産業経済の発達というだけで説明できるのだろうか。

(2)石川の作成したグラフ[4]によれば、多少の変動はあるにせよ、全体的には天保期、さらに嘉永・安政期、慶応期と開業数が飛躍していく。これらの時期は大変重要であり、その内訳も詳細に検討すべきである。

(3)寺子屋経営者になぜ平民が多いのか、またその内訳と内実はどのようであったのか。
(4)年を経るにしたがい、多種多様な教科目があらわれてくるのは何を意味しているのか。
(5)一校平均の寺子数の多寡の持つ指標としての意味。
次項ではこの五点に即して、幕末の地域の庶民教育の内実とその変遷を追っていくこととする。

2　村の寺子屋

以上の全体的な概況と問題点を地域の中で以下分析・検討する。本稿が対象とする干潟地方とは、現在の千葉県香取郡干潟町を中心に近接した所も含めた地域であり、典型的な純農村地帯である。この地域は、近世には領地が錯綜するなど、士族による教育の条件が乏しかった。しかし一方、多くの庶民教育者が輩出している。第1表でも明確なように、江戸中期以降六〇名を数えることができる。第2表は師匠の生年にもとづく、その教育の内訳である。

①これら教育者の数は幕末につれ増加し、しかも着実に継続されていく。[5] ちなみに、開業時の明確な者のみを抽出してみると、天保期三名・嘉永期二名・万延期一名・明治期三名であり、やはりこの地域でも寺子屋の出現にこの時期が画期であることをうかがわせている。

②教育者の身分・職業は平民(六六・六七％)、僧侶(一三・三三％)、神官(六・

第1表　干潟の庶民教育者の地域別一覧

西地区		東地区		中地区	
旧村名	人数	旧村名	人数	旧村名	人数
鏑木	19	松沢	5	溝原	3
万力	14	長部	2	関戸	2
		諸徳寺	4	万歳	7
				桜井	4
	33		11		16
60					

注）諸史(資)料・調査による。

第2表　寺子屋師匠の生年に基づく身分(職業)別・規模別・教科目別一覧

年号	身分(職業)						計	規模(通学者数)					教科目				
	農	僧	神	医	遊歴	不明		〜30	29〜20	19〜10	9〜	不明	読・書	読・書・算	読・書・他	他	不明
宝暦		1	1				②					2	1		1		
安永	1						①					1	1				
天明	1						①				1					1	
寛政	3	1			2		⑥	1		1	2	2	2	2		2	
享和	2						②			1	1			1			1
文化	11						⑪		1	5	4	1	2	1	1	1	6
文政	5	1	2	1			⑨	1		1	4	3	2	2	1		4
天保	12				1		⑬			7	5	1	4	1		1	7
弘化	1						①				1					1	
嘉永	1						①					1					1
安政	1						①				1					1	
慶応	1						①					1					1
不明	4	5	1			1	⑪	1		1	2	7					12
総計	43	8	4	1	3	1	㊿	3	1	16	21	19	12	7	3	6	32

注1)　年数はすべて省略。
2)　なお，開業期の確実なものは，天保年間 3，嘉永年間 2，万延年間 1，明治年間 3。
3)　第1表に集計した 60 名を分析・作成した。

六七%)、医者(一・六七%)、その他(一一・六六%)の順である。さきに示した全国平均と比べ、平民の占める割合がかなり高いことが明白である。この平民とは農民のことである。

③教科目とその変遷について石川の区分にならい追ってみると、次のようになる。ただし、この数字は師匠の生年別であり、[6]後にずらせて読みとる必要があることと、石川の類別はそのまま適用できないので、若干、変更したことを断っておく。読・書(第一類)は宝暦〜享和期四→文化〜天保期八→弘化〜慶応期〇→明治期〇、読・書・算(第二類)は右にならうと三→四→〇→〇、読・書・他(第三類に近い)は一→二→〇→〇、その他は三→一→一→〇となっている。このことから、地方・農村にあっても教科目が年々多様化、つまり質的な深化をしていることがわかる。

④一校平均の筆子数は三〇名以上が三校、二九〜二〇名が一校、一九〜一〇名が一六校、九名以下が二一

校であり、[7] 全国平均六〇・〇一名より少ない。このように一校当りの生徒数が平均より少なくて、しかも学舎が多いということを相関させて考えれば、より就学機会が多かったと解釈できる。

以上の点から幕末の地方、とりわけ農村部の寺子屋教育は次のようにまとめることができる。

(1)量的にはいくつかの画期(とくに天保・嘉永)をもちつつ飛躍していく。それにより地域の就学機会が広められた。

(2)質的にも年々教育内容が深化し、多様化していく。したがって教育的レベルは低いとはいいがたい。

(3)これらのことは平民、とくに農民層により支えられていた。

3　寺子屋師匠の実態

ここでは前記の三点の要約をうけて、さらに教育者を中心に、その実態と意識について、いくつかの事例を追うこととする。

松沢村の国学者であり、庶民教育者でもあった宮負定雄は天保二年、その著「国益本論」[8]で、この地域としてははじめて、従来からの庶民教育に対する批判を公表している。

然れど世に其真の道を教ふる師匠たる者なく、故、世の人大抵道に闇く、空世を過ぐる者多かり。是全不教訓の費なり。幼稚の時より、先、此道を立る事を、男にも女にも必教ふべき事なるに、然にはあらで、唯、手習師匠を頼みて、文字書く事と読む事而已を習はせ、大切の道をば学ばせず、其手習師匠を見るに田舎にては、大抵、神主・名主・僧・山伏・医者などの為す事なれども、文字の読書を教ゆる事をば知れども、真の道を教ふる術を知る者稀なり。夫故に、人々成長に及びても、道を知らず、国益の術なく、不経済なる者のみ多し。

たま〳〵、論語・孝経などの講釈を為しても、周人の教ばかりにては、真の道には至りがたく、或は偽学に陥り…（下略）

そこで、こうしたマンネリ化した教育状況を打開し、「真の道」を教える策を、定雄は同書にて次のように提案している。

領主より令して、道徳の人を択び、教道師とか、経済師とか号て、領内の名主及び手習師匠たる者に、教道の術を示し、老若男女に至るまで、普く教を施させなば、天下の人民悉教に従はずとも、多くは直朴に化り、人倫の道立ち、天地鬼神の感応に因て、国家治まり、災害起らず、人民殖え、財宝増し、国土開け、武備堅固して、四海万国の祖国、富貴万福、天下無敵の皇国となりて…（下略）

その具体的な指導内容については同年の「民家要術」（上）[9]の一節で、次のように述べている。

小児の芸は手習をして物書く事が始なれど、先五十音の仮字を習はせ、次に人名村名国名消息はいふも更なり、皇国流の御家上田大橋篠田などの律義なる書流を習はせ…（中略）…素読は是まで定りの四書五経両点の千字文其外何なりと多く読み習はせ文字を覚えさせ、行儀作法は勿論の事算術は関流の点竄術を習はすべし、算術を学ぶ者は位算を能く明むべき也、また五十音の文字の切反やうをも習はせ…（中略）…詩歌連俳をも少しは心得さすべし…（中略）…之を習へば博奕を除く助には少しはよし之に耽るは害なり、…（中略）…農商不用の芸は香道茶の湯生花蹴鞠浄瑠理三絃の類にして皆侈の種なれば、習はすに及ばず…（下略）

以上の宮負定雄の所論並びにそこから導き出されるものを整理すると、次のようになろう。

(1)天保期に旧来からの教育を惰性的なものとして批判する動きが出てきた。

(2)政策としては領主が教育者を任命し、全村民に教育を施すべきであると主張した。

(3)指導内容・方法面ではカリキュラムを示し、そこでは不用なものを排し、実用的なものをとりあげた。また教科以外に道徳教育をもりこんだ。

(4)ことに「詩歌・連俳を習はすことにより、博奕を除く」云々の主張は、幕末の社会状況を如実に反映させている。

天保期からの寺子屋の増加の背景には、右のような状況があった。天保十四年に開業した松沢村の宇井包高の寺子屋については、次のような記述がある。

訓練の方法は、朝生徒は、個人々々にて本宅の下座より入つて一々挨拶をなす慣例であつた。先づ「御新造様(塾主の夫人)御早やう」「御祖母さん御早やう」、「大先生(塾主)御早やう」と挨拶をなさしめた。また帰宅の際も、夫れ〳〵その時の挨拶をして帰るのであつた。…(中略)…行状の悪しき者のあつた際には、塾主の前に呼び出し、その行為を能く〳〵取調べて訓戒したが…(中略)…尚必要ある時は、帰宅する時に留め置く事があつた。かゝる場合には、隣家の主人が来て斡旋をなし、塾主に詫び入つて帰宅を許さるゝのが例であつた。[10]

単なる「読み書き」の指導から出発した寺子屋教育が「礼」を重視し、さまざまの方策をとり入れてくる様子がよくわかる。[11]

その後、松沢村にほど近い鏑木村に居住する大地主の平山家へ、鈴木雅之が来歴し逗留する。この雅之については別稿で紹介したことがあるが、[12]近隣の南羽鳥村の農民から身をおこした国学者であり、教育者であった。彼は宮負定雄よりは一世代あとの人物であるが、彼も旧来からの教育を批判している。それも宮負定雄よりリアルに、かつ具体的に幼童の実態をとらえて、慶応年間の著「民政要論」[13]の一節に、次のように記している。

農家は大抵富有のものも子を教ふるは少なり、況や貧民をや、八九或は十一頃より、手習とて、寺、或は医家、或は農民の中に書芸を好むもの〻許へ通出て習はすれど、実に文芸を習はんとにはあらずして、いたつらはさせぬやうに、師を己が子の守として遣すことなれば子心にも又是を知て物おぼえんとはせす、師の前にてこそ筆はとれど、手かくことは習ず、ことに田舎の師は右云如く別に業体ある故に目を離れす付添居て教ふること能はず、是故に慧黠なるは穴市、宝引なとよからぬわさをし、或は小博奕打なとするなり…(中略)…又幼童輩にたま〳〵異才を長育することを知ず、親また教ることを好まず、故に成立凡庸にて止あり、又親教る志あり、師導くといへども、旧来の蔽風にて学者大抵儒仏の空理に惑はぬもの〻なければ、只無用のことを習ひて歳月を過す、此故に学成こと至て晩く、偶成就しても実益あることとなし、其中には学問して反りて美質を変じ、心立あしくなるあり、甚偏固不通になるあり、驕慢発狂して廃人となるあり、奸才あるものます〳〵姦才をますものあり、放逸乱行になるあり、是等皆師と親とによりて善悪不才其趣を異にするものなり…(下略)

その政策的な措置については「治安策」・「治安策巻之一別記」・「大学校開設に関する草稿」・「民政要論」・「民政要論略篇」および「捕盗安民策」に示されている。(14) そこには、中央に「大学総督」(文書や学事の管理)を、その下に京・大坂・江戸の「大学校」(神典学からトまで)を設け、そこへは諸国の「学館」(学士養成と学事管掌)から選抜された者が入学する。その「学館」へは、その下の組(村)・町(都会)に設けられた全入制の「脩学所」(小学校)から選抜された者が入学する、といったような制度が構想されている。しかもこの「脩学所」教育について、理念・教師資格と給料・就学年齢・設置場所・学区・学校維持・学科と教科書・学習方法・賞罰さらには貧児対策まで、こと細かに配慮されている。その他に、この「脩学所」なる小学校入学以前の幼児教育についても具体的に記している。

これらの事例から、次のことがわかる。

(1) 旧来からの教育を、より具体的に批判した。

(2)対策として、体系的な制度を構想した。
(3)各学校や幼児教育などについて、あらゆる角度から子細に検討した。
(4)これらは体験的もしくは実験的な教育論であった。
(5)これは元治ころから慶応の末年ごろに書かれたものであり、いわば「学制」以前の地方から湧きでた教育論である。

なお、寺子屋師匠・和歌宗匠としての鈴木雅之は、この干潟地方にかなりの影響力をもっていた。代表的な門人に林彦兵衛がいるが、後にとりあげるのでここでは省略する。

以上、諸史料を通して、幕末の庶民教育が質的にも変化してくることがわかった。旧来からの教育を空理・空談的であると批判しはじめるのは天保期である。それは実学論を中心に据えていたが、道徳的指導の問題も重視されていた。なぜその傾向が顕著になってきたかといえば、当時の農村荒廃の状況とその立直しの要求があらわれてきたからである。旧来の教育をより具体化し、自分達の教育論に、より論理性を加え、体系化・公有化・詳細化をするのは元治前後(嘉永～学制前)であった。こうして農村民から、自己の経験にもとづく教育論が提起されてくるのである。

4　筆子の実態

次に被教育者の側に立って、幕末の庶民教育をみつめてみたい。

やはり干潟地方の北部の溝原村に嫁した鈴木はついには「鈴木はつ女一代之記」(15)が遺されており、その前半部に次のことが記されている。

> はつ女六才の時、実父の里関戸村鈴木三左衛門是ハ溝原村利右衛門分家也へ参りし時、伯父三左衛門ハ多筆子を仕立、手習師匠子供に教るを聞に、実語経(ママ)に有る父母には孝をつくせ□云、□聞て孝の一ッを胸におさめ、又子供ハよく□事共親には薬をふるもふべしとの□云ふ事ハ、親かよき教を□正しく守り、善事行へバ子ハ孝子になると云、是等(に)よ□て孝の一ッを心の備へと定めしよし、良薬とはたとへていふなり

この年代記の成立時期は明白ではない。しかし文中にあらわれる鈴木三左衛門は天保一、二年ころに生まれ、手習師匠をし、明治八年十一月に村落校の新町学校の教員となり、同三十九年一月四日に没している。[16] そして右の文面からは、この寺子屋が単なる手習いの場ではないこと、また学ぶ側もそのためだけに通ったのではないことが読みとれる。

この溝原村にほど近い府馬村(現、山田町府馬)の宇井太兵衛宅では二代続いて筆子をとっている。先代太兵衛(名は寿、安永九年生〜嘉永三年没)について、「宇井翁墓誌」[17]には以下のように刻まれている。

> 文化八年三月、邑主依田君挙為戸長、十一年正月擢里正…(中略)…薄自奉而厚救恤、懇田闢地、亦不少、又好文芸、毎以読書習字、課村中児童…(下略)

碑文中の「救恤」と「読書習字」とが無関係とは思えがたく、この師匠の場合も、天保十四年五月寺子屋開業という事実も加えると、やはり天保期型教育者の一人といってよかろう。さらにいえば、「救恤」されて学習する者がいたとも想像できる。

次代太兵衛(名は正夫、天保十年生〜明治三十八年没)については、父よりもその史料が多くのこっているので、[18] 教育とのかかわりを前半生にかぎって以下にまとめてみる。

第3表 宇井正夫(府馬村)の筆子

入門期	父名	続柄	筆子名	歳	土地所有		家族構成	
					田	畑	元治元	明治6
明治3年12月7日	菅谷治兵衛	3男	亀三郎	13	161畝27	61畝26		
〃	〃	4男	友三郎	10				
4. 6. 29	青柳勘兵衛	悴	定吉	14	195.00	80.11	3人	5人
〃	〃	2男	庄次郎	11				
〃	宇井治郎兵衛	〃	卯之介	12	316.27	110.03	7	4
4. 9. 2	菅谷才兵衛	悴	惣太郎	13	26.08	15.27		
〃	菅谷太郎兵衛	〃	瀧蔵	12	435.03	127.24		
〃	〃	〃	春吉	9				
〃	菅谷茂蔵	〃	茂重郎	7				
〃	酒井久兵衛	〃	徳太郎	13	0	0	5	
4. 12. 24	前田佐左衛門	〃	丑松	7	712.06	203.00	6	6
〃	秋葉縫左衛門	〃	縫之介	17	0	4.24		
〃	岩城伊右衛門	〃	彦三郎	15	0	0		
5. 2. 28	宇井作兵衛	〃	常吉	9	0	5.24	5	5
5. 4. 7	内田半兵衛	〃	種吉	12			5	
5. 6. 29	岡田惣兵衛	〃	惣十郎	9	48.14	29.01		
6. 2. 22	林仁兵衛	2男	寅吉	15	54.00	25.22		4
	14 戸	17 名						

注1) 府馬，宇井隆氏所蔵文書「臨池手控」などより作成。
2) 余業者は菅谷才兵衛(雑漁)・酒井久兵衛(雑漁)・岩城伊右衛門(雑飲食)。
3) 性学徒は菅谷治兵衛・菅谷才兵衛。

〈付表〉 鈴木考三の子弟(明治7年2月)

父名	子弟名	歳	土地所有	
			田	畑
	菅谷延太郎	10年8	13畝09	30畝18
	菅谷友三郎	11.7	0	0
前田佐左衛門	丑松	8.6	712.06	203.00
菅谷伝兵衛	種吉	8.5	164.28	89.24
	越川春吉	12.1	68.00	35.11
絵鳩佐兵衛	熊吉	10.2	0.27	
	宮内徳太郎	6.8	0	0

注1) 府馬，宇井隆氏所蔵文書「区内家塾衆并生徒」より作成。
2) 府馬村の家塾のひとつ(同塾の生徒総数44名)。
3) 余業者は絵鳩佐兵衛(雑飲食)。

(1)正夫は歌道・俳諧、その他さまざまの学問を吸収していく。このことは、既に述べた当時（ごく幕末）の教科の多様性を如実に示すものである。

(2)彼に影響を与えた人には、父以外に宇井包高・木内清右衛門や本多元俊らがいる。宇井はすでに紹介した天保期の教育者である。木内は本朝御家流の筆道を指南した人であるが、彼の師はさきの宮負定雄である。本多は大原幽学[19]の高弟である。その他、正夫と交友のあった者にはさきの林彦兵衛(重義)がいた。いずれにしても、この宇井正夫にも天保期の教育が大きく影響を与えていることが、就学ルートからよくわかる。

(3)それをうけて正夫は、明治三年十二月より筆子をとり、同七年にはその寺子屋を家塾に改組し、準制度化していく。この意味では、教育者としての彼は、元治期(嘉永〜学制前)のタイプであった。

では次に正夫の学舎を中心に筆子をみていくが、それは第3表のとおりである。府馬という地域は、九十九里浜と利根川河岸(小見川)との中間点で、町場的な要素を若干もっている。第3表から次のようなことが読みとれる。

①学制直前になると、必ずしも土地所有状況と就学が一致しなくなる。同様のことは同村の鈴木考三の学舎の場合〈付表〉にもいえる。なおここで想い起すのは鈴木雅之の全入論・貧児対策などである。

②ただ一般的には家族構成の多寡は就学への余裕に関連したと思われ、ここでは大体五名位の家である。

被教育者の実態について考察してみて、それは教育者の場合と表裏一体であることが明確になった。天保期ころから読み書き以上のことが要求されてきて、さらに次の段階ではシステム化されてくる。また下層の者も就学するようになってくる。こうした動きは社会的な要求に触発されたものであった。

鏑木村平山家の経営分析(後述)を通して、次のことが指摘されている。天明〜文政期の東総農村の「荒廃状況」

は、天保以降に回復・復興・再拡大の方向を示し、さらに嘉永段階に質的変化を示していく。
これは、かなり説得力をもつ分析であり、その指摘は奇しくも本稿における庶民教育の発展段階論(天保期・元治期)と一致するものである。すなわち幕末の農村荒廃と立直りの論は、これまで述べてきた庶民教育の展開の要因や背景をときあかす有力な手だてとなるわけである。しかも、こうした回復は村内の上層民によって行われ、それは、庶民教育者のレベル・層と重複するからである。その具体的な経営と教育の相関性についての研究は、今後の課題としたい。

しかし本稿では、だいたい次のことが明らかになった。

(1)幕末における庶民教育は数的にも、質的にも拡大し、進展する。
(2)それは天保期、そして元治期(嘉永〜学制前)と二段階を踏んでいく。
(3)地域の農民層(主に上層部)を中心に実状を踏まえつつ、構想・推進される。
(4)それだけに、常に教育は社会的変動と不可分の関係にあった。

注

(1) 石川松太郎『藩校と寺子屋』二八頁。
(2) だが、房総の藩学の成立は遅いとされている(『千葉県教育百年史』第一巻、二五頁)。
(3) 『日本庶民教育史』や『寺子屋』など。
(4) 『寺子屋』九〇頁。
(5) この表を読む際に注意すべきことは、生まれたものが直ちに開業するわけではないので、少なくとも二〇〜三〇年はずらせて考える必要がある。また弘化年生まれのもの以降、開業件数がまばらに、かつ減少していくのは学制頒布のためである。

(6) 石川の場合は開業時別である。
(7) ここの数字には、ごくわずかの私塾の場合も含めている。なお庶民教育機関の中には、寺子屋と私塾の併存塾もままあるが、それはこの際には寺子屋としてデータをとった。
(8) 鏑木、平山忠義氏所蔵文書。
(9) 松沢、宮負克己氏所蔵文書。
(10) 『千葉県教育史』第一巻、六六一頁。
(11) 「家塾　御願書」(明治六年五月十四日・宇井包高↓新治県・松沢熊野神社文書)の塾則・禁令にも礼・行儀に関することが毅然として定められている。
(12) 「『学制』前における教育者の精神構造」(『歴史論』四)。
(13) 成田図書館所蔵。
(14) 以上の冊子もすべて成田図書館所蔵。
(15) 溝原、鈴木勝人氏所蔵文書。
(16) 「匝瑳郡共和村誌」、「鈴木貞亮先生之碑」、「香奠受納帳」(関戸、鈴木利夫氏所蔵文書)などより。
(17) 『香取郡誌』六四〇頁。
(18) 山田町、宇井隆氏所蔵文書。
(19) 天保年間より、長部村を中心に干潟地方に現われる幽学は、いわゆる「性学仕法」を展開する。彼も従来からの学芸を批判し、また子供会などを組織し、幼児教育につとめた。

(鈴木　秀幸)

二　和歌の展開と村社会

1　研究課題としての地方文学史

前章に登場した寺子屋師匠の多くは、子弟への教授だけにとどまっていたわけではない。ここでは、そうした師匠群を含めた学習・学問の様相を地域的に追求していくこととする。

ところで、幕末維新期において干潟地方には多種多様の文化・学問が林立したが、その中で、かなりの比重を占めたジャンルは和歌である。(1)

まず前提的作業として、地方における和歌史の先行研究をたどろうとすると、ことのほか少ないことに気づく。さらに、近世・近代前期の地方文学史の研究が少ないことにも驚く。和歌も含めた地方文学の研究の重要性については、例えば昭和三十二年十一月、「文学」(第二五巻第一一号)の座談会「幕末から明治へ」などによって指摘されている。(2)

しかしなお、中央の歌文研究の盛行さと対比すれば、まだまだ未知の分野である。(3) その意味からすれば、本稿は暗中模索のきらいはあるが、干潟地方に普及した和歌を中心に幕末から明治期にかけての地方・農民文学を検討してみたい。しかし、ことは厖大であるので、本稿では次の点を明確にしたい。

(1)なぜ地域民はその文学(和歌中心)を求めたのか。つまり動機・契機や目的について。

(2)地域ではどのようにして、その文学活動が行われ、またどのように変化していったのか。つまり実態と変遷について。

(3)他の文学的分野(とくに俳句)との関係はどうなっているのか。つまり相互の関連性について。

2　和歌への接近

干潟地域における和歌関係の文書・刊本の残存状況は第1表のように集計できる。干潟町西地区が最多とはいえ、全域を網羅していることがわかる。

表にはのせきれなかったが、その刊本の作者は、本居宣長・橘千蔭・鈴木重胤といった中央の歌人はもちろんであるが、それのみならず、この時期の、この地域を特徴づけるように神山魚貫・宮負定雄・林重義といった地方の歌人もみとめられる。以上のことから、この地域における和歌への関心のほどがよみとれる。

次に問題となることは、和歌への興味を示す時期と契機である。そこで再び第1表について年次的に検討してみると、次のようなことがわかる。

まず安永以前のものは散見する程度である。表記はできなかったが、それも一般的な和歌書である。おそらくはそういった書を購入し、読むといった、ごく個人的段階にしかすぎないと思われる。いわばこの時期は旧派的体制

第1表　干潟地域の和歌関係史料（現存状況）

所在地	所蔵者名	～安永	～享和	～文政	～弘化	～安政	～慶応	明治	年不	計
鏑　木	平山忠義	7	2	9	13	125	23	11	72	262 (335)
〃	岩岡武夫							1		1(1)
〃	吉田光俊	1								1(1)
〃	鏑木寿一郎								1	1(1)
〃	林　好衛				1	1				2(2)
万　力	島田　薫								2	2(2)
〃	伊藤　武								1	1(1)
〃	鈴木重世							1		1(17)
〃	林　修一		2	1	4	3	7	10	22	49(217)
新発田	鵜野治男	1	1		1	2			5	10(17)
米　込	米込区有				1				2	3 (6)
〃	杉崎　栄			1			1	1	3	6(14)
長　部	遠藤良太郎				1				1	2 (6)
〃	幽学保存館						1			1 (1)
〃	八石性理協会	2	2	1	1				6	12(46)
松　沢	宮負克己				1	1			4	6 (7)
諸徳寺	菅谷豊三	2							1	3 (7)
入　野	長谷川正義			1				1	4	6 (9)
溝　原	鈴木精一								1	1 (1)
万　歳	寺島　正	2		1	1				11	15(59)
〃	堀越　勇	1								1 (1)
〃	井上洋一			1					3	4 (7)
府　馬	宇井　隆	3		5	2	3	5	25	20	63(174)
稲荷入	上代克己	1								1 (1)
	計	20	7	20	26	135	37	50	159	454 (933)

注1）本共同研究による『干潟町古文書所在目録』より作成。
2）数字は点数，ただし，カッコ内は冊数。

のもとに閉鎖されていたといえよう。

ところが、該表でも察知できるように、文化・文政期には和歌関係のものが増加してくる。鏑木村の大地主である平山家の九代目正名が、おそらく同家として初めて自「詠草」をしたためるのは、文化七年五月のことであった。それ以前に同家にのこるものはすべて中央の刊本である。またこの時期は化政文化という全国的な動向にも触発されたのであろう。この時期の文化を特色づける狂歌も点在する。万力村の林竹丸（重義の祖父）は「性高遠ニシテ頗ル大人ノ風アリ、常ニ耕耘ヲ嫌ヒ稼業ヲ務メス狂歌ヲ好ミ其妙ヲ得タリ、青葉亭竹丸ト号ス名吟多シ」といわれた。さらに「家事ヲ修メス常ニ浄瑠璃ナルモノヲ以テ食業トナシ四方ヲ周遊ス、故ニ資産日ニ衰ヘ家ニハ纔カニ老父母アリテ日々ノ生計ヲ営ムニ過キサルノミ、蓋シ林氏ノ頽敗此時ヲ以テ極度トス」といわれ、はては文化八年（三六歳）「終ニ自宅ヲ棄テ独リ走リテ同郡（香取郡―鈴木）米込村渡辺治右エ門ノ養子トナ」ってしまう。(4)この時期は、まだ個人的レベルであったが、徐々に歌への興味が一般化し、大衆化してきた。しかし、それは遊興性を帯びたものであった。

第1表をもう一度注目すると、天保・弘化年間にさらに量的な拡大のあることがわかる。さきの豪農平山正名の子で、平山家一〇代目の正義は多くの自「詠草」をしたためている。つまり天保十五年四月のものを「初」として、以後、安政六年まで冊子に番号を付して整理している。この点はあとでもふれるが、いずれにしても平山家の和歌は、天保年間に、自「詠草」により、本格的に歌われはじめたことを意味している。

ではなぜ、平山正義は和歌に熱心になるのであろうか。それは単に父正名の影響ということ以上のものがあると思われる。

天保二年、松沢村の名主で平田門の国学者宮負定雄は、平山家の要請に応じ、荒廃した農村の改革について献策している。それが「国益本論」(5)である。宮負は平山家には親しく出入し、時には同家で一首詠ずるなどした間柄である。(6)同人は、同年に著した「民家要術」(7)において、詩歌について次のように述べている。

詩歌も世の為になる実情を述べて今日の経済を助くる実歌なれば国益になるべけれど、さにはあらで花も咲かぬに花の歌をよみ、雪もふらぬに雪をよみ、題を出して種々の嘘をいふは皆徒事なり…（中略）…歌をよむとも必偽歌をよまずして事に臨みて実歌を詠む様に習はすべし

この実歌論は、前代の花鳥風月流の机上文芸に対する批判であり、それは村政改革、つまり荒廃立直しへの期待

の中から生み出されてきているのである。

性学を論じ、かつ和歌・俳諧の宗匠を任じて北総に来遊してきたのは大原幽学である。平山正義もさっそく天保五年八月には入門し、小前層の抵抗緩和策を幽学にたずねたりしている[8]。幽学もまた、やはり「口の先の学者」など机上学問を否定したりしている[9]。また和歌も重視し、正義らの門人に景物として与えている[10]。

この天保期の特色は、自詠が継続的になされてきたこと、しかも経世済民的な要求を反映し、前代を批判し、新鮮さをうち出そうとしていることである。この時期になると、個人間の文化的交流が強まってきている。

3　歌会の実態と変容

第1表を見ると、嘉永・安政期における和歌関係史料の異常な多さに気づく。まず平山家の和歌関係史料について見ておこう。

①　自詠草――これは、ほとんどが表題に「詠草」としてある。前項でもふれたように、文化七年五月の正名のものが最初であり、元治元年八月の季義(一一代)までである。このうち、大半は正義(一〇代)のものであり、その分(天保十五年〜安政六年)は整理され、番号(一―八まで)をうってある[11]。それ以外に「別冊」という区分名で番号(一―四まで)をうってあるもの[12]や、分類名・番号のないもの(二三冊)[13]がある。これらもほとんどが正義のものであり、それだけに彼の和歌に対する興味の深さがわかる。

②　歌合――入花料をもちより、左右に分かれ、与えられた歌題について詠み、それに判者が、勝・負・持の評価を下す形式を歌合という。これも正義は嘉永三年七月の「当座歌合」を一番に、文久元年六月の「五十番扇

歌合」を二〇番に、以下は年欠ながら二五番までふっている。それ以外に番号も年号もないものが一点ある。

③　月次詠草――字のごとく、月に決まって寄り集まり、歌題に対し順次詠み、宗匠の添削と評点をうけるわけである。正義は嘉永五年三月の「月次詠草」を一番に、以下万延元年四月の「月次詠草」を一二番に、あと年欠のもの二冊に一三、一四番と順次番号をふっている。他に明治五年八月の「月次秋詠草」があるが、子の季義のものである。

④　月次詠草書抜――③は主に自らが主催したもの、もしくは自分がその冊子を保管した場合のものである。一方、この「書抜」はその「手前会」のものも含めて、さまざまな詠草の会において自らが詠んだ歌を、年月日・場所ごとに主催者・判者および点数もそえて抜書きしたものである。これは、弘化二年〜安政二年八月分の「処々月次詠草」を一番に、万延二年分の「月次詠草書抜」を六番と順次番号をふっている。その六冊とは別に文久二年十月〜同三年五月分の「月次詠草書抜」を一番に、慶応二年六月〜同三年五月分の「月次詠草写」を四番と、順次番号をふったものがある。前者は正義のもの、後者は季義のものとしてよい。

以上の考察をもとに、本項では主に②と③の史料により検討を加えていく。なお、その分析は次の点にしぼることとする。

(1)前項につづいて時期的問題について

(2)作者について

(3)宗匠について

その前に、平山正義が個人的な詠草レベルから集団的な歌会に参加していくのはいつのことであろうか。その最も早い時期は「処々月次詠草書抜」によれば、弘化二年のことである。(14)しかし弘化年間には二年に三回しか参加しておらず、自ら主催もしていない。

さて、さきの三点を中心とした平山家の歌合と詠草会(月次)でのようすは第2表のとおりである。まず第一の時期的な問題について。この表は嘉永三年七月に歌合がはじめられ、以後だいたい連続的に催され、参加する様相を如実に示している。月次会の方はすでにふれたように、弘化二年に、いわば単発的に出向いたこともあったが、本格的には嘉永五年三月からである。このころは、平山家にとって、天保期以来の経営の立直りが、米価の高騰や寄生地主への転換などにより大きく効果を示す時期である。こうした経済的な安定・向上が和歌の方にも、影響を及ぼしてきたことは否めない。しかし、それだけではない。逆にいえば、前代以来の模索の中から築きあげてきた経世済民的な文学活動がかなりの成果をあげたことになる。このことからすれば、文学と経営の融合の結果ともいえるわけである。平山家の経営がより広い世界とつながっていることを示すものが、天保三年の「聞

第2表　歌会一覧(平山家中心)

歌合			月次		
年　月	判者	参加者	年　月	判者	参加者
嘉永 3.7	神山	3			
4.3	伊能	13			
4.5	神山	2			
4.	〃	12			
4.8	〃	2			
6.7		7			
6.8		3	嘉永 5.3		7
6.秋	神山	13	5.11		3
6.12		3	6.7		8
7.5	神山	9	7.11		12
7.7	木内	4			
7.7	〃	5			
安政 2.9	神山	5	安政元.3		12
2.11		6	2.2		16
3.春	神山	10	3.1		12
3.11	〃	8	4.6		17
3.冬	〃	17	4.8	神山	19
5.3	〃	10	5.5		17
5.8	〃	12	6.4		17
万延元.8		12	万延元.4		14
文久元.6	神山	11			
不　明	伊能	13	明治 5.8	神山	9
不　明	神山	8	(年不).10		7
不　明		2	不　明		15
不　明	神山	4	不　明	神山	18
不　明		7			
不　明		13			
小　計		214			203
合　計			417人		

注1)　鏑木，平山忠義氏所蔵文書「歌合」・「月次詠草」類，および「麻葉集」・「清風集」などより作成。
2)　「神山」とは神山魚貫，「伊能」とは伊能穎則，「木内」とは木内保旧のこと。

仙台船漂流記」を上限とし、嘉永六年の「水戸中納言殿上大地図形於朝廷表文之写」から系統的に平山家にのこる時事関係の風聞書の類であることをつけ加えておく。

第二点目の作者の問題について、ふれておく。平山家文書にみえる和歌の作者、というより平山家に関係した地域の和歌連中は都合八七名をかぞえる。このうち歌合と月次詠草（前記③と④の文書）にあらわれたものを表記したのがさきの第2表である。まず歌人の安定的かつ漸増の様子がうかがわれる。この表の年月別の数字を単に並べただけでは比較にならないとしても、歌合の方は嘉永三年に三名であったものが一三→一七などと、また月次の方も同五年に七名であったものが、一二→一六→一九などと増加していき、延べ四一七名の参会者数が示すように、年々、盛会になっていく。

次にわかる範囲で参会者の居住地を追ってみると、計四郡三〇ヵ村である。最も多いのはむろん香取郡（一七ヵ村三九人）で、ついで匝瑳郡（七ヵ村一一人）・埴生郡（三ヵ村四人）・印旛郡（三ヵ村三人）であり、下総の中・東部にまたがり、しかも多勢をまきこんでいることがわかる。

そこで次に何人かの歌人について紹介しておく。このうち平山正義（参会数四一回、最高）は除くこととする。林保綱（同、三七回）と竹浪（同、三三回）は親子であり、香取郡南山崎村に居を構え、旧家をもって知られている。特に先代の伝兵衛は領主池田甲斐守の代官をつとめ、殖産興業の発達や義倉の設置に尽力した典型的な天保人であったが、そうした体験は子の保綱・孫の竹浪に引き継がれたに違いない。なお保綱は「蔦廼集」・「蔦廼遺集」などの歌集をのこしている。(15)

松山胤将（同、一三回）は匝瑳郡松山村の松山神社の神官として知られ、また私塾の師匠としても近隣に影響を及ぼした人である。なお松山重胤（同、九回）はその子である。(16)

都祭胤文（同、九回）も同類である。彼は香取郡新里村の八重垣神社の社掌として、他の多くの神社の神主も兼ねていた。そして天保二年には平田学に入門している。[17]

平山季英（同、九回）は香取郡中村の名族で、鏑木村平山氏の本家筋にあたる。彼は富農にして、医術にもたけていた。なお、その養子の季輝は正義の実子であり、後年初代県会議員の一人として活躍した。[18]

大川蕃雄（同、二八回）は鏑木村長泉寺の住職をつとめ、後年大講義にまでなったが、後には還俗している。[19]なお釈酔庵（同、八回）は同寺の隠居である。

この作者群の紹介は枚挙にいとまないし、また後の項とも重複する部分があるので、とりあえず筆をとめることとする。とにかく、わかったことは、地域の経済的・文化的共に、あるいはいずれかが上層部、少なくとも中位の上層部以上の人々が多く参加していることと、しかもさきの平山家と同様な志向をしていることである。

次に、この歌合や月次会における判者をとりあげてみる。第2表によれば、神山魚貫が一八回と圧倒的に多く、続いて木内保旧と伊能穎則が各二回である。とりわけ平山家の場合に限っていうと、嘉永三年以降、それまでの大原幽学から、この魚貫との往来の方へ切り換えていくのである。[20]

神山魚貫（三郎左衛門）は、天明八年九月に埴生郡飯岡村に生まれ、明治十五年五月（九六歳）に没している。小山田与清と親交があったが、生涯を農民歌人として送った。しかし、伝えられるような「田園歌人」[21]ではないことは、門人に関する次の二つのことからかいまみられる。

門人の平山正義は、万延二年正月〜十二月分の「月次詠草書抜」（六）の表紙の裏面に、とくに朱で次のようにメモしている。

神山翁云　表悲嬉なといへる詞ハ必偽を顕ハすものにて用意なくよむへからす　老練の人ハ又いはすして一首

のうち其意を含むかたき事なから心かくへし

これは感動表現における芸術性についての神山の言葉であって、これを平山正義が特に書き留めたということは、正義の胸中に生活と芸術との関係についての思念が存在していたことを示している。

神山の門人の多さにも注目する必要がある。その著「麻葉集」[22]（安政五年）の巻末の「集中人名録」により、その薫陶をうけた歌人を数えると、香取郡が最も多く一九ヵ村三九人、ついで埴生郡一四ヵ村二九人、印旛郡九ヵ村一九人、匝瑳郡五ヵ村七人、海上郡三ヵ村四人、武射郡二ヵ村二人、相馬郡一ヵ村一人、その他に常州四郡八ヵ村一九人、越後一人、肥後一人であり、その多さと広さは意外なほどである。

平山家文書の中に「神山翁無境庵再建勧進并ニ麻葉集配分帳入用書」[23]（安政五年十月）と上書きした一袋があり、その中に「麻葉集配分割合記」（安政五年八月）が封入されている。この年、門人達が一体となり、師の魚貫（無境庵）と自分達の歌を編輯した際のものである。この帳簿の前半は出版上木の費用の明細が記され、後半はこの地域の門人への拠出金の割付と刊行後の配布部数が記されている。ここでは魚貫の有力門人が確定できるが、それはだいたい第2表に含む（若干紹介済）歌人と同様であり、重複することもある。またそれ以上に、門人の結束ぶりとか、地域の出版運動の様子などがうかがえる。

実は、他の二人の判者も神山魚貫に関係がある。伊能穎則（三左衛門）は、文化三年 佐原の商家に生まれ、明治十年七月に没している（七三歳）。彼は魚貫に師事してのち上京して小山田与清の門を叩いている。維新後は、教導局宣教権中博士になったが、帰郷し、香取神宮の神官となり、少宮司にまでなっている。「歌語童諭」など多くの著書がある。[24]

木内保旧は香取郡木内村、木内神社の祠官の子として、文化十三年八月に生まれた。平田篤胤に学び、魚貫や穎則とよく交遊した。明治七年三月に少講義にまでのぼった。その間、小見川藩校の教授をつとめたこともある。また遺稿には「竹葉集」などがある。[25]なお、その子の保雄も父同様、平山家の歌合に顔を出している。このように他の判者も、魚貫とつながりを有していた。

以上のことにより、この地域の和歌が地元の判者により指導され、かつ歌人同士が強い連帯感をもっていたことがわかった。さらにその大宗匠は新しい志向性をもち、その下の小宗匠・門人もさまざまの新しい道をめざしていることもわかった。

ここでは平山家を中心に、嘉永・安政期の地域の和歌について追ってきたが、一応まとめておきたい。

(1)嘉永期という荒廃立直り時期に和歌活動は運動となった。それは文学と経世済民との一体・融合を示すものであった。

(2)歌人は安定的に漸増していった。しかも、かなり広い範囲にわたっていった。なお、その階層は地域の社会的・経済的・文化的な上層民を中心としていた。

(3)その指導者(宗匠)も前代に芽ばえた新しい志向性を確実にもち、伸ばしていた。またその者を中心に強固な和歌連が構成された。

4　その後の和歌活動

第2表ではわずかにわかる程度であるが、平山家は正義の没後も、子の季義により和歌活動が継承されていく。事実、彼にも自「詠草」が文久三年五月のものから元治八年のものまで計一〇冊、「月次詠草抜書」類が文久二年

第3表　歌　会　一　覧（林家中心）

作者	年月	慶応1・	2・9	3・7	3・10	4・4	4・5	4・6	4・7	4・冬	明治21・10	・1	・7	・7・8	年不	年不	計
	判者／居住	鈴木	高安	鈴木	鈴木	鈴木	鈴木	鈴木	鈴木	不明	林	鈴木	鈴木	鈴木	木内	宇井	
林　重義	万力	◉*	○*	27*	29*	○	◉	□*	◎*	◎			□*	○*	◎*		12
林　武義	〃		□	28	40	◉	○	○	◉	□	◎*	◎*				◉*	11
藤井意守			○														1
実川梅守			○														1
笹本忠雄			○														1
杉崎豊丸		○	○														2
熱田武貞		○	○											◎			3
若梅可面			○														1
伊藤鎮義			◎	27													2
伊藤正容			○	27	28												3
若梅知義			◎														1
鏑木一胤	鏑木			29	31	◉	◎	◉	○	○		◉	◉	◉			10
平山季義	〃	◉		34	35	◎*	□*	◎	□	◉*			◉	◉			10
鏑木盛胤		□															1
杉崎利恭		○															1
宇井包高	松沢														◉		1
木内保雄	木内														○		1
金親嘉睦	府馬														○		1
宮負定信	松沢														□		1
宇井文路	府馬														○		1
米本　農															○		1
笹本雪丸															○		1
高木重道											□					○	2
林　道利	万力										□					◉	2
橋村稲守	〃										□					○	2
小林かをる											□					○	2
鈴木重文											○					○	2
伊藤芳雄																○	1
飯島武光											◉					○	2
高山牛夫											○						1
伊藤芳松											◎					◎	2
金杉春重	鏑木										○						1
計		6	11	6	5	4	4	4	4	4	10	2	3	4	8	9	84

注1）万力，林修一代所蔵文書「歌合」「和歌詠草」類より作成。
2）◎◉□印は上からの順位，○印は他の参加者，数字の場合は点数，*印は催主。
3）「鈴木」とは鈴木雅之，「高安」とは高安滝見，「林」とは林重義，「木内」とは木内保旧，「宇井」とは宇井包高。
4）慶応2年の場合のみ狂歌。

十月のものから慶応三年五月のものまで計四冊がのこされている。しかし季義はまだ若年であり、加えて早世してしまう。このために、この地域の和歌の中心は、以後分派的傾向を示す。すなわち、鏑木村の大川蓄雄、万力村の林重義、松沢村の宇井包高である。

ここでは、林重義(竹丸・彦兵衛)をとりあげてみる。彼は平山家の歌合文書には三度ほど名がみえる。そのつながりから、神山魚貫の門人であったことが、次の一文からわかる。

仝(安政四―鈴木)年神山魚貫翁撰スル所ノ麻葉集成ル、竹丸之ニ歌三首ヲ載ス、蓋シ竹丸ハ彦兵ヱノ歌号ナリ、彦兵ヱ初メ狂歌ヲ好ミ祖父ノ号ヲ襲キ青葉亭竹丸ト云フ、後又神山翁ニ従ツテ和歌ヲ学フ、是ニ於テ之カ選ニ預ルト云フ[26]

第3表のごとく、林家の詠草は慶応二年からのこされているが、それは平山家を引き継ぐような形である。それゆえに重義が、和歌にとくに意をつくすのは、やはり平山正義のなきあとと思われ、以後、歌合を催していくのである。しかし、かつての平山家と比べれば歌合の回数は四三に対し一六であり[27]、参会者総数も八七人に対し三二人である。それは、従来の和歌運動が転期を迎えていることを示している。

歌人は平山正義のころと比べれば氏名の移動があり、世代交代を意味する。しかし、階層の移動はみせていない。この林家が中心となった歌会の判者は圧倒的に鈴木雅之である。この人物について、天保八年に埴生郡南羽鳥村に生まれ、この干潟地方で国学に、教育に邁進したことはすでに述べた。魚貫に師事した雅之は少なくとも慶応三年七月には同地域に関わりをもち、林重義やその長子の武義・平山季義・鏑木一胤を、有力な門人として指導していた。

彼の思想論は別稿に紹介したことがあるので[28]、ここでは要約に止める。彼は、高産霊神と神産霊神の二神を万物創造神におき、そこから生成の道理を説く。すなわち、二神にこそ宇宙・万物の真理が潜むとし、この真理を生産性の根底におく。彼にあっては「生産」の観念が強く、したがって空理空論的な事柄は否定される。

雅之の歌論「歌学正言」「歌学新語」あるいは歌集「清風集」などもこうした意図と意識に基づいて説かれたり、編まれたりしている。例えば「(歌は―鈴木)上下のへだてなく賢愚にもよらない」[29]といった下層への意識、「歌学、これは言語に兼ねて学ぶ」[30]といった教育および制度化の指向、「情をかくしうわべを飾って偽ばかりをいい出すならば玩具にひとしく何の役にたとう」[31]という実感・実践主義、「そもそも歌は情と言と調との三つがあいかなったもの」[32]とする体系的歌論は、その一端を示している。またこのことは、むろん、彼の教育論(既述)ともかなり共通している。しかし、この鈴木雅之はわずか三年にして同門の学兄・伊能穎則に招かれて上京してしまい、しかも明治四年に三五歳で急死する。この出来事は林らこの地域の歌人にとって衝撃であり、活動の発展を鈍らせることになったであろう。

確かに、この時期は、すなわち平山らの世代の末期(嘉永以降)に位置すると同時に、林ら次代の修得時代にも相当する重要な時期といえよう。そして本来なら、次の展開の時期をむかえるはずであるが、さきの地域的事情によったり、あるいは全国的な歌壇の状況に比例し、この地域も一時、和歌活動が衰微してしまう。その後、重義は竜見なる書号をもち、日記によれば、書画会に行ったり、また学校の設立と教授に尽したり、また長男・健治の学習結社の援助に追われたりし、そのためか和歌そのものの活動は記録面からは消えてしまう。現に第3表をみても、歌合の文書は慶応四年から明治二十年にとんでいる。だからといって、全く彼が和歌を放棄したわけではない。[33]

重義は明治二十年十二月に「歌の道の衰へたるを嘆く」と題した一文を「千葉新報」[34]に次のように寄せている。

今の東京を江戸と称へたる頃ハ此都に歌の聖ありて月次に歌の題を出し国々のみやび雄たちハ云ふも更なり、

天さかるひなの卑しき山かつのよみたる歌をも広く普く集めもとめて之を撰にかけて其歌となれる限りを板にゑりいと美しき集冊となしつゝよみ人に配りたり、而して其よみ人ハ常ニ万をもてかそふべく之を集る所ハ百の上にも出たるなるべし

その繁栄ぶりを懐古した彼は、ひるがえって現実については「今も某新聞紙の端某雑誌の末などに折〻歌を見る事あるも皆撰みたる者にしあらねば情と言と調との三なからとゝのひし者ハ大かた無きか如し」と嘆息している。そして後段で「歌は人の心を和らけて国を治るにいと便りよき道也」と確認している。この「国を治る」という語は大変余韻をのこす。

このの ち、和歌は日本主義の称揚の過程で、新しい形式と用語をあみ出し、いわゆる新派として復興してくる。(35)この干潟地方の和歌について、明治二十六年十月十四日の「東海新報」は、「和歌の流行」と題し、次のように報じている。

香取郡の南部にては昨今和歌の道頗ぶる流行し宇井包高、林重義、大川蕃雄の各派ありて月次集会怠りなく互ひに競争し居るといふ

重義は「陽発吟社」を主宰し、後進の育成にあたるなど、息を吹き返すのである。ただ、それは江戸期と異なり、国家主義の下での復調であった。

そうして林は没する二年前の明治三十五年、長年の和歌活動の集大成ともいうべき「美濃尾張家苞くらべ」(全二巻)を東京の吉川弘文館より刊行した。この書については別稿でふれたことがあるので、それに譲るが、林は序文に、執筆と刊行の主旨や経緯を次のように書いた。

「国語活語の霊妙なる活き其深き処を速にさとり、和歌和文の優美なるおもむきのひそめるおくを早く探らぬ」

として「新古今集」をえらんでみた。[36]しかし、それに対する本居宣長の「美濃の家苞」と、次に手にした石原正明の「尾張の家苞」とを比べると見解を異にしている。そこで両者を評釈し、優劣を判定してみる。[37]そうすることによって「我が国家の為に末頼しき初学の人々早く斯の書を継き、国文国歌の是を進ミたまへかし」と。

本居宣長の業績は「いわゆる『道の学問』として、歌文の創作まで含め、すべて道によって統括され」、その思考は「『物のあわれ』的主情主義」であり、それは「幕藩制の緊縛から人間性を解放する清新さと進歩性を持[38]」っていたとされる。

のちに、これにあきたらず「元来本居学は訓詁主義で、…(中略)…考証の学に向[39]」った鈴屋門の一人が尾張出身の石原正明であった。すなわち後年、「宣長の見地は主として歌詞の末節に拘泥したるが如きものにして、詩美の鑑賞を逸したる点あるを免れず[40]」「余情余韻を第一義[41]」という評価を石原はうけている。[42]なお重義の師の鈴木雅之も本居学の影響をうけた一人であった。

しかし本居宣長や石原正明らの近世における復古観や情念論といった意識は、日本主義を背景とした和歌の再編制の過程で「国歌」と化したのである。[43]

他に重義は「国語活語早まなび伝授書」(明治三十六年四月)という基本的な活語を研究した成果を発表したり、あるいは教師として学校教育に和歌を導入しようと計っているが、これらのことは別稿を参照されたい。[44]

以上、林重義を中心にして、神山魚貫・平山正義らによる和歌運動の消長を追ってきた。結局、神山・平山らの路線は鈴木・林らにより継承された。しかし維新と共に和歌は低迷化の道を歩む。また鈴木も上京し、まもなく早世してしまう。干潟地方では全く細々と歌が詠まれる程度であった。それがやがて国家主義を背景に大きく復活してきたのであるが、それは「国歌」という、いわばベールをかぶったものであった。第1表の慶応期三七冊・明治期五〇冊は、こうした経緯を示したものである。

5　歌人間の交流

ここで述べることは、詠歌そのものにおける交流ではなく、日常・その他のことである。

まず第一に注目すべきことは、尊王攘夷運動への関心と参加の動きであるが、そうした意味での政治的な動きは

第4表　歌会一覧（宇井家中心）

作者	年月／居住	安政3・5	慶応3・3	・1	年不	計	備考
	判者	木内	木内	木内	不明		
宇井包高	松沢	18	□	◎	□	4	
宮負包信	〃	16			○	2	由蔵
林竹丸	万力	23		◉	○	3	重義
笹本雪丸		19				1	
米本農		19				1	
金親嘉睦	府馬	22	○	◉	○	4	文路の叔父
宇井文路	〃	16*		○*	○	3	正夫
増田宗博	野田				◎	2	
越川定信	松沢			○		1	
宇井正富				○		1	
平山正義	鏑木				◉	1	
大川蕃雄	〃				○	1	
木内保雄	木内				○	1	覩負
木内保麿					○	1	
豊具			○*			1	
康則			◎			1	
胤正			○			1	
直縄			◉			1	
元貞			○			1	
以寛			□			1	
胤奥			○			1	
鈴木義山			○			1	
秀信			○			1	
政成			○			1	
山寺			○			1	
竹膽			○			1	
一丸			○			1	
計		7	15	7	10	39	

注1）府馬，宇井隆氏所蔵文書「歌合」・「和歌詠草」類より作成。
2）◎◉□印は上からの順位，○印は他の参加者，数字の場合は点数，*印は催主のこと。
3）「木内」とは木内保旧のこと。

強くない。さきの林重義は幕末維新期に地域の神葬祭運動の中心になることはあるが、宗教活動の次元に終っている。政治参加の例を強いてあげれば、平山家を中心とした歌会に顔を出したことのある南山崎村東光寺の釈超順の反尊攘運動である。『香取郡誌』は、彼を「明治維新の際、還俗して松前藩兵と為」るとしているが、単独行動であったと思われる。

こうした角度だけでは不十分なので、他の面についてみてみよう。府馬村の宇井正夫(太兵衛)の寺子屋については、すでにふれたので、和歌への関わりにしぼってみる。彼は「安政二乙卯　十七才　此歳初メテ歌道ニ志シ歌会等ニ出詠シ(45)」た。その後、明治三年には「十一月ヨリ向半年間本多元俊先生寓居之レニ師事シ和歌点茶等ヲ学習ス…(中略)…本多先生ノ紹介ニ依リ神山魚貫翁ニ謁シ歌道ヲ問ヒ、且添削ヲ乞フ(46)」ている。彼の場合は、かなり晩年の魚貫に師事しているが、やはり、さまざまの学習条件に恵まれた。

第4表は宇井家の歌合・月次詠草から作成した歌会の状況である。やはり平山家の歌会や第3表のメンバーと重複する部分が多い。ここでも名前を連ねている林竹丸(重義・彦兵衛)は、新暦一月十一日に自村で何か紛議があった時、宇井正夫に仲に入ってもらい、村民一同は喜んでいるという内容の書簡を送って、謝意を表わしたことがある(47)。正夫と竹丸との間には直接、行政的な関連はないはずであるが、和歌や寺子屋・私塾といった共通項が、それ以外の分野にまで、つながりを密にしていくのである。

この林彦兵衛は鏑木村の平山家とも歌以外の交流をしていることがわかる。例えば明治二年七月、鈴木一平(雅之)が平山昌斎に対し「我等事貴殿養子ニ相成候処今般相添之上離別ニ相成申候(48)」という一札を入れた時、この書状に彼は立会人として名を連ねた。またその平山本家の一一代目で同じ和歌仲間であった季義が中年にして没した際、その弟の小四郎に対し「若シ採ル所アラハ委細ハ議事ニ参与シテ猶許多ノ異見ヲ陳弁セン(49)」と長文の書簡を送っている。

こうした事例はあげてもきりがない。いずれにせよ地域の歌詠みたちは網の目のようにつながり、歌以外でも交流していたのである。ただ、それが上層部が中心のゆえに、それなりの限界性もあったと思われるが、この点は今後の課題とする。

6 俳諧との関連

和歌を論じたからには同列・同類の俳諧にもふれぬわけにはいかない。そのために、やはり和歌の場合とだいたい同じような方法と観点で進めていく。

干潟地方でも多くの人々により俳諧が吟じられていた。第5表は旧古城村、つまり干潟町西地区を中心とした宗匠の変遷を示している。これによると、宗匠は鏑木や万力など六ヵ所にわたっている。この表は『古城村誌』をもとにしたために地区が限定されているが、当然、中・東地区にも運座が形成されていた。[50] しかし、ここでは和歌にもあわせ、西地区を中心にとりあげていく。

ところで、俳句がこの地域で詠みだされるのはいつのことだろうか。その確たる記録はない。そこで第5表の宗匠二九人について、その生年をさぐると、寛政年間三人・享和年間一人・文久年間一人・慶応年間一人・不明一四人という内訳である。この数字を没年とも照らしてみると三つの世代に分かれる。ひとつは寛政年間に生まれたグループで、これはもし二〇―三〇歳代に俳諧の道に入ったとすると、文化・文政期に全盛となる世代である。以下順に享和・文化・文政期に生まれたグループは天保期、天保期に生まれたグループは安政期、安政・文久・慶応期

第5表—1　旧古城村および近隣の俳諧宗匠

流派名＼襲名順		初　世	2　世	3　世
雪山居	俳　号	都　本	軒　始	本　磨
	通　称	斎木某	萩原太郎左ヱ門	斎木重郎左ヱ門
	生　没	？〜文化10	？〜文化6	寛政5〜安政6
	居住地	鏑木後小川	万　力	小　川
止々国	俳　号	士　祥	桂　月	春　城
	通　称	鏑木某	金杉庄右ヱ門	石田倉之助
	生　没	？〜？	享和3〜明治14	安政6〜大正4
	居住地	新　里	鏑　木	新　里
竹応斎	俳　号	羽　林	智　精	春　砂
	通　称	石田藤左ヱ門	金杉八郎左ヱ門	林松之助
	生　没	？〜明治13	？〜明治29	？〜？
	居住地	新　里	鏑　木	鏑　木
黒亭	俳　号	要　五	五　緅	如　水
	通　称	？	小林謙斎	鵜野吉造
	生　没	？〜文久3	天保5〜大正5	文久2〜大正14
	居住地	江　戸	万　力	万　力
礁庵	俳　号	要　五		
	通　称	飯田喜左ヱ門		
	生　没	天保6〜？		
	居住地	万　力		
椿海舎	俳　号	しげり	重　雄	陽　和
	通　称	増田倉右ヱ門	佐藤重右ヱ門	高根重郎左ヱ門
	生　没	文化4〜明治19	天保9〜明治42	天保13〜大正9
	居住地	鏑　木	鏑　木	鏑　木

流派名＼襲名順		初　世	2　世	3　世
耕休亭	俳　号	？	寿　耕	白　雨
	通　称	？	林治左ヱ門	古橋市左ヱ門
	生　没	？〜？	寛政9〜明治19	？〜？
	居住地	？	万　力	万　力
草雪庵	俳　号	巴　篁	篁　月	
	通　称	松崎重幸	荒井勇	
	生　没	？〜？	慶応2〜昭和7	
	居住地	松　崎	万　力	
煙霞亭	俳　号	蘆　洲	喜　月	
	通　称	金親昇一郎	越川喜内	
	生　没	文政3〜明治23	？〜？	
	居住地	万　力	万　力	
椿庵	俳　号	？	耕　圃	
	通　称	？	林治五右ヱ門	
	生　没	？〜？	？〜？	
	居住地	？	万　力	
甘古堂	俳　号	蒼　翠		
	通　称	(雪山居六世)		
	生　没			
	居住地			
雪泉堂	俳　号	春　洲		
	通　称	(雪山居七世)		
	生　没			
	居住地			

注1)『古城村誌』(後編)を中心に作成。
2) 雪山居派の4〜8世は次表。

第5表―2　雪山居派宗匠のつづき

	4　世	5　世	6　世	7　世	8　世
俳号	景　山	竹　亭	蒼　翠	春　洲	景　山
通称	斎藤忠兵ヱ	萩原太郎左ヱ門	塚本治左ヱ門	鈴木安太郎	斎藤佐兵ヱ
生没	寛政8～慶応3	？～？	天保2～明治36	安政6～昭和20	？～？
居住地	小　川	万　力	鏑　木	万　力	小　川

注）『古城村誌』（後編）を中心に作成。

に生まれたグループは明治期と考えていくことができる。この俳句の場合もやはり、化政文化の隆盛の中で大衆化していったのであろう。万力の六軒家にある「俳諧筆墳」は天保二年二月に芭蕉の句を刻んで建立されたものである。その裏面には当時の地域の俳人の句が五点と建立者二名・差添二名・補助九名の名前が記されている。この天保二年における複数による建碑は、あたかも地域における俳諧活動の始動を表象しているようである。

その後（文久三年以前）に江戸出身の黒亭要五が万力村の金親昇一郎宅などに七年間寄寓し、俳諧を指導したことがあり、その流派が第5表―1の「黒亭」である。この門より育った万力村の小林謙斎は、彼の画の師・田中遜斎のため「遜斎先生一周忌追福詩歌連俳書画会」(51)を川上村の隆星院で催し、中央・近隣の文人ら六九人を参集せしめ、組織力を発揮していく。こうして年々ステップを踏むように、俳人が活躍するようになった。

次に運座のメンバーについてふれる。第5表の宗匠（万力一二人・鏑木八人・他一一人）や前記の筆塚の一三人を検討すると、平山家（鏑木）や林家（万力）を中心とする和歌連とは、一部例外はあったとしても、ほとんど重ならない。これら俳人に、鵜野家文書の「黒亭宗匠副評題maps」の三二人と「一座の句集」の一二人を加えて追求してみると、村内上層部のものは、和歌に対比すればきわめて少ない。強いてあげれば、さきの黒亭要五（小林謙斎）以外には、江戸期では耕休亭寿耕（林治左衛門、万力村・寺子屋師匠・組頭）、耕休亭白雨（古橋市左衛門、万力村・寺子屋師匠）、明治初期では煙霞亭蘆洲（金親昇一郎、万力村・私塾と小学校の教師）、同中・後期では雪山居春洲（鈴木安太郎、万力村・村長）、黒亭如水（鵜野吉造、万力村・村長)くらいである。[52]

このことからすれば、俳諧に参加した人々は上層を若干含みつつも中位にふくらみをもっていたといってよい。さらに「名族」とか「学者」といった上層民はほとんど含んでいなかった。よくいわれるように、一見「民衆にとって、俳句は組しやすい文学[53]」で、それだけにリアルに、時としては願望をこめて表現したものが多い。[54]

しかし、それだからとて俳諧が大勢を占めていくわけではない。米込村の杉崎太兵衛は文政十年に生まれ、七代目をつぎ、文久四年現在で二八石余、[55]明治九年現在で五町余[56]を保持する農民である。同家の経営もまた、嘉永年間に地主化の傾向を帯びつつ、[57]上昇にむかう。経営の安定と歩を合せて太兵衛は俳諧の道に入っていく。例えば嘉永二年には、秀耕亭豊丸の号で「発句独吟覚[58]」に多くの自句を書き付けている。また同三年には「発句衆儀判覚[59]」に句会の記録、つまり年月日・作句・催主・作者などについてしたためている。

ところが文久元年七月になると、「初心詠草[60]」にかわり、歌会の年月日・作歌・催主・作者などがしるされている。つまり林重義(竹丸)らと和歌の会を行っている。このことから、杉崎家の経営が安定すると、太兵衛はとりつきやすい俳諧にとりくんだが、より上昇するにつれ、和歌の方に移っていったことがわかる。これは和歌と俳諧との間には流動性があったこと、さらに両者には階層性があったことを示すものであろう。ただ、俳諧と和歌との間に対立があったことは見出せない。[61]

7　和歌・俳諧と幕末〜明治期の村社会

本項では和歌という文芸を中心に、幕末維新期の学問・文化の動きを追ってきた。解明されたことについて、図式により、総まとめをしておく。

(1)幕末維新期には地方・農村でも和歌を中心に俳句など文芸活動が盛んであった。

(2)第1図は、その展開の様相を示している。そのはじまりはごく個人的で、書籍の購読的なものであったが、やがて化政文化の風潮により、徐々に大衆化してきた。しかしまだ単発的・個人的な段階であった。ここまでがひとつの時期である。次の段階が天保期である。この時期は農村荒廃対策・家政改革が要求されるときである。和歌の世界も従前の性格を否定し、経世済民性が要求されてくる。その風潮に刺激され、自詠草も継続的になってくる。この時期には、個人間に線がつながろうとする兆しがいささかみえてくる。そして、いよいよ、歌会として運動化するのは農村・農家が荒廃から立ち直る嘉永・安政期である。しかも宗匠を中心に作者群はかなり広範に、徐々に広がって、若干の障碍も乗り越え、拡散していく。しかし維新後、低迷をきたす。それがやがて復活するのは明治中期であるが、その時は国家主義に収斂された「国歌」であった。

第1図　和歌展開の時期的様相

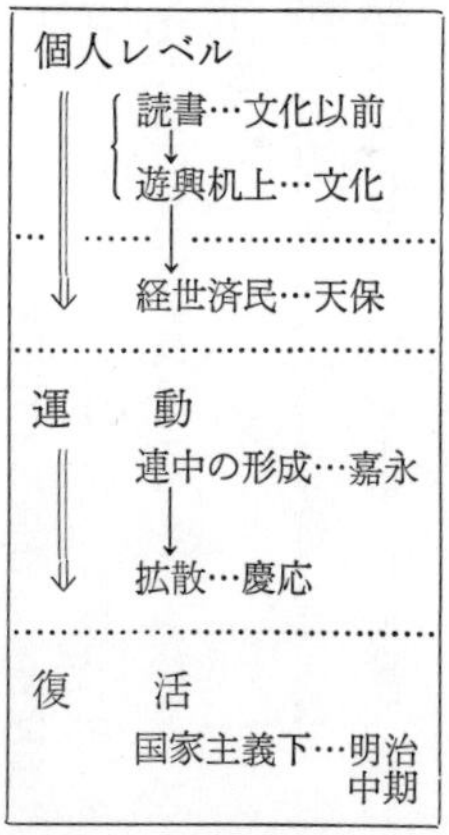

個人レベル
- 読書…文化以前
- ↓
- 遊興机上…文化
- ↓
- 経世済民…天保

運　動
- 連中の形成…嘉永
- ↓
- 拡散…慶応

復　活
- 国家主義下…明治中期

(3)しかもこの和歌は公私共、さまざまの網の目で結ばれていくのである。しかし一気に尊王攘夷といった急激な運動へ進む性格のものではなかった。

(4)その文芸活動にはだいたいの階層性がみうけられる。

第2図　和歌・俳諧・性学(幽学没後)の階層

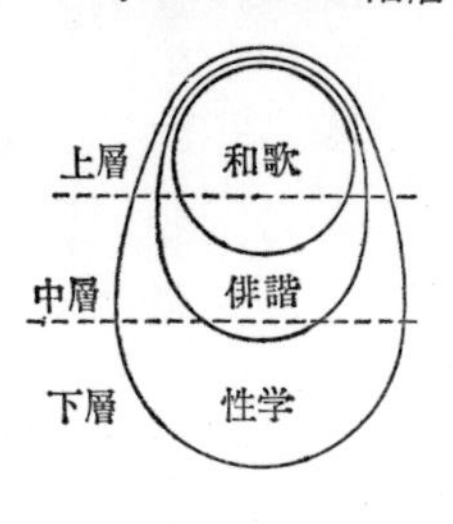

第3図　諸学問の方向性

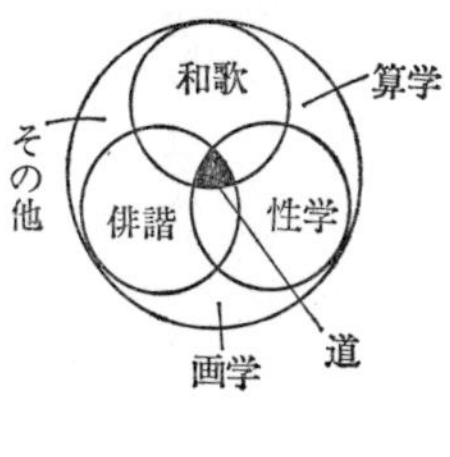

上層部を中心に和歌連、中層部を中心に発句衆となっている。幽学没後の性学は下層部までも包摂するようになる。それをあらわしたのが第2図である。

(5)幕末維新期の諸学問の方向性を示したのが第3図である。それぞれがバラバラに存在したのではなく、この地域に台頭した和歌(国学)・俳諧・性学は、そのいずれもが、それぞれの立場から「道」(経世済民)をめざしたのである。

注

（1）このことは、後に示す和歌関係史料の残存データでも証明できる。
（2）近年では「文学」(第四六巻第八号・一九七八年八月号)に「狂歌合にみる地方と中央」(丸山一郎)が何点かの地方史料を書誌研究的に紹介している。
（3）地方史研究の側からのアプローチも、国学研究の際に付髄的に扱われる（町方ではあるが、芳賀登「機業地町方の文化」・地方史研究協議会『封建都市の諸問題』所収など）程度にすぎない。ただ、高田岩男の「歌会運動と明治維新」(『日本思想大系』月報11)は、頁数は少ないながら、遠州の歌会についてふれていて参考になる、各市町村史のほとんどは人名の羅列程度である。その中にあって『大宮市史』第三巻中の近世編では、歌会の記録を若干のせてあり、注目される。
（4）(26)　万力、林修一氏所蔵文書「林氏沿革略誌」。
（5）(22)(23)(48)　鏑木、平山忠義氏所蔵文書。
（6）『古城村誌』後編、三四〇頁。
（7）松沢、宮負克己氏所蔵文書。
（8）中井信彦『大原幽学』八二頁。
（9）「徴味幽玄考」一ノ上。

(10)　この地方、とくに平山家には多くの文人墨客が来歴した。その一人に佐久良東雄(土浦藩郷士の子)がいる。彼は若き頃、真鍋で住職をしつつ、万葉集の研究をしていたのであるが、農民騒擾の際にはその解決に身を挺する大きな体験をしている。その彼が上洛の途の天保十五年ころ同家に逗留し、詠歌をのこしたのである。
(11)　自ら整理したのか、子の季義によるのかはわからない。
(12)　不揃いである。二番の嘉永二年四月のものから一〇番の安政七年三月のものまであり、残る一一・一四番は年不明である。
(13)　弘化二年から安政七年までである。
(14)　いずれも都祭胤文の主催である。
(15)　『香取郡誌』七七七頁。
(16)　『匝瑳郡誌』五六頁。
(17)　『顕彰』三〇頁。
(18)　『香取郡誌』七九〇頁。
(19)　『古城村誌』後編、四〇二頁。
(20)　鏑木、平山忠義氏所蔵文書「万覚」。
(21)　『千葉県の歴史』二三一頁。
(24)　『香取郡誌』七五五頁。
(25)　前同書、七五八頁。
(27)　平山家は明治五年のものを含めねば四二回、林家も明治二十年のものを含めねば一五回である。
(28)　『学制』前における教育者の精神構造」(『歴史論』四)。
(29)(31)(32)　「歌学正言」。
(30)　「治安策巻之一別記」。
(33)　書画会で撰者となることもありうる。

(34)　明治二十年十二月十七日付。
(35)『和歌の世界』二五四頁。
(36)　一般に「新古今和歌集」の「中心理念は何といっても俊成の唱えた幽玄観、それをさらに一歩進めた定家の有心体、それを基本として情調美・絵画美・音楽美ともに秀でて、象徴的表現の域にまで進んでいる。…(中略)…修辞上のおもな特徴としては本歌取・三句切・体言止がいちじるしい」(『日本古典鑑賞講座　第七　古今集・山家集・新古今集・金槐集』)というのが定説に近い。
(37)　東総に生まれた海上胤平が先鞭をつけた和歌評論の分野に含まれる一書である。その存在は大正十四年、文学者の塩井正男が『新古今和歌詳解』で数行紹介したのがはじめである。その後、昭和十九年、小島吉雄は『新古今和歌集の研究』で「ごく常識的で且簡単過ぎてとって以て参考とするに足りない」と酷評している。
(38)　以上、城福勇『本居宣長』二六二頁。
(39)　青木辰治「国学者石原正明の業績」(「国語と国文学」第一二巻第六号)四二頁。
(40)　野村八良『国文学研究』八三八頁。
(41)　富田静子「石原正明の遺業」(「学宛」五の一)五五頁。
(42)　青木や富田の論文は石原を称賛する調子でのべられているが、小島吉雄は前掲書にて、反駁のための反駁にすぎないとし、大久保正編『本居宣長全集』(第三巻)では全体の注釈ぶりに対する批評としては当っていないとしている。
(43)　また林家文書の中には「処世歌」と題する小横帳がある。字体や後表紙のメモから、林重義が明治期に記したものと推測されるが、その一頁目には「我が日本の帝国ハ　千代に八千代を掛巻も　畏き神の御胤なる　一系統の君にして」とし、以下つづられている。
(44)　「林彦兵衛と万力学校」(「駿台史学」第四一号)。
(45)(46)　府馬、宇井隆氏所蔵文書「宇井太兵衛正夫翁履歴」。
(47)(51)　同氏所蔵文書。
(49)　鏑木、平山忠義氏所蔵文書。年不明。

(50)『干潟町史』によれば、東地区では明治期に到成社が洗鳥園桜居(桜井、医師)によって、また芽生吟社が高野真澄(居住地・職業不記)によって、香南社が菅谷対山(万歳、職業不記)によっておこされた。また新発田の鵜野治夫氏所蔵文書「黒亭宗匠副評題暦」(明治中・後期)には四三ヵ村二四六句が収載されているが、干潟地域の内訳は神代村(桜井のみ)五人、万歳村六人、中和村六人、古城村一五人、計四ヵ村三二人である。

(52) また『北総三郡名家揃』にのっているのは雪山居蒼翠(塚本治左衛門、鏑木村)と礒庵要五(飯田喜左衛門、万力村)の二名だけであり、経済的上位の者が少ないことを示している。

(53) 森山軍治郎『民衆精神史の群像』一八七頁。

(54)『古城村誌』後編(三五〇、三五二、三六〇頁)から、実例を拾ってみる。
・菜の花や　油〆木の　肩に散る(雪山居竹亭)。・渋捨て　迅色つけよ　庭の柿(止々国桂月)。・月星の　手にさはるまで　田植かな(古橋砂眠)。

(55) 米込、杉崎栄氏所蔵文書「宗門人別帳」。

(56) 同氏所蔵文書「地引帳」。

(57) 米売払いや貸金の増加がそれを示す。

(58)(59)(60) 米込、杉崎栄氏所蔵文書。

(61) 杉崎太兵衛の四男・弁吉の『竹園遺稿』(明治二十三年四月)には地域の多くの漢詩・和歌・俳句がのせられている。

(鈴木　秀幸)

三　蔵書に見る知的状況

――平山・宇井・林家の場合――

1　研究の視角

本稿の考察対象は、調査地域内に残されている書物である。従来の歴史研究においての地方史料調査では、どうしてもその地方に、より密接に関わりをもつ、いわゆる古文書に重点がおかれ易かった。このことは、必ずしも読者や流通地域が限定されず、どの地方の誰の手にも渡り得るという書物の一般性、あるいは書かれる内容とその地方(所蔵者)との直接的な関わりが見出し難いという点に起因していよう。

したがって、特定の思想家なり文化人といった個人を研究対象とする場合は別として、通常の史料調査では書物―とりわけ刊行書―は軽視され、目録化されなかったり、登録されはしても、それらが全体として研究の対象となることはなかったといって差し支えない状態である。

ここでは、調査地域に残存する書物を特定の所蔵者個人との関わりに重点を置くのではなく、一つの地方における文化・思想を支え培ってきたという意味で、地方文化と書物との関わりを考えてみたい。

右のことを念頭に置きつつ、平山家(千葉県香取郡干潟町鏑木)、宇井家(同、山田町府馬)、林家(同、干潟町万力)の三家の蔵書について分析を進める。もちろん、他家にも多くの蔵書が残されている。ただ、具体的に分析するに当って、比較的蔵書数が多く、目録が整備されており、それぞれの家についての知り得ることが多い、という点に留意したわけである。さらに重要な点は、この三家が村内の階層や社会的活動分野等の違いをそれぞれ代表していると考えられる点である。平山家は豪農といいうるし、宇井家は上農で府馬村の村長を勤めている。また、林家も上農といってよく、生涯を教育活動に捧げた教育家である。

ただし、注意しておかなければならないことは、この三家の蔵書が一般的にいって、こうした階層、社会的活動分野の典型といえるかどうかは、比較すべき資料が無く、詳らかではない。しばらく、この三家の場合に得られた結果として留めておくほかかない。

ここで、平山・宇井・林の三家について述べておかねばならないが、平山・林両家については別稿に譲り、宇井家についてのみ略々ふれておく。

香取郡府馬村(現、山田町府馬)の宇井家は、明治十二年の時点で田畑合計一四町余(村内最高)を所有する村内の上層農家であった。現存の書物の大部分を遺した正夫は、天保十年に生まれた。父素鳳は寺小屋を営んでおり、門弟中には石毛源五郎(性学の三代目「教主」)、平野源兵衛がいた。正夫は安政六年から明治二年地頭依田信濃守支配分の組頭、明治五年新治県府馬村副戸長、同十三〜二十年および二十二〜二十三年府馬村長、と維新激動期の村政に携わっている。

激務の間、学芸・趣味の多彩さは驚くばかりである。以下、箇条書きに列挙する。

○明治三年十一月より半年間宇井家に寓居した本多元俊(幽学の高弟で医者)に就いて和歌、点茶、諸礼式を学ぶ。
雅名・正夫。
○文久三年より木内清右衛門に入門(明治十五年迄)上田流筆道を学ぶ。書道名乗・厚隆、書号・随公軒素貢。
○安政二年、隣家宇井圃水より発句俳諧を学ぶ。雅名・文路、雅号・圃春斎。
○安政二年、歌道に志し、宇井包高らとともに月次歌会に参加。
○本多元俊の紹介で神山魚貫に謁し、和歌の添削を乞う。
○明治十年、鈴木義山(春窓庵一敬)に入門、插花を学ぶ。庵号・梅窓庵、雅名・一豊。
○明治十五年、東京浅草神社祠官大畑弘国に入門、和歌を学ぶ。大畑とは以後、生涯の交誼を得る。
○明治二十九年、並木栗水に三男太三郎を入門させ、その際栗水に謁す。
○明治三十四年、那智典殿を介し海上胤平に入門、以後郵送により和歌添削を乞う。
まことに多才であった正夫は、明治三十八年十月、六十七歳を以て没した。

分析に入るに当って、次の諸点をことわっておく。第一に、それぞれの蔵書が各家代々にわたって収集されたものであるため、必ずしも特定個人の蔵書と認定できぬものが大部分であること。第二に、ある時期に遺棄されたり、売り払われたりしたものがあるが、その数量・内容は不明であり、この点には考慮を払わない。第三に、所蔵される書物が、すべて同じ熱心さで読まれ、あるいは読まれなかったとは限らないが、所蔵されるものはすべて同等の比重で読まれただろうと見做す。また、目録には大正・昭和期の書物も若干含まれるが、明治末年を以て考察対象を限定した。

以上が分析に当っての一般的方針である。

2 入手方法

現在、各家に残される書物はいつ頃、どのような経路を経て、それぞれの蔵書となったのだろうか。平山家の場合、購入されたものであると確認できるのは、「伊勢参宮名所図会」(巻之一〜六、六冊。寛政九年刊)の一点だけである。即ち、巻之一の見返しに、

この名所図会六冊、慶応四年如月求之。但、古本ニ而東都水道町ニ而　平山氏

の墨書がある。この例から、本書は寛政九年刊行のものであるが、刊行のおよそ七〇年の後、古書として購入されたことが知られる。当時の書物は新刊書ばかりでなく、古書や写本すら普通の商品として扱われていたことを思い起しておこう。確認はできなかったが、恐らく刊本の大部分は近傍の本屋や、所用で江戸に出掛けた折に買い求められたものであったろう。

ほかに、知人の蔵書を借りて筆写したり、人の話を記しとどめたりしたものもみられる。たとえば、

右、落穂集七巻、借需佐原村伊能氏之蔵書、写之。于時文政五壬午年初冬吉辰　平山正慶(「地方落穂集」の写本)

あるいは、

安政丙辰十一月至於邑村鏑木氏有此一小冊。在坐中略閲、心嘉之。及帰借之、毎夕人定後謄写之。古松庵　奉義書(「武家擥要」の写本)

の墨書に見られる如く、親族として交流のあった佐原の伊能氏や、近隣の知人の蔵書を借りて筆写したことが記されている。また、

右、用心薬ヨリ五ケ条ノ方、平山泰順氏物語也。文政丁亥七月廿六日、須田左蔵　同伴一宿ノ節ニ承ル（「眼科全書方」）

は、いずれ縁続きであろう平山泰順のもとへ、何かの所用で出掛けた節に、泰順から教えられた眼科の処方を書き留めたものであった。

このように、右の例ほど筆写の事情は明白ではないが、平山氏自身の筆写によるものは一八点ある。もちろん、ただ一人の平山氏というわけではなく、何代かにわたる平山氏によるものである。他に、平山氏の酒造の使用人と思われる者の筆写したものも一点残っている。それには、左記の墨書がある。

平山酒蔵廿五代目牡（ここ）氏　八幡久兵衛求之（「神武権衡録」）

宇井家の場合

購　入……六

贈　与……二二

自　写……七

購入のうち、墨書によって、次の書店が知られる。

（明治）三十六年四月廿八日、於東京琳瓏閣購之。価拾銭（山崎嘉考註「斎居感興二十首」嘉永四年刊）

また、

明治廿八年臘月十五日、宇井太三郎。茂原正文堂ニテ求ム。古本二冊、五銭（青山延光著「刀剣録」天保五年刊）

から判明する如く、東京の琳瓏閣で購入したものが三点、茂原の正文堂で購入したものが二点、他に〈於東京神田〉

で買ったものが一点ある。

宇井家にはまた俳諧の師で隣家に住んでいた宇井圃水から譲られた書物が多い(一〇点)。これらの多くは圃水自身の手になる俳諧書の写本である。これらの書物には〈譲物・ゆつり・譲り〉の墨書とともに〈宇井認印〉の朱印がみられる。圃水の認印であろう。これらには嘉永五年から明治二十四年の筆写年が記されているが、その間に折にふれて与えられたものか、あるいは明治二十四年以降に一括して譲られたものかは詳らかでない。

次に見逃せないのが、在京の友人塚本日省(松之助)よりの寄送である。塚本氏の詳しい住所は不明だが、〈東京塚本氏恵送〉あるいは〈己亥(明治三十二年)二月、在京塚本自恃庵兄寄送〉などの墨書から東京に在住したことは確かである。塚本から送られた本は、中江藤樹の「翁問答」(写本)、「東行詩文集」(明治二十五年刊)、「古本大学略解」(明治五年刊)、「近思録」(寛文五年刊)など漢文学に関わるものが多い。さらに「平山晋先生講演」や「栗水夫子魯論講義」等は、塚本が講演・講義に赴いて筆記したもので、東京での情勢や学会の動きが友人を通して齎されていたのである。

宇井氏の自筆写本の中には、「教道筋奉中上候書附写」(大原幽学著、嘉永五年・明治十年写)があり、後述するように幽学との関係の深さ、神文を入れてはいないけれども、かなり親密な関係と関心を持ち続けていただろうことを窺わせる。

さらに、並木栗水著「五教之おしえ」(明治二十九年写)、同撰文「明尊江波戸翁寿蔵碑」(明治二十九年写)が宇井氏の自筆である。これは「栗水夫子文稿」(題簽)なる写本に〈栗水居子稿・先師自筆文稿可秘庫珍蔵者也〉の墨書があることから知られるように、宇井氏(宕陰)は並木栗水の教えを受けたことがあったらしい。他にも栗水の著書は多く、圃水と同様、師と仰いだ人の著書が多く残っている。

また、宇井氏は時局にも敏感であったようで、「送岡山県近衛将卒出征序」「征清軍紀功碑」（ともに明治二十九年写）も自写している。

以上から、宇井氏の場合は近在の茂原に出掛けた際、そこの本屋正文堂で、あるいは所用で東京に出れば琳瓏閣などで購入した。東京にいた友人塚本日省からは、日省の気が付いた書物や講演の内容が送り届けられ、その中には宇井氏から依頼したものも少なくなかったと思われる。さらに俳諧の師宇井圃水から譲り受けたもの、あるいは自写によるものが残っている。

林家の場合は、前二者とは入手の事情を異にするものが多い。林家の蔵書には「就学しにくい女子、あるいは小学校を卒業すると風俗上堕落しやすい青少年に対して学問教育上から矯正したい」という意図によって設立された結社螢雪社の蔵書がかなりの部分を占めている。入手経路の知られる六三点のうち、螢雪社社員の納付によるもの四二点、また螢雪社への醵出金で購入されたもの二一点、と入手事情が判明するものはすべて螢雪社の蔵書だったものである。これら購求・納付の時期は明治九年から同四十年にわたっているが、とりわけ明治十三〜十六年の四年間に五一点と、その八割が納入されている。これらの書物は、螢雪社の目的から知られるように、当時庶民の一般教養書と考えられたであろう漢文や歴史・文学書がほとんどである。

林家には右の他に二六八点の書物が残っているが、これは林家第六代彦兵衛・七代彦兵衛・八代建治郎の蔵書であったと思われる。とりわけ六代彦兵衛の蔵書がその中心をなすであろうことも疑いない。ただ、これらについては入手方法が判明しない。大部分が購入によるものであろうことは確かであろう。

三家の書物の入手方法から、この地方の書物は、近在の本屋で購入したものが多いだろうこと——日常の購入であれば、いちいち墨書を以て記録を留める必要はなかろう。次いで、友人・知人の蔵書を借り受けて筆写し、あるいは上京の際、江戸(東京)の書店で購入し、または江戸(東京)等の大都市に友人がある場合、依頼して送ってもらうか、などによって収集されたものであることが想像しうる。残された書物の分析から、予想した以上に各種の書物が流入していたことを知り得るであろう。

3　書物の成立年による分類

各家の蔵書のうち、刊年あるいは筆写年の判明するものを年度別の点数表(次頁)に表示しておく。ただし、刊本のうち刊記の無いものは見返し、あるいは序・跋の年を採用した。

表から知られるように、この地方の傾向として、およそ寛文頃のものから断続的に、寛政〜文化期からほぼ継続的に残っており、寛政〜文化期以降の出版物が浸透したと見てよさそうである。天保期あたりから、その点数も急増しはじめ、明治期に入ると爆発的ともいえる増加を見ることになる。これは出版業の発展と並行しているともいえようし、逆の見方をすれば、この地方の文化の発展(正確には書物需要の増加)とも見ることができ、両者は表裏の関係にあったはずである。

もちろん、この表は書物の成立年の表であって、その年に各家の所蔵となったわけではない。この時期には、書物は古書も写本も新刊と同様に売買されたのであり、多くはこの表の年よりかなり後に各家の所蔵となったと考えるのが妥当である。

第1表　刊本・写本の年度別点数

元号	西暦	期間(年)	平山家		宇井家		林家		(年平均)	
			刊本	写本	刊本	写本	刊本	写本	元号別総計	総計／期間
寛文	1661〜1672	12	3	2	2		1		8	0.7
延宝	73〜80	8							0	0.0
天和	81〜83	3							0	0.0
貞享	84〜87	4	1						1	0.3
元禄	88〜1703	16	2		1		1		4	0.3
宝永	1704〜10	7	4		1		1		6	0.9
正徳	11〜15	5	3			1			4	0.8
享保	16〜35	20	3	4	3				10	0.5
元文	36〜40	5	2						2	0.4
寛保	41〜43	3							0	0.0
延享	44〜47	4							0	0.0
寛延	48〜50	3	1				1		2	0.7
宝暦	51〜63	13	2	2	1	2	2		9	0.7
明和	64〜71	8	5		1				6	0.8
安永	72〜80	9	7	1	3				11	1.2
天明	81〜88	8	7	1	4		1		12	1.5
寛政	89〜1800	12	15	2	6	1	3		27	2.3
享和	1801〜3	3	4		1		1		6	2.0
文化	4〜17	14	11	2	8	1	7		29	2.1
文政	18〜29	12	11	6	6	6	4		33	2.8
天保	30〜43	14	20	1	12	6	9		48	3.4
弘化	44〜47	4	2		6		2		10	2.5
嘉永	48〜53	6	10	8	11	7	8	1	45	7.5
安政	54〜59	6	15	2	5		2		24	3.0
万延	60	1	2			1	1		4	4.0
文久	61〜63	3	5		3	1	2		11	3.7
元治	64	1	2						2	2.0
慶応	65〜67	3	5	2	2	1	1	3	14	4.7
明治	68〜76	10	18	6	15	6	34		79	7.9
〃	77〜86	10	4	1	43	6	65		119	11.9
〃	87〜96	10	5		66	13	62	1	146	14.6
〃	97〜1906	10	5		29	12	26		72	7.2
〃	1907〜1912	6	1		11	3	2		17	2.8
(家別総計)			175	40	240	67	236	5		

注）表に入れなかったものに，平山家では寛永5年〜慶安4年の4点，宇井家では寛永9年・正保3年の2点がある。

4　刊・写の別

次に各蔵書を刊本と写本に分け、その比率を見ておく。

○平山家
刊　本……七三一冊（七五％）｝九六七冊
写　本……二三八冊（二五％）

○宇井家
刊　本……六四五冊（七九％）｝八一三冊
写　本……一六八冊（二一％）

○林　家
刊　本……九五五冊（八八％）｝一、〇八五冊
写　本……一三〇冊（一二％）

平山・宇井両家に比べて僅かながら林家の写本の比率が低いことが知れよう。三家を平均すれば、刊本が八一％、写本が一九％ということになる。およそ八割が刊本と見てよいようである。

5　各家蔵書の分類と傾向

さて、本稿で最も興味深い問題――それぞれの家では、どのような書物が読まれていたのだろうか。三家のそれ

それについて分類してみよう。ただし、各家の蔵書の性質がかなり異なっており、同じ分類項目を立てることは困難であった。止むを得ず、各家ごとの分類項目を立てることとする。

a　平山家（分析対象・全三九三点）

○国文学……九四点（二四％）
　和　歌……六五
　俳　諧……四
　狂歌・川柳……三
　字書・辞典・文法書……二二
○漢文学……一二八点（三二％）
　漢　詩……五五
　政治・経済……九
　兵　法……一五
　法律（すべて外国との条約）……一二
　歴　史……一四
　水戸学関係……五
　国学関係……九
○名所記・紀行文・地図……四三点（一一％）

○教育（往来物等）……………一四点（四％）
○医学・本草書……………一二点
○地方書………一四点（四％）
　　農　業……………二
　　産業・家政……………五
　　政治・経済……………二
　　算法書……………五
○洋学（外国地理等）………七点
○仏　教………六点
○武鑑・官員録・系譜・伝記……三八点（一〇％）
○占卜……三点、　○絵本……二点、　○茶道・天文学各一点、　○その他……三〇点

b　**宇井家**（分析対象・全四八四点）
○国文学……一一五点（二四％）
　　和　歌……………六四
　　俳　諧……………二〇
　　物語・小説……………四
　　随　筆……………七

字書・辞典・文法書……二〇

○漢文学……一一〇点(一三%)

漢　文……八四

漢　詩……一六

○法　律……二点

○歴　史……一一点(三%)

○系　図……八点

○偉人伝……二五点(五%)

○人名録……五点

○国学・神道……四二点(九%)

○書　道……四〇点(八%)

○言語(悉曇語・神代文字)……四点

○教　育……二六点(五%)

○絵草子……一七点(四%)

○仏　教……四点

○性　学……一〇点(二%)

○道中記(宇井氏筆)…六点

○名所・紀行……四点

○地　誌……………………二点
○華　道……………………一点
○剣　道……………………一点
○絵　画……………………二点
○謡曲・義太夫……………二点
○占　卜……………………二点
○医学本草…………………一点
○日清戦役関係……………五点
○雑・その他・不明………三八点

c　林　家（分類対象・全三一八点）

○国文学……四七点（一四％）
和　歌　　………一五
狂　歌　　………三
俳　諧　　………一
物語・小説　………三
字書・辞典　………一一
文法書　　………一四

○漢　文……五〇点（一五％）
○漢　詩……五点
○歴　史……二五点
○稗　史……四点
○法　律……六点
○経　済……一点
○農　業……一点
○名所・地誌……三点
○兵　法……三点
○国　学……四点
○医　学……三点
○占　ト……四点
○人名録……一点
○教　育……一五六点（四八％）
　往来物……七
　歴　史……四
　地　理……七
　国　語……三八

算　術……二〇
修　身……三七
社　会……一〇
理　科……二二
書　道……一一

○その他・不明…一五点

各家を通して特徴的なのは和歌書の多いことである。これは、この三家が和歌の会を通しての雅友であり、三者とも熱心に和歌に励んでいたことの表われである。また、この期の常として漢文関係書が多いことも見て取れよう。ただ、同じく漢文として分類したけれども、最も一般的と見られる四書の類が多いのは林家である。宇井家の漢文は、どちらかといえば、古典というより同時代の著者の手に成る政論的なものが多い。平山家では、古典ではあるけれども、政治・経済や歴史に関わるもの、あるいは兵法に関するものの如く、いわゆる経倫の書ともいうべき書物が多い。

以上は、次のように解釈できるのではなかろうか。

林家の場合、主たる活動分野は教育にあった。青少年教育を主とすれば、必然的に論語・大学といった古漢籍が中心となる。また、宇井氏は村長として村政担当者であった。村政担当者として当然、地方政治と関わるべき諸動向に関心を向けねばならなかった。それが、宇井氏の場合には、いわば国家主義的な政論に興味を向けたのではなかろうか。この点について宇井家に特徴的なものを挙げておけば、偉人伝（儒学者の）が多いこと、また、国学と分類したもののほとんどは養徳社刊行書で、明治期の国学運動高揚を目的とした出版物であることも、それを物語っていよう。

平山家は、いわゆる豪農であって、支配所たる旗本・地頭所の行政にも大きな関係を有した。この広い政治的役割が、村政・支配所を超えて国政にまで大きな関心を抱かせたのである。政治・経済、法律、兵法、あるいは洋学(外国地理)等にまで通じようとしたのだろう。武鑑・官員録なども、こうした支配所・国政との関わりで必要としたものであったのではないだろうか。平山氏の蔵書からは、一村・支配所の枠を超えて国政の動向にまでの広い興味が感じ取れる。

宇井氏の蔵書には先に述べた如く、村政担当者としての興味が窺えたが、さらに多趣味・多芸な面が特徴的である。書道家として、華道家として、それぞれの号を有し、剣道の免許状を持ち、謡曲・義太夫に遊ぶ多芸さである。篆刻をよくし、自ら多数の印を刻んでいるし、悉曇語や神代文字の研究にまで及んでいる。この多芸さは、宇井氏個人の特徴であるのか、あるいは宇井氏の如き状況にある人一般にいえることかは、何ともいえぬようである。

林家に特徴的な点は何といっても教育関係書の多さである。全点数のうち四八％と半分近くが教育関係書で占められる。また、他に分類したものの多くが、実際には教育活動上読まれ、用いられたものであるといえるかも知れぬ。教育書の分類には往来物や教科書類のように、明らかに教育書と見てとれるもののみ入れたからである。

以上、三家の蔵書を分析し、若干の資料を提供した。今のところ諸種の調査不十分な点や、周辺資料が殆ど利用できなかったことなどから、これら分析結果を意味づけることはできずに終ってしまった。作製した目録記載事項(書名・著者・刊写の別・冊数・発行書店・書入れ墨書)の分析のみに終ってしまったため、各所蔵者それぞれにとっての書物の具体的な意味づけ、ひいては、この地方全般にとって書物の有した意味を具体的にさぐることはできなかった。それらについては、本書の他の諸論稿に述べられている様ざまな社会・文化・思想の流れの背景に、本稿で分析を試みた如き書物が、直接・間接に大きな意味を有したことを想起していただければ幸いである。

（平野　満）

四　豪農平山家の思想

1　天保前後の諸問題

「(天保六年)九月十九日、先生(大原幽学)北総香取郡鏑木村平山氏に至る。主、語て曰、予が田地の作子隣村(万力村)に数多有り。然る所近年人気悪くして、富る者を猜み悪む事甚ふして不正の者多し。(1)……」(カッコ内―栗原)。

これは大原幽学とその門人達の討論集「義論集」中の著名な一節である。

天保三年六月、東総に初めて足を踏み入れた幽学は、(2)同五年六月、八月、九月、十一月、十二月、翌六年三月、閏七月、九月十九日、七年四月、八年六月、(3)そして嘉永元年十一月二十四日(4)と、度々平山家を訪れている。

当時の平山家は、(5)第一〇代正義(通称忠兵衛。亀五郎・信一郎とも称す)の時代で、地元鏑木村、椿新田万力村に三〇八石余の小作地を経営する東総最大規模の地主として存在し、天保十五年には酒造稼高を四〇石から六五〇石に拡大した。醬油業では関東八組造醬油家仲間成田組の一員であり、また、高利貸業を営む一方、旗本原田氏の用人(勝手賄方)として、原田領六カ村を取り締る豪農(6)であった。

平山正義は、文化四年九月、正名の長男として生まれ、文久二年二月、五六歳でその生涯を閉じている。(7) 旗本原田氏の用人を勤め、原田氏より信一郎の名をもらっている。天保二年二月、父正名より家督を継承し、平山家の当主として活躍するようになった。正義は経史を久保木清淵に、和歌を下総和歌の宗匠神山魚貫に学び、国学者椿仲輔・伊能穎則・宮負定雄らと交わり、また、墒台寺子屋(一〇人程度)の師匠として、近隣の子弟の教育に携わる教養人であった。

天保五年五月、正義は大原幽学に入門(人相)し、幽学も先述のように何度か平山家を訪ずれ、膝を交えて種々論じあった。本稿冒頭で触れた小作人問題もその一例である。幽学と正義の問答が行われる三年前、天保三年十二月、平山家経営の基幹部である地主経営の基礎を揺がす小作減免「騒動」が起っている。幽学・正義両人にとって、小作人対策は緊急・逼迫した問題であった。正義は先の引用に続けて次のように問う。

……世に富める者非我一人者、如何とも詮すべ無し。且、武家には有正罰て事行ひ安し。民家においては思いの儘に難罰矣。故に家内数多僕等も亦難修矣。

と。これに対して幽学は、

其は何と言うことぞや。分に応じて政有。夫、家内の僕には必先可加慈恵矣、而後其僕等の中に少しにても其父母の命に随ふ者出来たる時、必是に可助力也。然におゐては、数多の僕も亦其恩義を感じ、自然と皆忠僕と成るべし。其響則隣村の作子に通じ、自ら子が徳顕るべし。其徳至りたる時をして悪きを制するとも、人何ぞ悪之矣。

と返答し、これが「性理の趣意」であると説いている。天保三年も押し詰まった十二月二十五日に、「小作一統貴殿居屋敷へ昼夜詰居、数日之間押而御用捨之義相願、騒動ニ及」んだ。(8) この様な状況に対して右の「性理の趣意」

が有効・適切であったか。それはしばらくおくとして、この時期の平山家にとってのもう一つの問題、東総農村「荒廃」に関する正義の問題意識を検討してみよう。

天保期東総農村「荒廃」は、幽学の活躍の舞台であり、「草莽の国学者」宮負定雄を生んだ。(9)天保二年、定雄は正義の依頼を受け「国益本論」を書いた。(10)東総農村「荒廃」に関する正義の認識は次の如きものである。

近年上総下総両国の内、甚悪敷風俗之処有之ニ付、人民減少いたし候哉、村々潰屋多、田畑耕耘不精、荒廃之場所数多相見候、其起りを愚案仕候処、まひきと申事致流行候故候、まひきと申ハ凡て農家にて小児両三人の外ハ出生いたし候ても、不育筈と相心得、妊身の内わさと流産いたすもの有、又ハ生産砌殺す族も有之、邂逅小児数多育候ものを外より彼是誹謗被致、且又、貧民ハ厄介多くてハ渡世難なる故、右様の風儀に成行候歟と奉存候、依之非命にして殺亡するもの夥敷有之趣ニ御座候、誠に歎敷事に奉存候、若此一事相止候ハバ、遂年人民殖田畑耕作精き故、取実も多く人力行届廃地も自然と開け往々莫大之御益に相成乍恐奉存候……

右の文章は天保六年に書かれたものであるが、「国益本論」の引き写しか、と思われる程、定雄の正義への影響度合が窺われる。

天保初期の幽学・正義にとって、小作人問題は平山家の地主経営の基盤を揺がすものとして意識されていた。同時に、東総農村の「荒廃」(間引・堕胎による人口減少＝田畑の荒廃)もまた、勝るとも劣らぬ問題として意識されている。平山家別家(武左衛門家)(11)の経営は文政十二年に破産し、平山家の地主経営は正義時代に本家一本に統一、再編される。天明〜化政期の経営難(小作未進米を明和八年、享和元年、文政十三年に年賦証文に切り換えている)による田畑放出という状況を示すのであるが、天保二年に地主経営を再編し、次のような重要な転換をしている。明和〜寛政期の経営が附米高一〇俵以下層に、従って多人数の小作人の少額小作料に重点を置いた経営であるのに対し、天保以降では附米高一〇俵以上層に重点を移して再編されている。

正義の東総農村「荒廃」認識、正義時代の地主経営の再編の内容を統一的に把握するとどのようになるだろうか。その前に、下総国の様相に触れておくと、堀田佐倉藩領の手余地、人口問題を検討した木村論文[12]は、領内の状況を次の如く指摘する。天明以降文政期まで生産力の停滞、手余地の発生、人口減少の諸傾向が示され、天保以降では、人口問題を中核に据えた佐倉藩の農政の推進と相まって、佐倉領諸村が回復の方向を示す、とされる。

天明飢饉による人口減少（引き続く間引・堕胎の流行）は多人数の少額小作料に重点を置く地主経営に打撃を与え、小作未進米の問題が発生する。小作未進の恒常化は小作地の荒地化を意味する。こうした状況は佐倉藩領が語るように化政期まで継続するものと思われる。天保飢饉に前後する時期における平山家の諸対策の第一は、地主経営そのものに関するもので、その立脚基盤の転換である。第二は、地域社会の知識人として、人口問題での人倫を説諭する下総国学者宮負定雄への支持・援助である。また、小作人問題では、「分相応」論を唱える幽学の性学運動への関心・接近である。実現の程は不明であるが、天保六年子育献金五〇〇両を願い出ている（幕府に対してか？）。「御貸付金御加入」いただき、「年々御利息を頂戴いたし、是を以永く」、小児救方の資金にしたいと。これは佐倉藩の「陰徳講」と同様な仕法である。ちなみに、佐倉藩は五〇〇両をその基金に充当している[13]。

2　性学運動と平山正義の幽学観

嘉永三年三月大原幽学の門人達（性学道友）の労働奉仕によって完成した「改心楼」に、関東取締出役の手先が乱入した事件、牛渡村一件が翌四年四月に起きた[14]。関東取締出役はこの事件の審理の一環として、平山正義の意見を徴している。

ここで天保六年、幽学・正義問答以降の性学運動と平山家の関係についてみておこう。幽学は天保八年六月以後嘉永元年十一月迄平山家に立ち寄っていない。この期間の幽学の諸活動は目覚しく、性学運動の最盛期と評し得る時期であって、そのことは、後掲年表にも明らかである。[15]

天保五年五月、大原幽学に人相に関して入門していた平山正義(信一郎)は、弘化二年十月、性学(道友)として神文を書いている。[16]平山家文書「万覚(日記)」は、天保八年以降明治十二年迄を連綿と記録しているが、記事の中から性学に関する主要なものを次に掲げる。

弘化三年　四月一日　重三郎を桜井大木正之進方[17]ヘ預ケ

嘉永元年　八月五日　家形村海保清之助来[18]

六日　同人同道ニ而長部行

十月三日、十日市場村林伊兵衛方[19]ヘ行二泊

十一月廿四日　大原先生入来一泊

十二月十一日　今日昼後重三郎諸徳寺幸左衛門[20]方預ケ

二年　七月一日　佐原(伊能)孝之助殿入来、二日　旦那様左原(ママ)御客様同道ニ而昼ゟ長部行

三年　一月廿日　伊能孝之助様入来　午時ゟ長部へ御同伴一泊　廿一日　未時長部ゟ帰　伊能孝之助、海保清之助、同東(ママ)隠居同伴

第1表は「万覚(日記)」に記録された正義の長部村へ出向いた日にちの一覧表である。

「万覚(日記)」の記事、第1表から読み取れる平山家と性学運動の関係は、次のように指摘することができるだろう。

第1表　平山正義の行動

	長部村行 (性学道友)												荒海村行 (和歌)	
弘化2年	10/11	17	12/17											
3	1/3	12	13	2/14	18	3/16	4/16	17	閏5/5	16	7/4	17		
	8/10	11/17												
4	1/2	2/17	8/13	16	17	24	9/17	21	30	10/1	9	12/17		
嘉永1年	1/2	12	2/5	17	3/10	17	4/17	5/17	18	28	6/17	7/10	4/4	
	7/17	8/6	17	9/17	10/17	11/17	12/17							
2	2/4	7	15	17	3/16	25	29	4/10	14	17	閏4/13	5/1		
	5/18	6/6	17	26	7/2	17	18	8/1	6	17	9/3	30		
	10/2	6	13	17	18	27	29	12/9						
3	1/2	14	15	17	20	2/10	17	3/17	26	4/11	17	25	2/12	8/14
	5/17	21	25	6/11										
4													4/15	
5													10/17	
6	1/7													
7													7/26	8/16
安政2年													1/24	
3													3/16	
4													4/15	8/7
5													3/29	
6	竜太郎	3/8												
7	〃	3/8											3/29	

史料）「万覚(日記)」。

弘化二年の性学道友入門に端を発し、性学運動の最盛期とも言い得る時期に、性学道友としてその運動に参加した。幽学の指導のもとに展開された換子教育運動には、その子重三郎[21]を、幽学門人の高弟桜井村大木正之進、諸徳寺村菅谷幸左衛門方に預けて参加している。嘉永四年三月宿内部落の建設は、平山家の協力のもとに成ったと言われている。

先述したように、嘉永三年三月に道友達の労働奉仕によって改心楼が完成するのだが、この時期を境に正義の行動に微妙な変化が生じてくる。第1表に示したように、荒海村行がこれ以降出てくる。荒海村とは下総和歌の宗匠神山魚貫の居住地である。第1表をもう一度見渡していただきたい。嘉永三年六月十一日を境として性学運動と平山家の関係は、以前とは異質な面が生じてきたものと思われる。

関東取締出役による牛渡村一件の審理は、嘉永五年二月から始められ、その一環として正義も尋問を受けている。「嘉永五年六月、八州御取締御出役衆より性学の筋、内々にて御尋問に付御答の控」によってそのあらましをみてみる。尋問は六月十五日、佐原村旅宿永沢仁兵衛方にて、中山誠一郎・渡辺園十郎・吉岡清助・関畝四郎の四名列座のもとに行われた。

（前略）

中　山「（性学を）何年計りも被学候や」（カッコ内―栗原）

正　義「四五年計りに存じます」

中　山「何か心に不叶事有て止られたか」

正　義「左様でございません。性学は追々上達至程、同門中の世話多くなります。私儀は家事繁多に御座ります故、なかなか行届兼、其段先生の方へ断り三ヶ年前より休みました」

（中略）

吉　岡「先生ハ博学で御座るか」

正　義「私共のわかる事でハ御座りませんが博学でハないやうに存ます」（傍点―栗原）

（中略）

中　山「其許の見込みでハ其まま差置いても障りにも成まいと思われるか」

正　義「左様に御座います。為にハ成とも障りにハなりますまいと存ます。常々御国恩の事をとき為聞ますから門人共も御公儀様ハ勿論、御領主御地頭所を忝事と存居ます故、御年貢等も入念早く差出します」（後略）

正義の幽学観は、右に如実に表現されている。就中「博学でハないように存ます」は言い得て妙である。幽学は独自な思想の持主とか、特別な学統が見出せる、と言った類いの人物ではなかったようである。幽学の思想は「分相応」論を中核に、「家を永続させる事に価値を求め、それを実現するところに生活目標をすえ」た、「実践としての『思想』」に特徴があり、彼は「書斎の思索人ではなかった」と評価されている。(22)

教養人正義の、博学ではない、とする幽学観は、妥当性をもつものと考えられよう。しかし正義の性学運動に対する態度には、極めて微妙なものが含まれている。正義は東総遊歴初期には人相における幽学門人であり、性学運動の高揚に伴い性学道友として入門している。こうした易(人相)→性学のコースは東総地方の知識人層、上農層に一般的に観られる傾向であり、平山家が特殊例ではない。しかし、性学運動の絶頂期と思われる改心楼建設、その完成直後の嘉永三年六月には性学運動から離れる。我々共同研究の成果によると、(23)天保期の性学は上農層指導型の運動であった。それが嘉永期に至ると、その構成メンバーは中・下層まで拡大され、天保期とは異質の様相を呈してき、上農層の行動に変化が生じてくる。平山家の事例では、嘉永期以降和歌の歌会運動へと変化してゆく。平山家「万覚(日記)」は的確にその変質の事実を記録しているように思われる。(24)第1表が語るように、性学から和歌への転換・推移はまさに改心楼の完成した直後の嘉永三年六月頃である。平山家での和歌歌会は安政三年一月八日、九月十日、十月二十五日の三回が記録されている。

3　「時事」文書の意義

正義の東総農村「荒廃」認識には、宮負定雄「国益本論」の影響がみられると述べ、小作問題を通じての幽学との問答、さらに平山家と性学運動の関係を分析し、天保〜嘉永期に至る性学運動の変質、平山正義の意識の変化等を検討してきた。豪農平山家にとっての嘉永期は、経営、思想が変質する重要な時期であると思われる。性学運動から和歌歌会運動（上農層中心）への転換・推移を第一段階とすると、尊攘論への関心・接近を第二段階とすることができようか。和歌歌会運動から尊攘論へのコースは、自然な展開であるとされる。(25)

本節では平山家の学問・思想（知的レベル）という観点より、平山家文書の時徴の一つで、我々が平山家文書整理で分類した「時事」文書所蔵の意義を検討する。まず、平山家の学問上における人的関係、教学内容を紹介しておこう。

正名	桜木闇斎	儒学
正義	久保木清淵	経史
	大原幽学	人相　性学
	神山魚貫	和歌
満晴	平田篤胤	国学
正蔵	同	同
竜太郎	鈴木雅之	和歌
小四郎	大橋訥庵	儒学
皐次郎	並木栗水	同

正名はその母が闇斎の娘であった関係から、「東金の儒者」闇斎に師事し、その影響は正義に及んでいる。満晴・正蔵父子は、文政二年、平田篤胤東総遊歴の際の門人であり、満晴は『和名類聚鈔』の所蔵者として名高い。鈴木

雅之は正蔵の所に寄寓し、竜太郎・鏑木一胤・林重義(彦兵衛)・安藤治紀等に和歌を教授した。並木栗水は訥庵の高弟の一人で、佐原に螟蛉塾を設立し、慶応二年、故郷多古久賀村御所台に移し、近隣の子弟教育に携わった。

以上が平山家の学問上の人的関係である。従来、平田国学、大原幽学と平山家の関連が重視され、宮負定雄に関しては芳賀登・川名登両氏によって紹介されてきた。[26]

さて、私はここで、従来の研究に看過されてきた大橋訥庵・佐久良東雄等の尊攘論者と平山家の関係を重視し、問題提起をしたい。正義の子・平山小四郎は、安政五年三月大橋塾に入門し、[27]その後塾頭を勤めたと伝えられる「好学」の徒であった。安政六年、正義「出府日記牒」の記述。

三月二日　……夫(下谷高瀬氏)ゟ小梅大橋先生方へ行　講訳日故追々大勢集　先生被暫物語致、取込故帰る。
代六百五十文　大橋順蔵へミやげ。

九日　……夫ゟ大橋順蔵様方へ行、小四郎月奉、小遣等差置、暫物語いたし夕方御屋敷(旗本原田氏)江帰る。代金四両、大橋先生へ小四郎月奉二月ゟ九月迄。代金壱両、御同人江小四郎小遣預ヶ。

次の史料は、正義肖像に対する訥庵の賛である。[28]

信一郎君　名正義　字子成　平山氏　下総鏑木村人　世業農　君為人　温恭　喜事父母　訓子有方　其二子　小四郎　従余学　亦敦厚好学　今茲乙亥秋微月　写君真請賛　万為題日
寛以養心　厥色也温　有儀可仰　倹以治生　其家也裕　積善余慶　接人無始終　諄而夷　処事有条理　毅而正　夙夜物懈　誰此仍孫　丹青一幅　典刑攸存

陶庵幽人　大橋正燾　印印

『古城村誌』、「万覚(日記)」の記述によると、幕末期平山家来遊の尊攘論者は次のような顔ぶれである。

佐久良東雄　　弘化二年京師による途中平山家に立寄る。
大畑　春国　　嘉永三年七月九日、二泊す。
安藤　野雁　　嘉永五年五月廿一日　二泊す。
野々口隆正　　嘉永六年十月六日　一泊す。

佐久間東雄は文政十年の土浦一揆に関係し、藤田東湖・会沢正志斎と交わり、天保十四年十二月、平田門に入っている。(29)

平山家文書の中に、我々が「時事関係」と分類した一連の文書がある。例えば「嘉永五年、亜墨利加使節申立趣」、「嘉永六年、諸家上書海防策写」といったもので、風聞書の写と思われる。その中から、書き写した者の名・年代・場所の記入のあるもの、書写内容の特異なものを整理したのが第2表である。

ここにあげた諸風聞書のニュースソースは、尊攘者にあったと、私は考えたい。訥庵・小四郎のルート、佐久良等の一連の活動家、尊攘論の思想的背景、国学関係グループ等が考えられる。宮負定雄は、嘉永〜安政期に関西旅行中であった。(30)「水戸中納言殿……写」は、その際に作成されたものであろう。以上第2表の諸史料は、次のような性格をもっている。人物としては竜太郎(季義)、時期は嘉永〜慶応期、「京師」の動向には相当な関心が示されている。内容としては海防関係、尊攘運動関係が大半を占める。「時事」文書全体についても同様な傾向が窺われる。

「時事」文書の意義を、私は次の如きものと考える。第一は、平山家と尊攘論者との関連で捉えたい。大橋訥庵、あるいは水戸学と関連をもつ佐久良東雄の影響が尊攘論への関心・接近となった。第二は、開港以後の中央激動地「京師」への関心、積極的な情報収集意欲の存在である。そして第三は、平山家の意識の重層性ということである。

第2表　「時事」文書一覧

標　　題	書写年月日	書写人物名	書写場所
聞仙台船漂流記	天保3辰年		
水戸中納言殿上大地図形於朝廷表文之写　嘉永五年六月八日	嘉永6年6月	宮負　定雄	
阿部伊勢守殿ゟ海防之儀ニ付筒井紀伊守江御尋被成候御書付并ニ同人御答上書之写	嘉永7年春	平山　正蔵	京師於旅宿
異国船渡来之儀ニ付上書　大橋順蔵	嘉永7年	平山竜太郎	
大塩平八郎一条御裁許写　天保八丁酉年二月大坂騒動書面之写	嘉永7年6月10日	平山竜太郎	
水府老君賜阿部伊勢守　海防策	嘉永7年5月	平山竜太郎	
英夷長崎江差出候書翰	安政元年7月		
桜田一件水府家来上書	安政7年3月		
浪人所持之書附	文久2年1月15日		
京師新聞志　夏	文久3年		於恩誠塾北窓下写之
京師風説録			
京師下(京師諸風聞の書上)			
京師某氏文通			
秋帆上書　高島喜平			

日常的＝当面の問題意識としては、東総農村「荒廃」の克服[31](自力更正運動＝平田国学の一つの発現形態)であり、国学のもう一つの運動としての和歌歌会運動(本居系＝神山魚貫、鈴木雅之[32])である。同時にまた、尊攘論という、言わば、民族全体の動向に対する平山家の関心の存在という事実を私は指摘しておきたい。嘉永〜慶応期の平山家の思想の本質的部分は、和歌歌会運動にあると考えるのだが。

以上、小作問題を通じての幽学と正義の問答、正義の東総農村「荒廃」認識、平田国学、就中、宮負定雄の正義への影響等を通じて天保前後における平山家の問題点を検討した。また、性学運動最盛期(天保後半〜嘉永前半)の平山家の思想を正義の行動を通じて分析した。改心楼完成直後の嘉永三年六月には、平山家は文化活動の重点を性学運動から和歌歌会運動へと移す。ペリー来航を直接の契機とする尊攘論への関心・接近もまた、嘉永期平山家思想の大きな変質の問題である。平山家の学問、思想(知的レベル)という観点より、「時事」文書の意義を尊攘論者の関係から分析した。平山家と大原幽学、平山家と平田国学との関係は、従来から重視されてきた。私はそれに、尊攘論者（大橋訥庵・佐久良東雄等）との関係を追加すべく本稿を展開した。「時事」文書は、東総豪農の知的レベル・意識水準を語るものとして評価し、紹介した。

注

（1）『二宮尊徳・大原幽学』（日本思想大系52）三七八頁。
（2）『旭市史』第一巻、三〇三頁。
（3）松沢和彦作成のレジュメ。
（4）平山家文書、嘉永元年「万覚（日記）」。以下特に断わらない限りすべて平山家文書を使用する。
（5）平山忠義氏御教示による平山家系図は次の通り。

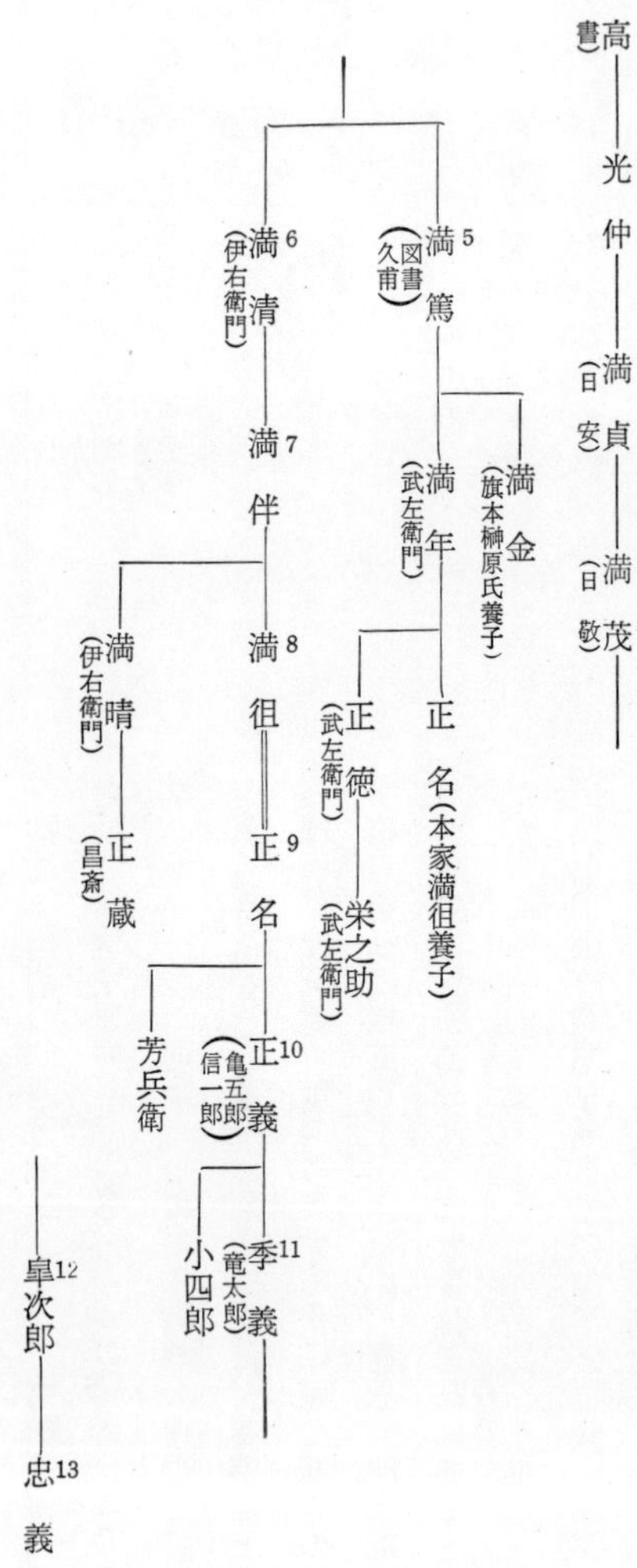

(6) 豪農規定は佐々木潤之介『幕末社会論』二六七〜二六九頁の豪農範疇に依っている。
(7) 以下本稿の史料的基礎の若干を『古城村誌』に依拠している。その引用箇所をまとめておく。前編第五章封建時代、第拾節教育(三四一〜三八六頁)。後編第七章人物誌、第二節人物(平山家に関する項、三六七〜三八一頁)。
(8) 地主経営の実態、減免「騒動」に関しては第三編の拙稿「東総豪農の存在形態」参照。
(9) 伊東多三郎『草莽の国学』。
(10) 『国学運動の思想』(日本思想大系51)、二九一頁。
(11) 平山家別家(武左衛門家)とは、平山家第五代久甫が、正徳元年に家督を弟・満清に譲渡した際に創立されたもので、久甫―満年―正徳―栄之助と続く系統で武左衛門を通名にしている。なお、経営内容に関しては第三編三の拙稿参照。
(12) 木村礎・杉本敏夫編『譜代藩政の展開と明治維新―下総佐倉藩―』。
(13) 同右、二二三〜二二六頁。
(14) 中井信彦『大原幽学』一八九頁以下参照。
(15) 本書、七八三〜七八九頁。
(16) 『旭市史』第三巻七四二頁。
(17) 性学門人、同右、七三四頁。
(18) 性学門人、同右、七八九頁。
(19)(20) いずれも大原幽学の高弟。
(21) 竜太郎の弟で、多古中村の総本家平山藤右衛門家の養子になる。
(22) 前出『二宮尊徳・大原幽学』四八〇〜四八二頁の中井信彦の解説。
(23) 松沢和彦・藤田昭造・鈴木秀幸・渡辺隆喜等の研究報告。
(24) 旧稿(「駿台史学」41)では、平山家と性学運動の関係を、天保五年の神文(人相)と嘉永五年の尋問書の二点に依り検討し、正義の幽学観を述べた。尋問書の段階(嘉永五年)での正義の意識は同じであるのだが、弘化〜嘉永期の性学運動最盛期における正義の意識の変化を把握すると、本文に示した通りである。旧稿を本稿の如く修正する。

(25) 鈴木秀幸氏の御教示による。なお、和歌歌会運動に関しては、本編二所収、鈴木秀幸論文を念頭に置いている。
(26) 芳賀登「幕末変革期における国学者の運動と論理」(『国学運動の思想』所収)。川名登「草莽の国学者宮負定雄について」(千葉経済短期大学「商経論集」4)。
(27) 並木左門(栗水)は安政二年、三年、七年、文久三年、慶応二年と度々平山家を訪れている。小四郎の大橋塾入門は、この並木栗水のルートを通じて行われたものと思われる。
(28) 正義肖像画は二幅ある。一は洋画風遠近法(ローマ字によるサインあり)により描かれ、もう一は日本画である。訥庵の賛は、勿論「日本画」に対してである。
(29) 『国学運動の思想』六七一頁。
(30) 川名登前掲書、一二八〜一二九頁。『旭市史』第三巻、八七九〜八八一頁。
(31) 安政六年に正義は「仁義の道を子孫あるいハ心知れる友たちに教る辞」を上梓する(『古城村誌』後編、三七一頁)。
(32) 鈴木秀幸氏の御教示による。

(栗原　四郎)

五　下総国学

――宮負定雄を中心として――

1　平田篤胤の来遊

草莽の国学として知られる「下総国学」は、文化十三年の平田篤胤の東総地方遊歴にはじまると言ってもよい。文化十三年四月、篤胤は門人渡辺之望(榊原式部大輔家中)をともない、香取・鹿嶋の両社参詣の旅に出立した。(1) 途中、二十七日には下総船橋の大神宮を訪ね、それより利根川河岸に出て船で利根川を下り、二十八日には神崎神社、二十九日には大戸神社、そして笹川河岸などに立ち寄ったのち、五月十一日には下総銚子に至り、宮内嘉長・石上鑒通の出迎えを受けて石上家に逗留した。篤胤来銚の報により石上家には五〇人ばかりの者が参会し、篤胤より種種教えを受けているが、この後、これらの人々は大挙して篤胤に入門している。篤胤はこののち宮内・石上両人の案内で、銚子より数里離れた猿田神社と飯岡の玉崎明神に参詣し、猿田神社では社殿の裏で鹿の肩骨に似た獣骨を拾い、古代の太占であろうと喜び、飯岡小浜の八幡宮では石笛を得て、これを機に篤胤は「気吹舎」と号し、「大

第1表　平田鉄胤，上総・下総地方門人歴訪

文政　9. 5. 7〜 5.21	上総・下総・常陸地方旅行
〃　10. 9.16〜 9.24	上総・下総地方旅行
〃　11. 7.29〜10. 5	下総・上総地方旅行
〃　12. 2. 1〜 3.17	下総地方旅行
〃　12. 6. 4〜 6.13	〃
天保　1.11.11〜12.15	下総・上総地方旅行
〃　2. 2. 6〜	下総地方旅行

角」と称することとなる。この下総への旅は、篤胤にとっても下総の門人にとっても画期的な出来事であった。

その後、篤胤は文政二年にも下総へ旅した。三月十五日に江戸を出立し、閏四月八日に帰宅している。[2] この間、下総のどこを廻ったかは明確ではないが、この時入門した門人達の提出した誓詞の日付が、ほぼ篤胤の足跡と一致するとすれば、三月下旬には利根川に沿って山野辺村（大戸の東方）から下小川（小見川の南方）を経て銚子の高神に行き、それよりとって返して東総の中央部万歳村・松沢村に至り、三月二十八日には松沢の宮負定賢（定雄の父）が入門し、翌二十九日には松沢熊野神社の神主宇井包教と同村の塚本房元が入門している。そして四月に入ると、銚子から九十九里浜へ南下し、常世田・八木・横根・西足洗で入門者があり、四月二日には椿新田の北岸鏑木村の平山満晴・光長家に行き、それより九十九里浜に沿って再び南下して上総に入り、富田村（成東の東方）の大高善兵衛家、四月十三日には中原、十五日には一つ松、高根本郷と上総一ノ宮の近くまで足をのばしたのではないかと思われる。

文化十三年の旅が主に北総利根川流域から銚子にかけて歩いたのに対して、この旅では篤胤は、東総地方の南部より九十九里浜沿岸の上総地方に多くの門人を得ることができた。

このように、篤胤の東総地方への二度にわたる旅は、寺社参詣・遊覧の旅というよりも、彼の著書出版を支える門人獲得の旅であったのである。この二度目の旅の文政二年以後は、下総の門人はあまり増加せず、文政七年には新しい入門者がなくなるまでになるが、また文政八年頃より増加しだし、九年には宮負定雄が入門した。また篤胤の養子となった鉄胤が、文政九年五月から第1表にみるごとく、毎年のように下総を訪れて門人の間を廻り、また宮負定雄・宇井包教・宮内嘉長等の努力もあって、再び下総の門人は増加する。しかし、鉄胤の来総が跡絶えると共に入門者も減少し、天保四年からは殆どないような状態になる。この間の下総の入門者は、総計で一一二名であった。

この下総の入門者数は、平田篤胤の全門人の中でどのような位置を占めていたのであろうか。平田家には入門した門人の誓詞を集めた「誓詞帳」が残されており、これに井上頼圀が注記して整理した「門人姓名録」(3)が現存している。これを見ると、平田門人のほぼ全貌を知ることができると思われるので、この分析を通して平田門の中に占める下総門人の位置を確かめてみたい。

第2表は、この「門人姓名録」から篤胤生前の門人を国別・年代別に表わしたものである。これをみると、文化元年から天保十四年まで、総計五五一名の入門者があるが、この内一一九名が武士である。これは「何々藩中」、「家中」、「家臣」と肩書されているものの数で、肩書のない者でも若干武士がいると思われるが、それにしても門人中武士ではない庶民が約八割近くを占めている。この中には農民も少なからずいたものと思われる。これらの門人を入門の年代別にみると、入門者は文化元年からはじまり、八年頃から増加しはじめ、十三年には年度別最高の八六名に達する。この年の内訳をみると、下総の門人が四四名と半数以上を占め、江戸が一六名、武士が二二名(殆ど江戸居住者であろう)、その他四名で、この年別最高の入門者数は、下総と江戸の入門者の増加によっていることがわかる。この年は、篤胤がはじめて東総地方を遊歴した年で、東総への旅が、いかに門人獲得に大きな役割を果したかが知られよう。次いで文政二年も二七名と入門者が多いが(二度目の篤胤東総地方遊歴の年)、これも下総門人が過半を占めている。この後は、毎年十数名位の入門者数が続くが、文政九年頃にはやや減少し、文政十一年には再び増加する。この年も下総門人の増加が大きく、それに次いで越後の入門者が多い。この後は一〇名から二〇名前後の入門者数が続くが、天保十二年から十四年にかけてまた増加する。これは篤胤が幕府の命により天保十二年国元秋田へ送還されたため、出羽の門人が増加したことに依っている。そして天保十四年に篤胤は秋田で病没するが、この時までに入門した門人を国別にみると、第一位が下総の一一二名、第二位は江戸の五五名で、三位は出羽の五〇名、四位は越後の二二名、五位は三河の二〇名となっている。下総の門人数が圧倒的に多いことが特徴であった。

このように、平田門人の中で数の上では大きな位置を占めたことが確認された下総門人は、具体的にはどのような人々であったのだろうか。

入門者一覧

不明	薩摩	大隅	肥前	筑前	伊予	讃岐	阿波	淡路	石見	出雲	伯耆	丹波	長門	備中	備前	播磨	大坂	和泉	摂津	大和
1																				
									1											
							1		1								1			
1																				
															1		1			
														2						
														1						
1															3					
							1								1					
															3			1		
1															1					
																			1	
					1		1						1							
			1																	
							1													
																				1
								1												
	2																	1		
					1															
				3							1									
									1							1				
												1								
		1								2						1				
	1																		1	
1				1																
																			1	
	2																			
1																				
6	5	1	1	4	2	2	4	1	3	2	1	1	1	3	9	2	2	2	3	1

注

（1）「天石笛之記」（『旭市史』第二巻所収）。

（2）「気吹舎日記」（渡辺金造『平田篤胤研究』所載）による。

第2表　平田篤胤生前中

	合計	武士	江戸	陸奥	出羽	越後	佐渡	信濃	甲斐	常陸	下野	上野	武蔵	下総	上総	安房	相模	伊豆	駿河	遠江	尾張	伊勢	三河	近江	山城	京都
文化1年	3	3																								
2年	2	1	1																							
3年	4	2	2																							
4年	3	2																								
5年	4	1	3																							
6年	2	1																		1						
7年	3		3																							
8年	13	3	2											1					7							
9年	14	7	4	1	1															1						
10年	6	3																1	1	1						
11年	14	4	6								1				1		1									
12年	11	1	2		1															1				1		2
13年	86	22	16			1				1			1	44								1				
14年	12	2	1										2	4								3				
文政1年	11	1	1			1							2	1	1		1					2				
2年	27	2	2											17	6											
3年	13	1	1			1				1	1			3						1		1		1		
4年	16	8	1		1	1								3												
5年	11	3	1								1			1	3						1					
6年	16	3				1						3	2	1											2	
7年	9	2				1				1					2					1						
8年	10									1			1	1	2	1										
9年	5												1	1	1											
10年	13	2				2								3	1								3	1		
11年	27	2	1			6						1		10				3						1		
12年	16	5				1								7								1	1			
天保1年	20	6	2	4						1		2		3									1			
2年	19	7		2										7									2			
3年	15	2			1	2								2						1		2	4			
4年	11	1		2				2			2												1			
5年	13	3					1						3										5			
6年	9	1	1											1								1	1			
7年	10	2	3			1													1					1		
8年	6	2				1							2													
9年	15	5	1		1	1						1		1									1			
10年	6								1		1				1					1						
11年	5	1			1																					
12年	29	4		1	17				1		4			1												
13年	13	2			6	1				1													1			
14年	29	2		2	21	1																				
	551	119	55	12	50	22	1	2	2	6	10	7	14	112	18	1	2	4	9	8	1	11	20	5	2	2

注）　井上頼圀「門人姓名録」による。

（3）　無窮会神習文庫所蔵。

2　下総の平田門人

平田篤胤の生前に入門した下総の門人の内から、何人かについて次に触れてみたい。

下総で最初の入門者は、文化八年の萩園村の向後寿軒である。[1] 彼は江戸に出て住み、小川裕斎と名を改めたという。しかし、どのような人物であったかはわからない。また、この人は下総に居て入門したのではなく、江戸に出て何かのきっかけで篤胤を知ったのであろう。他の下総の門人との間にもあまり交流がなかったようで、異質である。本来の下総門人が現われるのは、やはりそれより五年後の文化十三年からであった。

富上総介直利は、船橋大神宮といわれる意富比神社の大宮司であり、富右近直義はその息子である。また、土屋蔵人清道も同じ神社の神宮であったが、同時に江戸柳原富松町の扇稲荷社の祠官をしていたので、江戸で篤胤と面識があったのであろう。彼の紹介で篤胤は下総への旅の第一歩を船橋大神宮に止めたのであった。

神崎播磨守光武は、神崎神社の大宮司であった。利根川を下って行く途中の古社なので、船橋の神官が紹介したのであろう。

山口讃岐守忠雄は、神崎神社と並び称せられる古社・大戸神社の神主である。山口因幡守忠栄はその長男で神主であり、信太郎忠英はその息子であった。篤胤は先ず神官に伝手を求めて下総に入って行った。当時の神官は村落内の知識層であり、また地主でもあったのである。

多田庄兵衛知雄は、須賀山村の名主であり、また醸造業を営む豪農で、幕末には領主である旗本石河家の勝手賄役を勤める程の家である。

高橋治右衛門正雄は、下総門人中でも有力な門人で、多くの門人を紹介して入門させている。はじめ須賀山村(笹川)に居たが、文政九年の九月頃、万歳村に移った。(2) 宮負定賢もこの人の紹介で入門したのだが、正雄がどのような人であったか、よくはわからない。

五十嵐左京光通は、笹川諏訪神社の神主で、高橋正雄の紹介で入門している。

宮内主水嘉長は、銚子新生町の神明神社の神主であり名主でもあった。江戸に出て太田錦城に儒学を、宮沢雲山に詩を、加藤千蔭に国学を学び、和漢の学殖が深かった。その後銚子に帰って名主となり、村民のために「新三池」を造ったり、私塾を開いて子弟に教えたりした。(3) 銚子の文教は宮内嘉長より興るとさえいわれたという。

石上源太郎鑒尊は、銚子新生町の名主で、石上藤助鑒賢はその長男、石上仁兵衛鑒通は二男、石上久太郎鑒儔は藤助の息子である。石上仁兵衛は篤胤が銚子に着いたとの報を受けると、宮内嘉長と共に出迎え、篤胤を自分の家にとどめて、「わが里なる御をしへ子のかぎり、五十人ばかりつどひ、よるひるといはず御をしへ言うけ給はり、腹ぬちにたくはへたる疑どもをも問まつり、仕へ奉れる」と「天石笛之記」(4) にあるように、多くの人が彼の家に集って篤胤に日頃の疑問を質した。桜井本水豊隆以下三浦長助定長までの二五人は、この時集った人々の内からの入門者である。その中には桜井豊隆の長男茂兵衛豊延・二男重蔵豊忠・三男半七豊寿、茂兵衛豊延の子吉太郎豊開などの一族で入門した者もあった。

宮負佐五兵衛定賢は、佐平定雄の父で、松沢村の名主を勤めた。宇井出羽守包教は同村の古社熊野神社の神主であった。

永井甚左衛門年尋は常世田村の名主で、銚子の宮内嘉長の実兄であった。嘉長はこの家で生まれて宮内家へ養子に入った。また、千本松常右衛門恭寿も嘉長の実兄で、これは西足洗村の千本松家を継いだ。千本松家は西足洗村の組頭・名主を勤める家柄であった。

千本松修理吉周は、西足洗村大六天神の神主千本松大内蔵の子で、網戸村熊野神社の神主も勤めていた。この吉周の子が、家塾を開いて付近の子弟の教育にあたった千松赤男であり、その子孫に昭和の歌人臼井大翼がでた。

平山伊右衛門満晴は、鏑木村の豪農平山忠兵衛家に生まれ、分家して醸造業を営んだ。篤胤は文政二年の二度目の東総遊歴の時、この家に逗留している。また、平山辰五郎光長は、のち正蔵といったが、この満晴の子である。

飯田丹次郎胤苗は、宮本村東大社の神主飯田胤将の三男として生まれ、のち横根村の旧家濤川家を継ぎ、濤川善兵衛といって横根村浜名主として活躍した人であった。また、安政六年には、飯岡玉崎神社境内に篤胤・鉄胤の書により夫婦木の碑を建てている。(5) 文政十二年に入門する飯田宮之助胤宣は、彼の実兄であった。

宮負佐平定雄は、父定賢のあとを継いで松沢村の名主を勤めた。宮負助八真澄・宮負茂兵衛利之は、定雄の実弟である。定雄については後に詳述する。

伊東助左衛門定候は、猿田村の旧家で、代々名主を勤める家柄であった。

比留間貞斎元良は鏑木村の医師であり、嶋田次郎兵衛定尋は、塙村新田の名主を勤める家柄の人であった。

このように、東総の門人達は、殆どが神官・医師・名主・村役人とその一族であったことが知られよう。しかし、神官といえども当時の村落から超然とした存在ではなかった。神主は同時に社地や除地の田畑を持つ地主であり、その子弟は各村の旧家に縁付き、名主・村役人等を勤めた。また、家塾を開いて村の子弟を教え、その面からも村民の生活に深くかかわった。常世田村の名主の家に生まれ、宮内家に入って神官となった宮内嘉長が、また新生村の名主として用水事業に活躍し、家塾を開いて村民子弟を教えたことは、その間の事情を象徴的に表わしている。

このように、当時の下総においては、神官・地主・名主・村役人は共通した基盤を持つ階層として捉えることができるであろう。即ち、経済的基盤としては共に「地主」であり、村内最高の知識階級であり、村役人としては村落指導者層でもあったのである。

このような人達は、東総に遊歴して来た篤胤を、どのようにとらえたのであろうか。

文化十三年、下総銚子に来遊した篤胤の行動を、その後門人の宮内嘉長・石上鑒通が記した「天石笛之記」をみると、篤胤が銚子に到着するやいなや、たちまち五〇名余の者が集り、色々と教えを受け、日頃から持っていた疑問を質した。この集会を契機にして、多数の人々が入門したが、この時、どのような事柄が質問されたのかはわからない。また、文政二年、二度目の来遊の時、篤胤は鏑木村の平山満晴家に足を止めたが、その時満晴が本家の平山忠兵衛家に篤胤の来宅を知らせ、参会を勧めた手紙には、(6)次のように記されている。

今日ハ好雨に存候、平田篤胤大人昨夜御止宿被成候、今日も雨天御逗留可被成候、御物語御聞被成候ハヽ御出可被下候、皇国之事何事にても不及申、儒仏医道御弁へ被成候、儒も古学宋学徂徠其外何にても仏道も十二宗事ハ御存に候、療治不被成候得共、医道之事ハ本より御持前に御座候、以上、

清　水

表

これをみると、篤胤は国学は勿論、儒学・仏教・医学と、何でもできる人と考えられている。このことは、篤胤が何か一定の事を教えようとしたのではなく、来会者の種々の要求に対応しようとしていたことを示している。では、東総の人々は何を求め、何を篤胤に期待したのであろうか。そのような東総の門人の一人として、次に宮負定雄についてみてみたい。

注

(1)「門人姓名録」(無窮会神習文庫所蔵)。
(2)「気吹舎日記」文政九年の条。
(3)『銚子市史』。
(4)『旭市史』第二巻、所収。
(5)『飯岡町史料集』第三集。
(6)『古城村誌』後編、三七六頁。

3　宮負家と下総松沢村

宮負定雄の生まれた松沢村は、下総国の東部香取郡に属する小村で、南には椿海を干拓してできた有名な椿新田、俗にいう干潟八万石の広い水田地帯を見おろす台地の上にあり、はるかに九十九里浜の海岸も遠望することができる。また、北方約一〇キロには利根川の流れが横たわり、小見川・笹川・野尻等の河岸からは、この地方の産物や九十九里浜の海産物が江戸に送られ、また江戸の商品がここを通して流入してくるというように、河川交通によって江戸と密接に結びついていた。

近世におけるこの村の村高は、二四九石二斗二升五合で、村内に鎮座する熊野権現の社領三石と、旗本山角五郎右衛門の知行地とに分かれていた。この村の領主は、山角氏以前は不明だが、貞享元年十二月に山角弥惣左衛門勝長が遺領を継ぎ、下総香取・印旛および相模国大住の三郡の内で五〇〇石の地を知行したときからその支配下に入り、幕末まで変らなかった。[1]

また、この村の土地所有および農業経営の状況はどうであったろうか。延享元年の宗旨人別帳(2)によると、家数総数は四三軒（ほかに他村よりの入作三人）で、四三石余を持つ名主七兵衛を除くと、あとはすべて一五石以下の土地所有者で、一五石以下一〇石までが六名、一〇石以下五石までが九名、五石以下が二七名と、持高五石以下の零細層が全体の六割以上を占めていることが知られる。また、一〇石以上層の多くが下男・下女を抱えており、この層の経営が雇用労働による地主手作であったことを想像させる。しかし、馬の所有についてみると、これは殆どの家が所有しており、一石以下層でも所有している者が多い。この馬がどのように使われたか、それを知ることが零細層の経営を考える一つの決め手となると思われる。おそらく、椿新田農村、あるいは九十九里浜漁村と利根川河岸と

第3表　松沢村持高階層表　*印は宮負家

	延享元年		文政7年		天保2年	
40石～45石	1人	人	人	人	人	人
35 ～ 40						
30 ～ 35						
25 ～ 30				1		1
20 ～ 25			2*			
19 ～ 20					1*	
18 ～ 19					1	
17 ～ 18						
16 ～ 17						
15 ～ 16			1			
14 ～ 15	1				1	
13 ～ 14	1		2		2	
12 ～ 13	2	1	2	1		1
11 ～ 12	2	1			1	
10 ～ 11					2	
9 ～ 10			2		3	
8 ～ 9	2*		3		2	
7 ～ 8	1	1	2			
6 ～ 7	1		4		5	
5 ～ 6	5		5	1	2	1
4 ～ 5	3		2	1	3	1
3 ～ 4	6		1		2	
2 ～ 3	4		3	1	2	1
1 ～ 2	5		6	1	7	2
0 ～ 1	9		7	3	7	3
計	43	3（村外）	39	9（村外）	41	10（村外）

注）延享元年は人割帳。文政7年，天保2年については，注(3)(4)参照。

を結ぶ駄賃稼であったと思われる。

次に、文政七年の各人の持高をみると、(3)延享元年に比して一五石以上層が少しふえ、一五石以下一〇石層が少し減ったが、依然として五石以下の零細層は多く、全体として大きな変化はないようにみえる。しかし、各人について個別的にみると、決してそうではなく、四三石余を持っていた者は六石余に下り、八石余であった者が二三石余に上昇するというような、激しい変化が内部ではみられる。また、村外からの入作者が増加し、最高の石高所持者が長部村の徳右衛門という隣村の百姓になってしまったことは注目すべきである。これは村内の土地がどんどんと他村の農民の手に移っていくことを意味し、本来完結性を求める近世村落の変質・崩壊を示すものに他ならないだろう。

次いで、天保二年の各人持高をみると、(4)文政七年に比して大きな変化はみられないが、村内最高所持高は下り、五石以下の零細層はいよいよ増加し、総体として零細化していく方向にありながら、他村からの入作者は逆に増加していく。そして、このような傾向は幕末に至るまで変らなかったようで、明治初年の名寄帳(5)によってもそのことが推測される。このような土地所有の零細化・近世村落の崩壊を目の前にしては、村役人等の村落指導者層が危機意識を持つようになることは当然のことと思われる。

この村の中央に鎮座する熊野権現の神主は、宮負定雄の父定賢と共に篤胤に入門した宇井出羽守包教であったが、この神社は、奈良朝に紀州熊野から海上を下総国海上郡三川村の海岸に流れ着き、その後この松沢村に移り、神主宇井氏等も熊野の巫女の神託により紀州からこの地を尋ねて移って来た、その時に宮負氏もその神の宮を背負ってきたので、「宮負（みやおい）」という姓になったという説話が伝えられている。(6)奈良朝は別として、少なくとも中世末〜近世初期において、熊野神社を中心としてこの村落が成立したとき、宮負氏もその内の有力なメンバーの一人であったろうことは推測できよう。しかし、定雄の生まれた家は、この近世初期本百姓の系譜を引く宮負家ではなかった。

定雄の生まれた宮負家に残る系図によると、元祖は佐五兵衛といい、同村宮負五左衛門の子であったが、長子でなかったとみえ、後に分家独立した。この初代佐五兵衛は、寛保元年十一月に六十七歳で死亡しているので、(7)分家独立したのは元禄の末年か、おそくとも享保初年頃であったろうと思われる。この初代佐五兵衛にはおそくまで子供ができなかったので、同村宮負権右衛門の子を迎えて養子とした。これが二代目佐五兵衛である。しかし、この二代目佐五兵衛を迎えたのちに、庄之助という実子ができたが、これはのちに佐五右衛門といい、分家した。

この二代目佐五兵衛が、延享元年の宗旨人別帳(8)に現われる。

一、高八石壱斗七升八合弐才　　左五兵衛㊞
　　　　　　　　　　　　　　女　房
　　　　　　　　　　　　　　母　親
　　　　　　　　　　　　　　弟庄之助
　　　　　　　　　　　　　　妹おてふ

人数五人　馬一疋栗毛年十才長ヶ四尺

天台宗宝蔵寺旦那

この頃の佐五兵衛家は、右にみるように持高八石余で、決して大きな土地所有者ではない。この二代目佐五兵衛の長男権之丞は、一子東蔵を残して早世したので、弟源蔵が跡を継ぎ、この源蔵のあとを成長した東蔵が継ぐが、これが定雄の父佐五兵衛定賢（やすまさ）である。

定賢は、安政五年に生まれた。彼が生まれ育った時期、即ち明和・安永期から天明・寛政期にかけては、前述のように村内に大きな変動のおこった時期である。それがどのようなものであり、佐五兵衛家がそれにどう対処したかは知り得ないが、文政七年の年貢割附帳(前出)をみると、佐五兵衛家は持高一三石余と村内居住者の内では最高になり、佐五兵衛定賢は名主を勤めている。その後、天保二年に長子佐平定雄が名主役を勤める時には、持高一九石余と少し減少はしているが、村内最高の石高所持者であることは変らない。定雄は数年で名主をやめ、名主は他の家に移るが、弘化四年には定雄の弟茂兵衛利元が名主をしており、嘉永から安政にかけては定雄の子源蔵が名主を勤めている。

このように、定雄の生まれた宮負家は、近世中期に分家として出発し、延享頃にはまだ小農の域にあったが、明和・安永から寛政期を経て村内で土地を集積し、村内最高の土地所有者となるが、経営的には地主小作関係を持たず、純粋の手作経営であったと思われる。

注

(1)『寛政重脩諸家譜』巻第九百九十三。
(2)(8) 延享元年子ノ三月「下総国香取郡松沢村宗旨人別御改帳五人組帳」(宮負克己家所蔵)。
(3) 文政七年十月「申御年貢米并役銭割附帳」(宮負克己家所蔵)。
(4) 天保二年十一月「卯御年貢米并役銭割附帳」(宮負克己家所蔵)。
(5) 明治三年七月「下総国香取郡松沢村田畑名寄帳」(宮負克己家所蔵)。
(6)「牝牡考　草稿上」(宮負克己家所蔵)。
(7) 宮負家位牌及び過去帳。

4　宮負定雄と「農業要集」

定雄の育った環境の内でも、彼の思想形成の上で大きな意義を持つものは、父定賢の存在だった。

定雄の父定賢は、幼名を東蔵といったが、のち諱を朝興といったらしい。宮負家に現存する蔵書の奥書をみると、朝興は享和三年に「神道明弁」を書写している。この前年の享和二年に、二七歳の東蔵は伊勢参宮の旅に出ている。この参宮の旅から帰った後に、諱を朝興とつけたと思われる。東蔵にとってこの伊勢参宮の旅は、古学との出会い、のちの平田国学入門という彼の学問にとって、大きな意味を持っていたのではなかろうか。この後に種々の書を求め、あるいは書写しているが、その中に県居派国学の書がみられる。これは彼が平田国学に入門する以前から国学に興味を持ち、加茂真淵等の著書を読んでいたことを示している。その後、朝興は文化の中頃に名を定賢と改めた。そして、文政二年に下総に来遊した平田篤胤に入門したのである。

定賢は名主役等を勤めながら国学にはげみ、一年に一、二度は江戸に出て平田篤胤の許を訪ねている。現存する篤胤の日記の中に、はじめて定賢の名がみえるのは、文政八年正月十一日の条だが、そこには、「下総松沢佐五兵衛殿来」とあり、下総の多くの門人の内でも「殿」を付けているのはこの人だけで、篤胤の定賢に対する評価が推測されよう。定賢は晩年には朴斎と号して歌を詠み、書を写して過ごしたようだが、その子定雄が実学に、神仙の世界に、医学にまでも興味を持って国学のわくをふみ出して行ったのに対し、定賢は最後まで農村の知識人として和歌や書の世界に止まったように思われる。

定雄は、この定賢の長男として寛政九年九月十日に生まれた。[2] 幼名を門蔵(あるいは紋蔵)といった。父定賢二二歳の時で、この同じ年同じ月の十八日に、定雄の曽祖父にあたる二代目佐五兵衛がこの世を去っている。

門蔵は、早くから父について勉学につとめたらしく、一二歳の頃に使った手習の手本や、一四歳の時に書写した住吉大明神についての書などが現存している。(3) 父定賢が「神道明弁」を書写し、加茂真淵の書を求め、国学に興味を持ちはじめたのは門蔵が七、八歳の頃であり、そのような環境の中で門蔵も早くから国学に親しみ、父の教えを受けたものと思われる。そして父と共に田畑に出て農業にいそしみ、その体験の中から後に述べる「農業要集」が生まれた。門蔵は父と同じ二七歳の時、文政六年五月に伊勢参宮に出発している。おそらくこの旅のあと、幼名を改めて佐平定雄と名乗ることになったと思われる。

文政九年三月、定雄ははじめての著作「農業要集」の草稿をたずさえて江戸に向い、平田篤胤の門をたたいた。定雄三〇歳の春のことである。篤胤はその日記に、

文政九年三月十八日曇　下総松沢村宮負佐五兵衛悴佐平来、農業集と云書持参也

と書いている。定雄は「農業要集」の草稿を篤胤に見てもらい、その出版のための斡旋を依頼したのであろう。そして翌日、再び篤胤の許を訪れて、入門している。

篤胤は定雄の依頼を快諾したと思われ、下総に帰った定雄から、翌四月に出版費用と「農業要集」の原稿が篤胤の許に届いた。篤胤はこれに序文を書き、同年の八月五日に「農業要集」は出版された。

このように、定雄は「農業要集」の原稿を持って入門した。これ以前にも定雄は入門する機会はいくらでもあったと思われる。父定賢は既に門人であり、年に何度かは江戸に篤胤を訪ねている。しかし、定雄は「農業要集」の原稿の完成を待って、それをたずさえてはじめて入門した。そこには、この書を通して篤胤に求めるものと、また彼の抱負もそこにあったと思われる。

そこで次に、この「農業要集」についてみてみよう。

「農業要集」は、その自序に、「此書は農業全書に漏たる事と、已年来種芸を勤めて自得したる事の、彼書の説と異なる業を載す」とあるが、この書の成立には「農業全書」の影響が非常に強い。先ず、「農業全書」とその記載を比べてみると、「序」、「自序」、「凡例」、「農事総論」、「五穀之類」、「菜之類」、「三草之類」といった章立てが殆ど同じである。また、それぞれの作物の記事は「農業全書」よりは簡略であり、とりあげた作物の種類も少ない。「五穀之類」では「農業全書」が一九種とりあげているのに対して「農業要集」は一一種である。また「菜之類」でも、「農業全書」の四二種に対して一六種である。このようにとりあげる作物の種類は「農業全書」に比すと少ないのであるが、しかし、「農業全書」に載っていないものもある。たとえば、「蒟蒻」、「山葵」、「仏掌薯」、「黄蜀葵」などである。

また、個々の作物の記事も簡略ではあるが、「農業全書」より進んだ当時の技術を反映する記事もみられる。たとえば、「蕃藷」のところで、「農業全書」が、「藷の根を二三寸にきり、間を二三尺もをきて一つ宛うへ、土を二寸バかりにおほひ置」、と直植えであるのに対して、「農業要集」は、「暖地に苗地をこしらひ、くさりわらを多く積重ね上に砂を布て、二月中旬種藷を横にならべ、下半分ハ砂に埋ミ、上半分ハ日の当るやうにして、夜ハわらにて蓋をすべし、蔓の出るをかきとりて麦畠の中にさすべし」と、苗床を作って苗蔓を仕立て、それを麦のさくの間にさすという、下総での現実的な栽培法を記している。また、紅花の製法について述べたところでも、「本文ハ農業全書の説なり、然れども委しからず。是ハ今常州総州辺のねかし法なり」として、「農業全書」の説を掲げながらも、彼の住む下総・常陸地方の方法をもつけ加え、「ほし花ハ金壱両に一貫五六百目、生花は同三貫五六百目の積りなり。種ハ金壱両に一石ぐらゐのうりかひあり」と、当時の下総地方での売買値段を明記するなど、全般にわたり非常に具体的な記述もみられるのである。

このような「農業要集」は、その自序に、「己をぢなき身にしあれば、祖々の業に継て、向股に泥掻よせ、手肘に水沫かき垂り」とある如く、定雄自から農業に励み、「己もためしに作りて試ミ、市に売て利を得たる事多し」というような、彼の実際の経験を基礎にしている。凡例に、「己種芸を好みて、万の物を作り市に売て直段割合も試みたり、故この書に載す。然れども、国により都の遠近、年の豊凶、品物の美悪によりて、直定りなしといへども、此書に載るものハ大抵中直にして、多くハ他国の直段にかゝはらず、下総国にて当時売買通用の直なり、書中皆これに倣へ」とあるように、自らの経験にもとづいているところに、この書の一つの特徴があるのである。

また、巻頭にある「農事総論」は、定雄がこの書を書いた真の目的を知るためには重要である。そこで最も強調されていることは、農家の田畑は、「其家を起したる先祖の田畠財宝にして預り物なり。大切に所持して子孫に伝ふべし。」という。「是を己が物と思ふときハ、酒色博奕のために売はたす者あり。先祖の預り物を他人に売はたすハ、不敬不孝のいたりといふべし。然れども時の変により、水火病難等にあひ、拠なくうる事も有べし。さる時ハ己が工夫と倹約をもて忽かひ返し、全うして子孫に伝ふべし。」とあるように、農民として最も重要なことは、「家を起す」ことであり、それを「子孫に伝える」こと、即ち「家の永続」である。この「家永続」という目的のための方策としては何があるか、それが「祖より預る田畑にハ五穀をはじめ、諸の厚利の物を作り出し、市にうり財を貯へ、常に倹約」することである。そして「よく其処の地味を試ミ、万物を作りて土地に相応不相応を考へ、其割合を計りて、厚利の物をバ村内家毎につくり出せば、世に知るゝ産物となりて、其里富足に至ること速なるべし。」というのである。即ち、「家永続」の方策は、「厚利の物」――市場に売り出して利益のある商品作物を積極的に生産することであり、そのためには、その土地の地味を考え、種々の作物を試作してその土地への適・不適を知ることが大切であり、それが「五穀之類」以下に記された本書の内容なのである。そこに記されることは、単に作物の栽培技術のみではない。たとえば「午蒡」について、「午蒡ハ下総にてハ、大浦午蒡を上とす。多く江戸に運送す。大なるハ一尺八九寸まはりの品あり、一本の直銀五匁ぐらゐの売買あり、一坪に弐本くらゐを植るなり。一畝に金五両一段歩に金五拾両のつもりなり。何国に限らず良地を見立て、こやし手入をよくすれば、太くならずといふ事なし。己もためしに作りて試ミ、市に売て利を得たる事多し。」と、常にその作物の市場価値を問題としているのである。それ故、その作物の「土地に相応不相応」とは、単に気候風土的条件のみではなく、「午蒡」の項に「多くは江戸に運送す」とある如く、大市場との遠近やその輸送手段をも考慮に入れているのである。

こうして、「富足に至らバ、その里の窮民を恵ミ、又ハ世の為になるべき事に用ふ。」これが定雄の考える農民の理想の姿であり、村内の各家が「厚利の物」を作って売り出し、それがその土地の特産物となって、農村全体が富裕化するというのである。

ここには、「農業全書」を模倣しながらも、それとは全く異なる関心が明らかに認められる。それは、「農書」の一般的な目的である技術の普及、良い品質、多くの収穫を得ようとすることにとどまらず、関東の中の、それも下総という一地域の中で、実際に作物を栽培し、収穫物を販売し、どの作物はどれだけの利益が得られたか、得られなかったかということに、非常な関心を持っているのである。それは、著者宮負定雄が「農学」という「学問」に関心があるのではなく、自らの住む下総の農村、そこでの農業経営の実態に関心があったのであり、足下の「家永続」という現実的な課題に目を向けていたからである。

ではどうして、「家永続」が「農業要集」の課題となったのであろうか。それは、この地域の農村構造の分析から始めなければならないし、それは別稿で論ずる予定であるが、今その一端を述べれば、宮負家が土地集積を行い、村内最高の石高所持者になって行った明和・安永から寛政期は、村内変動の時期であり、一方では土地を失って没落して行く農民も少なくなかった。また村内最高の宮負家にしても、後に述べるように、その経営は必ずしも安定的とはいえなかった。また村役人・名主としては、没落農民からの年貢徴収・役負担等は困難であり、それにもかかわらず、村役人としての責任はあった。近村堝新田の名主次郎兵衛は、村内に潰百姓が出て年貢が払えず、一時は名主がそれを負担したが、それも長くは続かず、ついに寛政二年、名主を退役したいと領主に願い出ている(4)。このような事情は、宮負家のある松沢村も例外ではなかったと思われる。

このような現実の中で、「農業要集」は執筆され、定雄はその書で追求した課題解決の方策を、平田国学という学問の中に求めたのであろう。

それでは、この定雄が考えた「厚利の物」すなわち有利な商品作物を見出して、各農家がこれを積極的に栽培し、販売することによって、農家および農村の富裕化をはかろうとした方策は成功したのであろうか。

宮負家には弘化四年から文久二年にかけて四冊の経営帳簿(5)が現存する。これを分析してみると、そこに見られる経営は石高二〇石前後で、田畑の総面積二町歩前後の経営規模を持ち、労働力は家族労働を基礎として、他に一～二名の年雇奉公人と農繁期を中心として二～三名の日雇労働を雇用し、干鰯・糠・油粕等の金肥を大量に購入して田畑に投入し、米および雑穀を中心として生産する。そして米は年間約一〇〇俵前後を収穫し、その内から年貢として二五～三〇俵を出し、その残りから自家用飯米と種籾を除いて他を販売する。この販売代金が総収入の内の大部分を占めている。しかし、米・雑穀以外の菜種・煙草・藍等の商品作物も多少は栽培し、販売するが、その額はわずかである。また、支出も肥料代・農具代・奉公人給金等農業経営面への支出ばかりでなく、日常生活への出費も少なくなく、大量の米穀販売にもかかわらず、わずかながらも赤字を出すこともあり、黒字の年はあってもその利益は大きくなく、決して安定的・発展的な状況ではなかった。

この現実の農業経営をみると、そこには定雄の考えた「厚利の物」すなわち有利な特産物の栽培・販売は殆ど見出されず、依然として米穀中心の多肥投入型の農業生産であって、それにもかかわらず、この農業経営は深く貨幣経済に巻きこまれているのであった。

定雄は「農業要集」を書いたあと、父の後を継いで名主となるが、それも数年で辞し、家を出て、江戸や各地に遊び、この後彼の放浪の生活が始まるのである。

注

(1)「気吹舎日記」。
(2) 三沢明「奇談雑史次編」の中にみえる。
(3) 宮負克己家所蔵。
(4)『飯岡町史史料集』第三集。
(5) 弘化四年「当未年金銀出入諸雑用調帳」、嘉永五年「金銀出入諸用留」、安政六年「当未年中諸用留」、文久二年「金銀出入諸入用帳」。

5　大原幽学と宮負定雄

宮負定雄が父定賢の後を継いで、松沢村の名主を勤めていた天保三年、大原幽学ははじめて東総地方に足を入れた。幽学の日記「ロまめ草」(1)によると、この年九月、上総国東金から九十九里浜沿いに八日市場・足洗に至り、西足洗村神主千本松大内蔵家に立ち寄った。その後飯岡を経て銚子に至り、高野村の医徳寺に逗留している。ここで、東総地方に入って初めての入門者一一名があったが、入門者が幽学に差し出した神文は、この年の分は五通しか現存せず、それが銚子の入門者であるかどうかは不明である。現存の神文で、下総の入門者にして最初に確認できるのは、翌天保四年の香取神宮神主実保と同社中臣実緑の二人である。香取社関係を除くと、同年十月の西足洗村名主千本松恭寿と同村の鷺山泰明、網戸村熊野社神主菅原(千本松)吉周等であった。

幽学は、平田篤胤と同じように、神官・村役人・地主・豪商などの家を廻って、主に「人相」「易術」等を教えていたらしい。天保五年、宮負定雄の父定賢、同村熊野神社の神主宇井包教も幽学に入門する。しかし、共に「人相」の門人としてであった。定雄も幽学と面識があった。天保七年に幽学は宇井包教・遠藤本蔵等と共に奥州への旅に出たが、その時定雄は幽学に餞の歌を送っている。(2)

正月二十九日陸奥に旅せんと、宇井子の宅に祝ひの盃を給ひし折から、来る文に曰く、大原大人と包教ぬしの馬のはなむけに、

草枕旅行く道に馴れつゝも　　定　雄
　ひうち袋を君な忘れそ
岩根木根こゞしき山を越るとも
　もるゝ事なく帰ませ君

幽学もこれに答えて、小見川へ向う道の途中から返書を定雄に送っている。

右定雄ぬしに返へしを思ひ出して、

餞別の御言の葉ありがたく拝し候。はた御父君より聞へ侍るに、火打は古事のありとなん、時に梅香は、古きを尋ぬるの意を以てすと聞へける事の侯へば、

古へを香るや梅の花心

このように、定雄と幽学との間には交流があったが、定雄は幽学には入門しなかった。しかし定雄の父定賢をはじめ、何人かの平田門人は幽学にも入門している。しかし、その総数は九名で、篤胤生前の門人の中では約八%とその数は少ない。

この時期の幽学への入門者の主体は、香取社の神官をはじめ松沢村熊野神社の宇井包教・網戸村熊野神社の千本松吉周・下小川村安産社の小川隼人等の神主、殿部田村南陽道人のような陰陽師、鏑木村比留間貞斎・長沼村本多元俊のような医師、長部村遠藤伊兵衛・十日市場村林伊兵衛・西足洗村千本松恭寿のような名主・村役人層であって、これは下総の平田国学門人層と何ら異なるところがない。すなわち、直接の門人重複はわずかな数であったにしても、この時期の幽学を受け入れた基盤は、国学のそれと同一であったのである。幽学はこれらの人々との交流の中で、宮負定雄が「農業要集」で求めた「家永続」という課題を引き継いだのであった。

しかし、幽学のこれに対する対応は宮負定雄のそれとは全く逆であった。定雄が一定の商品流通・地域的分業を前提とし、有利な商品作物を積極的に生産することによって、貨幣経済の波に乗って富裕化することを考えたのに対して、幽学は商品流通を極度に排し、自給自足に基礎を置いた封建村落の再編・強化をめざした。それ故、田畑の肥料も「苅敷」を中心とする自給肥料を基本とし、関西の老農の間を遍歴して進んだ農業技術を身につけていたと思われるにもかかわらず、目の前の九十九里浜で大量に生産される「干鰯」(金肥)の導入は全く考えなかった。貨幣経済の村内への侵入を極度に抑えたのであろう。そして、外からの購入が止むを得ない食器類などは「共同購

入」を行って、個々の農民が貨幣経済と直接に接触する機会をできるだけ少なくしているのである。このような方策が一定の成果を持ったかどうか、幽学の思想と施策は本書の別稿で検討されるところであるので、それに譲るが、一見、宮負定雄に代表される下総国学と幽学は、非常に異質な存在と思われる。しかし、その基底には地域の課題にいかに対応するかという、共通した流れがあり、この「非連続の連続」にこそ注目して、下総国学と大原幽学をとらえなければならないのではなかろうか。

注

(1)『大原幽学全集』(千葉県教育会刊)。

(2)「諸君子句集」(『大原幽学全集』)。

(付記)本稿は、筆者が既に発表した「草莽の国学者宮負定雄について」(「商経論集」四号)、「草莽の国学『下総国学』について」(「商経論集」五号)、「下総における一村方地主の農業経営」(「商経論集」七号)をもととして一部加筆したものである。

(川　名　　登)

第三編　村社会の変質

第三編「村社会の変質」は、主として、幕末期東総地域における社会経済的特質の検討である。幽学の活動のすべてを、同時代・同地域の社会経済的諸状況に触発されたものと見るのは余りに短絡的である。しかし、広い意味では大いに関係があることはもちろんであって、幽学を時代の子として捉えることが必要である。

問題はやはり、明和・安永頃から出現し、天保前期にどん底に達したとされる関東農村の「荒廃」であろう。この「荒廃」を全国一律のものとするには疑問があるが、二宮尊徳の弟子岡田佐平治が、幕末期に遠州掛川地方において報徳仕法を推進した背景には、明らかに「難村」があった。その難村とは、佐平治の小伝によれば、

……連年堤防破壊して水害治らず、田園荒蕪、戸口生計にくるしみ、貢租を乱用して、公私の借財山の如し、利子年に積みて、屋漏塞がず、頽垣修めず、人気凶暴、隣保互に相仇す（「岡田無息軒翁一代記」、中村雄二郎・木村礎編『村落・報徳・地主制—日本近代の基底』七四頁。一九七六年）

といったことである。関東農村の「荒廃」と似たような事態は遠江にもあったのであり、「荒廃」や「難村」の広がりを軽視することはできない。

関東農村の荒廃については、各種の具体例の報告や若干の論議がある。留意すべきは、「荒廃」が関東農村全域を覆った事実はないようだ、ということである。武蔵野の畑作農村や相模諸村の相当部分において「荒廃」を見出すことは、多分困難であろう。二宮尊徳が村の（個人の家計ではなく）復興に特に手腕を振るったのは、常陸や陸奥相馬・下野日光神領においてだった。

関東農村において、どこが「荒廃」し、どこが「荒廃」しなかったのか、の全面的確定は現在のところで

きない。しかし、ここでの問題たる東総地域には「荒廃」があった、と考えられる。私はかつて下総佐倉藩の研究をしたことがある（『譜代藩政の展開と明治維新―下総佐倉藩―』一九六三年）。その城附領は、幽学活動地域の西隣（印旛郡中心）であり、本多元俊のいた長沼村、糸川平右衛門の荒海村、神崎孫右衛門の幡谷村（いずれも埴生郡）は、佐倉藩領に近接した村である。幽学が活躍した地域と佐倉藩城附領とは、大局的には似たような地域と考えられる。

佐倉藩では天保四年以降、長期にわたる藩政改革を実施した。天保四年は、幽学が東総に出現した初期であり、この年十一月に、長沼村の四人がはじめて性学神文を入れた。佐倉藩藩政改革の全貌について述べることはもちろんしないが、その農政の明確な方向性だけは指摘しておく。それは一口にいって、人口減少の抑止（人口増加策）と「勧農役」を中心とした勧農強化策である。これは、かつて「佐倉藩農政の基本方向は、人口増加、散田の防止、年貢収納の確保を根幹とし、その前提条件として村内治安、農民に対する緊縛の強化を要請したもの」（前掲書、二二一頁）と要約したもののなお一層の要約である。長部村の性学門人が先祖株の公許を領主清水氏に願い出た文書の中で、〝明和の頃は四〇軒ほどもあった家が、今では二四、五軒に減ってしまった〟と書いている（『大原幽学全集』二六九頁）のは、信用してよい事実だろうし、領主によっては、性学を以て村方立直りに効あるものとして表彰した者もいる（弾圧した領主もいることは前述）。

やはり「荒廃」はあった、と考えた方がよい。しかし、この「荒廃」論の一つの大きな問題性は、誰にとっての「荒廃」だったのか、ということなのである。それが、領主や村役人にとっての「荒廃」だったことは明らかである。しかし、村を捨てて、どこかへ行って暮らしている農民（村からすれば、これは「潰百姓」である）にとっては、かつての居村が荒廃しようとどうなろうと、それは最早、彼にとって死活の問題ではない。

その彼は居村にいて家族共々餓死したのではなく、村を去ってどこかで、細々ながらも生活を営んでいる。

「荒廃」を具体的に検証することの難しさは、それが、村だけでは元来検証し得ない社会的広がりを持つ問題だ、という点にある。ここでは荒廃を社会的広がりにおいて全面的かつ具体的に検討することは不可能であり、後日を期す他ない。しかし、考え方の大綱だけは記しておくべきであろう。

「荒廃」は、一口にいって、伝統的経済状況の全国的構造変化に伴う局地的現象である。その構造変化は、領主―商人―農民三者の相関関係における関係の変化によって生じた。それは、都市と農村との関係の変化、より具体的に関東に即していえば、江戸の問題、関東における小さな町場の簇生の問題、それらと村々との関係の問題である。潰百姓は、多分、江戸や周辺の町場で生活しているのだろう。潰百姓の行先やそこでの生活の仕方が、具体的に判明すれば、「荒廃」の問題は、解決の手掛りを得ることになる。

「荒廃」の問題は、村だけでは解決できない。村を取り巻く諸状況の変化によって、ある地域の村は「荒廃」し、他の地域の村は「荒廃」することなく変質したのである。村を取り巻く諸状況の変化は、戦後研究史において「商品経済の展開」(あるいは「深化」)として定式化されている。それによる村内の変化は「階層分解」として、これも定式化されている。留意すべきは、「荒廃」は一村だけの現象ではなく、より広い地域的現象だということである。それは、ある地域は全体として「荒廃」し、他は然らず、といった現象なのである(新たな地域的不均衡の出現)。「荒廃」地域では、中・下層農民のみならず、上層農民もまた経営に困難を来す。つまり、全体として「難村」状況となる。非「荒廃」地域においては、村内の「分解」は起るが、上層農民を主とした特定の農民は、その経営を質的に変化させつつやがて安定する。

「荒廃」地域においては、その「荒廃」は全村的だから、従来存在した上層農民による村内勧農機能が働かなくなり、それが村内秩序の不安定をもたらす。前引「岡田無息軒翁一代記」の一節は、そのところを上手に表現している。

どのような地域が「荒廃」し、あるいはしないのか、という問題も大きい。これについての的確な回答もまた困難だが、農業における商品生産が、一般農民を広く巻き込んで展開している地域では、「分解」は起っても「荒廃」「難村」には陥りにくいと考えられる（武蔵野農村における雑穀生産の一般的商品化が著例）。逆に商品生産の度合いが低くとも、消費経済における自給性の高い地域は、これまた「荒廃」現象を起すまい。前者は商品経済の大波に乗っているために、後者はいわばその大波に遠い所に位置しているために、いずれも「荒廃」しないのである。これらに対し、農業における商品生産の度合いが低いにもかかわらず、消費経済における自給性の弱い地域（著例としては、街道筋や河岸周辺）では、大波に呑み込まれて「荒廃」「難村」に陥りやすかろうと考えられる。こうした議論は、研究の現状では、ともすれば際限のない空論になり易いからもう止めるが、「荒廃」や「難村」が村を超えたより広い地域的現象であることだけは確かである。

幽学が出現した天保初年の東総農村には、二つの道があったはずだ。その一つは、貨幣による消費経済の拡大を前提とし、それを意識的無意識たるとを問わず是認し、その上で、宮負定雄のように農産物の商品化を求めるコースである。このコースは本編の四における米込村（現、干潟町内）杉崎家の経営帳簿においても見られる。恐らくこれが一般的コースだったのだろう。これに対し、消費経済の拡大を否認し、これによって、農産物商品化の必要性を消滅させ、逆に自給性を高めるコースがある。これが幽学の道である。幽学は、若い時に西国を「漂泊」しており、先進地域の農業技術を知っていた。彼は、農業技術のみならず、その地域における経済構造をも知っていたはずである（彼はその中に身を置いていた）。にもかかわらず、幽学は先進技術の一部のみを教えた(年中仕事割、耕地整理、そして正条植や浅植等。肥料については、自給肥料の肥効を高める方式は教えたが、購入肥料については全く冷淡だった)。これは一見不思議なことなのだが、幽学の全体像から考えれば当然なのである。幽学は、幾つかの前提条件さえ整えれば、自給的農村の再編は可能だ、と見た。彼は、消費経済の拡大を否認し、同時に農産物商品化の必要性を消滅させる方向性を、その教学によって門人に叩き込み、それを前提として、高水準の自給農法を彼らに教えたのである。この意味において、彼の教学と農業仕法は見事に一致している。

「荒廃」は、大体安政期以降の、最幕末期には目立った現象ではなくなるようである(「回復」の問題)。「岡田無息軒翁一代記」の前引部分は、嘉永六年当時を描いたものだが、ここには「十年にして旧に復す」とある。つまり、文久三年頃には旧に復したのである。この現象については、佐倉藩においても既に指摘してある。佐倉藩の藩政担当者が「……何くれと不時の物入うちつづきしも、既に貯金あり、足らざらばこれを封内に借り、永世の基本確立……」(前掲書、二一一頁)と藩政改革の成果を謳歌したのは元治元年のことであった。この時期には人口回復の徴候がはっきりと表れ、藩財政も安定(年貢収納の上昇)してきていた。これには勧農策や人口増加策(補助金政策)の「成功」もあったし、江戸蔵元(藩財政を握る豪商)との関係切断(借金踏倒し)という強引なこともあった。しかしそれだけではなく、領内農民からの借金、そしてその返済履行を通しての領内経済の再編(前引「足らざればこれを封内に借り」)ということもあった。総じて、佐倉藩における最幕末期の「成功」には、領国経済の新たなる樹立といった傾向が強い。佐倉藩のみならず、諸藩の幕末藩政改革の成功例が、例外なく、大坂や江戸の大商業資本との関係の強引な再編を梃子に推進されていることに注意する必要がある。つまり、都市大商業資本との関係における藩の自立性を高め、一見旧体制への回帰を図るような形式をとりながら、改革を進める、ということである。これが、この時代における改革の理法だったのである。同じような理法は、幽学の仕法にも存在しているようである。幽学は、現代のわれわれには古いように見えるが、当時の東総の農民にとっては新鮮な存在だったのである。

さて、以下各章の紹介を簡単に試みよう。

一「所領構成と領主支配」(神崎彰利)は、東総における、主として旗本支配の様相を検討したものである。支配関係の錯綜したこの地域において、村ごとに、かつ年次を追って領主の支配関係を考証することは、なかなか難しいことだが、本稿によって、支配関係についての安定した事実の獲得がなされた。本稿ではまた、年貢問題や旗本領主と豪農との関係にも触れている。

二「幕末期東総の社会経済的状況―万歳村を中心に―」(門前博之)の主要舞台は万歳村である。ここは、本書の主対象地域たる干潟地域の町場だった。この小さな町場は銚子方面への中継点として重要な意味を持っていた。笹川繁蔵の代理格勢力富五郎はここを拠点として活躍していたようである。この小さな町場の社会経済的動向は、周辺の村々の動向変化をくっきりと写し出す鏡である。万歳村は寄場村であり、井上家は寄場名主だった。その関係で、同家には、周辺村々をも含む各種の出入り文書が残っている。経済的のみならず社会的変化もまた激しかったことが本稿を通して窺われる。

三「東総豪農の存在形態」(栗原四郎)は、主として、鏑木村の豪農平山家の経営について検討したものである。この地域では、このような豪農層の経営もまた決して安定的ではなかったことがよくわかる。これは、先述の「荒廃」と密接に関係した不安定なのである。小作層による平山家への突き上げもまた激しい。平山家の地主経営には、嘉永〜文久期に大きな転換があり、そのことによって、明治期への道が開ける。また平山家の、商業における広汎な動きは、大都市江戸や周辺の町場との密接な関係を示している。総じて、幕末期の平山家の動向は、東総における社会経済変化の質を最もよく反映している。

四「東総における一村方地主の農業経営─米込村杉崎家を中心に─」（和泉清司）は、米込村杉崎家の農業経営史料の克明な分析である。杉崎家は米込村の上層農民だが、もちろん鏑木村平山家の如き規模ではない。杉崎家はどの村にも存在する普通の上層農民であって、熱心な性学門人である長部村遠藤家・諸徳寺村菅谷家と同列の存在といってよい。しかし、この杉崎家は性学には参加しなかった（本家筋杉崎伝蔵は性学）。本稿の分析を通してわれわれは、一村方地主の経営を克明に知り得るだけではなく、それと幽学の農業仕法との差をも明確に知り得る。杉崎家の経営における商品化への志向に対し、幽学の仕法には自給自足的農業への志向が強い。長部村の近辺だからといって、すべてが幽学を師としていたわけでは決してない。

五「『天保水滸伝』の世界」（藤野泰造）は、博徒の研究である。幕末期のこの地は、一般には大原幽学よりも博徒の存在によって知られている。飯岡助五郎と笹川繁蔵による、いわゆる大利根河原の決闘は、天保十五年八月のことである。嘉永四年四月十八日、長部村の改心楼に乱入した者の中には栄助と半次という二人の博徒がいた。博徒の史料は少ない。しかし少しは存在している。本稿はその数少ない史料によって博徒の実像を紹介したものである。

幕末期に発生したのは経済上の問題だけでは決してない。それに伴う新たな社会問題や思想問題にも眼を向けることによって、はじめて幕末期の全体像が描けるのである。

（木村　礎）

一　所領構成と領主支配

1　下総国香取郡の所領構成

関東の所領構成の特質、その最も顕著な事例の一つに広範な分給所領があげられる。広範な分給所領、これは天正十八年徳川家康の関東入国による直臣団への所領宛行と、更に寛永十年・元禄十年の地方直しによる旗本領の設定がその成立の基軸となっている。

川村優の計算によると、明治元年現在の関東八ヵ国内一万二、〇一八ヵ村・一万七、三六七領のうち、旗本領は八、三九九領（四八・四％）で、幕領三、九七八領（二二・九％）・大名領四、八三六領（二八・〇％）をはるかにしのいでいるが[1]、我々の研究対象地が属する下総国香取郡はその代表地域といえる。

鈴木寿の研究によると、宝永二年現在、旗本領は三九ヵ国内で三、七七八領が存在するが、この中で下総国は四二〇領（全国内で一一・一％、関東内一三・九％）で、全国中第一位である[2]。下総国の場合、こうした旗本領は前記の三時期を契機として拡大するが、たとえば寛永十年地方直しでは五四名の旗本が[3]（関東中第四位）、また元禄地方直しでは一〇二名[4](関東中第三位)の旗本領が設定された。

この二度の地方直しに当り、香取郡の場合、寛永十年に二四名[5](下総国内第一位)、元禄十年三一領[6](下総国内第三位)が増加した。以下こうした知行割りの結果を示す一材料である、享保十四年「下総国匝瑳郡・香取郡・海上郡御領・私領村高写」(鏑木、平山忠義氏所蔵文書)によって当時の香取郡内所領構成を追ってみよう。

第1表　享保14年，下総国香取郡における領主別村数

領　　主	村　数
旗　本　領(1給)	77
旗　本　領(分給)	74
大　名　領	52
幕　　　領	49
旗本領・幕　領	38
旗本領・大名領	4
幕　領・大名領	1
計	295

注）「元禄郷帳」。

元禄郷帳(内閣文庫蔵)によると、香取郡は二八六ヵ村＝一二万七、一〇六石余で下総国内一二郡中最大の規模をもっている。享保十四年本帳では二九五ヵ村＝五九五領からなり、村数は元禄期より九ヵ村増加している。この村々を領主単位にまとめると、右の第1表のようになる。これをみてまず気づくのが旗本領の数であるが、内訳は、旗本領一給七七ヵ村と旗本領分給七四ヵ村で、この旗本領だけで郡内全村の五一%を占めている。これを所領数でみると、全五九五領のうち旗本領が四四一領(七四・一%)となり、圧倒的な旗本領の存在が認められよう。次にこれらの所領について少しふれておきたい。

旗本領　まず郡内の中心所領をなしている旗本領であるが、享保十四年当時郡内に所領を有する旗本は二〇一名である。この所領をみると、たとえば次にあげた第2表の事例のような均等分給や、また出沼村・吉田村地頭伏見氏・長谷川氏の二ヵ村以上におよぶ同一村落での均等分給など、元禄地方直しにおける特徴的な知行割りが見られる。通常、旗本領というと、第2表にみられる広範な分給が多くみられるし、現に本郡の場合も、例えば内山村・大戸川村一三給という著しい分給所領がある。その反面、前掲第1表でも確認できるように、旗本領の中には七七ヵ村(全村の二六・一%)もの一給知行地がある。この外幕領・大名領の一給所領を合せると総計一七八ヵ村が一

給村落となるが、この数字は、かつて筆者が検討した相模国(7)などに比較すると高いといえる。参考までに五給以上の村落数をあげると、五給＝九ヵ村・六給＝五ヵ村・七給＝八ヵ村・八〜九給＝各一ヵ村・一二給＝一ヵ村・一三給＝二ヵ村の計二七ヵ村となる。享保十四年の本帳を通してみると、当時の旗本領は一七四ヵ村＝約八万五、〇〇〇石(六六・四%)と推定される。

大名領　主な大名は郡内多古藩一万二、〇〇〇石松平勝以、郡内小見川藩一万石内田正親、郡内高岡藩一万二、〇〇〇石井上正鄰などがある。多古藩松平氏の場合、寛永十二年松平勝茂が遠江国所領を上総国と本郡内に所替えとなり、以来多古村を居所とした。享保十四年現在、郡内では多古村八五五石余をはじめ一五ヵ村＝五、六八七石余を有している。小見川藩内田氏は享保九年下野国鹿沼から転封してきたが、享保十四年当時、藩主は信濃守正偏

第2表　均等分給の事例

村　名	所　領　高	旗　本　名
出沼村	197石0.0.0合	
	65. 6.6.6	伏見　主水
	65. 6.6.6	江原　五郎作
	65. 6.6.6	長谷川　幸三郎
松崎村	1,213. 1.3.3	
	200. 0.0.0	牧野　伝兵衛
	200. 0.0.0	三木　平八郎
	200. 0.0.0	美濃部彦右衛門
	200. 0.0.0	森川　金重郎
	200. 0.0.0	内藤　源助
	103. 7.6.0	中山　下総守
	2. 3.7.3	幕　領
吉田村	1,160. 2.9.0	
	278. 1.0.4	山岡　五郎作
	278. 1.0.4	伏見　主水
	278. 1.0.4	長谷川　幸三郎
	81. 9.1.7	三沢　庄兵衛
	81. 9.1.7	山崎　数馬
	122. 8.2.2	小笠原　頼母
	47. 4.2.0	坪内　能登守
大倉村	1,295. 4.4.0	
	60. 0.0.0	五味　藤四郎
	60. 0.0.0	本多　清兵衛
	60. 0.0.0	新見　忠右衛門
	50. 0.0.0	渡辺　久左衛門
	50. 0.0.0	遠山　久四郎
	50. 0.0.0	高木　甚右衛門
	40. 0.0.0	後藤　清三郎
	34. 0.0.0	伊吹　又三郎
	24. 7.0.0	岡部　内記
	375. 8.5.3	近藤　重兵衛
	194. 0.1.7	兼松　又四郎
	296. 8.3.6	幕　領
丁子村	600. 0.0.0	
	64. 8.0.0	大河内　又重郎
	64. 8.0.0	渡辺　外記
	64. 8.0.0	高井　作左衛門
	64. 8.0.0	坂部　又八郎
	64. 8.0.0	土岐　縫殿助
	64. 8.0.0	幕　領
	26. 2.0.0	野田三郎左衛門
	26. 2.0.0	三沢　庄兵衛
	158. 2.0.0	塚原　頼母

で、郡内には小見川村二九九石余を中心として二三ヵ村＝七、〇一八石余を領している。高岡藩井上氏は慶長十七年井上正重が一万石で封ぜられてから続き、延宝四年政蔽のとき郡内高岡を居所とした。享保十四年当時、郡内には高岡村五二八石余をはじめ一一ヵ村＝三、〇七二石余を領している。

幕　領　最後に幕領であるが、当時の香取郡幕領は代官松平九郎左衛門支配による三一ヵ村＝一万〇、四三六石余、野田三郎左衛門支配地二五ヵ村＝一万三、四四八石余、森山勘四郎・久保田左右衛門預所一三ヵ村＝五、九一二石余の計七〇ヵ村＝二万九、七九八石余となる。この外に更に松平九郎左衛門支配の新田村二一ヵ村＝六六九町四反九畝三歩がある。

享保十四年現在における香取郡の所領についてはこの程度に止め、最後に幕末維新期の状況にふれておく。享保十四年以降の香取郡で目立つ所領の変化としては、宝暦十二年御三卿の一家である清水領の成立と安政二年の上知、明和四年上野国安中領の設定、そして旗本一七名への知行宛行があるが、旗本領では藪忠通等将軍吉宗付家臣への新知宛行が目につく(後述)。こうした動向をへて、最後の時点である明治元年現在の状況の一端を次にみてみよう。

下総国の幕末維新期における所領構成を研究した一つに、佐々悦久「両総地域における旗本知行所の形成過程」(「法政大学大学院紀要」第四号)がある。これによると、当時下総国三、一三五領・総石高六七万六、〇〇二石のうち、主な所領は幕領七〇三領(二二・七%)・一六万九、〇二四石(二五%)、藩領四〇四領(一二・四%)・一四万一、三三一万石(二〇・九%)、諸藩飛地領一三領(八・九%)、旗本領一、二九八領(四〇・一%)・二三万七、一一四万石(三五%)、その他となっている。これを香取郡でみると、幕領一一五領(一六・一%)・二万七、五三三石(一八・八%)、藩領三七領(五・二%)一万四、七二二石(一〇%)・諸藩飛地領四三領(七・四%)・一万九、〇七八石(一三%)、旗本領四五二領(六三・六%)・八万〇、一〇八石(五四・七%)となるが、結果として、香取郡の所領は近世を通して旗本領が中心であったことがわかる。ちなみに、前記各領数字のうち郡内旗本領のそれは、下総国全体からみて領数四五二領=三四・八%、旗本領高八万〇、一〇八石=三三・七%という高い比率を占めている。

2 干潟地域の領主と所領

本研究の直接対象地域である干潟町は近世の一三ヵ村からなっている。ここで、当面の課題に必要な諸村の領主とその所領高を、近世中期の事例として享保十四年に、近世末期は弘化二年を参考として明治元年の場合を例にとってまとめると、次の第3表のようになる。まず享保十四年の場合であるが、全体を通してみると、幕領の多いのが目につく。当時の一三ヵ村合計石高は一万一、三四五石二斗一合となるが、この所領をみると、幕領九、四一六石二斗六升七合(八二・九%)・旗本領一、八七八石九斗三升四合(一六・五%)・藩領五〇石(〇・四%)となり、幕領の占める比率が圧倒的に高い。この幕領の数字は、香取郡全体の幕領に比して一給幕領数では一六・三%、石高では三一・五%となる。結果として、享保十四年現在の干潟地域は、当時の香取郡全体の所領構成と様相を異にして幕領が中心であり、更に香取郡中全幕領の一主体であったことが確認できる。

次にこの地域の所領の形成についてであるが、一つの区切りとして次頁第3表にみられる享保十四年現在の領主たちを基準とすると次のように分けられる。一つは幕領に次いで所領の多い旗本領であるが、これは宛行年次からみると、(1)寛永期・(2)元禄期の二つとなる。(1)寛永期は周知の寛永地方直しを中心とした時期で、松沢村二四六石余と長部村四石余を知行する山角氏をはじめ、長部村二〇〇石猪飼氏・鏑木村四四五石余榊原氏(以上寛永十年宛行)、

第3表 干潟町域の領主

村名	享保14年 石 合	領主	弘化2年 石 合	領主	明治元年
溝原村	396 5.4.6		396 3.8.2		
	50. 0.0.0	飯野藩	50. 0.0.0	飯野藩	飯野藩
	173. 2.7.3	佐野主水	173. 2.0.4	佐野鉄之進	佐野欽六郎
	173. 2.7.3	夏目主水	173. 2.0.4	夏目良助	夏目庫次郎
関戸村	476. 5.3.3	幕領	490. 1.0.9	松平中務	松平因幡守
万歳村	2,838. 4.5.1	幕領	2,838. 4.5.1		
			2,602. 6.6.9	安中藩	安中藩
			235. 7.8.2	吉川一学	吉川金次郎
桜井村	190. 0.0.0	久世三之丞	190. 0.0.0	久世藤三	久世藤三
松沢村	246. 1.8.0	山角五郎右衛門	246. 1.8.3	山角市左衛門	山角刑部左衛門
南堀之内村	137. 1.6.6	幕領	147. 2.6.8		
			145. 9.0.2	清水領	幕領
			1. 3.6.6	小田切土佐守	小田切愛之助
米込村	818. 7.8.9	幕領	963. 8.1.4		
			129. 9.8.0	高木清左衛門	幕領
			573. 1.9.8	伊藤鋳次郎	伊藤弥平大
			260. 6.3.6	安中藩	安中藩
入野村	1,273. 8.8.7	幕領	1,279. 0.1.5	安中藩	安中藩
諸徳寺村	355. 5.8.8	幕領	355. 5.8.8		
			168. 6.1.2	中島三郎左衛門	中島鎮太郎
			131. 2.2.2	藪泰一郎	藪益次郎
			55. 7.5.4	酒井采女	酒井六三郎
長部村	223. 7.3.6		248. 2.8.6		
	200. 0.0.0	猪飼半兵衛	200. 0.0.0	清水領	幕領
	4. 2.0.8	山角五郎右衛門	28. 7.5.8	山角市佐衛門	山角刑部左衛門
	19. 5.2.8	幕領	19. 5.2.8	高木清左衛門	幕領
鏑木村	1,005. 5.1.9		1,069. 7.5.5		
	113. 5.1.9	幕領	455. 8.0.0	清水領	幕領
	366. 1.1.5	原田源八郎	385. 3.2.3	原田秀之丞	原田秀之丞
	110. 3.1.2	小田切靭負	110. 1.1.2	小田切土佐守	小田切愛之助
	445. 7.7.0	榊源七郎左衛門	118. 5.2.0	本目金之助	本目隼之助
秋田村	1,146. 7.0.6	幕領	1,157. 7.6.7	清水領	幕領
万力村	2,236. 1.0.0	幕領	2,460. 1.8.2	清水領	幕領

注）『干潟町史』，小笠原長和他「東総農村と大原幽学」（千葉大学文理学部「文化科学紀要」第5輯），享保14年「下総国匝瑳郡香取郡海上郡御領私領村高写」（平山忠義氏所蔵文書），木村礎校訂『旧高旧領取調帳』などより作成。

鏑木村一一〇石余小田切氏(寛永十一年)・同村三六六石余原田氏(寛永十三年)である。(2)元禄期は元禄十年地方直しの時期で、溝原村一七三石余の均等分給である佐野氏と夏目氏(元禄十年)の二名である。

旗本領は右のようであるが、享保十四年当時、この地域には飯野藩領溝原村五〇石がある。飯野藩は上総国周准郡飯野村に陣屋をもつ二万石保科氏である。溝原村を含め香取郡中の所領は、寛永六年保科正貞が蔵米三、〇〇〇俵を郡中に地方直しされ、飯野村に陣屋を設定して以来の所領である。この二つの外に、例外として桜井村久世氏がある。桜井村は寛永十六年以来下野国鹿沼藩一万三、〇〇〇石内田氏の所領であるが、元禄十二年、当主正偏が叔父に当る久世正広に五〇〇石を分知したときから久世領となった。なお、鹿沼藩内田氏は、享保九年に干潟地域に隣接する小見川に一万石で転封して小見川藩となる。

以上の全体を通してみると、この地域は寛永・元禄期の地方直しを中心として藩領・旗本領が一斉に設定されたことがわかる。

享保十四年当時についてはこの程度にして、次にその後の所領の変遷の一結果として幕末の弘化二年についてふれてみよう。第3表の享保十四年と弘化二年の二期を比較すると、最も顕著なこととして幕領の減少が目立つ。減少というよりは正しくは消滅であり、幕領は全くなくなった。弘化二年現在、一三ヵ村―二六領中旗本領一六領・藩領一〇領であるが、これは享保十四年にくらべると、旗本領は六領、藩領は九領の増加となる。

まず旗本領であるが、享保十四年以降新たに所領を宛行われた旗本は八名である。この八名の宛行をみると、三名を除いた他の五名の宛行はいずれも八代将軍吉宗と直接的な関連が見出せる。諸徳寺村一六八石余中島氏と一三一石余藪氏は、紀州から吉宗に従ってきた新参で、享保十四年三月、中島氏は本村はじめ郡内で五〇〇石、藪氏は本郡と相馬郡内に五〇〇石を与えられている。藪氏と中島氏の場合、たとえば近接する大寺村でも共に二七四石余の均等分給で知行している。諸徳寺村五七三石伊藤氏も初代忠照が紀州から付随し、二代忠勧が明和二年一月に本村ではじめて知行を宛行われた。また万歳村二三五石吉川氏も初代一信が紀州から従い、二代従弼のとき明和二年七月、御三卿の一家である清水氏の家老となり、この日に本村の地を加増された。鏑木村一一八石本目氏の場合は、これまでの例と少し違って三河以来の譜代であるが、享保二年御定書の作成をはじめ、その後、九代将軍になる家重の名乗りなどに関与して恩賞をうけ、享保十六年六月、鏑木村をはじめ香取郡や海上郡で六〇〇石を与えられた。この地域の新たな旗本と旗本領の設定は右のような性格をもっているが、次に藩領をみてみよう。

弘化二年現在藩領は九領であるが、この内訳は清水領五領、安中藩三領、飯野藩一領となる。最初に清水領であるが、香取郡にはこれより以前、延享三年九月に御三卿の一つ田安家の所領(六六一石余)が設けられている。宝暦十二年五月、清水重好は和泉・大和・播磨・武蔵と下総の諸国に一〇万石を与えられ、ここに清水領が成立する。これにより、南堀の内村一四五石余・長部村二〇〇石余・鏑木村四五五石余・秋田村一、一五七石余・万力村二、四六〇石余の総計五領＝四、四一九石余が清水領となるが、安政二年に至り清水領の村々はすべて幕領へ支配替えとなる。

次に安中藩であるが、明和四年七月、上野国安中藩二万石板倉勝清が老中に就任するが、この加増として下総国香取郡・海上郡・匝瑳郡に一万石が与えられた。このとき、万歳村二、六〇二石余・米込村二六〇石余・入野村一、二七九石余の計三ヵ村＝四、四一二石余が安中領となった。城付地に対して飛地であるが、干潟地域の所領は加増分の四四％を占め、匝瑳郡大田村に陣屋を置き、この飛地支配が行われた。

享保十四年以降弘化二年に至るまで、およそ以上のような変遷をたどり、そして弘化二年にみられるような領主とその所領となる。多くの村々は享保十四年の領主から弘化二年へと直接に続くが、万力村のみはこの間に田沼意次の所領が存在した。『古城村誌』によると、万力村五七二石余が宝暦元年〜十一年まで田沼領としている。これは正しくは宝暦五年九月〜十二年五月で、この期間の万力村は幕領一、六六四石余・田沼領五七二石余の二給となるが、『古城村誌』はこの幕領を佐倉藩堀田氏の預地としている。
弘化二年以降の変化については前にふれたが、その最終結果が第3表の明治元年の領主たちであり、これについてはここで別に付言の必要はなかろう。

3　領主と村々

ここでは領主と村との関係、あるいは領主支配のごく一端をとりあげるが、現存文書の関係からして特に鏑木村を中心とした。

鏑木村本目領の年貢　前に述べたように、鏑木村四給地頭の一人本目氏は、享保十六年六月二十五日鏑木村一一八石余をはじめ、郡内下小川村二三一石余(六給)・篠本村一九四石余(六給)と、更に海上郡戸網村九九石余(四給)＝四カ村六〇〇石を与えられた。この八月、鏑木村本目領農民から地頭へ宛て五人組に関する六カ条の書上げを提出している(『古城村誌』)。その第一条の冒頭に、「今度穿鑿之上五人組組合申す間」とあるが、これからみると本目氏は、所領拝領後直ちに五人組の再編成を実施したことがうかがわれる。また第二条に、農業不精で他村を歩き過大な借金を負った百姓に対し、「妻子を奉公に出し、又ハ自分身を売」ってもその借金を返済し、残った田畑山林を荒らさぬようにと令している。この書上げからうかがわれる本目氏の条目は幕法の援用ではなく、まさに本目氏自体の地頭法であるといいえる。

第4表　本目領の年貢高

年　代	有　高	年　貢　高
延宝5年	108石3.1.3合	40石0.9.0合(37)
〃 6	108. 8.4.4	49. 7.3.7 (45.6)
〃 7	107. 2.9.5	50. 9.8.5 (47.5)
元禄元	105. 2.6.9	42. 2.2.9 (40.1)
〃 12	101. 6.7.8	44. 5.1.6 (43.7)
〃 15	101. 7.7.1	45. 8.0.6 (45.0)
正徳3	102. 9.2.0	43. 2.7.3 (42.0)
〃 5	100. 4.7.5	45. 8.8.2 (46.0)
享保16.8月	113. 6.1.9	45. 1.2.0 (39.7)
〃 16.11.	109. 3.1.4	38. 8.8.0 (35.5)
〃 17	109. 1.0.4	44. 2.7.0 (40.5)
〃 18	〃	38. 6.7.0 (35.4)
〃 19	〃	38. 6.7.0 (35.4)
〃 20	113. 3.0.9	45. 1.2.0 (39.8)
～宝暦11	〃 〃	〃 (〃)
〃 12	〃 〃	40. 7.2.5 (35.9)
～安永7	〃 〃	〃 (〃)
〃 8	〃 〃	45. 2.0.9 (39.9)
～文政12	〃 〃	45. 4.1.9 (40.0)
～安政7	〃 〃	〃 (〃)

注）（　）は年貢率(％)。

これに次いで翌享保十七年一月には、知行地の四ヵ村に七ヵ条からなる「条々」を出した(鏑木寿一郎氏所蔵)。この条文自体は前年の第二条のような特に目をひく内容ではないが、第一条に「知行所四ヶ村名主江申付候誓詞文言之通相守」り、という条文は留意したい。これによると、恐らく所領拝領直後、前記の政策と共に知行地四ヵ村の名主から誓詞をとっていることがわかる。この誓詞の内容は不明であるが、前年の法令と共にこうした一連の動向は、本目氏の所領に対する積極的な態度とみとめられよう。

ところで本目領の年貢についてであるが、この所領については幕領時の延宝五年を上限として享保十六年本目領になり、以後安政七年に至るまでほぼ毎年の割付状や皆済目録が現存する(鏑木寿一郎氏所蔵)。この割付状などから各年次の有高と年貢高、そしてその比率をまとめると右の第4表のようになる。この第4表では、延宝五年～享保十六年までの幕領時代は少し省略したが、以後の本目領はすべてここに記した。この表でみる限り、幕領時の年貢は延宝七年が最高であるが、平均すると年貢率は四二～四三％となる。

享保十六年八月、本目領になった翌月であるが、この時幕府代官野田三郎左衛門が本目氏に渡した割付状によると、有高一一三石六斗一升九合・年貢高四五石一斗二升で、これで享保十三年〜元文二年までの一〇ヵ年定免となっている。本目領になってこの年の十一月、本目氏は新たに割付状を作成するが、これによると幕領時の割付を少し改変した。まず幕領の時、所領の本高に含めていた野銭高を本高からはずし、その本高から更に新たに郷蔵敷を差し引くこととした。更に畑成地をここで別に記すようにしたが、これは畑成地の年貢率が別になったことを意味しよう。そしてこの年は風損によって検見取を実施した。その結果、幕領支配の時にはみられない三五・五%という低率の年貢となった。これが享保十六年本目氏がはじめて自己の知行地に課した年貢である。

この後の状況をつづいて第4表でみてみよう。翌享保十七年には四四石二斗七升(四〇・五%)という年貢賦課になったが、この年貢率は近世を通じ本目領では最高の年貢高である。以後は四〇%台をこえることなくして続くが、第4表でもわかるように、享保二十年〜宝暦十一年の二七年間(三九・八%)、安永八年〜文政十一年の五〇年間(三九・九%)、そして文政十二年〜安政七年の三一年間(四〇%)はそれぞれ年貢率が固定している。本目領の場合、以前の幕領のとき、享保九年にまず五ヵ年定免を実施し、本目領になってからも定免制をとっている。その期間は、たとえば宝暦二年〜同十一年の一〇ヵ年、また続いて宝暦十二年〜安永七年に至る一七ヵ年というように、定免制といってもあまり外に例をみない程の長期間の定免をとっている。前記享保二十年以降にみられる長期の年貢率固定は、こうした定免の継続の結果である。同じ本目領である海上郡網戸村の場合、寛政五年の年貢率は四〇・五%(『旭市史』第二巻)で、鏑木村の同時期の年貢率と大差がない。次に参考までに散見する周辺村落の事例をみると、本目氏の相給である原田領の場合、寛文十一年＝三六%(『古城村誌』)、享保十四年平木村榊原領＝四一%(平山家文書)、享保十七年鏑木村榊原領＝四八・六%、享保十九年上代村筒井領三一%、宝暦十二年秋田村清水領＝四五・八%、明和七年万力村清水領＝二七・六%(以上『古城村誌』収録文書より)、更に天保十四年現在の原田領五ヵ村の五ヵ年平均の年貢率をみると、鏑木村＝四三・六％、山野辺村＝二六・五％、大角村＝四四・七％、方田村＝四二・八％、匝瑳郡川口村＝二五％で、五ヵ村平均は三四・三％となっている(平山家文書)。また、かつて筆者が当った神奈川県内旗本領のうち、三三〇領の平均年貢率は四三％であったが、[8] こうした事例からみると、本目領の年貢は少し低い数字といえる。

以上のように、ほぼ四〇％台といえる年貢率とその固定をみたが、問題はこれが本目氏にとって、また村側にとってどういう意味をもっているかである。周知のように、旗本領の年貢をみるとき、年貢率とは別に先納年貢と更に年貢量をうわまわる臨時の賦課＝御用金等の実態を追う必要がある。本目領には、たとえば天明八年十月暮方賄金一二五両賦課等二、三の事例はあるが、先納等について直接的な材料は見当らない。一般論になるかもしれないが、同じ村内の原田領平山家が財政に関与した五、〇〇〇石の大身大久保氏との間に次のような事実がみられる。正徳三年、大久保氏が財政緊縮を意図したとき家中へ三ヵ条の申渡しを定めたが、その三ヵ条めに、「知行所近年取方等も先年より用金等も申付候故下免と相聞候、此上其年々立毛吟味を遂、公儀御制法を以物成百姓困窮いたさゞる様可申付候、尤近年下免之上は、百姓勝手も可然儀ニ候処に、さのみ相替儀も無之様相聞候と身持永業も難心得候」(平山家文書)といっている。知行地の下免、それは御用金賦課のためということであるが、下免であるからには百姓の生活もそれなりに良くなるはずであるのに、そうした様相がないとも記している。臨時の賦課＝御用金賦課が年貢をはるかにしのぎ、そのために百姓の生活が従来と「さのみ相替儀も無之様相聞」えるのであるが、領主はこの基因をみのがしているといえよう。

鏑木村平山家と領主たち　我々が研究対象とする地域の領主たちをみるとき、下総国の豪農といわれる鏑木村平山家について言及しなければならない。別ないい方をするならば、現存文書の関係上、平山家文書を通し、平山家と領主たちがどうかかわりあったか、こうしたことを追うのが現状における一手段であるということである。平山家の経済あるいは社会的な側面については票原論文で究明しているので、ここでは領主たちとのごく一面をとりあげるに止めておく。なお、以下に用いる史料は特に断わらぬ限りはすべて平山家文書である。

鏑木村地頭原田氏　次の第5表は原田氏の所領をまとめたものである。平山家は鏑木村五給のうち原田領に属しているが、近世を通し名主になったことはない。後掲の宝永三年榊原氏の覚書によると、平山家はこの時点で原田氏の勝手賄いをしているが、しかしこれがいつ頃からかはわからない。これより前の元禄十二年二月、地頭原田氏は総知行地五ヵ村に六ヵ条の覚書を与えた。この覚書は、第一条の年貢口米免除をはじめとして、以下第二条検見役人の路銭負担免除、第三条知行地での精米免除、第四条年頭祝儀出府の総代人一名以外の免除、第五条秋季焼米上納免除、第六条御林内への稲干場設定、などからなっている。第一条年貢口米免除をはじめ、いずれも知行地村々の諸要求を獲得しているが、どういう状況からしてこうした問題が発生したかは残念ながらわからない。地頭原田氏の政策の後退は明らかであるが、この覚書の奥書によると「右依平山忠兵衛願御免除之」とあり、この時期における地頭と平山家の立場の一端がうかがわれる。

　この時期の当主五代忠兵衛は後に久甫・図書とも称し、いわば平山家の中興ともいえるが、後述のように、多くの旗本たちと関係をもつようになったのはこの頃からである。これとは別に、平山家のもう一つの側面を伝える事実として次のようなことがある。元禄四年四月、幕府は日蓮宗悲田派、すなわち不受不施派を禁止し、七月同宗

第5表　原田氏の知行地

村　名	知行高	宛行年時	年貢高
鏑木村(5)	366石1.1.8合	寛永13年	159石7.9.3合
川口村(　)	102. 2.9.8	寛永13年	25. 6.1.6
方田村(　)	65. 3.5.0	寛文13年	28. 0.1.2
山野辺村(　)	353. 2.9.3	元禄11年	93. 6.4.5
大角村(　)	118. 2.6.1	元禄11年	52. 8.7.6

注）（　）は相給数，5ヵ村の内川口村は，匝瑳郡天保14年「原田領郷村高帳」より作成。

の僧侶を伊豆へ流した。このとき、郡内多古村を中心とする同派の信者も弾圧をうけ、遠島・追放にされたが、正徳二年三月、遠島・追放者一〇軒・二四人の帰参願が出された、この願は関係者一五名から平山忠兵衛へ出されたが、「帰参願人数覚」として二四名の「村方江借地屋敷ニ而成共帰参仕候様ニ奉願候、御慈悲ニ御取持御訴訟奉願候」とあり、帰参の斡旋の依頼である。平山家は元々日蓮宗信徒であるが、そのよしみと更に平山家の領主たちとの関係が、こうした依頼をされる立場にあったといえよう。

延享元年九月、久甫は死亡するが、この時に当って地頭原田氏は次の五ヵ条の申渡しをもって久甫遺跡を保証した。

一久甫遺跡之儀、末々不埒無之様ニ可致大切ニ候、忠右衛門若年有之候之間、忠兵衛・与右衛門両人之内引越、致後見差図可申候事
一妙応隠居之儀ニ候得共、不何事遂相談差図を受可申候事
一儀左衛門妻い勢久甫妹之儀ニ候之間、惣而及相談可候事
一半之助事、年頃ニ罷成妻を持候節、伊右衛門・忠右衛門相談を以身上引分ヶ可申候事
一ミの事、屋敷之内ニ蟄居致させ可置事
右者久甫多年奉公之筋目を以申渡候之間令承知、滞儀有之節ハ可申出者也

延享元甲子歳九月　　(原田種春)兵　部㊞

平山　忠兵衛江
平山忠右衛門江

更に同月十九日には平山家当主となった若年の忠右衛門に、「江戸往来尤在所共向後帯刀差許」との帯刀免許が

なされた。

　時代は下るが、この後寛政四年十二月、平山家は原田氏用人格となり、二人扶持を与えられて「知行所村々取締」りとなった（『古城村誌』）。次いで翌五年一月には総知行所五ヵ村の年貢はすべて平山家の管理となり、地頭原田氏の財政は全面的に平山家への依存となった。

鏑木村地頭榊原氏　こうした一方、宝永三年一月鏑木村相給地頭榊原政信・忠隆父子は、勝手不如意との理由によって知地地五〇〇石の管理を平山家にゆだねた。この時、榊原氏から知行地二ヵ村役人へ三ヵ条の覚書と、更に平山家へ年貢処理についての手形を出したが、前者の覚書は次のようである。

覚

一此度平山忠兵衛儀、我等台所勝手不如意ニ付、家来等茂不自由ニ候間、原田源八郎殿同前ニ知行所諸事頼入候間、自今此方へ不及相窺候間、諸色差図ヲ請可被申候、若相背候者急度可為曲事事

一村方水帳之儀名前相改、反畝歩致吟味、相違無之様ニ相認、来月中ニ平山忠兵衛方へ可被相渡候

一五人組宗文(門)之手形[　　]相払可被申候

右之通、此度申渡シ候儀急度可被相守候、已上

宝永三年

戌正月

（榊原　政信）
榊　八右衛門㊞

（榊原　忠隆）
同　七郎右衛門㊞

鏑木村名主
七郎兵衛

平木村名主
勘左衛門
組　頭　共

知行地への行政面の管掌が平山家にまかされたことはこれ以上過言は要しないが、一方年貢の処理については後者の手形で次のように依頼した。榊原氏の拝領高は五〇〇石であるが、その実高は鏑木村四四五石七斗七升と平木村七六石三斗五升からなっている。この年貢は、鏑木村が新畑年貢を合せて五一六俵一斗八升(年貢率四六・三%)、平木村五俵(年貢率二六・一%)、合計五三六俵一斗八升となる。榊原氏の所領からの本途はこれがすべてである。平山家への手形によると、鏑木村年貢のうち、従来の借金やその利米を差し引き、残る四百四俵一斗八升は平山家によって地払い相場で換金、また平木村年貢二〇俵は地頭台所米として、米金をそれぞれ平山家から江戸の地頭屋敷へ送ることとなった。以後、榊原氏の知行地は全面的に平山家の管掌するところとなったが、元文五年九月、地頭榊原忠隆は大坂城御金奉行在職中、官金紛失と日頃の業務疎略を咎められて改易となった(『寛政譜』)。

上代村筒井氏など　平山家によった旗本は、村の地頭ばかりでなく、他村の旗本も幾例かみられる。その最も早くまた顕著な事例として上代村地頭筒井氏がある。元禄十五年現在、筒井氏の所領は香取郡上代村七五〇石と郡内青馬村三〇石を中心とし、相模国高座郡岡田村二二〇石、上野国邑楽郡北大島村一七〇石、下野国安蘇郡田沼村二〇〇石・同郡赤見村一三〇石で合計一、五〇〇石を有し、当主忠清の弟重白が上代村四二〇石を分知で忠清との相給知行となっている。ちなみに、忠清所領のうち下野国赤見村は、当時関東で最も広範な分給所領(二〇給)の一給である。

筒井氏の場合、現存文書による限りでは元禄十六年一月、上代村内の前野山立木を七〇両で平山家へ売却したが、これを契機として筒井氏の平山家への依存は強くなった。参考までに、ここで関係する筒井氏の系譜を次にまとめてみた。

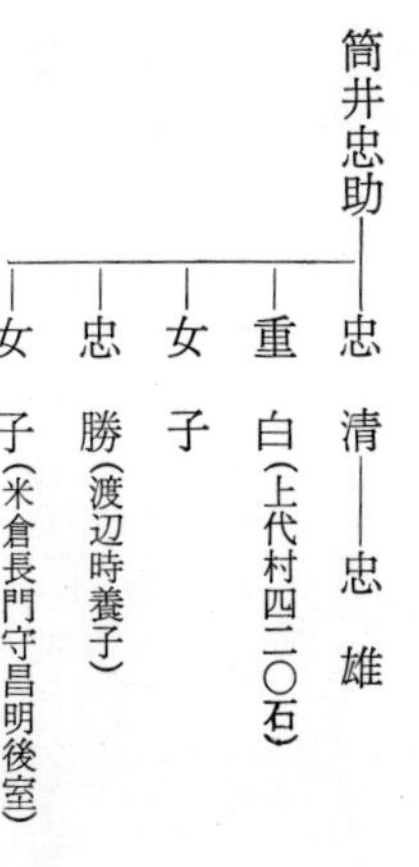

当主忠勝が平山家へ前野山立木を売り払ったその十二月、忠清の弟で蔵米取三〇〇俵渡辺時の養子となった忠勝が、「仙洞勅筆」を平山家へ渡している。そして宝永年間になると、三年六月渡辺忠勝が更に仙洞勅筆を、筒井忠清が上代村地頭林を一〇〇両で、また四年四月に渡辺忠勝が夜具・布団・蚊屋等を平山家へ売り渡した。その翌五年二月には、忠清の妹で下野国皆川藩主米倉昌明後室が筒井重白の証人によって、一五両を平山家から借用するという一族ぐるみでの平山家への依存がみられる。

元文三年一月に至り、当主筒井忠雄は平山家へ二六六両の調達を依頼した。その翌三年二月「御勝手一式積帳」を作り、これを平山家に渡した。そして五年一月、忠雄は駿府町奉行に就任するが、その諸経費要用のため「総知行所取毛差引帳」を平山家に渡し、これにより知行地の物成処理は平山家の手にゆだねることとなった。

村外の旗本で筒井氏以外には、郡内大戸村五〇〇石をはじめ五、〇〇〇石を領する大身の旗本大久保豊前守忠庸、府馬村七〇〇石地頭進蔵正盛、郡内に所領はないが、筒井氏と遠縁に当る一、三〇〇石中山勝豊、更に平山氏の地頭原田種延二男の養子先である二三〇〇石遠藤氏などがある。

大久保氏の場合、江戸商人からの借財とその高利に加え、正徳三年の駿府在番費用に差し支えて知行地五、〇〇

○石の年貢の処理を平山家にまかせた。そして四年一月には総知行所物成を抵当として平山家から二、五九五両を借りうけた。

東総の豪農平山家と、それをめぐる旗本たちを主に財政の側面からみてきた。通常知行地村々、あるいは有力農民による旗本財政への関与は寛政・化政期頃から顕著にみられるが、平山家はより早い元禄～享保期で、しかもその範囲は広い。これは、通常よくみられる村方地主としての勝手賄いと異なった平山家の特色である。小稿では、そのごく表面をふれるに止めたが、今後機会をみて特に原田氏との詳細な内容検討をと思っている。

注

(1)　川村優「幕府直臣団と旗本の知行所支配」（荒居英次編『日本近世史研究入門』）。

(2)　鈴木寿『近世知行制の研究』。

(3)(5)　小暮正利「初期幕政と寛永地方直し」（「駒沢史学」第二十一号）。

(4)(6)　大館右喜「元禄期幕臣団の研究―御蔵米地方直しを中心として―」（「国学院雑誌」第六六巻第五号）。

(7)　拙稿「相模国の所領構成と村落」（「神奈川県史研究」12）その他。

(8)　拙稿「旗本領の構造」（「関東近世史研究」第11号）。

（神崎　彰利）

二　幕末期東総の社会経済的状況

――万歳村を中心に――

小稿に与えられた課題は、性学運動の展開した干潟地域の村々の近世後期における社会的経済的諸状況を、文政十年寄場万歳村組合の大惣代となった万歳村の治右衛門家の所蔵文書の検討を中心にしつつ(1)、関東農村の所謂「荒廃」とのからみにおいて考察するということである。

北関東で宝暦・明和頃より顕著となる所謂「荒廃」現象は、農家戸数の減少あるいは停滞と手余荒地の増大を内容としているが、その本質は幕藩領主権力の基盤である小農経営の弱体化・没落ということにあろう(2)。当該地域を含めた東総農村では、手余荒地や顕著な戸数の減少が認められないことから、関東農村を一律に関東農村荒廃論という視角から捉えることには疑義が提示されている(3)。しかし、著名な天保八年二月の先祖株組合認可の願書にみられるごとく、干潟地域においても明和頃より小農経営の弱体化・没落は進行し、幕藩制的支配秩序も次第に弛緩していく(4)。嘉永三年「天保水滸伝」に映し出された当該地域における博徒・無宿の横行も、小農経営の弱体化・没落という事態の進行が、その背景にはあったのではないかと思われる。

小稿では「荒廃」とのからみにおいて当該地域の社会的経済的諸状況の考察を加えるという課題を果し得ることはできないが、顕著な形をとらないにしても、明和以降干潟地域の村々は荒廃過程にあったものとしてひとまず捉え、以下、当該地域の比較的大規模な地主経営の一例として治右衛門家の経営を探り、次いで農民的商品経済・社会的状況の順に考察を加え、干潟地域における近世後期の社会的経済的諸状況の考察の一端にかえたく思う。

注

(1)　小稿では椿新田とその周囲の台地上や銚子街道(銚子別街道)の走る砂丘上の古村をも含めて、「干潟地域」と称しておくこととしたい。なお、万歳村の治右衛門家の現在の御当主は井上洋一氏。

(2)　木村礎氏は荒廃の本質を、「本百姓経営の弱体化(その極限状況としての潰百姓)」として捉えられ(木村礎・杉本敏夫編『譜代藩政の展開と明治維新』五六頁)、また、長倉保氏も「小農経営の崩壊」に荒廃の本質を見ておられる(「関東農村の荒廃と豪農の問題」、「茨城県史研究」一六)。

(3)　池田宏樹「近世後期における東関東農村の一考察」(「地方史研究」一四四)。また、伊藤好一氏は、江戸周辺農村を例に戸数の減少や潰百姓の集中的発生は疲弊・荒廃にそのままつながるのではなく、むしろ潰百姓出現を「新旧百姓の交代の一面」として捉えられ、別な視点から所謂荒廃論に疑義を呈されている(「江戸周辺農村における天保期の窮民層」、北島正元編『幕藩制国家解体過程の研究』所収)。荒廃論は幕藩制崩壊過程における商品経済の展開をいかに理解するかという問題とも密接な関連を有しているが、化政期における江戸周辺農村の商品生産の展開を高く評価される伊藤氏は、商品生産の展開が生み出す階層分化の一側面として潰百姓・貧窮農民の出現を把握されている。

管見の限り、江戸周辺農村でも当該地域でも恒常的な荒地と考えられる手余荒地や散田は見当らないが、付荒は存在する。ここで当該地域の付荒面積につき長部村の清水領の例を天保四～嘉永二年の「田方内見帳」四冊(長部区有文書)によってみると、天保四年が六町三反八畝余、天保七年が七町二反三畝余、弘化二年が八町二反三畝余、嘉永二年が六町七反七畝余、のごとくである。また、鏑木村平山家の万力村(清水領)の小作地においても、天保七年二一石余・天保八年二三石余・天保九年一五石余・天保十年一四石余・天保十四年三〇石余・嘉永二年一三石余・嘉永五年二八石余・嘉永六年二九石余・嘉永七年二六石余・安政六年十石余(以上、各年次の「書出帳」―鏑木、平山忠義氏所蔵―の付荒石高。これは栗原四郎氏の御教示によった)のごとく付荒がある。後例によれば付荒は恒常的に存在したようである。

(4)　先祖株組合認可の願書には、長部村の農家減少が以下のごとく記されている。「私村方明和年中頃者家数四拾軒程も相暮居候由、其頃ゟ不埒之者抔出来…(中略)…金銀ヲ遣捨家株倍々ニも致借財、無拠配当分散或者出奔欠落いたす抔有之、其跡者潰家ニ相成り当時家名相立候者家数廿四五軒ニ相成り実以心細く奉存候」(句点―門前。長部、遠藤良太郎氏所蔵文書)。これによれば、当該地域で貨幣経済の浸透による農民経営の破綻が始まるのは明和頃からである。

1　万歳村と治右衛門家

万歳村と治右衛門家　椿新田の開発は、近隣する親村からの出作形態により、あるいは親村その他からの入村者によって次第に開発されていったが[1]、万歳村の治右衛門家は万歳村の親村上代村その他近隣村から入村したのではない。同家は椿新田開発時の代官高室四郎兵衛の家来であり、主君四郎兵衛が元禄二年四月「多分の貢金を私して其会計滞りしにより…(中略)…死をたまう」[2]たのち、その菩提を弔うため、江戸から「一家之者」甚左衛門や「治右衛門田畑屋敷開発之者」とされる長右衛門・弥左衛門・庄兵衛等を率いて万歳村太田町場へ入村したのである[3]。元禄検地時には一二町以上の耕地を所持し、村内最大の耕地所持者となっている。そのうち屋敷地は二反一畝余・四筆である[4]。治右衛門家は屋敷地が根方から離れていたため「沖の治右衛門」とも称された。

治右衛門家は太田町場に入村すると、年貢徴収単位をなす組―治右衛門組の組頭を勤めている。宝永～正徳では「一家之者」が組頭を勤めているようだが、元禄十二～正徳四年の太田町場・治右衛門組の構成を掲げると第1表の

第1表　太田町場・治右衛門(甚左衛門・甚兵衛)組の構成

	元禄12年(太田町場)	宝永6年(甚左衛門組)	正徳1年(甚兵衛組)	正徳4年(治右衛門組)
12町台	1　名	1　名	1　名	名
10〃				1
2〃	2	1	1(1)	1
1〃				1
6反台	1(1)			
5〃		1	1	
4〃	1	2(1)	2(1)	
3〃	5(5)	1(1)		1
2〃	2(1)		1(1)	1(1)
1〃		1	1	2(1)
0〜1反		3(2)	2(1)	1
計	12(7)	10(4)	9(4)	8(2)

注）元禄12年「反別石高名寄帳　太田町場」，宝永6年「丑御年貢米永小割付」，正徳1年「万歳村之内卯御年貢米小割付 万歳甚兵衛組」，正徳4年「年貢米永小割付　治右衛門組」（以上，万歳，井上洋一氏所蔵）により作成．(　)内は無屋敷．

ごとくである。表中には「開発之者」弥左衛門とその子弥兵衛が含まれ、宝永六〜正徳四年の年貢小割付帳では弥兵衛は屋敷地八歩と一反八畝余の耕地を所持し、年貢負担者となっていることが確認される。そのほか同年の小割付帳には加左衛門・加兵衛(無屋敷)・伝四郎等四反以下の零細耕地所持者が現出しているが、これらも「開発之者」の子ではなかろうか。

治右衛門組は治右衛門家を頂点とする擬制的同族関係の紐帯が強い組であったと考えられるが、その紐帯のもとで零細農民を使役しながら治右衛門家では新田の開発を行っていったのである。鏑木村の平山家の場合、その新田開発形態は同家から家屋ほか農具等の生産手段を支給された純然たる小作人―居付百姓の労働力によることがつとに知られているが、(5)治右衛門家の場合、名田地主的あるいは村方地主的経営方式が強いようである。椿新田諸村は正徳年間までには近世村落としての成立をみており、本百姓・水呑の階層性も生じている。万歳村の正徳三年における構成は本百姓七三軒・水呑七二軒であるが、(6)水呑の中には治右衛門家の「田畑屋敷開発之者」も当然含まれよう。従ってこの時点では、水呑は零細ながらも耕地を所持していると考えられるのである。

万歳村は村高二、八三八石余の大規模村(幕領)だが、明和二年旗本吉川氏に二三五石余の知行地が与えられ、残

第2表　万歳村名主一覧

(～正徳五年)なし、椿新田割元名主太田村嘉瀬重兵衛・同村加瀬喜右衛門・大寺村八木権右衛門・諸徳寺村小久保安左衛門〈↓師岡安右衛門カ〉。(享保六・七年)市郎兵衛。(享保一二～一四年)市郎兵衛。(享保一六～二〇年)市郎兵衛。(元文二～寛保元年)市郎兵衛。(延享元・二年)市郎兵衛。(延享三～宝暦七年)不明。(宝暦八年)伝右衛門。(宝暦一〇～一二年)伝右衛門。(明和元年)伝右衛門。(明和二年)藤兵衛。(明和三年)伝右衛門・藤兵衛。(明和四年)藤兵衛。(明和五・六年)六左衛門。(明和七年)藤兵衛。(明和八年)(安永三年)(安永四年)(安永六年)以上、伝右衛門。(天明二～四年)(天明六年)(寛政七年)以上、六左衛門。(寛政三年)甚右衛門。(寛政一一年)六左衛門・源蔵。(寛政一二年)六左衛門。(享和元年)藤兵衛。(文化元年)伝右衛門。(文化二年)六左衛門。(文化三年)伝右衛門。(文化四年)六左衛門。(文化五・六年)藤兵衛。(文化七年)伝右衛門。(文化九年)半蔵。(文化一一・一二年)伝右衛門。(文化一三年)半蔵。(文政二年)半蔵。(文政三年)伝右衛門。(文政四年)伝右衛門・半蔵。(文政六年)伝右衛門。(文政七・八年)半蔵。(文政一一年)伝右衛門。(文政一二年)治右衛門・善十郎〈＝伝右衛門〉。(天保二・三年)甚右衛門。(天保四年)伝右衛門・藤兵衛。(天保六年)(天保八年)以上、伝右衛門。(天保一三年)六左衛門。(天保一四年)伝右衛門。(弘化二年)伝右衛門・六左衛門。(弘化三～元治元年)治右衛門。(弘化三・四年)伝右衛門。(嘉永三・四年)孝作。(嘉永六～安政二年)伝右衛門。(安政四・六年)安右衛門。(文久二・三年)伝右衛門。(慶応二年)治右衛門。(慶応三～明治二年)勇次郎〈治右衛門家〉。(慶応三年)伝右衛門。(明治三年)治右衛門。

注）「井上洋一家所蔵文書目録」（明治大学日本史研究室）及び同家文書中の年貢請取類を中心に作成し，訴状類その他で補った。

りの二、六〇二石余が明和四年、安中藩板倉氏の所領に編入され、以後二給村として明治に至るが、村内最大級の地主であった治右衛門家は、文政十年十月寄場万歳村組合大惣代に任命される。(7) しかし同家はそれ以前には、名主を勤めたことはなかったようである。同家の文書目録その他によって現在知り得た万歳村の名主一覧を表示すると第2表のごとくであり、表中治右衛門家が名主を勤めるのは文政十二年が最初である。治右衛門家は享保六年名主六郎兵衛の年貢納方不正・年貢米売払いをめぐる村方騒動が起きた時、相名主に推挙され(8)、また明和五年には百姓代となっているが(9)、文政以前においては主に組頭にとどまり、治右衛門家が安中藩領分の名主を恒常的に勤めるようになるのは幕末期である。文政以前治右衛門家が名主を勤めなかったことは、恐らく、親村上代村の出身ではなかったことによるのではなかろうか。そのことは逆に万歳村の主導権は旧親村出身者によって掌握されていたことを推測せし

第3表 維新期における万歳村の階層構成

	慶応3年3月				明治3年3月			
	戸数	下男	下女	馬数	戸数	下男	下女	馬数
100～170石	5	4	4	5	4	6	3	4
55～ 60	1				1			
50～ 55	2			2	1			1
45～ 50	2			1	2			1
40～ 45	1				1			
35～ 40	0				0			
30～ 35	1			1	2			2
25～ 30	3	1	1	3	3	1	1	3
20～ 25	3			1	2			1
15～ 20	7			3	7	1	1	3
10～ 15	7			3	7			2
9～ 10	6			4	6			
8～ 9	5			1	5			1
7～ 8	3				3			
6～ 7	5			1	1			
5～ 6	2				2			
4～ 5	6				6			
3～ 4	6			1	4			1
2～ 3	11				9			
1～ 2	7				8			
0～ 1	12			1	9			1
無高(水呑)	91			3	109			6
合　計	186	5	5	30	192	8	5	26
帳上合計	197	—	—	46	197	—	—	—

注） 慶応3年「当卯宗門人別御改帳」，明治3年「当午宗門人別御改帳」(ともに万歳，井上洋一氏所蔵)より作成，寺社は除く。

めるが、治右衛門家の大惣代任命はその支配秩序が崩れてきていたことを示すものであろう。それにしても治右衛門家は、何故、寄場万歳村組合大惣代に任命されたのであろうか。それは同家の経営・商業活動に起因していたのではないかと思われる。

ここで、維新期における万歳村の村内構成を慶応三年及び明治三年の宗門人別帳によって示すと、第3表のごとくである。看取されるごとく村内の半分は無高によって占められている。正徳年間には零細ながらも耕地所持が認められる水呑は維新期にはまったく無高化しているのである。万歳村は椿新田の諸村と小見川・阿玉川・笹川・笹本等利根川の河岸を結ぶ往還の要の部分に位置し、町場としての発展が考えられる。寄場組合の中心がここに設定されたのもそのためであろう。

無高層の出現した条件の一つとして万歳村の町場としての発展が考えられるが、万歳村におけるかかる広汎な無高層の存在は、流通経済の展開が他村においても農民経営を弱体化・没落に導いていったことを推測せしめる。他方、維新期における万歳村では一〇〇石以上の大高持が五名いるが、その五名は、穴沢三右衛門(一六三石余)・伊右衛門(一三四石余)・井上治右衛門(一二九石余)・小沢元右衛門(一一一石余)・花香伝右衛門(一〇二石余)の五名であり、治右衛門は維新期には村内第三位の大高持となっている。伊右衛門の持高は明治三年では三四石余となっているが、この持高の減少は分家によったものであろう。

治右衛門家の経営　治右衛門家の経営については不明な点が多く、経営内容の変化を掌握することはできないが、その経営内容として、地主・貸金経営のほか米穀販売や干鰯商的機能等が考えられる。酒造経営はほとんど行わなかったようである。(10)現在知り得た史料からは貸金経営の比重が高いように思われる。

貸金経営の例として、安永二、三年の出入りから治右衛門家では銚子飯沼村商人一八名に八〇両を貸与するなど商人貸しを行っていたことがわかる。(11)また、明和五年の凶作の際には名主六郎兵衛が用立てられなかったので、当時百姓代であった治右衛門が年貢金五五両二分を立て替えている。この時、小前百姓の田地を質地として受け取っているが、金子も返済しないうちに「田地村役人加判いたし置候而胎合為売候」という事態が進行したので争論となったが、この争論は寛政十一年に内済をみている。(12)

銚子商人に金子を貸与したり、名主以上に年貢の立替え機能を果しているのである。年貢の立替えについては、年貢先納の形をとる臨時調達金や勝手向入用の上納が激しくなるに従ってその機能を益々発揮するようである。弘化から慶応に至る臨時調達金や勝手向入用金を掲

第4表　臨時調達金一覧

年　代		金	文書点数
		両 分 朱	状
弘化	3	42. 2.	1点
	4	80.	2
	5	25.	1
嘉永	2	338. 1. 2.	6
	3	105.	1
	6	398.	2
	7	200.	2
安政	5	150.	3
万延	元	30.	1
文久	元	85.	3
慶応	元	45.	1

注)　弘化～慶応「覚」その他(万歳，井上洋一氏所蔵)によって作成。

第5表 治右衛門家の土地所持状況

	所持者名	田	畑	屋敷	合計
		畝 石	畝 石	畝 石	畝 石
元禄12年	治右衛門	907.28(98.0756)	348.17(21.5076)	21.20(2.1666) 2筆	1,278.05(121.7498)
正徳4年	治右衛門	795.12(85.7379)	256.13(17.7573)	26.23(2.6764) 4筆	1,078.18(106.1716)
安永2年	治右衛門	781.23	227.27	25.25 2筆	1,035.15
文化6年		683.15(71.6011)	185.05(12.6942)	22.25(2.2831) 3筆	891.15 (86.5784)
慶応3年	治右衛門	—	—	—	— (129.0300)
明治3年	治右衛門	—	—	—	— (129.0300)
明治44年	千代分	557.21	1.00	35.00 1筆	593.21 } 畝 1,142.13
	彛次郎分	47.14	—	—	47.14 }
	治右衛門分	335.03	132.09	33.26 7筆	501.08 }

注) 元禄12年「反別石高名寄帳 太田町場」，正徳4年10月「年貢米永小割付 治右衛門組」，安永2年3月「反別帳 井上治右衛門」，文化6年4月「田畑反別帳 井上氏」，慶応3年及び明治3年「宗門人別改帳」，明治44年4月「名寄帳之写」(＝井上家分のみの写)等により作成。

げると、第4表のごとくであるが、「覚」とか「相渡申一札之事」という表題で出されるその通達には、治右衛門家宛でないものも多い。それは治右衛門家が臨時調達金や勝手向入用金を立て替えているためであろうと思われる。百姓貸しは寛政頃より増加し、その貸金は寛政〜文化では六五両、天保〜万延では二五二両、文久〜慶応では五〇六両余とされている[13]。

治右衛門家の土地所持の状況を見ると、第5表のごとくである。治右衛門家の土地所持規模は一〇町前後で元禄以降明治に至るも大きな変化はなかったように思われる。治右衛門家に残存する土地売買証文は、元禄から安政に至る約七〇通であるが、土地所持規模から見ると、所持地の変化があったとしても、それは同家の土地集積には結果していないということになる。小作地は元文三年「午之小作取立牒」では、苗代・田畑合計一町二反一畝余で小作人は次左衛門・清兵衛・市兵衛の三名、取米総量は九石余でしかない。次左衛門は享保年間に出した分家である。降って寛政六年「検地分間帳」では治右衛門所持の田方六町八反七畝余のうち小作地と確認できる面積は二町一反であり、その小作人は甚左衛門・弥惣兵衛・権兵衛・椀屋左原屋の四名となっている。

「検地分間帳」は、治右衛門のほか分家次左衛門・玄洞及び弥惣兵衛・弥兵衛・清左衛門等の所持地面積の現実の耕地面積を私的に実測してその面積を記した帳である。このような帳簿が作成されているのは現実の耕地面積と、年貢賦課面積との相違が生じてきているためと、治右衛門家の分家や「田畑屋敷開発之者」の同族団的紐帯が弛緩してきているためと考えられるが、それにしても小作地面積は元文で一町余、寛政で二町余とは少ないように思われる。反収一反＝一石と見積り、領主取分を無視してそれがすべて附米となったとしても、寛政六年の治右衛門家の附米は二一石余＝五俵余に過ぎない。鏑木村の旧家で、治右衛門とほぼ同規模の耕地を有すると推測される旗本原田氏知行地の名主を勤めた太郎右衛門家、同じく本田氏の名主を勤めた治郎兵衛家の「田畑小作帳」によって附米総額・小作人数を算出すると第6表のごとくであり、太郎右衛門家の文政六年の附米総額と治右衛門家のそれを比較しても大きな隔たりがある。これは史料的性格からくる相違ということによるのであろう。

「検地分間帳」では、元禄期の「田畑屋敷開発之者」と名前でつながる者には弥兵衛がおり、また、弥惣兵衛もその分家かとも思われるが、彼らは小作地以外の耕地を有しておらず、寛政迄には無高化していたのではないかと思われる。

第6表　附米総額の変化
（鏑木村）

a　太郎右衛門家の場合

年　次	附米惣額（俵 合）	小作人数（名）
文政 6年	227.235	51
天保 7年	183.198	39
弘化 3年	172.213	38
嘉永 5年	161.041	38
安政 4年	175.376	33
安政 5年	174.191	32
明治 1年	179.270	41
明治12年	46.376	21
明治13年	76.246	23

注）文政～明治「田畑小作帳」（鏑木，鏑木太郎氏所蔵）によって作成。

b　治郎兵衛家の場合

年　次	附米惣額（俵 合）	小作人数（名）
嘉永4年	111.304	34
安政6年	94.010	30
文久2年	106.170	33
慶応1年	105.385	34
明治9年	143.390	36

注）嘉永～明治「田畑小作米請取帳」，「田畑小作帳」（鏑木，鏑木寿一郎氏所蔵）によって作成。

明治に入ると、例えば明治十八年「御米中米取立帳」では治右衛門家の小作地面積は、苗代・田畑・屋敷合計六町五反九畝余(小作米総量一一六俵余)で、その小作人は二六名である。これは明治四十四年の井上家の所持地のほぼ六〇％にあたっている。小作人中には弥兵衛・弥惣兵衛の名も見出せるが、その小作人名をさきの明治三年の宗門人別帳と照合すると、照合し得た一八名中八名は、宗門人別帳上無高となっていた者（八名中三名は同名異人あり）である。

干鰯商的機能と記したのは、幕末頃と思われる「干鰯貸付帳」（年欠）が治右衛門家にあることによっている。同帳によれば、治右衛門家では自村一二名・新町村五名・溝原村二名に一〇三俵ほど金額にして七二両を前貸ししているが、銚子商人に金子を貸与するなど活動範囲の広い治右衛門家では浜方と直接取引により干鰯を購入し、その販売を行っていたであろうことも推察される。また、地の利を得て、あるいは名主・組頭として河岸場商人ともつながりのある治右衛門家では、当然年貢余剰米や穀類を販売していたことも推察される。むしろ米穀販売も貸金経営以上に治右衛門家の経営で高い比重を占めており、その商人的機能が寄場組合大惣代に任命された理由であったとも推測されるが、その販売数量等は現在のところまったく不明である。治右衛門家は年貢米地払いに関与しているが、これについては後述する。

注

（1）椿新田の開発に関する論文には、中村勝「椿新田における新田地主の形成過程」（地方史研究協議会編『房総地方史の研究』所収）がある。

（2）続群書類従完成会発行『新訂寛政重修諸家譜』第四。

（3）元禄十二年十一月「釈迦堂遺書之録」（万歳、井上洋一氏所蔵）。なお、高室四郎兵衛が「死をたまふ」た年月日、元禄二年四月二十五日は「遺書之録」・「寛政重修諸家譜」ともに一致しているが、「遺書之録」には、治右衛門家の入村が「元禄元戊辰歳此地に引込」と記され、齟齬が認められる。

（4）以上、元禄八年「香取郡上代村下椿新田検地帳」（万歳、井上洋一氏所蔵）、及び、『干潟町史』による。井上氏所蔵

郵便はがき

神田局承認

614

差出有効期間
昭和57年3月
13日まで

（受取人）

東京都千代田区
神田小川町三ノ八

八木書店
出版部行

お願い　小社刊行書をお買上げいただきまして，ありがとうございます。皆様のご意見を今後の出版の参考にさせていただきたく，また新刊案内などを時々お送り申しあげたいと存じますので，この葉書をぜひご投函賜りたく願いあげます。

読者カード

書　名（お買上げ書名をお記入ください）

お名前

ご住所　郵便番号

ご職業　　　　　　ご年令　　才

ご購入の直接動機
(1)書店でみて　(2)＿＿＿新聞雑誌の広告をみて
(3)＿＿＿の書評による(4)＿＿＿さんの推せん
(5)ダイレクトメール　(6)その他＿＿＿

八木書店からの案内　　来ている。　　来ない。

お買上書店名　　都府県　　市区郡　　　書店

お買上げ月日　　年　　月　　日

この本についてのご意見ご感想を

の検地帳は全三冊のうちの二冊のみ。『干潟町史』第四章によると、万歳村の検地帳は井上氏所蔵のもの以外に揃った検地帳があるようであるが、見ることはできなかった。

(5)　関東地方史研究会「東部関東における一豪農の経営」(『歴史評論』二八)。

(6)　「下総国匝瑳郡・海上郡・香取郡・椿新田拾八ヶ村写」(『旭市史』第二巻、所収)。

(7)　弘化三年「年中行事役用向扣書」(万歳、井上洋一氏所蔵)には、「文政十亥年十月御取締出役松村小三郎様御廻村被遊、私共組合三拾四ヶ村組ニ被仰付候」とある。これによれば、寄場組合が設置され治右衛門家が大惣代になったのは、寄場組合設置指令の出された文政十年二月より八ヶ月後のことであると推測される。

(8)　享保六年九月「乍恐以判御願申上候」(万歳、井上洋一氏所蔵)。

(9)　年欠「乍恐以書附奉願上候」(万歳、井上洋一氏所蔵)。

(10)　同家では享保三年九月に古内(ネ)の三左衛門から「酒名代道具共ニ酒造高拾石」を譲渡されているが(享保三年九月「潰渡中酒名代之事」)、享保七年には万歳村長兵衛に五石、同十二年には入野村善右衛門へ一石、と酒造株を譲渡しており、酒造は積極的には行っておらず、同家に酒造を行っていたという云い伝えもない。

(11)　安永二年商人惣代甚太郎ほか六名は、「御恩借仕候金子段々延引仕候義不埒之段可申上様無之…(中略)…御公訴ニ被成候而者私共初メ妻子共迄甚鷩入難義千万奉存候、何卒来十月頃迄令日延願上申度候」(安永二年「以書付御願申上候事」)と日延の願書を治右衛門に提出している。翌安永三年正月には飯沼村勘兵衛から「商人中借用之金子只今四ヶ一御返済為致残金之儀者壱ヶ年ニ金六両宛御返済為致済事茂有之候得者増金為致、来ル卯年迄ニ皆済仕候様ニ右拾八人之商人中ゟ証文為致十ヶ年ニ皆済為致可申候、右御聞済御内済被下候ハヽ忝可奉存候」と治右衛門に口上書が入れられている(安永三年正月「口上書」)。安永二年に借用金返済の日延願を出した商人甚太郎ほか六名は、翌三年の「口上書」中の「拾八人之商人中」の中に入っているのであろう。とすれば、安永二年の商人とは銚子飯沼村の商人ということになり、治右衛門との貸金出入は翌三年まで継続していたものと考えられる。「口上書」によれば、銚子商人の借用額は八〇両となる。

(12)　寛政十一年四月「嗳引請証文之事」・年欠「乍恐以書付奉願上候」(万歳、井上洋一氏所蔵)。

(13) 小笠原長和・堀江俊次・池田宏樹・川名登「東総農村と大原幽学」(「千葉大学文理学部文化科学紀要」第5輯)。

2 商品経済の様相

農業生産の状況　関東の農民的商品経済は、化政期から天保期にかけて全面的に開花するといわれる。[1]干潟地域においても同様であったと考えられる。それは丁度、銚子をはじめとする関東醤油が江戸で関西醤油を凌駕していく時期と軌を一にしている。[2]農民的商品経済の展開をささえていたものは農業生産の発展であるが、耕地拡大の可能性を有する椿新田では、それはまず耕地面積の拡大によってもたらされていったものと思われる。

耕地面積の増加状態を、万力・米込・万歳の各村について見ると、第7表のごとくとなる。万力村と米込村では寛延二年迄にほぼ六、七〇町の新田増加が認められる。元禄検地時には両村ともほぼ同規模の石付けされない砂間があるから、[3]その耕地化が進展したものと思われる。尤も六、七〇町の新田増加があったといっても、その石高は万力村二〇九石余・米込村一四五石余と低い。新田が最も多く打ち出されている万力村の寛延二年の新田の内容は、芝畑・埜畑・砂畑・見付畑・砂田・見付田等の不安定な劣悪耕地である。従って、万力村では寛延以降も不安定耕地の安定化をはじめ未耕地の耕地化の努力が続けられたものと思われる。米込村も同様であったであろう。万歳村については天保九年の安中藩領分の耕地について示したが、併せて表示した万歳村の元禄検地時の土地内容と対比すれば、万歳村では天保迄には草間の田成をはじめ葭間・松芝間・芝間の畑地化が完了していたことが推察される。耕地面積の増加とともに耕地の生産性向上も計られていったであろう。

椿新田以外の村々をも加え、当該地域の農業生産の状況を肥料・畑作物・農間余業等について村明細帳を中心に

第7表　耕地面積の増加

a　万力村・米込村

万力村		米込村	
享保19年	石 34.940 畝 (1,549.09) 内{田方 (324.06) 畑方 (1,225.03)	享保18年	石 15.114 畝 (581.18) 内{田方 (18.15) 畑方 (563.03)
元文3年	4.503 (45.01) 畑方(屋敷)のみ	—	—
寛延2年	170.331 (5,781.09) 内{田方 (404.09) 畑方 (5,377.00)	寛延2年	129.980 (5,212.12) 内{田方 (106.27) 畑方 (5,105.15)
合計(実計)	209.774 (7,375.19)	合計(実計)	145.094 (5,794.00)

注）　万力村については宝暦13年の村明細帳その他(『古城村誌』所収)，米込村については天明8年の村明細帳(杉崎栄氏所蔵)によって作成。

b　万歳村

	元禄8年3月		天保9年10月(安中藩領分)	
	面積	斗代	面積	
上田	畝 464.22	石 1.4	畝 426.04	草間田成　畝 1,896.21
中田	824.08	1.3	755.24	
下田	6,282.10	1.2	5,760.14	
下々田	9,715.25	1.0	8,908.23	
悪地下々田	8,286.15	(0.7)	7,598.05	
計	25,573.20		25,346.01	
下畑	498.20	(0.8)	452.28	下畑屋敷成　4.09
下々畑	2925.16	0.6	2,635.09	下々畑　〃　47.07
砂畑	608.23	0.4	527.26	砂畑　〃　30.10
屋敷	292.05	1.0	267.27	葭間畑成　85.11
葭間	93.03	0.4	—	松芝間　〃　18.16
草間	2,068.16	0.4	—	芝間　〃　82.10
松林	65.07	0.3	59.24	
松芝間	20.06	0.3	—	
芝間	89.24	(0.3)	—	
計	6,662.00		4,211.27	
総計	32,235.20		(29,557.28)	
村高	石 2,838.451		石 (2,602.669)	

注）　元禄8年は検地帳写，天保9年は年貢割付状(ともに万歳，井上洋一氏所蔵)による。

第8表　農業生産の状況

a　肥料

村名	年代	肥料
鏑木	正徳5年 延享3年	芝草・砂・干鰯 干鰯(田畑共反当り3俵)
*万力	享保16年 寛延4年 宝暦13年 文化14年	馬屋ごい(反当り5駄)・土ごい(反当り7駄)・干鰯(反当り2俵位) 干鰯 馬屋ごい・土ごい・干鰯 馬屋ごい・土ごい・干鰯
*入野	文政12年	干鰯(苗代反当り3俵半，麦作反当り1俵半)
網戸	享保17年	秣ふみこゐ・干鰯(浜方不漁の節，秣等のみ)
太田	元文3年	干鰯(反当り3俵)
*新町	天保13年	干鰯・苅草
椿	安永7年	干鰯(反当り3俵)

b　畑作物

村名	年代	畑作物
鏑木	正徳5年	粟・大豆・そば・小麦・かぶな・ひゑ・小豆・大麦・大根・とうぼうし
	延享3年	麦・粟・稗
*万力	享保16年	大麦・粟・黍・大根・蕎麦
	寛延4年	ひゑ
	宝暦13年	麦・粟・稗・菜・蕎麦
	文化14年	粟・稗・菜・蕎麦
*米込	天明8年	麦・粟
*入野	文政12年	夏作は，粟・黍・大豆・小豆・荏
網戸	享保17年	麦・粟・稗
太田	元文3年	麦・粟・黍・稗・大豆・小豆・菜・大根・蕎(過半稗作)
*新町	天保8年	西瓜・瓜・薩摩芋・桃
	天保9年	五穀のほか・瓜・西瓜・薩摩芋
*鎌数	文化13年	麦・粟・大豆
椿	安永7年	麦・粟・稗

c　農間余業

村　名	年　代	内　容
鏑　木	正徳5年	男は芝かり・萱かり・縄莚。女は糧を取り，または布木綿。
	延享3年	男は薪をとり，女は木綿織り。
長　部	寛延3年	男は薪取り・こやしの草苅り。江戸等へ奉公。女は糧を取り，あるいは不断着用の木綿織り。
	明治7年	他農日雇稼あるいは縄なへ・蓆等織る。
*万　力	享保16年	男は莚織り・索をない，女は木綿織り。（享保16年以降文化14年迄4冊の村明細帳同内容）
*入　野	文政12年	男は他村へ罷出薪取り，あるいは肥に草を苅り，莚蓆織る。女は木綿織り，着用に仕る。
網　戸	享保17年	男女共干鰯・莚織り。不漁の節は女共嶋木綿織出す。
十日市場	寛政6年	男女共魚籠作り。浜勝手の者は漁業稼にも出る。
太　田	元文3年	男女共干鰯・莚・すけ笠。
	文化12年	男は縄莚，その外九十九里浦方・銚子へ罷出日用取。女は木綿。
*新　町	天保13年	男は草苅り・薪取り。女は着用の木綿織り。
鎌　数	文化13年	男は縄莚，女は木綿織出す。
椿	安永7年	男は縄莚，女は木綿糸の類。

注）　*印は椿新田の諸村。長部村村鑑明細帳（長部，遠藤良太郎氏所蔵），明細書取調帳（長部区有文書），米込村村明細帳（米込，杉崎栄氏所蔵），入野村村鑑明細帳（諸徳寺，菅谷豊三氏所蔵）のほか，『古城村誌』，『千葉県史料　近世篇下総国　上』，『旭市史』第2巻，所収の各村村明細帳その他によって作成。

しながら整理したものが第8表である。次に第8表を中心にしながら当該地域の農業生産の状況を見ていくこととしよう。

まず肥料について見ると、干鰯生産地帯に隣接する干潟地域では早くから干鰯が使用されていたようだが、椿新田の万力村でも、享保十六年には既に干鰯が使用されていることが確認される。干鰯は各村とも反当り二〜三俵ほどの投入となっている。文政十二年入野村明細帳には、その投入量が「苗代一反ニ付干鰯三俵半程」、「麦作一反ニ付干鰯壱俵半程」と記されており、椿新田では、干鰯の使用は主に米作生産に向けられているようである。干鰯以外では馬屋ごい・土ごい・苅草等が各村で使用されているが、これら自給肥料の占める割合も高かったのではないかと思われる。

畑作物は各村とも大麦や大豆・蕎麦・粟・稗・黍等の雑穀生産が主になっているが、享保十六年万力村では「畑方ハ大麦、夏作ハ粟・黍多ク作申候」とあり、これはまた文政十二年の入野村でも同じである。麦と雑穀との両毛作が一般的であったと考えられる。麦・雑穀以外では蔬菜作りが鏑木・万力や、太田村等で認められる。めぼしい商品作物もなく、農間余業を見ても、銚子街道沿いの村々以外では自給的傾向が強く認められる。鏑木・長部・万力・入野の諸村では「木綿織」が農間の余業に掲げられているが、それは長部村の村明細帳に「不断着用仕候木綿おり」とあるように、自給的性格のものと思われる。しかし、これは村明細帳という型にはまった史料から見るからそうなるのかも知れない。天保八年新町村の「御用写」によると、同村では西瓜・瓜・薩摩芋・桃等の商品作物も栽培されている。それらは、「所遣之外」小見川・佐原へ輸送され、桃は棒手振によって八日市場で販売されるが、(4)それら商品作物が「所遣」されるのは、自給自足的傾向の強い当該地域の村々でも、農業生産が高まるにつれて次第に農民的商品経済が発展してきていたことを背景としていたであろう。

商品経済の展開　商品経済の発展は町場の発展を促す。当該地域で銚子街道沿いの村々を除けば、町場として著しい発展を見せたと考えられる村は万歳村・鏑木村であり、万歳村は既述のごとく椿新田諸村と利根川の河岸を結ぶ結節点に位置するが、鏑木村には佐原・小見川と多古・佐倉方面を接続する往還が通り抜けている。両村のほか椿新田のほぼ中央を貫く通路沿いに位置する新町村も、村名のごとく町場としての著しい発展をみせる。同村は椿新田の開発を促進するため元禄五年建設をみたが、(5)間もなく衰退し、化政期に九十九里沿岸漁村から利根川河岸へ干鰯・〆粕を送る中継地・馬継地として再び町場の発展をみせる村である。それは同じ往還筋にある万歳村・鏑木村でも状況は同じであったであろう。河岸場により近く椿新田諸村の年貢米の輸送路でもあった万歳村では、町場としての発展はこの期に著しいものがあったに相違ない。こう捉えると、当該地域における農民的商品経済の発展は、干鰯をはじめ銚子の醤油醸造業等の地廻り経済に巻き込まれる型で展開したということができるであろう。

利根川の河岸に近い村々では、河岸場が米穀類や蔬菜の販売先になっていたと思われるが、商品経済の発展による町場化の進展は、さらに米穀類や蔬菜の商品化をもたらしたものと思われる。醤油生産とともに漁業も盛んな銚子についてみると、天保年間と思われる新町村を含む六ヶ村名主の遊女屋取潰の願書に、「銚子湊之儀は、近年ニ至漁業多候て、繁昌ニ随ひ家数も多罷成候事故、村々より米穀、槇、松葉、野菜之類、馬附ニ致賣捌」、とあるごとく槇・松葉(醤油醸造用の燃料カ)とともに米穀・野菜が村々により馬背で運ばれ売捌かれることが記されており、銚子は一大消費地となっていたことがわかる。[6] また、米・麦・大豆の生産の高まりは銚子や成田以外にも醸造業の発展をもたらしたのではないかと思われる。

町場化の一例として新町村について見ることにしよう。第9表は文政十年・天保十四年・万延二年・慶応三年の各年次の関東取締出役による農間渡世人の名前取調書によって同村の農間稼の状況を示したものである。取調書によると、新町村では「農業一派渡世」は、文政十年では一一一軒、天保十四年では九三軒、これに対し、「農間商ひ渡世」は文政十年が六軒、天保十四年が二二軒であるから、化政期から天保期にかけて町場として大きく発展していることが理解される。[7]

渡世内容を見ると、酒造・醤油造・質屋のほか居酒屋・一膳飯・麺類・穀物・豆腐・安菓子・太物・荒物・商人宿・古道具渡世等々があり、新町村の町場としての様子を示している。穀物や麺類渡世の存在は、それが干潟地域村々の雑穀類の販売先ともなっていたことを推測させる。干鰯・魚油を扱う肥料商の存在は、慶応三年に一軒確認されるにすぎない。治右衛門家が干鰯を前貸ししていることを既に指摘したが、新町村に干鰯商が少ないのは干鰯の流通が村々の最上層農民によって掌握されていたからなのではあるまいか。

第9表　新町村の農間渡世

年代	業種	軒
文政10年	居酒屋・酒造	1*
	請売酒屋	4
	髪結	1
天保14年	農具・荒物	4
	木綿・綿紐	1
	一膳飯	2
	麵類	3
	豆腐・安菓子	1
	紙屑買入漉返シ	1
	質屋	2
	(以上，農間諸職人分22軒，内14)	
万延2年	質屋・諸色太物荒物酒造	1
	酢造・穀物	1
	酒請売・商人宿	3
	酒請売	1
	川魚買出江戸送り	1
	太物・荒物	1
	酒造	1
	質屋	1
	醬油造	2
	穀物	1
	油絞	1
慶応3年9月	質・太物・瀬戸物・傘類	1
	質物・穀物・綿打	1
	質物・材木・穀・醬油造	1
	醬油造・酢造糀・穀物	1
	醬油造	1
	酒請売・商人宿	2
	酒請売・糀	1
	酒請売・商人宿・饂飩・蕎麦	2
	酒請売	2
	魚	1
	川魚	1
	太物・綿・下駄・足袋	1
	太物・綿・木綿紐	1
	綿打	2
	古脇差繕	1
	金物・古道具但脇差共・草鞋傘	1
	古道具	1
	灯燈	1
	桶工	1
	木挽	1
	大工	4
	下駄・傘・塩請売	1
	穀・〆粕・干鰯・魚油	1
	蒟蒻	1
	端穀買	1
	草屋根葺	2
	畳	1
	菓子	1
	髪結	1

注）＊印は寛政9年ゟ創業。

新町村には、川魚買出し江戸送り渡世も存在している。慶応三年窪野谷・大久保両村の「漁業渡世」の者が溜井樋棹に疵を付けたことで万歳村役人に詫状を出しているが[8]、川魚買出し江戸送り渡世の者はそのような近在の用水や溜井等で捕れる川魚も江戸へ出荷していたものと思われる。当該地域の農民にとってもそのような川魚を売ることも、わずかながら貨幣を得る手段であったと考えられる。

新町村には天保十三年には二二疋の馬が存在する[9]。それは駄賃稼を主目的とした馬であろう。万歳村には既掲第3表にみられるごとく慶応三年には四六疋の馬が確認されるが、万歳村とほぼ同規模の万力村では文化十四年で馬数一八疋である。(10) このことからしても万歳村の馬も駄賃稼を主目的としていたことが窺われる。万歳村では持高の確認しうる馬持三〇名中二四名は八石以上の持高を有している。

第10表　明治4年，万歳村組合12ヶ村醸造業一覧

村名＼造高＼種別	酒造			濁酒造				醤油造		計
	200石	120石	100石	15石	12石	10石	5石	126石	50石	
万歳	軒	2軒	2軒	軒	軒	5軒	1軒	1軒	軒	11軒
青馬	1					2			1	4
小南				1		3				4
夏目			2			1				3
清滝				1	1				1	3
桜井						3				3
松沢			1						1	2
飯塚	1									1
関戸						1				1
大友						1				1
大間手						1				1
米込									1	1
計	2	2	5	2	1	17	1	1	4	35

注）明治4年「三造午ノ御冥加永上納書上帳」（万歳，井上洋一氏所蔵）により作成。

万歳村の町場の状況は明らかではないが、居酒屋や一膳飯屋や商人宿等々があることは新町村同様であり、駄賃稼も活発に行われていたであろう。このような町場としての発展が、農間渡世というより渡世専業者を生むとともに、無高へと没落した広汎な農民の村内滞留を可能にしていたものと思われる。

主穀生産の高まりは醸造業の発展をもたらす。また、米穀の仲買人の活動をももたらす。万歳村を中心にしつつ、まず醸造業について見ることとする。第10表は明治四年における万歳村ほか合計一二ヶ村の酒造・濁酒造・醤油造の状況を示したものである。造高は一二ヶ村を合計すると、酒造一、一四〇石(九軒)、濁酒造は二一七石(二二軒)、醤油造は三二六石(六軒)となる。質が悪く「川通り

の安物」として嫌われ、[11]銚子の醤油造の原料とならなかった当該地域で生産される大豆と麦も、村々の造醤油の原料となったであろう。第10表中軒数では、零細な濁酒造が最も多く、しかも濁酒造二一軒中六軒と、その三〇％近くは万歳村に集中している。嘉永五年の冥加永上納「覚」[12]によると、万歳村の酒造人は三軒、質屋は一軒、小売酒屋は一軒となっているが、実際にはそれ以外に濁酒造や居酒屋は存在していたのではなかろうか。

万歳村の嘉永五年の冥加永上納者及び明治四年の醸造渡世の者につき、宗門人別帳によって持高を併せて掲げると次のごとくである。

嘉永五年

			(持高)
酒造人	三右衛門	(上納額銀四八匁)	一六三・四八〇石
	忠兵衛	(同　銀三一匁二分)	無高(一九石余カ)
	長兵衛	(同　銀一二匁)	無高(三三石余カ)
質屋	忠左衛門	(同　永一二五文)	不明
小売酒屋	利助	(同　銀二匁五分)	不明

明治四年

酒造	三右衛門	(造高　一二〇石)	一六三・四八〇
	多吉	(同　一二〇石)	・九八二

	伊兵衛	(同　一〇〇石)	不明
	久七	(同　一〇〇石)	不明
濁酒造	要助	(同　一〇石)	不明
	治平	(同　一〇石)	不明
	忠蔵	(同　一〇石)	不明
	幸助	(同　一〇石)	不明
	三四郎	(同　一〇石)	二・四八〇
	八重蔵	(同　五石)	不明
醬油造	金蔵	(同　一二六石)	無高

嘉永・明治ともに最も多く造高を有する三右衛門は村内最大の地主でもある。無高あるいはわずかな持高しか所持せず、専業化していたと考えられる者も存在しているが、明治四年の濁酒造三四郎の持高が造高より少ないのは、濁酒造も専業化していたことを示している。規模はわずかだが、このような濁酒造も農民の米販売を可能としていたのではなかろうか。

しかし、流通経済を掌握していたのは村内の大規模地主であり、大規模地主以外による醸造業の経営は極めて不安定・流動的であったのではないかと思われる。嘉永五年村内二番目の酒造高を有する忠兵衛は、同二年治右衛門の名前で太田村利左衛門から酒造株を譲り請けて酒造を始めた。慶応二年三月酒造株請戻しとなり、忠兵衛は株代金六〇両を受け取っている。その際証文で忠兵衛は「本紙証文可相返処見当ﾘ不申候ﾆ付」と述べ(13)ているが、酒造株請戻しに不承知な忠兵衛の意が感ぜられる。忠兵衛の酒造は一七年間で終っている。

次に、米穀仲買人について慶応三年「米穀高値ニ付中買皆止請印帳」によって、[14]そこに連名している万歳村及び周辺村の米穀仲買人の人数を掲げると、以下のごとくである。万歳村四名・関戸村三名・小南村三名・小座村二名・夏目村二名、粟野村二名・大久保村・諸持村・大友村・(村名不明)、各一名。

米穀仲買人も万歳村が最も多いが、右の村々は、万歳村と利根川の河岸を結ぶ往還沿いに位置する村々が多い。それら村々の米穀仲買人は、河岸問屋と結んで椿新田をはじめとする村々から米穀を買い漁っていたのであろう。万歳村の仲買人名とその持高は、半左衛門(持高二三石八斗)・五兵衛(無高)・八左衛門(無高)・新(カ)助(不明)である。

年貢米地払い　化政から天保にかけての河岸場衰退の一つの理由として、年貢米の地払いと金納化があげられている。[15]安中藩領ではいつ頃から年貢米の地払いが実施されたのか不明だが、治右衛門家の文書中に明治三年十二月、笹本河岸平左衛門から名主治右衛門宛に送られた「当午御年貢米津出シ差渡シ帳」という帳簿がある。表題は「津出シ帳」だが、内容は、例えば「同(九月)廿一日同(米)六俵米屋要作殿相渡」というごとき記載が主になっている。これは河岸問屋平左衛門が米屋要作に地払いを行っていることを示すものであろう。同帳の内容を表示すると、第11表のごとくであり、明治三年の同帳では、実際に積立・津出しを行っているのは廻米七二俵・延米一〇俵だけで、三七一俵は地払いとなっていると理解できよう。表中、村名ないし地名の記載のない者は万歳村の者であ

第11表　「御年貢米津出シ差渡シ調」(明治3年)の内容

a	御米	871俵
b	廻米	72
	延米	10
c 地払いさき	米屋要作	155
	花香伝右衛門	96
	寺嶋三四郎	50
	田部屋栄吉	22
	小沢(カ)元右衛門	20
	平木伊左衛門	10
	八重穂村清兵衛	8
	銚子俊蔵	4
	小座村源五左衛門	4
	嶋(カ)村多助	2
	計	371
引〆(a-b-c)		418

注）万歳，井上洋一氏所蔵。

ろうと思われるが、地払い先は村内では伝右衛門・元右衛門等一〇〇石以上の大高持が存在する一方、先に見た濁酒造三四郎も五〇俵の地払い米を購入している。大高持が地払い米をいかに処分するのか不明だが、年貢米地払いは酒生産の発展と密接に結びついていたことを、三四郎の地払い米購入は示している。

注

(1) 北島正元「化政期の政治と民衆」(旧岩波講座『日本歴史』近世4、所収)。
(2) 篠田寿夫「銚子造醤油仲間の研究」(『地方史研究』一一九)。
(3) 「下総国匝瑳郡・海上郡・香取郡椿新田拾八ヶ村写」(『旭市史』第二巻、所収)。
(4) 天保八年「御用写」(『旭市史』第二巻、所収)。
(5) 「椿新田開発記」(『旭市史』第二巻、所収)。
(6) 年欠「乍恐以書付奉願上候」(『千葉県史料近世編下総国』上、所収)。年代を天保とした理由の一つは、この願書を提出した六ヶ村の名主のうち、太田村名主孝蔵と鎌数村名主東作が天保三年同時に名主を勤めていることによる(天保三年五月「差上申済口証文之事」、『旭市史』第二巻、所収)。
(7) 文政十年「農間商ひ渡世之者名前取調書」・天保十年「御用留」・万延二年「農間稼之もの共名前書上帳」・慶応三年「農間稼之者書上名前帳」(以上、『旭市史』第二巻、所収)。第9表は以上によって作成。
(8) 慶応三年七月「差出申詫一札之事」(万歳、井上洋一氏所蔵)。
(9) 天保九年「下総国匝瑳郡新町村明細帳」(『旭市史』第二巻、所収)。
(10) 文化十四年「下総国香取郡万力村村鑑明細帳」(『千葉県史料近世編下総国』上、所収)。
(11) 荒居英次「銚子・野田の醤油醸造」(地方史研究協議会編『日本産業史大系』関東編、所収)。
(12)(14) 万歳、井上洋一氏所蔵。
(13) 慶応三年六月「差入申一札之事」(万歳、井上洋一氏所蔵)。

(15)　川名登「天保期の関東河川水運」(北島正元編『幕藩制国家解体過程の研究』所収)。

3　社会的状況

干潟地域における社会的状況を探っていくため、治右衛門家文書の訴状類その他に県市町村史誌類等をあわせて、社会的諸事件・出来事を年表(四六六〜七頁の〈附表〉参照)に纒めてみると、当該地域では百姓一揆は確認できないが、全体的傾向として、元禄前後以降幕末に至るまで頻発するものとして、名主不正その他村政をめぐる村方騒動と生産諸条件をめぐる村間・村内の出入りがある。宝暦以前はそのような村方騒動が主に起っている。宝暦以降ではそれら争論と並行しながら、宝暦七年上代村における流質地返還騒動を初出とする地主対小作の争論、金銭出入り、本分家間の争論ほか、若者や浪人によるトラブル及び遊女・博奕等社会秩序の弛緩、世相の退廃を示す事柄、また農民の出奔・欠落等々が現出している。

宝暦以前では村政をめぐる村方騒動・生産諸条件をめぐる争論が主となっていることは、椿新田そのものの形成や椿新田諸村が名主を核として自給自足的な近世村落として形成されてくることと照応するものであろう。網戸村では貞享二年、名主太郎兵衛が年貢納入借用金を返済できず捕縛され、惣百姓の歎願で許されているが[(1)]、このことは椿新田以外の村々も元禄頃までは名主を核とした自給自足的側面の強い村として存在していたことを示していよう。同村では元禄三年に、八年前入村した河内屋太左衛門が「惣村中へ相談も」なく田畑屋敷を購入したことで、代官に訴えられているが[(2)]、この訴訟は新たな入村者への村の排他性を示していよう。

宝暦以降における地主小作争論・金銭出入りその他の頻発は、椿新田における農業生産の向上や農民が流通経済に次第に強く巻き込まれていくことと照応するが、地主対小作の争論は別に述べられる筈であるし、ここでは村政をめぐる村方騒動・社会秩序の弛緩・世相の退廃の様相を略記することによって、主に宝暦・明和以降近世後期・幕末期における当該地域の社会的状況を見ていくこととしたい(3)。

村政をめぐる村方騒動　貞享二年網戸村では、年貢納入借用金を返済できず、捕縛された名主が惣百姓の歎願で許されたが、享保以降展開していく村政をめぐる村方騒動の多くは、年貢納入や諸勘定をめぐる名主や組頭の不正あるいはその勤め方に関するものである。万歳村では享保六年・文化七年・弘化二年、網戸村では明和七年、万力村では安永四年、太田村では文化二年・嘉永七年・安政五年にそれぞれ村方騒動が起っているが、それらはいずれも年貢納入その他をめぐる名主あるいは組頭の不正をめぐる争論となっている。

最も早期に起っている万歳村の享保六年の争論は、割元名主廃止後万歳村の最初の名主に任命された市郎兵衛が年貢米一八〇俵余も勝手に処分して売払い、年貢を滞納したことに端を発している。この争論では市郎兵衛の罷免が要求されたかどうか不明だが、万歳村村民はじめ入作農民一二四名は、年貢米・永ともに「当夏成永より一切名主市郎兵衛殿方へ相渡申間敷」と結束を固めている。結局市郎兵衛は「一家好身之者」と「徒党」し、再び名主役を勤めているが、村民は市郎兵衛を忌避し、「村方半分御引分ヶ組頭治右衛門相名主ニ被仰付」るよう願書を提出している(4)。これは実現はしなかったようである。この万歳村の争論は、惣百姓という形をとりつつ、治右衛門はじめ六郎兵衛・藤兵衛・茂左衛門らの組頭を主導に展開されたものと思われるが、このような争論を通じながら、小作・貧農層を含む村内小前層は次第に政治的な成長をみせていく。

網戸村の明和七年の村方騒動では、名主が年貢割付や皆済目録を百姓に見せないことや、その他の不正・不公平を理由にその罷免を要求しているが、この村方騒動における名主罷免要求は実現されている。この時の争論の相手は名主・組頭・百姓代等村役人全体であり、これに対する争論の主体は小前百姓である。安永四年万力村では小前百姓が「去丑ゟ去巳迄五ヶ年諸勘定」の村役人「私欲押領」に抵抗し、年貢の「百姓直納」を領主に要求している。「無筋之願ヲ強而申立不埒」ということで、小前百姓六名は手鎖宿預りとなったが、この争論によって小前百姓は、代表が村役人と立会う権利を獲得している。この争論主体の小前百姓は「無高小作人共」であった[5]。

文化二年に起ったとされる太田村の村方騒動―太田村一件―は、最初善兵衛組内で起ったものが村全体に広がり、文化七年一月老中松平伊豆守への籠訴という事態にまで発展・拡大していった。この村方騒動は「小前三拾軒」の惣代として八郎左衛門・長右衛門・三郎左衛門の三名が主導していっている。八郎左衛門等小前惣代は太田村名主三名の様々な不正を訴えているが、その不正の内容は、人馬賃銭・御用金利足御下ヶ金・凶作時の御手当米等の未払い、村入用の不当取立て、年貢収納・村方勘定等の「自分勝手之取計い」等々であり、人馬賃銭その他の未払いは困窮する小前百姓の生活に直接かかわるものであった。また、年貢引方を訴えようとする農民の声を領主に伝えないことも、小前百姓の大きな不満であった。

小前惣代はまず安中藩太田役所の訴訟を起したが取り上げられなかったので、さらに安中藩江戸上屋敷へ直訴のため出府する。小前惣代はこの時、「信心いたし仏神之加護相願候方宜敷可有之」と考え、「安中様御代々御尊霊」を安置する麻布吸江寺へ「一七日通夜」を行っている。ところが惣代出府中の国元では、小前三〇軒が領主に呼び出され、お叱りをうけ、惣代八郎左衛門の老父その他は手鎖宿預けとなってしまった。このような状況の時、太田村では善兵衛組以外でも名主の不正を訴える声が強く、馬場・袋両組の小前惣代も出府しており、ここで三組は合流して文化六年八月江戸上屋敷へ直訴し、さらに勘定奉行所へも訴えている。この結果は、名主側の巻返しにより、帰村した八郎左衛門ら小前惣代は入牢、訴状連判者五八名は手鎖宿預けとなってしまった。名主には何の咎もなかった。そこで納得のいかない小前百姓を代表した六郎兵衛・太郎右衛門の老中への籠訴が文化七年一月決行されたのである。

この籠訴によって文化二年に始まったとされる太田村の村方騒動は、小前百姓側に勝訴がもたらされるが、この騒動には年貢賦課の基準をなす農民所持地や寺領の現実の境界・耕地面積が不分明になってきているという背景があり、文化十四年四月の一村検地施行をもってこの小前百姓の闘争は落着する。

明和六年の網戸村の村方騒動以降、村方騒動の主体となっているのは小前百姓である。万力村の小前百姓が「無高小作人共」であったごとく、その中には無高をはじめ、広汎な小作・貧農層が包含されていたものと考えられる。文化七年の老中への籠訴にまで発展した村方騒動の起った太田村では、その戸数を見ると、文化十二年が三七五軒であるのに対し、騒動後の文政十一年では三一四軒と大きく減少している。(6) 太田村は銚子街道の馬継場として発展し、町場としての色彩を強く有する村であるが、村方騒動は、没落の危機にある小前百姓層の死活問題として展開していたことが推察されよう。

太田村と同じく安中藩領の万歳村では、文政五年八月西町場百姓惣代が名主伝右衛門の退役を機に名主役の年限を東三町場でも定めるよう太田役所へ願書を提出している。その理由として「年限無之候而者何連之我意何連之不恙有之候而茂退役致呉候様抔申兼候」ということを掲げている。(7) その願書は東三町場では名主の年限を定めることを不承知だから提出されたものであるが、逆にこのことは西町場では名主の年限制をとっていたことを示している。文政十二年東三町場名主伝右衛門の跡役が入札によって決められているが、(8) 恐らくこの時点で東三町場でも名主の年限制を認めたのではあるまいか。とすれば、万歳村ではこの時点で名主の年限制・入札制がともに村全体で採用されたということになる。

名主の年限制・入札制が当該地域で一般化していったかどうか明らかではないが、万歳村におけるその採用は、万歳村における小前層の闘争によることはもとより、当該地域村々の小前層が必死に展開した村方騒動にも依っているものと思われる。しかし、名主の不正をめぐる村方騒動は、文化十四年以降の太田村においても、嘉永七年・安政五年の両度、また名主の年限制・入札制を採用した万歳村においても、その後弘化二年に同様の村方騒動は起っている。名主の年限制・入札制を採用しても名主たりうるのは領主と癒着した村内上層であるためでもあろうか。文政十二年入札によって決まった万歳村の名主伝右衛門跡役は、伝右衛門悴善十郎であり、他方、弘化三年から明治に至るまで継続して名主を勤めているのが治右衛門家である。

文化二年に始まる太田村の村方騒動において、小前惣代は仏神の加護をうるため、領主代々の霊を祭る麻布吸江寺へ祈願に通った。他の仏神より加護が大きいと考えたためである。この信心は裏切られ、安中藩板倉氏にではなく幕府への籠訴によって小前百姓は勝訴に導かれるのであり、文化年間のこの騒動には幕藩領主権力を直接に否定していく要素はないものと見ることができる。

村方騒動は、以上に述べたほか安政五年に新町村でも起っているが、領主権力を直接否定するものではないとはいえ、村方騒動の展開は次第に名主による村落支配を弱めていったものと思われる。

社会秩序の弛緩　小前百姓層を主体とする村方騒動が展開してくる時期は、当該地域の村方が次第に貨幣経済に強く巻き込まれていく時期に重なっているが、流通経済の発展にともない利根川を控えた当該地域は多くの旅人・遊民の流入・往来するところとなった。町場の繁栄は遊興をもともない、遊女屋の出現をもたらすとともに、また博奕の流行は博徒の横行を生んでいく。村々の内部では直接村政に関与しない抑圧された若者衆が村内の秩序を乱していくということも頻発している。そして、このような側面からも治安は乱れ、村々の社会秩序の弛緩・混乱が生じていく。かかる状況に対処すべく、幕府は文化二年六月関東取締出役を設置したが、そのような状況は宝暦・明和頃から進行している。

例えば、当該地域には浪人の流入・往来が多いが、宝暦八年鏑木村の村入用帳には浪人侍二人に二〇〇文支払われているのを見ることができる。恐らく浪人は村々を徘徊し、金銭はじめ食事・宿泊を乞うたのであろう。同じく文政九年の村入用帳では浪士二九名ほどに六〇〇文近くが支払われている[9]。安政六年の十日市場村では延べ二〇〇人余がこの村を往来したといわれるから[10]、浪人の流入・往来は幕末に近づくに従って次第に増加していっているようである。

浪人の流入・往来が何故当該地域では多いのか、あるいは右のごとき浪人の往来は幕藩制下における一般的な現象であるのかどうか明らかではないが、浪人は村人にとって二つの側面を有している。一つは、村に逗留し悪事を働いたり、刃傷事件を起したり、社会秩序を乱す側面と、村民にとって何らかの利益をもたらす側面とである。前者の例として文政四年、網戸村の居酒屋に入りびたる浪人横田了八が村民と酒狂のうえ喧嘩するというような事件があり、後者の例としては次のような歎願書がある。

乍恐以書附歎願奉申上候

下総国香取・海上両郡組合寄場万歳村外三拾三ヶ村左之名前之もの代万力村名主太右衛門・右万歳村名主治右衛門奉申上候、去月廿四日御廻り先同郡寄場多古村江右三十四ヶ村役人共御呼出し浪士賄方有無之儀御尋之上兼而御趣意被仰渡候浪士共之儀逸々御利解被仰聞村々一同発明承伏奉恐入右多古村役人并最寄惣代衆相頼歎願奉申上候処、一先帰村被仰付難有仕合奉存一同帰村仕候得共、右者大小惣代者勿論村々一同貧民助ヶニも可相成与一途ニ相心得御趣意相背候儀ニ者無御座不未熟之始末先非後悔実々奉恐入以来右様之取計決而不仕御取締筋専一ニ相守可申候、猶此上御糺奉請候而者一言之可奉申上様無御座恐れも不顧再御歎願奉申上候、何卒格別之以御憐愍御慈悲之御沙汰被成下置候ハヽ広太之御仁恵与一同難有仕合ニ奉存候、以上

嘉永四亥年六月　　　　　　　　　　　　　(三十三ヶ村名主・組頭連印、略)

関東御取締御出役　関　畝四郎様

詳しい内容は不明だが、右によると、この歎願書が提出される前月、多古村で万歳村寄場組合村々の役人に対する取締出役の浪士賄方有無の尋問があった。村々では浪士を賄っている事実を認めた上で、取締筋は専一に守るので、更にそのことを糺明しないよう歎願しているごとくに右の史料を読むことができる。そこでは浪士共を賄っていた理由として「村々一同貧民助ヶニも可相成」ということをあげている。この歎願書の提出された嘉永四年の四月には浪人幽学を自刃に導く契機となった「牛渡村一件」が起っている。(11)幽学も村に雇われ賄われていた浪人とみることができるが、同時期に村に賄われていた浪人は幽学ばかりではなく、村民に「貧民助ヶ」と意識される行為を行っていた浪人・浪士もいたのである。

当該地域にはかつては遊女屋はなかったようである。天明二年には万歳村の政蔵は村方の掟を破って遊女を止宿させ、組頭治右衛門に詫状を入れている。その際、政蔵は「太田町場・長岡町場若衆中相願申、再応御詫仕」り、宥免されているが、若衆中に政蔵が詫を頼んだのは、彼らも遊女止宿に関与したからであろう。この政蔵の遊女止宿の背景には、この頃から活発な動きを見せてくる若者衆が存在しているのである。降って文政三年、網戸村の徳右衛門は自分の営む居酒屋に遊女を抱え、役人に詫状を提出しているが、詫状を提出したにもかかわらず、文政五年と同七年にも同じく遊女を抱え、関東取締出役につかまったり、詫状をまたまた提出したりしている。このように徳右衛門が再三同じことを繰り返しているのは、遊女を抱えると商売が繁昌するということがあるからであろう。

それは網戸の町場化が進展して居酒屋に出入りする客も増加してきていることを反映している。

同じ頃、銚子では遊女屋が繁栄を呈している。太田・鎌数・新町・井戸野・川口・駒込各村の名主は、銚子の松岸・本城両村の遊女屋取潰しを天保年間に願い出ているが、(12)その願書には「松岸村、本城村両村之儀、往古は廻船洗濯宿并槇問屋茶汲女と相唱へ、壱両人ツヽ差置候様承伝へ罷在候所、其後四、五十年以前より隠売女躰ニ有之、格前村々差障リ候程之儀ニも無之候処、近年ニ罷成、遊女を差置、其外引手茶屋、両村ニてハ七、八拾軒も有之、御府内遊女屋同様之稼方致、私共村々悉難渋仕」と、銚子の松岸村や本城村では四、五十年以前―天明・寛政の頃「隠売女躰」の宿などが出現したが、近年に至ると遊女屋もでき、遊女屋に付属する引手茶屋が七、八〇軒にのぼるなど目に余る状況を記している。そして、米穀・槇・松葉・野菜等を馬背で売捌きにくる近在村々の農民が、普段通っている所なので安心して引手茶屋に入ると、遊女屋へ引き込まれて多額な料金を要求され、金子を借用し、あるいは他村へ奉公に出ざるを得ない者や欠落・除帳となる者、果ては「賊心相発し悪事増長之もの共」も現れてくる。また近在の者ばかりではなく「浪人士、舟こほれ、遠国無宿無頼之もの共も多」く、松岸や本城に入り込む。このような状況では「自然と村々悪風ニ罷成」り、「農業も自然と手薄」となって田地も亡所となってしまうかも知れない。黙視しがたいので両所の遊女屋を取り潰してほしいと訴えている。つまり、風俗の頽廃ばかりでなく、農業はたまた農村の社会秩序混乱の元凶だから遊女屋を取り潰してほしいというのである。

銚子には遠国無宿・無頼の徒も多く集まる、と記されているが、そのような手合いと切り離せないのが博奕である。当該地域で博奕が盛んに行われることが、史料上最初に確認できるのは寛政三年である。この年の二月干潟村村所々に「博奕ヶ間敷風聞」が立った。安中藩太田役所の同心は、「宿仕候ものハ勿論之儀、いつれ博奕打候ものハ御伺ニ不及入牢申付、大勢ニ而牢内ニ余リ申候ハヽ手鎖宿預ヶ村番可申付」という意気込みで、名主から取締りの希望の出た万歳村を夜半見廻ったが、この時は百姓文七一名が捕えられただけである。

法令は別として実際に博奕が行われていることを示す史料は余り見当らないが、単なる虚構ではなく、当該地域の現実の社会状況を反映するといわれる(13)嘉永三年「天保水滸伝」の存在は、化政期には博奕の流行にともない、既に博徒など無頼の徒が、当該地域にはかなり横行していたことを推測せしめる。しかし、天保を過ぎても博徒・無宿・ヤクザの横行という社会状況は治まったわけではない。

嘉永七年六月、鏑木村の清兵衛とその悴松蔵夫婦が畑仕事中、「脇差を帯木刀を携」えた重左衛門ほか二名に打擲されて、松蔵は薬用手当てをうけねばならないほどの疵を負うている。また、同村では安政三年九月、太田村の無宿新蔵が召し捕られている(14)。

若者に関する事件が最初に現れるのは安永六年である。鏑木村の源右衛門は持高三石余の百姓である。持高だけでは経営が成り立たないので、ほかに小作米六俵ほどの土地を小作する小作人である。源右衛門には悴源三郎がいた。源三郎は若者衆の一員で、安永四年六月には踊興行を行うこととなっていた。しかし、源三郎は大病を患ったため踊の人数には加わらなかった。これがくすぶって安永六年には、若者衆が源右衛門の田畑立毛を苅り荒すという事態になり、源右衛門は奉行所へ訴えた。この事件は、作毛損失分と訴訟のための上下路用諸入費を弁済するということで内済をみている。しかし、鏑木村の若者衆中はかなり凶暴なところがあったのであろうか、寛政九年には鏑木村塙廊の六名は、若者衆中に対抗するため結束して、万一公事沙汰になっても互いに出金するなどして助けあい、少しも恐れず、事あるときは出入りに臨むことを約束しあい、連判状までも作っている。その連判状には若者衆の横暴の内容として、徒党を組み酒手をねだる、米舂を頼めば米を隠売し、酒を呑む、金子の額が少なければ出棺の際等に恥辱を加える、理不尽なことでも大勢徒党さえ組めば事済むと思っていること、等々を書きつらねている。

このような若者衆の所業はどこの村々でも同じだったのであろうか。これ以降鏑木村では、安政五年に若者衆が平山家所持の山林の杉の大木を無断で伐り取り、天王宮御太刀と号し、村内を持ち歩くという事件が起っているが、鏑木以外の村々でも嘉永四年六月、網戸村で祇園囃子開催の際混乱を起し、文久元年一月太田村で雨乞いが行われた際禁止の鳴物を打ちならし、四名が入牢になるという事件を起している。

若者衆の行動は、村内の社会秩序を乱したというだけでは律しきれない側面を有している。文久元年太田村の若者が入牢となったのは、「御陣屋御門前ニ囃子」を行おうとしたからであり、そこには『旭市史』(第二巻、二三九頁)が指摘するように、支配者である封建領主に敵対する姿勢を見出すことができる。しかし、これは年代は不明だが、青馬村兵右衛門が幕藩領主の村支配の要である名主を打擲し、その名主から名主役も勤めかねると訴えられているが、若者の行動はこれと本質的には同じであるように思われる。つまり、そこには一つの政治勢力としての結集が見られないのである。とはいえ、幕藩制の支配秩序が乱れてきていることは、以上に見てきた浪人・遊女・博奕・若者等のほかに、嘉永以降では盗賊侵入・殺人・盗み・喧嘩等が頻々と起っており、それらの中にも見ることができる。それらは博徒や無宿の横行と密接な係わりをもっていたことは推測に難くない。また、幕藩制支配秩序の弛緩は本・分家間の家格の弛緩をもたらしている。

干潟地域では百姓一揆は起っていない。幕末維新期には、当該地域に近い八日市場・小関・茂原を拠点に、貧民解放と攘夷を課題とした真忠組が蜂起しているが、この蜂起にも当該地域は直接大きな影響は受けなかったようである。しかし、真忠組鎮圧後の元治元年二月、東金評定所には舟戸・万歳・秋田・井戸野各村からは出頭人が赴いている。このことは、当該地域でも真忠組による何らかの影響があったことを示すものであろう。(15)その影響の具体的内容は不明だが、貧民の困窮からの解放・脱出は、当時の当該地域における農村が直面していた社会的課題であったであろう。

注

(1) 貞享二年四月「差上申手形之事」(『旭市史』第二巻、所収)。
(2) 元禄三年十二月「乍恐以書付ヲ御訴訟申上候御事」(『旭市史』第二巻、所収)。
(3) 〈附表〉「年表」に以下で使用していく資料類の典拠を掲げてあるので、本節では典拠の注記を極力省くこととする。なお、紙面の都合上〈附表〉「年表」に農民の出奔・欠落や除帳を入れることができないので、ここにそれらにつき記しておくこととする。長部村の出奔・欠落の例以降、当該地域において現在知り得る出奔・欠落の最も早い例は寛政だが、その例としては寛政元年夏目村五左衛門弟、寛政三年入野村水呑八郎左衛門家内・夏目村彦兵衛娘、文化八年太田村六左衛門・同人倅、文政二年万歳村一ヶ年季奉公人、文政七年鎌数村与吉、天保十三年新町村乙吉後家ふさ家内三名、安政三年新町村佐五兵衛、安政四年新町村平四郎、万延元年太田村幸勝寺住法賢、等々がある。また、除帳の例としては、寛政三年清滝村水呑平右衛門、文政九年網戸村弥惣衛門次男、天保五年網戸村義兵衛、天保六年網戸村弥惣衛門三、四男、天保九年網戸村磯吉、安政六年太田村長四郎、等々がある(出典は万歳村の例以外はすべて『旭市史』第二巻。万歳村の例は井上家文書)。
(4) 享保六年七月「村方持添連判帳」(万歳、井上洋一氏所蔵)。
(5) 以上、関東地方史研究会「東部関東における一豪農の経営」(「歴史評論」二八)参照。
(6) 池田宏樹「近世後期における東関東農村の一考察」(「地方史研究」一四四)、及び、文化十二年「太田村明細帳」(『旭市史』第二巻、所収)。
(7) 文政五年八月「乍恐書附を以奉願上候」(万歳、井上洋一氏所蔵)。
(8) 年欠(文政十二年)丑二月「乍恐以書付奉願上候」(万歳、井上洋一氏所蔵)
(9) 以上の村入用帳、『古城村誌』前編、所収。

(10)『旭市史』第二巻、一八三頁。

(11) 中井信彦『大原幽学』(吉川弘文館) 一八九頁。

(12) 天保とした理由については前節の注(6)参照。

(13) 小笠原長和・川名登・堀江俊次「千葉県香取郡東庄町近世史料調査報告」(「千葉大学文理学部文化科学紀要」第3輯)。

(14) 以上、嘉永七年六月「乍恐以書付奉歎願候」、安政三年九月「差上申一札之叓」(ともに鏑木、鏑木太郎氏所蔵)。

(15) 以上、真忠組に関しては、高木俊輔『明治維新草莽運動史』第二編第一部第二章によった。

(門前　博之)

資料〈附表〉「社会的状況関係年表」の注。

(注) 本表は紙面の都合上、宝暦以前のものは割愛し、宝暦以降の争論・出入りを中心にしつつ作成してある。出典の略号は、(I)が万歳、井上洋一氏所蔵文書、(A)が『旭市史』第2巻、(H)が『干潟町史』、(K)が『古城村誌』前編、(R)が関東地方史研究会『下総国香取郡平山家史料集』I、である。なお、当該地域の生産諸条件や自然災害に関して年表風のまとめがあるものとしては、菊地利夫「干潟八万石の開発と用排水・余荷米に関する係争と慣行」(『内田寛一先生還暦記念地理学論文集』上巻)、『千葉県香取郡誌』第25編があるが、本表ではそれらに入っている事柄も割愛してある。

〈附表〉 社会的状況関係年表

年 月 日	内 容	出 典
宝暦 6.8.	長部村と溝原村の境川用水争論内済。	(H)p.327
7.8.	上代村百姓，鏑木村忠右衛門からの質地返還を評定所に訴う。	(R)p.49
明和 1.9.	入野村名主と諸徳寺村持添百姓，溜井敷をめぐり争論。	(H)p.328
7.6.	網戸村惣百姓，森川領名主彦兵衛の勤方不正を訴う。	(A)p.49
安永 4.12.	万力村村役人不正出入裁許下る。	(R)p.65
6.9.	鏑木村源右衛門，村内若者共を評定所に訴う。	(K)p.386
7.	清滝・入野・万歳各村と鎌数村，新川浚普請をめぐり争論。	(A)p.471
天明 4.2.	春海村と鎌数村の惣堀悪水吐をめぐる争論内済。	(A)p.496
6.5.	万歳村政蔵，遊女を止宿させたことで詫状を治右衛門に提出。	(I)
寛政 1.3.29	鎌数村と椿新田12ヶ村の新川堰留をめぐる争論，評定所裁許。	(H)p.335
3.2.	干潟村々所々博奕の風聞あり。	(A)p.333
3.2.18	太田陣屋同心，万歳村百姓文七を博奕の容疑で召し捕る。	(A)p.333
3.8.	干潟村々，殊のほか騒敷風聞あり。	(A)p.348
3.12.	太田村藍屋平左衛門と江戸問屋，買掛り代金滞りをめぐり争論。	(A)p.359
9.1.	鏑木村で若者共に対処するため連判状作成。	(K)p.393
11.4.	万歳村治右衛門と名主・組頭の年貢納入借用金返済滞出入内済。	(I)
13.1.	鏑木村武左衛門と万力村居付百姓，作徳米滞りをめぐり争論。	(R)p.69
文化 2.11	太田村小前百姓，名主の不正を太田役所へ訴う。	(A)p.366
3.3.20	万歳村治右衛門と分家次左衛門の土地出入内済。	(I)
5.(閏)6.	万歳村太田町場と堀田方の道添用水争論内済。	(I)
7.4.	万歳村百姓，同村治右衛門・玄同の年貢納方不正を訴う。	(I)
10.7	鎌数村と椿新田6ヶ村，新川浚普請をめぐり争論。	(H)p.338
11.4.	万歳村治右衛門と分家次左衛門の高反別入狂出入再び内済。	(I)
12.9.	太田村村方地所紛乱。	(A)p.387
14.10.27	太田村の名主不正出入，勘定奉行の裁許下る。	(A)p.401
文政 3.3.	網戸村居酒屋徳右衛門抱女をしたため詫状を提出。	(A)p.57
4.10.15	網戸村居酒屋徳兵衛方にて浪人躰の者酒狂のうえ争論。	(A)p.58
5.8.	万歳村，東三町場の名主年限をめぐり願書を太田役所に提出。	(I)
5.12.10	下女を酒興に立たせた網戸村居酒屋徳右衛門の赦免願い出さる。	(A)p.62
6.2.	万歳村治左衛門，本家譲地高入狂いにつき，またまた出訴。	(I)
7.11.	網戸村居酒屋徳右衛門，再度遊女を抱え，詫状を提出。	(A)p.63
天保 3.4.	万力村で低場の年貢負担をめぐり争論。	(H)p.344
3.5.	鎌数村と太田村の袋溜井用水樋争論，内済。	(A)p.423
4.6.	万歳村治左衛門，本家と度々争論を起したことで詫状提出。	(I)
4.	網戸村の商人と10数ケ村の者，売掛金・貸金滞納で争論。	(A)p.13
6.12.	網戸村百姓彦兵衛，手鎖のまま村預けとなる。	(A)p.64
7.1.	網戸村百姓彦兵衛，書入田地胁売一件内済。	(A)p.65
10.4.	網戸村で高田野(草刈場)の開発をめぐり争論。	(A)p.76
12.1.	網戸村の高田野をめぐる争論内済。	(A)p.88
15.7.2	小南村権右衛門と夏目村七郎兵衛の年貢未納争論内済。	(I)
弘化 2.4.	万歳村名主六左衛門諸勘定不正出入内済。	(I)

弘化 2.4.	鎌数村と太田村，袋溜井用水樋をめぐり再論。	(A)p.515
嘉永 3.	万歳村甚左衛門，本家に難渋をかけたことで詫状を入れる。	(I)
4.4.	大久保村善右衛門宅に盗賊侵入。	(I)
4.6.	万歳村寄場組合34ヶ村，浪士賄につき歎願書を出役に提出。	(I)
4.6.	網戸村祇園囃子開催の際，若衆混雑に及ぶ。	(A)p.93
5.8.3	椿新田18ヶ村と井戸野・大塚原両村，新川土俵堰をめぐり争論。	(A)p.519
6.4.	諸徳寺村と入野村，堀敷をめぐり争論。	(H)p.330
6.7.	新川土堰一件入用金滞をめぐり争論。	(A)p.530
7.4.	万歳村治左衛門，江戸表出稼につき田畑世話願いを本家に出す。	(I)
7.7.	太田村で名主・組頭の年貢収納その他不正をめぐり争論。	(A)p.407
安政 3.9.8	万歳村(カ)勘左衛門，本家に乱妨を働く。	(I)
3.	万力村，新組の設置をめぐり争論。	(H)p.348
5.3.	新町村で高反別入狂ほかをめぐり争論。	(A)p.609
5.6.	太田村の年貢米永齟齬出入内済。	(A)p.426
5.7.8.	鏑木村若者，忠兵衛所持山林の大杉無断伐取につき詫状を入れる	(K)p.394
5.7.	小南村質屋，盗品を預り，詫状を寄場役人に提出。	(I)
5.7.	栗野村農間質屋，不正の質品取扱い，詫状を寄場役人に提出。	(I)
5.10.	鏑木村名主文右衛門倅と弥兵衛倅の不法始末一件内済。	(I)
6.3.15	太田村定右衛門と栄助の質地出入内済。	(A)p.416
6.3.	小座村多右衛門，藤兵衛養子政兵衛の不始末を寄場役人に上申。	(I)
6.5.	諸徳寺村金右衛門，利不尽出入内済となり，詫状を寄場役人に提出	(I)
6.8.3	万歳村和兵衛と金蔵の行蔵院普請金出入内済。	(I)
万延 1.3.8	新町村と入野村の高石紛替出入内済。	(I)
1.3.	飯塚村組頭金左衛門宅へ盗人侵入。	(I)
1.3.	万力村低場の年貢負担をめぐり再び争論。	(H)p.346
1.9.	網戸村長兵衛と江戸深川佐賀町嘉兵衛，浜方貸金滞出入。	(A)p.95
1.12.9	諸勝負事をした太田村半左衛門，詫状を村役人に提出。	(A)p.418
1.12.	太田村四郎右衛門娘と馴合混雑一件，若衆中内済。	(A)p.418
1.	鎌数村で金子貸借をめぐり若者争論。	(A)p.473
文久 1.5.	行内村乾之助と万歳村文太の小作地出入内済。	(I)
1.6.2	太田村若者，雨乞いの際鳴物を打ちならし入牢となる。	(A)p.419
1.8.	召捕となった小座村新蔵の村預け願書，寄場役人に提出さる。	(I)
3.7.20	万歳村儀兵衛と庄左衛門の金銭出入内済。	(I)
元治 1.4.	太田村村民，太田陣屋で夫食願いが却下されたので江戸へ越訴。	(A)p.423
慶応 2.7.	万歳村六左衛門と溝原村弥五兵衛の質地出入内済。	(I)
3.5.	大久保村治兵衛後家，田畑屋敷をとられた事を寄場役人に訴う。	(I)
3.7.	漁業渡世の者，溜井樋棹に疵をつけ万歳村役人に詫状を提出。	(I)
3.11	万歳村で富河村農間屋根職人と下飯田村農間大工，酒狂の上喧嘩。	(I)
明治 1.8.22	鎌数村で分郷名主役・冥加献金をめぐり争論。	(A)p.537
1.12	神田村卯兵衛宅・諸徳寺村三郎兵衛宅その他に盗賊侵入。	(I)
2.5.	山中港司に献金し召捕られた万歳村勇次郎父子の赦免願い出さる	(I)
3.10.	高生村三左衛門と琴田村清右衛門の地所請戻一件内済。	(I)
(年欠)1.11	米穀商売をした万歳村(カ)皆治の金銭出入吟味猶予願い出さる。	(I)
(?)	青馬村兵右衛門，宮本村名主万治を打擲。	(I)

三　東総豪農の存在形態

下総国香取郡鏑木村平山家文書、「万覚(日記)」天保八年三月三日の条に、

村内貧民安穀手当者有之候へ共、猶又難渋之者有之候趣承リ候間、明日ゟ三拾日之間粥施行致し候間、村内貧窮之者ハ毎朝参リ候様、四くるハ世話人へ申遣ス、尤も紙札千枚拵是を相渡シ置、毎朝参リ候節壱枚宛持参之積リ名前左ニ(略)

町〆十八軒　　内宿〆十七軒
かしこ〆十七軒　花和台〆五軒

右五拾七軒之者家内子供引連来ル、其内病等ニ而参リ兼候者へ者白米三升宛遣ス

とある。天保八年は米価高騰の内に明け、三月廿三日ついに「此節江戸表米相場大高直、両ニ壱斗八升」となった。

これは、東総地方における天保飢饉の具体的状況を語る、平山正義の記述である。平山家は、椿新田地帯を基盤として、元禄〜正徳期に地主経営を確立し、天保十年段階には地元鏑木村、椿新田万力村に三〇八石余を所持する大地主となった。天保初期における平山家は、別家武左衛門家の経営破綻、小作減免「騒動」、東総地方に流行した

「甚悪敷風俗」間引・堕胎による人口減少＝小作労働力不足等々と、危機的状況に直面していた。本稿は、「豪農」としての平山家の成立、並びに天保前後における東総地方の諸問題を検討し、東総豪農の存在形態を考察するものである。なお、以下本章では特に断らない限りすべて平山家文書を使用し、その注記を省略する。

1 地域的概観——研究史にかえて——

鏑木・万力村を含む東総の地域的特質の検討に当っては、地曳網漁業地九十九里浜、寛文年間に江戸材木商によって開発された椿新田、利根川水系舟運の展開等に留意する必要がある。

明治十年「府県物産表」の千葉・新治県の項によると、米麦雑穀等が各々六〇・二%、六三・二%(1)を占め、商品作物は見られず、自給的色彩の濃い農業構造である。鏑木・万力村の東隣に接する米込村の例では、米麦雑穀が七九・一%を占める。(2)特有農産物をもたない千葉県では、米穀等の反当り収穫高のみが生産力の指標となろう。県下の農業は自然的条件(房総丘陵、下総台地)に制約され、谷地を中心にする二〇%の水田化率、谷地田における低水準の生産力が停滞性を示し、五ヶ年平均反当り収穫量が全国平均を上回ることは明治十六年以降一度もなく、反収二石の線に近づくのは昭和十年代に入ってのこととされる。(3)第1表は地租改正時における東総村落の平均反収水準である。正徳五年の鏑木村明細帳には、「一、田畑こやし、芝草或は砂・干鰯等用入来申候」と金肥の導入が窺われる。これは椿新田開発(後述)に伴う苅敷地の絶対的不足を補充するためと考えられる(鏑木村の例は、管見の限りでは県内の早い金肥使用の事例に属する)。(4)

千葉・新治県物産の中で、注目すべき産業は醸造業、なかんずく醤油業であり、これは重視する必要がある。古

第1表　東総村落の生産力(地租改正時)

	田　地 (米反収)	畑　地 (麦反収)	備　考
長部村	1石283	0石898	大原幽学仕法実施村
諸徳寺村	1.311	0.987	〃
松沢村	1.114	0.973	国学者　宮負定雄居村
鏑木村	0.983	1.092	平山家居村
万力村	0.971	0.970	椿新田村
秋田村	0.795	0.793	〃

史料）　長部・諸徳寺・松沢村は『干潟町史』，万力・秋田村は『古城村誌』，鏑木村は平山家文書「明治11年地価地租合計帳」。

下総香取・匝瑳・海上郡地価計算法

$$\text{地価 P} = \frac{\text{収穫100} - \text{種肥代15} - (\text{地租}\frac{3}{100}\text{P} + \text{民費}\frac{1}{100}\text{P})}{\text{利子率 0.06}}$$

明治10年以降―地租 2.5%，民費 0.5%，利子率 0.07

改租相場―米1石＝4円60銭，麦1石＝1円47銭

島敏雄は諸産業の全国的分布を検討し、千葉・新治県の産業構造を、「米麦を除いたらこれ（醤油業）に匹敵する生産価額をもつ生産業は、酒造業や味噌製造業のほかにない。明治初年までの産業構造の一つの重要な特質となるのである。このような醤油生産の多くは、農業面では麦類生産比率千葉八・七％、新治七・四％という高さになっている」(5)（カッコ内―栗原）と評価している。

下総の醤油業については荒居英次・篠田寿夫等の研究がある。(6)篠田論文は、地廻経済との関連において銚子醤油業を検討し、「関東物」は文政期に江戸市場より「下り醤油」を駆逐し、天保期には江戸売から「地売」へという江戸地廻経済圏の変質が見られると説いている。

明治十七年の千葉県小作地率は三九・四％、(7)東総郡単位では印旛四六％、下埴生四七％、香取四四％、海上二七％、匝瑳三〇％である。(8)千葉県、特に東総地主制は、自給的農業構造、利根川水系に展開する醸造業との関連において、総体的に捉える必要がある。以下、この観点に立って東総地主制の構造的特質の検討を試みるつもりであるが、千葉県地主制の特徴を大まかに指摘すると次のようになろうか。

明治十年代には自作層の急激な変動は見受けられないが、十七年から二十一年にかけての自作層一六％減少、小作層の三割近い延びは注目に値する。二十年代は自小作層の小作化が指摘できる。[9]小作地率は、十七年の三九・四％から二十年の四三・三％、二十五年の四七・五％へと展開する。[10]また千葉県の小作地率は、明治前半期より一貫して全国平均を上回る高率で推移する。[11]十年代における地主制展開の緩慢と同時に、明治初期よりの高小作地率(古島方式[12]による明治六年の推定率二七％)は何を物語るのか。既に指摘されていることではあるが、それは「質地」の広範な残存を示している。明治二十三年における多額納税議員互選者名簿は千葉県地主制の発展規模を示す史料と言い得る。この名簿の性格については丹羽邦男によって検討されているが、[13]県内においては、香取郡は比較的地主制展開の進んだ地域だと指摘し得る。平山家に触れておくと、戸主皐次郎は二一歳で、この時期では互選者資格を欠いているのだが、当時の平山家は推定所持面積五五町と、県内最上層を占める地主の一員である。

領主支配状況に視点を転ずると、幕府は文化二年に関東取締出役、文政十年に組合村を設定した。いわゆる「文政改革」である。東総の領主制は中小領主による「錯綜支配」を特質とする。幕末期領主権の弱体化・後退・治安の弛緩は「ヤクザ」の簇生を促した。[14]旗本財政は慢性的逼迫を呈し、豪農による財政管理が実施される。[15]旗本本目氏[16]の年貢皆済状況を検討すると、年貢率は延宝期以降四割前後に固定化し(野銭永三二六文の設定のみ)、そのまま慶応期まで推移する。[17]原田氏についても同様なことが指摘できる。

ところで、幕末期関東農村検討に当っての不可避の問題に「荒廃論」がある。下総佐倉藩領の手余地・人口問題を検討した木村論文は、[18]「荒廃論」研究としては早期の部類に属する。それによると、佐倉藩領の農村では天明以降文政期まで、生産力の停滞・手余地の発生・人口減少といった諸傾向があったとされる。そして、天保期以降には人口問題を中核に据えた佐倉藩農政の推進と相まって、領内諸村は回復の方向を示すとされる。関東農村荒廃状況の分析は常陸・下野両国の村落を対象とした研究が大半を占めているのが現況であり、東総村落の戸数・人口の動向を検討し、小前・無高層の村内滞留を析出した池田宏樹は、[19]従来の関東農村「荒廃論」に疑問を呈している。即ち、関東農村荒廃論は常陸・下野二ケ国に分析が集中しており、この両国の傾向をもって関東全域に一般化することが可能か否か。また、佐倉藩領印旛郡内の一村の状況をして下総全体の傾向とする木村説に疑問の余地があるとされ、関東農村荒廃にはいくつかの類型設定が必要であるとしている。また、芳賀登は平山家をはじめとする東総の豪農、村方地主による「自力更正」運動を分析し、「東総一帯における天保飢饉対策はかなり成功している[20]」との評価を下している。

注

(1)『日本産業史大系』1、三七一頁。
(2)千葉県香取郡干潟町米込区有文書「明治八年、物産取調書村控」。
(3)(11)(13)　丹羽邦男「千葉県における五〇町歩地主の形成」(『主要地帯農業生産力形成史』下)。
(4)『千葉県史料』近世編　下総国、上。
(5)注(1)に同じ、三三四頁。
(6)荒居英次「銚子・野田の醬油醸造」(『日本産業史大系』4)、篠田寿夫「銚子造醬油仲間の研究」(「地方史研究」129)。
(7)(10)　安良城盛昭「地主制の展開」(旧岩波講座『日本歴史』近代3)。
(8)藤田昭造「明治初期村落と性学門人層」(「駿台史学」41)。
(9)注(7)及び『千葉県農地制度史』上。
(12)古島敏雄編『日本地主制研究』三三二頁。
(14)川村優「近世常総史に関する若干の問題」(「茨城県史研究」17)。小笠原長和他「千葉県香取郡東庄町近世史料調査報告」(「千葉大学文理学部文化科学紀要」3。以下「千葉大学紀要」と略記する)。

(15) 東総の豪農に関しては、須賀山村多田家——明治二年一三七石、酒造二〇〇石、醬油業四〇〇石、旗本石河氏の勝手賄方(「千葉大学紀要」3)、足川村岩井家——文化四年六町九反、九十九里地曳網業網主、延宝期知行所改役(「千葉大学紀要」10)についての報告がある。

(16) 鏑木村の村高及び領主名は次の通りである。万力村についても掲げておこう(木村礎校訂『旧高旧領取調帳』関東編)。

鏑木村

	石
代官支配所	四五五・八〇〇
原田秀之丞	三八五・三三三
本目隼之助	一一八・五二〇三二
小田切愛之助	一一〇・一一二
光明寺領	三〇・
計	一、〇九九・七五五三二

万力村

代官支配所	二、四六〇・一八二

(17) 鏑木家文書の年貢割付状及び年貢小割帳(延宝五年〜慶応元年)。

(18) 木村礎・杉本敏夫編『譜代藩政の展開と明治維新—下総佐倉藩』。

(19) 池田宏樹「近世後期における東関東農村の一考察」(「地方史研究」144)。

(20) 芳賀登「幕末変革期における国学者の運動と論理」(『国学運動の思想』日本思想大系51)六七七頁。
ここで、平山家に関する諸研究をまとめておこう。関東地方史研究会「東部関東における一豪農の経営」(「歴史評論」28)、小笠原長和他「東総農村と大原幽学」(「千葉大学紀要」5)、藤田覚「元禄・享保期東総の一在村商人の動向」(「地方史研究」121)、芳賀登「豪農平山家の学問」(「地方史研究」33)、中井信彦『大原幽学』。

2　土地集積過程の性格

概　観　論点に入る前にここではまず、平山家自体を大まかに紹介しておく、下総平山一族の遠祖光義は、武州日野平山武者所季重の一七代後裔といわれる。光義は天正十八年、小田原の役に際し、後北条氏と運命を共にしたと伝えられる。下総国における初代は、光義の弟光高（永禄三年生まれ）で、図書とも称し、慶長十年に没している。鏑木村平山家文書の上限は、承応二年の土地売買証文「相渡申一札事」、すなわち第三代満貞（日安）の時代である。[1] 平山家は第五代久甫（通称忠兵衛。図書、満篤とも称す）の時代、元禄〜正徳期にその基礎を確立した。久甫は延宝三年に生まれ、元禄八年から一七年間家督を継ぎ、延享二年七一歳で没した。正徳元年弟伊右衛門（満清）に宛てた「家督譲渡シ申定」[2]は平山家の性格をよく示している。左にその大要を掲げる（途中、欠数部分は省略を意味する）。

(1)　一、元禄八年亥六月十八日□又月敬遠（ママ）□当年迄拾七ヶ年、我等家督無恙相守、弟伊右衛門子分ニ仕、則家督譲渡シ申条々

(3)　一、原田源八郎様御儀、我等家督若年ニ而請取、事之外御目被下候間、万一御知行替有之候共、不相替御奉公大切可仕事

(10)　一、酒売買義ハ末々共、居仰之家業仕、随分酒道具大切ニ可仕事

(11)　一、我等取添田畑小作付之義、此方世話存候節ハ伊右衛門仕吟味、小作米取立此方相渡可申後

(12)　一、預ヶ金之義、伊右衛門江相渡可申分委細帖面ニ印置候、其外我等分利合元金共ニ伊右衛門方ゟ年々取

あつめ此方江相渡申候事

(17)
一、田畑高辻、金子等之義ハ目録別紙相渡候事

附リ　金子譲辻候義ハ伊右衛門方へ先考日敬様目録高申聞候事

（後略）

ここには酒造業（一〇条）、地主経営（一一条）、高利貸業（一二条）を営む平山家の姿が如実に示されている。第三条の旗本原田氏とは、用人・勝手賄方として幕府滅亡まで関係を保っている。

所蔵文書中、土地の移動を示す証文類一、一九〇点を整理した第2表を中心に以下検討を加える。まず、証文の標題区分による点数割合は「永代売」、「売渡」が二五％、「流質地」が五〇％、「質地」が二五％である。証文種別には時期性があり、正徳期までは「永代売」、「売渡」が大半を占め、その以降では「質地」、「流質地」が大部分である。また、この時期区分は田畑集積の地域性とも明瞭な対応を示す。即ち、正徳期までは椿新田村落内が質・量とも中核を表示し、それ以後では鏑木村・上代村が中心となる。

第2表、正徳元年「万年牒」、明和六〜八年推定所持面積、寛政十年「永久録」等の記載から判断すると、平山家の土地集積過程には、次のような画期を指摘することが可能である。

一、椿新田地集積による確立期（元禄〜正徳期）

二、東総農村「荒廃」下の所持田畑喪失期（天明〜化政期）

三、地主経営の再編・進化期＝「荒廃」の克服期（天保〜文久期）

第一期は第五代久甫の時代であり、第三期は第一〇代正義の時代である。第二期は満年（初代武左衛門）から正名迄の時期で、この期間は平山家系図の上で断絶のある問題の時代である。

第2表　平山家土地証文集計表

	証文種類別			村落別				合計
	永代売・売渡	流質地	質地	鏑木村	上代村	万力村	その他	
承応 2～万治 3	15反	反	反	15反	反	反	反	15反
寛文 1～寛文10								
〃 11～延宝 8	127			27		100		127
天和 1～元禄 3	161			37		124		161
元禄 4～〃 13	1 349		110	13	9	384	1 53	1 459
〃 14～宝永 7	187	94	276	44	64	174	275	557
正徳 1～正徳 4	1	125	22	3	16	129		148
〃 5～享保 5	7	69	83	4	1	144	10	159
享保 6～〃 15	2	127	69	25	122	28	23	198
〃 16～元文 5	23	128	129	41	95	110	34	280
寛保 1～寛延 3	3	53	15 13	7	3	15 59		15 69
宝暦 1～宝暦10	4	38	25	23	1	22	21	67
〃 11～明和 7	1	20	39	16	4	32	8	60
明和 8～安永 9		1 20	(2)35 94	1 10	桜井不残質地 1	35 102	1	36 114
天明 1～寛政 2	1	4	(3)453 9	(4)40 14	69	344		453 14
寛政 3～〃 12	(1)4 1	桜井不残 2	18	6 3	(5)—	16		22 3
享和 1～文化 7		9	68 11	11 7		57 13		68 20
文化 8～文政 3		10	361 30	98 40		263		361 40
文政 4～天保 1	1	12	78	36		49	6	91
天保 2～〃 11	7	3	5 8	3 10		2 5	3	5 18
〃 12～嘉永 3	2	13	19	24		1	9	34
嘉永 4～万延 1	1	5	18	16		3	5	24
文久 1～慶応 4	1	8 37	6	8 9		35		8 44
合計	5 894	9 769	955 1,039	167 424	69 316	732 1,514	1 448	969 2,702
備考	(1)外＝神田・和田不残売却。(2)外＝桜井不残。(3)外＝鏑木不残。(4)外＝不残質地。(5)神田・和田不残売却。桜井不残流質地。							

注1）　桜井・神田・和田は上代村の分郷。　2）　上段数値は流出分。

第3表　椿新田開発略年譜

年　代		事　項
寛文	7年～	江戸町人白井治郎左衛門開発願提出。
	9年6月	妻木彦右衛門，椿湖検分。幕府開発許可。
	10年	白井・辻内刑部左衛門の2名に，野田市郎左衛門・栗本源左衛門の2名資金参加。後，白井は開発権放棄。
	〃　6月	新川開削開始。溜井14ケ所。
延宝	2年	溜井，堰改役設置(諸徳寺村諸岡安右衛門・大間手村浅岡市兵衛・太田村加瀬幸右衛門)。
	〃　4月	新田地売出開始(1町歩＝5両)。
貞享	5年	隠田62町歩発覚，元締3人(辻内・野田・栗本)追放。
元禄	2年	割本名主設置(諸徳寺諸岡安右衛門・大寺村八木権右衛門・太田村加瀬重兵衛。後に太田村加瀬喜右衛門が加わり4名)。
	4年	新市場設置(後の新町村内に)。
	8年3月	総検地実施(検地奉行，池田新兵衛・諸星内蔵介・竹村惣左衛門)。
	9年	新田18ケ所の村名定まる。
正徳	5年	割元名主制廃止。
寛保	3年	見取場，砂間高入さる。

史料1)「椿新田開発記」(『旭市史』第2巻)。
2)「下総椿新田覚書」(関東地方史研究会「平山家史料集」I)。

椿新田と平山家の確立　椿新田の開発は、第3表略年譜に表示したように、元禄八年の検地において一応完了した[3]。「元締」の一人である辻内刑部左衛門は幕府大工方大棟梁であり[4]、野田・栗本の両名はいずれも江戸材木商である。検地の結果を簡単に検討しておくと、一八ヶ村の検地総面積は三、一七六町歩、高二〇、四四一石余。この段階では砂間は高入されておらず、寛保三年に至って一、六三一石が打ち出されている。石盛は上田一四以下一ッ下り、下々田一〇、下畑八であるが、これは下総台地寄り諸村の数値で[5]、九十九里浜寄り諸村[6]の石盛は田畑・芝間とも各等級毎に一ッだけ低く付けられている。また、台地寄りでは田地の比重が高く、浜寄りでは畑地・砂間・芝間等が多く存在し、砂間は中央から西寄りの諸村[7]に広く見受けられる。参考までに、一八ヶ村合計と万力村(二、二三一石余)の地種別の内訳を第4表に掲げておく。

椿新田は江戸商人の投機の対象ともなり、万力村では「江戸」肩書の三人の名請人があり[8]、他の村落でも同様なことが窺われる。(9)万力村耕地の名請人は大部分が鏑木村内の百姓であり、享保六年の「万力村明細帳」では一三〇人、一、三二五石が計上されている。こうした状況は文化年間に至っても変化がなく、鏑木・万力両村は一体化して捉える必要があり、一村単位の階層表等の分析では鏑木・万力村の性格を十分に把握することは不可能である。

こうした開発段階の椿新田を前提として、平山家の土地集積を考えてみよう。正徳元年「家督譲渡シ申定」の諸条の内、当面の問題として、まず第一七条の「目録」、即ち、正徳元年「万年牒」、宝永二年「先行様御書付」を検討しよう。「万年牒」は第三代満貞(日安)から久甫までの三代間に買得した土地を書き留めた横帳であるが、次のような書出しになっている。

日安様買地覚

榊原様知行所附分(10)

孫兵衛分

一下田壱反六畝拾九歩(くミ崎)

寛文十一年　　売主孫兵衛

亥極月十四日　　証人五左衛門

(中略)

左之通日安様御求被成候田畠証文

第4表　元禄8年，椿新田検地

	18ヶ村		万力村	
	面積	割合	面積	割合
田地	1,804町	56.8%	177町	56.2%
畑地	228	7.2	38	12.1
芝間等	479	15.1	23	7.3
砂間	646	20.3	75	23.8
屋敷	19	0.6	2	0.6
計	3,176	100	315	100

史料）「椿新田開発記」(『旭市史』第2巻)。

如此候　以上

正徳元年卯九月朔日　改

以下、「日敬様」、久甫時代へと続く。

「万年牒」を整理して第5表を作成した。この表にみられる如く、平山家は鏑木村一二町、上代村五町、椿新田一三三町と、正徳四年段階で、実に、一五〇町の土地を集積している。特に、椿新田において、その九割近い土地を集積した事実は注目に値しよう。また、久甫の時代には全体の四分の三＝一一一町を買得している。鏑木村では、榊原領五町九反、原田領五町で九割を占める。次の上代村とは旗本筒井氏の知行地で、桜井村・舟渡村・神田村・和田村の四ヶ村の総称である。宝暦七年「質地請戻出入」の訴状によると、「当村之義高八百石之所内百二拾石余鏑木村忠右衛門養父平山久甫之申者方江宝永年中より元文年中迄田地書入」とあり、村高の一五％が久甫時

第5表　平山家土地集積表(1)

	第3代 満貞(日安) 〜 寛文11年	第4代 満茂(日敬) 寛文12年 〜 元禄7年	第5代 満篤(久甫) 元禄 8年 〜 正徳 1年	正徳2年 〜 4年	合　計
鏑木村					
田地	12反	35反	35反	3反	85反
畑地	4	16	12	2	34
屋敷		1			1
計	16	52	47	5	120
上代村					
田地			51		51
畑地			1		1
計			52		52
椿新田					
田		18	107		125
田地		119	341	58	518
芝間			5		5
砂間			560	120	680
計		137	1,013	178	1,328
合計	16	189	1,112	183	1,500
松山	1ヶ所	10ヶ所	36ヶ所	4ヶ所	51ヶ所

史料）　正徳元年「万年牒」。

代に質入されている。旗本筒井氏は享保二十一年、勝手方逼迫のため、先納金「百拾五両壱分」を上代村に課した。これに対して上代村は、平山家に郷借を頼み、平山家は年貢引当ての条件を領主筒井氏に約させた。このような負担が上代村百姓に、「八百石」の内「百二拾石」の田畑書入を余儀なくさせたのであろう。榊原・原田氏と鏑木村の関係においても同様のことが言える。結果として旗本財政の在り方が、平山家の土地集積に直結し、その「梃子」となっていると考えられる。久甫時代の平山家と原田・榊原・筒井氏とは、年貢引当による貸付を通じて密接な間柄であった。

「万年牒」の椿新田の記載は、

椿新田買地覚

伊兵衛分

坂井下
一畑五反歩　売主伊兵衛

代金弐両弐分

延宝五年巳極月廿五日

治左衛門分

愛宕下
一田畑壱町歩　江戸百人町 売主治左衛門

天和三年

亥三月廿日　証人治兵衛

から始まり、満茂の時代には万力村に三町歩集積した（他に不明分一〇町六反あり）。正徳四年段階の椿新田集積（不明分含まず）は、次の通りである。

万力村　一〇三町八反(八五・〇%)
秋田村　　八町　　(　六・六%)
万歳村　六町九反(　五・七%)
入野村　　二町　　(　一・六%)
夏目村　　一町四反(　一・一%)
　計　　一二二町一反

明らかに、平山家の椿新田集積は万力村が大部分を占めている。椿新田集積地の地種別内訳は第5表が示すように、砂間・芝間が六八町五反と過半を占め、その二次開発(耕地化)[11]が大きな課題となっている。以上「万年牒」の語る処は、三〜五代間、特に久甫時代に集積が爆発的に拡大していること、そして、その集積における椿新田のもつ意味が大きいということである。椿新田は先述のように、寛文期に開発された近世最大規模の新田で、平山家の確立に大きな比重を占めている。平山家は元禄〜正徳期までに七〇町(砂間・芝間・不明地を除く)の田畑を集積し、早期に地主としての地位を確立した。

このような急速な拡大を可能にした資金源は何によっていたのか。以下この点を、宝永二年「先行様御書付」[12]から作成した第6表によって検討してみよう。まず表中の有金高であるが、表が示すとおり、有金高の中核は貸付金で、有金・貸付共に、三十年間に八倍の成長を遂げている。貸付先は、第一に田畑引当による近隣村々、第二に原田・榊原・筒井氏等の財政難にあえぐ旗本層である。対旗本貸付は、先述筒井氏の例が示すように、年貢米引当による。貸付金の成長を元禄十二、三年の二ケ年で検討すると、その成長が利息金の累積によっていることがわかる。小作米を原料とする酒造業は、代々の「家業」であって、寛保二年以降酒造稼高四〇石を所持している。明和六年

第6表 平山家有金表

	貸付金	古手・繰綿及び同代貸	米及び米代貸	酒及び酒代貸	奉公人切米	現金有高	その他	合計	備考
延宝6年	412両	両	71両	5両	43両	28両	両	559両	
申(8)年	384		40			75		499	
元禄5年	703	132	37	6	60	12	104	1,054	その他預け金
6年	711	207		10	70	25	60	1,083	〃アサマワタ
7年	766	337	15			57	6	1,181	〃糀
8年	830	354			69	88	15	1,356	〃預け金
9年	1,014	298	35		65	229		1,641	
10年	1,348	25	19		53	333	23	1,801	〃預け金
11年	1,616	109	59	50	50	118	10	2,012	〃水油
12年	1,838	80	46	100		223		2,287	
13年	2,025							2,025	
14年	2,315		26		80	210		2,631	
宝永2年	3,458		340	39	63	410	335	4,645	〃預け金

史料) 宝永2年「先行様御書付」(「平山家史料集」)Ⅰ)。

第7表 平山家推定所持面積

	別家(武左衛門家) 明和6年「覚」		本家 明和8年「田圃小作牒」		合計	
	附米高	面積	附米高	面積	附米高	面積
鏑木村	230俵	126.9反	884俵(鏑木村・万力村)	487.7反	1,722俵	950.0反
万力村	608	335.4				
上代村	150	82.8			150	82.8
その他	200	110.3			200	110.3
手作分	160	64.0	107	42.8	267	106.8
計	1,348	719.4	991	530.5	2,339	1,249.9

注1) 所持面積の推定は次のように計算した。
附米俵数×4斗÷7斗25÷1石＝推定面積(反)
① 附米＝地主作徳＋貢租諸掛
② 反当附米高は元文6年＝小作証文1町歩18俵,享和元年＝出入文書平均7斗3升であり,この両者の平均7斗2升5合とした。
③ 反収は1石と仮定する。
2) 明和4年万力村城米高は武左衛門分326俵2斗,本家分313俵。なお第9表の万力村の集積状況参照。

の「覚」によると、酒造米六〇〇俵を要している。古手・繰綿については江戸商業との連結が指摘できる。たとえば、江戸大伝馬町、木綿問屋長谷川市左衛門店の売掛帳簿（宝永六年）には、「かぶらぎ平山」という人名口座があり、「これは下総国香取郡鏑木村の平山家ではないか」[13]との指摘がある。つまり江戸商業と地元村々を結ぶ、仲介的商業と考えられる。元禄期、貸金機能に重点をおいた諸々の商業活動は、椿新田集積の資金源となる。上代・鏑木村については、旗本財政を一つの「梃子」として、貸付関係を通じて集積していった。

以上が、第五代久甫を中心とする平山家の土地集積状況である。元禄〜正徳期に椿新田（特に万力村）を重点に集積され、久甫時代に平山家は地主としての地位を確立したと言い得るだろう。享保・元文期には第2表が示すように、上代村内における流質地を通じての集積が顕著である。平山家土地集積のピークを示すと思われる明和六〜八年段階の、本家・別家（後述）の数値を第7表に掲げておこう。

「荒廃論」と地主経営の動揺　天明飢饉を直接の契機とする関東農村の荒廃についての論稿は数多くある。先述のように、佐倉藩領には天明以降文政期まで生産力の停滞、手余地の発生、人口減少等の諸傾向があった。それが天保以降では、人口問題を中核に据えた佐倉藩の農政の推進と相まって、佐倉領諸村は回復の方向を示すとされる。[14]東総の荒廃状況を語る史料は乏しいのであるが、平山家の経営内容はその一傾向を表わしているように思われる。即ち第2表証文集計表にも明らかなように、天明以降所持田畑の放出という顕著な状況が現われる。荒廃期における質地を中心とする集積が、そのまま、地主経営にとって有利には作用せず、むしろ借金の利子分に見合う意味しかもたず、田畑所持はそれだけ不利に作用する、との乾宏巳の見解は注目する必要があろう。[15]

平山家系図にはこの時期に一つの断絶がある。正徳元年の家督譲渡（久甫→満清）に当っては、次のような規定がある。

一伊右衛門(満清)家督を所持の年ゟ拾五ヶ年程相守我等世悴武左衛門(満年)ヲ子分ニ仕右之田畑金子(久甫より伊右衛門へ相続される本高田畑拾五石、新田ニ而三町歩、金三百両。これらは日敬から久甫へ譲渡された)我等相渡迚譲り、又武左衛門儀伊右衛門子半三郎(満伴)ヲ子分ニ仕前例之通無相違譲リ渡可申候、其以後半三郎儀心次第可仕候事

一先考日敬様御譲家督之外我等はたらきニ而求仕出シ候所持之田畑金子之義ハ武左衛門方江相渡武左衛門心次第ニ可仕事(16)

つまり久甫は本家を弟伊右衛門に譲り、自分は隠居として別家を創立した。久甫時代に集積した大量の田畑・貸付金等は延享二年に武左衛門が相続し、本家とは区分された別家の経営が武左衛門を中心に展開されていくのである。明和六年の「覚」によると、武左衛門は「借用多候ハ上代(村)、万歳(村)不残質地ニ仕(本家の)御世話を以大借用御掛申度候」と語り、武左衛門が「家督引請取計」てから「十二年之内不作相続」いた。そこで「此度分家有之ニ付一命打勝引分致置」と、家督は満清系統が継承し、武左衛門は別家専一に経営を維持してゆく。この武左衛門家＝別家に家督は戻らず、第八代満徂に相続すべき子がなかったので、武左衛門の子・正名が満徂の養子として本家に入った。別家は正名の弟・正徳(二代目武左衛門)が継ぐことになる。

天明～化政期における田畑喪失の状況は、第2表を一瞥すれば明瞭であろう。平山家別家経営の主要部分である「百石」も度々質入された(17)。天明二年六月には「鏑木村地所不残」質入している。平山家(別家)は天明～化政期に経営難(小作米滞分を明和八年・享和二年・文政十三年に年賦証文に切り換えている)による田畑放出という状況を示すのであるが、「家事記録」文政元年正月の条、「武左衛門正徳大借ニ付出奔」という象徴的な事件すら起している。文化十五年「諸勘定仮目録」によってその内容を検討してみよう。

無尽預　　　五八九両
借用分　　　一、六七八両二分
米代金　　　二九三両　　（二石〇五かヘ）
取候分払返　三二八両
諸　払　　　一二両
　　　〆二、九〇〇両二分（「武左衛門始末書」では三、五〇〇両。六〇〇両は本家ゟ借用分）
作徳米　　　一、七五〇両（三五〇俵一〇年分八斗かへ）
　酒屋　　　七〇〇両（酒掛共）
払二割引　　五八〇両
　　　〆三、〇三〇両　　差引一二九両二分返し

諸負債二、九〇〇両余、二割引残二、三二〇両の返済計画である。作徳米三五〇俵は「百石」一〇町歩と鏑木村所持地（二〇〇両相当分）の小作料であろう。「武左衛門始末書」によると、文政十二年九月に「百石」の一〇町歩は五〇〇両で本家に引き取られ、武左衛門家の本家への返済に充当された。鏑木村の二〇〇両相当の田畑もそのときに別家より本家に移った。

「諸勘定仮目録」では米値段を、買相場の「一石〇八」に対して、作徳米の売相場は「八斗」と高い相場で計算し、貸借の帳尻を合わせている。化政期は一般的に言って米価安の時期で、地主経営の困難な時代でもあったことが想像される。本家の経営も、小作帳附米俵数が寛政七年の九五〇俵から、文化十三年には六〇四俵へと激減している。作徳米三五〇俵を以て借金返済が完了したと思われる文政十二年九月、三代目武左衛門（栄之助、後忠兵衛と改名。二代目は文政六年に亡くなる）は財産を処分し、天保六年八月常州土浦の出店を本家より譲り受け移住する。その後江戸へ出て、深川八名川町において平山屋忠兵衛店を構える。

明和以降文政期までの土地移動を模式化すると次のようになろうか。

	（別家）	（本家）	（外部）
明和六年	七二町	五三町	
	○	──────────→	○流出
八年	○	→○移動	
寛政二年		六三町	
	○	──────────→	○流出
文化十三年		四〇町	
		○	→○流出
文政十二年		五三町	
	○	→○移動	

文政十二年九月の「百石」、鏑木村内所持地処分で、別家武左衛門家は全く小作地・耕作地を喪失することになるのである。化政段階までは本・別家の区分が不明瞭な形で二本建となっていたのであるが、天保二年以降の正義時代には、地主経営は統一・再編される。久甫が正徳元年に創立した平山家別家は、この時にその経営を閉じることになる。平山家の土地集積は第8表持高推移（小作帳の数値は、この持高と質地分の附米の書上げ）が語るように、天

第8表　平山家持高推移

	鏑木村	万力村	その他	計	備考
寛政10年	100石453	151石555		252石008	山林9町7反
文化2年	84.131	120.553		204.684	〃 8町3反
〃	12.847	39.120		51.967	満晴，字清水へ分家
天保2年	8.726	11.258		19.984	芳兵衛分家
10年	102.832	205.530	石570	308.932	山林10町7反
文久2年	112.330	307.849	10.897	431.076	〃 15町7反
地租改正時					〃 23町
田地	117反	145反	反	262反	宅地鏑木村 13反
畑地	192	6		198	万力村 11
計	309	151		460	計 24

史料1)　寛政10年「永久録」。
2)「地租名寄帳」。

保十年以降再び拡大の傾向を示している。

最後に、武左衛門家破産の意味について検討することにする。本家・別家共に地主経営の基盤を、第7表が語るように、鏑木・万力両村に置いていた。両家の経営は、酒造・高利貸業(対旗本貸付、質地＝百姓貸付)と同じような内容で展開した。両家の経営、特に地主経営には何か質的な差異があるのか。小作地の性格の相違があるのか。つまり、小作地の集積過程における性格の相違が地主経営を規制して、一方が一応その経営を維持するのに対し、他方が破産するという対照的な事実に成った、と考えることが可能か否か。両家の集積過程を鏑木村・椿新田に焦点を絞って考察してみよう。第9表中、承応二年～正徳四年間の数値は「万年牒」のものである。この期間の集積は第2表からも明らかなように、鏑木村・椿新田すべて「売渡」、「永代売」を通じて行われたと考えて大過ない。正徳五年～明和七年間の数字は、第2表を集計(若干の修正)した。その大部分は「質地」、「流質地」が占めている。「万年牒」、証文集計表の数字の合計は、第7表の武左衛門家、本家それぞれの推定所持面積(上代村、その他は含まず。秋田村は手作分に入れて考える)に合致する。第7・9表に表示されるように、武左衛門家の所持地は、正徳元年「家督譲渡シ申定」の規定にもある通り、久甫創立の別家分、即ち、久甫時

第9表　平山家土地集積表(2)

	承応2～正徳4			正徳5～明和7			合　計		
	正徳元年「万年牒」			第2表(証文集計表)					
	別　家	本　家	計	別　家	本　家	計	別家	本家	計
鏑木村									
売・永代売	105反4	15反0	120反4	4反0	29反5	33反5	109反4	44反5	153反9
質・流質地				9.7	71.1	80.8	9.7	71.1	80.8
計	105.4	15.0	120.4	13.7	100.6	114.3	119.1	115.6	234.7
万力村									
売・永代売	328.0	30.0	358.0	0.7	3.8	4.5	328.7	33.8	362.5
質・流質地				41.0	324.9	365.9	41.0	324.9	365.9
計	328.0	30.0	358.0	41.7	328.7	370.4	369.7	358.7	728.4
秋田村									
売・永代売	57.0	18.0	75.0	△1.0		△1.0	56.0	18.0	74.0
質・流質地									
計	57.0	18.0	75.0	△1.0		△1.0	56.0	18.0	74.0
合　計									
売・永代売	490.4	63.0	553.4	3.7	33.3	37.0	494.1	96.3	590.4
質・流質地				50.7	396.0	446.7	50.7	396.0	446.7
計	490.4	63.0	553.4	54.4	429.3	483.7	544.8	492.3	1,037.1

代に、特に「売渡」、「永代売」を通じて集積された田畑であることが明らとなった。一方、本家分は、正徳以降「質地」、「流質地」による集積が大部分である。

買得地中心の武左衛門家、質地・流質地中心の本家(両家共万力村が小作地の大半を占めている)と把握することが可能であろう。すると問題は、次のように展開しはしまいか。地主経営における買得地と質地の差は何か、ということである。質地においては質入主＝小作人と考えるのが一般的であろう(流質地についても同様に把握する)。それに対して買得地では小作人を確保できるか否か、が地主経営を左右する。買得地は万力村が中心、即ち、椿新田なのである。天明飢饉は一方では小作未進米を生み(先述のように武左衛門家では度々年賦金に変換)、他方では小前・無高層の脱農化を進展させたものと考えられる。平山正義は農耕労働力が不足する原因の一つを、間引・堕胎による人口減少と考えている。[18]宝暦以降文政に至る東総社会は、地廻経済(醬油業)の発展してくる時期でもある。[19]つまり、地廻経済の進展による農間余業の成立が、農耕労働力たる小前・無高層脱農化の基本的条件であると考えられる。前に触れたように、池田宏樹は東総農村における小前・無高層の村内滞留を指摘している。[20]天明～化政期は東総における半プロ層の形成期と考えられるが、武左衛門家はそれへの対応が十分に出来なかったのであろう。平山本家では天保以降の再編において、小作経営の重点を、附米俵数五俵以下層より、一〇俵以上層に移している。

天明期における不作の連続は地主経営を困難ならしめ、同時に旗本財政の破綻をもたらした。また、化政期の米価安は旗本財政の逼迫を促進した。領主の財政難は豪農へ転嫁される。文化十一年に「平山武左衛門地頭賄辞退ニ付、地頭借用金不済分返済方議定」[21]が領主原田氏との間に取り決められている。こうした負担は武左衛門家の経営を更に圧迫させたものと思われる。本家では勝手賄方を武左衛門家に代って引き受けると、文化十二年～文政二年間に原田氏の家政改革を実施している。

注

(1)「平山氏系図」(下総平山一族の総本家は、多古中村、平山藤右衛門家)では、第三代満貞(日安)までの記載がある。つまり、満貞が鏑木村への移住者、鏑木平山氏の始祖と考えられよう。なお平山家系図は第二編の拙稿「豪農平山家の思想」参照。

(2) 関東地方史研究会「下総国香取郡平山家史料集　Ⅰ」四二～四五頁。以下「史料集」Ⅰと略記する(原文書が見当らない場合には所収史料によった)。

(3)「椿新田開発期」(『旭市史』第二巻)、「下総椿新田覚書」(「史料集」Ⅰ)。以下椿新田に関してはこの二史料に依拠。

(4)　吉原健一郎氏の御教示。
(5)　清滝・幾世・夏目・八重穂・万歳・関戸・入野・米込・万力・秋田・米持の一一ヶ村。
(6)　春海・鎌数・新町・琴田・高生・長尾・大間手の七ヶ村。
(7)　春海・鎌数・新町・琴田・米込・万力の六ヶ村。特に米込(六三町)、万力(七五町)は広面積である。
(8)　勝田ひとみレポート。
(9)　小笠原長和他「旭市を中心とする東総村落史の諸問題」(『千葉大学紀要』10)。
(10)　旗本榊原氏は元文二年に改易されるまで、鏑木村に五〇〇石を知行した(『古城村誌』前編一五六～一五七頁)。
(11)　二次開発(耕地化)については中村勝「椿新田における新田地主の形成過程」(地方史研究協議会編『房総地方史の研究』所収)において、万歳村井上家の場合が検討されている。
(12)　「史料集」Ⅰ、一二～三九頁。
(13)　北島正元編『江戸商業と伊勢店』一八六頁。
(14)　前掲、木村論文。
(15)　乾宏巳「荒廃期農村の諸特質」(『地方史研究』142)。
(16)　「史料集」Ⅰ。
(17)　「百石」質入証文を紹介しておこう。

有合質地證文之事

一金四百六拾八両

此質地

一古検拾町　万力村百石丁場

一古検五町　同志保り田

一古検五反歩　弐番東堀　同六間屋　四番割　徳右衛門作

合古検拾五町五反歩

右者去申之御年貢諸役上納差詰り貴殿ニ御無心申請人立合慥請申所実正也、然上ハ右地所相渡質地仕候上者御年貢諸役等貴殿ニ而御勤下候、差引之上残米代金成共又者米ニ而成共金主方へ御渡被下候、右質地金有合ノ節ハ何ヶ年過候而モ此方へ御渡可被下候、為後日仍而如件

天明六年午正月

質地主 武左衛門 ㊞
請人 忠右衛門 ㊞
同 金兵衛 ㊞

江戸小日向金剛寺坂上 桜木十大夫殿
下総鏑木村 平山忠兵衛殿

右之通質地主相違無之此上□□引替割賦可申候　以上

名主 儀左衛門 ㊞

(18) 第二編の拙稿参照。
(19) 前掲、篠田論文。
(20) 前掲、池田論文。
(21) 神崎彰利作成のレジュメ。

3　地主経営の展開

概観　文政十二年九月、武左衛門家の所持地であった「百石」[1]は、本家(当主は代々、忠兵衛を名告る)に引き取

られた。「百石」移動を機会に平山家の地主経営は質的転換をみる。先述のように、これまでは本家・別家の経営が二本建となっていたが、天保二年以降の第一〇代正義の時代に本家一本に統一される。後掲第11表は、平山家地主経営帳簿、「田圃小作牒」(本家分)の総括表である。

平山家の地主経営は天保二年を境として、前・後期に区分することができる。前期では文化十三年が一つの転期であり、後期では嘉永七年が一つの節目を成している。文化十三年は附米高六〇四俵と、前・後期を通じて最低の数値である。これは、先に検討したように、天明以降の東総農村「荒廃」下における経営難、それに伴う所持田畑の大量放出の結果である。別家・武左衛門家の破産(武左衛門家が放出した田畑の一部は、本家へ移動したものと考えられる―寛政二年附米高一、〇〇〇俵)、本家も文化十三年に四割近くその経営を縮小した。天保二年、正義は武左衛門家所持の鏑木村内二〇〇両相当の田畑と「百石」を買い請け、地主経営を再編した(内容については後述)。「百石」は、附米高二一〇〜二三四俵の安定した小作地で、平山家地主経営の中核的存在である。次に、嘉永七年には、それまで一〇〇〜二〇〇俵の手作高が一〇俵台に落ち込み、手作経営の放棄、寄生地主化へと転換・変質化する。嘉永七年は、平山家にとって曲り角の時期であり、重視する必要がある。

小作人数に触れておくと、後期が一五〇人前後であるのに対して、前期では二〇〇人台(特に附米高五俵以下層の差異に注意)である。文化十三年の附米高激減の主要な部分は、この五俵以下層である(人数、附米高共に半減)。これは何を意味するのであろうか。ここで思い起されるのは、前編拙稿で検討した平山正義の東総農村「荒廃」認識、間引等による人口減少＝耕作労働力不足、である。彼は、宮負定雄の「国益本論」出版を援助し、佐倉藩「陰徳講」的方策をも考慮していた(2)。武左衛門家の破産、それに伴う本家地主経営の再編・強化は、正義の緊急にして眼前の課題であった。

a　小前層の動向と減免闘争

小前層の動向　小前層の動向は、次の諸出入に窺われる。

宝暦七年　質地請戻出入（上代村）
安永四年　村役人不正出入（万力村）
享和元年　小作米滞出入（後述）
文化五年　村役人不正出入（万力村）
天保三年　小作減免騒動（後述）
　　　　九ヶ年石取平均年貢改正出入――一次（万力村）
万延元年　同出入――二次

右の諸出入について簡単にみておこう。まず、質地請戻出入は、「村高八百石之所、内百二拾石」を久甫時代に質入れした上代村の百姓が、宝暦七年八月、平山家を相手取って提起したものである。「久甫之申合候は、何時成共元金有合次弟ニ相返シ呉候」約束だったが、「忠右衛門代罷成、田畑一畝一歩之処も相返シ呉」れない。また、「諸役、人馬当方ニ而」勤めており、「小作年貢高免ニ相成候ニ附、其訴訟致候得バ、田畑取上、入作為致不申」ので、「無是非高免ニ入作」している。「大凶作」の年、久甫時代には半納の用捨もあったが、忠右衛門時代になると、「用捨無御座候而、其上訴訟致候者之小作地、〇ノ他領之百姓ニ出作申附」るので、質地の請戻しを忠右衛門へ掛け合うのだが、埒が明かず、そこで訴訟に踏み切った。以上が訴状の内容である。これに対し平山家は次のように反論している。第一点については、「久甫ゟ相被渡候証文ニ者、左様之文言」はない。諸役人馬の点は「其地所に相掛候故、小作人方ニ而相勤約諸ニ而、則小作証文」にその旨が書き加えてある。第三点については小作帳に記録してあるので、「引合被下置」れば、一目瞭然だとしている。済口証文によると、平山家の主張通りの落着となっている。平山家(武左衛門家)では天明六年二月、上代村の田畑五町九反余を手放している。次に、安永四年・文化五年の村役人不正出入は、いずれも名主の年貢不正割付、諸役不正取立に対する小前層の反論である。安永四年出入文書によると、「巳年損金割合方ニ付、午春諸帳面、百姓見届」と、名主・組頭の村入用勘定に対する立会権を獲得していることが窺われる。また、天保三年九ヶ年石取平均年貢改正問題[3](一次)は、万力村高場(根方)所持の万力村「小前五十六人」と、高場へ「出石百姓鐺木村小前六十四人」の総数一二〇人の連印をもって、低場(沖)の百姓、村役人を相手に起された(後述)。一次では、万力村名主儀左衛門の扱いで低場所持の者が、年々三〇俵宛を高場所持の者へ提出することで落着した。しかし、三〇俵処理の不手際から、同様の出入が、万延元年に発生している[4](二次)。

以上のような小前層の動向は、平山家小作人の成長と軌を一にしていると考えざるを得ない。特に、天保三年の九ヶ年石取平均年貢改正問題に示される、高場と鐺木村小前層一二〇人の共同行動は、根方(百石もその一部)、鐺木村に小作地を経営する平山家に、相当の圧力と脅威を与えたに相違ない。

享和元年小作米滞出入　享和元年三月、平山武左衛門は小作附米三八六俵余を滞る定右衛門以下一四名を、評定所に訴えた。訴えられた一四名と、その滞米高は第10表の通りである。その大部分は「居附百姓」と称する「百石」に居住する小作人達である。出入は同年五月「熟談内済」に至り、次のように解決した。

一前年申年滞分七六俵余は来月十日迄に皆済する事。

一未進米三一〇俵余は、当年より一〇ヶ年賦にて相済す事。

一万一、一ヶ年でも滞った場合は、小作地内に建置く家作は引払、地所は地主方へ引渡す事。

第10表　享和元年，小作米滞出入滞納者

	居附田畑	その他田畑	附米高	内　米	残　米	外ニ滞納分	
万力村							
定右衛門	1町	3反500	25俵000	16俵0	9俵000	14俵223	明和 2～安政11
嘉左衛門	1	4.015	26.084	16.0	10.084	28.329	寛延 1～寛政 2
八郎右衛門	1	3.500	24.220	18.0	6.220	14.230	宝暦10～安永 2
佐兵衛	1	3.815	24.308	18.0	6.308	81.396	寛延 1～寛政 2
吉右衛門		0.300	0.264	—	0.264	1.143	天明 2～寛政11
勘兵衛	1	9.213	35.266	26.0	9.266	10.258	宝暦10～寛政 9
長右衛門	1	0.400	18.352	15.0	3.352	20.334	延享 3～寛政11
平右衛門	1	3.500	23.000	16.0	7.000	42.094	寛延 1～寛政 4
喜左衛門		3.500	5.000	3.0	2.000	44.263	寛延 1～安永 2
鏑木村							
儀左衛門		6.425	11.225	8.0	3.225	0.173	寛政 9
佐五右衛門		5.215	7.200	4.2	3.000	22.158	宝暦10～安永 9
作右衛門	1	0.106	18.100	15.0	3.100	—	
長八	1	—	22.000	13.0	9.000	25.096	宝暦10～寛政11
彦右衛門		1.300	3.190	2.0	1.190	2.234	天明 5～寛政11
計	9	44.929	246.209	170.2	76.009	310.131	

史料）享和元年「小作米滞出入」訴状。

一　小作証文(一ヶ年限)を相改め各自相渡す事。

一　「右躰不埒之儀無之様ニ可致」き事。

以上である。

減免闘争　天保四年二月、桐谷村の小作人四人は次のような一札を平山家に提出した。

詫一札之事

去辰年、御年貢米御定免之御取箇ニ御座候処、貴殿御村方小作人一統貴殿居屋敷へ昼夜詰居、数日之間押而御用捨之儀相願、騒動ニ及候故、私共茂御村方同様之御用捨請度、見合当二月迄皆済引延候段、甚以心得違ニ御座候処、御勘弁に預リ、其上壱わり之御用捨被成下候段、忝存候、然ル上者已来右様之不埒仕間敷候、為御詫一札仍而如件

桐谷村　六郎左衛門　㊞
（以下三名連印）

天保四巳二月

鏑木村　忠兵衛殿(傍点—栗原)

この史料は、小作人の意識を見事に表わしている。鏑

木・万力村の小作人一五二名は、天保三年が「違作与申ニ茂無之」き年柄にも拘わらず、「忠兵衛殿方へ罷越、数日之間推而御用捨之儀相願」う騒動を起した。桐谷村の小作人も鏑木・万力村の小作人達に歩調を合わせ、附米納入引延に参加した。

小作層の統一行動に対し、鏑木・万力村の地主達は「地主連合」を結成し対抗している。即ち、次の史料がこれを物語っている。

議定一札之事

一近年御定免之所小作方ゟ切引之義被相願如定例相成候、然者、当年抔切引有之候而者定免之年茂有之間舗、依之定免申付内計等決而請取不申、若切引相付候節者連中一統相談之上可致候、若婦り合悪舗地面上候者有之候ハバ、左之連中決而地面相付申間敷候、若又村中一統徒党いたし皆済無之諸出入相成候共、諸雑用之義者高割ニいたし可申候、其節一向違変申間敷候　為後日連印一札如件

天保三辰年十二月

光明寺 ㊞
妙経寺 ㊞
願勝寺 ㊞
正覧寺 ㊞
忠兵衛 ㊞
（以下二五名連印）

ここで議定された方針は、享和元年小作米滞出入に示された平山家の原則を一歩前進させ、鏑木・万力村の地主

達に共同歩調をとらせたものとしてよい。小作人対策の基調は「婦り合悪舗地面上候者」へは「連中決而地面相付申間敷候」の一点にある。この一件は村役人の仲介で、桐谷村の小作人も語る如く、小作方の一割の用捨獲得ということで落着している。

以上のような、天保三年から四年にかけての状況が、平山正義をして大原幽学への、かの有名な質問を発せしめたのである。

予が田地の作子隣村(万力村)に数多く有り。然る所近年人気悪くして、富る者を猜み悪む事甚ふして不正の者多し。(5)

正義の意識には、鏑木村より万力村の「作子」が強く存在していたように思われる。平山家地主経営における「百石」の重要さが窺われる。と同時に、享和元年の出入に示された居附百姓の成長(対地主闘争の中核)が大きく影響したものと考えられる。また、万力・鏑木村の小前層の成長(対村役人闘争)、例えば天保三年九ヶ年石取平均年貢改正出入の一翼を、この「百石」の居附百姓が担ったと考えるのは不当であろうか。

注

(1)「百石」とは反当り一石として一〇町歩、という程の意味である(『古城村誌』後編、四二一〜四三一頁)。
(2) 第二編四の拙稿参照。
(3)『古城村誌』前編、二九四〜三一九頁。
(4) 同右、三一九〜三四二頁。
(5)『二宮尊徳・大原幽学』(日本思想大系52)三七八頁。

b　小作形態と小作帳の検討

小作形態　平山家の小作形態は「壱ヶ年切」小作証文、居附百姓、附米等に特徴がある。小作証文の中で、「壱ヶ年切」、あるいは「壱ヶ年限」という標題のものは、享保二十年～宝暦四年(四〇通)、享和二年～文化三年(五一通)、文政四～五年(八通)に集中している。享保～宝暦期、享和～文化期初頭に「壱ヶ年切」が集中していることは、先にみた小前・小作層の動向に関連があると考えられる。宝暦七年上代村質地請戻出入、享和元年小作米滞出入がそれである。「壱ヶ年切」小作証文は、小作・小前層の成長に対する地主平山家の歯止策である。それは次の宝暦七年の訴状を一読すると明白である。すなわち「……忠右衛門代に罷成候得バ、小作年貢米年々高免ニ相成候ニ附、其訴訟致候得バ、田畑取上ヶ入作為致不申候…(中略)…訴訟致候者之小作地〇(ママ)ノ他領之百姓ニ出作申付候……」とあるが、小作側の訴訟に対し、地主側の意向で実施された壱ヶ切小作契約は有効に生かされる。享和元年の出入でも、同様のことが言える。この時の「済口証文」に「万一壱ヶ年ニ而も滞候ハバ、小作地面之内ニ建置候家作引払、地所地主方江引渡候筈」、また「其時先規之通小作証文相改壱人前に相渡」とあり、享和二年一月、一一通の「壱ヶ年限小作証文」が作成された。以後、三年・六通、四年・六通、文化二年・一八通、三年・一〇通と毎年提出されたが、「壱ヶ年限小作証文」提出者二〇人中、九人は「百石」の居附百姓である。

平山家小作形態の第二の特徴は、「居附百姓」と呼ばれる小作人の存在である。「居附百姓」とは、椿新田万力村字「百石」に「居附田畑壱町歩」と称される小作地に家作して居住する九人の小作人の呼称である。字「百石」は椿新田内の一筆ごとの土地を集積して成立した平山家の性格を如実に示している。はじめ、椿新田が売り出された延宝二年、江戸の孫左衛門は一町歩五両の公定価格で一〇町歩購入した。「百石」は更に孫左衛門より太田村加瀬重兵衛(椿新田割元名主の一人)に渡り、次いで元禄六年、下永井村宮野藤右衛門が買い取った。

この後、平山家第五代久甫は元禄十一年四月、万歳村に所持していた七町七反の土地を、藤右衛門の「百石」と交換した。平山家における「百石」の成立である。居附百姓の九人(享和元年現在)は、二人が入れ替るだけで明治十七年まで継続して「百石」に居住する。「居附田畑壱町歩」は、二次開発(耕地化)を伴う新田地帯への小前・小作層の進出を実現する上で、不可欠の条件、即ち、居住地と耕地をセットとして保証したもの、と考えられる。新田の耕地化、耕地の安定化は、平山家地主経営の性格検討にとって重要な意味をもっている。この問題については、次の事実の指摘に止め、後日を期する。

天保三年、万力村高場作人より低場作人に対し、「九ヶ年平均石取年貢改正」に関する訴訟が提起された。(1)『古城村誌』の記述によると、万力村全体の耕地は北(鏑木村寄り)から壱番割〜五番割に区分し、壱番割を高場(根方)、二番割以下を低場(沖)と称される。「椿沼開拓古図」をみると、万力村の沖合には「水付之場」があり、また、「低場は水害蒙る」土地柄であった。そのため、元文四年から延享四年迄の九ヶ年平均(平均本石)を基準として年貢割付をし、高場の百姓は二〇〇俵の「余荷米」を負担してきた。ところが「近年高場之分……干損勝にて……低場之分ハ追々所立直り、当時は水腐之患も無之……既に高場之分ハ、質地等に差入候にも、以前と違い望人無少、直安に相成、低場之内ハ地位宜敷、望人多格別高値に相成」った。これでは「高場所持之我等甚難渋」するので、「右平均相止メ、御割付通にて上納仕度」願い上げる次第である、というのが、この訴訟の趣旨である。この一件は先述したように、低場より高場へ年々米三〇俵宛差し出すことで落着した。この事件は次の事実を物語っている。椿新田開発(二次、耕地化)の問題は排水にあり、耕地の安定化、特に低場耕地は「水腐」対策に重点がおかれた。低場(沖)耕地の「立直り」＝安定化、つまり、天保三年段階で根方、沖耕地が均質化してきた、ということである。

第三の特徴である「附米」とは、年貢(領主取分)と作徳米(地主取分)を合せたものである。年貢米は「(地主)ゟ被仰付次第津出仕、問屋場手形を以相渡」し、「残小作米之義者霜月中ニ急度皆済可致」（文化二年「壱ケ年限小作証文」）と、分割納付の形態をとっている。右の問屋場手形を「馬札」と称する。平山家ではこの「馬札」を取り扱っていたことが「米穀出入牒」に窺われるところから、実際は年貢米・小作米共に平山家に納付されたものと考えられる。米穀問屋としての平山家の機能がここにある。諸役「普請人馬等」は「小作方ニ而相勤約諾」になっている。蔵前定日は文政十年の小作「議定書」によると、

十二月二日　塙台並他村

三日　内宿

四日　町方

五日　岸子

六日　万力村並八谷田

となっている。「附米」高の推移を小作証文等より拾ってみると、次の如し。

元文六年　一〇通平均　七斗二升

享和元年　訴訟文書平均　七斗三升

文化二年　一三通平均　七斗七升

文政十二年　一〇通平均　八斗二升

天保七年　四通平均　八斗

文政十二年九月、「百石」移動に際して居附百姓九人は、本家忠兵衛宛に小作証文を提出した。文化二年の小作証文では「居附田畑壱町歩」の附米高は一八俵の者(五人)と、二〇俵の者(四人)があった。(2) 文政十二年には一律二

二俵に統一され、「農具代」としてそれまで一八俵の者には二俵引、二〇俵の者へは一俵引となって、附米高はそれぞれ一町歩当り一、二俵引き上げられた。八郎右衛門には外に、「百石」の稲荷社の社地引として一斗八升がある。この稲荷社は屋敷地の一郭に現存している。

小作帳の検討　小作帳の分析に先立って、平山家の小作人数をみておこう。文政十年「議定書」では、鏑木村塙台二〇人、内宿二六人、町方二二人、岸子三八人、八谷田一七人、万力村四五人、桐谷村四人、小川村・大寺村にそれぞれ一人、合計一七四人となっている。鏑木村の小作人は一二三人で、全戸数二六三軒(天保九年)(3)。なお、天保十三年の小作人数は一〇八人)の半数近くが、何らかの形で平山家と地主・小作関係を結んでいることになる。

平山家に残存する小作帳は、宝暦十一年から明治十七年までの二三冊保管されている。そのうち体系的に統一された帳簿は一四冊である。この一四冊の小作帳は本家・忠兵衛家の経営内容を伝えるものであって、別家・武左衛門家の経営内容の体系的な把握は困難である。以下、本家の小作地経営の内容を、特に天保以降に問題点を絞り、検討していくことにしよう。

平山家小作帳の記載形式について簡単に触れておく。先述のように、附米納付日は地域ごとに議定されていた。この地域ごととは、小作人の居住地による記載区分を意味する。つまり、一般的に見られる小作地の所在地による区分ではないのである。これは次のような事情のためと考えられる。椿新田万力村の耕地は、その大半が鏑木村百姓の出作により耕作されている。鏑木・万力両村の耕地保有状況は、一村的様相を示していたものと思われる。そのために、平山家の小作帳は、鏑木・万力両村に存在する小作地を、耕作する小作人単位に寄せ、小作人の居住地域に分類・集計して記載、作成されたのである。

「田圃小作牒」を整理した第11表を中心に、平山本家の地主経営の実態を分析しよう。同家の経営が「百石」の移

第11表　平山家小作帳総括表

	明和 8	寛政 2	7	文化 13	文政 12	天保 2	13	嘉永 7	万延 1	文久 3	明治 1
附米高	俵	俵	俵	俵	俵	俵	俵	俵	俵	俵	俵
0～5俵	397	333	308	142	253	182	161	180	177	187	173
5～10	221	321	259	207	218	192	236	166	193	135	164
10～20	188	266	250	209	326	213	242	391	405	347	327
20～30	45	44	93	46	48	66	71	75	188	164	87
30～40	33	36	40					31	34	105	
百石						210	214	234	231	222	220
100俵以上									133	108	
合　計	884	1,000	950	604	845	863	924	1,077	1,361	1,268	971
手作高	107	198	117	169	158	200	101	12	39	35	19
小作人数	人	人	人	人	人	人	人	人	人	人	人
0～5俵	185	158	144	71	130	87	86	102	90	94	88
5～10	32	43	35	28	30	26	31	23	26	18	22
10～20	13	18	19	15	24	16	17	28	29	25	24
20～30	2	2	4	2	2	3	3	3	8	7	4
30～40	1	1	1					1	1	3	
百石						10	10	10	10	10	10
100俵以上									1	1	
合　計	233	222	203	116	186	142	147	167	165	158	148

史料）「田圃小作牒」。

動のあった文政期を境として前・後期に区分されることは既述した通りである。文化十三年・嘉永七年が更にそれぞれの転機を成していたことも再指摘しておく。明和～寛政期の経営は、附米一〇俵以下層（推定小作面積五反五畝以下）に重点を置き、小規模の小作地を耕作する多人数の小作人がその中核を占めている。特に五俵以下層は人数で七～八割、附米高で三三～四三％を構成している。それに対して天保以降の経営は一〇俵以下層が一一〇人前後で、二〇〇人前後である前期とは大きな相違がある。殊に附米高合計に占める五俵以下層の附米高は、絶対額で半減乃至三分の一減にと低下し、その割合は一三～二一％と、構成比でも半減している。つまり、天保以降の経営の中核・重点は一〇俵以上層に移り、それは、時期の経過と共に増える傾向にある。本家の経営難に伴う田畑放出（文化十三年における経営規模四割縮小）、その際に切り捨て、整理されたのは五俵以下層の小作地であり、小規模小作経営であった。文政十二年武左衛門家破産により、その鏑木村内の田畑（二〇〇両相当）並びに「百石」を引き継ぎ、本家の地主経営は再編された。文政十二年と天保二年の附米高合計はそれぞれ八四五俵、八六三俵と大きな相違はない。しかし附米高による階層構成には相当な変化がある。即ち次の如し。

（附米高）	（文政十二年）	（天保二年）
五俵以下	二九％九	二一％一
五〜一〇俵	二五・八	二二・二
一〇〜三〇俵	四四・三	五六・七

一〇俵以上層の割合は、以後増す傾向にある。五俵以下層の小作人数は一三〇人から八七人へと、その三分の一が整理されている。その対象となったのは、万力村・岸子・内宿の小作人であったと思われる。つまり、化政期迄の経営が一〇俵以下層（特に附米高五俵以下の多数の小作人を抱えていた）に重点を置いていたのに対し、天保以降の正義時代の経営は一〇俵以上層に重点を移し換えた。その契機となったのが武左衛門家の破産にみられる地主経営の危機的状況であった。先述した天保三〜四年の小作減免闘争と、この地主経営再編との間にはどのような関連があるのか。現状では、それを裏付ける史料を見出せないが、関連なしとするには「騒動」があまりにも突発的に発生したように感じられる。

天保二年以降の各階層の附米高の動きをみておこう。一〇俵以下層は、以後大きな変動はなく明治初年まで推移する。一〇〜二〇俵層は嘉永・万延期にピークを迎え、二〇〜四〇俵層も嘉永〜文久に頂点に達する。この時期には附米一〇〇俵以上の者が万延元年・文久三年にそれぞれ一名掲載されている。嘉永七年〜文久三年は一〇〜三〇

手作高と米相場

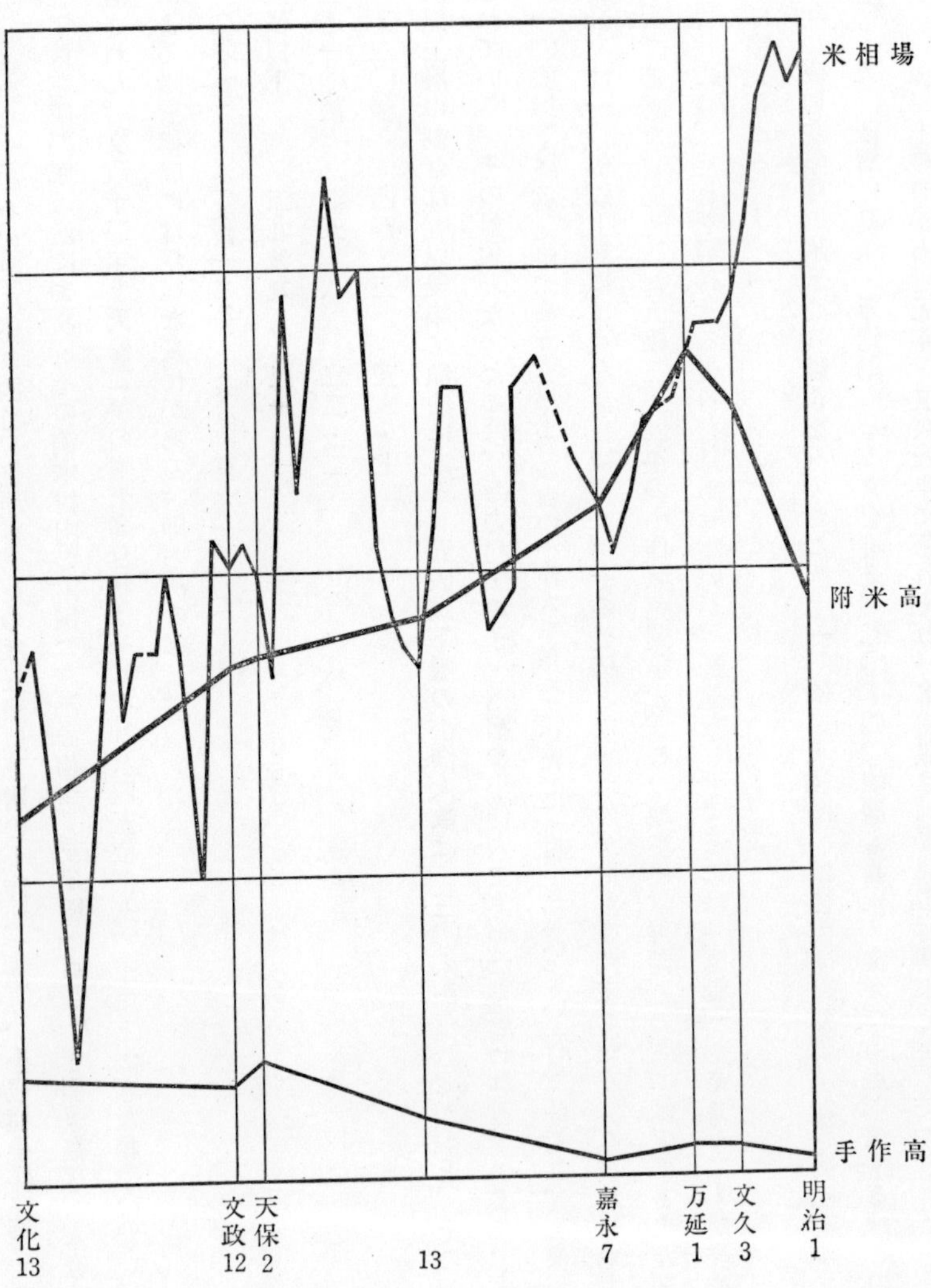

② 嘉永6年～安政4年，渡辺隆喜データー。

第1図　平山家の附米高・

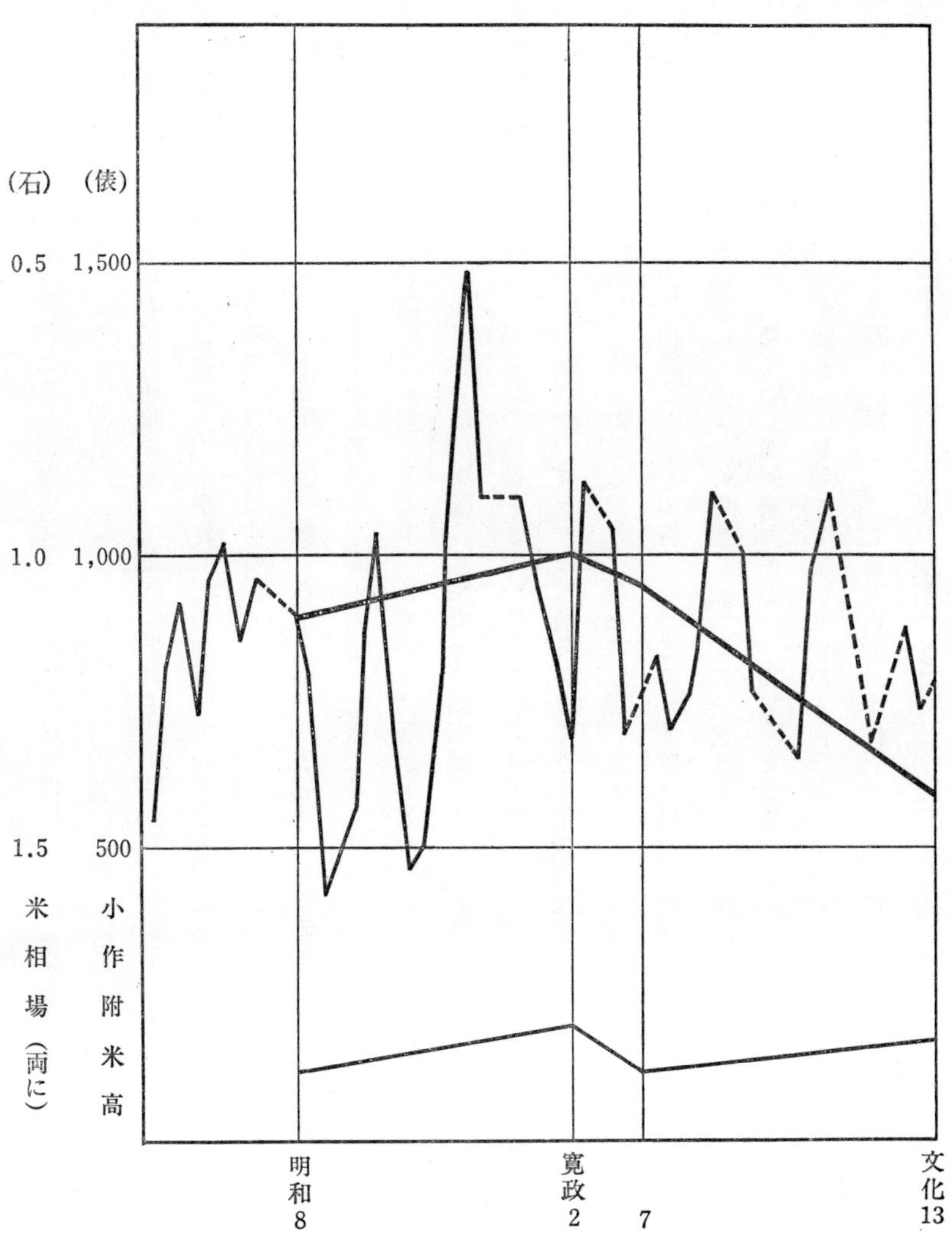

史料)　米相場＝①『古城村誌』前編 p.223-230。
附米高・手作高＝「田圃小作牒」。

俵層の附米が四五〇〜五五〇俵計上され、万延元年「田圃小作牒」は一、三六一俵の最大値を記録する。また「百石」は二一〇〜二三〇俵台を維持し、「百石」が占める平山家地主経営における位置を物語っている。

平山家の地主経営は、嘉永〜文久期にこうして量的に拡大するだけでなく、質的にも大きな転換をする。小作帳総括表（第11表）の語る第二の重要な事実は、「手作経営の放棄」ということである。明和八年以降天保十三年まで一〇〇〜二〇〇俵の手作高があるのに、以後激減する。

天保二年一九九俵二斗、同十三年一〇一俵、嘉永七年一一俵三斗、万延元年三九俵、文久三年三五俵、

明治元年一九俵一斗、同九年一九俵三斗、同十七年一六俵二斗

天保二年より十三年へと、絶対量・割合とも半減している。嘉永七年を転機とする手作高の激減は手作経営の放棄、と考えざるを得ない。前のグラフは、東総の米相場と平山家地主経営の数値を図示したものである。平山家の小作附米高の推移は、東総米相場変動の趨勢と軌を一にしているように思われる。前節で武左衛門家経営の検討に際して、化政期の米価安について触れた。グラフにも明らかなように化政期は相対的に米価安の傾向にあった。米価安は領主財政に不利に作用し、旗本財政の悪化は豪農に転嫁される。平山本家では、別家に代り、旗本原田氏の賄い方を引き請けると、原田氏の家政改革を実施した。この米価安は地主平山家にとっても歓迎されざる事態であり、文化十三年の経営四割縮小にも多大の影響を与えたものと考えられる。天保飢饉を一つの引き金とする米価の高騰は、飢饉時における小前・無高層への粥施行等といった対策を豪農平山家に強要させたのではあるが、長期的展望に立って検討すると、地主経営には有利に作用したものと判断される。平山家の土地集積は、天保十年以降再拡大の方向を示す。このことは既に検討したところである。小作附米高の推移も当然なこととして、土地集積の傾向と同じ方向を示し、それはまた、東総米相場の変動グラフに添った形で拡大している。同時に嘉永七年には、手

第12表　万力村「百石」明細

	居附田畑	その他小作地	天保2	天保13	嘉永7	万延1	文久3	明治1
附米高	町		俵	俵	俵	俵	俵	俵
定右衛門	1		21	21	21	21	21	21
嘉左衛門	1	アリ	21	21	27	27	27	27
八郎右衛門	1	〃	20	22	32	33	33	30
佐兵衛	1	〃	28	22	21	21	21	21
勘兵衛	1	〃	21	30	22	22	22	22
長右衛門	1	〃	20	24	25	25	23	23
作右衛門	1	〃	31	5	20	20	20	20
平右衛門	1	〃	20	30	39	28	20	20
七郎右衛門	1	〃		32	22	22	22	22
権兵衛	1	〃	27					
吉右衛門		〃	1	7	5	12	13	14
内訳								
百石田畑	9		198	198	198	198	198	198
農具代引			△14	△14	△14	△14	△14	△14
稲荷社引			△0.18	△0.18	△0.18	△0.18	△0.18	△0.18
定免引			△0.2	△0.3		△1.02	△1.14	△0.38
差引計			183.02	182.32	183.22	182.2	182.08	182.24
その他田畑			27.1	31.2	50	49	39.2	37.1
合計			210	214	234	231	222	220

史料）「田圃小作牒」。

作経営の放棄と小作経営への全面依存という地主経営の質的転換が見られる。かかる状況を、私は明治的地主経営の成立(寄生地主化)と評価したい。

「寄生地主」形成期における地主経営の内容について、「百石」を例に検討してみよう。第12表は「田圃小作牒」の百石記載の明細である。既述したように「百石」には「居附百姓」九人(4)がおり、表の通り彼らはそれぞれ二〇俵以上の附米を納付し、「百石」の附米高は全体の一七〜二四%を占めている。以上の「百石」の居附百姓が諸闘争の中核的存在となっている。平山家小作地の年貢は「馬札」納と称する方法により納付される。「書出牒」の馬札納高を集計すると、第13表の数値が得られる。「百石」における「居附田畑壱町歩」の馬札高は平年で一〇俵と一定である。「百石」一〇町歩の石高は八一・六一八石、本石(年貢高)は二八・二五七石(年貢率三四・六%)と定免である。馬札高と本石との差は諸役・村入用分と考えられる。平山家小作地の万力村全体の数字(「書出牒」記載の天保六年～安政六年間における一三ヶ年分平均)[5]は、石高二二〇・九八九石、本石七六・五四四石(年貢率三六・三%)である。鏑木村の年貢率(定免)は、無地高(二四%計上)の関係で万力村より高くなっている。

第13表　平山家小作地貢租状況

	馬札納				
	鏑木村	万力村		合計	百石
		百石	その他		1町歩
文政4年	120俵	俵	79俵	199俵	俵
8	157		169.2	326.2	
11	198		籾 9 140	9 338	
12	182		189	371	
13	200	105	177	482	10
天保2年	144	105	116	365	10
3	165	105	164	434	10
4	151	52.2	75	278.2	5
5	150	105	145	400	10
6	131	63	83	277	6
7	90	40	37.2	167.2	4
8	152	84	83	319	8
9	134	62	79.2	275.2	6
10	156	83	102	341	8
11	145	100	54	299	10
12	154	105	157	416	10
13	155	107	172	434	10
14	143	75	102	320	7
15	140	73	92	305	7
弘化2年	120.2	50	70	240.2	5
3	173	107	166	446	10
4	172	107	140	419	10
嘉永1年	173	75	116.2	364.2	7 7.2
2	141	50	72.2	263.2	5
3	167	103	166	436	10
4	169.2	103	172	444.2	10
5	139.2	73	100	312	7
7	165	82	138.2	385.2	8
安政2	224	103	167	494	10
3	籾 23 205	10 104.2	24 212	57 521.2	1 9.2

史料)「書出牒」。

鏑木村　年貢率(無地高を除いて計算)

田地　六二・六%(反当五・〇斗)

畑　地　　三七・六％（反当一・九斗）
屋　敷　　三四・七％（反当三・四斗）
平　均　　五四・八％（反当三・八斗）

以上、これ迄に述べてきた諸々の数値を基礎に、「百石」における作徳状況を試算すると、次のようになる。

万力村「百石」作徳状況
田地反収　　一〇・〇八斗
附米高　　八・一六斗（八一・〇％）
馬札納　　四・〇〇斗（三九・七％）
本　石　　二・八三斗（二八・二％）
諸　役　　一・一七斗（一一・六％）
地主作徳　　四・一六斗（四一・三％）
小作取分　　一・九二斗（一九・〇％）

附米高は、文政十二年九月以降、証文上二二俵（農具代引あり）と一定であり、年貢高は定免（馬札一〇俵、年貢率三四・六％）である。残る問題は「百石」の生産力（反収）である。ここでは一応、地租改正時における平山家の万力村所持地（大部分は壱番割）の田地平均反収（米）で試算した。領主取分を凌ぐ高額小作料（地主作徳）を保証するものは安定した附米確保であるが、平山家では一応それが実現されている。地租改正時の平均反収を前提とすると、一九％の小作取分では恒常的な小作地経営は（居附百姓にとって）困難となりはしまいか。一方、地主平山家にとっての「百石」が安定した地主経営の基盤であったことは既に検討した通りである。

この問題を解くには、二つの方向性がある。第一は、「百石」の生産力、反収水準それ自体の問題である。先に天保三年段階における沖耕地の立直りについて触れたが、根方耕地(百石は壱番割にある)の若干な優位性(万力村平均反収は第1表の通り)は、それ以後でも持続されたのであろうか。つまり「百石」耕地の生産力の上昇であり、その実反収は、地租改正時の算定収穫高を超えているのではないか。百石耕地の有畝歩等に関しては後日を期したい(平山家には大量の地券が保存されている)。第二は、小作人の農業外における余業の問題である。既に、宝暦～化政期における地廻経済(醸造業)の展開、それに伴う農間余業の成立に関して言及し、武左衛門家ではそれへの対応が十分に行われなかった、と述べた。平山本家では化政期以降山林への投資を積極的に進め、小前・無高層の農間渡世の条件を整備してゆく。地廻経済(醸造業)の展開と地主経営との関係、東総地方の地主制の構造的特質を、この醸造業との関連で把握するのが、最も素直である。

注

(1)　『古城村誌』前編、二九四～三一九頁。

(2)　附米高一八俵は作右衛門・平右衛門・長右衛門・佐兵衛・勘兵衛の五名。二〇俵は権兵衛・嘉左衛門・定右衛門・八郎右衛門の四名。

(3)　前掲、池田論文。

(4)　百石の小作人一〇人の内一人は「居附田畑壱町歩」を借地していない。

(5)　無地高は長部村にもある。

4　醸造業と半プロ層

東総地方の農間渡世　まず、東総地方における貧農層の村内滞留の状況を、池田宏樹氏の成果[(1)]より作成した第14表を中心に検討することにしよう。この階層表から読みとれる特徴は、次のようなものである。㋑分解は停滞的で、変化は殆どない。㋺五石以下の零細層が多数を占め、村内に滞留している。但し、この階層表にみられるかぎりでは、無高層は新町村(万延二年)の九名だけであるが、万歳村では、慶応三年に一八六軒中九一軒、明治三年に一九二軒中一〇九軒と、村内の半数が無高層との報告がある。[(2)]また、鏑木村の西隣、大寺村の安政二年における農間余業者五四名中三三名は無高層であった。[(3)]つまり小前・無高層の村内滞留を東総の一般的特徴と把握した池田説は、注目に値するものと思われる。㋩九十九里平場・利根川流域では五石以下層が圧倒的多数を占め、全体として零細規模が指摘できる。栗山川流域(多古)・東総台地(長部村を含む)は五〜一五石、一五石以上層がかなりあり、未分解の状態である。足川・長部の二ケ村は村全体としての戸数が減少傾向にある(両村とも性学運動の中核的な村)。㋥鏑木村は本目領分のみの数値であり、参考として表示した。ここでは階層間の変動がなく、一石未満の存在を確認し得る。

以上が東総地方の階層構成の特徴である。特に小前・無高層の村内滞留の事実を重視したい。存在基盤の脆弱な貧農層の村内における存在は、ひとたび飢饉ともなると、本稿冒頭で紹介したような状況に立ち至る。天保八年「万覚(日記)」二月廿五日の条には次のような記載がある。

村内貧民八拾軒程、四五日以前ゟ内宿東光院へ寄合、百文ニ付白米壱合安売呉候様四給之村役人江願出候ニ

第14表　東総地方階層表

	九十九里平場												干潟地域							
	蛇園村			足川村			新町村			大寺村			長部村					鏑木村(本目領)		
	文化2	天保2	慶応2	寛政12	文化1	嘉永2	寛政7	安政2	万延2	文化3	天保8	弘化2	明和8	寛政7	天保4	天保9	嘉永4	文政6	天保3	安政3
0～1石	55	68	91	60	40	23	55	39	42	80	84	76	1	1	5	3	2	53	54	55
1～5	77	76	53	104	105	76	47	65	59	49	48	55	20	21	15	12	8	24	27	23
5～15	16	7	7	5	9	15	5	5	6	9	7	8	19	16	10	12	11	4	3	2
15～20		2	2							1					2		2			2
20～30			2	1	2		1				1		1	1		1	1			
30石以上			1			1			無石9	1	1	1			1	1	1			
計	148	153	156	170	156	115	108	109	116	140	141	140	41	39	33	29	25	81	84	82

	利根川流域								栗山川流域						東下総台地					
	今郡村		桜井村		今泉村		諸持村		北中村		水戸村		牛尾村		桜田村		津富浦村		吉岡村	
	文化7	嘉永3	寛政3	天保3	文化5	文政7	寛政13	嘉永3	天保12	弘化2	文政8	安政3	安政5	慶応2	文化7	明治10	文政13	弘化2	天保11	文久2
0～1石	9	9	23	20	27	17	20	17	36	39	17	16	5	8	3	7	19	16	20	27
1～5	17	13	27	21	41	53	23	14	56	54	20	18	22	34	7	9	24	23	55	40
5～15	13	6	19	11	27	21	7	16	44	43	12	11	30	17	16	17	18	13	21	19
15～20		3		1			1	1	4	4	3	3	4	3	5	2	5	2	3	3
20～30			2	3					4	5	1		3	2	4	3	3	1	3	2
30石以上				1									2	1		1		3		1
計	39	31	71	57	95	91	51	48	144	145	53	48	66	65	35	39	69	58	102	92

出典）　長部村・鏑木村は小笠原長和他「大原幽学と東総農村」（「千葉大学紀要」5）。その他は池田宏樹「近世後期における東関東農村の一考察」（「地方史研究」144）。

付、四給名主不動院へ参会いたし村内高持一統呼集め、夫々然分ニ足金無心申入、三月四月両月之内百文ニ付五合安売遣可申段、貧民へ申渡、尤も価無之買兼候者へ者、一日ニ壱合宛呉遣筈、但壱軒ニ付一日ニ弐百文宛買候様是又申渡、当村白米百文ニ三合五勺故四合売リ之積リ、手前ゟ為足金三両三分遣

白米相場百文ニ三合五勺のところ、五合宛安売し、飢饉対策とした。それでも「買兼」る者へは、一日一合を支給し、高持層の負担でこれらが実施された。その上、「村内貧民安穀手当者有之候へ共、猶又、難渋之者有之趣承リ候間、明日(三月四日)ゟ三拾日之間」の粥施行が平山家の庭先で行われた。

東総における小前・無高層の村内滞留、飢饉時の状況を右の如きものとすると、この小前・無高、貧窮層=半プロ層の存在基盤はいかなる条件のもとにあったのか。以下、平山家の経営との関連において把握していくことにする。まず、天保前後における地主経営の変質について総括しておこう。㈠明和~文政期と天保以降とは質的相違がある。これは武左衛門家破産に伴う平山本家における地主経営の再編を意味する。㈡明和八年~寛政七年は、附米高一〇俵以下層が人数、附米高共に過半を占める。㈢文化十三年、五俵以下層の人数、一〇俵以下層の附米高が半減。以後明治期に至る迄、一〇俵以下層の附米高に大きな変動なし。㈣一〇~二〇俵層は寛政二年・文政十二年・嘉永七年~明治元年に附米高三五〇~四〇〇俵、他の時期も二〇〇俵と比較的安定した階層である。㈤一〇~三〇俵層は、嘉永七年~文久三年に附米高四五〇~五五〇俵であり、この時期は米価高騰、寄生地主化への転換期である。なお、「百石」は二一〇~二三〇俵で、平山家地主経営の中核的な基盤である。総括すると、明和~寛政期は一〇俵以下層が経営の中核を占めるのに対し、天保以降では一〇俵以上層に重点が移る。

化政期は、武左衛門家の倒産にみられるように変動期と言い得るであろう。平山本家の地主経営には、文化十三年・天保二年・嘉永七年の転期が指摘できる。小前・無高層=半プロ層が形成され、農業外に生活基盤を求め得る

可能性（農間稼）が生ずる。豪農層はこの半プロ層を十分把握できないのだが、かかる状況を惹起させたものは地廻経済（醸造業）の成立・発展であると考えられる。武左衛門家はこの状況への対応を十分に成し得なかったのであろう。本家・平山忠兵衛正義は、「百石」を別家より引き取ると直ちに地主経営を再編する。天保三〜四年の減免「騒動」は、平山家地主経営の転換期を象徴したものと考えられよう。「百石」の作徳状況は四一・三％の地主取分に対し、小作取分一九％と対照的な割合を示す。先述したように、地租改正時の反収一石八合を前提とすると、居附百姓による小作地耕作継続の困難性が予想される。生産力＝実反収それ自体の問題と、農間余業との関連の問題との二方向から検討することが必要であろう。ここでは後者、東総地方の農間渡世について若干考察しよう。

平山家文書の中に、享和二年〜天保元年「大鏡院様（正名）山林仕立写」・天保二年〜嘉永五年「山林仕立牒」及び表紙欠（嘉永〜明治期）の山林関係の三冊の横帳がある。この帳簿には享和以降の植林状況と、山苅賃等が書き上げられており、平山家の山林投資の様子が窺われる（第15表）。山林投資に関しては三河の古橋家も農村荒廃対策として重視している(4)。東総地域の山林投資は、江戸地廻経済の重要な一環である関東造醬油との関連で把握する必要がある。先述、関東醬油に関する篠田寿夫の研究(5)によると、関東物は宝暦以降活発となり、文政期には江戸市場より、「下り醬油」を駆逐し、また、天保期には「江戸売」から「地売」へと重点を移したという。これはつまり、江戸地廻経済圏の変質を意味している。以下検討するように、平山家の山林投資の実態は、樋・樽用材、燃料材としての杉・檜・松・雑木等の植林・伐採である。山林の集積も同時に行い、前掲第8表の如く天保十年に一〇町七反、文久二年に一五町七反を所持するに至る。以下、小前・無高層の農間渡世としての山林稼に関する史料を紹介する。

一杉四百本　四年木　向くミニ植入

代金壱分　小作米金ニ成　七左衛門

第15表　平山家山林仕立

植林状況

	松	杉
	本	本
享和 2	9,250	0
文化 1	9,490	4,415
2	8,825	910
3	6,446	390
4	6,659	523
5	7,605	425
6	4,430	851
7	6,380	426
8	3,754	0
9	4,320	80
10	4,855	0
11	4,495	0
12	4,790	900
13	9,986	650
14	9,384	0
文政 1	8,110	0
2	7,030	0
3	8,410	0
4	7,780	193
5	16,030	192
6	11,500	0
7	12,185	275
8	7,490	161
9	9,800	330
10	13,058	80
11	13,742	500
12	10,355	310
天保 1	9,720	570
惣〆	235,789	12,181

	松	杉	檜
	本	本	本
天保 2	15,690	760	0
3	8,725	1,771	227
4	12,833	1,668	102
5	8,538	0	0
6	13,593	540	110
7	6,957	882	0
8	—	—	—
9	5,759	5,764	0
10	2,514	2,848	94
11	2,065	2,571	560
12	4,161	1,320	218
13	4,900	1,371	0
14	—	—	—
弘化 1	1,236	840	くぬ木 10 60
2	—	—	—
3	7,531	1,105	〃 927 175
4	9,978	800	〃 52 0
嘉永 1	9,108	270	〃 612 0
2	10,840	2,440	315
3	7,121	1,789	0
4	7,152	3,498	0
5	9,603	1,950	〃 53 217

天保2年～嘉永5年「山林仕立牒」

苗木買入先

太田袋	忠左ヱ門
太田村	久右ヱ門
吉原村	主水
	清右ヱ門
仁王村	半兵ヱ
堀内村	礎左ヱ門
篠原村	長左ヱ門
	惣左ヱ門
辻氏神後	武左ヱ門
井戸野	藤兵ヱ
手前仕立	久保田畑仕付
三軒屋	喜兵ヱ
鳩山村	太右ヱ門
鏑木村	義右ヱ門
東小笹村	源五右ヱ門
神生新田	庄兵ヱ
	善兵ヱ
新生	新蔵
入	七左ヱ門
小笹村	甚右ヱ門
	治左ヱ門
水神	与五左ヱ門
	新家
玉井村	藤右ヱ門
府馬村	八郎右ヱ門
桐谷村	嘉左ヱ門
高村	伊兵ヱ
宿	弥右ヱ門

山苅賃覚

村	人名	回
桐谷村		回
	七郎左ヱ門	79
	おなミ	50
	甚左ヱ門	29
	六郎左ヱ門	28
	嘉兵ヱ	14
	佐太郎	11
	源蔵	10
	貞蔵	9
	仁兵ヱ	5
	縫左ヱ門	5
	その他8人	52
	小計	292
鏑木村入	惣左ヱ門	6
とら坂	庄右ヱ門	5
内宿	清七	5
長谷	藤右ヱ門	5
木の実屋	金兵ヱ	12
原境	与左ヱ門	8
	その他37人	54
	小計	95
新町村		1
志高村		1
万力村		4
堀之内村		2
	惣〆	395

史料1)　享和2年「大鏡院様山林仕立写」。
　　2)　天保2年「山林仕立牒」。

一同（割野）壱株
　賃九百文　　　　　　同村（桐谷村）和　助
　　内弐百拾六文　酒代
　　　残六百八拾四文　七月四日渡
宿内台
一同（割野）壱株　　　　　　　百石　佐兵衛
　賃壱〆四百文　小作米金納へ入
一篭ノ前山　　　　　　　　　内宿　弥兵衛
　賃壱〆四百文
　　干鰯代ニ而十二月□日済

これらは、天保二年〜嘉永五年「山林仕立牒」の中の山林稼に関する部分の中で、稼賃によって平山家への負債返済に充当する記載例である。この帳簿はまた植林のための苗木の購入をも記録している。この購入苗と「手前仕立」の苗は二〜三月の農閑期における奉公人の作業として植林される（「万覚（日記）」）。こうして植林された山林は小作人達により管理される。弘化三年「修理山連印帳」の前文は次の如し。

私共儀貴殿御所持之山林銘々支配所取極、落葉、下草御貰申修理仕候処実正也、然ル上者松木出生宜様草刈取折々見廻立木盗伐リ為致申間敷候、且又枯木出来候ハバ為御知申、私ニ伐取申間敷候、万一出火等有之候節者、早速打寄取鎮可申候、為念一統連印議定書如件
　午ノ二月　　　　　　（一五名連印）

「万覚(日記)」天保十四年四月十二日の記事に「男女表蔵人、酒樋之木四角山ゟ車ニ而取、昼ゟ組せる(カ)」とある。

また、同年二月二十三日には職人手間賃引上げ要求が記されている。

樋屋惣七、大工権兵衛、木挽長左衛門来、手間賃前々之通相増度旨御願、尤御趣意之折柄とも候間、強而御願申儀ニ者無之候、煙草代ともいたし御勘弁願上候、右村内職人一同書入し且那方江願上候旨申之由

「村内職人一同書入」とは、同年六月の「諸職人連印帳」[6]の内容を指すものと思われる。

天保十三年五月、御趣意ニ付村方直下取極ニ相成候定書

大工　木挽　樋屋　　賃金壱分ニ付
　　　　　　　　　　　　八日之定

屋根葺手　　　　　　同　九日之定

左官　石工　　　　　一日　賃銀二匁三
　　　　　　　　　　分宛　今般相定

材木　伐木師　　　　惣而二百文引

(五八名連印略)

(後略)

以上が平山家の山林投資の内容である。山林投資は、一方では地廻経済の発展にそったものであり、他方では農村復興の一手段でもあったものと思われ、村内滞留の小前・無高層＝半プロ層の農間渡世としても機能したと評価したい。

地廻経済の展開　平山家文書「給金帳」の天保三年「蔵人給金之扣」の一勘定に、

辰九月七日ゟ己正月廿日迄　越後春屋
一金拾九両弐分弐朱　　孫　市
　　　　　　　　　　　　外四人
三十石かへ
白米五百八拾九石弐斗弐升　五十一文

とある。孫市は同文書の文政十一年の記録によると、「越後国久挽(頸城)郡赤浜士底村」の出身である。米舂賃両ニ白米「三十石かへ」で換算すると、文政十一年～天保十年間の越後人の米搗高は第16表のようになる。この史料は次の二点において重視したい。第一点は、舂米五八九石余は、平山家の酒造高と、酒造業を一つの軸とする米穀市場の形成を予想させるということ。第二点は、平山家の醸造業が越後人の「関東稼」の場を提供している事実である。新潟県頸城郡地方では一九世紀初頭に地主制が成立し、小作人の農閑期における出稼＝関東稼は地主制の重要な一環に組み込まれていたとされている。(7) 平山家の醸造業は越後人の関東稼の対象となって、いわば新潟県地主制の一環(地域分業)を担っていることになる。それでは東総地主制における平山家の位置、東総醸造業と平山家の関連は如何なるものか。以下、これまで前提としてきた東総醸造業の展開と、東総の唯一の商品である米穀の流通について検討することにしよう。

平山家の醸造業は、本家で酒造、分家(文化二年、鏑木村字清水に満晴＝伊右衛門が創立)で醤油生産が行われていた。醤油については、椿新田周辺村落の八名と仲間を結成し(関東造醤油屋仲間成田組)(8)、文化八年に地廻醤油問屋仲間と価格改訂の交渉をしている。八名のメンバーは次の如し。

下総国成田　　酒屋伊兵衛
同所八日市場　紙屋兵右衛門

第16表　蔵人(舂米屋)給金

	給金高			舂米高 (両＝30石)	備考
	両	匁	文	石	
文政11年	18.32		319	560	越後国久挽郡赤浜土底村孫市他
12	17.22	12		530	〃
天保 1	17.3	12.91		530	〃
2	19.03	1.75		570	〃
3	19.22		51	589.22	〃
4	17.22		2,127	530	〃
5	14.3		1,164	450	〃
6	13.1		550	400	〃
7	1.2		1,030	50	〃
8	11.32		329	360	市右衛門
9	9.02		377	270	〃
10	4.12		391	130	清次郎

史料）　文政11年「給金帳」。

同所　　　　金川次兵衛
蕉木村(ママ)　　　平山伊右衛門
同所網戸村　升口与右衛門
同所川口村　酒屋久次郎
同所網戸村　和泉屋甚右衛門
同所蛇園村　和泉屋伝右衛門

本家は、天保十五年九月、それ迄所持していた武左衛門名義の四〇石の酒造株を、下総国相馬郡井野村甚兵衛の持つ六五〇石と交換し拡大した。酒造米高は天明五年五〇〇石、天保三年五八九石余、文久三年二一九石、明治九年三月の酒類製造高の届出[9]では一七〇石であり、天保期をピークとして漸減傾向にある。こうした酒造高の推移は以下のような流通圏の相違にはっきり表われている(第17・18表)。平山家は、天保二年一月、取引先の小津小右衛門から店舗を買い取り、土浦町に出店を構えた。この店は天保六年八月、第三代武左衛門(栄之助)に譲られるが、まもなく栄之助は土浦出店を閉め、江戸へ出る。

自給的農業地帯である東総における商品は、酒・醤油、それにその原料たる米・麦・大豆等が考えられるが、醤油原料たる麦・

第17表　平山家商業範囲(1)

国	郡	村名	百姓数	国	郡	村名	百姓数
常陸	河内	国松村	1	常陸	信太	大須賀津村	2
		牛久村	2	下総	香取	鏑木村	1
	鹿島	谷原村	1			米込村	1
		秋山村	1			万歳村	1
	新治	土浦町	5			古内村	2
		森仲新田	1			桐谷村	2
		桑請村	2			五郷平村	1
		郷崎村	1			下茂戸村	1
		高岡村	1		匝瑳	春海村	1
		大曽根村	1			籠部田村	1
		古木村	1			八日市場村	1
	筑波	小関村	2			宮川村	1
		関口村	1			荻野村	1
		筑波町	1		海上	高岡村	2
		神野村	3			森戸村	1
		臼井村	1	上総	山辺	新戸村	1
		中菅間村	1		武射	蓮沼村	1
	信太	矢作村	1	3ヶ国10郡35ヶ村			48人

史料）天保11年「売掛・貸金年賦出入　拝見書」。

第18表　平山家商業範囲(2)

	村名
地元	花和，内宿，町方，岸子，八谷田，万力
南場村々	椿，富谷，八日市場，籠部田，母子台，小川，平木，野手，宮川，二又，高，飯塚，堀川，荒科，春海，川口，猪木戸，川辺，西小笹，東小笹，東谷，小田部，泉川，栢田，横須賀，山来，同飯
上総国附込	成東，かし毛，津辺，草深，和田，八幡，富田，新泉，木戸台，屋形，牛熊，生子，三島，川端，蓮沼村，川面新田，蓮沼，婦山，八田，坂田村市場
西場村々	玉造，助崎，小高，金原，大寺，飯高，中村，坂
北場村々	府馬，田部，山倉，大角，仁良，矢作，桐谷，稲荷入，小見川
東場村々	成田，網戸，椎山内，足洗，飯岡，入野，新町，米込，堀之内，夏目，清滝，高生，後草，神宮寺，井戸野，蛇園，荻園，銚子

史料）安政6年「酒代書出牒」。

大豆は対岸の常陸からの移入品が主要部分を占めており[10]、東総における農産物の商品化の可能性は米穀のみにあると言い得るだろう。先述、平山家の小作形態検討の際に指摘したように、小作地に賦課される年貢は「馬札」を以て納付されている。この「馬札」に関して若干検討を試みよう。

一右之田地之御城米之義者、依御公儀様被仰付次第上納仕、残中米ニ而霜月中迄ニ急度埒明可申候(元文六年一月)

一御地頭様御年貢上納仕、残小作米霜月中急度皆済仕候(宝暦四年七月)

一御年貢米之義者貴殿ゟ被仰付次第津出し仕、問屋場手形を以相渡し、残り小作米之儀者霜月中急度皆済可仕候、尤皆納相済不申候内者　売米等決而仕間敷候事(享和二年一月)

これらは小作証文の年貢・小作米に関する条項である。ここには附米の内、年貢納入方法の変化が如実に語られている。右のうち享和二年の次の文言は何を物語っているのであろうか。「(年貢・小作米)皆納相済不申内者、売米等決而仕間敷候事」。私はこの事実を以下の如く解釈する。米穀流通が一般化し、領主米の地払化が進むと、年貢米が村役人の庭先に集荷され、そこから津出しされるという型式がくずれ、個々の百姓が直接問屋場へ津出しするようになる。それに伴い小作地の年貢納入も、小作人が直接津出し、問屋場手形(馬札)をもって納入する方式が一般化したと考えられる。寛政八年「米穀出入牒」の記載によると、平山家では地元鏑木・万力村を始めとする村々の百姓米、両村の年貢米(馬札共)を取り扱っている。八日市場(中田屋半左衛門)・須賀山村(多田庄兵衛)から蔵米を買い取っていたことを窺わせる文書も散見する。また、天保十年三月の訴訟文書によると、地廻米穀問屋株・舂米屋株を所持し、江戸浅草に出店を構えていたことが判明する。小作米・村々百姓米・領主米等、流通米として集荷された米穀は、一部は酒造原料に、一部は東総地方に展開する醸造業に従事(農間渡世としての山林諸稼、米穀・酒・醤油輸送の駄賃稼等）する半プロ層の飯米に、そして他の一部は江戸市場へ向けて出荷されている。

「万覚（日記）」は江戸の米相場、江戸市場の米価に規制される東総の米相場（八日市場・小見川・佐原・地元鏑木の相場）を天保八年以降克明に記録する。東総地域の作柄を方向づける天候（嘉永四年七月一日には華氏温度計の使用開始）の記載が連綿と続く。江戸相場を規定する各地の諸々の情報は、全国的視野から集められている。最後に、「万覚（日記）」の中から米相場に関する史料を紹介する。

（天保十五年、一年間の米相場変動の総括に続けて）　当冬寒ニ入三十日之内寒き候日ハ、者つか両三日のミ、二月頃の季(ママ)低廿四日斗打続候故、桜花不残満開、菜の花抔も少宛咲き、筆抔出候風聞有之候、来巳年（弘化二年）土用ニ至、定而冷気なるべし、然らバ多くハ違作類与恐察いたし候　　正月二日記

（弘化二年九月晦日）

諸国作割写

関八卅	四分三厂	北陸道	五分四厂
五畿内	五分七厂	山陰道	五分
東山道	同断		又ハ六分
東海道	六分	西海道	六分
南海道	同断	奥州	四分二厂
山陽道	同断	羽州	同断
	諸国平均	五分壱厂壱毛	

米相場平均　　五斗四升六合六勺

（嘉永三年、八月迄の米相場総括に続けて）　然ル処、駿遠三尾幡州西国方迄大水之風聞相聞へ、九月上旬ゟ承々引上、十月末霜月上旬ニ者、又五斗四升迄引入申候、暮迄同断、当年ハ稲宜敷十分之収穫之上、米価存外高値故、武家方、百姓ハ百年此方有之間敷豊年与悦申候、上方ハ飢饉同様、京都抔ハ米価両ニ三斗五位迄引上候由ニ御座候

注

(1)(3)　前掲、池田論文。
(2)　門前博之「井上家と井上家文書にみる幕末期の村々の様相」。
(4)　芳賀登『明治国家と民衆』一六五〜一六九頁。
(5)　前掲、篠田論文。
(6)(9)　鏑木寿一郎家文書。
(7)　高沢裕一「米単作地帯の農業構造」（堀江英一編『幕末・維新の農業構造』）。
(8)(10)『旭市史』第一巻、一二五〜一二七頁。

5 総　括

豪農平山家は、寛文期の椿新田開発を前提に、第五代久甫の時代、元禄〜正徳期に地主としての地位を確立した。

貸金・酒造・米穀、江戸商業と地元との仲介的商業(古手・繰綿)等の営業収入資金をもって、椿新田、特に万力村を中心に「永代売」、「売渡」を通じて土地を集積し、正徳四年段階で椿新田に五四町歩(砂間・芝間・不明分を除く)、鏑木村一二町歩、上代村五町歩を所持するに至る。享保～宝暦期には鏑木村・上代村において流質地を中心に集積する。特に享保～元文年間の上代村内での質地・流質地を通じての集積は顕著である。平山家所持面積のピークを示すと思われる明和六～八年には、第7表が語るように、別家武左衛門家が七二町歩、本家が五三町歩、合計一二五町歩に達し、その附米高は二、三三九俵(手作分を含む)に及んでいる。

天明～化政期の東総農村「荒廃」は、平山家にも深刻な影響を与え、所持田畑の大量喪失を余儀なくさせた。即ち、上代村全部・椿新田の相当な部分・万力村における大半を放出し、鏑木村も一時期、所持地を「不残」質入した。「百石」もまた、その対象となった。文政十二年には別家・武左衛門家の経営は破綻し、「百石」、鏑木村内所持地(二〇〇両相当)は本家に引き取られた。質地・流質地を中心的小作地とする本家に対し、買得地中心の武左衛門家の破産は、小作人確保問題に十分に対応できなかったものと理解される。天明飢饉は小作米未進と現象し、小前・無高層の脱農化を進展させた。平山正義は、農耕労働力不足の原因の一つを、間引・堕胎による人口減少と考えている。宝暦以降文政に至る時期は、地廻経済、醸造業の発展してくる時期でもある。つまり、地廻経済の進展による農間余業の成立が、農耕労働力たる小前・無高層脱農化の基本的条件となったと考えられ、脱農化した小前・無高層は村内に滞留する。天明～化政期を東総における半プロ層の形成期と捉える。武左衛門家はそれへの対応が十分になし得なかったのである。

天保初期の平山家は、武左衛門家の破産、同三～四年の小作減免「騒動」、天保飢饉等々と、豪農経営の危機的状況にあった。下総国学・性学運動への接近は、以上の如き状況に直面した豪農平山家の思想的行動の表われと見られる。天保二年前後における地主経営の再編は、地廻経済の進展に対応したものと考えてよいだろう。この時期に、地主経営の重点を、明和〜寛政期の附米高一〇俵以下層を中核としていた経営より、一〇俵以上層に移してくる。同時に、山林投資にも重点を置くようになり、地廻経済の発展にそった豪農経営を展開する。平山家では、本家で酒造、分家で醤油造を行っており、醸造業は地主経営の一環を形成しているように思われる。「百石」の作徳状況を検討すると、地主取分四一％、小作取分一九％と対照的な数値を示す。生産力＝実反収そのものの伸びも考慮せねばならないが、居附百姓経営の再生産は、地廻経済＝醸造業の展開を前提とした農間渡世(山林諸稼・駄賃稼—米穀流通も対象)を必要条件としたのではあるまいか。少ない事例ではあるが、山林稼賃によって平山家への酒代・小作料・干鰯代支払いに充当しているものもある。また、平山家の酒造業は越後人の関東稼の対象としても機能している。醸造業との関連は、明らかに平山家における地主制構造の一特質である。

平山家の地主経営は、壱ヶ切小作証文、居附百姓、附米等に特徴がみられる。居附百姓は、万力村字「百石」に居住する小作人で、対地主闘争・対村役人闘争の中核的存在として注目せねばならない。天保三〜四年の小作減免闘争は、「小作方一統」の行動を伴う騒動に発展する。平山家をはじめとする鏑木・万力村の地主達は「地主連合」を結成してこれに対抗した。天保十三年に手作経営の縮小の兆しをみせた平山家は、嘉永七年に手作経営を放棄する。米価・奉公人給金はいずれも天保期を画期とし上昇線を描き、ことに安政以降におけるその高騰が手作経営の不利、小作経営への全面依存を決定づけた。また、享和・天保期にみられたような小作層の運動は、弘化以降には見受けられない(勿論、不作等による減免・用捨要求はある)。これは平山家の小作人対策、「自力更正」運動の一応の成功、つまり、地主経営の安定化と考えられる。幕末期平山家地主経営の展開、なかんずく嘉永七年を転機とする手作経営から小作経営への全面的転換を、私は明治的地主経営の成立(寄生地主化)と評価したい。また、第二編四の描稿で検討したように、平山正義は、性学運動の最盛期たる天保後半〜嘉永前半には性学道友として行動していたが、嘉永三年の半ば頃には性学運動より和歌歌会運動へと大きく傾斜する。東総地方の社会経済的状況と性学運動、その内にあっての平山正義の諸活動は、東総地域の諸問題を体現したものと言い得るであろう。

（栗原　四郎）

四　東総における一村方地主の農業経営

――米込村杉崎家を中心に――

これまで農業に関する研究には、(1)農書や村明細帳など各種地方史料などをもとにした農業史や農業技術史的な研究、[1] (2)個々の農家の農事日記や耕作帳などをもとにした農作業や農業経営に関する研究、[2] (3)商品作物生産に関する研究、[3] さらに(4)、(3)に基づいて地主制の研究等がある。[4] 特に(2)は近年になり、各地で農事日誌類の発掘、活字化が急速にみられ研究が盛んになってきた。[5]

本稿では(2)の見地に立ち、下総国香取郡米込村(現、干潟町)の杉崎栄家に残る幕末から明治初年にかけての農業日記や、経営帳簿など各種の農業関係の史料をもとに稲作単作、早場米地帯という特色を持つ東総干潟地域における農作業の実態と、その中心をなす稲作の品種変遷や農業経営、さらに小規模ではあるが、村方地主としての地主経営の問題等について考察をするものであり、併せてこの地域が幕末期に農政家大原幽学が居付いて農村復興に当った地域であるので、この大原幽学の行った農業指導方法、いわゆる性学仕法と、杉崎家のようなこの地域では一般的な農業経営を行っていたとみられる農業方法との相違についても、明らかにして行くことを目的としている。

注

(1)『日本農業発達史』の諸論稿や、古島敏雄『日本農業技術史』、清水隆久『近世北陸農業技術史』、嵐嘉一『近世稲作技術史』等がある。
(2) 戸谷敏之『近世農業経営史論』、葉山禎作『近世農業発展の生産力分析』、岡光夫『近世農業経営の展開』、堀江英一『幕末維新の農業構造』などの外、近年の市町村史類にも載せられている。例えば『越谷市史』第一巻がある。
(3) 津田秀夫『封建経済政策の展開と市場構造』、伊藤好一『江戸地廻経済の展開』、古島敏雄『商品生産と寄生地主制』、この外、木綿作に関する諸論稿がある。
(4) 例えば立川市鈴木家の「公私日記」、昭島市榎本家の「農事日誌」、横須賀市浅葉家の「浜浅葉日記」等がある。
(5) 古島敏雄『寄生地主制の生成と展開』・『商品生産と寄生地主制』など古島氏の一連の業績や、福島大学経済学会編『寄生地主制の研究』等、数多くの論稿がある。

1　米込村と杉崎家

まず、始めに本稿で研究対象とする米込村と杉崎家についてふれると、米込村は、干潟地区の平野部の諸村と同様、椿海干拓によって成立した村であり、天明八年の「村明細帳」によれば、元禄八年幕府の検地役人竹村惣左衛門・諸星内蔵助・池田新兵衛らの検地を受け、反別一〇三町七反六畝、高八一八石七斗八升五合の村高が打ち出された。その内訳は田方四九町八反六畝二六歩、高五七〇石二升九合、畠方五二町一反五畝二八歩、高二四八石七斗五升六合であり、田畠の反別はやや畠が多いがほぼ同じ位であった。しかしこの段階では、まだ椿海の湖底部に当る部分(沖または二番割・三番割・四番割と呼ばれる)は水がたまっており、専ら岸の部分(根方または一番割と呼ばれる)が中心であったようで、田もそこに集中している。従って田の石盛は上田で一四、以下中田一三、下田一二、下々田一〇と比較的高い生産力を示している。これに対し、畑は根方よりも沖に近い方に多く分布していた。このため生産力は低く、石盛は中畑一〇、下畑八、下々畑六の外、砂畑四、葭間四、野畑四、松芝間三、芝間三と、低生産力の畑が多くあったようである。屋敷は根方の一番割に多古街道に沿って並んでいたが、その石盛は一〇と、一般的に言う上畑並ではなく中畑並であった。

享保十八年に新田検地が行われ、反別五町八反一畝一八歩、高一五石一斗一升四合が打ち出された。その内訳は田方一反八畝一五歩、高五斗五升二合、畠方五町六反三畝三歩、高一四石五斗六升二合と沖の開発が進み、主に畠として開かれた。この時の田の石盛は三と砂田並である。さらに寛延二年再び新田検地を受け、反別五二町一反二畝一二歩、高一二九石九斗八升を打ち出した。その内訳は田方一町六畝二七歩、畠方五一町五畝一五歩とやはり沖の開発により畠が圧倒的に増加している。この時の田畠は、見付田・見付畑・砂田・砂畑・林畑等であり、この時期に沖にも入植者が入り屋敷が並びだした。この結果、元禄以来畠方は田方の二倍以上に増加している。この合計を田畠別にみると、田は上田二二石余、中田四石余に対し下田三三二石、下々田一三三石と低生産力の田が圧倒的に多い。畠でも上畑はなく、中畑が三石余に対し、下々畑は三〇石余、以下、砂畑七石余、葭間八石余、萱間七二石余、芝間二五石余、見付畑一〇石、林畑七八石と低生産力の畠が圧倒的に多い。以上をふまえ米込村を俯瞰すると、根方の一番割には良質の水田が開け、二番割・三番割・四番割と沖へ行く程水田が減り、畑が増加し、水田・畑とも生産力は低くなっていく。また、秣場がないため、緑肥は用いず、藁によって土菌(堆肥)をつくったり、馬下肥・人肥などの肥料の外、早くから干鰯や〆粕などの金肥を導入していた。二毛作は行われず、水田は稲作専用の単作であり、少々の麦のほか、大豆・小豆・綿・荏・生姜・大根・伊勢菜・さつま芋等の雑穀、野菜などが植えられた。戸数及び人口は正徳三年、戸数四九戸、百姓数四九、天明八年戸数九一戸、人口三六四人、うち男二〇四人・女一六〇人、文化十年戸数八二戸、人口三六八人、うち男一八一人・女一八七人、弘化二年の戸数八四戸、人口不明となっている。[1]領主は、寛延二年新開分一二九石余が幕領、[2]明和二年から旗本伊藤氏(五〇〇石のち五七三石)が、[3]明和四年から安中藩板倉氏(二六〇石)が、[4]おのおの領有するようになり、幕末期には村高九六三石余を三分していた。また、幕末期には、石高は不明であるが、御三卿の清水家の領地も一部あったようである。農民の階層構成は、米村込全村の分はなく、旗本伊藤領の分のみがわかるので、第1表に掲げる。

第1表　元治元年，米込村階層表

階　層	戸　数	%
30〜40石	2戸	10.7%
20〜29	4	
10〜19	2	28.6
5〜 9	7	
3〜 4	7	
1〜 2	8	60.7
1石未満	18	
無　高	8	
合　計	56戸	100%

注）文久4(元治元)年「当子宗門人別改帳」による。

伊藤氏に関係する農民は、五六戸で弘化二年の戸数が八四戸であったことから、米込村の三分の二程になるので、米込村の大たいの階層構成の傾向がわかるであろう。これによれば五六戸のうち、二〇石以上は六戸、三石以上二〇石未満が一六戸、三石未満が三四戸と全体の六〇%を占めており、中でも一石未満が一八戸、無高層が八戸もある。一応経営が成り立つといわれる三石以上層が四〇%、それ以下が六〇%となっている。

米込全村でもほぼ同様の傾向であろう。最高は名主清右衛門の三六石九斗余である。このような米込村にあって本稿で考察の対象とする杉崎家は、どのような位置にあったであろうか。杉崎家の持高は文久四年(元治元年)の「宗門人別改帳」によれば、二八石四斗二合五夕と、五六戸の中では四番目の持高であり、米込村では上層農民に位置づけられる。明治三年の「上中下農人書上ヶ帳」でも上農とされている。[5]また幕末期の当主太兵衛は組頭を勤めている。この杉崎太兵衛家は分家であり、本家久左衛門家は家伝によれば、初代久左衛門が延宝元年相模より米込村に来て、現在の相模丁場と呼ばれる小字に居付いたという。太兵衛家はこの初代久左衛門の娘婿として近くの太田村から入婿となり、二男家として分家したのに始まるという。この初代太兵衛は宝永七年に二町七反余を分け与えられて分家し、その後代々太兵衛を名乗り、七代目太兵衛が本稿で扱う人物である。

この七代目太兵衛の家族は先の文久四年の「宗門人別改帳」によれば第2表の通り一〇人である。このうち労働可能な人数は六人である。持高は二八石余であるが、田畑の面積についてみると、幕末期のものは不明であるので、明治十九年の「地引帳」によると、田四町二反一畝六歩、畑七反五畝二三歩、屋敷地一反八畝一七歩、林地一畝一六歩の計五町一反七畝二歩である。同家の分家した時が二町七反余であるからおよそ二倍になっている。この原因は、後述するように貸金機能による土地集積によるものである。この内訳は根方の一番割で田三町九反二畝三歩、畑五畝二六歩、宅地一反五畝九歩、計四町一反三畝八歩と生産力の高い一番割に全体の八〇%近くを所有している。しかも田が圧倒的に多い。沖の二番割と四番割には耕地はなく、三番割に田二反九畝三歩、畑六反九畝二七歩、宅地三畝八歩、林地一畝一六歩、計一町三畝二四歩と残り二〇%があり、ここでは畑が多くなっている。このような土地集積は幕末期から行われたものであるから幕末期にはこれより若干少なく四町から五町ぐらいと考えられる。このように五町前後のうち慶応元年の小作地が二町八反三畝四歩(うち水田一町七反八畝一一歩)と半分以上を占めており、残りを家族六人と日雇労働力によって農業経営を行っていたとみられる。

第2表　元治元年，杉崎太兵衛家家族構成

	人　名	年　齢
戸　主	太　兵　衛	61歳
妻	し　　ち	59
悴	長り　蔵	37
嫁	り　　す	32
三　男	良　之　介	25
四　男	久　治　郎	22
孫	幸　太　郎	14
同	治　　助	11
同	吉　之　介	7
同	弁　之　介	4

注）文久4(元治元)年「当子宗門人別改帳」による。

注

(1)『干潟町史』及び天明八年「米込村村明細帳」による。
(2)『寛政重修諸家譜』巻二一。
(3)同右、巻二一。
(4)天明八年「米込村村明細帳」。
(5)「杉崎家一統記」。

第3表　農作業表

	天保12(性学)	弘化3(杉崎)	嘉永5(性学)	文久3(杉崎)
正月		畑おこし 薪取 土付け	道友、籾分け 苗代ため出し 山苅	肥出し 米搗麦さく切り、山苅、杉葉落
2月	(閏正月) 麦さくきり	土付け 苗代霜起し 田打 肥出し	土菌切返し 田耕、畑耕 米搗 苗代拵 霜起し	苗代霜起し 田打 苗代小くだき
3月	(2月) 苗代霜起し 二番耕	田打 苗代小くだき 土菌出し 苗代中しろ 苗代一番種蒔	(閏2月) 種上げ 苗代種蒔 田耕 麦さく切り	干鰯植え 苗代一番種蒔 田打 馬屋肥出し 麦さく切り 苗代二番種蒔 土菌拵
4月	(3月) 苗代一番種蒔 苗代二番種蒔 あらしろ 三番耕 大豆蒔	霜起し 苗代二番種蒔 綿蒔 二番田うない 三番田うない 土菌出し	(3月) 田耕 土菌付け 3/8～晦 田植	田打 酒米搗 綿、大豆蒔 干葉込め 土菌出し 三番田うない 4/25～29 田植
5月	(4月) 麦苅	三番田うない 干鰯植え	(4月) 土菌付け	5/3～10 田植 粟、荏蒔
			畑さくり 大豆引	畑かい 8/18～25 稲苅 畑うない おだ結い 稲入掛け 田打 土菌拵 わらすぐり
9月	(8月) 畑返し 畑寄耕 おだ結い 8/16～26 稲苅 畑耕		(8月) 8/5～8 稲苅 おだ結い 畑返し土付け 畑さく切り 8/12～晦 稲苅 稲こき 菌切返し するす引 田耕 米搗	9/1～29 稲苅 米搗 生姜荷造り とう蒔 するす引 大根畑さく切り 田打 伊勢菜蒔 干鰯八俵買入
10月	(9月) 9/7～11 稲苅 稲上げ あき田耕		(9月) 9/1～3 稲苅 稲こき (以下記載なし)	10/1 稲苅終 田打 綿跡畑打 麦蒔 畑うない

帳」による。性学仕法のものは遠藤良太郎家文書，天保 12 年「仕事割控」，嘉永 5 年「年中仕業

	麦までい 粟蒔 大豆返し 4／11～5／1田植	麦苅、麦入 馬屋肥出し 粟蒔 5／20～晦田植	4／4～13田植 麦苅 田草取 稗植	大豆、芋さく切り粟拵 田草取
6月	(5月) 一番田草かき 粟拵 大豆のうつみ 二番田草かき 三番田草かき	6／1～9田植 粟さく切り 田草取 肥出し	(5月) 田草取 麦はだき 大豆さく切り 大豆かえし 畑草取	田草取 粟拵 綿のうつみ 麦搗
7月	(6月) 麦搗 寄苅 起し肥	麦搗	(6月) 若者、草苅参る 田草取 なぎしば 草芥寄苅 麦搗	俵あみ するす引 大豆こき
8月	(7月) 大豆取入 粟切 畑草取	(以下記載なし)	(7月) 草芥 山苅、土付 菌切返し	大根畑うない 粟蒔、粟切り 生姜付け 菜蒔
				芋いけ 畑打 指木付け てこ芋買入
11月	(10月) 稲までい あき田までい おだまでい 麦さくきり 山苅			わらのうつみ 田打終 山苅 くね木付 土付 大根残引
12月	(11月) 山はき 薪ゆり 藪苅			土菌あげ 山苅、山はき 小苅 ため出し 米搗 俵あみ くね結い 山までい 麦さく切り 雑搗

注）　杉崎家のものは弘化3年「歳中日紀仕事調」，文久3年「晴雨年中仕事日記割并日記控」による。

2　農作業

杉崎家における農作業は第3表の通りであり、これに性学仕法を行った遠藤家の農作業も比較検討のため加えてある。杉崎家の農作業は稲作が経営の中心であるため、必然的に稲作関係が中心となる。稲作を中心に一年間の農作業についてみると、正月には肥出しをして、肥料の用意をし、二月には苗代の霜起しや小くだきを行う一方、下旬には種籾を水にひたす。これは籾の選別、病虫害予防と発芽促進のためである。この期間はだいたい二週間から三週間ぐらいで、この水ひたしは三月になって行う事もあった。水ひたしのあと少しの間出して乾燥催芽させる。その後、三月上旬から中旬にかけて苗代へ種をまく。この苗代への種蒔きの時期は、八八夜の三日から一〇日前位までに終えている。また一番種(早稲・中稲)は早く、二番種(晩稲)は一〇日ぐらい後に行っている。苗代は、種蒔きの前に干鰯を植えて準備をしておく。この外三月には、水田の準備(田打)も始めているが、本格的には四月になってからである。四月の田打は代掻き中心であり三回行う。杉崎家では馬を一頭飼っており、これによって行っている。肥料としては、土菌(堆肥)を田にまく一方、金肥である干鰯や〆粕なども植えている。干鰯の植える量は、杉崎家の場合、一反当りどのくらい植えたか不明であるが、享保十六年の万力村では「一反ニ付二俵」(1)とあり、安永七年の椿村では三俵(2)とあるところから、だいたい一反に付二俵から三俵位であったろう。杉崎家の場合、第4表の如く、幕末期の干鰯の購入量がわかるので、これから推測すると、幕末期はだいたい一〇～二〇俵ぐらいの間であったであろう。とすると、干鰯のまける面積は、一反当り、二・五俵とみても四反から八反ぐらいしかない。ところが杉崎家の水田は先にも述べた如く自作地分は二町四反余(幕末期には、もう少し少ないが)あるので、〆粕を加えたとしても足りない。従って、干鰯などの金肥を全面的に使用したのではなく、土菌(堆肥)や馬下肥、人肥などと併用していたとみられる。これは恐らく、経営上の問題と、土菌が客土の役目をしたので、絶やすことはできなかったのであろう。五月になると、いよいよ田植えで、この期間は第5表の如く、文久三年と明治四年を除けば、幕末期はいずれも五月初旬から六月後半の間に行われているが、大半は五月中に行われている。六月は、田植えがすむと田の草取りが中心で、七月にかけて行われている。そして、八月下旬には早稲の稲刈が早くも始まり、九月にかけて行われる。稲刈は先の第5表の如く、早い年は八月十七日に始まっており、九月になってから始める場合もある。逆に苅上げも九月中に終るのが普通であるが、十月の場合もある。早稲は、二一〇日、二二〇日の前に苅入れるのが原則であるが、時代が下る程遅くなっている。晩稲はそれを過ぎている場合がほとんどである。十月には稲干しと脱穀をし、十一月・十二月には米搗や年貢米の津出しを行なっている。そして、売米は翌年に売り出すのが普通であった。

畑作では、四月に綿・大豆・大角豆・小豆などの種蒔き、五月には麦刈と、ごま・粟などの蒔付けとさつま芋の植付け、六月には麦搗、七月には大豆刈入れ、八月には生姜・大根種蒔きと大豆・大角豆・小豆・綿・粟などの取入れ、九月には伊勢菜蒔きと生姜取入れ、十月には麦蒔き、大根・芋の取入れを行っている。

第4表　干鰯購入量

	購入量	購入代金
安政6	10俵	2両2分(両＝4俵)
文久1	8	1両1分3朱(2俵半)
〃 3	8+α	?
慶応1	20	9両1分，200文(2俵6分)
〃 2	11	4両　(1俵3分)
〃 3	20	20両　(1俵)
明治1	11	3両2分，9貫500文(3俵)
〃 2	16	8両1朱，434文(1俵半)

注1)　αは他にも購入。
2)　安政6年「年中仕事日記」，文久元年と慶応元年から同3年迄は「万小用覚帳」，文久3年は「年中仕事日記」，明治元，2年は「慶応四年従明治三年迄諸用万覚帳」による。

第5表　田植・苅入期間

	田植期間	苅入れ期間
弘化 3	5/20～6/9	記載なし
安政 6	5/8～5/26	8/29～9/8, 9/16～9/29
〃 7*	4/18～5/8	8/4～8/9, 9/10～9/20
文久 2	5/15～5/27	8/24～9/4, 9/7～9/18
〃 3	4/25～5/10	8/18～8/25, 9/1～9/7
元治 1	5/9～5/21	8/26～8/晦，9/7～9/24
慶応 2	5/2～5/13	9/7～9/13, 10/6～10/17
〃 3	5/11～5/23	9/12～9/15, 10/朔～10/11
明治 1	閏4/21～5/7	9/2～9/22
〃 3	5/4, 5/10～5/23	9/22～9/26, 10/2～10/4
〃 4	4/19～5/7	9/15～9/23

注)　*3月に閏月がある。各年の「年中仕事日記」による。

このような農作業と、大原幽学の行った農業指導法、即ち性学仕法と呼ばれるものとはどのような相違があるか比較検討してみる。第3表に示してある如く、基本的には、杉崎家と同じであるが、次の三点で相違がある。㈠肥料の問題、㈡小商品作物生産の問題、㈢労働手間の問題。

㈠肥料については、杉崎家は土菌(堆肥)・馬下肥・人肥などの自給肥料の外、干鰯・〆粕などの金肥を導入し、併用しているのに対し、性学仕法では、もっぱら自給肥料、特に堆肥の使用のみである点に特色がある。これは遠藤家の「仕事日記」(3)にも「草苅」「なぎ芝」の日が多く、「菌切り返し」などもみられることからもうかがえる。このように、当時干潟地域の村々では金肥の導入が一般的であったのに対し、それをやめ、もっぱら堆肥を奨励しているのは、中井信彦も指摘している如く(4)、幽学が畿内農業技術の導入を試み、関西における金肥の大量使用による商品的作物生産農業を体験してきたにもかかわらず、しかも、その導入した干潟地域が干鰯、〆粕の最大の生産地九十九里浜を目の前にひかえた地域であったのにもかかわらず、それを否定し、自然肥料を奨励している点は非常に注目すべきことである。しかし、杉崎家の場合も干鰯などの金肥はもっぱら稲作に使用しており、小商品作物の方には使用しておらず、干鰯の量も先述の如く決して大量ではない。

㈡小商品作物について、杉崎家の場合は時代によって作る物の差はあるが、大豆・小豆・大角豆・生姜・さつま芋・ゆり・てこ芋などは恒常的に作られており、その他、西瓜・冬瓜・荏・いんげん豆など多種多様に作っている。これらの販売量は慶応期の物価高騰の時期を除けば、収入に占める割合はそれ程高くないが、後述の如く、天保から安政期は二分から二両二分程で収入に占める割合は低い。それでも少しでも収入のたしにしようと、種々の作物を試行錯誤しながら栽培している姿勢がうかがえる。これに対し、性学仕法では米以外では遠藤家の日記でも、麦・大豆・大根・そば、稗などの自家用作物に限られており、商品的作物はまったくなく、また販売している気配もない。つまり、性学仕法は主穀生産を中心とした自給自足的な農業を目指したものといえる。この背景には、第一に、

第6表　杉崎家日雇労働人数

	人数	延人数	給　　　金	人　　　　名
文久1	4	102人	不　　明	小左衛門老母・直治郎・佐平・をまさ
〃 2	2	67人半	約 4両	をしめ・定吉
元治1	1	18人*	1両670文	をしめ
慶応2	6	208人	10両2分2朱，6貫10文	をしめ・市郎左衛門娘・儀右衛門・新兵衛・同妻・弥徳(長部村)
〃 3	5	179人	14両2朱，5貫564文	をしめ・伝兵衛・同妻・清水老母・勘右衛門(府馬村)

注）*田植の手間のみ。各年の「年中仕事日記」による。

幽学が畿内で商品作物生産による中小農民の没落と寄生地主化を眼の当りに見てきたため、干潟地域の荒廃した農村の現状とを照らしみて、商品作物生産へは向わず、自給的農業生産による農村建直しを図ったものと思われること、第二に、干潟地区が、もともと主穀以外にさしたる商品的作物となるような特産品を持ちえず、昔から米の早場米地帯として存在してきたことであり、このため、必然的に主穀生産に力を入れざるを得なかったのではないかと思われることの二点が考えられる。

㈢労働力の問題は、杉崎家の場合は家族による自家労働力の外に、日雇労働力を導入してきている。史料のある文久から慶応期には第6表の如く、数人の労働力を雇い入れている。同家には、年季奉公人はいなかったようで、必要の都度雇い入れる形態をとっていたと思われる。従って、年によって雇入れ人数も変化している。これらの雇い入れた労働力のうち米込村の小字町田のをしめなどは、慶応三年には、一年のうち一三二日も働いている。慶応二年には一二三日半、この年市左衛門の娘も六〇日働いている。これらの人々は田打・田植・稲苅りだけでなく、一年中の農作業に杉崎家の人々とともに従事していた様である。従ってこれらの人々への賃金も多く、後出の第10表の天保期から安政期でも雇入れ人数に変化があったようであるが、その賃金は一両余から一三両余の幅があり、一番多いのは五両前後と、支出全体に占める割合は低くない。これに対し、性学仕法では先の第3表の嘉永五年の「日記控」にも、正月に「道友、籾分け」とか、六月に「長部村、鏑木村の若者、草苅に参る」などの記録がみられ、また、少し時代は下るが、明治一四年の「仕事割控」[5]では、「菡出し女等丹精」「縄ない丹精」等、「丹精」の記事がしばしばみられる。これらは、道友による無料奉仕のことで性学仕法における一つの特色であり、田打・田植・田草取・稲苅り、その他の農作業にも数人の道友が集まり、労働奉仕している。このように、性学仕法では道友による「丹精」というお互いの無料労働奉仕という形態によって労働力をカバーしていたのであり、賃労働による雇入れはみられないのが特色であった。

以上三点の外に、田植において性学仕法では畿内の方法である苗の正条植が奨励されたという。[6]

注

(1) 享保十六年「万力村明細帳」、平山忠義家文書。
(2) 安永七年「椿村村鑑明細差出帳」、鈴木哲家文書。
(3) 嘉永五年「年中仕業割并日記控」、遠藤良太郎家文書。
(4) 中井信彦『大原幽学』、一五六頁。
(5) 遠藤良太郎家文書。
(6) 中井氏前掲書、一五二頁。

3　稲の品種変遷

次に、農作業の中で中心となっている稲作の品種の変遷過程と、それと密接に関係する播種量と収穫量との検討をすると、稲の品種の採用は収穫高に直接影響を与えるので、農民にとってはその選択は重大なことであった。まず第7表にみる如く、種籾でみると同一の品種が長く用いられている場合と、短期間で使用されなくなる場合とがある。また、早稲と晩稲では早稲の方が多く、今日でも干潟地方は早稲が中心であるので同じ状況であった。品種は天保十一年から明治元年迄に三九種類みられるが、このうち糯(⿰米并)種はゑびす糯・のより(野寄)糯・上方糯・春和糯の四種で、他はすべて粳種である。おおまかに早稲と晩稲と分類すると(中稲の種類は区別のつくものだけ上げた)、

早稲——八万石・八日早稲・白早稲・ゑびす(蛭子)糯・稲荷早稲・坂東・徳用・豊姫・出雲・京早稲・信濃・野寄糯・上方糯・早稲淀禄・浅香(朝賀)・徳君・永楽・春和糯・吉川・徳早稲・山田・飯塚野良・早稲飯塚・やとめ・三尺こぼれ……二五種

中稲——金比羅・加賀……二種

晩稲——房州・実禄・水戸六・奥加賀・熊谷・奥淀禄・成田・四国・借金無・八重穂・河嶋・吉田……一二種

次に、これらの品種のうち、分類可能な品種を地元ないし近国のものと遠国のものとに分けてみると、

地元——八日早稲・坂東・徳用・豊姫・浅香・吉川・山田・飯塚野良・早稲飯塚・三尺こぼれ・房州・水戸六・熊谷・成田・八重穂・八万石

遠国——出雲・京早稲・加賀・信濃・早稲淀禄・金比羅・奥加賀・奥淀禄・四国

また、これらの品種のうち、この時期近村の諸徳寺村でも用いられているのは、京早稲・こぼれ(三尺こぼれ)・あさか山(浅香)・加賀などで、一致しないものも六種類ある[1]。さらに、武州の妻沼町との品種を比較すると、一致するものはまったくみられない[2]。このように、近隣でも品種はすべて一致するものではなく、まして同じ関東の水田地域でも、他国とでは一致するものがみられないのである。このことは栽培地域の自然条件や社会経済的条件によって相違してくることを示している。

変遷・播種量

6	安政1	2	3	4	5	6	万延1	文久1	2	3	元治1	慶応1	2	明治1
1斗						1斗	1斗6升	1斗6升	1斗6升	2斗	2斗	2斗	2斗	2斗
						1斗	1斗	1斗	1斗	1斗6升			1斗	1斗
		1斗	2斗	2斗	1斗									
							1斗5升	2斗		1斗				
4斗	4斗	4斗	1斗											
1斗														
2斗	2斗	1斗	2斗	2斗	2斗	1斗	1斗6升	1斗6升	1斗6升	1斗6升	2斗	2斗	2斗	2斗
1斗	1斗													
3斗	4斗	3斗	1斗											
1斗	1斗	1斗	1斗	1斗	1斗									
4斗	4斗	4斗	4斗	4斗	4斗	5斗	4斗	4斗	4斗	4斗	3斗	3斗	3斗	2斗
2斗	2斗	3斗	1斗											
1斗	2斗	2斗												
	1斗	2斗	2斗	3斗	2斗									
			1斗2升	2斗	2斗	2斗	2斗	2斗	2斗		2斗	2斗	2斗	
			4斗	4斗	4斗	5斗	4斗	4斗	4斗	4斗	3斗	3斗	4斗	3斗
					1斗	3斗								
					2斗									
						2斗	1斗	2斗	1斗	3斗	3斗	3斗		
						3斗	3斗	2斗	1斗					
									2斗					
										1斗	1斗			
										2斗	1斗	1斗	2斗	1斗
										1斗	2斗	2斗	2斗	
											3升			
											2斗	3斗	3斗	4斗
												3升		
												3斗	3斗	
													2斗	
														2斗
														1斗
														4斗

第7表　種　籾　の

	天保11	12	13	14	弘化1	2	3	4	嘉永1	2	3	4	5
八万石	1斗	1斗							1斗				
八日早稲	1斗	1斗	5升	1斗									
白早稲	2斗	2斗	1斗	1斗	8升	8升	8升	1斗	1斗	1斗	1斗	1斗	1斗
蛭子糯	6升	6升	6升	7升	6升								
稲荷早稲	1斗	1斗	1斗	1斗									
坂東	2斗	2斗	2斗	2斗4升	3斗	3斗	3斗	3斗	2斗	3斗	1斗	1斗	1斗
徳用	2斗	1斗	1斗2升										
豊姫			1斗	1斗									
○房州	2斗	2斗	2斗4升	2斗4升	4斗	5斗	3斗	4斗	4斗	4斗	4斗	4斗	4斗
○実禄	2斗	2斗	5斗	5斗	2斗					2斗	3斗	1斗	3斗
出雲			1斗	2斗2升	4斗	3斗	3斗	4斗	3斗	2斗	2斗	2斗	2斗
京早稲				1斗	8升	8升	8升	1斗	1斗	1斗	1斗	1斗	1斗
加賀					1斗	1斗	1斗	2斗	3斗	3斗	4斗	4斗	3斗
信濃						1斗	2斗						
野寄糯						6升	6升	7升	8升	8升	8升		
○水戸六						1斗	3斗	4斗	4斗	4斗	4斗	2斗	4斗
上方糯													8升
早稲淀禄													2斗
浅香(朝賀)													
○奥加賀													
○熊谷													
徳君													
○奥淀禄													
永楽													
金比羅													
○成田													
○四国													
○借金無													
春和糯													
吉川													
○八重穂													
徳早稲													
山田													
飯塚野良													
早稲飯塚													
○河嶋													
家富													
三尺こぼれ													
○吉田													

注）○は晩稲，天保12年「種取之覚」による。

品種を使用期間別にみると、天保十一〜明治元の二八年間（慶応三年分が欠）のうち、

二〇年以上……白早稲・京早稲

一五年以上……早稲淀禄・房州

一〇年以上……奥淀禄・坂東・出雲・蛭子糯・加賀・水戸六（実戸禄）

五年以上……実禄・豊姫・吉川・徳用・野寄糯・上方糯・熊谷・徳君・成田

三年以上……八日早稲・浅香（朝賀）・奥加賀・四国・徳早稲・山田・八万石

一〜二年……稲荷早稲・信濃・永楽・金比羅・借金無・春和糯・飯塚野良・早稲飯塚・河嶋・やとめ・三尺こぼれ・吉田

このうち、白早稲・京早稲は早稲として最も長く使用されており、特に京早稲は明治三十六年頃迄使用されている。(3)次いで早稲淀禄が嘉永五年以降使用され出して、播種量では早稲の主力になり、明治四年迄続いた。この外、時代が下ると吉川・山田・三尺こぼれなども使用され出し、明治十年頃迄使用されている。(4)晩稲では、はじめのうちは房州や実禄・水戸六などが使用され、特に房州は安政三年迄一七年にわたり用いられている。その後これにかわって、奥加賀・熊谷・奥淀禄・成田・四国・八重穂などが使われ出し、特に奥淀禄は晩稲の主力となった。また明治元年から使用され出した吉田は、その後奥淀禄に代って主力となり、明治十年迄使用されている。(5)これら長く使われている品種に対し、三年以下の品種では、八日早稲・稲荷早稲の如く、それ迄使われていて天保十四年時点でちょうど使われなくなった品種や、家富（やとめ）、三尺こぼれ・吉田の如く、明治元年から使われ出したものも含まれるので、一応それを除いて考えると、短期間の品種には晩稲は少なく、早稲が多いのと、その播種量は多くの場合少量を蒔くという試験的使用が特徴である。これに対し、蛭子糯・徳用・豊姫・実禄などは天保期迄で一時

使用がとまり、その後再び使われるという場合もある。実禄は嘉永二年、徳用は安政二年、蛭子糯は安政六年、豊姫は万延元年から再び使われている。これらは、その後品種が改良されたからではなかろうか。白早稲・京早稲・坂東が長く用いられたのは、収穫時期が最も早く、平均八月二十一〜二十四日に収穫できるため、台風の被害をうける前に確実に収穫できた点にあった。白早稲・京早稲の播種量は八升〜二斗である点で、恐らく、味よりも早く確実に収穫できる点が買われたためであろう。坂東は一斗から三斗の幅で蒔かれている点で味も少しよく、商品価値が前二者より高かったのではなかろうか。

次に、播種量に対する収穫量は品種によってどのように違うか検討してみる。第8表は品種別の収穫量であるが、残念ながら品種別の収穫量は安政元年迄しか判明せず、以後は、若干の品種のみについての記載と総収穫量のみしか判明しない。また、収穫量は稲束数(把)で記載されている。第9表は主な品種の播種量に対する収穫倍率を示したものである。(6)二〇年以上使われた白早稲・京早稲は平均収穫量四〇倍前後と最も高い収穫品種である。このように多収穫にもかかわらず、播種量が八升から一斗どまりというのは先述の如く、やはり味の点で問題があったためであろうか。次いで一〇年以上使われた坂東も平均三六・三と多収穫で、三斗も蒔かれた時もあったが、この三種は経営の安定のために使われたものと思われる。これに対し、房州・実禄など晩稲は平均三二〜三三と白早稲・京早稲よりやや劣るが、安定した収穫であったため、晩稲として最も長く使われた。しかも播種量も房州で四〜五斗、実禄でも二〜四斗と先の早稲三種に比べ厚蒔きであった。これらに平均収穫量三〇倍の蛭子糯・野寄糯などの糯種が続き、さらに平均収穫量二七〜二八の出雲、加賀などが続く。このような安定した比較的多収穫量の早稲・晩稲種を基本としつつ、徐々に新しい品種を加えていったものであろう。

第8表 杉崎家(自作地)の稲収穫量

	天保12	13	14	弘化1	2	3	4	嘉永1	2	3	4	5	6	安政1
総収穫量(把)	11,670把	12,801	10,663	12,893	13,226	13,691	14,348	14,738	7,192	14,432	13,129	13,160	13,279	14,585
八万石	878	792							1,049					
八日早稲	674	851	269	358										
白早稲	1,697	1,461	878	1,170	684	1,150	1,123	936	564	1,365	941	1,095	838	1,150
蛭子糯	738	424	281	675	348									
稲荷早稲	1,034	1,230	890	815										
坂東	2,186	1,663	1,766	1,745	1,917	1,539	2,862	1,988	1,020	1,886	598	1,132	612	
実禄	1,725	1,884	2,430	3,048	2,394					1,620	1,603	1,471	839	
房州	1,499	3,090	1,134	1,890	3,625	4,629	3,351	2,951	—	1,880	2,335	2,856	2,832	2,244
豊姫			661	677										
徳用	1,239	1,406	} 2,354											
出雲				1,923	2,521	1,950	2,080	1,146	695	1,782	1,826	1.350	1,456	943
京早稲				592	673	838	1,385	1,158	752	1,146	1,097	877	1,010	1,501
加賀					1,064	948	804	3,541	1,455	1,832	1,891	1,322	709	319
信濃						873	758							
野寄糯						679	560	578	407	597	368	(288)		
水戸六						1,085	1,425	2,440	1,250	2,324	2,470	1,876	2,911	2,990
上方糯												(325)	668	516
早稲淀禄												(568)	1,404	2,627
浅香(朝賀)														1,190
奥加賀														1,105
	安政2	3	4	5	6	万延1	文久1	2	3	元治1	慶応2	明治1		
総収穫量	13,521把	16,061	12,682	11,770	13,602	14,658	13,370	12,647	15,342	11,948	12,330	12,018		

注) 安政2年以降は総収穫量のみ判明。また( )内は第7表に種籾の記載のないもの。一は種籾の記載があるのに収量記載のないもの。天保12年「米摺立覚」による。

嘉永末乃至安政前期頃から使われ出した早稲淀禄・奥淀禄などは平均収穫量はあまり多くなくないが、四斗と非常に厚蒔きである点をみると、味などの点でよかったので、長く使われるようになったのではないだろうか。これに対し、天保末で姿を消した稲荷早稲・八日早稲・八万石などは、収穫倍率が高いのにもかかわらず、使われなくなったのはなぜであろうか。この点は不明であり、今後の検討課題としたい。一般に言われる晩稲の方が多収量という見解に対し、杉崎家の品種でみる限りは、早稲種の方が収穫量が多いのが特色で、それが今日でも早稲が多く使われている原因であろう。また一方で、江戸に近いため、早場米地帯としての役割も当時からもっていたからであろう。これに対し、信濃や浅香(朝賀)・奥加賀といった短期間に消滅した品種は、収穫量にむらがあるとか、思った程の収穫量が上がらなかった等の理由によるものではなかろうか。

第9表　品種別収穫倍率

品　　種	収穫倍率	平均倍率	年数
白早稲	22〜57	40.5	14
京早稲	24〜69	39.8	11
坂東	20〜45	36.3	13
○房州	18〜60	32.9	13
○実禄	11〜58	31.9	9
蛭子糯	18〜46	30.8	5
野寄糯	19〜45	30.7	6
加賀	9〜70	28.1	10
○水戸六	12〜43	28.1	9
出雲	9〜37	27.3	11
上方糯	16〜26	20.0	3
早稲淀禄	14〜28	19.6	7
○奥淀禄	13〜23	17.7	4
稲荷早稲	32〜49	39.3	4
八万石	32〜35	33.5	2
八日早稲	14〜34	24.5	4

注）○印は晩稲。

注

(1)　弘化二年「当座諸入用并頼母子種置籾挽米之扣」、菅谷豊三家文書。

(2)　元木靖、兼子順「近世後半以降における水稲品種変遷の一形態」、埼玉大学紀要人文科学編第二六巻。

(3)(4)(5)　「稲束之覚」。

(6)　収穫倍率の算出方法は、各品種毎に毎年の播種量と、その年の収穫稲束数を比べ、稲束数は玄米一俵(四斗)当り一〇〇把として、稲束数を石高にかえ、それを播種量で除して毎年の収穫倍率を出したものの上限と下限を示したものである。それを使用年数で除したものが平均収穫倍率であ

経営帳簿(収入)

貸金利息分	惣米代金	雑穀代金	無尽落金	領主御下金	その他	合計
	29両3分 42匁5分4厘	3分 2貫337文		1両1分1朱 117文	3分 5貫860文	49両1朱 153文
2両2分3朱 2貫186文	35両3分3朱 158文	2分1朱 5貫670文		1分 112文		45両2分3朱 610文
2両3分 3貫189文	37両1分 735文	2分2朱 8貫980文				66両 400文
3両3分2朱 5貫323文	24両1分2朱 18匁1分3厘 5貫607文	1両2朱 4貫655文	25両 200文	1両3分 389文		70両1分2朱 649文
7両1分2朱 7貫619文	32両2朱 34匁9厘1毛 670文	3分 5貫140文		324文	200文	52両3分 282文
7両1分2朱 6匁5分7厘8毛 5貫951文	31両 47匁552 954文	2両2分1朱 7貫236文	5両2分2朱 1貫54文	178文	500文	67両3分3朱 116文
9両1分2朱 3貫572文	45両1分 16匁8毛 1貫978文	1両1分 20貫756文	2分		692文	86両2朱 481文
10両3分2朱 3貫694文	39両2分2朱 607文	2両2分3朱 5貫710文	3両3朱		2両1分2朱 1貫440文	90両3分2朱 268文
8両3分2朱 9匁 2貫210文	38両3分2朱 4貫817文	1分2朱 6貫514文		2朱 167文	2分 2貫600文	75両2分 627文
4両3分2朱 4貫57文	27両1分1朱 784文	2両3分 5匁75 31貫785文			1分 456文	121両2分3朱 145文
7両1分1朱 6匁7分5厘 346文	61両2分2朱 1貫259文	1両1分 6匁 24貫485文	2朱	1両1分2朱 1貫19文	3両1分2朱 6貫112文	107両1分1朱 570文
4両2分3朱 3匁 3貫431文	42両2分 6匁5分2厘 1貫490文	1両1分2朱 9匁23 28貫824文	3分2朱 557文	350文	51両2分2朱 (売地) 900文	125両3分1朱 6文
5両3分2朱 4貫802文	44両3分2朱 248文	3分 14貫548文	800		2朱 200文	75両1分2朱 789文
3両 3貫649文	45両2分 7分3厘 7貫690文	2分 16貫215文	1貫文	772文	200文	80両3分 731文
3両1分2朱 1貫807文	60両3分2朱 19匁8厘4毛 4貫427文	2分 4貫313文	406文			78両2分 277文
6両1分 15匁 1貫930文	43両1分2朱 38匁8分8厘 1貫12文	1両1分 5貫170文	1貫300文			101両2分 287文

第10表　杉崎家の

	前年繰越金	貸金元金分
天保 12	5両1朱 951文	9両(利息込み) 2貫977文
13	1両2分2朱 3貫200文	3両
14	7両1分 1貫514文	16両
弘化 1	2分2朱 2貫900文	10両2分
2	3両 2貫373文	6両2分
3	3両1分2朱 1貫834文	14両1分2朱 365文
4	14両1分2朱 3貫884文	10両
嘉永 1	13両1分2朱 3貫213文	16両2分
2	11両2分 153文	10両2分2朱
3	8両3分 724文	71両1分2朱
4	7両1分 1貫672文	19両1分
5	13両3分 3貫62文	4両2分2朱 1匁7分
6	9両3分2朱 4貫564文	8両2朱
安政 1	5両2分2朱 116文	21両2分2朱
2	5両 424文	6両3分
3	6両 636文	42両1分 750文

注）「大積帳」により作成。

る。これは各品種毎の収積高が稲束数でしか判明しないためである。また、収穫稲束数は天保十二年から安政元年迄しか判明しないので、白早稲のように二〇年間以上播種量が判明していても、安政元年迄しか算出できないため、それ迄の一四年間の平均収穫高を出してある。従って安政元年以降使われた品種については算出していない。

4　農業経営の収支

a　収入

杉崎家の経営帳簿として最も整っているのは「大積帳」である。しかしこれは残念なことに天保十二年から安政三年迄の一六年分しかなく、天保飢饉の時の経営状態やそれをどう乗り越えて来たか、また安政四年以降の動乱期の変化を追えないのが惜しまれる。しかしこの帳簿により幕末期の杉崎家の大凡の経営状態はわかるので、以下にまず第10表によって収入の面から検討して行く。

総収入は天保期から時代が下るにつれ徐々に増加し、嘉永五年の一二二五両余がピークとなって、また逓減している。この嘉永五年の一二二五両中には、土地代金が五一両余も含まれているので、これを除けば七四両余に減るから、平常経営のピークは嘉永三年の一一二一両が最高といえよう。しかし、最幕末の分が不明であり、米価・雑穀類の値上がりを考えればさらに収入は増加している。なぜなら慶応二年には売払代金だけで一九三両に達しているのであるから(第11表)。収入の内訳では、その大きな部分が米の売米代金と貸金機能による貸金元利分によって占められている。中でも米の売払代金が最も多く、年によって変動があるが、だいたい総収入の五〇〜七〇％を占めている。この米穀には自作地の分と小作地経営による附米の分がある。この外小商品作物生産による雑穀代金や臨時的な収入として無尽・頼母子講などの落金、領主からの利息御下ヶ金・土地売払代金(嘉永五年)などがある。以下に米穀販売、小商品作物生産、貸金機能、地主経営について検討する。

米穀販売　第11表の売米量は一般には飯米や年貢米・種籾等を除いたものであり、従ってこれが杉崎家の全生産量ではない。しかもこの中には小作米や領主への御用金に対する代米としての領主米一部も含まれている(後述)。売米量は、天保期は五〇〜九〇俵、弘化期が四二〜九〇俵、嘉永期が三六〜九一俵、安政期は七四〜一一七俵、万延以降は三八〜九九俵と安政二年の一一七俵をピークに幕末に行く程減少している。弘化二年と慶応二年は飢饉であるため翌年の売米量は低い。しかし、売米代金は豊凶による米相場に左右されるため売米量が多いからといって、必ずしも売米代金も多いとはかぎらない。例えば、一一七俵と最高量を示した安政二年が六一両一分二朱余なのに対し(この年の相場は一両に付、米七斗五升四才)、慶応二年は八一俵二升二合六才の売米量に対し、収入は一九三両二分二朱と安政二年の三倍近い収入を得ている。この年の米相場は一両に付、米一斗六升五合と安政二年の五倍とい

第11表　売米量及び売米代金

年代	売米量(石高)		売米代金	小作米	領主米	平均相場(一両当)
		石 合				石 合
天保12年	62俵	26.871	28両2分2朱，銀36匁7分1厘			0.919
13	80	32.326	35両2分3朱，銭307文		7俵	0.904
14	90	36.747	37両1分，銭735文	5俵	9	0.983
弘化 1	50	20.389	24両，銀18匁1分3厘，銭4貫520文			0.816
2	58	23.200	33両2朱，銀34匁9分1厘，銭607文		17	0.686
3	42	17.100	31両2朱，銭459文			0.548
4	89	35.600	45両3分，銭437文			0.777
嘉永 1	90	36.280	39両2分2朱，銭607文		0石280合	0.913
2	88	35.575	38両，銭3貫865文		1	0.921
3	36	14.671	27両1分1朱，銭784文	0石636合		—
4	85	34.325	61両2分2朱，銭1貫259文		0石325合	0.555
5	91	36.400	43両3分，銀6匁5分2厘，銭1貫490文	6俵	2俵	0.825
6	76	30.591	45両3分2朱，銭248文	15	8	0.666
安政 1	84	33.950	45両2分，銀7分3厘，銭7貫690文	8	8	0.727
2	117	46.800	61両1分2朱，銀9匁8分4厘，銭4貫427文	17	26	0.750
3	95	38.000	45両2分，銀39匁2分，銭1貫12文	49		0.823
4	113	45.200	59両3分3朱，銭5貫840文	28		0.743
5	74	29.600	51両1分2朱，銀13匁2分8厘，銭2貫946文	20	2	0.574
6	110	44.000	73両3分1朱，銀4匁5分9厘，銭4貫95文	19	10	0.590
万延 1	53	21.200	42両2分，銭90文	9		0.498
文久 1	76	30.422	84両1分3朱	16	10	0.360
2	99	36.000	64両，銭1貫20文	19	20	0.569
3	78	31.278	57両2分3朱，銭2貫761文	16		0.5
元治 1	90	36.300	61両2朱，銭7貫460文	22	20	0.585
慶応 1	67	27.090	69両1分3朱	10	16	0.371
2	81	32.422	193両2分2朱	20	20	0.165
3	54	21.700	180両2分1朱		13	0.120
明治 1	47	23.745	124両1分3朱	6		0.181
2	38	15.335	118両1分2朱	4		0.121
3	59	23.650	181両2分，銭128文	3		0.130

注）売米量・小作米・領主米では俵以下は切り捨て，但し，1俵に満たない場合は残した。石高は合以下切り捨て。「米穀売払帳」により作成。

う高値を示しているからである。

米相場をみていくと、一年のうちでも毎月のように変動しており、ここでは年平均の相場を表に示した。この米相場は江戸の相場ではなく、近隣の地払い相場である。天保期は相対的に安く、一両に付九斗以上と一般的にいわれる一両＝一石の相場に近いが、弘化二年の飢饉で翌年の相場は一両に付き五斗四升八合と倍近い高値となる。しかし嘉永元年、二年にまた、九斗台へ回復するが、同二年飢饉にみまわれ、翌三年は再び五斗台と高くなる。そして安政五年以降は一進一退をしながら五斗台を割り込み、慶応二年以降は一斗台という最高値になっていく。このような動勢は幕末期の全国的な現象であり、開港以降の諸物価高騰と連動するもので、各地で飢饉の外、一揆や打ちこわし、ええじゃないかなど国内の社会情勢が騒然としていた時期であり、明治になっても戊辰戦争の影響により、米価高騰は依然続いている。売米量も安政六年の一一〇俵から翌年の万延元年には五三俵に半減し、それ以降は九九俵を最高に一〇〇俵をこえることなく、一進一退しつつ徐々に減少し、明治二年には三八俵まで落ちこむ。しかし、売米代金は米相場の高騰により、左程減少せず、むしろ慶応から明治三年までは先に示したように慶応二年の一九三両を最高に、売米量が少ないのにもかかわらず、一〇〇両以上の収益をあげているのである。しかし、このように幕末になる程売米収入が増加したとしても、大積帳では安政三年以降の収支が不明なので断言はできないが、他の諸物価、例えば干鰯・〆粕などの肥料や日雇人の賃金、生活物資等の高騰が予想されるところから、経営全体では必ずしも大きな利益をあげたとは考えられない。

次に売米先をみると、津出し量は少なく、近隣諸村への地払いや、特定の問屋、主に新町の東屋栄蔵への売却が目立つ程度で、江戸へ回して繰作するような規模ではなかった。この売米の中には、手作米の外に地主作徳としての小作米が含まれているが、その量は左程多くない。これは飯米の方へ回したためと思われる。また、その量は年によって変動があるが、最高は安政三年の四九俵で同年の総売米九五俵の五七％を占めている。この年は小作米の全量を売米の方に回したためであろう（小作米については地主経営の項でふれる）。

領主米の販売については、まず領主への年貢米について触れておくと、伊藤氏への分だけが天保十二年から万延元年迄判明する。(1) それによると、杉崎家は豊凶により差はあるが、だいたい一二俵（弘化二年凶作）から三九俵の間である。本来ならこの年貢米すべてを河岸へ津出しして、江戸へ送るのであるが、天保十二年の例では年貢米一九俵余のうち七俵だけを津出しし、残りの一二俵余は「正月ゟ毎月差出し候御定金引請、米ニ而引落候」と伊藤氏への御定金（御暮金）を差し出している代りに受け取っているのである。さらに弘化三年には「御定金、元利金引受ニ而引落」と、貸付金の元金や利息分としても年貢米を受け取っているのである。その外、板倉氏や清水氏への年貢米についても検討しなければならないが不明である。しかし、このような傾向は幕末期領主の一般的現象であった。この受け取った米を販売にあてたり、自己の飯米にあてたりするもので、第11表にみられる領主米は、このうち販売にあてたもので、最高は安政二年の二六俵から最低二斗八升四夕である。従って受取米をすべて販売に出したとは限らないのである。

小商品作物生産　金額そのものは天保から安政三年迄は二分から最高でも二両二分程で、大したことはないが、安政四年以降はだんだん高くなり、一〇両までになる。(2) 雑穀代金には、大豆・荏・生姜・ゆり・さつま芋・てこ芋・いんげん・大角豆・木綿・西瓜・冬瓜・小豆・栗など二〇種類以上もあり、この外、卵子・うなぎ・竹・小茅などもある。中でも継続的にしかもまとまって販売しているのは、大豆・さつま芋・生姜・ゆり・てこ芋、それに、大角豆・いんげん・小豆などの大豆以外の豆類である。大豆についてみると、最高でも嘉永三年の六俵であり、安政六年頃迄は相場は一俵当り一分二朱から二分ぐらいであるが、万延元年頃から値上がりしだして、一俵当り二分三朱から一両へと上がり、慶応三年には一俵二両三朱にまで値上がりしている。生姜はこの地方の特産であったらしく、量は左程多くないが、継続的に販売用として作られていたようである。さつま芋は弘化三年から嘉永五年ぐらい迄作られたあと、一時とだえ、文久三年から再び作られた。前期では三俵当り、三〇〇文前後だったのが、後期では徐々に値上がりし、慶応元年で一両二分二朱にもなり、明治三年には四両一分二朱までになっている。(3)したがって生産の面で、前期が二斗から四二俵と生産にむらがあり、平均六俵ぐらいなのに対し、後期は値上がりの著しくなった慶応元年から一二俵、一二俵(同二)、一五俵(同三)、二一俵(明治元)、一五俵(同二)、二一俵(同三)と生産が増加して生産量・収入とも一番多くなっている。(4)これと反比例して、大豆と生姜を除いた他の小商品生産は種類も量もぐっと減少している。

貸金機能　貸金機能は単に金の貸付だけではなく、それを通して土地集積が行われ、自作地や地主経営の拡大にも関連しているのである。杉崎家の貸金機能については、「大積帳」から貸金関係を抜き出した第12表と、文久から慶応期にかけての「当座貸金扣帳」を史料として考察してゆく。天保から安政期にかけての貸金の収支については、貸付期間が短期のものと長期のものがあるため、その年の貸金がすべて同年中に回収されたわけではないので、必ずしも新規貸付額と返済額とのバランスはとれていない。また元金の返済は、厳密には収入とみるべきではなく利子分だけを収入とみるべきであるが、ここでは一応両者を一緒に収入と考える。貸付金は年によって差があるが、嘉永五年の六八両三分を除けば三〇両前後以下である。返済の方は嘉永元年の七一両一分余と安政三年の四二両一分余を除けば二〇両前後以下であり、先に述べたように貸付額と返済額のバランスはとれていない。利子収入も最高は嘉永元年の一〇両三分余で、あとはそれ以下である。しかし、この利子収入は恒常的収入源としては米穀売上代金に次いで大きなものである。この貸付額を第13表の文久以降でみると、文久元年は九五両三分余、同二年では三四両一分余、同三年一四〇両一分余、慶応二年二六七両一分余と、天保から安政期に比べればかなり高額になっている。その利子分については、すべてに利子が記載されているわけではないので正確にはつかめないが、慶応二年の例では最低二七両余は得ており、米穀販売についでの収入源となっている。

一口当りの貸付額についてみると、天保十三年から弘化二年の元金返済分が若干わかる。第12表によると、天保十三年には米込三番割の弥次右衛門が三両、同十四年には万力村の久兵衛と三番割の与右衛門の二人で一六両、弘化元年では杉崎家の隣家の庄兵衛が一〇両二分、同二年では万力村佐五郎と米込村替地の義兵衛の二人で六両二分を各々返済しており、一口当りは一〇両以下であったようである。

第12表　新規貸付金と返済金

年代	貸付金	返済金	
		元金	利息
天保12	10両	9両余(利息込)	
13	3両1分	3両	2両2分3朱
14	25両2分	16両	2両3分
弘化 1	29両2分2朱	10両2分	3両3分2朱
2	5両3分	6両2分	7両1分2朱
3	21両1分	14両1分2朱	7両1分2朱
4	21両2分2朱	10両	9両1分2朱
嘉永 1	9両2分	16両2分	10両3分2朱
2	12両3分	10両2分2朱	8両3分2朱
3	6両3分3朱	71両1分2朱	4両3分2朱
4	13両3分2朱	19両1分	7両1分1朱
5	68両3分	4両2分2朱	4両2分3朱
6	3分2朱	8両2朱	5両3分2朱
安政1	13両，120文	21両2分2朱	3両
2	25両1分3朱	6両3分	3両1分2朱
3	34両	42両1分	6両1分

注）貸付金・返済金ともに，銀・銭の分は除いてある。「大積帳」により作成。

文久以降については、個々の貸付額がわかり、第13表にみる如く文久元年では貸付口数三四口、三〇人(同一人は省く)、最低二朱から最高一〇両、同二年では四二口、二二人、最低一〇〇文から最高一〇両余、同三年では五〇口、三〇人、最低四八文から最高一五両、慶応二年では四四口、三五人、最低二朱から最高二五両となっており、多くは五両以下である。このように一口当りの貸付額は小口である。利息については文久期が月に一割二分であるところから、天保・安政期も同様であったであろう。この利息は第10表の如く二両

第13表 村別貸付金

	文久 1	同 2	同 3	慶応 2
米込村	17口，15人 30両3分1朱 1貫700文	34口，15人 20両3分 銭5貫343文	36口，17人 63両2分3朱 銭2貫851文	21口，16人 134両2朱
万力村	8口，8人 40両1分	2口，2人 12両	6口，5人 49両2分	12口，10人 96両2分3朱
堀之内村	4口，3人 11両2分	2口，2人 2分 銭100文	5口，5人 5両2分1朱 銭14文	8口，6人 28両2分
新町村	4口，3人 11両3朱	1口，1人 銭400文		
入野村			1口，1人 1分	2口，2人 7両
万歳村	1口，1人 2両	3口，2人 1両，銭1100文		1口，1人 1両
府馬村			2口，2人 21両	
合計	34口，30人 95両3分 銭1貫700文	42口，22人 34両1分 銭6貫943文	50口，30人 140両1分 銭2貫865文	44口，35人 267両1分1朱

注） 各年の「当座貸金扣帳」により作成。

二分余から一〇両三分余と一定の収入を得ている。文久・慶応期では貸付高が増加しているせいもあり、利息も多く、慶応二年では明確な分だけでも二七両二分余となっている。次に貸付先はどうであろうか。第13表によって文久・慶応期について村別にみると、文久元年では万力村の方が多いものの、文久二年以後は杉崎家の居村米込村がいちばん多く、慶応二年では全貸付額二六七両余のうち一六五両余と六二%を占めている。

次いで万力村・堀之内村・入野村と近隣諸村に多い。他に万歳村・府馬村と少し離れた村へも小口を貸し付けているが、基本的には居村米込村を中心に近隣諸村への小口金融が主体であった。貸付に当っては大口（一〇両以上）の場合は田地の質地証文をとったり、大豆二俵を質物にとるなどしていた。しかし返済不能により、田地が流れ杉崎家の手に渡った場合もあった。土地の集積は、このように貸金機能による場合と、直接の土地購入による場合とがあり、杉崎家の自作地または小作地になっていった。

地主経営 杉崎家の地主経営は、これ迄検討した諸種の史料からみて幕末頃から行われたと思われる。天保期から安政期にどのくらい小作地があったか不明であるが、慶応元年の「田畑小作帳」によると、第14表の如くで、同年の小作地は、田一町七反一歩九厘、畑一町八畝三歩、屋敷五畝の計二町八反三畝四歩九厘で、その附米は一八石七斗五升五合五夕三才である。文久四年(元治元年)の同家の持高が二八石四斗二合五夕であるので、小作地の割合は高で六六%、面積で幕末期を五町ぐらいとみれば五〇〜六〇%近くを占める。従って小作地の比率の方が杉崎家の経営では高いのである。先の慶応元年の小作地の内訳をみると、大は六反五畝(附米六石一斗一升)から、小は二歩九厘(附米一升五合五夕)で、平均は一反前後である。これら小作地を一二人の小作人に貸し付けている。小作人を村別にみると、米込村・万力村・堀之内村の三カ村に分布している。万力村と堀之内村もともに米込村の近隣の村である。このうち、米込村の小作地は一町四反八畝六歩で、全体の八八%を占めている。つまり小作地はほとんど自村に持っていたのであり、かつ、地主杉崎家が居村し、直接地主経営をしていることから、村方地主といえる。さらに畑についてみると、米込村の小作地のうち堀田畑とは沖と呼ばれる三番割にある畑で、ここはかつての椿海の湖底の中心部に当るところで、生産力が低いところである。それは附米の高でもわかる。即ち喜左衛門の耕す堀田畑五反歩の附米は二斗であるのに、与左

第14表　慶応元年の小作地

	面積	附米	村名	人名
	反畝歩	石 合夕才		
田	6.5.0	6.110.00	米込	与左衛門
〃	4.2.0	3.948.0	〃	〃
堀田畑	1.2.16	0.226.0	〃	市左衛門
田	0.3.12	0.476.0	堀之内	治左衛門
〃	0.2.12	0.286.8	〃	〃
〃	0.0.18	0.083.83	米込	伝兵衛
〃	2歩9厘	0.015.5	堀之内	七左衛門
〃	0.6.2	0.843.0	米込	弥次右衛門
〃	0.3.22	0.441.0	〃	友左衛門
〃	0.2.1	0.442.0	〃	市左衛門
〃	1.6.2	1.600.0	堀之内	惣左衛門
〃	1.1.0	1.200.0	〃	〃
砂畑	1.2.0	0.300.0	万力	重郎兵衛
堀田畑	2.5.0	1.000.0	米込	市左衛門
〃	0.3.10	0.093.0	〃	権兵衛
〃	5.0.0	0.900.0	〃	喜左衛門
〃	0.5.7	0.200.0	〃	市左衛門
田	1.7.20	0.688.4	〃	〃
屋敷	0.5.0	1朱	〃	権兵衛
計	町 反畝歩厘 2.8.3.4.9	石 合夕才 18.755.53		

注)　田に等級はついてない。慶応元年「田畑小作帳」より作成。

衛門の耕す四反二畝の田は三石九斗余と大きな差がある。このような堀田畑が、面積で九反六畝三歩、高で二石四斗一升九合あり、これに万力村の砂畑一反二畝を加えると、畑はすべて生産力の低いところであり、それが小作地全体の三七％を占めるのである。もっとも附米高では全体の一四・五％にしかならない。この点からみれば杉崎家の地主経営は自村を中心とする水田収入に基礎をおく小規模の村方地主的経営であったと言えよう。

次に、小作米の売米状況については、先の第11表にみる如く、天保十四年以降みられ、その売米量は安政三年の四九俵を除けば、おおむね二〇俵以下で必ずしも多くはない。先の慶応元年の小作附米の一八石余は四斗俵で四五俵となり、翌年の小作売米が二〇俵であるところから約半分を売米に出し、残りは飯米や年貢米などにあてたものであろう。従って安政三年を除けば、小作米は全量を売米としていたのではないと言える。小作地の集積については先述の如く、貸金機能や直接的土地買入によって行われたのであるが、それを具体的にみると、まず土地買入の面では先述の如く、米込村や堀之内村・新町村で田地を買い入れているが、新町村の土地は第14表にみえないので、その後売り払ったかしたのであろう。

弘化二年に流質地に三両を加えて買い入れた米込村三番割の堀田畑二反五畝は、第14表にみえており、小作人は同村の市左衛門となっている。従って市左衛門が手放し、小作人になったものと思われる。市左衛門は、同表によれば、他に三反七畝一四歩を小作している。この市左衛門は、文久四年の「宗門人別改帳」では持高五斗六合七才とあるところから、小自作を行っていたものと思われる。このような流質地による集積は、むしろ貸金機能による場合の方が顕著である。即ち、同村、沖(三番割)の喜左衛門は、文久二年に一両三分、同三年に一両を杉崎家から借金し、同時に担保としてそれぞれ田地の質地証文を預けている。しかし両年とも返済しておらず、その田畑は流れ、杉崎家の所有となった。第14表によると、堀田畑五反歩は喜左衛門が小作人となっているところから、先の田畑を失った喜左衛門は、そのまま杉崎家の小作人になったのであろう。当時の質入値段は不明であるが、文化十四年の万力村の例では砂畑一反に付二分、下々畑は三分であるので、(5)幕末期の質入値段の値上がりを考慮に入れれば、二両三分で五反ぐらいの堀田畑にあたるであろう。

この喜左衛門は文久四年の「宗門人別帳」では、持高四石一斗二升九合六夕であるところから自作地の一部を杉崎家に質入れし、それが流れてそのままその畑の小作人となり、残った自作地を耕す一方で小作人でもある自小作経営を営んでいたものと思われる。同様に、堀之内村の治左衛門は文久三年に二分を杉崎家より借りて質地証文を預けている。この場合も借金は返せず、田地は流れ杉崎家の所有に帰している。第14表によれば、この治左衛門が田三畝一二歩の小作人となっていることから、恐らくこの時の流地ではなかろうか。さらにこのような例は同家の小作人となっている伝兵衛・与左衛門らも同家から度々借金しているところから、いつかの時点で(恐らく幕末期であろう)自作地を手放して小作人に転落したものではなかろうか。なぜならば、先の文久四年の「宗門人別帳」によれば伝兵衛は無高、与左衛門は一石四斗八升五合六夕と無高またはわずかの持高しかないところから、上記のような小作地への依存、逆に言えば自作地経営の悪化により自作地の全部または一部を手放し、まったくの小作人となるか、小自作か自小作へ転落したものである。このように借金による流質地→小作人化の現象は、災害や年貢過重を契機としておこるのであり、干潟地域における農村荒廃の一現象とみることができよう。同時に杉崎家の土地集積の主要因となっているのである。

以上、杉崎家の経営(収入)は、自作地経営や地主経営による米穀販売と、小商品作物生産による一般的農業経営部分と、貸金機能部分とからなっていた。そして、その地主経営や貸金機能は自村を中心に近隣諸村の範囲内での

経営帳簿(支出)

三給入用	伊藤暮金	土地買入	新規貸金	その他	合　計	差引残高
3両1分1朱 1貫395文	7両3分		10両	2両2分 1匁 14貫883文	44両1朱 112文	5両 41文
	5両2分1朱	2両2分 144	3両1分	6両2朱 18貫502文	42両3朱 744文	3両1分 1貫514文
	6両1分	6両	25両2分	5両3分 14匁5厘 22貫68文	64両3分2朱 810文	2分2朱 2貫900文
1両3分 1貫552文	3両1分2朱	10両2分	29両2分2朱	5両3分 6匁6分5厘 18貫902文	67両 748文	3両1分 725文
2両2朱 3貫756文	2両1分2朱	3両	5両3分	11両3分1朱 29匁3分5厘 16貫775文	49両2朱 100文	3両2分2朱 182文
1両2分2朱	5両2分		21両1分	6両 3匁7分5厘 28貫222文	52両3分2朱 764文	14両3分2朱 584文
3両3分 5貫8文	5両2朱		21両2分2朱	6両1分 44匁 21貫918文	70両1分2朱 568文	15両2分2朱 737文
1両2分 2貫616文	6両1分2朱		9両2分	38両2分1朱 11匁2分麦1俵 29貫209米1俵	79両1分1朱 516文	11両2分 153文
3両2朱 4貫424文	5両1分2朱		12両3分	21両 86匁1分 39貫609文	66両2分2朱 703文	8両3分 724文
2両 3貫490文	5両3分	62両2分	6両3分3朱	10両3分 23匁7分5厘 29貫578文	114両1朱 721文	7両1分 1貫672文
4両2朱 3貫530文		20両2分1朱	13両3分2朱	22両3分 98匁2分8厘 38貫43文	93両1朱 610文	13両3分 3貫60文
2両3分 3貫329文	3両1分2朱		68両3分	14両2朱 100匁2分5厘 36貫635文	115両3朱 238文	10両2分1朱 164文
3両2朱 3貫607文	10両		3分2朱	16両3分2朱 211匁2分 29貫656文	67両2分2朱 785文	5両2分2朱 816文
2両3分 3貫960文	14両2朱		13両 120文	20両2朱 3匁7分 27貫715文	75両3分 307文	5両 424文
2両1分 3貫352文			25両1分3朱	14両3分3朱 36匁 25貫754文	72両1分3朱 57文	6両 632文
3両1分2朱 2貫535文			34両	26両1分 45匁5分 26貫98文	91両3分 384文	9両3分 103文

「大積帳」により作成。

第15表　杉崎家の

年代	男女給金	無尽掛金	農具代	肥塩代	職人手間	魚油種〆賃	医薬代
天保12	4両1分1朱 700文	3両2分3朱 1貫215文	2分3朱 5貫733文	5両2朱 8匁4分 2貫681文	1朱 1貫540文	1貫942文	1両3分3朱 1貫402文
13	9両2分2朱	3両2分3朱 1貫33文	2分1朱 4貫692文	3両1分1朱 2貫447文	3朱 427文	1貫688文	3分2朱 3貫2文
14	5両1分2朱	2両1分 2貫513文	4貫771文	4両3分 6匁 4貫988文	300文	1貫	2朱 2貫540文
弘化1	4両3分2朱 4貫957文	2分2朱 706文	2分3朱 5貫688文	3両1分3朱 50匁5分9厘 3貫283文	3分2朱	1貫456文	3分 1貫607文
2	6両 262文	2朱 20文	6両2分 (馬一疋) 5貫252文	4両2分1朱 10匁2分7厘5毛 4貫132文	1貫578文	2朱 992文	1貫720文
3	6両2分 524文	3分 372文	2分2朱 7貫690文	2両1分 11匁2分5厘 5貫136文		1貫588文	1両 2貫271文
4	3両2分 2貫72文	1両2朱 1貫774文	2両1分2朱 5貫466文	9両 34匁1分6厘 6貫759文	8両3分 4貫369文	1貫644文	1分2朱 1貫684文
嘉永1	1両3分 1貫844文	3両1分2朱 2貫224文	1分2朱 2貫240文	4両3分 4貫411文	3両 12匁 2貫545文	1貫884文	3分2朱 4貫818文
2	4両3分 200文	1両3分2朱 1貫171文	1分 3貫316文	5両3分2朱 17匁3分5厘 7貫511文	1分 1貫567文	1貫460文	1分2朱 770文
3	5両2朱 718文	4両2朱 530文	3分2朱 4貫641文	5両1分 4貫663文	1分2朱 1貫914文	2貫300文	1両2朱 740文
4	8両2分	3両3分1朱 980文	3分 4貫440文	5両2分2朱 17匁2分4厘 4貫156文	1分 1貫753文	2貫824文	1両3分 1貫384文
5	7両2分	3両1朱 1貫329文	1両 4貫594文	3両2朱 10匁5分3厘 2貫830文	1分2朱 718文	3貫44文	2分 4貫192文
6	11両2分2朱	3両1朱 1貫550文	5両2朱 (馬一疋) 5匁,6貫892文	3両2分1朱 42匁5分 1貫95文	1両2分 5匁 1貫331文	928文	3分 1貫180文
安政1	5両1分	2両3分3朱 2貫175文	2両1分3朱 5貫264文	5両 4貫34文	1分3朱 1貫994文	1貫116文	3分2朱 3貫574文
2	6両2分2朱	4両2分2朱 3貫18文	1両1朱 3貫620文	6両2分2朱 12匁 3貫342文	1分2朱 2貫200文	1貫657文	2両2分3朱 3貫763文
3	13両1分2朱 235文	2両3朱	2朱 1貫657文	3両3分 924文	2分1朱 582文	1貫572文	2分 2貫160文

注）その他の中には，小遣い・酒肴代・臨時入用・紺屋染賃・家具代・日用駄賃・綿打賃などが含まれる。

小規模なものであったといえよう。

注
(1) 天保十二年「御年貢帳」。
(2)(3)(4) 「米穀売払帳」。
(5) 文化十四年「万力村村鑑明細帳」、平山忠義家文書。

b　支出と純利益

次に支出について検討すると、第15表の如くで、支出の面も天保十二年から安政三年迄しか判明しない。総体的に収入の伸びに従って支出も漸次増加しており、嘉永五年の一一五両余がピーク(収入も同年がピーク)で、次いで同三年の一一四両余となっている。まず純利益についてみると、収入から支出分を差し引いた残りが純利益であり、これが翌年への繰越金となっている。但し、純利益と翌年への繰越金とが若干違っている場合がある。これは、帳簿を〆たあと、若干の出入があるためである。純利益の一番出たのは弘化四年の一五両余であるが、総じて嘉永年間が高い利益をあげている。しかも、どの年も赤字にならず純利益が出ている。この純利益が翌年への繰越金となって翌年の収入の一部になっているため、これを除いて純粋に一年間の収入分と支出分とを比較すると、第16表の如くなる。[1] これによると、天保十二年から安政三年迄の一六年間に赤字の年が八年と半分もある。これらの赤字は前年度の繰越金で穴うめしているためにすべての年で黒字がでていたのである。従って各年度の純粋な収入と支出との関係、即ち経営収支は必ずしも黒字経営ばかりではないのである。

次に、支出の具体的な考察にはいると、第15表にみる如く、支出については様々なものがあるが、そのうち主なものは男女給金・肥塩代・領主伊藤氏や板倉氏への御用金や御暮金(賄金)、農民への貸付金、それに無尽・頼母子の講金などが恒常的支出である。これに対し臨時的支出では土地買入代金などが大きい。以下に主な支出項目について検討してみる。

男女給金　農作業における労働力については、家族労働の外は年により差はあるが、先に述べた如く一人から五人ぐらいの日雇労働力に依存している。その給金は嘉永元年が一両三分余と一番少なく、安政三年が一三両一分余と一番多い、そして総じて年代が下るに従って徐々に高くなっている。これは杉崎家の経営の拡大によるというよりも、手間賃の高騰による方が大であろう。それは、先の第6表によれば、慶応二年には六人で延べ二〇八人手間で一〇両二分余に対し、同三年では五人で延べ一七九人手間で、一四両二朱余と後者の方が延人数で少ないにもかかわらず、給金で三両二分余も高くなっていることで明らかである。総支出に対する給金の割合をみると、先に述べた最高の安政三年の場合支出に占める割合は一四・六%であるが、天保十三年は二二・八%と一番高く、総じて支出額の少なかった天保から弘化期の方が嘉永以降より占める割合は高いといえる。

第16表　各年分の純粋な収支

年代	差引額		収支
天保12	−3朱	銭　98文	赤　字
13	＋1両1分2朱	〃　332文	黒　字
14	−7両1分2朱	〃　706文	赤　字
弘化 1	＋2両1分	〃　250文	黒　字
2	＋1分	〃　246文	〃
3	＋11両1分	〃　361文	〃
4	＋3分	〃　91文	〃
嘉永 1	−2両1分1朱	〃　211文	赤　字
2	−2両2分2朱	〃　229文	〃
3	−1両1分1朱	〃　100文	〃
4	＋6両2分3朱	〃　288文	黒　字
5	−3両2分2朱	〃　94文	赤　字
6	−2両3分1朱	〃　226文	〃
安政 1	−2分1朱	〃　98文	〃
2	＋1両	〃　208文	黒　字
3	＋3両2分2朱	〃　103文	〃

無尽・頼母子講の掛金　第10表の収入欄でみた如く、時に二五両といった大金を落として収入とすることができたので、経営における臨時収入を期待できたのであろうが、その掛金は、弘化期を除くと、二両から四両と毎年比較的大金を掛けており、

落金としての収入は二五両以外は左程多くなく、あまり有利な運用ではなかったように思われる。

肥塩代　主に干鰯や〆粕など金肥の購入代金であり、中でも干鰯が中心であった。この時期の干鰯相場の変動が激しいため代金は一定していない。最高は弘化四年の九両余で、他の年はだいたい三両から六両ぐらいである。この時期の干鰯の使用量は不明であるが、安政六年から明治二年迄の干鰯使用量と代金は先の第4表の如くで、その使用量はだいたい一〇俵から二〇俵ぐらいであった。しかし、干鰯相場は一両に付四俵（安政六年）から一俵（慶応三年）と年により四倍からの差がある。この結果、代金も一両余から二〇両と大きな差になっている。従って天保から安政期も代金は塩代や〆粕代を差し引き、干鰯相場の変動を考慮すれば、だいたい一〇俵から二〇俵の間で使用したと考えられる。この肥塩代の支出に占める割合はだいたい八％から一五％ぐらいである。

領主関係支出　この支出は一つは米込村が清水家・板倉氏・伊藤氏の三給と、幕領とからなる村であったため、これらへの村入用や溜井普請金・御用金・検見費用、さらには嘉永四、五年のように浪士掛り費用などの支出と、杉崎家が伊藤氏領の年貢が一番多いせいか、伊藤氏領関係の農民への御暮金（地頭賄金）の支出とがある。両者とも高割で掛けられたものであろう。このうち前者はだいたい一両二分余から四両二朱ぐらいであり、杉崎家はこの時期二八石余の上層農民であり、組頭を勤めていた関係から一般農民より多い支出であったと思われる。

そして、時に板倉氏や伊藤氏に御用金を高割で貸し付けていたようであるが、その返済は第10表の収入の欄にある如く、一分余（天保十三年）や三二四文（弘化二年）、一七八文（同三年）などわずかしか戻って来てない。後者は伊藤氏の財政困窮により村方へ要求してきたものである。このような傾向は、幕末期には旗本一般にみられるところであるが、特に伊藤氏は知行高五〇〇石（のち五七三石）の全部を同村に持っていたため、財政面で村方に全面的に頼ってきているのである。残念ながら、領主関係の史料が残存しないため、詳細は不明であるが、御暮金（地頭賄金）

についてみると、その高は最低二両一分余(弘化二年)から最高一四両二朱(安政元年)に及んでおり、かなりの支出であった。従って弘化三年には農民間で申し合せでもしたのであろうか、前年の三両一分余から一両減じ、二両一分余に切り下げている。しかし翌年には五両二分と倍にはね上がっており、以後五両、六両と続く。これが嘉永六年には一〇両一分余、安政元年には最高の一四両二朱となり、これ以後みられなくなる(原因は不明)。この御暮金も年貢米を担保としてのものであり、その担保以上の額になると貸付金となるのであるが、その返済は、御用金貸付同様、ごくわずかの利息や返金があるだけで、実際には貸倒れで戻ってはこなかったと思われる。両者合せての支出額の総支出に占める割合はかなり高く、安政元年には二二・四%、天保十二年には二五%を占め、平均でも一〇%前後を占めており、恒常的支出としては新規貸付金に次いで多いものである。

新規貸付金　これについては、貸金機能の項で詳しく述べたので、ここでは簡単にふれるだけにする。貸付額の最高は嘉永五年の六八両三分で、これはこの年の総支出の六〇%近くに達している。この年を除いた平均の貸付額は一五両二分余であり、恒常的支出では一番高く、貸金機能の経営に占める比重が高かったことを物語っている。

そ　の　他　以上の支出の外、日常の小遣い・酒肴、さらに綿打賃・家具代・日用駄賃・臨時入用などの雑支出の中で注目されるのは嘉永元年の三一両一分の支出であり、この内訳は親族の弥平の西国巡拝のための費用が一四両一分、それに悴長蔵(後の信之祐)の嫁取の費用が七両三分、府馬村の伯母の婚礼に四両二分と米麦各一俵を支出するなど臨時的支出が含まれているからである。この外農民が再生産不能な農具は年々一定の割合で支出されているが、これらの金額では鍬一丁が一分二〇〇文程であったから、鍬・鋤・鎌程度の買入れであったろう。ただ大きな支出としては弘化二年の六両一分と嘉永六年の五両二朱があるが、いずれも馬一疋を買い入れたものであり、杉崎家では馬を恒常的な労働力として使用していたことがわかる。また臨時的な支出として大きいのは土地買入れであり、

第17表　土地入手方法ともとの所持者

年　代	も　と　の　所　持　者	購入方法
天保13	堀之内村，金兵衛	買　　取
〃 14	同上，妙見堂	〃
弘化 1	新町村，佐次郎	〃
〃 2	米込村三番割庚申前，堀田畑2反5畝(所持者不詳)	流 質 地
嘉永 3	(米込村)新屋敷の田地	買　　取
〃 4	(同上)小左衛門	〃

注）「大積帳」により作成。

田地の直接買入れや、弘化二年の如く貸金の折、年季質入させていた土地が流質地となったので、増金を付けて所有したものもある。中でも嘉永三年の六二両二分の支出は、「新屋敷ゟ譲受候地面引受代金」と記され、質入れによらない田地の買入れと思われるが、この田地がどのくらいの面積かは不明である。これら買い入れた土地のもとの所有者をみると第17表の如くで、米込村と近隣の堀之内村・新町村の三ヵ村である。このようにして集積した土地は、小作地として村方地主経営の基盤となった。即ち、先述の流質地となった弘化二年の三番割の堀田畑二反五畝は、慶応元年の小作帳に小作地として記載されており、小作人は同村の市左衛門になっている。恐らくこの市左衛門が手放したもので、自らは小作人になったものであろう。このように、この土地買入れは、地主経営の拡大にも関連するのである。これらの土地買入れのための支出は、大きな額のため各年の総支出に占める割合は高く、先の嘉永三年の六二両二分はこの年の総支出の五四％と半分以上を占め、同様に翌四年の二〇両二分余は二三％、弘化元年の一〇両二分は一五％を占めている。

注

(1)　この計算方法は、収入から前年度の繰越金(第10表に記載された繰越金)を差し引き、純粋な一年間の収入分を出す。その純粋な収入分から支出分を差し引いた残りがマイナスであれば赤字、プラスであれば黒字となる。この時、銭の引算には各年の銭と両との平均交換比率を使う(この交換比率は三井高維『新稿両替年代記関鍵』考証篇第一巻による)。例えば天保十二年の場合を例にとれば、同年の両と銭

との平均交換比率は一両に付六貫五〇〇文であるので、これを使って計算式を出すと、

49両1朱153文	－	5両1朱951	≒	43両3分2朱14文
(天保12年の収入分)		(前年度繰越金)		(純粋な収入分)
43両3分2朱14文	－	44両1朱112文	≒	－3朱98文
(純粋な収入分)		(天保12年の支出分)		(赤字)

と、差し引き三朱九八文の赤字となる。

5　要　約——性学仕法との差——

以上述べてきたように、農作業の面では、干潟地域のような稲作中心の地域にあっては金肥の導入等により味のよい、多収穫、災害等に強い稲作品種を追求して営々と苦心を重ねており、江戸近郊の早場米地帯としての役割を担っていた。それは今日にいたる迄続いている。その稲作の補助的役割として小商品作物生産が行われていた。このような杉崎家のような経営方法に対し、性学仕法は金肥の導入や小商品作物生産を否定して主穀生産を中心とし、かつ労働力の面では道友による労働力提供をうけるという、自給自足的農業を目指したものであり、きわだった対照をなしていたといえる。

農業経営の面では、杉崎家の経営には三つの柱があり、それは自作地経営、貸金機能、地主経営である。収入の中心は自作地経営と地主経営による米穀販売であり、それに貸金機能が徐々に経営上比重を高めていった。地主経営は所有地のおよそ半分が小作地にあてられており、米穀販売の一翼を担っていた。しかし、杉崎家の村方地主としてのその地主経営は小規模なものであり、経営において全面的に依拠できるものではなかった。同時に、貸金機

能もその利子だけの運用によっていたものではなく、米穀販売での利益を運用し、流質地や田地の買入れ等により、小作地の増加拡大（地主経営の拡大）をもたらし、米穀販売を増加させるという相互に連動しあう機能を持っていたといえよう。

今後の課題として、同じ東総地域の別の村の農業経営及び地主経営の実態と比較検討したり、性学仕法を行った家の経営帳簿などの分析をして、一般的な農業経営と性学仕法との相違をもっと明確に打ち出してみたい。また稲の品種の変遷と、その収穫量との関係について、明治以後も検討して品種の変遷がどのような理由によるものか考察してみたい。

最後に所蔵者を注記した史料の外はすべて杉崎栄家文書によっている。この貴重な史料を快く拝見させて下さった杉崎栄氏に対し、また他のご所蔵者の方々に対しても深謝する次第である。

（和泉　清司）

五 「天保水滸伝」の世界

「利根の川風、袂に入れて、月に棹さす高瀬舟、人目関の戸叩くは川の水にせかれるくいな鳥、恋の八月、大利根月夜、佐原囃子の音も冴えわたり、よしの葉末に露おくところは、飛ぶや螢のそこかしこ…(中略)…されば天保十二年、抜けば玉散る長脇差、飯岡笹川しのぎを削る、伝え伝えし水滸伝。(1)」

これは、昭和四年に浪曲シナリオ作家・正岡容が脚色し、浪曲の二代目玉川勝太郎で一世を風靡した「天保水滸伝」の有名な一節である。

この「天保水滸伝」については、改めて述べるまでもない。下総国の侠客伝で、天保十五年におきた飯岡助五郎と笹川繁蔵との間の縄張りあらそいに端を発する抗争事件(世にいう大利根河原の決闘)を描いた実録である。

本稿では、大原幽学の「周辺」の一環として、この「天保水滸伝」をとりあげ、博徒の世界を追求する。本書の主題である『大原幽学とその周辺』を考える場合、彼をめぐる諸関係のなかで、博徒との関係も見落としてはならない重要な一項目なのである。

その点でまず想起されるのは、幽学が検挙され、自刃に追いやられる契機となった性学の教導所「改心楼」への乱入事件、嘉永四年四月の、いわゆる「牛渡村一件」[2]である。この事件をひきおこした五人のうち、鏑木村の栄助と、船戸村の半次の二人が博徒で、関東取締出役の探索の手先であった。この事件は、関東取締出役の側から始まったことではあるが、同時にまた、博徒たちが幽学に対して、いわゆる「いんねん」をつける機会をうかがっていたとも考えられるのである。[3]幽学の提唱する性学が普及することは、博徒たちに不利な状況を呈することとなり、彼らは幽学の教化に反感をいだいていたのである。

大原幽学と博徒。この関係は、興味あるテーマではあるが、さしあたり本稿においては直接結びつけることはせず、大原幽学の「周辺」、その背景として博徒の世界を位置づけたい。

ところで、博徒の研究といえば、これまでの歴史研究においては、正当な位置を与えられていない。たとえば、田村栄太郎の博徒に関する諸研究[4]も、従来、あまり顧みられることはなかった。「天保水滸伝」を始め、他の諸々の侠客伝にしても、ほとんど「俗伝」としてしか扱われておらず、学問的に看過ないしは軽視されてきたのが実状である。

本稿は、この反省に立ち、「天保水滸伝」を真正面からとらえ、博徒史研究の課題にせまろうとするものである。

注

（1）　安斎竹夫編著『浪曲事典』（「天保水滸伝」十一屋花会）。

（2）（3）　中井信彦『大原幽学』。

（4）　田村栄太郎『一揆・雲助・博徒』、『やくざ考』、『やくざの生活』。

行論の必要上、博徒の研究史をふりかえり、博徒の歴史を追求することの意味を考え、問題点を設定しておきたい。

1　博徒史研究の意義と課題

まず、博徒の「研究史」であるが、実は、これが非常にやっかいな問題なのである。というのは、通常、一般にいう歴史研究上の研究史のように、問題の所在なり、課題なりを整理して位置づけるということが困難なのである。博徒を扱った文献・著作が少ないというのではない。多くの研究業績もあるし、また、いわゆる大衆小説作家とよばれる人たちの作品も加えれば、その数と量は厖大なものとなる。ただ、それらが個々バラバラで、一定の方針のもと、博徒研究史として整理され、位置づけられることが今までなかったということなのである。

博徒といえば、これまでにもいくつかの側面から、たとえば生活史・社会史・風俗史といった視点でとらえられ、叙述されてきた。今後は、これら諸側面を統一させながら、博徒の研究史を学問的に整理する試みが必要なのではなかろうか。本節は、以上の問題意識のもとでの、博徒研究への試みなのである。

冒頭に述べたごとく、博徒に関する文献・著作は数多い。また、いわゆる大衆小説的な作品や、博徒の喧嘩史を好事家的にとりあげたものなども数限りない。そうしたなかで、博徒についての本格的・先駆的な業績もある。戦前においては、たとえば、白柳秀湖『親分子分—俠客篇』(一九一二年)、宮武外骨『賭博史』(一九二三年)、尾佐竹猛『賭博と掏摸の研究』(一九二五年)などがある。また、尾形鶴吉『本邦俠客の研究』(一九三三年)、田村栄太郎『一揆・雲助・博徒』(一九三五年)などもあげられよう。

戦後のものでは、外国人の目からみて博徒の世界をとらえたダレル・ベリガンの『やくざの世界』（一九四八年）、民俗学の視点で博徒をとらえ、日本人の習俗として賭博を考えたものなどがある。[1] さらに、田村栄太郎の『やくざ考』（一九五八年）、『やくざの生活』（一九六四年）などがあげられる。また、博徒史そのものの研究ではないが、現代社会における博徒の世界を対象にしながら、博徒の親分子分関係を追求した岩井弘融『病理集団の構造—親分子分集団研究—』（一九六三年）もある。

さて、博徒研究史を考える場合、以上の研究業績の他に、いわゆる大衆小説作家とよばれる人たちの作品にも注目しなければならない。つまり、長谷川伸や子母沢寛といった人たちの随筆や文芸作品のことである。これらは、今まで学問的に軽視されてきた分野であるが、最近ようやく、これらについても評価しなおすべきだとの意見が出されつつある。たとえば、中井信彦は、「史学としての社会史」についての論稿のなかで、「三田村鳶魚や田村栄太郎など、いわゆる市井の歴史家たちの、講壇の歴史学者が雑書とよんで顧みなかった随筆や文芸作品を駆使した業績にも、見直され学ばれ、かつ深化しなければならない多くのものを含んでいる。[2]」と述べている。

我々は、同氏の指摘のごとく、彼らの業績に着目し、そこから多くのものを学ばなければならない。もちろん、博徒をさして、〝義侠〟、〝仁侠〟の徒とする大衆文芸的な側面や、喧嘩中心の博徒史という性格は排除しなければならないのであるが、歴史研究でとりあげられることの少なかった博徒に関して、その諸事実を明らかにしてきたという点には深く学ぶべきだと考える。この点が、これまでは軽視され、学問的に正当な評価を与えられてこなかったことだと思う。

その意味で、長谷川伸の「股旅物」とよばれる小説や、子母沢寛の作品に注目したい。子母沢寛が、昭和五年に発表した『游侠奇談』などは、「天保水滸伝」の関係史料を博捜し、地元の古老や老やくざからの聞き取りをもりこみながら叙述しており、今日、「天保水滸伝」研究の基本的な文献となっている。また、子母沢寛の系譜をひく今川徳三の業績(3)からも、多くの学ぶべきものがある。

博徒の研究史については以上にとどめるが、それでは、これまでに述べてきたような研究史をふまえ、最近の博徒に関する研究状況はどうなのであろうか。次には、その動向をとらえながら、博徒史研究の意味と課題を考えていきたい。

最近の博徒に関する研究として注目されるものに、長谷川昇の『博徒と自由民権』(一九七七年)がある。これは、明治十七年の名古屋事件に参加した博徒についての研究であるが、大衆小説家による従来の「博徒喧嘩史」を批判しながら、事件に参加した博徒たちの軌跡を幕末期にさかのぼり、明治維新期—自由民権期という二つの政治的変革のなかでとらえようとするなど、いままでの博徒史研究にはみられなかった研究視角がいくつかある。

長谷川昇は、清水の次郎長の実歴談をまとめた『東海遊侠伝』の史料的制約に配意しながら、博徒史を「博徒喧嘩史」から解放し、無法者(アウト・ロー)の集団としてとらえ、それと政治権力との関連性を追求することを主張する。「博徒喧嘩史」中心の博徒研究を批判しつつ、博徒をめぐる諸関係・諸事実を明らかにし、そのうえで、政治権力との関連性を究明しようとした本書には、今後の博徒研究にとって、多くの学ぶべき点がある。(4)

博徒に関する最近の研究には、いくつかの個別論文もある。たとえば、秦達之「一揆・騒動・博徒的人間」(「東海近代史研究」創刊号、一九七九年)、水谷藤博「間ノ川又五郎覚書」(同上「東海近代史研究」創刊号)など。また、水谷論文とは別に、信州間ノ川一家の親分又五郎を扱った、徳永泰男「北信濃における博徒の動向」(「信濃」31—8、一九七九年)もある。

最近の博徒に関する研究動向は以上のようなものである。今後の課題は、博徒史研究の方法論を確立し、博徒たちを類型化しつつ、整理していく視点が必要であろう。

ところで、博徒の研究は、民衆史の基点から考えると、いわば民衆の負の部分、つまり、博奕打ちと賭場といったような言葉にイメージされる、頽廃した暗い、陰惨な側面を研究の対象とする。それは、民衆の武装蜂起といったような、ラディカルで、非日常的な側面とはまったく性質を異にする。無法者(アウト・ロー)として社会から疎外され、陰惨な境涯を強いられた博徒にとって、ラディカルな民衆闘争史の世界とは無縁のものである。しかし、民衆の負の部分を具現する博徒にこそ、民衆史研究の視点をあて、両者を統一してとらえることが重要なのではなかろうか。これまでの民衆史の研究が盛んであるにもかかわらず、この点が欠落していたために、十分な説得性をもちえなかったものと考える。したがって、博徒の研究は、まさにここにこそ意味があるのである。

さて、本稿の対象は、「天保水滸伝」の世界である。本節で述べてきたような問題意識にたち、次には、具体的に「天保水滸伝」の博徒を考えていく。

注

(1) 「ぬすみととばく特輯号」(「民間伝承」12—2、一九四八年)。

(2) 中井信彦「史学としての社会史—社会史にかんする覚書—」(「思想」663号、特集「社会史」、一九七九年)。

(3) 今川徳三『江戸時代無宿人の生活』、『日本侠客一〇〇選』など。

(4) 長谷川氏には、『博徒と自由民権』の他に、最近のもので、同じ事件を扱った「変革期における庶民エネルギーの源泉」(「思想」663号、特集「社会史」、一九七九年)がある。ここでは特に、幕末期の博徒集団を社会のあぶれ者としてではなく、しだいに「自らの意志によって参加する集団」としての性格を強めたものとしてとらえている。

2 「天保水滸伝」の世界

a 「天保水滸伝」とその背景

今日、一般的にいわれている「天保水滸伝」は、既述のごとく、昭和四年に正岡容が脚色し、創作したものである。その後、講談・浪曲・演劇などで有名になり、内容が誇張されて伝えられたために、「天保水滸伝」については、その成立過程などが必ずしも明確でなく、そのために書誌的な側面での研究が従来欠けていた。まず、この点を明らかにすることから始めねばならない。

次項で詳述することであるが、「天保水滸伝」が成立するまでの関係年表を簡単に記すと次のとおりである。

天保十五年　大利根河原の決闘
弘化四年　笹川繁蔵暗殺
嘉永二年　勢力富五郎自殺
嘉永三年　「天保水滸伝」成立

ちなみに、大原幽学の自殺は安政五年で、飯岡助五郎が没したのは、翌安政六年である。

嘉永二年の勢力富五郎の自殺をもって一件は落着するのであるが、それをうけて、当時の江戸の講談師・宝井琴陵がその話を講談にしくんだことにより、「天保水滸伝」が成立するのである。今日みることのできる嘉永版の「天保水滸伝」としては、大正二年に発行された『文芸叢書』第五冊の「俠客全伝」におさめられているものがある。

嘉永三年に成立して以降、近代に入ってからは、明治・大正期の講談関係者たちにより、〃実説〃・〃実録〃と銘打って伝えられた。その後、昭和四年に正岡容が浪曲として創作し、さらに、子母沢寛が『游侠奇談』などを著して今日にいたっている。(1)

さて、次は、「天保水滸伝」の背景である。「天保水滸伝」の社会経済史的な背景としては、いわゆる「荒廃論」に示されるような、天保前後の、荒廃した東総農村があげられる。また、「天保水滸伝」を生み出した東下総地域の地理的特質としては、要約していえば、地曳網漁業地九十九里浜と、寛文年間江戸材木商によって開発された椿新田、さらに利根川水系を利用した舟運の展開などがあげられよう。(2)

幕末期の具体的な社会経済的諸状況については、本稿の主題でないので省略するが、東総地域の最も大きい特色は、右に述べた利根川の河川水運の発展にある。すなわち、九十九里や銚子沖の干鰯・〆粕・魚油などが利根川の川舟により、江戸を始め関東一円、さらには上方方面に取引され、また、酒・醬油醸造業も盛大化するなど、活発な経済活動が展開していた。そのために、近世中期以降、農村では荒廃した状況が目立ったが、その反面、「天保水滸伝」の舞台となった利根河畔の笹川河岸などは、商品の積出港として繁栄していたのである。(3)

河川水運の発展の結果、遊民の群れが利根川筋の宿場や川湊に屯集し、荷揚げ人足などの交通労働に従事するようになる。そこで、博徒の専業の一つである口入れ稼業、つまり奉公人や人足の周旋がおこなわれるようになり、舟宿では博奕が打たれ、遊女が抱えられる。こうして、博徒発生の温床が醸成されていったのである。笹川の繁蔵が、醬油と酢の醸造を業とし、笹川に出蔵をもつ旧家に生まれ、自然に博徒の世界にそまりやすい雰囲気にあったということなど、まことに象徴的である。「天保水滸伝」は、以上のような背景のもとに成立していったのである。

注

（1）「天保水滸伝」の概要については、拙稿「『天保水滸伝』について」（「歴史論」6号）を参照。

(2)　栗原四郎「幕末期東総における地主経営―下総国香取郡鏑木村豪農平山家の経営と思想―」(「駿台史学」41号)参照。

(3)　小笠原長和・川名登・堀江俊次「千葉県香取郡東庄町近世史料調査報告―幕末に於ける利根川下流域農村の一姿相―」(千葉大学文理学部「文化科学紀要」第3輯所収)。

b　「天保水滸伝」の博徒群像

ここでは、「天保水滸伝」に登場する主要な博徒の群像を追求し、「天保水滸伝」の具体相にふれたい。とりあげる博徒は、笹川繁蔵と浪人平手造酒、飯岡助五郎、それに勢力富五郎である。

彼らについては、いうまでもないことだが、これまで多くの人々によって扱われ、語られ、虚実とりまぜて述べられてきた。彼らの地元では、以前から郷土史文献や研究論文が出され、「天保水滸伝」にそった形でのそれぞれのイメージが定着してしまっている。しかし、最近では、そうしたイメージを払拭しようとする研究も出ている(1)。現在、そうした研究状況を整理しておくべき時にきているといえる。ただ、本稿では、紙数の関係もあり、それらを逐一とりあげていく余裕はないし、また、文献リストの作成ということが主題でもない。博徒の一生を伝記的に詳細に述べていくこともしない。

それよりもむしろ、いままであまりとりあげられなかった文献や、関係史料の紹介に紙数を費やすこととしたい。その方が、資料提供の意味で、いささかなりとも今後の「天保水滸伝」研究に資することになると考えたからである。

まず、笹川繁蔵と浪人の平手造酒から始めよう。

笹川繁蔵は文化七年、下総国香取郡須賀山村大木戸に生まれた。生家は岩瀬七左衛門といい、須賀山村の東隣の羽計村で、醬油と酢の醸造を業とする旧家であった。繁蔵は三男であった。子供の頃から秀才で、漢学は五十嵐対馬守、数学を林半兵衛に学んだという。繁蔵は六尺近い大男で、力もあり草相撲を取っていたが、巡業に来た江戸相撲の千賀ノ浦にすすめられて相撲取りとなった。一年余でその相撲取りは廃業し、笹川にもどって専業の博徒になった。以後、勢力を拡大し、飯岡助五郎と縄張りを争うようになり、天保十五年の決闘を経て、弘化四年、飯岡一家の手の者に暗殺された。(2)

この繁蔵は、「天保水滸伝」では善玉として登場し、〃仁俠の親分〃のイメージが強いのであるが、真相はどうであろうか。

繁蔵に関しては、古くは昭和四年の高木松風『笹川の繁蔵伝』があり、地元の笹川で研究が続けられてきた。(3)最近では、地方史誌の編さんに伴う地方文書の調査も進み、繁蔵に関する興味深い史料も発見されている。次に、それを掲げよう。

差上申一札之事

一、私義、去午年十二月中、同村勘左衛門殿妹誘出し、其上不済儀有之、御同人ゟ其御筋へ御願中、風聞御聴ニ入、既ニ今般、関東御取締御出役原戸一郎様江被召捕、御吟味奉請、恐入奉存候、則勘左衛門殿妹ゆう義、御取上ヶ被仰付奉差上候上者、右婦人ニ聊も執心之義無之候、然上者、何方へ縁組有之候共、少も申分無之候、然處、私身分之義、猶氏上追々御吟味可被仰付旨、誠以恐入奉存候間、御吟味是迠ニ而、御下ヶ被下置候様、御慈悲御願之義奉願上候、氏上右一件ニ付、勘左衛門殿へ対し、恨ヶ間敷儀ハ勿論、聊たり共遺根差含候儀毛(ママ)頭無御座候、猶私身分之義、氏上不宜㕝ニ携義ハ勿論、平生共禁酒致し、風俗悪敷所へ立交り不致、正路ニ渡世相守り、少ニ而も他ゟ非判(ママ)不請様可仕候、芳蔵義も、前同様御願申上候儀ニ御座候、各々方ゟ勘左衛門殿江御詫被下、私義幷ニ芳蔵義も、御下ヶニ相成候様御願可被下候様、先非後悔改心仕候義も、偏ニ今般之御利解故与難有奉存候、勿論風聞たりとも不宜義御聴ニ入候上者、直様御差押、何方へ成り共御勝手次第御差出し可被成候、其節一言之子細申間鋪候、為後日、差上申親類加判御願詫一札、仍而如件、

天保六未二月

羽斗村七左衛門弟
繁　蔵
（以下、人名省略）(4)

乍恐以書付御慈悲奉願上候

下総国香取郡谷津村、鹿戸村、今郡村、平山村、石出村、高部村、須賀山村、羽斗村、右九(ママ)ヶ村一同奉申上候、内藤主膳様知行所、同国同郡羽斗村太郎兵衛忰芳蔵義、今般繁蔵為引合、佐原村御旅宿江被召出、同人与馴合、不宜義有之、御吟味奉請恐入奉存候、右者、全心得違義依御利解今更発明仕、先非後悔致、已来ハ急度改心仕、農業専一ニ可相守候、身分相慎、渡世出精為致可申候、何卒以御慈悲、御吟味是迠ニ而御下ヶ被下置候様奉願上候、然上ハ、已来芳蔵身分ニ附添、教訓仕、放蕩ニ立不戻様申合、不埒之儀有之候得者、私共申合差押、其御筋へ差出し可申候間、右御願之通り、被仰付被下置候様、偏奉願上候、以上、

天保六未二月

久世三之亟知行所
下総国香取郡谷津村
名主　平　八
（以下、人名省略）(5)

この史料によれば、天保五年十二月、繁蔵は、羽計村勘左衛門の妹を誘い出した罪で関東取締出役に捕えられている。この事件は、繁蔵が常陸芝宿の文吉より駒札を譲られ、親分になって以後のことと思われる。

この史料の内容は、関東取締出役あての吟味引下げ願いであり、関東取締出役が介在した一件史料であるところから、その史料的制約に注意しなければならない。博徒支配のために、事件の内容が拡大されて書かれている危険性がある。その意味で、厳密な史料批判が必要なのであるが、それにしても、「天保水滸伝」のなかの繁蔵とは、かなりかけ離れたイメージであることには違いない。

繁蔵のみでなく、他の博徒でもそうなのであるが、〝仁俠の徒〟として偶像化され、性格がすりかえられて一種の「郷土の英雄」となっている博徒のイメージと、たとえば右の繁蔵関係史料にみられるような博徒像とは、あまりにも違いすぎる。そしてまた、このギャップは埋めようがないのである。この点は、繁蔵に恩義を感じ、天保十五年の決闘で活躍する平手造酒についても同様である。

平手造酒については、その出自など、一切不明である。神田お玉ヶ池の千葉道場の俊英であったが破門され、田舎廻りの剣術指南で歩く浪々の身となった。笹川で繁蔵と知り合い、その客分となり、大利根の決闘で斬り結ぶうち全身に傷を負い、後に死んだ。平手造酒は、本当は平田深喜という。(6)

この平手造酒のイメージは、講談・浪曲で作りあげられていったものではなかろうか。武士でありながら義によって博徒相手に倒れた彼を、剣豪に引きたてたものであろう。ただ、「平手造酒」にみられるような浪人は、幕末期の関東農村に数多く輩出していたと考えられる。彼らは郷村を漂泊して合力を渡世とする存在で、中には、生活の糧を得るために農家に雇われ、耕作に携わる者もあった。(7)浪々の剣客平手造酒は、おそらくそうした社会的背景をもった人物なのであろう。

さて次は、飯岡助五郎である。「天保水滸伝」では、飯岡助五郎は悪玉として登場する。そこでは、笹川繁蔵や平手造酒とは全く逆で、極悪非道の親分としてのイメージを付与されている。それには理由がある。助五郎は、いわゆる「二足の草鞋」をはいて、関東取締出役の手先を勤める博徒で、繁蔵や造酒とは相違し、天寿を全うして死んだ人物だからである。

いままでの助五郎についての研究は、おおむね、そうした悪玉としてのイメージで助五郎をとらえてきた。ところが、最近では、本項の最初でふれたごとく、そうした助五郎のイメージをぬりかえるような研究も発表されている。いったい、助五郎の真相はいかなるものなのであろうか。

飯岡助五郎は、寛政四年、相州三浦郡公郷村山崎に生まれた(8)。助五郎も、繁蔵と同様に大男で、腕力があったので、相撲取りを志して年寄友綱に弟子入りした。しかし、これも同様に一年余で廃業、海上郡飯岡に流れて漁師になった。なぜ飯岡に流れたのか、その理由は不明である。二五歳の文化十四年、飯岡浜一帯に縄張りをもつ網元旦那の親分、銚子の五郎蔵の子分となり、文政五年、三〇歳で、五郎蔵より飯岡浜一帯の縄張りを譲り受け、一本立ちの貸元となる。天保十五年の繁蔵との決闘を経て、安政六年、六七歳で没した。大原幽学が自殺した翌年のことである。晩年の助五郎は、近所の子供たちに親しまれる好々爺で、古傷がかゆい時は、その子供たちにかかせたという(9)。

助五郎についての研究としては、伊藤實の『実説飯岡助五郎』(一九六二年)と『飯岡助五郎』(一九七八年)があげられる。既述のごとく、伊藤の研究によって、それまで悪玉としてしかみられなかった助五郎のイメージがぬりかえられたといえる。

伊藤が、助五郎関係の史料を収集した結果は、助五郎に有利になる文書ばかりがみつかったという(10)。それらは、飯岡町史編さん委員会編集の『飯岡町史史料集(第三集)』(一九七八年)に収められている。その内容については、残念ながらすべて省略するが、要するに、助五郎は単なる博徒の親分ではなく、博徒を利用した人物で、飯岡の漁業の振興につくした社会政策家であって、[11]「天保水滸伝」のなかの助五郎像とは相容れない、別のイメージがうかびあがってきたといえるのである。

ところで、現在までに発見されている助五郎関係の史料のなかに、全く異質のものがある。「下総国飯岡助五郎差出書付控」なる文書[12]がそれである。紙数の関係で、その始めの部分のみを掲載する。

乍恐以書付奉申上候

四拾五ヶ年跡文化八未年、松平肥後守(容衆)様御儀異国船御固メ之被為蒙仰、三浦鎌倉両郡中御領分ニ相成、其節私儀も御軍船水主差配ニ而御船頭役被仰付、駅所検断格ニ被申付候節、下総国海上郡飯岡村助五郎与申者、当村方出生ニ而、古来私召仕候家筋ニ而、右助五郎儀、万一異国船渡来之上、鉄炮等打掛可及戦闘節者、何時ニ而茂、御沙汰次第早速ニ翔付、差図ニ随、一命を抛チ差働可申旨ニ而、私方江人別帳并一札を入置申候所、左之通、

差上申一札之事

一人数百五拾人　但鑓劒免許以上弐拾人 其外必至与差働候者共 右之通、異国船渡来之節者、御差図次第早速召連、貴君ニ附属仕候間、為御国恩御領主様御奉公相勤可申候、其節道中通行ニ者、長脇差帯着致仕度、此段御承知被下置、尤鑓等者莚包ニ致持参可仕候、右之段一札差上申所依而如件、

文化十酉年正月　下総国飯岡村住居　石渡戸助五郎

永嶋庄兵衛様

（以下、省略[13]）

これは、横須賀市安浦（もと公郷）の旧名主・永嶋重美家文書のなかから発見されたものである。助五郎の趣旨は、外国船渡来という一旦緩急のときには、一五〇人の人々を率いて国恩に報ずるため働きたいということである。この趣旨をそのまま理解すれば、助五郎は「愛国心に燃えていた[14]」ということになるのだが、実はそう簡単にはいかない、いくつかの疑問がこの史料には残るのである。

この史料の疑問点については、厳密な史料批判にもとづく、林陸朗のすぐれた研究[15]がある。同氏は、助五郎の履歴を信用すれば、文化十年正月の時点で、一旦緩急の際に一五〇人もの人々を組織できるような勢力はもっていなかったと指摘する。

また、この史料には、「助五郎差出候人別帳左之通」として一五〇名の列記がある（本稿では割愛）が、助五郎の履歴と照らしあわせると多くの矛盾が出てくる。そうした点から、林は、この史料は全くの偽文書ではないが、かなりの問題が残り、助五郎の奉公申出を名主の永嶋家が利用しようとしたものではないかと推測している。これは、史料批判にもとづき、幕末期の地方文書に内的批判を加えた卓見である。その点、先に紹介した繁蔵の関係史料も同様なもので、今後、博徒史料を扱う際に十分な注意を要することとなろう。

「天保水滸伝」に登場する博徒群像の最後に、勢力富五郎をとりあげよう。

繁蔵の一の子分・勢力富五郎は、香取郡万歳村の出身で佐助といい、繁蔵・助五郎と同様、相撲取りとなり、勢力富五郎を名乗った。勢力の四股名は、佐助の相撲に惚れ込んだ助五郎から贈られたものという。富五郎にとって、恩人ともいうべき助五郎を裏切り、繁蔵の子分になったのは、助五郎の人柄になじめなかったからだと伝えられる。天保十五年の決闘後、富五郎はしばらく姿を消していたが、やがて万歳村に戻っている。そして、弘化四年の繁蔵の死後、跡目をつぎ、その縄張りを支配した。その後、富五郎は押し借り、女の強奪などの罪で、助五郎を手先とする関東取締出役の追求にあい、嘉永二年四月、金比羅山で自殺した。これで、大利根の決闘以来五年にして一件が落着したのである。(16)

明治七年、金比羅山の頂上に、村民によって「勢力霊神」の小碑がたてられ、以後、その山を勢力山といったという。また、同じ場所に、「ほととぎす金比羅山の一声は関八洲に響く勢力」という歌碑がある。これは、はるか飯岡を望みつつ恨みをのんで自刃した富五郎の霊を慰めるため、岩瀬家一族によってたてられたものだという。(17)

この勢力富五郎については、いくつかの実録本が残されている。『国書総目録』(第5巻)には、鈴亭谷峨作、立川国郷画で、前編が安政一年、後編が安政四年に刊行された『天保水滸勢力伝』というのが紹介されている。また、香取郡東庄町の天保水滸伝遺品館には、『勢力一代実録記』(18)なるものも保存されている。

富五郎については、関東取締出役の探索に関する地方文書も比較的よく残されている。その内容についての紹介は省くが、要するに、富五郎とその子分の凶状をこと細かく述べたものである。その点、富五郎関係史料についても、史料批判のうえで注意を要する。

富五郎の場合、関東取締出役との関係もさることながら、興味深いのは、対農民とのそれはどうだったのかという点である。たしかに、押し借り、女の強奪の凶状持ちではあるが、出役の追求に対して逃げまわり、最後に追いつめられて自殺するというドラマチックな展開は、意外に農民の共鳴を呼び、その支持を受けたのではなかろうか。少なくとも、助五郎よりは、その要素があったに違いない。富五郎が自殺した金比羅山に、村民の手で「勢力霊神」の碑がたてられ、その山を勢力山と称したという伝承など、博徒としての性格はすりかえられているのであろうが、対農民との関係を示すものとして興味深いことではある。

今後の博徒研究には、博徒自身の究明もさることながら、対農民との関係で博徒を位置づけ、事実を追求していく視点も重要なこととなろう。

注

(1)(10)(11)(14)　伊藤實『飯岡助五郎』(一九七八年)。

(2)(6)　子母沢寛『游俠奇談』参照。

(3)　最近のものでは、野口政司『実録天保水滸伝』(一九七三年)がある。

(4)(5)　香取郡東庄町今郡、宮口孫兵衛家文書「天保六未年二月　関東御取締御出役原戸一郎様御吟味ニ付被仰渡候書面之扣」(東庄町史編さん室採訪資料)。

(7)　小笠原長和・川名登・堀江俊次「千葉県香取郡東庄町近世史料調査報告―幕末に於ける利根川下流域農村の一姿相―」(千葉大学文理学部「文化科学紀要」第3輯所収)。

(8)　助五郎の出生地については諸説がある。ここでは、伊藤實『飯岡助五郎』によった。

(9)(16)　子母沢寛『游俠奇談』。

(12)　横須賀市安浦、永嶋重美家文書。この史料については、伊藤實『飯岡助五郎』と林陸朗「飯岡助五郎の文書」(国学院大学近世史研究会「近世史論」1号)で紹介され、最近では、『永嶋重美家海防関係文書』(横須賀市文化財調査報告書　第七集)にも所収されている。

(13)　『永嶋重美家海防関係文書』(横須賀市文化財調査報告書　第七集)。

(15)　林陸朗「飯岡助五郎の文書」(国学院大学近世史研究会「近世史論」1号)。

(17)　野口政司『実録天保水滸伝』。

(18)　奥付に「香取郡関戸村　編輯者、菅谷翁」とある。明治前期の写本と思われる。

3　さまざまな問題

大原幽学の「周辺」の一環として、「天保水滸伝」に登場する博徒の世界をみてきた。本稿の主観的意図としては、これまでの博徒研究史をふまえながら、新しい視角で博徒をとらえ、生き生きとした博徒像を叙述することであった。その結果は明白で、筆者の力量のなさを露呈してしまったのであるが、今後こうした研究を進めようとする場合、なによりもまず、博徒史研究の方法論を確立することが重要なことと思われる。そもそも今まで、博徒の研究は、学問的に正当に扱われるということが少なかったのである。これからは、研究上の課題の設定、関係史料の厳密な史料批判、さらには博徒史の叙述の方法など、方法論を確立して共通認識を得ておく必要がある。博徒史研究は、とにかくこれからの問題なのである。

二番目の問題は、博徒の研究と民衆史研究との関係である。この点については、既述のとおりであって、民衆の負の部分を追求することに意味があり、非日常的な民衆のたたかいと有機的に関連づけることにより、民衆史のいわば基点を構築することができよう。いままでの民衆史研究の説得性のなさは、非日常的な側面にのみ目を向けすぎ、民衆の日常的で保守的な性格に注意を向けなかったところにその理由がある。今後、両側面を統一させながら、博徒を位置づけていくべきであろう。

「天保水滸伝」そのものについてはどうであろうか。最近の博徒研究の水準を示した長谷川昇の『博徒と自由民権』は画期的なものであるが、そこで指摘されている博徒史を博徒喧嘩史から解放すべきだとの意見には、大いに学ぶ必要がある。いままでの「天保水滸伝」に関する論稿は、すべて、博徒の喧嘩に関する事柄が中心であった。

これからは、博徒と政治権力との関係をより深く追求するなどの視点が必要であろう。

「天保水滸伝」そのものの書誌的考察も、今後の課題として残されている。この点を追求するための関係史料はないが、「天保水滸伝」に登場する博徒群像のより一層の究明とともに、物語としての成立過程やその社会的背景を明らかにしていかねばならない。本稿のささやかな試みが、今後の研究の捨て石となれば幸いである。

（藤野　泰造）

第四編

幽学没後の東総社会と性学の動向

第四編「幽学没後の東総社会と性学の動向」は、全体として、未開拓の分野に鍬を入れたもの、といってよい。

安政五年三月八日未明、幽学は自殺した。しかし、その性学は継受された。二代目教主となったのは遠藤良左衛門である。遠藤時代の性学は、門人の激増、思想的変質、行動形態の変化等において、前代とは相当な差がある。遠藤が近江石部に客死したのは、明治六年八月二十二日、その翌七年七月、石毛源五郎が三代目教主の座についた。石毛時代を特徴づけるものは、性学内部の激烈な対立・抗争である。石毛は結局、明治三十九年一月追放され、翌四十年二月、財団法人八石性理学会が設立された(現在に至る)。

この時期の性学の動向に触れたものがないわけではない。しかし、幽学に主要な関心が注がれたことの当然の帰結として、没後の諸問題は、いわば付録的扱いを受けてきた。またこの時期については、地域に即した社会経済状況の分析も少ないし、新しい知的動向の展開についても、その関心は、主として自由民権系統の研究に限られていた。

こうした研究状況にかんがみ、特に第四編が立てられた。没後の性学と、それを取り巻く諸状況についての全体的考察は、本書においてはじめてなされる試みであって、不十分な点も少なくないが、それはやむを得ない。

一「明治前期の村落構成と性学門人層―千葉県香取郡干潟地域について―」(藤田昭造)においては、明治前期の統計や戸長役場文書を通して、東総地域の生産力状況や社会階層の特質が、いわば比較地域史的に描き出されている。性学は、どちらかといえば、遅れた生産力状況の下に持続されたのである。また個別村落における性学門人の摘出によって、この時期の性学の担い手が、幽学時代の上・中層中心から、中・下層中心へと移行していることがわかる。これは、幽学時代に既に存在していた方向性の明確化である。

二「小学校と学習結社」（鈴木秀幸）によって、遠藤時代末期並びに石毛時代初期における、この地域の近代へ向っての新しい知的動向が浮び上がってくる。林彦兵衛が体現しているような、新時代の小学校への努力は、政府の政策と、ある場合には対抗関係を生むが、結局は対応的となる。また、読書会運動が、構成員としては小学校教師と重なりながら、社会的性質としては独自のものとして展開してくる。読書会的な諸運動は、当時の政治風潮たる自由民権運動と微妙な関係を内包していたが、民権運動そのものではない。恐らくは、ここに描かれたような読書会運動が、事実としては最も一般的だったのであろう。

三「性学組織の拡大と思想的変質」（木村礎）は、前章の「小学校と学習結社」を以て、近代化の思想的・精神的・知的側面における正あるいは光の部分を表現しているとすれば、この章は、その負あるいは影の部分を表現している、ということになろう。端的にいえば、この時代の性学は、〃時代遅れ〃のものになりつつある。しかし、重要なことは、近代化へ向って走っている当時の日本社会において、多くの庶民が、性学にひきつけられ、これに献身した、という事実である。日本の近代を光の部分においてだけ見るのは明らかに誤っている。特記すべきは、明治六年春における、遠藤良左衛門並びに門人の大量逮捕問題である。なぜ逮捕されたのか、が従来わからなかった。幸いなことに国立公文書館蔵「太政類典」によって、その理由が判明した。遠藤らは、徳川氏を担いで朝廷・新政府への「不逞」を企図している、として逮捕されたのである。新しく成立した明治権力の強圧的性格を、この事件ほどよく示すものはない。この章には、国の関係史料を全部〔補注〕として収めた。

四「性学の分裂と再建」（木村礎）は、石毛時代における、性学の不幸な分裂について記している。大観すれば、この分裂は、近代化の波に呑み込まれつつある性学の苦悩を表現している。事は、決して、三代目教主石毛源五郎だけの問題ではない。この章での力点は、両派の抗争を暴力的発現においてではなく、むしろ思想問題として捉える、という点にある。性学が、内部対立を乗り越えて、明治四十年二月、財団法人八石性理学会として再生したことを喜びたい。

（木村　礎）

一　明治前期の村落構成と性学門人層

——千葉県香取郡干潟地域について——

1　千葉県の産業構造

a　物産表・統計書

明治前期の諸統計によって千葉県の産業構造をみていくことにする。この時期で最初の全国的な統計は、「明治七年府県物産表」である。これによれば、千葉県・新治県の物産構成は、米・麦・雑穀類の生産価額が生産総額の六割以上を占め、農業生産物の割合が高かった(全国順位八〜九位)。商品流通の展開を示すといわれている原料作物は、千葉県が三・四％、新治県が四・〇％と全国平均九・〇％の半分にもみたなかった。明治七年の段階では、千葉県は商品作物の展開に乏しく、自給的色彩が濃い農業構造であったといえよう。ただ、諸産業の全国的分布からみると、醬油の生産価額で千葉・新治県が全国一〜二位を占め、明治初年までの産業構造で一つの重要な特質となっていた。(1)

第1表　明治前期，千葉県農産物集計(その1)

郡名	総生産物価額	普通農産物 米	麦	大豆	甘藷	その他	計
安房	137,080円	54.7%	17.4%	2.0%	6.7%	7.9%	88.7%
	335,311	49.3	31.4	1.1	0.8	8.6	91.2
平	131,798	73.1	14.6	5.0	0.9	1.1	94.7
	384,120	68.5	18.0	2.4	2.7	3.7	95.3
朝夷	650,491	9.8	3.8	0.6	1.1	1.4	16.7
	582,959	31.3	9.5	1.4	4.2	3.4	49.8
長狭	173,840	39.3	8.6	1.6	0.4	2.9	52.8
	391,258	55.8	9.9	3.0	0.3	4.0	73.0
天羽	107,736	68.2	15.0	6.0	2.4	4.9	96.5
	593,537	31.6	52.5	2.1	0.4	2.3	88.9
周准	140,413	63.5	15.7	5.4	1.1	7.0	92.7
	368,139	57.8	3.8	3.5	0.9	4.5	70.5
望陀	374,021	70.4	12.1	6.7	2.5	4.5	96.2
	820,063	60.5	10.2	4.7	0.1	4.5	80.0
夷隅	488,651	39.4	11.5	4.8	0.6	6.1	62.4
	1,198,831	37.1	10.2	3.2	0.1	1.7	52.3
長柄	226,914	62.8	18.9	5.7	5.2	2.3	94.9
	788,129	47.3	12.8	3.9	1.7	3.2	68.9
上埴生	81,546	82.6	7.9	6.6	0.1	2.6	99.8
	233,612	70.5	14.9	5.5	3.0	2.8	96.7
山辺	241,756	69.7	10.3	5.9	1.1	1.9	88.9
	744,024	69.2	9.7	3.4	0.4	1.0	83.7
武射	218,106	78.1	9.5	5.7	0.6	0.9	94.8
	584,623	67.9	11.4	3.5	—	0.9	83.7
市原	297,109	75.9	10.9	6.8	1.0	2.8	97.4
	810,191	60.5	21.3	6.6	3.9	4.5	96.8
千葉	356,441	40.4	19.7	2.3	28.9	2.5	93.8
	787,610	45.7	23.9	2.3	17.6	4.2	93.7
葛飾	724,955	49.6	21.6	7.7	2.9	5.2	87.0
東葛飾	977,400	54.7	24.9	6.5	0.8	4.6	91.5
印旛	468,038	65.7	13.7	7.2	5.3	1.8	93.7
	729,087	24.4	22.9	8.4	7.1	3.7	66.5
相馬	379,697	58.0	16.6	11.0	1.0	3.5	90.1
南相馬	173,398	55.0	14.8	11.1	0.1	7.6	88.6
下埴生	143,736	79.3	8.1	6.9	1.2	0.3	95.8
	341,729	81.1	9.0	2.4	0.5	1.5	94.5
香取	737,697	81.4	8.0	6.0	1.5	0.9	97.8
	1,616,622	78.3	12.5	4.2	1.5	1.2	97.7
匝瑳	205,858	66.9	10.2	3.7	1.0	2.2	84.0
	745,762	46.8	10.9	5.0	0	3.6	66.3
海上	235,858	45.8	13.2	5.3	6.2	1.7	72.2
	10,306,519	2.8	0.7	0.4	0	0.3	4.2
計	6,521,739	60.7	12.7	5.4	3.4	3.1	85.3
	23,536,924	52.2	16.0	4.0	2.2	3.4	77.8

注1)　各郡の上段は明治10年，下段は明治14年の数値である。
2)　各品目で0.1%未満は0とした。
3)　葛飾と東葛飾，相馬と南相馬の郡域はそれぞれ違うが，便宜上同じ欄で処理した。『全国農産表』(明治10年)，『千葉県統計書』(明治14年)より作成。

第1表　明治前期，千葉県農産物集計（その2）

郡名	特有農産物			
	第1位品目	第2位品目	その他	計
安房	乾鰮 6.8% 〃 4.2	乾魚 2.1% 白上 1.0	8.9% 3.6	11.3% 8.8
平	乾魚 2.0 〃	実綿 1.6 〃 1.1	1.7 2.3	5.3 4.7
朝夷	乾魚 78.8 〃 42.3	乾鰮 2.3 乾鮑 2.5	2.3 5.4	83.4 50.2
長狭	鰹節 33.6 〃 8.8	乾鰮 6.3 〃 8.6	7.3 9.6	47.2 27.0
天羽	実綿 2.2 炭 4.4	乾魚 0.6 堅炭 3.3	0.7 3.4	3.5 11.1
周准	葉烟草 3.3 松薪 5.4	実綿 2.1 堅炭 4.5	1.9 19.6	7.3 29.5
望陀	菜種 1.6 松薪 5.1	実綿 1.4 菜種 2.0	0.8 12.9	3.8 20.0
夷隅	乾鮑 28.7 乾鰮 28.6	鰹節 4.8 清油 11.5	4.1 7.6	37.6 47.7
長柄	実綿 3.0 乾鰮 14.9	藍葉 1.7 乾魚 8.5	0.4 7.7	5.1 31.1
上埴生	繭 0.1 実綿 1.2	生糸 0 莚 0.6	0.1 1.5	0.2 3.3
山辺	製茶 6.6 乾鰮 8.5	実綿 2.7 製茶 1.9	1.8 5.9	11.1 16.3
武射	乾鰮 1.2 〃 9.4	菜種 1.2 実綿 2.8	2.8 4.1	5.2 16.3
市原	実綿 1.3 炭 1.1	菜種 0.9 〃 0.8	0.4 1.3	2.6 3.2
千葉	菜種 5.3 〃 4.0	製茶 0.6 貝灰 1.2	0.3 1.1	6.2 6.3
葛飾 東葛飾	食塩 5.5 〃 6.9	実綿 4.0 菜種 1.3	3.5 0.3	13.0 8.5
印旛	製茶 3.4 実綿 22.1	実綿 2.1 製茶 6.2	0.8 5.2	6.3 33.5
相馬 南相馬	実綿 5.0 〃 7.1	製茶 2.8 〃 1.6	2.1 2.7	9.9 11.4
下埴生	実綿 1.7 〃 2.8	菜種 1.1 製茶 2.2	1.4 0.5	4.2 5.5
香取	菜種 1.1 実綿 0.9	製茶 0.5 〃 0.8	0.6 0.6	2.2 2.3
匝瑳	藍葉 6.5 木綿 9.3	菜種 2.3 繭 6.3	7.2 18.1	16.0 33.7
海上	藍葉 21.8 魚油 90.1	鰹節 2.5 醤油 3.0	3.5 2.7	27.8 95.8
計				14.7 22.2

千葉県各郡について生産価額がわかるのは明治十年になってからである。そこで、『全国農産表』（明治十年）と『千葉県統計書』（明治十四年）をもとに第1表を作成した。この表での数値・品種は、千葉県各郡の生産物構成をみるため、生産総額をもとに項目を整理して百分比（%）で表わした。(2)

第1表を見て気づくことは、明治七年のときと同様に、明治十年の段階においても普通農産物の占める割合が高いことである（県平均六〇・五%）。しかし、郡によっては、普通農産物に格差があり、特有農産物の品目も違っている。普通農産物九〇％台の郡は、千葉県二一郡中一三郡（平・天羽・周准・望陀・長柄・上埴生・武射・市原・千葉・印旛・相馬・下埴生・香取の各部）と最も多く、米麦の比率は平均八二・六％であった。八〇％台は安房・山辺・葛飾・匝瑳の四郡であるが、九〇％台の郡と同様に、米麦の占める比率が平均七七・三％と高い。米の比率をみても、九〇％台の郡が八二・六～五八・〇％、八〇％台の郡が六九・七～四九・六％と、生産総額のほぼ半分以上を占めていた。

これに対して、普通農産物七〇％以下の四郡（海上・夷隅・長狭・朝夷）は、米麦の比率が五九・〇～一三・六％と極端に低い。七〇％以下の郡について特有農産物第1位の品目をみると、海上郡が藍葉（二一・八％）、夷隅郡が乾鮑（二八・七％）、長狭郡が鰹節（三三・六％）、朝夷郡が乾魚（七六・八％）であった。これらは海上郡の藍葉を除くと、総て水産物であり、千葉県特有農産物の七割を占めていた。

明治十四年段階の各郡の農産物構成をみると、普通農産物は明治十年のときより低下し、県平均五二・二％となった。この辺の事情をみていくことにする。普通農産物九〇％台の郡は一三郡から八郡（安房・平・上埴生・市原・千葉・東葛飾・下埴生・香取）に減った。八〇％台の郡は一郡増え、天羽・山辺・武射・南相馬の五郡となった。米麦の比率は明治十年のときとほぼ同じであるが、米の比率は九〇％台の郡が八一・一～四九・三％、八〇％台の郡が六九・二～三一・六％、と低くなった。七〇％台の二郡（長狭・周准）は、米の比率が六割未満であった。

普通農産物六〇％台は、長柄・印旛・匝瑳の三郡である。長柄郡は明治十年のとき特有農産物第1位品目が実綿（二一・〇％）であったが、明治十四年になると乾鰮（一四・九％）となったのである。印旛郡の特有農産物第1位品目は実綿（二三・一％）であるが、明治十三年の『千葉県統計書』をみると、生糸（一・八％）であった。両郡ともわずかの期間でこのような変化を示すとは不思議だが、指摘しておく。匝瑳郡の特有農産物第1位品目は木綿であった。この比率は明治十三年が四・六%、十四年が九・三%であった。印旛・匝瑳郡のような特有農産物の発展は他の郡にはみられない。しかし、千葉県の特有農産物は、拡大した自給的経済圏内部の小規模な商品交換でしかなかった、といわれている。(3)

普通農産物五〇%以下は、朝夷・夷隅・海上の三郡である。この三郡は、特有農産物第1位品目の占める比率が高い。朝夷郡は特有農産物五〇・二%中乾魚が四二・三%、夷隅郡は四七・七%中乾鰮が二八・六%、海上郡は九五・八%中魚油が九〇・一%をそれぞれ占めていた。これらは、総て水産物及びその加工品である。水産物及び加工品が特有農産物第1位は、この外太平洋沿いの郡に見られる。この中で夷隅・安房・長柄・山辺・武射の五郡は、乾鰮(干鰯)が特有農産物第1位品目であり、千葉県特有農産物の約半分に達している。

この時期においても干鰯は千葉県では主要な生産物となっていたが、県内で消費されることが少なく、専ら移出されるだけであった。(4)

b　農業生産力と地主制

右に見たように、明治前期において千葉県の産業は農業が中心であった。千葉県農業の特色の一つに水田農業の低生産性があげられている。明治十四年のとき全国の平均反収が一・一八石であるのに、千葉県は県平均〇・八八石であった。十六年においても全国平均反収が一・二一五石であったが、千葉県は一・一五四石であった。千葉県の平均反収はこれ以降も全国平均を一度もこえることがなかった。近畿諸府県が明治四十年代には反収二石をこえていたが、千葉県で反収二石近くになったのは昭和十年代になってからだという。

もう一つの特色は、緩慢ではあるが地主制の展開がみられることである。明治期における千葉県の小作地率は、

第2表　明治前期，反当収量推移

郡　名	10年	20年	郡　名	10年	20年
	石	石		石	石
安　房	0.779	1.022	市　原	0.697	1.710
平	0.910	1.461	千　葉	1.008	1.637
朝　夷	1.061	1.323	東葛飾	0.937	1.110
長　狭	0.756	1.102	印　旛	0.949	1.163
天　羽	0.816	2.000	南相馬	0.895	1.663
周　准	0.781	1.964	下埴生	0.938	1.158
望　陀	0.827	1.905	香　取	0.747	1.473
夷　隅	0.669	1.493	匝　瑳	1.089	1.299
長　柄	0.645	1.232	海　上	0.928	1.644
上埴生	0.999	1.451			
山　辺	0.896	0.821	県平均	0.963	1.365
武　射	0.857	0.813			

注）東葛飾，南相馬は明治10年では葛飾，相馬を示す。
『全国農産表』（明治10年），『千葉県統計書』（明治20年）より作成。

第3表　明治20年，小作地率

安　房	27.0%	市　原	64.7%
平	16.0	千　葉	53.0
朝　夷	20.0	東葛飾	57.6
長　狭	14.4	印　旛	45.6
天　羽	25.9	南相馬	47.8
周　准	26.0	下埴生	47.4
望　陀	37.0	香　取	43.7
夷　隅	40.0	匝　瑳	30.3
長　柄	44.8	海　上	26.8
上埴生	43.9		
山　辺	56.9	県平均	43.4
武　射	37.8		

注）『千葉県統計書』（明治20年）より作成。

十七年―三九・四％、二〇年―四三・三％、二十五年―四七・五％、三十六年―四七％、四十一年―四九％、と推移していく。千葉県の小作地率は、明治前半期から一貫して全国平均を上まわる高率で推移していくのであった。この様子を郡単位で見ていくことにしよう。

明治十年、千葉県の反収は〇・九六三石であった。このとき反収が一石をこえていたのは朝夷・千葉・匝瑳の三郡だけであった。明治二十年になると、反収が一石未満の郡は山辺・武射の二郡だけとなり、県平均も四割増加し、一・三六五石となった。一〇年間に、各郡において生産力の上昇があり、特に望陀・周准・天羽・市原の四郡は、反収で一石以上の増加があった（第2表参照）。また、反収の減少した武射・山辺郡は太平洋沿いの郡であり、大幅な増加を示した四郡は東京湾に面した郡であった。内陸部の南相馬・印旛・下埴生・南相馬・香取の五郡は、いずれも反収が県平均より高かった。

千葉県で郡別の小作地率がわかるのは、明治二十年になってからである。このとき小作地率は、県平均が四三・

四%と高い比率を示しているが、旧安房国に属していた四郡(安房・平・朝夷・長狭)は、一四・四～二七・〇%と極端に低い。東京湾に面している天羽(二五・九%)・周准(二六・〇%)と、太平洋沿いの匝瑳(三〇・三%)、海上(二六・八%)の二郡も旧安房国と同様に小作地率は低い。内陸部の四郡(印旛・南相馬・下埴生・香取)の小作地率は、四七・八～四三・七%と県平均よりやや高い比率を示している。最も高い小作地率を示しているのは市原(六四・七%)・千葉(五三・〇%)・東葛飾(五七・六%)・山辺(五六・九%)の四郡であり、いずれも東京湾沿いに位置している(第3表参照)。

第4表　明治20年，自・小作別農家構成

郡　名	自　作	自小作	小　作
安　房	21.6%	67.7%	10.7%
平	26.9	70.9	2.2
朝　夷	19.7	76.3	4.0
長　狭	18.9	77.7	3.4
天　羽	31.0	58.4	10.6
周　准	29.5	60.3	10.2
望　陀	29.8	60.2	10.0
夷　隅	20.8	63.6	15.6
長　柄	31.3	51.3	17.4
上埴生	24.3	58.3	17.4
山　辺	19.9	45.7	34.4
武　射	38.0	42.0	20.0
市　原	25.2	40.8	34.0
千　葉	27.0	34.1	38.9
東葛飾	25.2	49.7	25.1
印　旛	33.0	40.8	26.2
南相馬	30.6	53.0	16.4
下埴生	34.7	48.8	16.5
香　取	31.9	42.6	25.5
匝　瑳	41.6	46.9	11.5
海　上	33.3	50.8	15.9
県平均	28.4	51.6	20.0

注)『千葉県統計書』(明治20年)より作成。

さらにこの時期における農家の自作・自小作・小作の割合をみると、小作地率の低い旧安房国四郡は、小作地率の高い四郡と比べて小作農家率は一〇%以上の差がある。千葉県全体を見れば、小作地率と小作農家率は比例関係にあったといえよう(第4表参照)。

明治前期における千葉県地主制の発展規模を具体的に示す史料として、『貴族院多額納税者議員互選名簿』(明治二十三年)がある。この史料により、千葉県の互選者(大土地所有者)、推定所有水田面積、居村名をあげれば、次の

とおりである。(5)

	(氏　名)	(推定水田所有総反別)	(居　村　名)
1	菅井与左衛門	一一六・四一町	香取郡佐原町
2	吉岡七郎兵衛	七八・二八	〃　中郷村
3	佐久間元三郎	七四・一八	市原郡海上村
4	征矢　善四郎	七一・七四	〃　東海村
5	五十嵐　敬止	七〇・四九	香取郡多古村
6	海保善右衛門	六九・〇八	〃　金江津村
7	佐久間　帯刀	六二・五五	望陀郡中郷村
8	桜　井　直蔵	六二・四九	香取郡滑河村
9	高橋　喜惣治	五九・五二	上埴生郡鶴枝村
10	東条　喜惣治	五九・四二	市原郡養老村
11	長谷川利左衛門	五二・三五	下埴生郡成田町
12	川奈部佐五右衛門	五〇・六八	東葛飾郡船橋町
13	千葉　弥治馬	四八・五九	上埴生郡鶴枝村
14	高　橋　与市	四五・四二	望陀郡馬来田村
15	茂木七郎右衛門	三一・六一	東葛飾郡野田町

互選者の職業は、菅井(醤油・酒類醸造)・長谷川(呉服商)・千葉(医師)・川奈部(醤油醸造)・茂木(同上)を除く一一名が農業であった。この外、年齢の上で互選者資格を欠いているが、大土地所有者として香取郡古城村に居住する平山阜次郎があげられる。平山は主に椿新田に土地を集積し、明治二十三年には地租金五〇九円四八銭三厘(推定所有水田面積五五町一反四畝歩)を納めていた。

千葉県の大土地所有者の多くは、千葉家や平山家のように居村に所有地を多く持ち、残りは周囲の数ヵ村に持つという形をとっていた。また、大土地所有者の多くは、県内で小作地率が高い郡に成立していたのである。[6]

明治前期において香取郡は普通農産物の占める割合が多く、特有農産物の発展も見られなかった。その上、小作地率は県内で高い水準を示し、県内の三分の一の互選資格者(大土地所有者)を輩出するなど、地主制の展開が進んでいた地域であった。

これから検討する干潟地域各村の農産物構成については、米込村の米・麦・雑穀が七九・一%を占めること以外わからない。米の反収については、地租改正時の数値が六カ村のみわかる(第5表参照)。反収一石以上の五カ村(古内・長部・府馬・松沢・桜井)は、下総丘陵沿いの谷地田が耕地の半分以上を占めていた(詳細は後述)。反収一石未満の米込村は、元禄二年に一応開発が完了した椿新田に属する一村落である。また米込村は、地租改正のとき第一五大区六番組(一五ヵ村)で、地位等級を決める際の模範村であった。[7]

第5表　地租改正時の反当収量

村名	米	麦
古内村	1.147石	1.030石
長部村	1.283	0.898
米込村	0.999	0.935
府馬村	1.187	0.926
松沢村	1.114	1.108
桜井村	1.350	0.965

注)「下総国香取匝瑳海上郡地価租税計算法」(明治11年7月),「耕宅地反別等級区分帳　桜井村」(明治11年8月)より作成。

注

(1) 地方史研究協議会編『日本産業史大系』1。

（2）明治前期における千葉県農産物集計は「駿台史学」四一号に発表したが、『全国農産表』では普通農産物の読み誤りがあり、『千葉県統計書』（明治十三年）では、市原・千葉郡の統計が欠けていたので、作成しなおした。
（3）（4）『千葉県農地制度史』上。
（5）（6）丹羽邦男「千葉県における五〇町歩地主の形成」（『主要地帯農業生産力形成史』下）。
（7）『（戸長手控）』（千葉県香取郡干潟町清和甲、菅谷豊三氏所蔵文書）。なお、古内・長部・米込・府馬・松沢の五カ村の地租改正事業は明治十一年七月には終了しており、米・麦の改租用相場は米が四円六〇銭、麦が一円四七銭であった。

2　諸村の階層構成

明治二年正月十三日、安房・上総・下総・常陸の旧幕領・旗本領を支配する宮谷県が設置された[1]。宮谷県は連年続く凶作に対処するため、「即今救荒説諭」・「救荒予防諭告」を廻達し、明治三年正月十五日には義倉儲穀設置を次のように布達した[2]。

古ゟ救荒予防之ため、社倉義倉常平倉なといひ而、儲穀有てこそ凶年にも飢餓を免れたり、方今之際是非貯穀之備江無能わす、殊ニ昨年打続之違作ニてハ当夏ニも至り不安心之事故、去冬扶食手当之事申諭し置、追々寄特之者儲穀高書出ス者有といへ共、猶又分明ならす、如何哉と心配之折柄、隣縣葛飾ニ而も儲穀之備苦心いたし、早其手段行へしとそ云々、当県ニ而も是ニ倣ひ急速村〻江義倉取建、儲穀致させ飢民なきをねかふのみ、故に村々ニ而も別紙雛形通り早々取調可申出、其上ニ而上農ハ上農、中農ハ中農、下農ハ下農と戸毎ニ表札を掲ヶ置、出穀之者ハ多少ニ不拘村役人次席とし、中下農之上ニ立、出穀寄特之弁別明白ならしめんのみ

右の史料に見える上農・中農・下農は、

（上農）

右者金穀有余之者ニ而今般儲穀差出し置兼々不足之者江貸渡し生活之道ヲ立サス故ニ上農とし村役人次席中農之上席タラシム

（中農）

右者金穀有余無之又者不足も無之不貸不借独立し生活之道相立故ニ是ヲ中農トス上農之次席下農之上席トス

（下農）

右者金穀不足ニ而常ヽ上農より是ヲ借テ生活之道立故ニ是ヲ下農トス上農中農之末席ニ而平生共上農ヲ敬すべし(3)

と規定されている。

この布達に基づいて、明治三年二月には宮谷県支配の村々から「義倉穀書上帳」・「三等農書上帳」（「上中下農書上帳」）が提出されていた。「義倉穀書上帳」によると、香取郡干潟地域各村の義倉規模は、古内村―米二〇俵（出穀人八名）・桜井村―米一六俵二斗（出穀人一一名）・溝原村―米一三俵（出穀人四名）・長部村―金二四両（出金人四名）・米込村―金三九両（出金人一三名）・府馬村―米六八俵・粟二俵・金七八両（出穀出金人五四名）であった。(4)

下農への義倉穀貸渡しは伍長が立合い、返済期限を定め、一割の利足をつけて毎月十五日・晦日の二回に返納し、「義倉穀拝借証文」を入れなければならなかった。義倉穀は下農だけでなく、借地・借店・無高の者にも、米一俵に限って貸し渡すことも出来た。(5)

これから香取郡干潟地域の村について、明治前期の階層構成を検討していくのであるが、このためには少なくとも幕末期からの推移を見なければならない。しかしこの史料が欠如しているので、ここでは各村が宮谷県に提出した「三等農書上帳」の検討から始めることにする。

第6表　6カ村三等農戸数

	上農	中農	下農	計
	軒　%	軒　%	軒　%	軒　%
古内村	8 (34.8)	8 (34.8)	7 (30.4)	23 (100.0)
桜井村	10 (16.7)	17 (28.3)	33 (55.0)	60 (100.0)
溝原村	4 (6.8)	44 (74.6)	11 (18.6)	59 (100.0)
長部村	4 (14.8)	19 (70.4)	4 (14.8)	27 (100.0)
米込村	13 (23.6)	26 (47.3)	16 (29.1)	55 (100.0)
府馬村	53 (21.0)	128 (51.0)	71 (28.0)	252 (100.0)
計	92 (19.3)	242 (50.9)	142 (29.8)	476 (100.0)

注）各村「三等農上帳」，「上中下農書上帳」より作成。

干潟地域各村の上農・中農・下農の存在状況を見るため第6表を作成した。上農から金穀の貸与をうけなければ生活が維持出来ない下農の比率は、桜井村が五五・〇%と最も多く、ついで古内村＝三〇・四%、米込村＝二九・一%、府馬村＝二八・〇%であった。この三ヵ村は、村内に下農が三割近くいることになる。
溝原村・長部村の下農は二割以下(一八・六〜一四・八%)の存在でしかない。古内村・長部村・米込村・府馬村では下農の比率とほぼ同数の上農が存在しているが、桜井村は上農の比率が下農の三分の一以下であり、溝原村は上農が下農の半分にもみたない。上農と下農の比率だけを見れば、桜井村・溝原村は村の維持運営が困難であったと思われる。しかし、明治八年十一月、元第四大区小九区(七ヵ村)が千葉県に提出した書類に、(6)

……旧宮谷県被廃新治県ニ至りテハ一昨年中民蓄石数ノ調書為差出候ノミニテ更ニ御世話無之内上農モ変シテ下農トナリ下農も追ミ中農以上ノ身分ニ至ルモ返却出穀ノ義務モ無之辛未以降貸附ノ儘ニテ……

とあるように、この区分は上農・中農・下農それぞれに不安定要素があり、正確に実態を把握したものとはいえないが、大方の目安とはなるだろう。次に各村における三等農と持高及び耕地所有規模の関係を見ていこう。

a　桜井村・溝原村の階層構成

桜井村と溝原村は、明治三年のとき下総国香取郡万歳村組に所属していた。桜井村の村高は三六三石余であり、溝原村は三五四石余であった。ほぼ同じ規模の村高であったが、田畑反別の割合は桜井村が五対三（明治十一年）、溝原村が八対二（明治九年）と違っていた。溝原村は下田が田の七割を占め、その石盛は七であった。[7] 桜井村の田の構成内容はわからないが、溝原村の隣村であり、地形上も大きな差は認められない。両村とも耕地は田の占める割合が高いが、田の生産性が低い村柄であったといえよう。

地租改正の直前（明治九年一月）に作成された「名寄帳[8]」には、桜井村では居村の持高所有者が六三名、無高四名、他村の持高所有者四七名が記載されている。溝原村では居村の持高所有者が五八名、他村の持高所有者三三名が記載されている。両村とも他村の持高所有者が多いが、村高の極く一部を占めているのにすぎない。

明治三年の義倉に出穀した者の持高は、桜井村では六〇～一石であり、溝原村では四九～一二石であった。義倉出穀者は村内では高位の持高所有者であり、上農であった。ただ、桜井村の石井藤左衛門だけが持高一石余と、他の義倉出穀者と比べて極端に持高が低く、中農に属していた（第7表参照）。

また、義倉出穀者は役職についている者が多かった。

桜井村では一一名中五名、溝原村で

第7表　義倉出穀人持高

桜井村

役　職	氏　名	持　高	出穀高
庄　屋	菅谷　太左衛門	石 27.3167	石 米 2.0
	菅谷　太右衛門	60.2592	〃 0.8
組　頭	高野　八左衛門	10.0560	〃 0.8
	高野忠兵衛	17.6168	〃 0.4
什　長	菅谷　仙右衛門	12.4662	〃 0.4
	菅谷治兵衛	11.3594	〃 0.4
	菅谷　久左衛門	12.1183	〃 0.4
什　長	大木惣次左衛門	16.1136	〃 0.4
	高野利右衛門	12.003	〃 0.4
什　長	石井藤左衛門	1.869	〃 0.4
	細川兵左衛門	10.165	〃 0.2

溝原村

役　職	氏　名	持　高	出穀高
庄　屋	鈴木利兵衛	（不　明）	石 米 2.8
	菅谷伝右衛門	石 49.11147	〃 1.2
組　頭	高木治部右衛門	29.01385	〃 0.8
伍　長	渡辺　新左衛門	12.96922	〃 0.2

注）桜井村「三等農書上帳」（明治3年），「合段別名寄簿」（明治9年），溝原村「三等農書上帳」（明治3年），「（名寄簿）」（明治9年）より作成。

第8表　明治9年，桜井村・溝原村階層

持　　高	桜井村	溝原村
50石以上	1	
30石 〜 50石		1
20 〜 30	1	1
15 〜 20	3	0
10 〜 15	9	5
5 〜 10	4	10
3 〜 5	3	10
2 〜 3	3	4
1 〜 2	10	5
1石未満	33	22
計	67	58

注）桜井村「合段別名寄簿」（明治9年），溝原村「（名寄簿）」（明治9年）より作成。

は四名中三名が役職者であった。この義倉出穀者のうち明治五年に溝原村の萱谷伝右衛門が副戸長に、明治六年に桜井村の萱谷太左衛門・高野利右衛門が戸長・副戸長にそれぞれ任命されていた。(9)

第8表は桜井・溝原両村の階層表である。一石未満の持高所有者は桜井村=三三名、溝原村=二二名と、この層の者は両村で最も多い。持高が判明する下農について見ると、桜井村では三石台=二名、一石台=三名、一石未満=二〇名いた。溝原村では下農七名の持高はすべて一石未満であった。両村とも下農に該当する者は大部分が一石未満の者であった。

持高が判明する中農について見ると、桜井村では一三〜一石未満に一五名いたが、一石台の者(六名)が最も多い。溝原村では一四〜一石未満に中農が一五名いたが、桜井村と同様に一石未満の者(八名)が最も多かった。また中農に属していた者には役職についていた者が多い。桜井村では什長・伍長が各三名、溝原村では什長六名・伍長五名が役職についていた。

これまで見てきたことから、明治九年段階の桜井村の農民を①一一石以上の者=一二名(一七・九%)、②一〇〜二石の者=一二名(一七・九%)、③二石未満の者=四三名(六四・二%)と三つに区分出来る。溝原村については、①一二石以上の者=四名(六・九%)、②一一〜一石の者=三二名(五五・二%)、③一石未満の者=二二名(三七・九%)と三区分出来よう。しかし、桜井村で、什長であった中農が明治九年には無高となったように、中農と下農の区分はこの時

期になると不安定要素が大きかったことに注意しなければならない。

b　長部村・松沢村の階層構成

長部村は地租改正前、村高二四八石余のうち無地高が八八石余あり、本高が一六〇石余であった。田畑反別の割合は七対一であったが、下田が田の七割を占めていた。[10]地租改正後、田畑反別の割合は八対二となり、田の割合がふえたが、[11]桜井村・溝原村と同様に、田の生産性は低かった。

明治三年、長部村の義倉に出金した者は高木惣右衛門(出合人兼庄屋)・高木源兵衛(什長兼伍長)・高木仁右衛門(什長兼伍長)・遠藤良祐(什長兼伍長)の四名であった。この四名は上農に属し、明治七年の持高について見れば、八〜一〇石に三名、六石台に一名と、村内では高い階層に位置していた。明治三年のとき中農は一九名いたが、一七名について持高が判明する。中農の持高は、八〜一〇石に三名、四〜六石に六名、二〜三石に一名、一〜二石に一名、一石未満に三名と幅広く分布している。下農は五〜六石、四〜五石、一〜二石、一石未満のそれぞれに一名ずついた(第9表参照)。

第9表　明治7年，長部村階層及び三等農分布

持　高	総人数	上　農	中　農	下　農
10石〜11石	人	人	人	人
9 〜 10	3	2	1	
8 〜 9	3	1	2	
7 〜 8				
6 〜 7	1	1		
5 〜 6	4		3	1
4 〜 5	4		3	1
3 〜 4	1		1	
2 〜 3	5		4	
1 〜 2	3		1	1
1石未満	5		3	1
計	29	4	17	4

注）「三等農書上帳」（明治3年），「高帳」（明治7年）より作成。

長部村の「三等農書上帳」と「高帳」[12](明治七年)に持高が記載されている者の名前はほとんど一致する。しかし、「高帳」と「地租改正地引帳」(明治十年)に記載されている田畑所有者(三六名)を照合すると、わずか一四名しか名前が一致しない。そし

て、明治七年のとき持高が一石未満と八石台の者が、明治十年になると田畑所有面積が一町四反余歩と二反余歩となったように、持高と田畑所有面積が著しく異なる者が四名いる。

このように疑問の点があるが、明治十年段階の長部村の階層構成を見ていこう(第10表)。

第10表　明治10年，長部村階層

所有田畑階層	戸　数	比　率
2町 ～ 3町	1	2.8%
1.5町 ～ 2町	0	0
1町 ～ 1.5町	8	22.2
5反 ～ 1町	11	30.6
3反 ～ 5反	4	11.1
2反 ～ 3反	3	8.3
1反 ～ 2反	2	5.5
1 反 未 満	6	16.7
無　所　有	1	2.8
計	36	100.0

注）宅地のみの所有者は無所有とした。「耕宅地山林原野収穫地価壱筆限簿」(明治10年)より作成。

田畑所有面積と三等農の関連について見ると、一町歩以上の者九名のうち、上農三名・中農三名を確認することが出来る。一反歩～一町歩未満に二〇名いるが、この層に中農が六名、一反歩未満七名のうち下農を一名、それぞれ確認出来る。つまり、長部村では明治十年の段階で、①一町歩以上の者＝九名、②一町歩未満の者＝二七名と、二つに農民を区分出来よう。

松沢村は地租改正後、田畑反別の割合が六対四と田勝ちの村柄であったが、桜井村・溝原村・長部村の三ヵ村より田の割合が低かった。松沢村の「地引帳」[13]には五二名の田畑所有者がいたが、このうち六名は他村の者であり、田＝五反余歩・畑＝三反余歩を所有していた。松沢村の「三等農書上帳」は現存していないので、田畑所有面積と三等農の関連を知ることができない。しかし、明治四年の「戸籍簿」[14]があり、これには各戸主ごとに農間余業が記載されている。そこで松沢村については、田畑所有面積(第11表)と農間余業(第12表)の関連を中心に見ていくことにする。

松沢村の田畑の割合は六対四であったが、一町歩以上の田畑所有者は一七名で、四割の人数で総田畑の七四・三

%を所有していた。この一七名で所有面積が田より畑が多い者は一名だけであった。これに対して一町歩未満の者は二九名いたが、このうち一五名は畑の所有面積が多かった。

つまり松沢村では一町歩を基準として、上位の田畑所有者は所有地で田の占める割合が多いが、下位の者は畑の占める割合が多かったのである。

松沢村では、明治四年のとき役職についている者の多くは、明治十年の段階で一町五反歩以上の田畑を所有していた。庄屋兼組頭の越川七右衛門は二町五反余歩、什長兼伍長の宮負由兵衛・宮負甚兵衛は一町五〜六反余歩を、それぞれ所有していた。そして什長の塚本清左衛門は二町余歩、伍長の塚本伊右衛門・高木権兵衛は一町七〜九反余歩を所有していた。一町五反歩以下の田畑所有者で役職についているのは、伍長の越川善兵衛（七反余歩）だけであった。

第11表　松沢村階層

田畑所有別階層	戸　数	比　率
3 町 以 上	1	2.2%
2町 〜 3町	5	10.9
1.5町 〜 2町	6	13.0
1町 〜1.5町	5	10.9
5反 〜 1町	8	17.4
3反 〜 5反	7	15.2
2反 〜 3反	3	6.5
1反 〜 2反	8	17.4
1 反 未 満	3	6.5
無　所　有	0	0
計	46	100.0

注）「(地租改正地引帳)」より作成。

第12表　松沢村階層別農間余業

田畑所有別階層	農　間　余　業
2町 〜 3町	醤油商，材木商
1.5町 〜 2町	酒造商
1町 〜 1.5町	油絞商，材木商
5反 〜 1町	木挽工(3)，屋根葺工
3反 〜 5反	木挽工，大工，油絞商，仕立工
2反 〜 3反	桶屋工
1反 〜 2反	桶屋工，木挽工
1 反 未 満	魚売商
無　所　有	な し
計	17 軒

注）「(地租改正地引帳)」,「下総国第五区内第拾壱画戸籍」(明治 4 年)より作成。

松沢村では九種類の農間余業が行われていた。田畑所有面積と農間余業の関係を見ると、一町歩以上の者は醤油商・材木商(二名)・酒造商・油絞商(二名、一名は三反余歩)など、営業資金が多くかかる職種についていたが、一町歩未満の者は木挽工(五名)・屋根葺工・大工・仕立工・桶屋工(二名)など、農家の家計を補助する職種についていた(第12表参照)。

つまり、一反歩未満の者は所有地の耕作だけでは生活を維持することが出来ないので、これらの農間余業を行うか、上位の田畑所有者の小作人となっていたものと思われる。

c　府馬村・米込村の階層構成

府馬村の村高は、文久三年から明治五年に至るまで一、六七一石余から一、八一八石余と漸増しているが、田畑反別の割合は八対二と、田の割合が高い土地柄であった。しかし、下田が総反別の六割以上を占め、畑も下畑が畑の七割以上を占めていた。[15]明治三年の石盛を見ると、下田は七～五・六、下畑は三～二・四であり、生産性は低かった。地租改正が終了した明治十三年における田畑の割合は、七対三と田の割合がやや下まわったが、田勝ちの様相は変らない。[16]つまり府馬村は、田の占める割合が高いとはいえ、生産性の低い村柄であったといえよう。

地租改正の終了した明治十三年の段階で、府馬村の「地租改正地引簿」[17]に氏名が記載されている者は三一四名あった(第13表)。三一四名中五反歩未満の田畑所有者は一七〇名で、五四・一%と半数をこし、このうち一一八名は一反歩以下の極めてわずかな土地若しくは山林か宅地だけしか所有していなかった者であった。また第13表で田畑無所有とした者は、宅地だけの所有者が一七名、山林だけの所有者が一一名、宅地・山林だけの所有者が四名、合計三二名にのぼり一〇・二%を占めていた。

府馬村は田勝ちの村柄であったが、下位の田畑所有者には次のようなことがみられる。三〜五反歩の田畑所有者三三名中四名が畑だけの所有であり、二〜三反歩では一九名中三名、一〜二反歩では四二名中二〇名、さらに一反歩未満では四四名中三三名が、畑だけしか所有していなかった。五反歩未満の田畑所有者は、所有地が少なくなればなるほど畑の割合が多くなる傾向にあった。義倉の援助を受ける下農が一反歩未満の田畑所有者に多かったのは、この理由によると思われる。

一〇町歩以上の最高位である田畑所有者は、宇井太兵衛(一四町一反六畝歩)、鈴木嘉左衛門(一三町七反六畝歩)、久保田代右衛門(一三町六反歩)の三名で、一%の人数で総田畑の一一・六%を所有していた。五町歩以上の田畑所有者一六名について見れば、人数比で五・一%ではあるが、総田畑の二四・六%を所有していた。五町歩以上の田畑所有者について田畑の割合を図示すると、第1図になる。この図を見て明らかなように、高位の田畑所有者は人数比に対して多くの所有地を持ち、所有地が多くなればなるほど田の占める割合が大きくなる傾向にあった。[18]

第13表　明治13年，府馬村階層

田畑所有別階層	戸　数	比　率
10 町 以 上	3	1.0%
5町 〜 10町	13	4.1
3町 〜 5町	6	1.9
2町 〜 3町	19	6.0
1.5町 〜 2町	20	6.4
1町 〜1.5町	30	9.5
5反 〜 1町	53	16.9
3反 〜 5反	33	10.5
2反 〜 3反	19	6.1
1反 〜 2反	42	13.4
1 反 未 満	44	14.0
無 所 有	32	10.2
計	314	100.0

注）山林及び宅地のみの所有者は無所有とした。「下総国香取郡府馬村 改正現歩地引簿」(『集宝帖』 壱)より作成。

役職や農間余業と所有面積の関連について見ると、宇井太兵衛は、安政六年から明治二年まで旗本依田捨五郎支配分の組頭を勤め、什長を経て明治五年副戸長になる[19]一方、現存する証文などの史料から、幕末頃から質地関係を通して土地集積を行ったものと考えられる。鈴木嘉左衛門も副戸長を勤め、開始年代は明らかではないが、明治八年には清酒醸造を行っていた。そして、平山小八(七町八反余歩)も明治八年には質屋を営業していた。つ[20][21]

第１図　府馬村５町歩以上田畑所有者比較一覧

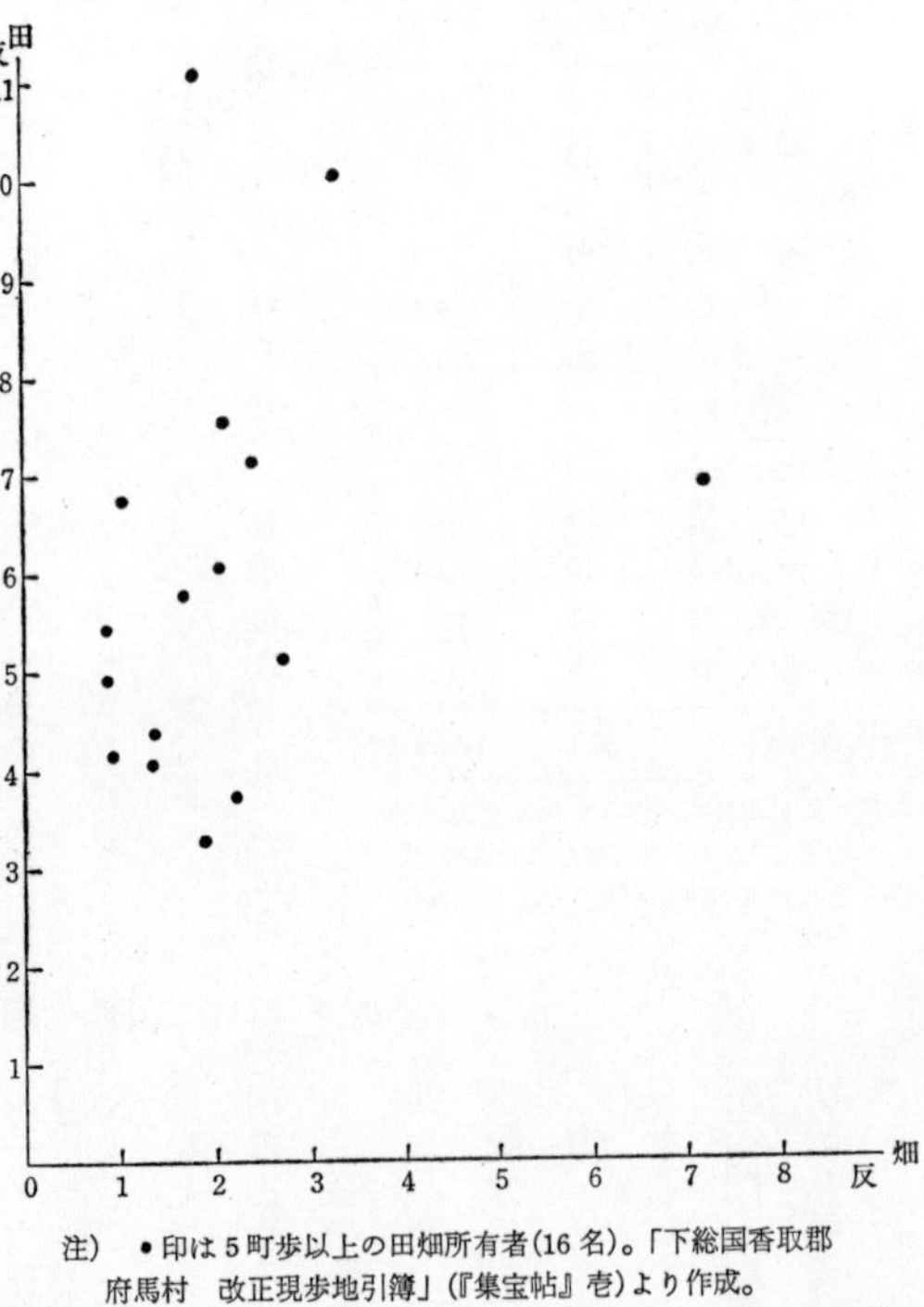

注）　●印は５町歩以上の田畑所有者（16名）。「下総国香取郡府馬村　改正現歩地引簿」（『集宝帖』壱）より作成。

まり、府馬村では高位の田畑所有者は金融関係を通じて土地集積を行ったものと推測出来る。

これまで述べてきたことから、明治十三年段階の府馬村農民を、①一町五反歩以上の者＝六一名（一九・四％）、②一町歩〜一反歩の者＝一三五名（四三・〇％）、③一反歩未満の者＝一一八名（三七・六％）と、三つに区分できよう。この区分は明治三年の三農区分にほぼ相応する。

第14表は、府馬村外九カ村の諸営業の職種とそれに従事する延べ人数を表わしたものである。府馬村では延べ人数で七六名が諸営業に従事していたが、このうち田畑所有反別がわかる者が三二名いる。この三二名のうち、一町五反歩以上の者が五名、一町五反〜一反歩が一六名、一反歩未満が一一名であった。一町五反歩以上の者の職種は、質屋・清酒醸造・雑飲食・雑漁・小間物であったが、雑飲食・雑漁・小間物の大部分は一町五反歩未満の者であった。したがって、②・③に属する者が質屋・清酒醸造を除く諸営業に従事していたのである。また第14表にあげられている職種は、いわば農間余業といわれているものであった。府馬村では一町五反歩未満の者は、上位の田畑所有者の小作人となるか、これらの農間余業に従事していたものとみなすことが

第14表　府馬村外9カ村諸営業人員

営業名	府馬村	長岡村	入野村	古内村	南堀之内村	米込村	志高村	諸徳持村	松沢村	諸徳寺村	計
雑飲食	23	11	7	2	3	5	9	3			63
雑漁	7				1		4		1		13
小間物	2	1	2	1			4	5	1	3	19
料理	4							2			6
炭焼	2			1				2			5
西洋物	3										3
角力						1					1
水車	1	1									2
麺類	5	1	2		1	1					10
濁酒	1					1	1				3
質屋	2	2	2		1	4		1	1		13
古鉄銀	6		1					1			8
酒類請売	2	1				2	1		1	2	9
煙草仕入売	3		2				2				7
清酒醸造	2	3				1			2		8
髪結職	1									1	2
牛馬売買	5	3	2		1	1	1			1	14
宿屋	7	1	1			1			1	1	12
計	76	24	19	4	7	17	22	14	7	8	

注）諸徳寺村と諸徳持村は同一村と思われるが，原史料のママとした。『第15大区7小区諸営業人名簿』（明治8〜9年）より作成。

第15表　米込村階層

	戸数	上農	中農	下農
5町〜10町	7戸	4人	人	人
3町〜5町	4	2		
2町〜3町	8	1	4	
1.5町〜2町	9	3	4	
1町〜1.5町	10	1	4	
5反〜1町	19		4	1
3反〜5反	11		1	2
2反〜3反	11		2	2
1反〜2反	5			1
1反未満	2			
無所有	3			
計	89	11	19	6

注）「下総国香取郡米込村地引帳」，「上中下農書上帳」より作成。

できよう。

米込村は地租改正前（明治七年）の田畑の割合は三対七と畑の割合が多い土地柄であった。耕地の様子をやや詳しく見ると、上田・中田は田の一割を占めているのにすぎず、六割近くが下田・下々田（石盛一二〜一〇）であり、残りは砂田・見附田（石盛六）などであった。畑については、下畑・下々畑が畑の一割を占めているが、大部分が草間畑・中林畑・下林畑・芝畑(石盛四〜二)であった。[22] 地租改正後(明治九年)、米込村の田畑の割合は七対三と大幅に田の割合が増加した。[23] このような変化があったとはいえ、米込村は生産力が強めて低い土地柄であったといえよう。

米込村の地租改正地引帳[24]には、居村の者八九名、他村の者五八名の氏名が記載されている。居村の田畑所有階層は第15表のとおりである。階層ごとに田の占める割合を見ると、三町歩以上では七割以上、三町〜一町五反歩では六割以上をそれぞれ占めているが、一町五反〜三反歩では六割に満たない。三反歩未満でも四割に満たなかった。米込村でも府馬村と同様に、高位の田畑所有者は田の占める割合が高く、下位の者は畑の占める割合が高かったのである。

明治三年の三等農と田畑所有反別の関連を見ると、上農(一三名)であった者で、田畑所有反別がわかる一一名のうち一〇名は、一町五反歩以上の者であった。中農(一六名)は三町〜二反歩に一九名いるが、三町〜五反歩にまとまりがあり、下農は一町〜一反歩に六名いる(第15表参照)。また、一町五反歩以上の田畑所有者の多くは村役人となっていた。明治三年のとき村役人であった者の名前(所有反別)をあげれば、次のとおりである。

庄屋　杉崎伝蔵(七町三反六畝歩)　　什長　山崎理重郎(八町九反四畝歩)
什長　熱田泰右衛門(一町五反歩)　　什長　川口八良兵衛(三町六反三畝歩)
什長　荒品武右衛門(一町五反八畝歩)　　什長　藤井惣兵衛(一町四反四畝歩)

米込村では、村役人は一町五反歩以上の田畑所有者であったとみなしてよいだろう。

これまで述べてきたことから、米込村では①一町五反歩以上の者＝二八名(三一・五％)、②一町五反〜三反歩の者＝四〇名(四四・九％)、③三反歩未満の者＝二一名(二三・六％)と三つに階層区分できる。

農間余業について見ると、米込村では質屋・清酒醸造・濁酒醸造を行っている者三名のうち二名は①に属していた。雑飲食・麵類・酒類請売・牛馬売買などの販売業に従事している者は、ほとんどが③に属するものであった。米込村でも府馬村と同様に、中農・下農に属していた者は上位の田畑所有者の小作人になるか、これらの農間余業に従事していたのであった。

注

(1) 川名登「宮谷県の成立と展開」(『旭市史』第一巻)。
(2)(3)(5) 「明治三年正月　義倉儲穀に付布達」(『旭市史』第一巻)。
(4) 古内村―『古内沿革誌』一(千葉県香取郡山田町古内、布施克己氏所蔵文書)、府馬村―明治三年『万集録』六巻(山田町府馬、宇井隆氏所蔵文書)、桜井村―干潟町桜井区有文書、溝原村―干潟町溝原、高木治太郎氏所蔵文書、長部村―干潟町長部、遠藤良太郎氏所蔵文書、米込村―干潟町米込、杉崎栄氏所蔵文書。
(6) 明治八年『雑誌』拾六番(宇井隆氏所蔵文書)。
(7) 桜井村―明治三年四月「高反別取調書上」(桜井区有文書)、溝原村―明治九年五月「高反別石盛明細帳　控」(高木治太郎氏所蔵文書)。
(8) 桜井村―桜井区有文書、溝原村―高木治太郎氏所蔵文書。
(9) 明治五年「新治県管轄第四大区小八区戸籍　下総国香取郡溝原村」(高木治太郎氏所蔵文書)、明治六年「新治県管轄第四大区小八区戸籍　下総国香取郡桜井村」(桜井区有文書)。
(10) 嘉永四年「高反別名寄帳」(遠藤良太郎氏所蔵文書)。
(11) 明治十年「耕宅地山林原野収穫地価壱筆限簿」(長部区有文書)。
(12) 遠藤良太郎氏所蔵文書。
(13) 松沢区有文書。

(14)「下総国第五区内第拾壱画戸籍」(松沢区有文書)。
(15)「村高明細帳」(明治二年『万集録』四番)宇井隆氏所蔵文書。
(16)(17)「下総国香取郡府馬村　改正現歩地引簿」(『集宝帖』壱)宇井隆氏所蔵文書。
(18)地租改正の結果、府馬村の田畑面積は三、五九八町三反歩(田一二、四七三町三反歩、畑一一、一二五反歩)であった。
(19)大正十五年「宇井太兵衛翁履歴書」(第一回・二回・三回草稿)宇井隆氏所蔵文書。
(20)宇井隆氏所蔵文書で土地証文関係文書の上限は宝暦五年「売渡シ申流地証文之事」であり、下限は明治三年「売渡申質地証文之事」で、一〇〇通ほど現存している。このうち文化四年から明治三年までの証文は七〇通ある。現存している証文で土地集積の正確な把握は無理と思われるが、大よその傾向を見ることは可能であろう。
(21)「第十五大区七小区諸営業人名簿」宇井隆氏所蔵文書。
(22)明治七年「貢金取調書上」米込区有文書。
(23)(24)「下総国香取郡米込村地引帳」杉崎栄氏所蔵文書。

3　諸村の性学門人

大原幽学とその門人の関係を示すものに、門人から入門状として幽学に提出された「神文」がある。「神文」は門人として守るべきことを神に誓うという形式をとったもので、「人相」「易術」「神宝秘事」「祈禱法」「性学」の種類があった。さらに「性学」には「道友加入」「同門加入」「執心加入」「家名相続」と多少文章の違うものがあった。この形式は幽学没後も続けられ、現存する「神文」は一、九一六通あるが、時期によって種類に違いが見られる。文政十年から天保八年までは「人相」「易術」「神宝秘事」「祈禱法」の神文が一七一通あるが、天保四年から明治三十七年までは「性学」の神文が一、七四五通あった。このことは、天保九年に幽学が長部村遠藤本蔵の懇願を入れて、再び東総に帰って長部村を中心として本格的に教化活動を決意したことと無関係ではないといわれている。[1]門人の加入数を「神文」[2]で見ると、幽学が自殺した安政五年三月八日までが六一三通、それ以降が一、三〇三通と幽学没後の方が門人は多かった。幽学没後の門人は主として遠藤良左衛門（亮規―明治六年八月二十二日没）が二代目教主であった一〇数年の間に集中している。これから干潟地域六ヵ村における性学門人[3]の加入時期・村内階層等について見ていくことにする。

a　長部村・松沢村・桜井村の性学門人

天保九年十二月、長部村名主遠藤伊兵衛を中心として、大原幽学による先祖株組合が結成された。天保十二年には、長部村全村民がこの組織に加入した。このため、長部村では早くから幽学の門人となった者がいたのである。そして長期間にわたって門人の加入が見られた。天保五年に「性学（同門）」の神文を入れた名主見習遠藤本蔵（良左衛門）を始めとして、明治八年に「性学（道友）」の「神文」を入れた遠藤新三郎に至るまで、「神文」は六七通を数えることができる。天保七年までに「神文」を入れた門人一四名のうち、四種類の「神文」を入れた者が一名、三種類の「神文」を入れた者が一名、二種類の「神文」を入れた者が三名、それぞれいた。

長部村における門人の加入時期は幽学生前中に三五名、二代目教主遠藤良左衛門（亮規）のときに一九名、三代目教主石毛源五郎のときに三名であった。この外「神文」は入れていないが、幽学の直門として嘉左衛門・高木良蔵（政右衛門）・高木貞助・高木源左衛門等がいた。つまり、長部村では幽学生前の期間に門人となった者が多数いたのであった。また、性学の「親村」であった長部村が、いわば「村ぐるみ」の加入が見られたのは、名主遠藤伊兵衛・良左衛門（亮規）父子、十日市場村の林伊兵衛の援助があったからである。[4]

松沢村では、幽学門人は三人であった。宮負定賢が天保五年十月に「人相」、宇井包教が天保五年八月から同六年までに「人相」「性学（同門）」「周易」、高木庄兵衛が天保五年八月に「人相」、の「神文」をそれぞれ入れていた。宮負定賢は名主であり、国学者宮負定雄の父であった。宇井包教は熊野神社（松沢村）の神主であった。この二人は文政二年三月に国学者平田篤胤に入門していた。高木庄兵衛も文政十年九月に宮負定雄の紹介で平田篤胤に入門していたのである。

右の三名が幽学に「神文」を入れた時期は、幽学が長部村に定着して本格的な教化活動を行う天保八年以前であった。平田篤胤に入門し、幽学に「神文」を入れた例は、松沢村周辺の西足洗・諸徳寺・北小川の四ヵ村（六名）に見られる。しかし、幽学への入門はほとんどが「人相」「周易」であり、彼らは神官・医師・村役人層・網主・地主等であった。[5]

地租改正時、宮負家の田畑所有反別は三町一反五畝歩（村内一位）であり、宇井家は一町三反四畝歩、高木家は一町二反三畝歩であった。三家は、明治前期において村内で地主の地位を保っていたものと思われる。

桜井村の性学門人は、天保五年から万延元年までに「神文」を入れ、その人数は三一名であった。彼らの「神文」は、「周易」が一通、「性学（同門）」が一二通、「性学（道友）」が二七通であった。そして「神文」を二通以上入れている者が九名いた。これらの「神文」が入れられた時期は、幽学生前中三四通（二五名）、遠藤良左衛門（亮規）が二代目教主であったときに六通（六名）であった。桜井村は、長部村・松沢村と同様に、幽学の生前中に門人となっ

第16第　桜井村性学門人一覧

氏　　名	性学種類	所有石高	三等農	
1 菅谷　多右衛門	道　友			
2 菅谷栄精	同門(周易)			
3 大木正之進	同門・道友			
4 菅谷伴次	同　門	(12石446)	(上　農)	菅谷仙右衛門(什長)の父
5 石井直吉	道友・同門			
6 菅谷多仲	道友・同門			
7 大木左源次	道友・同門			
8 大木佐和吉	道友・同門			
9 大木貴邦	道友・同門			
⑩ 菅谷太之助	同　門			
11 菅谷　太左衛門	道友・同門	27.316	上　農	庄　屋
12 菅谷豊蔵	道友・同門			
13 高野利右衛門	同門・道友	12.003	上　農	什長，副戸長
14 大木牛松	道　友	(11.505)		大木光国の次男
15 菅谷牛松	〃	1.354		
16 菅谷安蔵	〃			
17 菅谷金蔵	〃			
18 菅谷太助	〃	(13.817)	(中　農)	菅谷卯右衛門の父
19 大木惣右衛門	〃			
20 大木正左衛門	〃	1.452	下　農	
21 細谷権兵衛	〃	0.938	下　農	
22 菅谷経次郎	〃			
23 長兵衛	〃	0.610	下　農	
24 菅谷　孝右衛門	〃			
25 高野文之助	〃			
㉖ 高野藤治郎	〃			
㉗ 菅谷源蔵	〃		(上　農)	菅谷仙右衛門(什長)の子
㉘ 菅谷伝蔵	〃			
㉙ 菅谷庄蔵	〃	(2.358)	(中　農)	菅谷庄左衛門の父
㉚ 西光寺考順	〃			
㉛ 菅谷市郎右衛門	〃	10.041	下　農	

注）番号が無印の者は幽学生前中の門人，○印内の者は遠藤良左衛門(亮規)のときの門人を示す。「大原幽学神文集」，「合段別名寄帳」，「三等農書上帳」，「新治県管轄第４大区小８区戸籍」より作成。

た者の方が多かったのである。

桜井村の性学門人三一名のうち、明治九年の所有持高、及び三等農（明治三年）が判明する者が一二名いる。三等農の区分が不明である二名について、所有持高から推測すると、大木牛松（一一石余）は中農、萱谷牛松は下農に属することになる。そうすると、桜井村の性学門人一二名は、上農＝五名、中農＝二名、下農＝五名となる。このうち下農一名は、幽学没後の門人であった。また、門人で血縁関係にあったのは一組（祖父・孫）だけであった（第16表参照）。

長部・松沢・桜井の三ヵ村の性学門人は、幽学生前のときの門人の方が多かった。長部村はもとより、桜井村においても庄屋（明治三年）の萱谷太左衛門が天保九年に「神文」を入れていたように、上層農民から下層農民まで性学門人となっていたと思われる。ただ松沢村だけは、宮負定雄の影響があるのか、本格的に教化運動を展開する天保八年以降、性学門人となった者は一人もいなかった。

b　米込村・府馬村・溝原村の性学門人

米込村において天保九年から明治八年までに、「神文」を入れた性学門人の総数は二五名である。幽学の生前中に「神文」を入れた者が一一名、二代目教主遠藤良左衛門（亮規）のときに「神文」を入れた者が一一名、三代目教主石毛源五郎のときに「神文」を入れた者が三名いた。米込村では、性学門人は幽学没後に入門した者の方がやや多かったのである。そして、米込村門人の「神文」は「性学（同門）」が一通、「性学（道友）」が二二通と、不明の二通を除き、すべて「性学」であった。(6)

米込村の性学門人二五名のうち、地租改正時の田畑所有反別及び三等農（明治三年）が判明する者が一三名いる。

第17表　米込村性学門人一覧

氏名	性学種類	田畑所有反別	三等農	
1 相崎本吉	道友			
2 藤井政治郎	同門			
3 加瀬利助	(不明)			
4 杉崎伝十郎	道友			
5 杉崎伝左衛門	〃			
6 杉崎武三郎	〃			
7 杉崎久左衛門	〃	501畝22	上農	
⑧ 〃 久太郎	〃			
⑨ 〃 久次郎	〃			杉崎久左衛門の子
10 杉崎武助	〃			
⑪ 加瀬孝三郎	〃			
⑫ 杉崎喜左衛門	〃	218.18	中農	
⑬ 杉崎忠蔵	〃	130.18	中農	
⑭ 杉崎嘉左衛門	〃	29.15		大工職
⑮ 渡辺徳兵衛	〃		下農	雑飲食営業
⑯ 飯田長左衛門	〃	38.23	上農	
⑰ 渡辺市郎兵衛	〃		下農	
⑱ 奈良佐五兵衛	〃	23.02		
⑲ 渡辺吉蔵	〃			
⑳ 奈良佐平	〃			
㉑ 杉崎喜太郎	〃			
㉒ 杉崎喜三郎	〃			
23 杉崎伝蔵	(不明)	736.16	上農	庄屋
㉔ 〃 伝之助	道友			
㉕ 〃 伝次郎	〃	63.25		杉崎伝蔵の子

注）番号が無印の者は幽学生前中の門人，〇印の者は遠藤良左衛門(亮規)のときの門人，白ぬきの番号の者は石毛源五郎のときの門人を示す。「大原幽学神文集」，「下総国香取郡米込村地引帳」，「上中下農書上帳」，「当巳宗門人別帳」(明治2年)より作成。

三等農が不明である三名は、田畑所有反別から中農＝一名（杉崎伝次郎―六反三畝歩）、下農＝二名（杉崎嘉左衛門―二反九畝歩、奈良佐五兵衛―二反三畝歩）と推測できる。したがって米込村の性学門人一三名は、上農＝六名、中農＝三名、下農＝四名となる。幽学生前中の門人一一名で三等農の区分が判明する四名は上農である。一名はのちに庄屋（明治三年）となった者であり、三名は父子関係にある者であった。幽学没後の門人は、ほとんどが中農か下農であった。この下農のうち、一名が大

第18表　府馬村性学門人一覧

	氏名	居住字名	田畑所有面積	
1	金親官治	原宿		
②	菅谷武右衛門	〃	35畝24	
③	〃利左衛門	〃	61.19	
④	大野文左衛門	〃	17.05	雑飲食・牛馬売買営業
⑤	菅谷太市	〃	209.15	
⑥	金親治郎左衛門	入小古保内	3.09	
⑦	小川半右衛門	〃	21.13	
⑧	秋葉伝左衛門	奥山堆	14.18	
⑨	大柳庄兵衛	〃	42.06	
⑩	渡辺長左衛門	〃		宅地7.12畝所有
⑪	菅谷文右衛門	在郷	21.02	
⑫	〃文蔵	〃		菅谷文右衛門の子
⑬	菅谷文左衛門	〃	972.05	
⑭	〃直蔵	〃	144.00	菅谷文左衛門の子
⑮	青柳庄左衛門	〃	194.29	
⑯	菅谷太郎右衛門	〃	19.31	清酒醸造
⑰	志賀重三郎	小日向		山林所有
⑱	岡田新三郎	〃	76.06	
⑲	秋葉作左衛門	〃	54.07	
⑳	菅谷茂助	遠宿茶畑		菅谷勘兵衛の父
㉑	〃勘兵衛	〃	104.02	水車営業
㉒	高木清左衛門	〃	66.03	
㉓	小堀七郎左衛門	〃	149.19	牛馬売買営業
㉔	小堀太郎左衛門	〃	203.20	
㉕	小堀嘉兵衛	〃	4.00	
㉖	〃嘉平治	〃		小堀嘉兵衛の子
㉗	越川李右衛門	〃	8.29	
㉘	菅谷半右衛門	〃	26.14	
㉙	〃七郎兵衛	〃	74.10	
㉚	小堀嘉十郎	〃	189.08	
㉛	〃太右衛門	〃	65.20	
㉜	菅谷太之助	〃	150.09	
㉝	石河定之助	〃	83.09	
●34	菅谷利十郎	〃	56.17	
㉟	〃市三郎	〃		菅谷利十郎の弟
㊱	林市兵衛	〃	79.18	
37	岡田新兵衛	帰命堆	50.04	
㊳	石毛源五郎	〃	131.20	
㊴	志賀重兵衛	〃	41.21	
㊵	〃重太郎	〃	127.13	志賀重兵衛の子
㊶	〃重蔵	〃		志賀重兵衛の子
㊷	〃重四郎	〃		志賀重兵衛宅地内に居住
㊸	大野武兵衛	〃		
㊹	〃峯次郎	〃		大野武兵衛の子
㊺	〃峯三郎	〃		大野武兵衛の子
㊻	菅谷政治郎	〃	2.26	
㊼	菅谷才兵衛	〃	42.05	雑魚営業
㊽	玉井治郎右衛門	〃	2.14	
㊾	菅谷治兵衛	〃	223.23	
㊿	菅谷嘉蔵	〃	562.27	
(51)	菅谷八郎右衛門	〃	77.08	
(52)	菅谷勝蔵	〃	401.16	
(53)	志賀源次郎	〃	37.12	
(54)	鎌形作右衛門	〃	6.19	雑飲食・麺類営業
●55	〃作之助	〃		鎌形作右衛門の子
(56)	岡田新四郎	〃	76.10	
57	〃新五郎	〃	53.06	岡田新四郎の弟
(58)	秋葉作兵衛	〃	117.26	

注）番号無印，○印，白ぬきの者同前。「大原幽学神文集」，「(新治県4大区小九区村々戸籍帳)」，「第15大区7小区諸営業人名簿」，「下総国香取郡府馬村　改正現歩地引簿」より作成。

工職、一名が雑飲食の農間余業を行っていたのであり、中農にも血縁関係がある者はいなかった(第17表参照)。

府馬村における門人は、天保六年に入門した金親官治をはじめとして明治二十八年の志賀元次郎に至るまで一〇八名で、彼らの「神文」の種別はすべて「性学」であった。幽学没後の門人一〇〇名中、遠藤良左衛門(亮規)が教主であった期間に九一名、石毛源五郎が教主であった期間に九名がそれぞれ門人となった。つまり府馬村では、遠藤良左衛門(亮規)が教主であった期間に多数が性学門人となったのである。

第18表は府馬村において性学門人と判明する「神文」一〇八通のうち、明治六年の戸籍で居住地、明治十三年段階の田畑所有反別、及び農間余業について判明できた五八名につき表示したものである。第18表によってまず始めに門人の居住地を字別で見ると、原宿＝五名、入小古保内＝二名、奥山堆＝三名、在郷＝六名、小日向＝三名、遠宿茶畑＝一七名、帰命堆＝二二名となり、三代目教主石毛源五郎が居住していた帰命堆に門人が最も多かったことがわかる。また、五六名の門人のうち父子関係にある者が七組(一六名)、兄弟関係にある者が二組(四名)、計九組(二〇名)の門人が血縁関係にあった。この人数は第18表にあげられている門人の三分の一強に相当するが、府馬村ではどちらかといえば、性学門人には地縁的なまとまりがあったことを想像させる。

府馬村の性学門人で田畑所有反別がわかる者は四五名である。これらの者について整理すると、第19表となる。

第19表　府馬村性学門人階層

田畑所有別階層	戸　数	比　率
10町以上	0	0%
5町 ～ 10町	2	4.4
3町 ～ 5町	1	2.2
2町 ～ 3町	3	6.7
1.5町～ 2町	3	6.7
1町 ～1.5町	6	13.3
5反 ～ 1町	12	26.7
3反 ～ 5反	6	13.3
2反 ～ 3反	2	4.4
1反 ～ 2反	3	6.7
1反未満	5	11.2
無　所　有	2	4.4
計	45	100.0

この表を見てわかることは、一町～五反歩の階層の門人が四五名中一二名(二六・七%)と最も多く、この階層以下の者は三〇名で六六%以上を占めていることである。前に見た三区分にあてはめると、一町五反歩以上に相当する門人は九名(二〇・〇%)、一町五反～二反歩は二九名(六四・四%)、一反歩未満は七名(一五・六%)と、一町五反歩未満の三六名が所有反別の判明した門人の八〇%を占めていたことがわかる。

これを府馬村全体の三区分と比べてみよう。

	(府馬村)	(性学門人)
一・五町歩以上(上農)	19・4%	20・0%
一・五町〜二反歩(中農)	43・0%	64・4%
一反歩未満(下農)	37・6%	15・6%

右に見られるように、上農にはさほど変化はみられないが、性学門人の方が中農の占める割合が高い。また性学門人で上農に属する者は、幕末〜明治初年に村役人となって村政にたずさわった者はいなかった。わずかに菅谷文左衛門（九町七反二畝歩）だけが米三俵を明治三年の義倉に供出しただけであった。三代目教主石毛源五郎は、一町三反一畝歩の田畑を所有し、明治三年宮谷県に提出した義倉に関する報告書で中農の欄にその名前を認めることができる。

性学門人で農間余業に従事している者は七名で、その職種は雑飲食・牛馬売買・水車・麵類・清酒醸造であった。府馬村全体では五反歩未満の田畑所有者の多くが農間余業に従事していたが、門人でこれに従事していた者七名のうち三名が五反歩未満の田畑所有者であった。府馬村における諸営業従事者の田畑所有反別に不明な者が多いので指摘するだけにとどめておく。

溝原村において最初に「神文」を入れたのは安政六年、鈴木利彦である。このとき、幽学はすでに自殺してから二年経過していた。明治十九年に「神文」を入れた鈴木孝七郎まで「神文」は二六通を数えることができ、その種類は総て「性学(道友)」であった。溝原村の性学門人は、「神文」を二通以上入れた者は府馬村と同様にいなかった。また、遠藤良左衛門が二代目教主であった期間に一九名、石毛源五郎が三代目教主であった期間に七名が、それぞれ性学門人となったのである。

第20表　溝原村性学門人一覧

氏名	性学種類	所有石高	三等農	
① 鈴木利彦	道友			
② 鈴木利兵衛	〃		上農	
③ 鈴木英二	〃			
④ 鈴木貞吉	〃			
⑤ 大名木治郎兵衛	〃	12石564	中農	
⑥ 高木治郎左衛門	〃	8.913	中農	
⑦ 高木杢右衛門	〃	0.389	中農	木挽渡世
⑧ 高木庄蔵	〃			
⑨ 大名木豊吉	〃			
⑩ 大根源兵衛	〃	1.319	中農	
⑪ 釈致篤	〃			
⑫ 鈴木利喜太郎	〃	2.077		
⑬ 〃 利喜次郎	〃			鈴木利喜太郎の弟
⑭ 〃 利喜三郎	〃			〃
⓯ 〃 利喜七郎	〃			〃
⓰ 鈴木利三郎	〃	4.215		
⑰ 鈴木利右衛門	〃	0.243	中農	
⓲ 〃 孝太郎	〃			鈴木利右衛門の子
⓳ 〃 孝三郎	〃			〃
⓴ 〃 孝五郎	〃			〃
㉑ 〃 孝七郎	〃			〃
㉒ 大根庄右衛門	〃	0.139	中農	
㉓ 高木嘉左衛門	〃	0.543	下農	
㉔ 鈴木英三郎	〃			鈴木利左衛門の弟
㉕ 〃 利三郎	〃			〃　の子
㉖ 〃 英五郎	〃			〃

注）番号無印，〇印等同前。鈴木利左衛門（英三）の持高は4.215石であり，中農であった。「大原幽学神文集」，「名寄帳」，「新治県管轄第4大区小8区戸籍」より作成。

明治五年の溝原村「戸籍」から性学門人の居住地を調べてみると、三組（一三名）が血縁関係にあったことがわかる。この人数は、溝原村性学門人二六名の二分の一を占めている。このことから、溝原村では、性学門人は血縁的なまとまりがあったことが想像できよう。

溝原村の性学門人二六名のうち、明治九年の所有持高が判明するものが九戸あり、三等農（明治三年）が判明するものが八戸ある。所有持高はわかるが三等農の区分が不明である鈴木利喜太郎（二石余）・鈴木利三郎（四石余）は所有持高から中農とみなすことができる。したがって、溝原村性学門人は、上農＝一名、中農＝一五名、下農＝五名となる（第20表参照）。溝原村性学門人は、幽学没後の門人であり、ほとんどが中農か下農に属していたのである。

これまで干潟地域六ヵ村について、明治前期の階層構成と性学門人層について見てきた。未だ検討が不十分な点もあるが、ここで若干のまとめを行っておくことにする。

c　門人の社会階層

干潟地域六ヵ村では、「神文」を入れた門人は天保五年から明治二十八年まで二五〇名(二七一通)を数えることができる。「神文」を入れた時期を見ると、長部・桜井・松沢の三ヵ村は幽学生前中の門人が多く、米込・府馬・溝原の三ヵ村は幽学没後の門人が多かったのである。長部村では天保九年以降、村役人であった上層農民から中層農民へと先祖株組合へ加入して行き、いわば「村ぐるみ」の結果を生んだ。桜井村では、「神文」が入れられたのはほとんどが幽学生前中であり、門人は上層農民から下層農民までいた。このことは、長部村と同様に村役人となっていた上層農民が中心となって、性学運動を積極的に行っていたことを思わせる。

米込村は幽学没後の門人がやや多いが、幽学生前の門人の階層は桜井村と同様の傾向を示している。しかし、幽学没後の門人の階層は中層農民か下層農民であった。幽学没後の門人が一村単位で最も多かった府馬村では、村政にたずさわった門人は一人もいなかったし、多くは中層農民であった。門人の加入も、三代目教主石毛源五郎の居住地であった帰命堆を中心に、地縁的なまとまりをもって行われたと考えられる。また溝原村では、全員が幽学没後の門人であり、ほとんどが中層農民か下層農民であった。門人の加入も血縁的なまとまりをもって行われていた。

このように干潟地域六ヵ村では、門人の加入時期の違いによって、階層や加入のし方も変っていたのである。つまり、幽学生前では、各村の上層農民が中心となって性学運動を進めたので、下層農民まで門人が増加したのであった。幽学没後に多くの中・下層農民が門人となったのは、二代目教主遠藤良左衛門(亮規)が性学運動の組織強化のため各村に「手習所」と称する集会所を設置したり、指導者の指導性を発揮するため「前夜」組織を活用したからである。さらに、幽学没後の門人で中層農民であった石毛源五郎（府馬村）やその補佐役であった鈴木英三が、「前夜」組織の世話人であったり、財政面で大きな役割を果した「丹精奉公」の励行を積極的に進めたことも関連あろう。(7)

明治六年、遠藤良左衛門（亮規）は、不審の筋ありとして司法省の糾問をうけ、解放された後、石部駅（滋賀県）で客死した。(8)その後、性学運動は、旧派（幽学直門）と石毛派の二派に分かれ、対立して行くのであった。

注

（1）（5）　川名登『「神文」よりみたる幽学門人層』（『旭市史』第三巻）。

（2）「大原幽学神文集」（『旭市史』第三巻所収）。「神文」を入れた者は総て男性である。幽学門人には、「神文」を入れていない者や女性もいる。

（3）本稿では、原則として「周易」「人相」の「神文」だけを幽学に提出した者を幽学門人とし、「性学」の「神文」を幽学・遠藤良左衛門（亮規）・石毛源五郎に提出した者を性学門人とした。

（4）中井信彦『大原幽学』。

（6）加瀬利助は天保十三年八月に「神文」を入れていることがわかるが、杉崎伝蔵の「神文」は現存しない。しかし、「性学主要門人略伝」（遠藤良太郎氏所蔵文書）に天保十年に入門した旨の記述があり、伝蔵の書状に「私共神文致議定置候」（「書状控」菅谷豊三氏所蔵文書）とあることから、杉崎伝蔵は「神文」を入れた門人とした。

（7）堀江俊次「幽学死後の組織的展開」（『旭市史』第三巻所収）。

（8）「八石改革之記」（同右書）。『太政類典』第二編第三四九巻。

（藤田　昭造）

二　小学校と学習結社

1　公教育の成立と展開——林彦兵衛と万力学校——

a　方　法

近代日本教育史研究の課題として、制度史からの脱却があり、そのことの反省は毎年のようにくり返されている。[1]ということは簡単には克服しがたいことを意味しているのであるが、その状況の中にあって、第二編の一でもとりあげた次の二書は、意義ある方法論を提示している。

○津田秀夫『近世民衆教育運動の展開』——民衆側の郷学教育、およびそれによる小学校設立について。

○高橋敏『日本民衆教育史研究』——近代公教育による児童習俗への圧迫・歪曲とその噴出について。

いずれも、地域と時期を限定し、民衆教育を構造的にとらえている点は学ぶべきところが多い。以上のことを参考に、さらにここでは次の諸点に留意したい。

(1)さらに地域を狭めて、現場の実態をよりリアルに追ってみる。
(2)そのために、とりわけ人物をクローズ・アップして、動態的にとらえる。
(3)それらをもとに制度と地域の特性・個人の事情とを斟酌していく。
(4)時期は近代の中でも明治期とし、さらにそれを区分していく。

ところで本書の第二編の一では、この干潟地方について、江戸時代の庶民教育の普及ぶりと変遷をみてきた。当然、本稿はそれをうける形で論を進めていくわけである。中心にとりあげていくのは、第二編の一において寺子屋師匠であり、歌人として紹介した林彦兵衛である。

筆者はかつて彦兵衛を中心に明治前期の教育を書いたことがある。[2]それは「明治前期における教員と地域社会」(「地方史研究」第一四一号)と「林彦兵衛と万力学校」(「駿台史学」第四一号)である。そこでの所論中、学校教育と林彦兵衛に関することを要約しておく。

(1)林家は東総の香取郡万力村根方にあり、ここは、いわゆる「干潟八万石」の新田場である。林家の出身地は隣村の鏑木であり、元禄年間に分家してきた。その後の経営には浮沈があるにしても、だいたい中の上、あるいは上の下の層に位置する農民である。ゆえに組頭や什長を歴任したり、豪農平山家ら最上層とも交流していった。その七代目が林彦兵衛であった。彼はわずか一二歳(天保十三年一月)にして寺子屋師匠となった。また歌人としても秀で、大いに活躍していた。これらのことについては、彼の家庭や地域の学芸状況がかなり影響していた。

(2)明治期の彦兵衛は、人々からは直線的といわれるほど、すさまじい勢いで教育に邁進していく。それは、彼の昇給・昇任の辞令や校舎の建設に端的にあらわれている。さらに、その内実をみれば、大きく次のように時期

第1表　林家の経営状況

年	金銭出納			年貢小作 米受取	農収	米穀 売払
	入金	出金	差引			
明治 5年	金150両 銭521文	70両 106文	72両 415文 (+)	20俵	66俵 7斗	34俵
6	81 460	93 369	12 543 (−)	19 6斗	69 3	41 2斗 10両; 956文
7	171 44	142 582	29 87 (+)	16	?	23
8	126 5貫125文	111 2貫300文	14 2貫325文 (+)	20 1	?	15
10	金299円	374円	74円 (−)	17 3	66	53
15	357	425	67 (−)	13 6	62 1	43
16	200	339	138 (−)	25 5	55 0.3	37 5
19	191	159	31 (+)	38 1石1斗	77 1	45
20	221	279	13 (−)	45 4斗	76 1	90
21	214	179	35 (+)	54 3	68 3	76 6
22	313	272	40 (+)	?	73 3	87 1

注1）万力，林修一氏所蔵文書「金銭出納日記」類より作成。
　2）数字は文書のまま，ただし，原則として，分・朱・銭・厘・毛および升・合・勺の単位は除く。

を区分できる。明治期の前半（明治元〜十二・十三年――学校の設立という外型づくり↓財政維持という土台がため↓教育内容という内面の充実）、明治期の後半（明治十四・十五〜三十七年――自校の存続化と管理、教育会活動、和歌活動の再興と集大成、和歌と教育との融合）。しかし後半は前半に比べて、国家的要請（教員統制）にくみこまれるために、質的な変貌をきたす。もちろん、前半においても、それにくみこまれる要素（「保護主義」的教育論）は内在していたのである。

本稿では、こうした彦兵衛とその教育の全貌にもとづき、また先の留意点を想起しつつ、さらに次のように観点を絞ってみる。

(1)学校の経営、とくに存立にかかわる危機的状況とその顚末についてを簡潔に記す。これを通して、彦兵衛の意識と行動をリアルにみつめられ、場合によっては本質ものぞけるからである。ここはとくに留意点の(1)と(2)と(4)を意識するところである。

(2)そうした個人的・現場的動きを当時の制度・風潮と関連づける。それにより個別の動向と一般性との関連を見出そうとする。これはとくに先の留意点の(3)と(4)と関係する。

以上の留意点や観点を意識しつつ、明治期の学校(教育)がどのように創成され、維持され、さらに編成されていくのかをみていく。

ところで本論の前に一つのデータを提示しておく。それは第1表に掲げた林家の経営の変化である。全体として収入より支出の方が過剰気味である。不足の年は明治六・十・十五・十六・二十の各年である。この家計上の出費が何を意味しているのかも、そのつどふりかえって検討してみたい。

b　小学校設立の問題

天保十三年より、寺子屋教育にたずさわってきた林彦兵衛は、新政権の成立に伴う近代的な教育志向の下でスムーズに、より活躍の場をえることとなった。明治三年十月、彼の手元に、管轄する宮谷県より、次のような文面の一通の任命書が届いた。

社祠局属　下総国香取郡万歳村組合郷校教師申付候事(3)

郷校とは同県が「支配所々学舎取建(略)人倫五常之道を以し、皇国之至道を明ラカニシ、更ニ権謀術敷之弊風ニ流れす、教道等一致ニ行届候様」にしたものである。

彦兵衛は万歳村三四ヶ村の「郷校教師、兼掌社寺之事、職在於宣教不開之人、而奉職命派出于房総、常説頑諭愚」いたりして、後に「大いに尽す所ありき」と評される。(5)(6)

ところで彼が宮谷県に出仕できたのは、国学徒として活動していた実績もさることながら、師の鈴木雅之の推薦によったものと思われる。雅之は彼の政論を同県に献言している。(7)

しかし、彦兵衛は明治四年九月には、その職をやめ、帰農した。「県令柴山典事ニ座シテ免職シ諸制釐革スル所アルヲ以テナリ」と自身はのべている。(8)

そしてまもなく、届出さえすればよかった「開私学、専教授」とする。それは彼にとっては「郷先生」と称されてきた天保以来の実績からすれば、順当な選択であった。(9)(10)

明治四年十一月に宮谷県は廃止され、それにかわったのは新治県であった。そして翌五年八月には、文部省より「学制」が頒布された。同県は要地に模範とすべき公立小学校を二〇校設置し、あとの学区には家塾を三二〇余取り立てた。この家塾とは、同県の場合は従来からの寺子屋・私塾師匠を試験により公認したものであって、「学制」にもしたためられたものである。その実態は、教科書に若干新しい種類のものが含まれている程度で、塾則・課程などはほとんど旧来と変化がなかったと思われる。(11)

新治県の家塾取り立てに当り、干潟地域でその認可をうけたのは六名であり、林彦兵衛もその一人であった。

彦兵衛の家塾は「追々隆盛ニ成行、私塾ニ居余り」、ついに関係四ヶ村とはかり、学区取締や副区長を動かし、村落小学校への昇格を願い、それは明治七年八月に認可される。村落小学校とは学制第二五章の「村落小学ハ僻遠ノ村落農民ノミアリテ教化素ヨリ開ケサルノ地ニ於テ其教則ヲ少シク省略シテ教ルモノナリ（略）」と規定された準(12)

小学校的なものであるが、家塾などと比べれば、はるかに公学的性格の強いものである。とはいえ、新治県より給与されたものは二、三の教具のみであった。(13)

ゆえに林彦兵衛自ら「校舎書籍器械等為学資献納(14)」したり、また各村も「一和いたし各々自費を以て更ニ校舎建築仕器機等相備(15)」えることには努めた。とりわけ、その大半は彦兵衛の「自費ヲ投シ(16)」たものであった。そうでなければ公学として生きのこることがむずかしかったのである。いいかえれば、学制をうけた新治県の教育政策のもとで公立学校として自立していくためには、下からの地域民、とりわけ当事者(教員)の犠牲的献心が必要だったのである。この村落小学校は、現干潟町内には、これと万歳村の井上勇次郎らによるものと計二校しかなかった。

このことからすれば、先の林家の経営において、明治六年の赤字、あるいは七年とても、ごく少額の利益といった理由も明確になってくるわけである。

学校の設立に伴う官との関係は何とか目途がついたのであるが、もうひとつの難題があった。「万力学校記」は、このころの彦兵衛について、次のように記している。

当時郷民未知学校之為何物、或以為無益、誣言百出、林氏為不聞、唯教育是務焉、而生徒之業日就月将

また「郵便報知新聞(17)」は、学区の鏑木村の学事景況について、次のように報じている。

下総国香取郡鏑木村ハ頑固の最も頑なる村にて、学校の設けあれど、一切棚に仕舞ひて子弟等の入学を勧めず、学校と云へバ爪弾きて度外に置き(略)(戸長の山崎平右衛門は―鈴木)早く子弟を入学させよと戸毎に説き、人毎に諭したれバ、村民やゝ其道理を了解せしか、追々風化して、若き者ハ云ふ迄なく老さるもみな学に就き一村挙つて勉励せし

これは明らかに、感覚的には学制による「学校」という上からの政策に対する拒否反応である。しかし、それは

教育そのものに対する拒否反応ではない。また実態的には村落校とても、この万力学校の場合は月額三円四〇銭の授業料[18]が設定され、「受業料ノ少キヲ喜[19]」んだ寺子屋・私塾時代とは雲泥の差であった。しかし実際には、彦兵衛がかなりの自費を投じたことはすでにのべた。

当事者は、こうした経済的な負担と学校理解の説得につとめつつ、教育に邁進していく。ゆえに生徒数は家塾時代には従前よりふえて三〇名に、村落校となった一年後(明治八年)には四〇名となっていく[20]。

以上のことから近代の公教育は、政府や県の考える机上的理論(ことに学制)通りにはいかなかったことがわかる。

(1)むしろ急激な制度の変遷の中にあっても、従来からの地域的な伝統と当事者の意欲により、教育を維持しつづけた感の方が強い。とりわけ学制前には、そのことがいえる。

(2)その気概は学ぶ条件のよりよさをめざす中から醸成された。いわば地域民、とりわけ当事者の献身的な努力により自立化、そして公学化がなされていく。

(3)その間、いわゆる上からの教育に対する一般民の一時的な不満に対しても、地域の当事者は説得と忍耐と実績により邁進していく。

このようにして前代以来の学校教育は地域に根をおろし、近代化の第一歩をふみ出したのである。

c　配付金獲得の問題

ところが、明治八年五月に新治県は廃止され、東総の海上・香取・匝瑳の三郎は千葉県に編入される。この管轄替えに伴い、万力学校にとって「玆ニ之ヲ贅言スルモノハ本校日誌ニ記録シテ後来永ク当路者ノ亀鑑ト為シ(略)愈維持ヲ鞏固ナラシメントス」とまで、「万力小学沿革誌[21]」に記す事件が発生したのである。同誌にその経過がくわしく述べられているので、段階をつけて、要約してみる。

1　明治十年七月、元村落校一四校(旧新治県管下)に計五、一二三円五九銭二厘八毛(一校平均三五〇円余)が下付されることとなった。

2　しかし、このことに対し、ほかの学区(元模範小学校の公立一三校、県費負担)では各小学校へ平等に配付すべしとし、会議のすえ、大小区から県庁へ出訴しようとした。

3　そこで元村落校側も結集し、県庁へ愁訴しようとした。この時、林彦兵衛は箱根にいたが、急遽、千葉県庁に出向き、ようすをうかがった。

4　一方、公立一三校側は連署して、県庁へ請願したのである。

5　彦兵衛自身は小区扱所へ、また小学校事務掛熱田新兵衛も大区扱所へ、直ちにあるいは郵便などで陳情したり、答弁を乞うのであるが、役所側の対応は逃げ腰であった。

6　そして大区会議では公立一三校にも分与することで評決された。

7　しかし納得できない村落校側の人々より大区会議に異議が唱えられた。それにより県庁へ具申され、同側へ下付が認められた。

学資金の獲得に拘わる紛擾である。彦兵衛らがその運動に奔走するのには、二つの大きな理由があった。まず直接の理由は彼自身の言葉によれば「曩ニ本校ヲ不開ノ村落ニ林氏自費ノ資力ヲ以テ設置セショリ、茲ニ数年難ヲ排シ紛ヲ解キ頑固輩ノ障碍ヲ被ル事夥多ナリシモ、忍耐不抜維持シテ茲ニ至レリ[22]」という今までの献身的な労苦と自校愛によるものである。それだけに「本校ノ褒賞金ヲ他ニ掠奪セラル、」ことを阻止しようとしたのである。事実、県側にとっても、村落校には旧県からほとんど教具が給付されず、そのあらかたが地域の負担によって

いた事情は認識されていた。(23)

ところで旧新治県所管の学資金のうちの寄付金分は計一六、三二四円九二銭五厘であった。実は村落校側に下付されたのは、その三分の一であり、のこりの三分の二(一〇、八八三円二八銭三厘)は公立一三校に下付されるのであった。(24)つまり村落校への分を平等に二七校(公立校と村落校)で分割するか否かが問題となったわけであり、公立校側にすれば、村落校は正式な小学校ではないとする意識に基づくのであろう。

また、結果として支給されることになったこの下付金の目的が、彦兵衛のいう「学事ノ嚆矢タル褒賞」とか、あるいはこの判断が「県庁ニ賢明ノ官吏微ッセ」(25)るためというのはやや独善的な解釈に近い。

次に第二の理由として、なぜこうまでして、村落・公立の両校間に感情的なまでの熾烈な争いが生じたのか、社会的背景を追うこととする。それは何といっても費用がなくては学校の運営維持・指導は出来ないからである。

彦兵衛が明治十年一月に書き上げた「万力学校沿革誌」(26)には、次のように記されている。

一、(略)此時(明治七年九月の開校―鈴木)元新治県庁ヨリ下付セラレシ器械左ノ如シ　単語図　連語図　面体図　線度図　時計

一、明治八年一月ヨリ教員ノ月俸廃セラル(略)

一、明治九年四月ヨリ教員ノ月俸旧ニ復シ、学事隆盛ノ兆ヲ顕ハス、本校ハ是迄県庁或ハ学区内ヨリ資金ヲ要セス教員林彦兵衛自費ヲ以テ学校ヲ維持シ来ル(略)

第2表は万力学校の出納状況である。これは彦兵衛の言葉によれば、学事隆盛のきざしがあるころのデータであるが、それでも財政状況はよくない。設立はおろか、維持までも教員ら当事者の負担によるところが大きかった。第1表の明治五・十年の林家の支出超過はそれをよく示している。

第2表　万力学校の出納状況（明治9年8月～11年12月）

年	区	入　　金	出　　金	出入差引	惣出入差引
明治9年	6小区	76円89銭6厘0毛	80円19銭1厘7毛	−3円29銭5厘7毛	−70円69銭6厘1毛
	7小区	73. 85. 9.	64. 75. 0. 5	＋9. 10. 8. 5	
10	·6	80. 43. 6.	126. 17.	−42. 73. 4.	
	7	31. 55. 5.	64. 36. 7. 3	−32. 81. 2. 3	−48. 94. 3. 8
11	6	77. 32. 9. 1	101. 98. 5. 5	−24. 65. 6. 4	
	7	62. 33. 4.	87. 47. 4.	−25. 14. 4.	

注1）　米込区有文書「万力学校出納取調帳」より作成。
2）　数字は文書のまま。

しかし、本当にその後、教育財政は好転したのであろうか。どうもそれは、教員の月俸の上昇にのみ、限定されそうである。というのも、明治九年八月から十一年十二月までの「万力学校出納取調帳」をみると、惣出入差引として六小区分七〇円六九銭六厘一毛・七小区分四八円九四銭三厘八毛と各々不足をきたしている。(27)確かに給料の項目はあり、それだけは生活権確保の上からも、ひとつの進歩を示すものである。

第3表は万力学校の学区の小学校事務掛杉崎太兵衛（号、豊丸）の学事関係の行動（明治十一年）を彼の日記から拾ったものである。同表のうち、＊印を付したものは学資に関するものであるが、二〇項中一〇項は確実に学資関係であり、それらしきものも含めれば、この役職は学資取立と催促が主務であるといってよい。(28)その努力により、万力学校には一、五〇〇円の学資金が集積された。つまり学費という公費が、地域民のかなりな負担、それも受益者負担という名のもとの上からの強権的徴収によっていることがわかる。それだけに彦兵衛および地域民は財源の獲得に、時には感情的とも思えるほど躍起になったのである。

こうして万力学校には配付金三五〇円が無事とどけられ、以後、それを元金にして利子を校費に組み込んでいった。そのためか、明治十二年になると過不足がなくなり、十三年には繰越が帳簿の上では記されてくる。(29)

この一件は単なる個人的・地域的なエゴイズムとばかりはいいがたい。それを

第3表　明治11年，杉崎太兵衛の学事記録

月　日	記　録　内　容	月　日	記　録　内　容
2. 24	* 学校寄付金につき始法庵で集会	11. 25	* 扱所へ学資金不納の者書上
8. 7	学校事務係拝命，小区扱所へ行く	12. 3	* 松沢・入野　利子取立
〃	* 学校利子の義につき松沢村用係らへ行く	12. 10	学校用
8. 25	* 学校利子の義につき松沢村用係へ行く	12. 11	万力学校明細帳受取
9. 18	羽斗村学区取締へ行く	12. 12	* 学資金未納人名書上げ扱所へ行く
10. 3	* 学校利子の義につき入野村用係へ行く	12. 15	* 学資取立相談，諸徳寺用係へ行く
10. 4	学校用事	12. 17	* 学校の義相談，細根源左衛門へ行く
10. 14	府馬村学校試験へ行く	12. 18	* 学校の義相談，松沢・堀之内村用係へ行く
11. 11	* 諸徳寺学校利子取立	12. 22	* 諸徳寺学校利子取立
11. 14	* 入野村用係利子催促へ行く	12. 25	学校用
11. 18	羽斗村学区取締学校に出勤		

注1)　米込，杉崎栄氏所蔵文書「年中仕事日記」，「役用出勤日誌」より作成。
2)　*印は学費関係記事。
3)　記録内容はほとんど原文にそくした。

証明するように、彦兵衛は「東京日日新聞」に次のような投書をしている。

学事ノ諸官費ハ可及的必要ノ学校維持費ニ廻シテ人民ヲ補助シ束縛スルナク放任スルナク務メテ説諭奨励スルニアリ、且学校位置寄付金等ハ其校ヘ通学スル生徒父兄ノ帰依自由ニ任セテ之ヲ定メ何事モ便宜ニ就キ学事ノ節倹ヲ図リ、都テ質朴ニスルトキハ月ニ年ニ資本ノ増殖ヲ見ルニ至ラン、資本富ミ学則適応シ通学ノ不便ナク教員ノ不徳ナカリセバ人民ノ学校ニ於ル何ノ又苦情カ之レ有ラン[30](略)

彼一流の政府による「保護主義」的教育観から官による学費の補助を願い、地域民の学費負担の自由を説き、そして当事者の学費節約を強調している。

ここでは、だいたい明治十年前後、とくに八年の千葉県編入に伴う旧学資金(寄付金分)の獲得の紛争を中心にみてきた。

1　この紛擾は学校の設立・継続の展望がたったころに起った。とりあえず学校という外型がつくられ、発足

した次に出てきた維持(土台)の問題である。

2　その原因・理由は、当事者(村落校側)にすれば、従来からの建設的・献身的な自校愛によるものであった。

3　また一般地域民にとっても、強権的な学資金取立ての状況の中では現実的な問題であった。

4　この紛議の過程で当事者間にやや独善性も見うけられるが、エゴイズムとは断定できない。それは現場・地域がおかれた当時の切実な要求であったからである。しかも、この過程から教育財政に関する方法論も形成され、披露されてくるのである。

5　いずれにしても、こうした労苦のすえに学校運営は安定の方向に向かった。その後の彦兵衛は、引き続き論点になってくる「学制」の改革、とくに教則改正に際しては自論(教育内容という内面的・質的なこと)を公表する余裕をみせてくる。

a　合併の問題

明治二十二年十一月十七日、万力学校建碑式が挙行された。この建碑は、当初、門人達が師の彦兵衛のために寿蔵碑をたてようとしたことからはじまった。しかし、その計画は長子の健治によって、学校の記年となり、また父の事績を後に伝える方向に丁重に変更された。[31]まだ現役の教員、それも万力小学校の校長・万歳教育会の会長に尽力する彦兵衛にとっては、こうした趣旨の建碑の方がふさわしかったのであろう。

この式典において「賓客諸彦ノ祝辞及ヒ門人ノ厚意ニ答フルノ辞ニ換ヘン」と述べはじめた彦兵衛は、万力学校の沿革と自分の苦労について、えんえんとつらねたのであるが、後半、その語調をがらりと変える。つまり、このたび他校と合併し、校名が「陽発学校」となり、校舎も別に新築されることになったからである。もともと記念碑建立のきっかけはこれを機会におこったことであった。

ところで彦兵衛・万力学校は、以前このような移転・合併の問題に遭遇したことがなかったわけではない。それは明治九年六月四日のことであった。連区である万力村と鏑木村の戸長・用係らにより出された「万力学校位置移転願[32]」によれば、従来のものでは生徒の通学が不便であり、鏑木村の光明寺へ移転したいというのであった。この時、林彦兵衛は「之（光明寺への移転請願—鈴木）ヲ聞クヤ蹶起シテ学区内ノ有志ト相謀リ、東奔西走遂ニ専制説ヲ挫キ業ヲ已ニ上申シタル願書ヲ却下セシメ[33]」た。

その四日後、「万力学校之義ニ付御願書[34]」が出された。これは鏑木村の副戸長・用係よりのもので、万力学校を光明寺に移すと、連区のゆえに生徒は通学不便になる、したがって鏑木村に一校設立したいというものである。一方、万力村では「万力学校位置移転願[35]」を出した。これは、従来の万力学校は狭小なので、鏑木村の光明寺に移転するつもりであったが、村方一同協議により、万力村の地蔵院が中央にあり、通学の便によいので、そこに移転したいとするものであった。

このことについて、当の彦兵衛は次のようにのべている。

つまり「九十六番ト九十九番ト甲乙学区ノ間ニ紛擾起リ互ニ接近ノ地ニ校舎ヲ建設セントシテ相争フ[36]」と、両村間の意見の対立が生じたことを記している。

つづけてこの結果を次のように綴っている。

幸ニ調停ヲ得テ分校ヲ置ク（万力分校ヲ鏑木栄左ヱ門宅ニ設ク）ヲ条約シ僅ニ破壊ナキヲ保テリ[37]

万力学校は、そのまま持続された。

ところで、このころまで県内には小学校増設の気運が高まっていた。明治九年には一一二〇の公立小学校が増設された程であり、そのほとんどが生徒就学上の不便などを名として、連区の小学校を割き、各一校を分設しようとしたものであった。[38] この出来事も確かに学区改正に伴い、万力学校が西の端になってしまったことによるのであったが、当時の学校設立の風潮（意欲）とそれによる地域的な利害関係などがからむ複雑な問題であり、結局は妥協的な解決法で元のさやにおさまった。また千葉県の方針としても、この九年より公立小学校の増設を中止して、内容の充実を検討しはじめる時期であった。[39] この一件は彦兵衛の力のみならず、地域の妥協・県の方針とがからみあって解決した、とすることができる。

以後、万力学校は第二・三校舎を建設し、また教師彦兵衛は小学初等科免許・中等科免許などを獲得していった。だが、この二十二年の合併・移転の場合は違った。彦兵衛によれば、それは「廿年四月本校ト鏑木校ト合セン事ヲ頻リニ郡衙ヨリ促[40]」されてきたのである。彼は阻止できなかった理由を次のように述べている。

終ニ創業ノ大志ヲ忘レ暫ク間接ノ尽力ヲ休メ之ヲ袖手傍観シタリ、吁熟□〔虫〕惟レハ大難ノ後久シク泰平ニ馴テ偶然恬然ヲ執リシハ余カ失策ナリ[41]

事実、彦兵衛の後半生（明治十四・十五年以降）は、学校施設の維持と拡充・教育会の通営・和歌の復興といった現状維持・地位の上昇・半官制の生活で、それ以前とは明らかに違う。このことは別に述べたことであるが、[42] それが彼自身のいう泰平になれたということであろう。

このようにして鏑木学校（分校から独立）と万力学校は合併し、陽発学校となり、彦兵衛はそこの訓導に就任したのである。

では官はなぜ合併・移転をすすめたのか。それは、町村教育費の節減・教員の縮減・学校体系の確立・徳育の重視などをめざした小学校令（明治十九年から）という国家政策が施行によるものである。そのために九年の時のようにはいかず、国家的な要請に押され、包みこまれはじめたのである。つまり単なる個人的失策以上の大状況の中に包み込まれはじめたのである。

「失望スルヤ甚深イ(43)」彦兵衛はどうするのか。手続きに多少てまどるが、明治二十年四月に私立変則中学校の「精到学校ヲ設ケ青年ノ指導ニ尽瘁シ(44)」し、これにより「僅ニ門人諸氏ヵ希望ヲ維持シ得タ(45)」のであった。

この私立学校の経営と「陽発学校」の教員では不本意であったらしく、彼は「万力学校ノ名称ハ已ニ廃止セリ、サレハ万力学校ノ独立ヲ恢復センヵ勢ヒ不可ナリ、已ムヲ得ス一歩退キ分校トナリテ万力ノ名称ヲ恢復セン(46)」という危機感と哀感から、郡役所へ、県庁へと何度も請願するが、果せなかった。林家の明治二十年の家計の不足は、こうした一連の状況を示すものである。

ところが、明治二十二年六月に旧万力学校は古城尋常小学校万力分校として設置の認可がおりた。それは町村合併などの手段による政令貫徹・行政再編成を企図した町村制によるものであった(47)。このことについて、もう少し具体的に考察すると次のようになる。

陽発校は鏑木村に新設される予定であったが、当面は旧鏑木校と旧万力校が仮教場にあてられてきた。そして町村制により陽発校は古城校と改称され、中心村(鏑木村)の別の場所に建設された。一方、万力村の仮教場はその分校となった。それが最も無難な町村合併・学校統合の方法であった。むろん彦兵衛の請願も分校として存続の一助となったであろう。とにかく、彼は「万力校ノ名義蘇生セシ事ヲ知(48)」り、歓喜したのである。校名の存続に拘泥するその姿は、彦兵衛の晩年を特色づけるものである。大勢はすでに国家主義的教育体制につつみこまれていた。この後、明治二十六年に万力分校は万力校となり、彦兵衛はその校長となる。それは二十年代末からの全国的な就学児急増による一時的な措置と思われる。現に同三十五年に万力学校は合併・吸収され、完全に古城校となり、名称も建物も消滅してしまう。

つまり分校後の彦兵衛・万力校は、衰滅の流れに従った時期であった。そして万力学校消滅の日、林彦兵衛は天保以来六〇年の教職を辞した。

(1)明治二十年、万力学校は隣村の鏑木校と合併し、陽発校となった(当分は旧二校が仮教場となった)。

(2)九年時の合併・移転問題の際には、彦兵衛は一定度の行動力と説得力をもち、また、県の方針も定まらず(逆に合併抑止気味)、さらに村落間の紛擾による妥協的な解決が図られ、ほとんどもとのままに終った。そして、彦兵衛はその間に出た問題を解決していく(校舎建築等)。

(3)しかし、今回は学校令にもとづく国家的な強い方針であった。

(4)一方、彦兵衛自体は合併・移転について、ゆだんによる失策としたが、彼の明治期の後半生は怠慢ではなく、前半生の気概の質・内容が変っていた、あるいは変えられていたのである。とはいえ、もともと彼の体質は官を拒むものではなかったので、この時期から官が強く介入してきたといえよう。

(5)それでも彦兵衛は、陽発校員の傍ら私立学校を開くのであった。それは、やはり当時の地域の教育者の残された意地でもあった。しかし、ただひたすら「万力」学校の名称が復活することを第一としたことは、彼の晩年を特徴づけることであった。確かに万力校の名称はもう一度付けられるが、それは一時的であり、同校は彼の退職を待つかのように消えていった。

c　結　語

以上、明治期のある地域のひとりの教師を通して、その教育活動について、とりわけ三つの画期を摘出し、その人物のかかわりを追求し、そこから制度をみつめてきた。各項ごとにまとめてきたので、ここではごく大まかに要約しておく。

(1)新しい明治を迎えた地域の教育および教育者にとってのひとつの問題は、従来の伝統（寺子屋など）の継承と接続であった。この間、行政的な制度はめまぐるしく変るのであるが、地域の教育関係者、ことに当事者（教師・学校事務係ら）は草創的・献身的な意欲と忍耐と実績により乗りきり、とにかく学校という外型を築き、その地歩を固める。

(2)地域に学校の体裁が整ったものの、次に学校維持のために必要とされる学資が大きな問題となってきた。おりしも、旧県所管金（寄付金分）をめぐり、紛擾が発生し、地域民、とくに当事者は時には本音もさらけ出し、三分一の金円のために奔走するのである。それは従来からの労苦と自校愛による永久維持のためであり、また強権的学資取立てによる地域民の圧迫からの解放のためであった。そうして、こうした過程から学費に関する方法論が生み出されてくる。

(3)こうして接続と建設（明治初年）、次いで維持と展開（同十年代）と、二つの段階を乗り切ってきた地域の学校・教員にとって、次に大きな問題となったのは学校の統合（同二十年代）である。その背景は小学校令や町村制という国家的さらに中央集権的な体制化であった。それは机上で考えるほどにいかないものではあったが、地域の関係者はかつてのかかわり方では力が及ばなくなっていたし、また、そうした要請にとりこまれる体質になっていたのである。それでも現場・地域の当事者は自戒したり、自己の表現法を模索し、意地をみせる。だが、自己の教育歴を語り、自校の存続、それも名称の存続にこだわるようになった時は一サイクルの終末を示すものであった。こうして、次代の新しい教員へと引き継がれるのである。

注

(1) 例えば「日本の教育史学」などにおいて。
(2) 当然、以前発表した論文と重複する部分もあり、また今回はふれないところもある。それは第二編の一を参照したり、別稿とあわせて読んでいただければ幸いである。
(3)(21)(32)(34)(35) 万力、林修一氏所蔵文書。
(4) 「学舎取建に付廻達」(『旭市史』第一巻)。
(5)(9) 万力、林修一氏所蔵文書「万力学校記」。
(6) 「同志文学」第七八号。
(7) とくに万力村の神葬祭運動の指導的立場にいる(林修一氏所蔵文書「神葬祭御願」)。
(8) 万力、林修一氏所蔵文書「林氏沿革略誌」。
(10) 同氏所蔵文書「林先生頌徳ノ表」。
(11) 松沢熊野神社所蔵文書「家塾御願書」(宇井包高)・『古城村誌』前編四九〇頁「家塾御願」(椎名孝作)。
(12)(14)(15) 万力、林修一氏所蔵文書「村落小学校御願」。
(13) 『千葉県教育史』第二巻、三六一頁。
(16) 同氏所蔵文書「(彦兵衛の経歴メモ)」。
(17) 明治十二年七月二十九日付。戸長山崎も元寺子屋・算学塾などの師匠。
(18) 『文部省年報』第二年報(明治八年)。
(19) 「内外教育新報」第二四四号に明治十二年、彦兵衛が「読朝野新聞論法」として投書したものの中にある。
(20) 米込区有文書「沿革誌」。
(22)(25)(26) 万力、林修一氏所蔵文書「万力小学沿革誌」。

(23)『千葉県教育史』第二巻、三六一頁。
(24)同前書、三六四頁。
(27)米込区有文書「万力学校出納取調帳」。
(28)彼の日記で学校に関する初出は明治六年四月二十七日の学資の義であり、新治県時代も小学校事務係をつとめていたことがわかる。
(29)万力、林修一氏所蔵文書「明治十二年一月ヨリ六月マテ校費出納勘定帳」・「万力学校出納沿革誌」。
(30)明治十一年六月二十日付。
(31)万力、林修一氏所蔵文書「謝辞」。
(33)(36)(37)(40)(41)(43)(45)(46)(48)同前「万力学校建碑式答辞」。
(38)『千葉県教育史』第二巻、二一六頁。
(39)分校を設けたのは学校増設の風潮の一環であるが、とにかく独立校の新設ではない。
(42)「林彦兵衛と万力学校」(『駿台史学』第四一号)
(44)同氏所蔵文書「(故林重義の追悼文)」(高木卯之助)。
(47)鏑木・万力・秋田の西地区三村が合併して、古城村となった。

2　地域の学習運動

明治期前半の社会教育運動や民間学習運動を扱う場合に全く無視できないのが、自由民権運動である。それだけにこの研究は、かなり深められていることは周知のとおりである。(1)そして千葉県の場合も、いくつかの事例研究が進められている。(2)

本稿は先行研究を意識しつつも、何々社とか何々会とあるものを即政治史、とりわけ、政策史的な角度では追わない。一般の村人は日々、どのように知識を得たり、教え合ったりしたのだろうか、またそれをどうしようとしたのだろうか、ということを地域の実態に即して追う。(3)

そうした問題意識で、本稿では次の諸点に問題を絞りたい。(4)

(1)なぜ、なんのためにグループが設けられるのか(設立の目的の経緯)。

(2)どのようにしてグループの活動をしていたのか(活動内容)。

(3)どのような人達が加わっていたのか(構成員)。

(4)これらは、その後、どのようになっていくのか(終末や次代への変質の様相)。

このことにより、近世からの連続性、地域のグループの性格と内容、さらに過渡期における再編成の問題に迫れれば幸いである。

なお性学はこのころ、旧派(幽学直門派)と新派(新興の石毛派)に分れて対立し、後者が「丹精奉公」をスローガンに精神運動化していく。そのことを折々横目でにらみつつ、素描していきたい。

a　書籍および書籍会運動

書物を読むためには、まずそれを入手せねばならない。当初は個人的であったものがしだいに共同して集めて読み、さらに読んだことを話し合い、機会があればその成果を実行したり、刊行物を出していく。さらに集めたものを保管していく。本稿では、そうしたものを「書籍会」とよぶ。むろん、この一部分しか活動しなかったものもあるし、また会の名称もさまざまと思われるが、便宜上、こう定義し、よぶこととする。(5)

第4表　千葉県の書籍会一覧

設立		所在地		
年	数	現在の郡名	当時の郡名	数
明治12年	4	千葉	千葉	2
13	3	東葛飾	東葛飾	1
14	12	印旛	印旛	2
15	12		下埴生	4
16	1	長生	長柄	2
17	1		上埴生	1
18	8	山武	山辺	4
19	1		武射	2
20	7	香取	香取	22
21	5	匝瑳	匝瑳	1
22	2	海上	海上	0
23	0	君津	望陀	1
24	0		天羽	5
25	0		周准	4
26	2	夷隅	夷隅	1
		安房	安房	1
			長狭	1
			朝夷	2
		不明		2
計	58			

注）東京大学明治新聞雑誌文庫所蔵の諸新聞・雑誌により作成。

千葉県下の書籍会運動の実態を調べてみると第4表のようになる。目下の調査では五八を数えることができる。年次的にみると、明治十年ころよりあらわれはじめ、十四・十五年ころをピークとしている。分布をみると香取郡が最も多いながらも、全県的に普及していく。会員は一グループ当り、最低一六名から最高一五六名であり、平均すると五〇・七名となる。

この表に関連する他のデータについては、紙数の関係で詳細には提示できない[6]。しかし、地域民は書籍に、そして書籍会に、だんだん興味を示していくことがわかる。

こうした風潮にあって、干潟地方はどうであったのか。そこでまず簡単に、現干潟町内の書籍についてふれてみよう。

ところでこの町にはかなり多くの書籍が現存する。また事実この地域では、近世末期において既に読書・出版が積極的であった。宮負定雄は平田篤胤の出版上木団体「進修会」の中心となったり、自らも「農業要集」（文政九年）などを刊行している。花香安精は算学・暦学関係の書を収集したり、自らも「玉子明神算額義」（文化五年）などを執筆している。平山家では「書籍貸借簿」（文化十年六月）や「読書録」（天保五年正月）を作成している。あるいは寺島家や東公民館所蔵の書籍にはいたるところに書込みがある。こうした伝統はどのように生かされるのかは後に述べることとする。

しかし、現存の書籍そのものの正確な数量的把握は難しい[7]。一応、この共同研究の過程で作成された目録の書籍の部分について分類し、集計してみると次のようになる。

(1)蔵書の状況。

一～五〇冊―一一戸、五一～一〇〇冊―八戸、この程度は一戸で集めうる範囲である。一〇一～二〇〇冊―四戸、二〇一～三〇〇冊―一戸、三〇一～四〇〇冊―三戸、四〇一～五〇〇冊―二戸、五〇一～一、〇〇〇冊―二戸、このくらいだと個人の場合は専門分野に興味をもったとか、村内の最上層のもの、あるいは複数(代々)によるものと思われる。一、〇〇〇冊以上―二戸、これはもう組織的である。

(2)一戸平均の蔵書は二四一・一冊である[8]。

(3)分野別内訳は漢学関係が四三・四％で最も多く、次いで和学が二六・二％、教科書類七・九％、その他二二・五％である。

(4)刊年別にみると年を追うにつれ、増加し、とくに江戸期には天保年間より急増する[9]。また明治期にも一層増加する。

(5)しかも、その中には地方本も相当数みられる。

b　干潟地域の事例(その一)

この地域の読書・出版の盛行について、概要は知りえた。次にその高まりのようすを、先の問題意識(知識獲得の具体相）と観点（設立目的・活動内容・構成員）で事例を追うことにする。そこでまず、干潟町西地区にあり、同じタイプのものから扱う。

明治十三年四月、万力村（万力学校内）に螢雪社なる一社が設立された。同社の目的は結社と同時に結ばれた社則の第一条に「本社ハ有志各員共同醵金シテ普通ノ書籍ヲ購求シ、以テ読者ノ公益ヲ識リ、各自ノ知識ヲ拡張スル所トス」とされているが、まさに書籍会の概念のとおりである。(10)

では、このような結社の直接の動機は何であったのか。この点について同年七月二十一日付の具申書の写には次のように記されている。

今ヤ政府ト閣下ノ奨励ニヨリ各地纔ニ其子弟ヲシテ小学ニ就サシメサルヲ知ルニ至レリト雖トモ其レ将タ十四歳未満ノ男児ノミニシテ女児ニ至リテハ尚之ヲ就学セシムルノ実ニ寥々トシテ暁天ノ星ヲ見ルカ如シ、加之男児トモ十四歳以上ニ及ンテ既ニ小学ヲ退校セシノ後ハ恬トシテ学ニ従事スルモノナク農商百工本業ノ途暇アルモ、或ハ膝ヲ抱テ諧謔ヲ談シ或ハ放歌シテ道路ヲ徘徊シ以テ貴重ノ光陰ヲ浪費スルノミナラス甚タシキニ至リテハ賭博ニ走リ女色ニ耽リ身ヲ謬リ家ヲ毀ル者天下滔々皆然一豈憐マサルヘケンヤ、是蓋シ他ニ事ナクシテ自ラ間暇多キヲ以テナリ、苟モ学問ニ従事シ古ヲ徴シテ今ニ監シ聖賢ノ道ヲ楽ミ乱賊ノ行ヲ恐レテ孜々汲々怠リナキニ於テハ独リ身ヲ修メ家ヲ斉フルノミナラス楽ンテ以テ歳月ヲ送リ学ンテ以テ寸陰ヲ惜ム豈諧謔放歌ノ暇アランヤ豈賭博飲色ノ間マアランヤ……（略）……五期ニ金千円ヲ醵金シ普ク少年輩ノ縦覧ニ供シ以テ悪遊醜行ヲ避ケシメント欲ス

理由の第一点は就学率の低い女子の学識を高めたいこと、第二点は小学校卒業後の青少年の堕落化を防止したいことであった。ここで想起することは、第二編の一、二で述べた教育や文芸による荒廃立ち直りのための努力、お

よびその結果からあみ出された体系化・組織化の運動である。明治十年代ともなれば、周辺の民権思想による運動形態も参考にしたであろうが、(11)日常的には、常々自分の眼にうつる学力と風紀の問題を地域ぐるみで解決せざるをえなかったのである。

そのことからすれば、この運動は近世以来の体験的苦悩・努力と新時代の知的水準の向上気運とが融合された運動と言い得るものである。

それだからといって、こうした意気込みと意義がすぐ官に受けいれられたわけではない。香取郡役所へ螢雪社設立届を提出したのは明治十三年四月二十四日、その書類が千葉県に差し廻されたと、同郡役所より連絡があったのは五月四日である。同月十四日、再び社員らは郡役所に請願に行く。この間にも、幹事長ら役員人事はスムーズに決定され、書籍も着実に収集されていった。そして意気に燃える村民は、七月三日「今ニ及ンテ開業ノ日ヲ延サハ却衆心ヲ損セン」と判断し、また「遷延指令ナキハ必ス是レ私立結社ナルヲ以テ官ニ於テ差構フ義ニ非サルナリ」と解釈し、四〇余名で万力学校にて仮開業式を執行したのである。この日、多くの演説がなされたり、また社則までも議定された。一方、同日、郡役所からは其筋に催促したので追って指示するという、埒のあかない回答が達せられた。そこで幹事らは七月二十一日、郡役所へ認可催促の具申書（一部前出）を提出した。その後段には「螢雪社ハ素ヨリ政談ニ拘ハラス且純然タル私立ナル」こと、「其ヨリ教育ニ熱心シ抑螢雪社ハ其名結社ニアリト雖トモ其実ハ教育ニアリテ政談ノ如キハ毫モ之ヲ為スモノニ非ス」と執拗に強調している。この非政談・教育のためという意識は会員により差異はあるが、全体的には、この結社の当初の性格をあらわしている。ようやく八月二日、香取郡役所より鏑木村戸長役場に内示があり、それにより三日に幹事・学務委員・戸長による連署状を同郡役所に提出し、認可された。この間の経過から、近世以来の成果と課題を引きついだ地域民の要求と行動に対する官側の否定と抑圧の姿勢がはっきりと読みとれる。

次に同社の変遷、規約、書籍等につき簡単に述べる。螢雪社の基盤となる財政面は「五期ニ金千円ヲ醵金シテいくこととし、その計画は実行され、「昨十三年七月中第一期の醵積成りて開業せしが其後追々入社の者多きを以て尚ほ一層其規模を張大にし目今専ら第二期の醵積に取掛れり[12]」と報ぜられるほどになっている。質的にも充実される。とくに十五年七月の大会議では「雑誌ヲ社員百名ニ充ツルヲ俟ツテ刊行スルコト[13]」を議決している。また規模の拡大も図られ、同年九月には「すでに文庫を建築せんとして用材を取寄せたるよし」ということや、十六年一月には「新聞縦覧所をも設ケ彼是の間なく縦覧せしむる[14]」ということが紹介されている。

次に規約について検討してみたい。同社の社則は十三年の創設時のものと十五年の改正時のものと二つある。前者は全二〇条、後者は全一四条であり、若干異なっているので、双方の対比も兼ねて、活動の内容とその変遷を追ってみたい。まず、本旨は十三年の場合はすでに紹介したように、第一条に書籍を共同購入して読者の公益をはかり、各自の知識を拡張することであったが、十五年になると「本社ハ有志各員共同醵金シテ普通ノ書籍ヲ購求シ以テ学者ノ公益ヲ議リ各自ノ思想ヲ増加セシムル所トス」とあり、視野が広まっていく。その方法はともに第二条にあり、十三年は「社員ハ一和睦ヲ主トシ書中ノ疑義難字等相互ニ質問解釈シテ智識ノ交換進歩ヲ要ス」ことであったが、十五年になると、「本社ニ於テハ学術演説会及討論会講学会ヲ開キ且毎月一次雑誌ヲ刊行シ（略）」と大幅な変更がなされ、雑誌発行の件も盛り込まれた。役員は十三年には「本社ハ社長一名幹事長一名幹事十二名以下書籍出納委員六名以下ヲ置クモノ」であったが、十五年には幹事長を副社長と改称し、整備された。あとは人数配分を若干変えた程度である。なお両年とも役員は選挙という新しい方法をとり入れている。入会は両年とも大きくは変っていない。「入社セントスル者ハ金一円以上或ハ金一円以上ノ現価アル書籍ヲ納付スルヲ法トス」（十三年）が条

第5表　螢雪社社員の内訳

地域別		職業別		醵出状況				入会期	
旧村名	人数	職名	人数	金額	人数	書冊	人数	年月	人数
万力	38	教師(元・前・現)	12	15円0銭	1	138冊	1	明治13年4月	35
鏑木	20	学務委員	2	10.	1	50	2	13. 5	6
秋田	2	村長	4	5.	2	39	1	14. 5	1
米込	16	戸長	1	4.	1	37	1	14. 6	12
清和	3	副戸長	1	3.	3	26	1	14. 7	1
南堀之内	7	役場吏員	4	2.	13	23	1	15. 7	3
関戸	2	村会議長	1	1.50	4	19	1	15. 8	2
万歳	1	郡議	4	1.00	28	18	1	不明	41
八日市場	3	県議	1	0.50	1	15	1		
大浦	1	不明	71			10	1		
飯塚	1					7	1		
東田部	1					4	2		
泉川	1					2	1		
後草	1								
志高	1								
大寺	1								
新里	1								
南中	1								
(計)18ケ村	101人		101人	42円	54人	388冊	15人		101人

注1)　万力，林修一氏所蔵文書「螢雪社沿革誌」・「螢雪社社員録」などより作成。
2)「職業別」のところは，1人1職業とした。なお，ほとんどの者は農業である。
3)「醵出状況」は1人平均，78銭，25.8冊である。書冊の項は他に2幅(1人)がある。

件であるが「本社ハ何者ヲ限ラス入社スルヲ得ヘシ」(同)とうたっている。以下、書籍の購入手続き・本局の場所・閲覧の規則・帯出の方法が両年とも同じように記されている。

これらのことから、規約に漸進性がみとめられ、また改正により、さらに会員の視野の拡大・組織の体系化・内容の充実といった発展のあとがみうけられる。

では螢雪社の書籍の所蔵状況にふれてみる。意欲的な会員らは、設立後一ヶ月で「書ヲ購求シテ四百冊ニ余リ別ニ納付ノ書ヲ合セテ八百余冊ニ至レリ」(15)という程であった。むろん次年度以降、その購入数は減るものの二十三年まで購入が続けられる。(16)その内訳は入手法別では購入本二一部九八冊・納付本七四部八四〇冊で、計九五部九三八冊である。分野別では漢学関係三八部六〇六冊・和学関係二三部二〇九冊・教科書一一部二九冊・翻訳書三部四冊となっていて、現干潟町の書籍残存状況とも一致している。(17) 漢学が多いのは、これが江戸時代から明治初期にかけての基礎学問だったからである。特色を示すのは次に多い和学・教科書類である。前者はこの地域および同社が前代から国学・和歌に、後者は同じく教育に関心が高かったためであろう。書籍のレベルは低くない。例えば購入書籍名のリストをみると、十三年の場合は「通鑑綱目全書」・「日本政記」・「小学外史」・「大日本史」・「近世事情」・「明治国史略」・「史類名称訓」・「四書訓蒙輯疏」・「西国立志篇」・「国語定本」・「資治通鑑」である。(18)

次に、この螢雪社に参加した会員について記す。第5表がその全容である。分布の状況は社の設けられた万力村が最も多いが、それだけではなく近隣一八ヶ村一〇一名と広範にわたっている。それを構成した会員の職業別にみると、最も多いのは教育関係者であり、次いで吏員等行政関係者である。例えば林彦兵衛(元寺子屋師匠・万力校)・林健治(前万力校、第5表では郡議へ)・飯島松五郎(万力校)・椎名総三郎(大寺校)・金杉豊次郎(諸徳寺校)・古橋房吉(鏑木校)・金杉操(鏑木校)・小林謙斎(沖校)・高木卯之助(沖校)・金杉与右衛門(元寺子屋師匠・元家塾主)・金杉雅重(新里校)・高木喜助(諸徳寺校)・鈴木常三郎（万歳校分校）と計一三名にのぼり、干潟地域のほとんどの初等学校にわたり、しかも近隣の学校も含んでいる。また寺子屋師匠であったものもいたことから、前代からの庶民教育の発展がここに接続していることがよくわかる。こうしたことから同社の教育結社としての性格もよくわかる。行政関係者の代表的なものとしては米本権右衛門(県吏)・山崎平右衛門(戸長)・平山藤右衛門(県議・正義の子)・鏑木儀左衛門(村会議長)らである。以上の人々からも察せられるが、同社の会員は前代から和歌・俳諧をたしなんできた人が多い。その代表は林彦兵衛である。

なお、全体的には上層寄りの階層構成をなしている。例えば明治十三年四月二十三日に公選された幹事の八名をあげると、平山藤右衛門(前出)・鏑木儀左衛門(前出)・石毛理左衛門(のち村長)・米本権右衛門(前出)・伊藤利右衛門(筆生、のち村長)・熱田新兵衛(のち郡議、和歌)・林健治(前出、のち郡議、和歌)・山崎平右衛門(前出)といった内訳であり、しかも社長には熱田新兵衛(初代、前出)・鏑木儀左衛門(第二代、前出)・平山皐次郎(第三代、季義の子)といった者が就任している。

以上の主要メンバーのうち、実質上の舞台回しの役となったのは林健治である。彼は林彦兵衛(竹丸・重義)の子である。嘉永六年十二月に生まれ、父に読み書きを習い、その後、鈴木雅之に国学と歌学を二年間、また平山小四郎(季義の弟・大橋訥庵門下)に漢学を二年間、伊能穎則に皇典学を二年間、さらに高野隆(作新校教員・県議・協和社社長)に漢学と上等小学科を学んだ。いわば地域の伝統的教育とこの時代の新しい教育の双方をうけたわけである。そうして明治十年、小学校教員試験の合格により父の彦兵衛の万力小学校に一等助教として奉職する。しかし、その三年後に辞職してしまう。その理由は定かではないが、その年、つまり十三年四月に螢雪社を設立する。この行動が突発的なことでないのは次の言葉によってわかる。

健治等素ヨリ此ノ(悪弊に染まった―鈴木)少年輩ヲ憐ムニ意アリ嘗テ屢有志ヲ募リ普通ノ書籍ヲ蒐集シ儒士ヲ聘シテ講舎ヲ開キ以テ少年輩ヲ化育セント欲シ再三之ヲ企テ、終ニ成ラス(略)既ニ述タル如ク健治等嘗テ此挙ヲ企テタレドモ啻ニ学校ヘ書籍ヲ寄付スト云ヒ又ハ一両名ノ自由ニ書籍ヲ蒐積ストシテハ人気遂ニ集ラス屢之ヲ企テ、又屢敗レタリキ矣

しかし、糾合に成功した彼は、幹事として社則の草案・結社認可の請願・書籍の収集、さらに開業式の準備と奔走する。むろん農耕に、あるいは土地集積にもあたっている。後、明治十七年には鏑木村外二ヶ村の戸長役場筆生に、十八年には同村学務委員に、二十年には鏑木登記所吏員にと公務に尽力する。この行政への関心はさらに広が

り、同二十二年には古城村村会議員に、二十三年には同村助役に、二十八年には同村村長に、三十年には香取郡郡会議員に、そして三十二年には同郡郡会議長に選ばれる。その間にも和歌を詠じつづけ、歌集「松の落葉」を刊行している。(19) 没年は大正十二年九月十四日である。

この健治を通しても、近世から近代への移行の状況と構造・結社への意欲と動機、役員の地位などが確実にとらえられる。

今まで螢雪社のことを追ってきたが、ここで中間のまとめをしておこう。

(1)この社はまさに書籍会の定義を象徴するものであった。政談会というよりも書籍を通した学習会と教育機関の性格をもっていた。

(2)この会の設立の目的と動機は前代の寺子屋・私塾の師匠や歌人・俳人らの体験と成果を引き継ぎ、それをさらに質的にも量的にも一段と向上させようとしたものであった。

(3)しかし官は容易に認可せず、会員の意気込みとは対照的であった。

(4)認可後、同社は急速に発展していく。

(5)書籍も多量に、しかも基本的であり、程度の高いものが備えられた。

(6)その中心人物や会員は広範に分布している。職業・地位は上層寄りで前代と接している。

この項の最後に興揚社(明治十五年設立)について少し紹介しておく。この社自体にも興味があるが、さらに螢雪社と同じ村内にあったために両者の関係をも知りたいのである。

まず、この社の設立の目的は次のようである。

香取郡万力村の字新発田の小林謙斎氏ハ書画を能くし漢籍の力もあり詩文俳歌に長ぜし人にて、曽て数年間岩部学校に奉職せしが昨年中家事の都合にて職を辞し帰村せしに、同村ハ博奕の流行甚しく少壮のものにて一夕数百円を擲つの悪風あるを深く憂ふるのあまり、如何しても此悪風を改良せんと一策を考へ、夜学を興して次第に少壮の輩を誘導し終に興揚社なる一社を設け、数百円の金円を醸して書籍を購求するにいたりしかハ、彼の少年輩も今となつてハ従来の悪技をうちすてて午背〔ママ、牛カ〕に読書する気運にいたりしといふ(20)

この一文にも、螢雪社の場合と同機に、近世以来の経世済民観がリアルに表現されている。つまり、伝統的な教育や文芸や読書を援用し、地域の問題をなんとか解決したいという欲求であり、目的である。

次に会の活動をみると、やはり順調に運営されたようである。そのことは次の史料からもわかる。

本県香取郡万力村の字沖にある興揚社と云へる社は村内有志者が申合して起したるものなるが、其社は数百円の金額を醸集し書籍を購求し、休課の日毎に社員等相会し文学を研究され来りしが、此程右本社を沖小学校中に設けられ益々勉励さるゝよし(21)

この「文学」という語が大変印象深い。また、文庫や新聞縦覧所が企図されている(22)。

今日遺っている社則は、明治十七年の「改正興揚社々則(23)」である。その目的は第一条に「(略)普通ノ書籍ヲ蓄蔵シテ衆庶ノ閲覧ニ供シ以テ智慮ヲ闡明スルノ幇助トスルニアリ」とうたっている。その方法は第二条に「(略)隔月第二ノ日曜日ヲ以テ社員相会シ学術演説会及ビ討論会ヲ開クベシ尤トモ時宜ニヨリ有名ノ弁士ヲ招聘スルコトアルベシ」としている。その他、位置(第三条・以下三などと記す)・役員(四・五)・入会の条件(六)・特典(七)・退会(八)・貸出と帯出(九・一〇)・書籍毀損(一一)・縦覧規則(一二)・監査(一三)・書籍購入(一四)・保管(一五)・懲罰(一六)・解社(一七)・社員の活動(一八)・会議(一九・二〇・二一)・費用(二二)、そして社則改正(二三)まで約されている。傍点をつけた数の条々は螢雪社と比べて、全くの同文か、あるいはごく類似する文の部分で、約半分(一一ヶ所)もある。また他の部分も大きな変りはない。ただ若干、この社の方が詳しい。

集積された書籍は四〇部四四三冊あり、さすが螢雪社よりは少ないが、分野別の傾向は似かよっている。漢学関係は「日本外史」など一三部六九冊、洋学関係は「刑法治罪法詳解」など一七部七一冊、その他五部三四冊である。(24)また、やはり貴重にして基本的かつレベルの高い内容のものが多い。しかし、螢雪社の蔵書と一致するものは二部一八冊のみであり、両社の関連性を示唆しているようである。このことは両社の会員の重複性とも関係があろう。

次に構成メンバーをみていく。この意義に賛同したものは五一名で、螢雪社と比べれば半分である。確実に居村のわかるものは一二名にすぎないが、そのうち万力村の者が九名を占める。あとは秋田村二名・栗源村一名である。そこでこの会員の分布は、螢雪社と同村内にあったとはいえ、主に通称「沖」の方、つまり北の根方から新田地帯をまたいだ、現旭市に隣接する南の方の集落であったことがわかる。

職業は農業が多いのはいうまでもないが、やはり、さきの小林謙斎(前沢与校、のち沖校)をはじめとして金親昇一郎(元家塾主・沖校)・越川勲顕(沖校)・安藤定一(暢発校)ら教員の占める比重は小さくない。この小林とは第二編の二に記したの俳人黒亭要五であり、金親とは俳人煙霞亭蘆洲であり、その他黒亭如水(鵜野吉造、俳諧、のち村長)・煙霞亭喜月(越川喜内、俳諧)ら文芸に活躍している者も多い。また村落の指導者としては以上の者以外に例をあげると、成田要作(戸長・のち村長)・秋本儀兵衛(前名主・戸長)・飯田昌次郎(のち学務委員や村長)・伊藤勇次郎(のち村長)・宮野昌平(のち県議)・伊藤卯之助(のち村議)・内田義松(のち村議)・斎藤清蔵(のち役場筆生や村長)・林平蔵(のち郡議)らである。ところで問題となるのは、以上にあげた以外のメンバーである。そのうちの二名(林雄太郎と飯田亀之助)を除いては諸記録にあらわれない。少なくとも公職の記録や村内高額所得者名簿には載っていない。(25)大ざっぱな言い方をすれば、階層的にはより広い幅をもっていたのではないか。その理由は、この西地区付近の村内階層に中農が多かったため、また中および下層の上位までも包みこんだ俳人が主力であるため、さらに十五年といえば螢雪社も質・量的に発展する時期であり、全体的な発展気運があったためなどである。ただ螢雪社と会員が重複する場合もある。

ところでこの会の実質上の推進役は小林謙斎である。彼は天保五年三月、万力村伊藤弥右衛門の次子として生まれたが、まもなく同村の小林吉左衛門(玄兆、私塾師匠)の養子となった。その後、香取郡神里村の篠塚好生に漢学を、さらに江戸で島田重礼に漢学、服部波山に画学を学んでいる。帰郷後、北宋画やとりわけ俳諧を学び、その宗匠となることはすでに述べた。明治十年岩部村暢発校分校沢与校の教員となるが、いったん教職を辞す。同二十年八月万力村沖校に復し、三十二年四月まで奉職した。大正五年二月に没した。[26] 彼の場合は林彦兵衛(天保二年生まれ)と同じ世代であり、その子の健治(大正十二年没)と同じころ没していて、前者とは文芸と学校教育、後者とは文芸と学校教員を辞しての結社活動といった共通項をもっている。

以上、興揚社を追ってきた。同村内の螢雪社とは対立はみられないので、ここでは、先のまとめに続けたい。

(7)また同村内の他の字に発展的にもう一社が設けられた。しかも両社は対立するものではなく、むしろ同類かつ相関的なものである。

c　干潟地域の事例(その二)

次に干潟地方の東部の代表として好問社の場合を、やはり設立の目的・活動の内容・構成員の三項目につき追ってみる。[27]

同社は明治十四年十二月七日に香取郡大久保村に設立された。[28] その準備は、新聞で「広ク社員ヲ募」[29]る手段も援用しつつ進められた。開社式の日、発起人の佐藤万太郎は来賓・社員ら多数を前に、次のように演説している。

第6表　好問社第2回演説討論会の題目

	演題・討論題	弁士・発議者
演説	女子は教育の基	宇佐美万次郎
	今年は昨年に非ず	佐藤万太郎
	衛生は開明進歩の主務	平野南海
	今日の急務は郡立中学を興すに在り	菅谷周祐
	今を照して古を鑑みよ	穂野実道
	知識は教育に由るの説	持田駿一郎
	主義を要する忽れ	飯田広造
	耐忍の説	菅谷照吉
討論	国の開明の域に進むるは智力と金力と孰れが急務なるや	平野南海

注1）「総房共立新聞」(明治15年1月16日付)。
2）明治15年1月8日，窪野谷村にて開催。

（略）衆知ヲ集メ衆力ヲ合シテ為ザレハ能ハザルナリ、小生偶々感スル処アリ二三ノ有志ニ謀リ一社ヲ開キ各自人民ヲシテ開明ノ何タルヲ知ラシメ自由ノ精神ヲ擢揮セシメンコトヲ企望ス（略）地方ノ如キハ文学未タ盛ナラス工芸未タ進マス自由民権未タ振興セス、其他ノ邦郡ニ後ル、モノ一ニシテ足ラス、誠ニ人民タルモノ一心同情拮据奮励安居ス可カラサルノ時ナリ、故ニ方今ノ先務ハ広ク知己ヲ世上ニ取リ協和戮力精議確討各其所見ヲ交換シ叭リテ多少ノ公益ヲ謀リ、至尊ノ恩遇万々分ノ一ニ酬ヘ奉ラン（略）(30)

この「自由」とか「自由民権」という語をもって、即民権政治結社とするのは早計である。それよりも、地域の未開さを共同して解決していこうという意図に注目すべきであり、またここではそう解釈するに止める方が無難である。当時の新聞もまた次のように設立の意思を報じている。

（略）好問社と称する一社を組織さるる由なるが専ら該地方の人民卑屈にして民権自由の何たるをも知らす、中には偽民権の疎暴の挙動をなす者あるを匡正するの目的なり（略）(31)

ことに「偽民権の匡正」という語からは、どうみても急進的な政治団体のイメージは湧かず、むしろ、教育（学習）結社に近い色合いすらする。だが、この社の目的と性格は、まだこの程度では断言できない。

次に、その活動状況にはいってみる。その概要は次の新聞記事で多少わかる。

（略）先年有志者相謀り好問社と云ふ一社を設け、毎月日曜日を以て学術演説討論抔を為し、互に智識を交換し自治自立の精神を養成せんと頻りに熱心勉強せらるゝ趣なる[32]

第6表は第二回（明治十五年一月十八日、於窪野谷村）の講談討論会の題目である。教育のことが三題もある。演者はいずれも教員である。その他、衛生を論じた平野南海は医師である。概して、自己の問題意識に即し、地道に演説し、討論しているようである。

「好問社仮規則[33]」は、明治十四年九月活版で印刷された。それは全文八ヶ条からなり、第一条には「茲ニ結社同盟スル所以ノ者ハ実行ヲ先キニシ名利ヲ後ニシ同胞ノ親ヲ厚クシ休戚ヲ共ニシ以テ各自ノ安寧リ広ク有益ノ諸説ヲ採択シ頗ル処世ノ本分ヲ尽シ長ク邦家ヲ保愛スルニアリ」とある。そして「安寧リ」と「広ク」の間に朱書で「政治ニ関スル事項ヲ除ク」と挿入されている。これは同仮規則中、唯一にして最大の追加点である。これは、先の「政談にあらず」という螢雪社の文章よりはっきりしているし、重い響きもある。また、先の佐藤万太郎の挨拶の中の「自由民権」という語は修飾的とはいえ、螢雪社の林健治の言葉にはみうけられない。鮮明とはいいがたいが、好問社には前二社に比して、当時の政治的動向の影響が強いように思われる。とはいえ直接、政治活動を組織としてとり組んでいるわけではない。一方、書籍の集積はかなり行われている。先の社則の第五条にも「盟約金ハ本社ノ準備金トシテ貯蔵スト雖トモ止ムヲ得サル経費或ハ有用ノ書籍器械ヲ購求スルトキハ之ヲ以テ支弁ス」と定められており、このことは現に佐藤家にのこる書籍によっても想像できるし、さらに次に述べる会員の学芸への関心の高さからも推察できる。

以上の事実から好問社の社会的性格を、次のように導き出せるであろう。

第7表　好問社の主要構成員

役職	氏名	居住地	職業	生没	備考
社長	菅谷周祐	桜井	農業・元教員	嘉永 2.7.9～明治20	発起人，家塾主ののち大久保校初代教員
幹事	○佐藤万太郎	大久保	農業	万延元. 9.～明治 2.12	発起人，自由党下総地方部幹事(明治15)
〃	平野南海（藤右衛門）	平山	農業・医師	嘉永元. 6.～明治40.	東部医会や小貝野夜学会に参加協力，自由党員
〃	○上代麟五郎	東和田	農業		名主世襲のち神代村長，螟蛉塾門人
〃	渡辺　佐左衛門	舟戸	農業		
〃	飯田広造	窪野谷			発起人，医学校設立運動推進
〃	○木内貞順	東和田	医師		
	○菅谷棗陰	桜井			発起人，父は医師
	○椎名愿治	大久保	農業	嘉永 6.2.～大正 4.	発起人，自由党員
	宮内富造	〃		安政元. 7.～　?	発起人，自由党員
	○宮内　久米三郎	〃		安政 6.3.～明治 40.	発起人，自由党員
	飯田長兵衛	大友			発起人
	河連文之助	〃			発起人
	岡野　重左衛門	万歳			発起人，自由党員
	菅谷藤助	〃	商業		発起人，結合会設立
	○高野金之助	桜井	農業	安政 5.1.～?	発起人，文は副戸長
	穂野実道	舟戸	元士族		発起人
	宇佐美　万次郎	平台	農業・教員	安政 6.9.～明治 43.	新町校や小見川校
	持田駿一郎	須賀	教員		寺子屋師匠ののち栄校へ，八日市場漢文会長

注1）「大久保小学沿革誌」・「非政論」（第2号）・「無逸」（第20,25.27号）・「総房共立新聞」（明明14年12月27日付）・「朝野新聞」（明治12年12月23日付）・「地引帳」（桜井村）・「好問社仮規則」などより作成。

2）「氏名」の○印は『北総三郡名家揃』登載者。

(1) この社は、この地域としては最も政治性をもっていた。

(2) それでもやはり、どちらかといえば学習および教育の度合いが強かった。

次に構成員について調べる。好問社の社員は総計一〇〇名といわれる[34]が、正確にはわからない。そのうちの中心メンバーは第7表のとおり一九名である。この一九名について検討してみよう。まず、社員の分布は、社の設けられた大久保村の他、計一〇ヶ村にわたっているが、その多くは干潟地方の東部、いわゆる「神代郷」に含まれる村々およびその隣接村落である。その階層はやはり学芸・行政など村内の指導者クラスである。教員は菅谷周祐(元家塾主・前大久保校)・宇佐美万次郎(新町校)・持田駿一郎(元寺子屋師匠・のち栄校)である。後述するが、佐藤万太郎は和歌にすぐれていた。菅谷棗陰は父にならって俳句・和歌の宗匠をした。上代鱗五郎は若い頃より文学に興味をもつ人物だった。彼らはいわゆる地方文化人である。これらの者も含めて、役職上でも重要なポストを占めている者が多い。例えば平野南海(のち村長)・上代鱗五郎(元名主・のち村長)・菅谷棗陰(前戸長)らがそうである。[35]

この社の中心となったのは、やはり佐藤万太郎である。佐藤家は初代を庄司といい、八代目政久は米商も営み、家産を富ませ、中興の祖とされた。一一代目信孝は土地の売買や金銭貸借等[36]により経営の安定と上昇を図っている。その子の万太郎(一二代目)は万延元年九月に生まれた。彼も父の経営方針をうけ、さらに展開させた。ちなみに「金穀貸付帳」(明治十八年六月、佐藤万太郎筆)をみてみよう。これでは必ずしも貸借の全容はわからないが、それでも慶応四年より明治十九年までの分と彼の死後の明治二十六年を足すと、五、五九三円四四銭一五厘の金銭と一五三俵三石二斗八升九合の米穀を貸与していることがわかる。十八年改であるので、その年だけをトータルしてみると、二、二六六円一八銭五厘の金銭と四三俵三石四升七合五勺の米穀である。これらのことから相当量の貸与をしていることがわかる。貸付の対象は万歳村の二九戸を最高に二八ヶ宿村一五〇戸にのぼっている。[37]佐藤家はおそらくは神代郷では最上層と思われる。大久保学校への学資金寄付額をみれば、明治八年の創立時には七五円(全体の二一%)、九年には一二三円二銭(全体の一八%)という高額である。[38]また、明治二十六年現在の地租金は五六九円余と地域では破格である。[39]小作経営のありさまは、明治二十・三十年前後のものと思われる「小作証紙相渡候」という小綴に一六ヶ村一七五名が記されていることからも想像できる。[40]また佐藤家は幕末維新期から、代々和歌仲間の大久保連の中心だった。とくに万太郎は「寿筵吟藻」(明治十九年三月)を刊行しているが、その書中には自家の作品のほかに、他の多くのものものせられている。地域の人名をあげると、和歌の部では神山魚貫・伊藤泰歳・林重義・鏑木一胤ら、俳諧では桜居・如水といった人々で、地域の東西文芸交流の一端もうかがえる。ただ佐藤家が、直接学校教育にたずさわったかは目下のところわからない。いずれにせよ経営の安定と学芸の向上をめざす上層農であった。

万太郎と共に好問社の運営に尽力したのは菅谷周祐であった。彼は嘉永二年に桜井村に生まれ、家塾師匠をし、次に大久保小学校初代教員となった。四年間、教鞭をとった後、明治十二年に辞し、営農の傍ら好問社の社長をつとめる。結社の経緯がさきの林健治に似ている。

以上の会員メンバーの分析から、好問社の構成が螢雪社や興揚社と近似していること、またこれらの会のメンバー同士、大なり小なり交流していたことがわかる。

いささか気になることがある。それは螢雪社・興揚社と好問社は、だいたい学習・教育結社という同じ範疇にありながら、なぜ後者の方が多少、政治臭がするのであろうかという疑問である。ひとつは中心メンバーの政党への意識や系統の濃薄によると思われる。例えば螢雪社の林健治は、どこにも所属しない。ただ彼の師の高野隆は改進党系である。小林謙斎からは政党の筋は全く見出せない。それに対し佐藤万太郎の方は、妻の実父の篠塚浅右衛門は自由党員である。篠塚はやがて自由党下総地方部の設立に参加し、やがてその幹事となる(41)。

地域性も原因のひとつにあげられよう。螢雪社・興揚社のあった干潟町西地区に対し、好問社のあった東地区は街道筋にあたり、対比すれば後者の方が物資・人の交流の激しい所にある。そのことと中央の政治情報の伝達速度とが関係ないとはいえない(42)。

さらに階層構成も多少影響していると思われる。螢雪社の会員が多くいた米込村は中農が多いのに対し、好問社の会員が多くいた桜井村・万歳村は分解が激しい。[43] 分解度の相違が経世済民観（政治的要求）を育むことはありうる。ただしこの問題についての詳細な分析は、今後の課題である。

今までのことを、一応ここで整理しておく。

(1)干潟地方の東部を包みこんだグループは好問社であった。この社も近世以来の伝統をうけた学芸（文学・教育）と行政上の村内指導者によりリードされた。

(2)好問社は、螢雪社・興揚社と同様に、若干、官を意識しつつ、それでも順調に着実に活動を続けた。

(3)好問社は、前記二社と同類の学習・教育結社であった。

(4)しかし好問社には、前二社より、この地域としては政治性があった。

なお、これら各社の主要メンバーに性学徒はみうけられない。

d　その後の動き

明治十八年、螢雪社と興揚社はある事件に巻き込まれる。それは一月九日、香取郡春海村にて斎藤照挙（海上郡成田村真福寺住職）が主唱した勧業党の第一回集会の際である。この会は近隣六社が団結したものであり、螢雪社・鴻養社（興揚社）からは宮野昌平・林雄太郎が参加した。しかし会後、斎藤をはじめ会主ら三名が拘引された。その中に宮野か林が含まれていたかはわからない。またなぜ嫌疑をうけたのかもわからない。報道している「朝野新聞」[44]には、同党は「善美なる政党を組織するの企なりと聞く」とある程度である。会議内容は教育と殖産興業のことであるが、メンバーが各社の中でも政党・政治意識を自然に高めている者であったからかもしれない。しかし、この後の両社の活動はいよいよわからなくなる。興揚社は明治十八年五月六日の同党第三回集会参加が最後の記録である。螢雪社に関するものは林家にのこる日記では、明治二十年五月八日の「東屋ニ螢雪社幹事会アリ」[45]が最後であり、新聞記事では、明治二十一年一月の「(略)県会傍聴委員(春海村も—鈴木)を撰挙して何れも派出せしむる由」[46]以来、とだえてしまう。そして突如、明治四十年に螢雪社に三冊の本が納付されている。このころの同社は、香取郡青年団古城村支団第二番第九番区連合分団の付属文庫「螢雪社」として再登場している。[47]つまり同社は、半官制的な施設として再編成され、とりこまれてしまったのである。

一方、好問社はその後どうなったのであろうか。まず第一の危機は、全く偶然、明治二十年に中心人物の佐藤万太郎(二七歳)と萱谷周祐(三八歳)が没してしまったことである。佐藤家は弟の靖が万太郎の子の誠の後見人として家政を行う。そして同二十二年十二月に、この靖やかつての好問社の人々により「文教社」が設立され、月刊誌「非政論」が刊行される。その発行所の本局は香取郡良文村の無逸塾に移ったが、支局(有為社)は神代村大久保に置かれた。発行人は創立者の佐藤靖、編輯人は渡辺長次郎(東京)であった。この雑誌は同月(第一号)より同二十三年九月(第一〇号)まで発行されている。一〇号で止まったのは発行停止処分のためであるが、その理由はよくわからず、同誌には「非政論第九号ハ洪水ニ遇ヘリ」と抽象的に表現されているにすぎない。第九号には「香取倶楽部の発会式」(大同団結運動系)があり、このことと発行停止処分は関係しているかもしれない。同誌は第一号では「文会詩会歌及発句会ノ依頼ニ応シ其会ノ文詩歌句等ヲ掲載スルノ特約ヲナスヘシ」としていたが、第七号からは「各地ニ行ハル、文会詩会歌句会及ヒ倶楽部等ノ依頼ニ応シ廉価ノ特約ヲナスヘシ」と「倶楽部」が入ってくる。この「倶楽部」は政治がからんだものであろう。

同誌はその第七号より一ヶ月五銭五厘の購読料を四銭に下げている。このことは、先の編集の変更と併せ、同誌の方向性の変化を表現しているのであろう。

とにかく「非政論」は発禁処分をうけた。そこで翌二十四年四月に、さきの有為社より「朋友」が発行される。しかしこの発行人兼編輯人は神田村の菅谷元治に移っている。こうして佐藤家から発行体制は離れていった。

やがて明治二十五年十二月に文教社は再興され、「文教」の第一号が高木惣兵衛(笹川村)を発行人、平野藤右衛門(南海、上代村)を編輯人として刊行された。また支局の有為社も存続した。この月刊誌は四二号(明治二十九年五月)まで発行された。

四三号より「文教」は「無逸」と改称した。ところが編輯人は菅佐原源次郎(良文村)、発行人は堤安五郎(佐原町)となり、それにより経営の手が神代郷より離れていく。この雑誌は政論にかかわらぬ評論、時代の風潮をうけた国文学作品、無逸塾の活動報告を兼ねた準公学的実践録を主とする体制的な内容構成であった。しかし一農村にあって、営々と第五九号(明治三十年十月)まで発行されたことの意義は大きい。

この雑誌は第六〇号(同年十一月)を期して、誌名を「同志文学」と替え、発行所も同志文学社(良文村)とし、発行人をさきの堤安五郎、編輯人を竹内真太郎(良文村)とし、タイトルのごとく完全な文学雑誌となる。しかも同誌は九七号(同三十三年四月)より本社を東京市本郷区に移し、支社を良文村に置くこととした。発行兼編輯人の竹内惣吉も東京市麴町区の人であった。同誌は第一一七号(同三十五年一月)が現存する最後のものである。

最後に、明治期前半に学校以外で地域民はどのように学習し、教育してきたのかという本項について、まとめておく。

(1)明治初年、村民自らの手により、新しい方式をとり入れ、組織的に学習し、教育し合おうという動きが出てきた。そうした会の性格はそれぞれ多少の相違があるが、やはり学習(教育)結社というものであった。ゆえに書籍にも強く関心を示していた。単なる政治結社とか思想団体とはいいがたい。

(2)この設立の動機・経緯は、近世以来の地域の苦悩と努力による伝統（寺子屋・私塾といった庶民教育、和歌・俳句といった文芸運動、およびそれらに伴う購入・貸借・出版といった書籍への熱中）に基づいている。それだけに現実性があり、地域と密着していた。

(3)そうした系譜のため、この新しい運動も村落共同体の中で文化的・経済的・行政的に上層よりの者を中心にリードされた。それにより盛り上がり、質的に量的にも拡充・拡大され、地域ぐるみとなっていき、それは官側の姿勢とは対照的であった。

(4)ゆえに、漸進改良的であり、それだけに泥くささ・まどろっこさ・限界もみうけられるが、地域の先導的役割をみせていく。その前向きの方向性は、幽学没後の性学の運動の方向性とは異なるものである。

(5)しかし、こうした自立的な地域の学習運動も弾圧により、大きく変質してしまう。あるものは消滅し、あるものは半官制的組織に編入された。またあるものは体制的枠組みによる評論・文芸・教育の雑誌、そして文芸誌と変更を余儀なくされ、それもついには中央の文芸・出版に吸収されていってしまった。

注

（1）近年の研究成果については「自由民権運動」（「歴史公論」第二巻第一号）や「自由民権」（『シンポジウム日本歴史』16）などにのせられている。

（2）石塚裕道「房総地方における自由民権の一考察」（「人文学報」第一七号）を先駆に、民権系の新聞を分析したものや民権運動家を調査したものなどがあるが、とくに神尾武則「千葉県の民権結社とその動向」（和歌森太郎還暦記念論文集『明治国家の展開と民衆生活』）は新聞を中心に調べ、全県を網羅し、大いに参考となる。

（3）学校教育以外の学習・啓蒙のようすについて、例えば第二編の寺子屋・私塾や和歌・俳諧の場合のように扱っていく。

むろんこうした社会教育には若者組とか貧民救済などもあるが、この時期の特色を強く表わすものをとりあげた。

(4) 本文の(1)では近世との関連、(2)では系統性・類別性、(3)では中心人物・階層構成にもふれていく。

(5) つまり「本から何かを学ぼう」とするグループであって、いわゆる図書館ではない。図書館は明治五年、最初に公立のものが設立されたが、その後、行政ベースで吸収・合併・廃止が繰り返され、また運営も高踏的でまだまだ定着しなかった。千葉県における全県的図書館は、明治二十五年開設の千葉教育会付属図書館であるが、これも私立であり、県としては同四十年の巡回文庫がはじめである。

(6) 形式、蔵書の内訳などは別の機会に譲る。

(7) なお、洋装本はほとんど目録にとっていないし、また、とっていてもここでは除いた。

(8) 「山川家は旧幕時代に蔵元を業としていた旧家でありながら家庭の蔵書は『唐詩選』『日本外史』ていどのものでしかなかったのである」(前田愛「明治の読書生活」、「言語生活」第二一一号所収)。

(9) これは天保年間の、この地域における教育や文芸の再編成と関係するのであろう。

(10) 万力、林修一氏所蔵文書「螢雪社沿革誌」(前編)、以下、このb項の説明においてことわりなきは同史料とする。

(11) 明治十二年には匝瑳郡椿村に、高野隆らにより協和社が設立されている。

(12) 「千葉公報」明治十四年三月十七日付。

(13) 「千葉教育会雑誌」第四号。

(14) 「千葉日日新聞」明治十六年一月二十日付。

(15) 正確には八五二冊。

(16) それからは、とんで明治四十年に三冊納付されているにすぎない。

(17) 「螢雪社沿革略誌」(前編)にのせられているものと、それ以外のもの(社印のついている現存書籍・領収書にある書籍)を史料批判して集計した。

(18) 全体的には伝統的な「硬文学」とされるものが多いが、西洋のことを扱ったものもみうけられる。分野別では、地域の特色をよく示している。なお、こうした書籍保存のために書物簞笥や帳簿などが作成された(林氏文書「螢雪社払出明細帳」)。

(19) もっとも父の彦兵衛ほどの実績はのこしていない。

(20) 「千葉教育会雑誌」第九号。

(21) 「千葉公報」明治十六年十二月四日付。

(22) 「千葉日日新聞」明治十六年一月二十日付。

(23)(24) 万力、林修一氏所蔵文書。

(25) 明治二十八年二月発行の『北総三郡名家揃』(同二十六年調)にのっているのは同社五一名中、内田義松と飯田亀之助だけである。

(26) 小林謙斎の教育者としての活躍は「千葉教育会雑誌」(第六一号)や「千葉新報」(明治二十年八月十六日付)などで報ぜられている。

(27) 干潟地方およびその周辺には、螢雪社・與揚社・好問社のほか協和社(八日市場村、明治十二年)・朋友談和会(郡村、同十四年)・結合会(万歳村、同年)など、目下のところ計一七のグループがみとめられる。

(28) 大久保村は今日、東庄町となっている。しかし、この一帯は神代郷といわれ、干潟町とは同一生活圏である。しかもこの郷を構成する桜井村は、現在干潟町に編入されている。同村民の好問社に占める位置は高い。また万歳村の結合会も好問社とつながりが深い。よって大久保村を干潟地内として扱うこととした。

(29) 「総房共立新聞」(明治十四年十二月七日付)。

(30) 大久保、佐藤邦寿氏所蔵文書「臨池草」。

(31) 「総房共立新聞」(明治十四年十月二十四日付)。

(32) 「千葉日日新聞」(明治十六年四月十一日付)。

(33) 大久保、佐藤邦寿氏所蔵文書。

(34) 「総房共立新聞」(明治十四年十二月二十三日付)。

(35) 前掲『北総三郡名家揃』(明治二十六年調査)には好問社一九名(主要メンバー)中、七名がのせられている。

(36) 万歳、井上洋一氏所蔵文書には佐藤治郎兵衛（一一代目）の筆による「預り申一札之事」（文久三年二月二十三日）・「覚」（亥三月五日）・「借用金子証文之事」（文久元年七月・同二年十一月二十二日・同三年三月一日・同年同月同日）の土地売買関係の文書がある。
(37) 記載のない村一ヶ所、名前のないもの三戸がある。
(38) 神代小学校所蔵「大久保小学沿革誌」。
(39) 前掲『北総三郡名家揃』。
(40) 佐藤家の経営については、その種の史料がほとんど残存していないので、よくわからない。
(41) 「郵便報知新聞」明治十五年三月二十五日付。
(42) 本書の第三編の五では、幕末の博徒を扱っているが、その活動の中心はこの街道筋である。とにかく人の往来が多かったところである。
(43) 本書の第三編の二と第四編の一は、これらの村々の階層構成を詳細に論じている。
(44) 明治十八年一月十五日付。
(45) 万力、林修一氏所蔵文書「金穀出納日記」。
(46) 「房総新聞」明治二十一年十一月二十九日付。
(47) 「香取郡青年団報」第一号。

（鈴木　秀幸）

三　性学組織の拡大と思想的変質

1　二代目教主遠藤良左衛門

幽学は死んでも性学の組織は残った。その中心となった人物を、遠藤良左衛門（亮規）という。文化八年（一八一一）生まれだから、幽学が没した安政五年（一八五八）には数え年四八歳、幽学より一四歳若い。父伊兵衛（安政三年没）の跡を受けて、長部村名主。晩年は〃おとっつぁん〃と呼ばれて道友に親しまれたという。この〃おとっつぁん〃から、ただの温厚篤実な農民を想像しがちだが、そういう側面だけが彼の本質だったとは思えない。「義論集」の最後の部分は、遠藤を中心とした先祖株仕法についてのものだが、そこで遠藤は、財産の平準化を理念として唱導している。その理念が現実的に屈折して先祖株仕法に到達したのではないか、とする意見は既に書いたことがある。(1)

幽学に入門したのは天保五年。天保十一年、幽学の講釈場が遠藤家の一廓に設けられたということもあり（草庵ができたのは同十三年）、幽学と最も頻繁に会い、語り合っていた人物だった。「聞書集」には、弘化三年十月二日の幽学の言として「おれも良左衛門も、少しの事が有っても、おれは良左衛門が方へ行って咄して見なくては気が済ない。良左衛門も少しの事でもおれに聞かなければいられないと云ってくる」が載っている。(2)遠藤は幽学生前における側近第一人者であり、幽学没後、その遺志を継承すべきものとして、自然の成行きのような形で、二代目教主としての地位が定まったようである。(3)

2　門人の増加

遠藤良左衛門亮規画像(遠藤良太郎氏蔵)

遠藤時代に入っての性学の展開が、本章の課題である。まず神文数を第1表に示す。幽学時代の神文数は、前述のように六一七、これに比して遠藤時代は一、一一一である(後の石毛時代は一八八)。神文は性学の大勢を数的に示し得る史料だから、たとえそれが性学の実勢を正確には示し得ないにしても重視すべきである。遠藤時代の神文数は幽学時代の一・八倍にも及んでいる。遠藤時代の神文を村別に表示すると、第2表のようになる。

第1表　遠藤時代の神文数

年	数
安政 5	19
〃 6	19
〃 7 (万延元)	324
万延 2 (文久元)	126
文久 2	70
〃 3	93
〃 4 (元治元)	88
元治 2 (慶応元)	143
慶応 2	27
〃 3	26
〃 4 (明治元)	19
明治 2	14
〃 3	40
〃 4	17
〃 5	54
〃 6 (8月没)	32
計	1,111

注）『旭市史』第3巻所収「大原幽学門人神文集」による。

まず、村数（居所数）が幽学時代の五四ヵ村から一三一ヵ村に広がっている。地域としては前代に引き続き東総中心だから、東総の中での密度が濃くなったということである。また、同じ東総地域の中でも、トップ・クラスが入れ替っている。幽学時代には諸徳寺・長部両村だったが、遠藤時代には足川・府馬両村になる。これは足川村の岩井市右衛門・飯島八十八、府馬村の石毛源五郎の活動を示している。逆に、埴生郡荒海村からの神文が一通もないことが注目される。幽学時代の荒海村には平右衛門が居り、ために荒海村は、長沼村（本多元俊）・幡谷村（神崎孫右衛門）と共に、性学の拠点となっていたが、この村は、遠藤時代には性学から離れたようである。なお、遠藤時代の神文の地域分布において注目すべきことは、相州小田原の一三人をはじめとする若干の遠隔地において門人ができたことである（後述）。

このような、地域分布の若干の変質とは別に、年次別神文数（第1表）に顕著な特色が見られる。遠藤時代の神文は安政七（万延元）～元治二（慶応元）の六年間に集中しており、その合計は八四四通に及ぶ。つまり、全遠藤時代の神文の七六％が僅か六年の中に集中している。ことに安政七（万延元）年には三二四通にも達し、異様の感を受ける。

このような入門者急増の理由をどこに求めるか。この解明は難しい。まず、幕末期における物情騒然たる世相にその理由を求めることができる。しかし、これだけではあまりに一般的すぎる。次に幽学と遠藤良左衛門との差、ということがある。遠藤は幽学のような浪人ではなく、身許の確かな農民であり、仮に全く同じことを説いても領主に睨まれることはない（さきの裁決において遠藤ら農民は、その「奇特」を賞されている）。それに、遠藤の説くところは、幽学と異なり、易や朱子学のような高踏性は全くなく、きわめて泥臭い日常道徳的なものだった。土着的教説といってもよい（後述）。一般農民がこれに親しみを感じた、ということも考えられる。しかし、これにも無理がある。幽学没二年後の安政七年（三二四通）には、遠藤は、彼としての独自性をまだ発揮していない。それが発揮されるのは、「教主」（「尊父」といわれるようになる）時代の後半、つまり、慶応以降のことなのである。しかし、幽学がいなくなったことによる一種の気易さが、性学門人の急増という皮肉な結果を招いたのかもしれない。

第２表　遠藤時代神文の地域性

村別神文数	村数	神文数小計	村名
1	38	38	仁良，阿玉台，阿玉，牧野，布野，小川，和泉，島，仁玉，志高，万歳，南玉造，五郷内，井戸野，春海，新町，飯倉，玉造，西大須賀，野出，坂本，加茂，見広，布鎌中谷新田，猿田，関戸，片子，栢戸，今泉，上総屋形，東京市谷，相州荻窪，駿河梅ケ谷，同八幡，同大岩，同柏尾，駿河沼津，信州上塩尻
2	19	38	谷津，川島，津ノ宮，北羽鳥，下飯田，入野，丁字，大友，染井，貝塚，大浦，幾世，中野佐，大塚原，鳩山，上谷中，椿，上総高谷，武州上尾
3	13	39	平山，野田，宮本，御所台，今郡，小舟木，堀川，内山，栗野，富田，牛尾，並木，竜角寺
4	7	28	窪野谷，小座，蛇園，宝田，松崎，西足洗，常州別所
5	5	25	稲荷入，新宿，大倉，平松，相州成田
6	5	30	小見，幡谷，網戸，西古内，信州上田
7	10	70	小南，万力，坂，桜井，石出，岩井，水戸，飯高，安久山，後草
8	3	24	米野井，久方，鹿野戸
9	2	18	田部，上総白桝
10	2	20	琴田，六軒家
11	3	33	夏目，平木，飯塚
12	2	24	川口，上総芝山
13	2	26	米込，相州小田原
14	3	42	小見川，長沼，東足洗
15	2	30	小貝野，中谷里
17	3	51	青馬，松ケ谷，多古
19	1	19	溝原
20	1	20	長部
22	2	44	東坂，長岡
23	1	23	横須賀
26	1	26	大角
41	1	41	岡飯田
55	1	55	諸徳寺
71	1	71	鏑木
85	1	85	十日市場
91	1	91	府　馬
93	1	93	足　川
		7	(不明)
合計	131	1,111	

注）『旭市史』第３巻より松沢和彦作表。

何といっても、門人急増の最大の具体的問題は、安政六年（幽学没翌年）の一九通から同七年の三二四通へという大飛躍そのものにある。これは、自然の成行きにしては、余りにも大きな差であり、そこには何らかの門人獲得活動があったものと推測される。

幽学没直後の安政五、六両年は、幽学の死による衝撃から立ち直れず、性学は崩壊の危機に直面していたのではないか。その間、遠藤を中心に主要道友による性学再建の協議がなされ、安政六年後半から安政七年早々位の時期に、具体策がまとまり、実施に移されたのではないか。もちろんこれは想像であって、再建策の協議録とか再建プランが残っているわけではない。

ただ、安政七年に入ると、これまでとは全く異質な文書が出現してくる。それは、安政七年正月二十日を初見とする「神文調実記」である。これは神文を入れることを希望する者についての身許調査書であって、安政七年正月二十日のそれには四一人が記されている。それには「琴田村　年廿一才太七、無妻、祖父母両親有、妹十二才・五才、こる癖」のように記載されている。以上はごく簡単な方であって、もっと細かい記載もある。面白いのは、本人の性格を記した部分であって、ここには、「元ハ酒博奕好」「まんしん癖有り」「うわき癖」「うかれて物にうつる」「たんき」「まけるのきらひ」「かんしやく」「欲深き癖あり」「色情うるさし」等々、人間の持つさまざまな悪徳や短所が書き込まれている。(4)この文書の末尾には「立合人」の記載がある。立合人はいずれも性学の幹部であって、良左衛門は出ないが、萱谷又左衛門等々おなじみの名前が多く見られる。正月二十日の「実記」に出る立合人は、長部村＝六人、諸徳寺村＝八人（うち一人欠席）、十日市場村＝六人、足川村・米込村・小見川村・岡飯田村・米ノ井村・飯倉村＝各一人（ただし米ノ井村は欠席）である。この「立合人」とは何か。彼らは恐らく面接試問係であって、それぞれ手分けして面接し、一定の方式にもとづいてメモを作り、それを「実記」の原稿にしたのである。この他

「引請人」もいる。これは恐らく神文を入れるに当っての身元引請人である。この時の引請人は鏑木村＝七人、府馬村＝五人（この中に三代目「教主」となる石毛源五郎がいる）、溝原村＝一人である。

この安政七年正月二十日の「神文調実記」に記された四一人の殆どが、二月十四日に揃って神文を入れている。つまり、「実記」への記入→神文の提出は、まことに整然としている。安政七年（万延元年）に、三二四通の神文が提出されたのは前述の通りだが、その提出は、二月十四日・閏三月七日・五月二十二日・六月三日・八月六日・同七日・十二月十五日にきれいに数十通ずつまとまっており、例外は三月三日の一通のみである。幽学時代にも神文を入れる日は大体きまっていたが、これほどには整然たるものではなかった。しかも、幽学時代には、神文を入れるまでに修業を積み、多くの人がその実績を認めた上で神文を入れさせていた。ところが、安政七年に入ると、口頭試問を一斉に行って人物調査をし（「実記」にさまざまな癖を記したのは、入門希望者の人物を知らないから、問いただして書いたのである。以前には考えられないことである）、その結果を「実記」に記し、殆ど落第させずに神文を入れさせたということになる。

もう一つの問題は「引請人」である。これは神文入希望者の知人であったに違いない。想像だが、この「引請人」が、それぞれの村において、性学入門者を勧誘し、面接場につれてきているのではないか。府馬村における門人の急増は、主として石毛源五郎の活躍によるのだが、その石毛が、安政七年正月という早い時期（彼の神文提出は、安政五年十月八日）に引請人として登場していることは、きわめて印象的である。

つまり、安政七年における神文提出者の激増は、具体的には、入門システムの変化を大きな原因としている。この年、入門の勧誘→面接→神文提出というコースが整然と設定されたのである。つまり、入門は幽学時代に比してきわめて安易になったのである。

しかし、いくら入門が安易になったからといって、入門希望者の方に内的・社会的必然性がなければ入門するわけがない。精神の平穏・安定した秩序・経営の安定を求める一般農民の奥深い欲求があった、と考えねばなるまい。もう一つは入門者の雪崩現象である。府馬・十日市場・足川等では入門現象が一斉に起った。こうなると、入門しないと村の中で気づまりになる。このような日本の村社会の特質も、社会的には強く作用していた、と考えるべきである。

「神文調実記」には、入門希望者の農間余業が少なからず記されている。安政七年正月二十日のものについて例示すると、「餅屋なれ共今は止る積り」「経師屋」「下駄屋」「豆腐油揚商売」「屋根屋」「小間物荒物商売」等、同年三月二日の「実記」[5]には、「藍屋」「かぢや」「大工」「質屋石屋」「船方」「菓子種商ひ」「穀屋」「木挽」が見える。これらのうち質屋・穀屋等を除いては、大部分が農間の小商いあるいは職人であって、彼らは幽学在世期の主要門人とは異質の階層である。幽学在世期における門人の中心部分は、医師の本多元俊・網元の林伊兵衛、小見川の茂兵衛(紙屋)等ごく少数の他は、いずれも純粋の農民であって(農間渡世は好ましくないものとされていた)、しかもその階層は、大体において、それぞれの村の上層あるいは中の上ぐらいのところであった(飯倉村の琁蔵のように石工で寺子屋師匠といった人もいたが)。

ところが、安政七年以降には、小商いや職人を農間渡世とする、当時としては、村落中層より以下の人々が多数入門している。やや後になるが、明治十三年における府馬村での性学門人の土地所有階層を見ると、五反以上の所有者六〇%(全村構成比四五・八%)、それ以下の者四〇%(全村構成比五四・二%)、となり、性学門人が、土地所有階層において中位の者を中心としていることが理解されるが、下層の者も少なからず入門している[6]。つまり、遠藤時代、ことに安政七年以降の激増した門人の中には、少なからざる下層農民や農間小商いや職人層がいるのであり、この点、幽学在世期とは異なっている。

門人の分布は、基本的には幽学時代と大差ない。つまり、東総中心である（しかし、府馬村における激増、荒海村の衰退のように、村ごとに見れば変化はある）。信州にも少々いる。しかし、この基本型の他に若干の変化が見られる。それは、駿河・遠江・相模における門人の出現である。これは、遠藤時代末期の明治四年以降見られるもので、駿河では明治四年三人、同五年二人、遠江では明治四年一人（明治四年十二月十五日に神文を入れた仁瓶徳太郎には地名表記がないが、これは遠江の士族である）、相模（いずれも足柄郡）では明治五年に一人、同六年に一八人が入門している。その理由は定かではないが、相模足柄郡の門人は、遠藤が箱根の温泉へ行く途次獲得したものであろう（彼は湯治を好んだ）。これら相州門人の中には士族（小田原藩）も少なからずいた。駿河の門人は主として旧幕府　旗本（仁瓶氏のような）である。士族入門の傾向は遠藤没後石毛時代にも続き、性学の内容に変化を与えることになる。また旧幕臣の入門は、明治六年における性学の弾圧に直接つながる。

3　施設の拡大と修行形態の変化

遠藤時代において特に目立つのは施設の拡大である（改心楼や荒海村教導所は既に破却されている）。最初に計画されたものは、改心楼のような大袈裟な建物ではなく、各村ごとの目立たない「手習所」であった。この手習所は、安政七年以降の門人の爆発的増加と対応している。手習所については「山崎氏の検査書」(7)によってその概観を得ることができる。これは、明治五年九月教部省権大録山崎衡(8)が書いたものである。手習所と関係する部分を引用しておく。

……（幽学没後）講徒弥増協同し、人数も従前より却て衆多に相成講堂にも充溢るゝに付、諸徳寺村、十日市場村、足川村、溝原村、松ヶ谷村、岡飯田村、府馬村、米ノ井村、鏑木村、飯倉村并に根本長部村手習所と号し、月に廿一日男、廿二日は女、近村五、六ヶ村人数一ヶ所に弐百人計りつゝ集会倫理の整へ方日夜行状に懸和睦一心奢侈を厳禁し人欲を断遏し、道義の楽境を味ふる様教義講習の方(法)を相立、幽学死後三、五年の間に講徒千余人にも及び再度勃興の勢に復し……

これら諸村の手習所が、いつ設立されたかについての厳密な確定はできないが、安政七年以後急速に展開したものと考えてよい。これらの手習所は小規模なものであった。溝原村では、鈴木英三（安政七年閏三月神文、前出はつ女の孫。後、石毛源五郎の同志として活躍）の自宅そのものが、手習所になっていた。飯倉村では椎名琁蔵宅の庭に小規模な手習所が建設された。椎名氏宅には、文久元年十二月二十五日「詰合之記」、元治元年十二月十六日「飯倉村九ヶ村男女規式調」、慶応二年寅「丑年(慶応元)義式　飯倉村・芝山村・久方村・平木村・谷中村・牛尾村・屋形村・水戸村・高谷村」、慶応四辰正月「規式」、明治元年十二月十日「相対子供取極記」、明治元年十二月「巳年(明治二)規式控」、「午(明治三)規式」等の文書が現存しており、椎名氏が、周辺の道友や同調者を集めて性学活動を地域単位で行っていたことが明白である。[9]

「弁当所」も設けられた。これは宿泊施設であって、台所もついており、長部村八石の改心楼跡地に設けられた。文久二年正月「弁当所普請出来迠諸入用控」[10]は「酉」(文久元年)九月以降の諸資材の買入れに関するもので、この施設計画が文久元年秋より推進されたことを示している。この帳簿の中には、間口三間半・奥行二間の古家(戸板なし)を一両一分で買った記事もあり、このことからも改心楼のような大袈裟なものでなかったことがわかる。弁当所は一気呵成に造られたものではなく、漸く文久三年五月頃竣工したようである。文久三年五月二十八日「弁当所取建控」[11]が、その完成を示しているとすると、正味一年九ヵ月を費やして完成したことになる。右の「取建控」によると、この時「世話人」が定められている。諸徳寺村から二人、十日市場村＝二人、米込村＝二人、岡飯田村＝二人、府馬村＝二人（一人は石毛源五郎）、鏑木村＝二人、大角村・東坂村＝各一人、計一四人がそれである。

弁当所はいわゆる棟割長屋であって、一棟が六つに仕切られ、一仕切は六畳一間に九尺の竈であった。一仕切が一ヵ村分となる。最盛期には三棟つまり一八ヵ村分あった。「相駿遠弁当所」(12)のように西の遠隔地から八石に来る人々の施設もあった。これらは逐次拡大されたのである。弁当所敷地には井戸が一つあり、人々はこれを共用した。また、各村に二畝歩ずつの畑があり、そこには野菜類が植えられていた。

弁当所建設費用は利用各村の道友が分担した。「取建控」によると、文久三年六月二日から七月十一日の間に八二両が集められている。一村五両あるいは一〇両というのが一般だったようである。慶応元年十二月「弁当所扣」(13)は弁当所の経常費を書き上げたものだが、これによると、同年の経常費（十二月八日〆切）は金九両三分と銭二七〇文である。その費目は、薪炭代・燈油・蠟燭代・茶代等であって、食事代はない。これは来会した各村持ちだった。なお翌慶応三年の費用は金一〇両一朱と銭二三貫四五〇文である。右の「弁当所扣」には「辰年（慶応四＝明治元）より手習所弁当所村中壱軒前月ニ三百文之丹精ニ而致ス」という注目すべき記事がある。これは、慶応三年までは、手習所・弁当所の維持費は来会者が適宜出し合ったり、時には「入用八石より助ヶ下」さるという風に本部たる八石からの金で賄っていたのを、一月一軒三〇〇文の醵出という形で制度化したことを示している。こうした形で、以後「丹精」（労働奉仕）や「奉公」の制度化が進む。なお、慶応三年には、溝原村や長岡村用の弁当所が新設された(14)が、これは、鈴木英三や石毛源五郎（三代目教主）の台頭を示すものとして注目される。

他に「江戸弁当所」といわれるものもあった。これについては、慶応四年六月二十一日「村々丹精之控」及び同年の「日毎乃記」(15)（日記）に依拠してその大要を書いたことがある(16)ので、以下に再録しておく。

「江戸弁当所　これは江戸にあった弁当所ということではなく、江戸から材木を運んだ、という意味である。幽学の身元引請人高松彦七郎（幕臣、御小人目付）の存在は、幽学研究家に広く知られている。高松氏は幽学を弟として、その身元に責任を持っていた。この高松氏の屋敷は江戸小石川御箪笥町にあった。嘉永六年春、高松氏はその屋敷内に小住居を建てた。幽学は判決による百日慎みの期間中（安政四年十月二十三日判決。翌年二月五日まで謹慎）ここで暮らしたのである。この小さな建物は慶応元年九月二十日江戸五軒町の旗本渡辺氏に引き取られた。幕府瓦解にともない、慶応四年六月、この建物を長部に運ぶことが渡辺氏と良左衛門等の相談で決定され、それは早速実行に移された。この建物は『隠居（遠藤氏の屋号）戌亥（西北）の角』に移されたのである。そのための地形は六月下旬に行なわれた」。

小日向教導所については、ややくわしく触れる必要がある。小日向は長部の西方約二キロの小集落である。かつて幽学が指導して新集落が設定された宿内は、この小日向に南接している。この小日向教導所は、遠藤の晩年に設立され、遠藤はここを大いに好んだ。当時（明治初年）の諸種の文書類によると、小日向における性学の活動は、八石に匹敵するものだったようである。[17]山崎衡は前掲「検査書」において以下のように記している。

自今（明治五年）三年前より三十日修行と云課程を立て、鋭志学の者を集め立志確定を試るに於ては銘々薪水炊爨を執て道友と優遊漸摩中志行を悔悟一洗さすの方法を設けたり、右は府馬村地内字小日向と云処に当時男二百三十人女二百六十人程代々修行に罷越し、道義の為めに身を忘れ私を去りて活潑光明の心性を了悟す様工夫致さする事中々筆舌に不及なり

明治五年より三年前というと明治二年である。右の文章は、明治二年に「三十日修行と云課程」が新たにできたことを説明してはいるが、小日向教導所の設立年そのものを示しているわけではない。菅原兵治『東洋治郷の研究』

は、明治二十六年二月白神源助筆「小日向記」により、慶応三年三月二十六日縄張り、同年八月二十二日竣工としている(一八五頁)。明治元年十月十三日「小日向仕入控」[18]によって、この時期には活動していることがわかる。

第3表　明治2〜6年, 女の三十日修行

開始年月日	人　数
明治 2. 7.23	12
8.14	17
9. 9	13
〃 3. 2.13	14
3. 1	13
8.26	15
10.18	14
閏 10.18	15
11.21	13
〃 4. 2. 1	16
3. 1	16
7.20	16
9.18	16
11.26	14
〃 5. 2.15	17
3.20	17
6.14	15
7.晦	18
10.27	17
〃 6. 1. 9	15
2.20	18
3.29	19

注）明治2年「女道中修行組之控」，遠藤家文書による。

ここで三十日修行が開始されたのは、山崎の指摘のように明治二年である。明治二年「女道中修行組之控」[19]によると、明治二年七月二十三日〜八月二十三日の間、十二人の女性が三十日修行を行ったのがはじめのようである。女と男にわけて、この修行日程と参加人員を表示しておく(第3・4表)。

まず、日取りに注意したい。開始年月日より一カ月間小日向に籠るのだから、その間は農作業を放棄する(ごく少数ではあるが、途中で「引取」と記されている者もいるから、他は籠ったと考えるべきだろう)。「修行」は農閑期だけではなく、農繁期にも行われている。このような精神的熱中は、日常の農業生産から遊離する可能性があり、事実このことは石毛時代に入って大きな問題となる。

男女の日程は、最初のうちはばらばらだが、しだいに重なるようになり、明治四年七月以降ほぼ一致してくる。これは新しい現象である(性学は、前述のように、女性教育を重視するが、会合の日は別だった)。

第4表　明治2〜6年, 男の三十日修行

開始年月日	人　数
明治 2.11.26	8
3. 4. 9	8
8.19	8
9.20	12
11.25	15
閏10. 9	14
11.24	15
〃 4. 1.12	16
2.12	15
3.12	17
7.20	16
9.18	16
11.26	15
〃 5. 2.15	16
3.20	16
6.14	15
7.晦	14
10.27	17
〃 6. 1. 6	16
2.14	17
3.25	16

注）明治2年「男道中修行組之控」，遠藤家文書による。

また、明治三年には、男のための「行家」が、同四年には、女のための「詰合所」が設けられ、[20] 小日向の機能はますます充実した。総じて、小日向教導所の設立は、遠藤時代における性学の変質を表現している。

なお、菅原兵治が『東洋治郷の研究』(その第四章が「大原幽学と中和郷」)を書いた頃(初版、一九四〇年)には、小日向教導所の施設跡がまだ残っていた。菅原はそれを見た時の異様な感じを書いている。やや長くなるが、貴重な見聞記なので、以下に掲げる。

今日、小日向を訪ねて何人もすぐ目につくのは遠見台及び行屋跡であらう。遠見台といふのは該部落の東端に在る高さ四十尺程の四角梯形に築いた台で、恰度城の天守閣を思はせるやうなものである。僅か四戸か五戸の部落に何の必要あつてこんなものを築いたかとの疑問を有つが、聴けばかういふわけのものである。即ち教主が八石から来る日になると部落の人は早くからこの遠見台に上つて八石の方を望み見て居り、其姿を見ると走つて修行所に入り、火鉢や御馳走の準備をなし、其帰りにも亦此処に上つて姿の見えなくなるまで見送をさせられたものだ。そして甚しきに至つては往復の途中に於て、施しをすると称して金品を撒き与へ、これによつて民衆の心を収めやうとまでするに至つたといふ。

次に目につくのは行屋跡である。遠見台の後方の林の中に、六七間四方位の地を劃し、その周囲に高さ十尺位の土塁を築いた凹地があるが、これが行屋の跡だといふ。此中に行屋と称する建物があり、その土塁の入口といつても僅かに四五尺のもので現在では何の建物もなくなつてゐるが、夕方など其中に立つと一種幻想的な気分がする。聴けば此処で所謂修行をしたものであるとのことである。何かしら「常」でないといふ感じがする(一八七〜一八八頁)。

菅原は行屋跡(そして遠見台)を見て、常ならぬ感を持った。彼はこのような感じから、遠藤時代における性学の変質を摑んだようであって、その勘は鋭い。彼は「三十日修行」についても、次のように記す。

然らばその修行所の修行とは一体何をしたものか。その最も知られたものが「三十日修行」といふものであつたといふ。これは門人を三十日間この中に収容して世間との交渉を絶ち、種々の所謂「修行」をさせたもので、その修行の主なるものとして、田に入つて働くことを嫌ひな者があれば、之を無理に田に入れて大勢の者で頭から泥をあびせかけてやるとか、時には理由も無いのに不寝の事をなさしめ、眠る者があるとみんなで之を掘(殴)るとかいふ随分乱暴な事、無理な事をやつたものゝやうである(一八九頁)。

そして菅原は、「然るに二代三代となるに従つてこの(幽学時代の―木村)生きた潤ひがなくなつて、只管に『修行』の名の下に形式的行事のみを強るやうになつて来たのである」(一九〇頁)ともした。さらに、遠藤時代の性学を「内面的に洞見すれば教の末法的現象であり、『幽学』が遂に『顕学』化し、更に衒学化して来たのである」(一九一頁)とも批判した。総じて菅原は、遠藤時代における性学の変質を非常に鋭く指摘している。

明治五年から六年にかけては、八石に「教会所」が設立された。これは、もと改心楼のあった所より一段上の台地上に設けられたものであり、かつての改心楼と同じように目立つ建物だった。これは、竣工後間もなく起った遠藤の逮捕及び性学への弾圧(明治六年五月)の原因の一つにあげられる建物である(明治三十六年焼失)。遠藤もまた、師幽学と同じような過ちを繰り返した。

4　「丹精」強化と「八石」の組織

遠藤時代の性学は幽学時代のそれとは随所に差がある。さきに見たような、入門システムの組織化・簡便化→門人の激増、諸施設のいわば寧日ない拡大(ことに小日向教導所の持つ問題性。「三十日修行」というやり方は幽学時代にはなかった。小日向はいわば「道者」風性学の根拠地になり、遠藤はそれを促進した)といったことの他に、「丹精」(労働奉仕)の組織的強化も、遠藤時代末期に出現したものであり、それは石毛時代に一層増幅された。

性学には「丹精」の習慣が元来強かった。改心楼の建設に当って中心となったのは丹精である。幽学裁判中の費用に占める丹精の役割は大きい(それだけでは足りず、先祖株の上がりまで注ぎ込んだことについては前述)。丹精の一局面として「奉公」があり、裁判中における子女の奉公についても略述した。

このように、丹精は遠藤時代に独特のものではないのだが、しだいに日常的かつ組織的なものになってきたことには注目する必要がある。

慶応四年六月にはじまる「江戸弁当所」の移築はなかなか大変なことだったようで、遠藤は慶応四年六月二十一日よりはじまる「村々丹精之控」[21]の最初の頁に、この問題を要約的に記している。つまり、このことが契機となって、遠藤は丹精金の受取記録を書いたのである。最初の部分には「辰(慶応四=明治元)六月廿二日、一、弐両、十日市場大塚丹精金、清左衛門兵三郎彦三郎持参、江戸弁当所土普請願来ル」とある。十日市場村大塚分の丹精金を三人が持参し、併せて労力奉仕をも申し出たということである。これを皮切りに、明治二年十二月晦日迄(一年半)の丹精金提出件数は二六二件、金額総計は六六七両一分三朱と五八八文(一件平均二両二分余)となった。丹精の種類は縄ないが圧倒的で、他に小作料・着物売払代金・糸つむぎ代・給金・駄賃付・籠作り代等がある。遠藤は、右の帳面の最後に「右者　八石大難渋之時節、孫揃之者弐百十七人給金差出、尤是ハ外帳に記并村々老若男女丹精を被尽、不報無道之学ひ速かなれバ記置也　明治三午正月十七日　亮規花押」と記し、ひとまずこの帳面を締めくくった。遠藤は、丹精の非常な成果に感激して、この文章を書いたに相違ない。

第5表　慶応4年6月～明治2年12月，村々丹精金

村名	件数	金	銭	村名	件数	金	銭
		両分朱	貫			両分朱	貫
府馬	34	47. 1. 2	141.390	野田	2	7. 0. 0	0
大角	21	17. 1. 2	61.156	久方	2	3. 0. 0	1.200
溝原	21	38. 0. 0	104.800	松ヶ谷	2	4. 2. 0	0
足川	20	123. 3. 3	221.500	水戸	2	0. 2 .0	10.000
*十日市場	18	28. 2. 0	21.800	横須賀	2	8. 3. 3	.100
川嶋	17	11. 0. 0	0	米込	2	15. 0. 0	1.100
岡飯田	15	23. 1. 2	34.844	青馬	1	10. 0. 0	0
長岡	14	22. 3. 0	84.100	飯塚	1	1. 0. 0	0
諸徳寺	9	36. 0. 1	29.972	和泉	1	3. 0. 0	0
長部	7	24. 3. 0	4.770	牛尾	1	0	5.200
飯倉	4	14. 1. 0	8.100	小川	1	1. 0. 0	0
**鏑木	4	11. 2. 0	9.000	窪野谷	1	0	4.000
夏目	4	30. 0. 0	.800	小座	1	0	5.000
東坂	4	13. 2. 0	7.000	小見	1	3. 0. 0	0
飯高	3	7. 0. 0	.750	小南	1	0	.900
小見川	3	8. 0. 0	0	鹿之戸	1	0. 2. 0	0
小貝野	3	4. 0. 0	1.000	新宿	1	0. 2. 0	0
桜井	3	7. 1. 0	0	駿河静岡	1	5. 0. 0	0
芝山	3	13. 0. 0	10.000	辻	1	0	3.000
米之井	3	7. 2. 0	47.000	鳩山	1	1. 0. 0	0
安久山	2	7. 0. 0	0	平木	1	0	12.500
粟野	2	0. 1. 0	2.800	南玉造	1	0. 2. 0	0
今郡	2	1. 0. 0	1.000	宮本	1	0	10.100
大倉	2	3. 1. 2	0	屋形	1	0	1.500
白枡	2	4. 0. 0	0	谷津	1	1. 0. 0	1.264
多古	2	4. 0. 0	0	谷中	1	0	2.400
並木	2	2. 0. 0	.500	計	256	576. 0. 3	850.546

注1）＊「十日市場村大塚分」は十日市場にまとめた。　＊＊「鏑木村宿内」は鏑木にまとめた。
注2）慶応4年6月21日「村々丹精之控」，遠藤家文書による。

以上256件の他に，村々が共同して拠出している例が6件ある（計262件）。以下の如し。

○松ヶ谷・幾世＝5両
○松ヶ谷・岩井・幾世＝6両
○大角・坂・川嶋・坂並・並木・大良・白枡・内山・飯高・安久山・多古・飯塚＝1両3分2朱
○小貝野・窪野谷＝1両
○鹿之戸・谷津・今郡・新宿＝2両
○青馬・小座＝2両ト10貫文

小計17両3分2朱ト10貫文，総計594両1朱ト860貫546文（1両＝約11貫800文）。

以上のうち，幾世・岩井・坂・坂並・大良・内山の6村は，上記表に単独では出ない。表に出る53村と6村を合した59村が，この時の丹精金拠出に関係した村である。

この時の丹精金拠出村々を前頁に表示した(第5表)。東総地域が性学の地盤であることには変りないが、村ごとには見落とせない変化がある。幽学時代との最大の差は、長沼・荒海・幡谷・竜角寺等の埴生郡諸村が見えないことである。当時荒海村の平右衛門は既に没しているが(文久三年没)、長沼村の本多元俊(明治九年没)はまだ元気である。知的傾向の強い元俊は、遠藤について行けず、性学から徐々に遠ざかったのであろう。それと共に、元俊の影響下にあった埴生郡諸村が姿を現わさなくなったと見られる。

著しい現象として府馬村の台頭がある。これは、間もなく遠藤のあとを受けて三代目「教主」となる石毛源五郎の居村である。石毛はその丹精活動の目ざましさによって遠藤の信頼を受けるに至ったと思われる。同様のことは溝原村にもいえる。ここは石毛の盟友鈴木英三の居村である。金額的に卓越しているのは岩井市右衛門の居村足川村である。足川村は九十九里に近く、市右衛門は有力な地引網主だった。幽学に感化されて、一時これを止めていたが、この時期には復活しており、網主として大きな利益をあげていた(『旭市史』第三巻、七二〇頁、七二四頁)。また、この村では飯島八十八の活動も見落とせない。長部・諸徳寺・十日市場は依然として有力な性学の根拠地ではあるが、この頃にはトップの座を府馬・溝原・足川に譲っている。

さて、遠藤が右の文書の末尾に書いた「八石大難渋之時節」とは何か。これは一般には、幕府倒壊期における世情大混乱による難渋と解されているようである。幕府崩壊寸前という政治情勢が、さまざまな社会的混乱を同伴していたことについては、広く知られている。山崎衡は、前掲「検査書」において、「……水戸浪士暴動(元治元年のいわゆる天狗党の乱。この影響は関東地方に広く見られる－木村)より東国一円騒擾強盗蜂起し、長部村講堂には衆人集り貯金もあるべくやと押入金奪取、引続き戊辰の幕府瓦解に方り房総辺白昼強盗徘徊一昨年午年(明治三)前後六ヶ年の間に長部村内并に講堂へ百余度盗賊白刃を揮ひ立入其度毎に三、五円づゝ教会入費金掠め取られ大に困迫に及べり」

と当時の模様を活写している。確かに事情は容易ならざるものがあった。しかし、こうした一般的事情だけが遠藤を難渋に追い込んだとは思えない。これらに併せて性学独自の事情もあったはずである。山崎が、困難の一つにあげた水戸浪士暴動は元治元年だが、その余波がおさまらない翌元治二年(慶応元年)の神文数は一四三通(第1表)と依然好調だった。ところが、翌二年には二七通と急激に落ち込む(以後急伸はない)。慶応元年までに獲得した門人が、この時点で離散したという事実はないようだから、教勢は維持されているはずだが、入門者数の激減は、遠藤時代の性学に一種のかげりを与えており(神文入れ費用は、幽学時代には一人百疋＝銭一貫文。入門者の激減は入門金の激減をもたらす)、こうした具体的事情も、遠藤をして「八石大難渋」と嘆かせた理由なのではないか。しかし、「丹精」の成功は、遠藤の愁眉を開かせた。

府馬村の丹精については、明治元年十一月六日改「府馬村縄丹精控」[22]がある。これは、この年の八月から十月に至る縄ない丹精の結果を記したもので、その縄数は三四、〇二〇尋に上り金額は三四貫〇二〇文となっている。石毛源五郎は八五〇尋なっており、レコードは七郎左衛門の二、〇〇〇尋である。

前掲、慶応四年六月二十一日「村々丹精之控」の末尾に「右者　八石大難渋之時節、孫揃之者弐百十七人給金差出、尤是ハ外帳に記……」とあることを見たが、その「外帳」が明治元辰年十一月九日初メ「孫揃学石居」[23]である。これは奉公に出た青年子女の給金提出名簿ともいうべきものであって、明治二年六月三日に集計されており、その数は二一七人、給金合計は三六九両三分に上る。幽学裁判の時期における道友子女の奉公は著名だが、その数はわかっている範囲で十数人、多くて精々二十〜三十人であろう(その時期の道友は六十人足らずである)。しかも幽学は、厚意を一々謝しながらも、〃これは大事にしまっておこう〃としていた。遠藤時代の「孫揃」が幽学時代のそれの模倣なのは確かなことだが、その人数や金額は問題にならない。これは「奉公」が八石のために組織化されたことを示している。遠藤は右の文書の冒頭にこう書いた。

此度若ひもの共八石之難儀相察し、自分家督相続等に不拘生涯勤め奉公して八石之助ヶ与成り度与申出候、是全孫たる者の本意にも候得者、早速相談行届候、依之来巳年奉公取極候給金不残差出候分左之通り（傍点―木村）

彼らの大半は十代後半、二十歳を過ぎたもの若干、八、九、十歳という女の子も少しいる。「生涯勤め奉公」を真面目に守り、ために婚期を逸した人々もいたようである。

このようにしてまで、「八石」に金を集中しなければならなかったのは何故か。これは大きな問題である。一つは施設の拡大に追われた、ということがある。これは割合わかりやすい。もう一つは、組織というものの持つ独特な性格であろう。

遠藤時代末期の門人数は、二千人と号されている。これだけの組織を維持・発展させるためには、常時八石や小日向に詰めている専任的な人物が必要である。遠藤はそうだったし、石毛や鈴木も同様だった。彼らに近い立場の人々もいただろう。専任的なこれらの人々は、八石に詰めているだけではなく、諸方の手習所に出張もせねばならない。したがって、彼らは個人的には日常の生産活動から離れざるを得ない（彼らの家族は居村において通常の生産活動を行っている）。こうした専任的な人々の活動費や会合費等々は、累積すれば馬鹿にならない額に上っただろう。八石には、これらについて収支簿が整備されておらず（重要事件―例えば遠藤逮捕等の―についての書上げはある）、詳細は全くわからないが、組織が巨大化するにつれて、日常的生産活動から離れる人々が出現したり、会合の多様化や相互連絡の必要性が生ずるのは必然であって、このような組織化が、八石をして常時「丹精」「奉公」金を吸い上げざるを得ない帰結をもたらしたのだろうと想像される。

5　性学の思想的変質

生前の幽学は遠藤を篤く信頼し、遠藤もまた幽学によく仕えた。幽学没後、遠藤は幽学の祖述者として性学の中心に座った。しかし、彼が幽学の真の祖述者であったのか（あり得たか）どうかは、実は、慎重に検討さるべき問題なのである。「八石」の組織上の変化だけならば、それは時勢への対応なのだ、と考えてもよい。しかし大きな問題は、遠藤の教説そのものが、かつては師幽学が持っていた全体性を失い、日常道徳の説法という局面のみに限定されていることなのである。既述のように、幽学には易を根底に置く世界観があり、その世界観から人間観・人性観が展開され、それが、日常的言行に結びつけられるという、別に目新しくはないが（しかし、彼にあっては、いわば哲学と行動が、理論的にも整合しており、この点については傑出している）、それなりの全体性があった。彼は「不学」を自覚してはいたが、出役や奉行所の役人よりは、学問があったのである。つまり彼には、世界観・人間観といった理論性・抽象性と日常道徳の具体性とが一体となって存在していた。しかし遠藤には、師のような理論性・抽象性はなかった。それは、全くなかった、と言ってもよいほどのものである。

遠藤はもはや、幽学がしきりに語った「易」や「中庸」については語らない。師が苦労して書いた「微味幽玄考」については、遠藤が解釈的なふり仮名をつけたらしい写本が残っており（十日市場、林家文書）、研究のあとが見えるが、これをどの程度の熱心さで説いたかは不明という他ない。遠藤がしきりに語ったのは、具体的な日常道徳についてである。師幽学といえどももちろん、「易」や「中庸」をいつもふりかざしていたわけではない。幽学は、日常的には、きわめて具体的な語り口をしていた。彼は、眼前に生起している事柄や人間の言行について、具体的に判断し、それを平易に教示していた。側近としての遠藤は、幽学のさまざまな具体的な話を、最もしばしば聞く立場にいた。遠藤は、そうした幽学の具体的な語り口だけを祖述した。つまり、遠藤は幽学の一部を祖述したのである。遠藤には著作はない。しかし、断片的な教説は幾つか筆録されている（遠藤の跡をついだ石毛源五郎になるとそれすらない）。また、「八石」の日記には、遠藤の言行が少なからず記されており、それによって遠藤の思想の性格を窺い知ることができる。以下若干を掲げてみよう。

「元治元年五月修禅寺入湯のおり記[24]」というものがある。遠藤は温泉好きで、これは伊豆修善寺に行った時、旅宿で彼が語ったことを、弟子の誰か（字体からすると石毛源五郎らしい）が筆録したものであり、それぞれが余り脈絡のない約三十ヵ条からなっている。まず最初の方を示す（（　）は木村の注）。

○身上をのべたる者ハ、自然理ハわかれども、株や金が土地と成り有之味ひにて唯何となく株や金に気をやすんじ道遠し、
○何事に限らず一ッ二ッ人に増る（まさる）処有る者ハ自分の増れる（まされる）処とくらぶるこころ有っておのづから道遠し、
○人を助けた者ハ自分余程人をすくつたこころより人の悪きが目にさへぎり遠し、
○色欲を能正敷守つたものハへんこめいて遠し、
○あて気の有るものハ自分のせし事があるよふな気がして遠し、
○かたまり生なものハかたくな故に遠し、用慎生なものハ馬鹿用慎の意味有り遠し、
○怪力有る者怪力の為に遠し、

この部分は、人間における謙抑の重要性を語ったもので、それがないと「道」に遠くなる、という。師幽学は自らの旅行記を「道の記」と題していたほどだし、「中庸」首章における「率性之謂道」をきわめて重視していた。遠藤は、師のこのような「道」に依拠して、自らの「道」を具体的に表現したのである。しかし、遠藤においては、「道」とは何かについての思弁はなく、「道」は所与のものとされており、「道」に至る実践論のみが強調される。

中段からも以下若干引用しておく。

○子のはづれたものハ其為に種々の苦労する故わかつて来る、

○人の義理を考るものハ其義理の為にわかつて来る、

○歌道を志す人ハ心自然に叶ふ故わかつてくる、

これは「道」が「わかつてくる」という意であろう。

最後の部分はこうなる。

○亦家〻の仕僻といへどもさまざま有り、三代をへたる有り、一代切も有り、其年〻時〻の僻有り、依之一刻一日のひまなく去るの外ハ有る間敷歟、

○世に秀た人ハ兎角自分人に秀た心持してつゐに其ど(度)を失ふ者歟、

全体として、およそのことはわかるが、細部に立ち入ると難解な部分がある。これは、具体的な事柄が既に前提にあり、その前提に乗って遠藤が話しているからである。

「慶応三卯年三月廿日長部村八石ニ而遠藤良左衛門父記、明治元辰年十二月写之者也」と末尾に書かれた「心得草」(25)というものがある。これは冒頭に「年のよつた人可心得事」とあり、顔にしわがよって醜くなる、歯が抜ける、食事の時水ばなをたれる、大小便をのべつする、耳は遠くなる、愚痴っぽくなる等々を、これでもかこれでもかと具体

的に列挙している。そして列挙し終ると「右等のきらわるゝ事多かるべし、乍然年寄をいたわるは人情故に、しんぼうして居れども、右様の類ひにて若ひものとハ気のあハざる事也……」としている。これは、何のために書かれたかよくわからない文章である。これを書いた時遠藤は数え年五七歳、当時としては老人なのだろうが、それにしても、「老醜」をこれほどまでに具体的に書き上げる心理は理解できない。これは老いの入口に立った遠藤が、その老いを直視した暗い文章だが、師幽学にはこのような暗さはなかった。「老醜」の部分に続いて、これと関係があるのかないのかよくわからない文章が続く。関係だけではなく、全体の意味のよくわからない文章なのである。つまりは「……道の為に助りたる御おん(恩)を謝するの志と、やらせたき私魂生(根生?)との二ツの学びこそ大事なるべし……」と「道」について語っているもののようである。この文章の最後には、〝自分でやる気もないのに「性学の留灸を願ふ、いかに性学でも此註文には困る也、何程八石さまさまと頼まれ日夜近寄られるといへども、唯困つてばかり」で、自分の了簡もないようでは仕方ない〟という部分もある。遠藤が「心得草」で言いたかったのが、この最後の部分だとすると、この時期の性学門人大衆が、どのような性質のものだったかがわかるような気がする。つまり、この段階の性学は、個々人が自らを鍛える精神的武器としてではなく、「八石」へ行けば、何かいいことがある、といった類いの、いわばルーズな性格のものになっているような印象を受ける。

遠藤最晩年のものに、「明治六癸酉年小田原渡辺尚様へ尊父(遠藤)より御遣しの書」というものがある。渡辺が神文を入れたのは明治六年四月二十八日、つまり、彼は幽学とは直接関係を持たない人物で、相州足柄県の貫属である。以下に一部を掲げる。

自分の躰を正敷備へるの外無之事、
家内の者心得違が気に成るハ其悪しきに移りたる也、

親族抔よりいろいろ云ひ来られる事うるさく成るも同断之事、
自分能道が呑込めて勤る事に人の気が付ぬをとがめるも則同断之事、
人にやらせたく成りしハ奢り根生の生じたる事、どふかわしらにもやらせてもらひたく抔云ふとも迚も手前等がには勤めぬく者出来ぬから、おれがやるのを見ているがよいと急度断る事、
ついしよう（追従）いわれ真受にするも移りたる也、難儀之時節自分丈ヶ難儀する心得事、
妻子だにも頼度成る間敷事、
我身大切の勤め所の出来たのを早くらくに成りたくなる抔の根生わく危き事、また勤めぬものわけのわかる事なし、
つとめるにおゐて者天が下不及といふ事なき理も明らかに的ぜん（的然）する事、
日夜めしをたくのがほねがおれ、家内の気の付ぬのが気に成候抔の悪しつハみがくべき事…（下略）

まことに難解な文章である。これは喋り言葉をほぼその侭文章にしているようだし、個々の条項が記されてくる全体的必然性もわからない。つまり、日常道徳的・心構え的条項の羅列であって、根本義から発して、具体性に至るという幽学的構造は全くない。つまり、遠藤の教説は、適用論・実践論に局限されており（その限りでは、遠藤は幽学の祖述者であった）、そこには独自の哲学が存在していない。しかし、それを遠藤に求めるのは酷であろう。ここでは、祖述者としての遠藤は、幽学とは異なっている、遠藤はやはり遠藤だったのだ、ということだけを指摘しておく。

以上の三点、つまり、①元治元年五月の「修禅寺入湯のおり記」、②慶応三年三月の「心得草」、③明治六年における渡辺尚への書面、これらは遠藤の思想を知る根本史料である（①は遠藤の語の筆録だが、文体より見て、②③と共通

性が強く、忠実な筆録である。したがってこれも、②③と同様に扱ってよい）。

性学の本拠たる「八石」において日記がつけられるようになった最初の年は定かでないが、現在残っているものは、文久元年以降である。(26) これには、道友の八石への出入りの他に遠藤の行動が記されており、彼の言説もしばしば記載されている。ここに記されている遠藤の言説は前引の三史料と同質のものであって、これ以上繰り返す必要はないから全く省略する。しかし、これらの言説の中には「八石」の維持に関するものが少なからずあり、これは「八石」の組織との関係において注目すべきものなので若干引用しておく。

……尊父曰

手前等危いハ色情だぞ、色情が発してハ盗人ニなるも有り、皆色情心が元だ、少しやつた気がすると其地面に成る、おらくらいの年になつても危い、夫を立るニおら位のとし迄も勤め上て天下に名を上る者に成るの外なしと定めて居れ、又八石がすわやといつたらどふつと出て助けを成すハた(誰)ぞ、サア一同帰れ（明治二年十一月九日。傍点—木村）。

これは遠藤の語り口をそのまま記したものであろう。彼は自らを「おら」と称し（この辺では、これが普通である）、この時期には門人に命令口調で話している。八石の危難に当っては一斉に協力せよ、というのが後段の主意である。

尊父先頃より度々曰

足川八十八妻ニ云しハ、おれハ八石に難儀が出来し時ハ、家ハ速ニ継がして八石を助ける覚悟だと申せば、その（八十八妻）も、わしもそふでござります、夫婦別れ別れに成ッテ奉公するとも勤る覚悟だと夫婦相談出来し由、親父も其通り之由、是が学びの本意と被仰候（明治二年十一月十一日）。

足川の八十八(27)（飯島氏）は幽学以来の門人だが、遠藤を助け、右のような決意を彼に語った。それを遠藤は他に「度ミ」語ったのである。この八十八のように、古くからの門人の多くは、遠藤を助け、遠藤の方針に従っていたようである。

> 岡飯田村惣左衛門兄去る三月廿八日(明治二年)死去、
> 病気多年におよび去冬ハ別而重り候ニ付、悴惣太郎江尊父ゟ父惣左衛門之所存を可聞置と被仰候ニ付、即日岡飯田江行父之志を承知致し置度旨を申せハ、
> 一、てまいら抔ハあてニハしないが聞たいといふ訳なれハいわふ(言おう)、おれハ所存とて外にハない、おとつさん(遠藤)も六十におよんで、先生(幽学)の思召を継でござる、其思召を助ヶずにハおかない、外に所存とてなんにもなし(明治二年四月)

当時の性学には死期に臨んだ門人から遺言を聞き、それを日記に記す習慣があったようで、他にもこうした記事が散見する。この惣左衛門も幽学以来の門人であって、彼は、遠藤を以て「先生の思召を継」ぐ者とみており、遠藤を助けることは、幽学の「思召を助」けることだと考えていた。したがって、遠藤に協力し、だからこそ、その遺言が日記にのったのである。

遠藤は幽学と同様、女性に対してもわけ隔てなく接したが、以下は若い女性を前にしての長い話の一部である。

> 女は十七、八にも成ると嫁にいく者、夫からハ子供が出来何ニやかや身上へでも首を突キ込ミ道を継ぐ所江届かぬが、十人并せめて三十迄もそんな事にかゝわらず学んだら相応の者になれるだろふと思ふが、夫も主人も親もおとつさん(遠藤のこと)次第だとて……(明治三年八月十五日)。

これは、女がせめて三十歳位までも、性学に打ち込めば「相応のものになれる」のに、十七、八で嫁に行くからそうも行かぬ、というようなことである。ここでは性学の「道」の問題として表現されているが、これは具体的に

は彼女らの「丹精奉公」のこと、つまり、奉公給金を八石に提出することを言っているのである。率直に言えば、三十迄も「丹精奉公」してくれれば、八石は大助かりなのに、というようなことである。晩年の遠藤の念頭には、組織としての「八石」の問題が常にあり、これが性学全体を強く規制したようである。

鏑木村宿内の農民清次郎が書いた「九ヶ条」（慶応元年十二月二十一日）というものがある。[28] これは幽学時代のいわゆる性学一四ヵ条に習って作成されたものと思われる（しかし、幽学時代の一四ヵ条が、そのまま踏襲されていない点にも注目すべきである）。以下の如し。「九ヶ条、一、祖父母江孝行すべき事、一、道友の深切は受る事、一、親類縁者不実すべからず、一、困窮難渋いとふ間敷事、一、けち根生無用、一、自分勝手無用、一、子におぼるる事無用、一、懐入して愚痴出す事無用、一、八石相談聊背間敷」。性学門人としては、至極もっともなことで、別段のことのないような文章だが、実は注意すべき点が幾つかある。まず第一に、最後の「一、八石相談聊背間敷」である。これは組織としての「八石」が門人を強く規制していることを表現しており、遠藤の「八石」思いと完全に対応している。第二に「一、子におぼるる事無用」である。遠藤は幽学が創始したとされる仕法のうち、預り子（換え子）教育にはことに熱心であり、この短い文章に、遠藤指導の性学の特質の一部が表現されている。第三に、幽学の一四ヵ条に比して、他律的傾向が強いことである。幽学の一四ヵ条は、性学道友のなすべからざる事（なすべき事ではなく）を箇条書にしたものである（博奕・不義密通・賭諸勝負・職行二重・女郎買・強慾・謀計・大酒・訴訟発頭・三味線等人の心の浮かれる所作等）。なすべからざる事を記したのには意味がある。つまり、性学においては、なすべき事は多様であり、その規定は箇条書にはできないほどのものである。これに対し、「九ヶ条」の冒頭二ヵ条は、なすべき事の規定であり、これが、なすべからざる事七ヵ条と混在している。これだと、冒頭二ヵ条を実践し、あとの六ヵ条はやらず、そして八石のいうことを聞いていればよい、ということになり、元来の性学における内面的自発性は弱くなる。どうすれば性学の本旨に到達できるのか、そのための工夫はどうか、といった類いの緊張が、この「九ヶ条」には稀薄なのである。また、さきの一四ヵ条が、いずれもそれぞれの個人が抑制すべき条項であるのに対し、「九ヶ条」は「道友」「親類縁者」を重視し、他者との関係における「自分勝手」を禁じている。これらはすべて、他人を気にしてのことであって、厳格な自己規律とは言い難い。総じて「九ヶ条」には、村落社会における他律意識が強く、それだけに伝統的ではあるが、一四ヵ条におけるきびしい自律性は失われている。

遠藤時代、ことにその後期には「道歌」が多く作られた。元治元年五月「修禅寺入湯のおり記」の中に「歌道を志す人ハ心自然に叶ふ故わかつてくる」とあることについては、既に見たが、この「歌」とは道歌のことらしい。幽学は俳句や和歌をたしなんだ。彼の「ロまめ草」にはそれらが数多くのっている。彼は、「別れても心はかよへ友人の誠の道の隔なけれは」という自作の歌が好きで、この短冊を多くの門人に送っている。彼の多くの歌の中には道歌風なものも若干あり、(29)遠藤時代の道歌隆盛には前提があることを認めねばならないが、それにしても道歌一辺倒ということは幽学にはない。

遠藤時代の道友が詠んだ道歌は、非常な数に上るので、以下ではその一斑を挙げるに止める。

有難き道とはかねてしりながら
　心曇りにまなばれもせぬ
よき道のつれは誰ぞととひくれば
　外にはあらじ我心なる
我ながら心の住か尋れバ
　雲霧ふかしまよひくらしつ

有難き父の御筆を拝しつゝ
　御影に心あらたまり行
今よりは三十日修行の心にて
　雲霧はらいみがきあげるも
有難き勇てのぼる八石江
　心も晴るけふの晴天

遠藤時代には、こういった類いの歌が次々と詠まれ、恐らくは唱和されて、人々を同一情念に包み込んだのであろう。右のうちの「有難き父の御筆……」とは遠藤の書のことである。遠藤は一方では「おとっつぁん」だったが、他方では「尊父」として奉られた。恐らく、岡飯田の惣左衛門(前出)のような幽学以来の道友は、「おとっつぁん」と呼んだのだろう。そして、遠藤の直門が「尊父」と呼んだのだろう(遠藤のあとを継いで三代目「教主」となった石毛源五郎は、事あるごとに遠藤を「尊父」と奉り、やがて自らも「尊父」になった)。幽学は在世中も没後も「先生」(あるいは「大先生」)であって、大仰な「尊父」にはならなかった。

さきに、小日向における「三十日修行」について触れたが、ここに籠る人々は「小日向道者」ともいわれた。「道者」「道歌」そして「尊父」、遠藤時代末期の性学が一種の密室的宗教性を帯びてきていることを指摘してもよいであろう。少なくとも、著しく精神主義的傾向が強まってきたこと、ともすればそれは、農村における現実生活から浮き上がる危険性を持っていたことも指摘してよい。こうしたことは、性学が、教部省傘下において、「神道」の一種として公認されることによって一層増幅されてくる。(30)

6　教部省傘下

教部省は、明治五年三月、神祇省に代って設置された。これは、社寺の廃立、神官・僧侶の任命・昇叙等を司る機関(明治十年廃、内務省へ移管)、つまり、国家による最高の宗教行政機関である。教部省設置直後教導職を置き、これに宗教統制を担わせた。また、教則三条(第一条　敬神愛国之旨を体すべき事、第二条　天理人道を明にすべき事、第三条　皇上を奉戴し朝旨を遵守すべき事)を定め、宗教統制の大原則を明示した。遠藤時代末期の性学は、明治国家の宗教統制の枠組におさめられる。

前引、明治五年九月におけるいわゆる「山崎氏の検査書」は、教部省権大録山崎衡が性学を教部省傘下に入れるために書いた推薦書である。山崎は性学の「教旨」を以下のように説明する。「上古邪神教凶徒多く既に大秡に云る如く、全く人道を知らず、或は許多の罪悪倫理なき世界に多くありしに　天照大御神三種神器　皇孫に授て神道を照明にし給ひしより、後世彝倫の道正しきに至り今日夷狄野蛮に落入らざる者偏に　皇大神御恩徳にて右を御継承あらせらる　朝廷御代々御政教今日に流る事にて、其御神徳に報答し奉るには人倫の道を尽さずしては決して不相済との教旨にて是は幽学より門人共に認め遣したる三幅対と中者に明かなり、其他教義は中庸の大旨に拠[31]」る、と。

幽学の思想の根底には易があり、「中庸」や「孝経」を拠り所にしている。つまり、幽学の思想の骨幹は儒学によって形成されている、ということは前述した(第一編四「性学の思想」)。そのことから見ると、右の山崎衡による性学の「教旨」は全く奇妙なものである。これでは幽学は神道家になってしまう。しかし山崎は決して虚妄な「教旨」を創作したのではなく、右にも記されているように、それは「三幅対」といわれる幽学の文章に出ているものなのである。「三幅対」とは、読んで字の如く三幅が対になった書であって、その第一幅に、山崎が要約したようなことが書いてある(その限りでは山崎の要約は正確である)。しかしこの神道的な文章は、幽学の教説の全体から見ると、例外的なものであって、このような神道的な文章を彼はまとまった形では他に書いていない(32)(とは言え、この神道的な文章を幽学が書いたこともまた確かであって、その理由の検討は、今後の大きな課題となろう)。つまり、山崎衡が性学の「教旨」として紹介した神道的な性格は、性学における微小な部分の拡大なのである。そして山崎は「……其他教義は中庸の大旨に拠」るとして、幽学時代における性学の中心部分を「其他」で片づけている。つまり、山崎は、「教旨」の転倒を行っている。山崎は間もなく起る性学内部における新旧両派の対立において、旧派を代表する論客として登場するが、その時点における彼の所論には、神道的色彩はなく、きわめてまともである。つまり、明治五年九月における「検査書」の作成に当って、教部省役人としての山崎は、性学を教部省傘下に入れるために、「好意」を以て「教旨」の転倒を意図的に行ったのである。

こうした山崎の尽力もあって、性学は教部省公認の神道教会になる。こうなると、以後の性学が実質的にも神道的色彩を強くすることは当然である(33)(後述)。

遠藤は、明治五年九月二十五日付教部省辞令を以て、権大講義に補せられた(下から訓導、少・中・大講義、少・中・大教正となる。中間にそれぞれ「権」が入る)。石毛源五郎と鈴木英三も同日付で訓導に補せられた(34)。八石で教導職に補せられたのは、右の三人だけである。この時点での石毛と鈴木は遠藤に次ぐ実力者になっている。

明治六年十月十三日、教部省は、「八石教会」が神道教会(本部)入費として金百円を寄付したことに対し、賞詞を与えた。この段階の八石は、教部省にとっては「教会」である。

遠藤時代、ことにその後半(慶応・明治期)の性学は、幽学時代とは、大きな差がある、ということを以上記した。

それはおよそ、門人の激増、丹精奉公の組織的強化、教説における幽学的全体性の喪失、密室的宗教性の濃化、ついには「神道」に包括されるものとしての性学(総じて精神主義的方向性)、といったことである。何度も言うように、遠藤は幽学の忠実な側近であり、幽学が最も信頼していた人物の一人だった。それでも遠藤はやはり幽学ではなかった。遠藤の「教主」時代は、幕府の崩壊・明治政府の成立という、日本歴史における最も劇的な時代であって、この激動の時代にあって、遠藤は師幽学の性学を守ることに奔命し、その結果として、性学は大きく変質したという言い方もできるかもしれない。

7　弾圧と逮捕——明治国家と性学——

破局は、遠藤にも急速にやってきた。晩年における破局という点で、遠藤の運命は、師幽学とよく似ている。明治六年、この年遠藤は六三歳、師幽学の没年を一つ越えた。遠藤は前年の冬から右の脇の下が痛み、針治療などしていたが思わしくなく、六年春からは痛みが背中に廻ってくる始末だった。[35] 遠藤は、もともと温泉が好きだったから、治療をかねて箱根堂ヶ嶋での入湯を図った(以下の記述は、主として、門人が記した「箱根堂ヶ嶋入湯日記」—遠藤家文書による)。遠藤が八石を出たのは明治六年四月七日の午後、この日は小日向に泊まった。同行者は八十八と惣太郎の二人。多古・酒々井・臼井・船橋を通って、東京小網町大坂屋(性学門人の定宿)に着いたのが九日の午後、十日に芝の大教院[36]へ出頭し、入湯願(かねて石毛源五郎が提出済み)が許可されたことを知る。十三日東京出立、戸塚泊まり。堂ヶ嶋(宮ノ下)大和屋に着いたのは十五日夕刻、ゆっくり入湯した。以後遠藤はずっと宿泊しているが、その間、足柄方面の性学同調者が、連日やってきた。四月二十八日には、足柄方面の一七人が神文を入れているが、[37] これは遠藤の堂ヶ嶋湯治中のことである。

「入湯日記」四月三十日の部分にはこうある。「三十日　平松保雄ゟ小西江書状、良左衛門同道之旨ニ付、朝髪結して小田原江出る、同道之者小西・八十八・喜兵衛、五ッ半時司法省役人出合、風祭といふ所ゟ差立ニ成ル」。遠藤は、四月三十日午前九時頃、箱根風祭の路上で、司法省役人によって逮捕されたのである。翌五月一日「五ッ（午前八時頃）出立、鉄道にて九ッ時（正午頃）東京司法省江着ス」と「日記」に記し、そして「同日御調、二日御調、三日御調、四日御調、五日ゟ調無し」と書く。そして「六月廿四日八ッ時（午後二時頃）御赦免ニ而、小網町大坂屋泊リ」とある。つまり遠藤は、四月三十日に逮捕され、五月一、二、三、四日間審問され、五日以降は調べもないまま牢に入れられ、六月二十四日やっと釈放されたのである。二ヵ月近い受難であった。「入湯日記」は「御調」の内容については、全く黙している。

明治六年五月一日「尊父之御見舞旁箱根堂ヶ嶋江出立、道中東京司法御省江御留置御吟味中之記」という長い表題の「日記」（筆者は石毛源五郎）には、逮捕時の模様が、伝聞ではあるが、もう少しくわしく書いてある。引用して置く。「……尊父ニ者去月三十日久松保雄様ゟ小西正蔭江名当之御状来リ、右者内々御談示申度儀有之間、遠藤亮規同伴致し私宅江至急来リ可呉旨故、尊父・八十八・小西幷ニ喜兵衛四人、五ッ半頃堂ヶ嶋出立、二里程出て山崎与申所ニて司法省権大検部様外小田原捕亡之者共十四五人埋伏之躰与相見居、右四人江懐之中ニ而縄を掛ヶ八十八壱人歩行せ、三人を駕籠ニ乗せ、町之裏通リ宿はづれニて四人を人力車に乗せ替へ、御役人三人御同乗ニ而、神奈川泊リ之由ニ而走らせ候由、□（ムシ）者少し先江壱人欠（駆）行所、ひつとらひられ、直ニ小田原之牢江入れられし由也、堂ヶ嶋又四郎ニ居合ス者女共之分ハ小田原其外江ひかせ、男之分者差控居所何ン之御沙汰も無之ニ付……」。つまり、「久松」保雄（「入湯日記」では「平松」）――正しくは平松保雄。足柄県権典事。これは権令柏木忠俊、参事に次ぐ高官である――

「足柄県官員録」＝『神奈川県史資料編11』八頁、所収）という人物から、小西正蔭（小田原の豪商・知識人、後神奈川県会議長。明治五年正月神文）宛に、遠藤をつれて「私宅」へ来るようにとの書状があり、それによって宿を出、二里ほど行った所で、「埋伏」していた捕方に一斉に逮捕されたのである。遠藤や同行者だけではなく、堂ヶ崎又四郎宅に居合せた女たちも逮捕された。

藤吉という人物（足柄地方の性学同調者であろう）があり、彼は、良左衛門逮捕一件を「子供分（子分）之駕籠屋ゟ内〻」に聞き、夜通し東海道を東に走り、一日正午頃東京小網町の大坂屋に着き、〃誰か下総の者はいないか〃と探したが、折悪しく誰もいない。何やかやとごたごたして、事情を知らせる急飛脚が東京をたったのは、一日の午後十時頃だった。つまり、八石へこの報が入ったのは、二日未明である。八石は驚愕した。直ぐ行動を起したのは石毛源五郎と鈴木英三であって、彼らは午前五時頃八石を出、教部省の役人山崎らに会って相談し、小網町の宿で、翌日教導職管長と司法省へ提出する書類を書いた。以下の如し。(38)

下総国香取郡府馬村
訓導　石毛　源五郎
同　国同　郡溝原村
同　鈴木　英三

私共師大講義遠藤亮規、為病療養箱根堂ヶ嶋ニ而浴湯致居候故、見舞旁一昨一日国元出立、昨二日小網町三町目大坂屋与惣左衛門方へ到着仕候処、右亮規ヘ何歟　御尋之儀被為在候旨ニ而　司法省江御召出ニ相成、且門人共へも同様　御尋筋も可有之様拝承仕候間　御本省へ私共進退奉伺候、司法省ヘ御差出可被下哉奉恐入候ヘ共此段御差図奉願候以上、

明治六年酉五月三日

右鈴木　英　三
石毛　源五郎

教導職
管長殿御中

この書面では、彼らが見舞の途次、たまたま小網町大坂屋に立ち寄り、事の次第を知ったように書いてあるが、これは止むを得ざる文飾である。司法省へ提出した書面も大同小異だが、「右亮規儀老年殊ニ旧冬ゟ病気之事故御尋問之儀者私共へ被仰付、同人儀右与惣左衛門方迄　御下ヶ被下置候ハゝ難有奉存候、此段奉願上候」という重大な部分に差がある。

この書面を、司法省の臨時裁判所へ両人は持参・提出した。そして両人共に収監されたのである。石毛は「四ノ圏」、鈴木は「六ノ圏」だった。遠藤・石毛・鈴木三人は別々の房に入れられたのである。石毛の書いた「御吟味中之記」も四、五、六、七の四日間は全く空白である。この間に取調べがあったことは確かなのに、筆まめな石毛が何も書いてないのは、書けないようなこと、書くのを差し止められているようなことが、この間にあったことを想像させる（拷問でもされているかも知れない。遠藤や鈴木も同様）。石毛と鈴木が釈放されたのは遠藤と同じく六月二十四日である。

この事件で逮捕された人数は、遠藤ら「九十余名」（国立公文書館所蔵『太政類典』第二編第六類、六月二十三日の項）の多数に及んだ。明治六年七月二十四日「司法省ゟ下リ候日より新治行等其外共諸入費之記」(39)の冒頭には「六月廿四日九ッ半時尊父初廿人御呼出シニ而、其方共儀不審之旨相聞江候ニ付、追ゝ相糺候処、不束之儀も無之ニ付、一同放免申付ル、夫ゟ県々江御引渡シ也」とある。遠藤・石毛・鈴木らは、牢より引き出されて、この「放免」の宣告を聞いたのである。しかし事件は、この「放免」の宣告で完了したわけではない。彼らは「県々」(新治県や足柄県)へ引き渡されたのである。

遠藤らは「放免」されて、やっと一応の自由を取り戻し、六月二十八日午前十時頃八石へ帰着したが、ここで昼食してすぐにまた出立した。新治県庁(当時香取郡は新治県)へ赴くためである。この日は利根川畔の小見川に泊まり、翌二十九日早朝、船で小見川を出、午後二時頃土浦着、県庁へ到着届を出した(遠藤・石毛・鈴木ら七人)。既に司法省において「放免」の判決が出ているのだから、県でのこの時の調査はごく形式的なものだったようで、彼らは七月一日朝土浦を出船し、帰路についた。

この事件の中心的審理は、もちろん東京でなされたが、土浦の他、小見川や新町・大田(いずれも長部近在)でも調査がなされたようである。(40)

以上が、遠藤逮捕事件のおよその経過である。しかしこれでは、最も大事なことが少しもわからない。なぜ、遠藤が逮捕されたのか、ということである。これについては、この事件を記した八石側の文書は全く沈黙している。「日記」類は、ただ「御調」と書くのみである。「久米氏の建言」(41)というものがある。これは大講義久米幹文(不詳)が明治六年五月七日(つまり遠藤逮捕直後)に司法省へ出したもので、一種の抗議文である。久米もまた山崎同様教部省の役人だったようで、「去月中派出の命を被り、山崎衡氏と同道にて下総を周歴」し、その節遠藤に会っている。久米は、遠藤や門人の篤実を説き、「然るに拘らず教師良左衛門初め其他の門人迄も多人数の召捕らるゝこと実に其理由を解すること能はざるなり」と書いた。教導職の地位にある者を司法省に逮捕させて、大教院や教部省はそれでいいのか、司法省としてもこういう身分の者を捕えるのは、はっきりした理由がなければならないはずだ、と久米は糾弾する。そして、逮捕の理由を久米は以下のように推測する。

> 愚按ずるに頃日足柄県管下の愚民共少しく煽動の勢有之哉の風聞も有之候得者、右良左衛門召捕の理由と為したるにや、殊に其地滞留中にて自然主謀にも可有之哉との地方官疑念致候より逮捕にも相成候哉

久米はつまり、足柄県下において「愚民共少しく煽動の勢有之哉の風聞」(民衆蜂起の風聞)が立ったことを知っており、これとの関係において、遠藤らの逮捕を推測した。この時期足柄県下において暴動が起ったという事実はないようであり、事は「風聞」に止まった。暴動の風聞、それに遠藤がからんでいるのではないかという風聞、つまり二重の風聞において、久米はこの事件を推測した。

八石の文書が、何故取調べ内容について全く沈黙しているのか。久米幹文が、何故「風聞」に基づいてしか抗議できなかったのか。遠藤らが捕えられた理由は一体何なのか。関係者がいずれも沈黙を守り通したために、この事件は以後ずっと謎に包まれてきた。

遠藤ら逮捕の理由は、朝廷への「不逞」(反逆)の嫌疑、だったのである。明治政府顛覆運動の嫌疑、と言いかえてもよい。明治政府の記録たる『太政類典』(国立公文書館蔵)には「(明治六年)六月廿三日大講義遠藤亮規、朝廷ニ対シ不逞ノ廉無之ニ依リ解放、猶其動止ヲ偵察セシム」以下の長い記事がある。これは重要なので、特に全文を後掲しておく。〔補注1〕要するに、明治政府(司法省)は、性学集団を以て、徳川氏を戴いて、朝廷へ反逆を企てる団体と見ていたのである。遠藤時代の末期には旧幕臣の入門者があった(前述)。政府は、彼らの動静をかねてから注目しており、スパイを入れて、旧幕臣や遠藤の書簡類をひそかに披閲させ、その内容を本省に報告させていた(『太政類典』の記事はそれが主体である)。書簡の中には、旧時代を懐しみ、新時代を批判する文句が随所にあり、スパイは恐らく、飛び上がってそれを報告したに相違ない(スパイが誰かはわからない)。

遠藤らは、このように、朝廷への反逆という重々しく恐ろしい嫌疑によって逮捕されたのであって、事は久米が

推測した足柄県下暴動の風聞とのからみ合いといった程度を遥かに超えていた。遠藤ら取調べの内容は、朝廷への反逆、徳川氏との関係といった思いもよらない恐ろしいことであって、相当ひどい拷問も受けたと見るべきだし、釈放に当っては、きつい口止めも命ぜられたはずである。八石側の史料が取調べ内容について全く沈黙しているのは、余りのことに驚愕して書けなかった、と見るのが至当である。

司法省は逮捕の機会を狙っていた。遠藤の箱根行きは絶好の機会を彼らに与えた。遠藤は四月十五日夕刻堂ヶ嶋の旅館に入ってから、ずっとそこに腰を据えており、その間、多くの人が出入し、二十八日には、神文入の儀式も行われた。「入湯日記」四月二十八日の項には「神文血判済ス」とある。この日神文を入れたのは全部足柄の人々(一七人)であり、これらの人々が打ち揃って血判をしている模様は、スパイには事態の急を思わせ、そのことが県庁への密告となり、平松の小西への書簡、そして逮捕という手順になったのではないか。遠藤らが、他ならぬ四月三十日に逮捕されたのは、恐らく四月二十八日の神文入り儀式と関係している。

なお、この事件については、『明治小田原町誌上』にも若干の記載があるので、これも後掲しておく。(補注2)

遠藤らは六月二十四日「解放」された。「不逞」などは全くなかったのだから、これは当然である。性学差止め、教導所等の施設の破却(42)といったこともなかった。しかし、老いた遠藤は、身体も心も立ち直れないほどの打撃を受けた。間もなく彼は死ぬ。

8　遠藤の客死

遠藤は土浦より八石へ帰ってきた。その頃の彼は病気が進んでいた。背中の痛みは腫物となり、七月三日頃からは膿が多量に出るようになり、六日よりは食事もできない程だった。もちろん外科医も内科医も診ていたのだが、一向良くならなかった。にもかかわらず彼は、七月十三日午後六時頃「木内芳平遠藤茂兵衛外二人ニ駕籠をかかせ」八石を「出立」したのである。[43] 八石では大いに慌て、石毛や鈴木が跡をつけた。しかし彼らは同行を許されなかった。溝原村の鈴木利喜太郎（二五歳）は、翌十四日に師遠藤の「出立」を知り、これを追った。彼は佐野村で追いつき、遠藤に〃同道せよ〃と言われた（駕籠は途中で帰したのであろう）。利喜太郎は以後ずっと同行している。彼の証言によると、彼らはやがて東京に入る。十六日には府馬村の志賀元蔵が追いつき、これも同道を許される。それより、十八日川崎、十九日大磯と西へ進み、二十二日に伊豆修善寺着、二十三、二十四と逗留し、原・蒲原・静岡・藤枝・浜松に至り、浜松より乗船して、遠州敷知郡岡崎村上ノ原、仁瓶慎則（浜松県士族、門人）宅へ着く。仁瓶宅に逗留中の八月一日、遠藤は〃これから名古屋へ用事があって行く。伊勢参宮もしたい。仁瓶同道せよ〃という。二日には、あとを追ってきた石毛と鈴木が仁瓶宅に着き、再び同道を願うが、二人は許可されず、止むなく見えがくれにあとを追う。府馬の志賀元蔵はこの時帰される。五日に名古屋に入り、六日もそこにいるが、師幽学の跡をたずねた形跡はない。名古屋を出て伊勢参宮をしたのが八月十三日。ここまでで一ヵ月の旅になる。伊勢から京都へ行くことになり、二十一日に水口の松葉屋着。翌二十二日午前七時松葉屋出立、午前十一時頃石部宿八幡屋着。ここで動けなくなり、医師をよび診断を受けるが、どうにもならず、午後四時頃没、というのが、各種文書による遠藤の死に至る経過である。[44] 石部の医師柴田雄造の死亡診断によれば「脚気衝心手足厥冷之容躰」であった。石毛と鈴木英三は、一行をずっと追ってきていたから、遠藤の石部における死を看とったものと思われる。八月二十二日（死亡日）付の石部村戸長宛に出した届に署名している者は、同行の鈴木利喜太郎・仁瓶慎則と、追ってきた鈴木英三・石毛源五郎の四人である。

石部の青木ヶ峰に、間もなく遠藤の墓が建てられ、鈴木利喜太郎・仁瓶慎則の二人は墓守として、死ぬまで石部に住んだ（利喜太郎は明治十二年没、三十一歳。仁瓶は明治二十五年没、六六歳。彼らの墓は遠藤の墓とは別の善隆寺にある）。

「遠藤先生墓」（滋賀県甲賀郡石部町青木ヶ峰）

遠藤の死、さらには死後の墓所問題等を通じて、石毛ら性学の人人と石部の人々の交流がはじまった。石部の人々は性学の人々の篤実に感銘を受け、性学に入門する者も出た。また石部の円山地区には性学の施設も設けられるようになる[45]（後述）。

病躯をおしての遠藤の旅は、異様である。それは死出の旅であった。なぜこうした旅に出たのか。この旅は、逮捕―二ヵ月近い牢獄生活―そして釈放、その直後のことである（土浦から帰って十日少々）。遠藤は身体だけではなく、精神も傷めつけられ、ひどく衰弱し、平常心を失っていたのではないかと想像される。明治政府は、単なる風聞によって、一人の善良な老人を殺した、という言い方もできる。むごいことであった。

注

（1）　拙稿「性学仕法の基礎的考察」（『駿台史学』四一、一九七七年九月）。

（2）　『全集』八七六頁。

（3）　誰が幽学のあとを継承するかについてのやりとりを示す文書

は残っていない。遠藤に匹敵する立場を持っていたのは本多元俊だと思われるが、彼が遠藤と継承者の地位を争った形跡は全くない。本多は元来医師であって、遠藤のような農民的立場を持っていない。

(4)『旭市史』第三巻には、安政七年三月二日「神文調実記」が収録されている。

(5)『旭市史』第三巻所収。

(6)藤田昭造「明治期村落と性学門人層―千葉県香取郡府馬村について―」(『駿台史学』四一号)。

(7)『幽学全書』所収。

(8)千葉県内務部編纂(実は池田淳著)『大原幽学』に「鏑木の人学識あり」(一〇一頁)と記された人物。性学を教部省傘下に入れることに尽力した。「検査書」(また「性理学由来書」―遠藤家文書―ともいわれる)は、性学の歴史とその特質を好意的に記した、教部省への上申書である。山崎は遠藤没後の性学の分裂・抗争(石毛派＝新派、反石毛派＝旧派)に当っては、旧派を代表する論客となった。

(9)飯倉村椎名氏は、「琁蔵」を襲名しているのみならず、それぞれの妻が「やす」であって、混乱し勝ちである。最初に琁蔵を名乗った人物を①、その妻をⓐとし、その子琁蔵を②、その妻をⓑとすると、①は天保五年八月神文、「義論集」にも出てくる。石工で寺子屋師匠。彼は若死した(没年不詳)。①の妻ⓐが門人列伝に出てくる「やす」である(七九歳で没、没年月不詳だが、①の死後もずっと活躍し、②を熱心な性学門人に仕立てた)。手習所を設けて活躍したのは②とその母ⓐであり、ⓑもそれに従った。

(10)(11)(13)(18)(19)(21)(22)(23)(25)(39)　遠藤家文書。

(12)明治四年十月六日「相駿遠弁当所土普請人数控」(遠藤家文書)。

(14)慶応三年二月十八日「溝原村長岡村弁当所普請諸入用控」(遠藤家文書)。溝原村は長部村に東接、長岡村は府馬村に西接。溝原は鈴木英三の居村、長岡は石毛源五郎の居村府馬村の隣村である。石毛と鈴木はきわめて親しく、いずれも遠藤に愛され、石毛は遠藤没後、三代目の「教主」になる。つまり、慶応三年の時期に、溝原や長岡村用の弁当所が設けられたことは、石毛や鈴木の急速な台頭を示すものと考えてよい。

(15)いずれも遠藤家文書。

(16)　拙稿「性学仕法の基礎的考察」(「駿台史学」四一号)。
(17)　現在ではその跡もなく、人々の記憶も薄れている。
(20)　明治三年十一月十二日「男突合行家普請控」、明治四年十一月十一日「女道者詰合所普請入用控」(いずれも遠藤家文書)。「行家」とは「行(ぎょう)」をする家の意であろう。小日向における聞取りによると、土手に囲まれた数坪程度の「行家」があったという。その土手の側には「望台」(遠見台)があったという。また「女道者」とあることにも注意したい。彼女ら(そして彼らも)は「道者」的な存在になっている。「道歌」もしきりに作られ歌われたが、これについては後述。
(24)(38)　山田町府馬、石毛保英氏所蔵文書。
(26)　遠藤家文書。『旭市史』第三巻には、文久元・元治元・慶応元年の日記のうち旭市域に関係する分が載っている。
(27)　八十八はその後、遠藤が設けた箱根茶屋の接待人となる。
(28)　干潟町宿内、林好衛氏所蔵文書。
(29)　しかし、彼の歌の大部分はごく一般的な叙景歌・叙事歌であって、狂歌風のものも少なくない。また、和歌よりも多く詠んだ俳句には、幽学の洒脱な性格を窺わせるものが多く、彼がいわゆる〝真面目一方〟あるいは〝くそ真面目〟な性格の持主ではなかったことがわかる。幽学は、複雑な性格の持主だったようである。
(30)　拙稿「性学思想の受容と変質―大原幽学と門人たち―」(「明治大学人文科学研究所紀要」一七冊、一九七九年三月)。
(31)　『幽学全書』五四二頁。また「性理学由来書」(遠藤家文書。吉岡家文書)。
(32)　「微味幽玄考」には「庶人も天地の和の別御霊」といった神道的表現が散見される。しかし、三幅対中の第一幅のような、まとまった神道的文章は「微味幽玄考」にも他にもない。
(33)　二宮尊徳没後のいわゆる報徳は、性学とは異なっていた。その門下の中には福住正兄のように神道への傾斜を深めた者もいるが、掛川の岡田良一郎(のち大日本報徳会を創立)のように実学的方向性を堅守したものも少なからず、この実学派がむしろ中心であり、神道への強い傾斜は避けられた。
(34)　石毛は累進して、後年、少教正に至った。
(35)　明治六年九月五日「大講義遠藤亮規病死御尋ニ付御答書」(石毛源五郎・鈴木英三より滋賀県出役宛)(遠藤家文書)。

(36) 明治初年における大教宣布運動の中心機関、明治五年九月開設。

(37) 『旭市史』第三巻「大原幽学門人神文集」。

(40) 明治七年一月十日改「尊父御初司法省へ御差留中見舞并小見川表新治県ニて夫〻御吟味中諸入用差出金之控」（遠藤家文書）は、主として見舞金の書上げだが、この中に「小見川ニ而御吟味中」「新町・大田ニ而御吟味を請候節」といった語が見える。

(41) 『幽学全書』五四四〜五四六頁。

(42) 明治五年に新しくできた教導所が改心楼のような目立つ建物だったことは確かである。このことから、ここに大砲が据えられているとか、性学道友が一揆を起すとかいう風聞が立ったといわれている。この種の風聞を、高倉テル『大原幽学』は「アトカタもないイツワリ」と正しく評価している。しかしながら、高倉のこの本は、幽学を一般に知らせるのには有効なものだったが、誤りが多い。ことに遠藤逮捕のあたりの記事は間違いだらけである。この事件を「明治五年」としていること（実は六年）、逮捕を五月としていること（実は四月三十日）、釈放を七月としていること（実は六月二十四日）、この事件と良左衛門らの教導職拝命を同年のできごととしていること（これは、事件を明治五年としたことによって生じた誤り、教導職拝命は明治五年、事件は六年）、石毛源四郎としていること（実は源五郎）等、僅か二頁（二〇九〜二一〇頁）の間に、ざっとこれだけの大きなミスがある（細かくは更にある）。このようなミスの指摘はしたくないが、止むを得ずしておく。

(43) 明治六年九月五日「大講義遠藤亮規病死御尋ニ付御答書」（石毛・鈴木より滋賀県出役宛、遠藤家文書）。遠藤死去前後の模様については、遠藤家文書・府馬、宇井家文書中に、各種の書類が残っている。ここでは遠藤家文書によって概観することとし、一々の文書名はあげない。

(44) 石部に着いた時には既に死んでいた、という言い伝えもある。

(45) 中井信彦『大原幽学』には「亮規の晩年には東京根岸・相模の小田原、さらに遠く近江の石部にまで支部を設けるに至ったが……」（三〇二〜三〇三頁）とあるが、これは石部については誤りである。石部は遠藤が客死した場所であって、それまでは、遠藤や性学とは全く関係がない。関係が起ったのはすべて遠藤没後である。

補注

〔1〕「遠藤ら逮捕取調べに関する政府記録　全文」

〈国立公文書館所蔵『太政類典』第二編第六類〉（句点及び濁点は木村）

六月廿三日（明治六年）

大講義遠藤亮規、朝廷ニ対シ不逞ノ廉無之ニ依リ解放、猶其動止ヲ偵察セシム

司法省伺

大講義遠藤亮規其外ノ者共不審ノ筋有之、追〻遂吟味候処、別紙書類ノ通ニ有之、元来其学派ノ頑陋ヨリ人民ヲ牽制シ開明ヲ妨碍スル事不尠、書類中旧幕府徳川家ニ関係スル儀有之候ヘドモ、即今朝廷ヘ対シ不逞ノ廉ハ不相見候ニ付、一同解放致シ置猶其動止ヲ偵察為致置可申哉、若クハ書類中ニ就テ徳川家ニ関係ノ儀ヲ精細極処マデ取糺可申哉、両条ノ内至急御指揮有之兼テ伺出ノ上捕縛等致候等(カ)ニ付、右書類相添此段相伺候也 六月十三日 司法

伺之趣、朝廷江対シ不逞ノ廉不相見上ハ放致置、尚其動止偵察ノ見込ヲ以相当ノ所分可致事

但高木次郎左衛門倅治三郎妻修行中水祝ノ末終ニ相果候始末ハ、取調ノ上相当ノ所置可致事 六月廿三日

園田権中検事上申

下総国香取郡遠藤亮規儀、性学ト称シ一種ノ学派ヲ立、其学駿遠相長(本ノマヽ)及ヒ武信両総等ノ諸国ニ跨リ人員弐千人、其教授方ニ於テハ専ラ徳川神祖ノ徳ヲ講ジ、読書ヲ禁ジ、啻ニ胆ヲ練リ天下太平ヲ祈ルノミト云フ、私カニ生殺及ビ婚姻ノ権ヲ有シ、其他兵器等ヲ聚合シ、殊ニ当世ヲサシテ乱世ト云ヒ、官員ヲ誹謗スル等ノ事件実ニ不軌陰謀ニ渉リ候趣ニ付、亮規并門人九十余名ヲ捕縛シ兵器書類等引揚申候、右鉄砲亮規宅ニハ所持無之候トモ、門人十九名ニテ無印鑑ノ銃四十一挺隠匿罷在、且戊辰以来徳川天璋院ヘ事情ヲ内通シ、外又書類或ハ歌詠中頗ル嫌疑ノ廉〻不少儀ニ候ヘバ、追々糺弾上明白可仕哉ニ奉存候、仍テ彼ノ表ニ於テ一応取糺シ候分、別冊廉書相添此段申上候也 五月三十日 司法

別冊

一、性学ノ教授方、別段読書為致候ニモ無之、専パラ徳川神祖ノ徳ヲ講候事

一、乱レタル世ヲ治メ万民ノ苦ミヲ救ヒ度ト、八石ニ於テ談ジ合事八石トハ学校ノ名

一、易水沢節ノ卦孤渉泥中象堀穴自陥意ニ至世ヲ比較シ見ルベシト亮規申聞候事

一、官員ヲ蚯蚓ニ比シ誹謗致シ候事

一、性学ニテハ都テ殺生不致筈ノ処、本月十六日ヨリ廿二日マデノ取調同派門弟十九人ニテ銃砲四十一挺所持罷在候事
　但為取調逮部出張ノ処性徒ニ限リ総テ相匿シ、遂ニ及発覚候ヘバ、八石ヨリ被禁候事モ有之取隠シ候旨申立候事、

一、高木次郎左衛門倅治三郎妻修業中水祝ノ末、終ニ相果候事

一、性学ノ趣旨世上ノ可否ヲ論シ、夫ヲ種トシ互ニ切瑳致候事
性学下稽古場小日向ニ於テ男女共三十日修行致シ候事

一、三十日修業ヲ乞フ者アレバ、亮規ヨリ如何様ノ難苦モ不厭哉否ヲ問ヒ、且修業中ノ者旅行ノ積リナレバ公用ト肉親ノ事ニ関係スル外他行ハ勿論帰宅不相成旨ヲ述ベ、何レモ承諾ノ上修行差許候事

一、修行者ハ十四五人ヲ一組トシ一所ニ集リ、互ニ醜癖ヲ責メ合ヒ、其癖改マラザル者アレバ薩摩芋ノ室ヘ入リ考ヘ可申段、学友相互ニ責ム、是ヲ思案穴ト云、又言行違フ者ヲ狸ト名ケ、冨士ノ裾野大狸ト大書シ、其人脊ニ張付土手ノ上ニ座セシメ、悔悟ヘ至ルマデ数日ニ及ブ事有之候事

一、心ヲ清ク正シクスル為ニトテ自ラ他ノ者ニ依頼シ水浴ヲ乞フ事アリ、道友中ノ人員其乞ニ応ジテ灌水セシム、是ヲ水行トモ水祝トモ云、男女共同様ニ有之候事

一、気ノ凝シ時抔ハヲボチヤヤト名胴上ゲ致儀、男女トモ同様ニ有之候事
　職業二重ノ事

一、神文済ノ者ノ内農間ニ商法ヲ行ヒシ者アレバ、農商ノ内一ヲ廃シ一ニ帰シ候様、亮規ヨリ申諭不聞入者ニハ教授不致候事
　婚姻ノ事

一、亮規ト小前夜ト議シ男女ノ似合相応ヲ撰ビ候上、其両親へ談ジ取結ビ、若シ右ヲ不承知ノ者アレバ自ラ破門ノ姿ニ相成候事

一、下総国香取郡五郷内村農梶山喜左衛門妻すみ儀、昨辛未十一月廿六日ヨリ三十日修行へ参リ居候内、同十二月十五日ノ夜同人次女二歳ニナル者発病翌十六日死去致シ候ヘドモ、右実母すみ修行中ハ旅行ノ規則故、小児死去ノ始末不申送葬式取行候事

一、右すみ修行中、二歳ニナル小児ハ同人姉けいナル者預リ居候処、久々ニテ母子面会為致度、小日向へ罷越候処、修行中面会不相叶趣断受空シク立帰候事

一、　　　　下総国海上郡小船木村　鈴木　来平

右入学罷在候内強盗ニ被押入候間、金子弐両差遣候処、賊尚申募リ候故納戸へ閉籠リ、此上引取不申候ハヾ鉄炮ニテ可打留ト掛合ノ半、下女戸外へ忍出声立候ニ付、賊逃去申候、一躰性学ニテハ盗賊押入候節ハ馳走ヲ抔致シ、其上有合ノ金子等可差出筈ノ処、右様手向候ハ甚教ニ悖ルト同学徒ヨリ誹謗ヲ受申候、去迚賊ノ望ニ任セ候テハ営業モ不相立故廃学仕候事

一、　　　　足川村　岩井　市右衛門

金子三百八拾五両八石へ貸シ遣シ置候処、性学熱心ノ若者共農業奉公等ノ丹精ヲ以テ返済相成候事

　　　　溝原村農　鈴木　伊左衛門

鹿ノ戸村農向後勘右衛門儀、十年前性学入門其後怠リ、又候昨冬ヨリ改心ニ及執心ノ処、農事手廻リ兼苗代仕附手後レ心配仕候間、私儀手伝遣シ可申同村教部省訓導鈴木英三へ尋遣シ候処、性学ヲ始ルニ於テハ外ニ望処無之、苗代ノアラクレハ尚幸ニ思フ心ニ無之テハ不相成、手伝ニ不及段返書ニ付、差扣へ居申候事

一、香取郡小見川村農元木治兵衛長男常七儀、辛未年正月中小日向へ修行ニ罷越候内、同人妻すみニモ修行為致度両親へ及相談候処、両親得心無之ニ付、同学東伝右衛門相頼候処、同人強テ相勧メ候ニ付、すみ儀小児種痘中ト申、且両

親不承知ニハ候ヘドモ、不得止右小児ヲ寝シ置、任其意修行ヘ罷越候、然ル処常七儀二月六日帰宅ノ処、両親ノ意ニ
背キ、且ハ種痘中ノ小児ヲ残置、妻ヲ修行為致候云々ヲ以両親ノ勘気ヲ受ケ申候事
一、同長岡村鎌形弥右衛門二男佐七儀、去ル丑年中同村鎌形与五右衛門方ヘ聟養子相成候処、去午年性学ニ入門致シ、
夫婦共ニ八石ヘ罷越不立戻候故、養父母難渋致シ候間、実父并ニ親族ノ者共ヨリ種々異見ヲ加ヘ候得共更ニ聞入不申、
無余儀実父弥右衛門ヨリ小見川区裁判所ヘ訴出候事
遠藤亮規始門人共所持ノ書類中、猶嫌疑ニ渉リ候見込之分書抜
君ヘ忠ヲ尽シ候一筋ニ改心仕、此身ヲ捨テ何国ヘナリトモ御供仕候テ骨有丈忠勤ヲ尽シ、又々御再興ノ時ヲ奉待候心
底ニ御座候、何レノ儀ニ御ニ(ママ)御座候テモ尊父様御思召次第、如何様ナリトモ御差図ニ心ヲ任セ候間、何分御差図奉頼
候頓首

七月廿二日　　柏尾村 静岡県士神谷　孝三郎

八石 御尊父様門弟ヨリ亮規ヲサシテ尊父ト云フ

七月廿二日　　孝三郎弟神谷　謙之助

御尊父様

一、君御守護ノ外余念ヲ恐ルヽ心得ノ事
一、良父積年御丹精ノ志ヲ請継、天下一道ノ本意ヲ貫ク心得ノ事
一、正シキ武士ノ心得再建ノ事
右ノ筋等弥貫キ申候決心ニ付、此段認メ差上置申度マヽ、如斯御座候、以上

明治三庚午六月廿七日　　静岡県士 渡辺　護 章郎 花押

遠藤良左衛門様

天璋院ヘ差出候書ト被考候

性学ノ趣意ハ
天照皇大神御神祭ヲ東照宮被為請続、天下泰平ノ御法則ヲ被為立候以来、三百年御仁徳ニ浴シ万民安堵仕候、然ル処漸々世移リ替当御時節ニ相成、下々ニテハ只々心痛ノミ仕居候処、御国母様ニハ御法則被為守候思召ノミニ被為在候由伝承、誠ニ以難有奉存候ニ付、種々伝手ヲ求メ御手ニ触シ物二品頂戴仕、不断ニ右二品御守護ノ意ヲ以テ大切ニ相守居候、此外学筋ノ事ハ種々有之、一端ノ筆紙ニ難尽候ヘドモ、大意ハ此外無御座候
大蛇ヲ射留メ候場合、必々忘不申、弥以是ヨリハ静岡モ臨済寺小子モ天下ニ道ヲ貫キ可申候心知(ママ)ニテ御座候云々

五月廿八日　　　静岡県士佐野欽六郎　元高四千七百石位　欽六郎

御尊父様

一、出立モ十五日ハ延引ニ相成、跡日限未定、如仰誠ニ天下フルイワケノ時節イサギヨク御供イタシ、勇敢名ノ出ル程勤ル様、此度ハ武家ノ骨ノ折レル時節ナレドモ、後ノ事ヲ考候ハヽ、実ニ面白キ所ニ候、下総ヘ無心置勤専一ニ心得可申旨心附被下、辱奉存候、万端御世話何トモ御礼難申尽云々

八月十八日　　　静岡県士　服部　倉右衛門

上
遠藤　良左衛門様
座下

釈迦ノ教ニ
一人出家スレバ九族天ニ浮
良父ノ教ニ従テハ御主人大ニ浮
但シ御教ヲ以テ天下ニ押及サンガタメ、此度下総国香取郡長部木(村)八石良父上一覧、大原畵(ママ)学先生於霊前法師武者ト相成事
人ハ一代名ハ末代御主人御守護ノ為ト申事必忘却無之事
明治四未年三月十七日発明之事

三月十七日

静岡県士　近藤　佐十郎
友信

追テ書ノ分

一、浜松荒井ヘモ此事ハ頭ニ語合居、早々御布告ニ相成候由故別段不申遣候、跡ニ相談ノ儀追々可申合積リニ御座候

免本官辛未七月

静岡県知事　徳川　家　達

右之通リ御書取ヲ以被仰出候、御本官ノ御免ニ相成候事、何トモ驚入候次第ニハ候得共、マサシク此場コソ一大事ノ時節ト奉存候、大出ノ旅宿ヘ立寄様子承候処、格別実ガ這入候様子モ相見ヘ不申候ニ付、下総ニテ兼々申呉候九太夫了簡モ禄盗人モ此時ニコソ能分リ候時節ニ付、士ニナルカ禄盗人ニナルカ只自分ノ了簡一ツニ有筋ヲ申入候処、大キニ分リ今日ヨリイヅレ決定致シ相談ニモレマジク候間、無腹蔵談ジ呉候様申聞候、夫ヨリ佐野様ヘ参リ候所、御親子トモ只困タ物ダト計リニテ何ノ思召モ無之候故、猶又前文ノ次第ヲ委シク申上、且下総ノ御前様ヨリ人面獣心ト被仰遣候事ヲ殊之外御立腹ノ御様子ニ相伺候ヘドモ、檀那様ハナクシテモ十人扶持サヘナクサネバヨイトイフ訳デハ御前様ノ仰ノ通ニ御座候、丸九太ニテ御座候ト申訳ヲ様々申上候処、此度ハ若殿様大キニ御分リ相成一々御呑込被成候御様子ニテ、如何可致哉ト御相談御座候間、夫ハドウショウコウショウト申事ハ別ニ勘弁ハ無御座候得ドモ、只々一心決定致シ、檀那様ノ御為ニ成事ナラバドノ様ノ事モ厭ワヌ心サヘスヘ候上ナラバ、事行ハ下総ニテ相談致呉儀ト存候、何程下総ヲ心当ニイタシ候迚、自分一心決定無之候テハ、下総ニテハ致方無之候、只一心ノ決定計リノ事ト存候趣申上候処、御両人様トモ大キニ御承知被下候

一、此度ノ御一儀ニ付御神前ヘ奉誓私決定仕候次第左ニ申上候

扨今度ノ御事件何トモ奉恐入候、乍去私ドモ同盟シ仕事ハ是カラト奉存候、兼々下総ヲイテ九太夫了簡禄盗人等ノ数々ノ教筋、今日ニ至リ粲然ト相分リ、何トモ奉恐縮候、タトヘ朝廷ヨリ県ヲ被差置藩士一同御扶助被為在候トモ、三百年来御恩沢ニ浴シ候者何迚他禄ヲ甘ジ一日モ安逸ニ過スベキヤ、去迚此度ハ御供願訳ニモ不相成マタ強テ相願候ハヾ、却テ御為ニモ相成間敷、兎モ角モ御出京ノ御模様次第、当地ハ早々御暇ナリトモ帰農ナリモ（マヽ）、其節ノ都合次第願

所御認跡慕名聞身命ニ替テ奉守護候心底ニ決定仕候、

右之通差向決心仕居候、此上万端御教導願候テ御差図ニ任セ、ドノ様ノ難渋患苦モ少シモ厭ハザル心底ニ御座候、宜敷御洞察被下、御手引奉願上候、猶々追々ノ模様ハ相分次第可申上候云々

未七月廿三日

静岡県士
神谷　麗三郎

遠藤尊父様

偖五日夜入帰宅仕、翌日高橋氏へ罷越シ、貴地一同同和ノ人気、先生へ伏従ノ御様子、男子三十日修孫（本ノマヽ）揃学礎小前夜以下役人ノ人数名前、小日向其外ハ先生御送迎ノ様子、神文済人数等、其外都テ小生深ク感伏致シ候丈ケ、且仏者ノ所謂無言説法ト感見致シ候趣抔、綿密ニ談話及候処、高橋氏驚該深感伏有之候様子ニ相見候ニ付、直ニ実地ニ説得致シ可申哉トモ奉存候ヘドモ、兼々申上候通越凡ノ才力ノ人、下手ニ細工相用候ヨリ彼方ヨリ出ル柯ニ任セ候方可然ト辞ヲ残シ罷帰リ相待居候処、一昨日彼方ヨリ文通ニテ呼ニ来罷越内話仕候処、高橋氏早々先生ノ徳義ニ感伏有之、兼テ御藩士ノ風儀改革ノ見込ヲ付ケ、是迄デ追々心ヲ尽シ候ヘドモ、ナマジヒニ銘々ナス学問等ノ悪習染付、ロバカリ達者ナルワルガシコキ猿根性ノ者ノミ多ク候故、真ニ心伏イタシ候モノ無之、実ニアキレ其上我ト同志ノ者モ極々少ク候故無拠徐々ト謀リ候外無之ト、アセル事止メ近頃ハ自然ニ任スルヲ旨トイタシ、機会ヲ相待候儀ニ有之候間、可相成者先生ニ拝謁十分心緒吐露致シ、御高諭ヲ相伺候ハヾ必定発明ノ儀モ可有之、其筋ヲ以奮発勧励致シ候ハヾ、如何ナル頑黠ナル藩士ドモモ速ニ懶惰ノ悪風相止ミ、忠孝ノ一途ニ改心可仕ニ付、道途ノ御苦辛モ恐縮ノ至ニ候ヘドモ、何卒枉駕御直訪被下度偏ニ奉願候旨申出候、柯ノ出ルヲ待候テ此方へ促シ候儀無之処、右様ノ訳ニテ拝顔竭望有之候ニ相違ナキ心底ト被察候、内実ノ処七拾万石ニ御立相成候其元ノ苦辛ハ、大久保一翁勝安房 山岡鉄太郎 高橋ト四人ノ精力ヨリ出来候儀ニテ、此人達ハ実ニ開業ノ功臣トモ可申人ニ御座候得ドモ、イヅレモ当節ハ不遇ニテ片隅ニ潜リ居候、コノ筋ノ事ハ御藩内□人ニ知ルモノ甚稀ニ御座候ヘドモ、有志ノ者ハ自ラ人望ノ帰スル処ニ御座候、松岡モ高橋ノ鎗ノ弟子山岡ノ剣術ノ弟子ニ御座候、山岡ハ高橋妹聟ニテ無二ノ間柄故、右等ノ人同和致候ハヾ、金谷原ニ罷在候開墾方ト唱ヘ候三四百人ノ強壮ノ暴人ドモ、伏従ハ不日ニ可有之、高橋支配下田中表ニ罷在候勤番組千余人中ニハ

少々ハ有志ノ者モ御座候故、御藩内ニ道ノ押及ボスベキ好機会ト奉存候間、御出向ノ程偏ニ奉希候、此段不取敢奉申上候云々

五月十三日

静岡県士
伊佐　新次郎　再拝

良　父　様
玉床下

尚々十日鈴木彦一郎赤坂引越ガケ立寄、暫時物語罷在候間、潤作モ松岡其他内三輩説得好機会ヲ得候ニ付、先生御出向ヲ頼候趣承リ及申候、必定最早御聞届ニテ彼方ヘ御出向ニモ相成候御儀カト奉存候間、同人方ヘ打合仝書状差出候儀ニ御座候、何分ニモ田中御出張奉願候儀ニ御座候

先達テハ遠来処御来訪緩々御示教、御蔭ニテ疑念ノ一二ヲ披キ欣然此事也、其後モ追慕ノ情不浅候ヘドモ、官途ノ身如何モ無詮方御踈濶打過候、然ル処幸一郎生其御許ヘ来往ノ砌ハ屹度尋問致シ呉候ニ付、僅ニ愚慮ノ一端ヲ吐露或ハ教導ヲ受候事御座候、扨先日同氏立寄候砌、件々愚意ヲ托シ置候ヘバ定テ御聞取候半、痴生モ乍未熟一分ノ所長ナル武技ヲ以日夜刻苦、猶同志ノ者モ相越教導致シ候事ニ御座候、就テハ先師ノ御遺書并貴文御示教ノ御書類等、不苦儀ニ候ハヾ御示被下間敷哉、且差向教誡可致捷径モ候ハヾ是亦伺置度存候、此段過日幸一郎生ヘ托シ置キ云々

八月十四日

静岡県士
高橋　精一郎　忍斎

亮　規　老　先　生

一同改心仕、大神君ノ思召ヲ継、天下ニ道ヲ押貫キ候時節ト楽シク修行仕、且又栄三君外御両人態々御出府被下云々

此節ノ形勢ニ付、猶又色々咄承リ江戸一同大ニ陽気ヲ得、如何様ノ難儀モ楽シク、天下ニ道ヲ押及ボサズニハ置ヌト一同陽気ニ修行仕候云々

六月十八日

足柄県士ヵ仁瓶　三之助

尊　父　様

尊父被仰候通リ、天下ニ道ノ消ル時ニ及ビ、性学ハ守リ、遂ニ天下ニ道ヲ再建致ス事ヲ不忘様ノ相談頼度云々

五月十日

八石　源　五　郎

府馬村
吉　蔵　殿

東京ヘ罷出候上ハ一応御面晤、例ノ引込レヌ様ニ深ク用意致候様可仕、浮世ノ人情歎息ノ事ニ御座候云々

六月十九日夜

伊佐新次郎号
岑　満
再拝

好　一　郎　様

時ヲ待テ世ニ道ヲ貫キ度御思召、左候得バ八石ヲ自分ノ家ト心得候ヘバ、何一ツ差支候儀無之ト成リ候ニハ喜キ時節到来云々

正月廿九日

良　左　衛　門

渡　辺　様

前文真平御免奉願候、先日ハ御尊書被下置辱奉存候、其節両人ヘ久左衛門ノ儀御噺御座候由ニ付、此度伝蔵出府仕相談致度罷出候、兎モ角モ相談仕候ハヾ仕様モ出来可申ト存早速出立為致候、就テハ思召有之候岡田様ノ儀、表向ノ御出被遊候テハ何トモ当惑ノ次第、御シノビ躰ニテ三人カ五人位ニテ御立寄ノ儀ナレバ誠ニ難有事ト道友共モ申事ニ御座候、誠ニアハレナルナリヲ専一ニ相守リ居候事故、表向岡行抔トシコシ致シ候ヲ迷惑ニ奉存候訳ニ御座候、夫等等ニ付佐左衛門ヲ同道為致候間、是等ヲ何卒御含宜シク奉願上候、尤右等同人ヘモ申聞遣シ候間何分奉願候

一、御前様御儀モドウカ七分ハ御開ケ被遊候様奉存候、何ヲ申モ少シユダンスレバ心ガ隠居シタリ気力ヌケタリ奉困入候

返ス〻〻モ岡田様ノ儀ハ性学ガ表向ヘ出ズハ八石ガ大変ト相成可申ト奉存候間、尊君ノ思召ヲ以宜シク奉頼候、恐惶謹言

十一月廿七日夜認

良　左　衛　門

神　谷　様

一、天璋院様御儀今以赤坂御屋敷ニ被為入候、尤不遠沼津ヘ御引越トノ御沙汰ニハ御座候ヘドモ、御運ビノ程ハ不相分

候、当十一月中会津侯ノ奥方赤坂御屋敷ヘ被為入御対面御座候処、誠ニ御相方様トモ御涕泣計リニテ何レモ御顔ガ不上ラ、御側ノ者其席ニヲリカネ候ヨシ、是ハ全ク実説ニ可有之、筋目正シキ方ヨリ聞込申候

六月十五日　　　　　　　　　　　　　　　　　神谷　麗三郎

遠藤尊父御所

玉下

府馬村石毛源五郎明治五壬申日記ニ

五月十六日三位様并奥迄御誠心ヲ御尽シ、其外溝口様亀井様抔ハ御咄行届候事一々申来、同廿日今世ノ中悪気ハゲシク娘子供呑事ノ咄、古ハ八ツ頭ノ大蛇ト云シガ此度ノ十六頭デモ有リ大名旗本ノ高ヲ呑、其余アルカギリ呑込候テモヒダルイト言有様ノ咄シ、是皆世ノ中悪気成ベシ、八石明鏡ヲ以テ見ザルニ於テハ見ヘマジキ也云々

一、身分躰ノ理ヲ明ラメ、当節場合ハ何レニテモ宜シク候ヘドモ、死後ノ上此道世ニ貫クニ随ヒ、大石ト九太夫ノ違ヒ明カニ相成申候、一ツニ帰シ呉々御憤発被下度、乍不及私共迄モ何レトモ御加勢可仕云々

九月十八日　　　　　　　　　　　　　　　　　下総農　東伝右衛門　拝

岩井　重兵衛様

一、先生ノ思召有之事ハ命ニ掛ケ守リ可申、且八石相談少シモ背事ハナラヌ事、御同行様方益天下ヲ納ルノ御加勢大盛ノ由大慶ニ奉存候、実ニ御加勢ノ外無多事、余ハ修行勉強可仕云々

四月廿日記　　　　　　　　　　　　　　　　　鳥取県士ヵ　並河　信一郎

好　一　郎　兄　様

良父源五郎英三孝三郎出京ニ付、其頂戴ノ御品天璋院様ヨリ御中老歌川様ヲ以頂戴、其後十一日四ツ時徳川三位様ヨリ天璋院様ヘ御上リ相成、直ニ頂戴仕候、名前ノ者ニテ福別仕候

大事ヲ引掛候事ヲ不思押貫キ、晴天諸人ノ助カルヨウニト委モト小西兄始ノ噂ニ付、其儘申上候云々

一月九日　　　　　　　　　　　　　　　　　足柄県士　倉　賀　野　拝

三幣様　松井様　堀江様　小塩様　小西様
　庶務課議案
別紙司法省ヨリ大講義遠藤亮規其外ノ者共処置ノ儀ニ付、伺ノ趣ハ左ノ通御指令相成可然哉、此段相伺候也　六月十七日

（本史料については鈴木邦男氏の示教を得た。）

補注
〔2〕「性学門人逮捕に関する小田原の記録」

〈片岡永左衛門編、小田原市立図書館編集発行『明治小田原町誌上』一七一～一七二頁〉

（明治六年）五月三日　下総国に性理学と称し、忠孝仁義を実践窮行なすを目的となす学徒の一団あり。此の教を信ずる者各地に増加し、当町に於ても旧藩士及び市中の重立たる者の信奉せしを、其筋にては現政府に不満を抱き、名を性理学に托し不軌を企図するものと誤認せられ、足柄裁判所検部補大久保義制をして部下を率ひ、三弊玄（神文には「三幣玄若」とあり）、堀江勇、小西正蔭其の他を拘引せしめ、東京に押送せしも程なく事理判明し、晴天白日を仰ぐに至れり。

（本史料については青山孝慈氏の示教を得た。）

（木村　礎）

四　性学の分裂と再建

1　三代目教主石毛源五郎

遠藤没後、府馬村の石毛源五郎（天保三〈一八三二〉〜大正四〈一九一五〉、明治六年当時四二歳）が、性学三代目の教主になった。遠藤時代の後半からずっと石毛と行を共にしてきた溝原村の鈴木英三は当時三七歳。

石毛については、既にしばしば言及している。神文を入れたのは、安政五年十月、つまり幽学没後だが、遠藤の直門としては、最も早期に属する。以後、石毛の活躍はめざましい。安政七年の「神文調実記」には「引請人」として早くも登場し、以後、府馬村及びその周辺地域における門人の増加に大いに功があった。丹精の組織においても抜群の力量を示す。遠藤逮捕に当っては鈴木と共に奔走し、自ら獄にも投ぜられた。遠藤の病躯をおしての旅をずっと追い、彼を石部にみとったのも石毛と鈴木である。遠藤は石毛を愛し、信頼していたようである（遠藤の最晩年には、その信頼が薄くなっていたという言伝えもある）。

それにしては石毛の評判はよくない。石毛の評判の悪さを代表する文章が、明治末年に書かれた高木千次郎「幽学死後に於ける門生の状況」(1)である。一部分を掲げる。

明治六年亮規病没し石毛源五郎襲て第三の教主となれり、然るに源五郎なる者性極めて狡獪徳を以て衆を率ゆるを得ず、教徒中石毛派非石毛派を生じ両々相対して譲らず、非常の軋轢を生じ、教義頗る振はず、殆ど収拾す可らざる非運に陥れり、亮規の世に在るや源五郎の才を愛し、曽て病を冒して石部に至るや同携以て補佐の任に当て深く之に信頼せり、是に於てか奸智に長けたる源五郎は好期逸す可らずと為し大に亮規の意に投ずるを努め、亮規亦彼を以て無二の教器と為し其裏面を見る能はざりしは実に教会の不幸と云つべきなり、源五郎は夙に教主たらんとするの野心を抱き長州の士白神義春、幕臣宮田正之、伊藤隼等新に入門せし人々を自己の味方に引入れ私に党を結び亮規の死するや他に徳行篤実にして第三の教主たるべき者数多有るに拘らず自ら立つて第三の教主となり、先輩を敬遠し、幽学の教義を滅却し、名を教会に藉て自ら為にする所あるの証績歴然として蔽ふ可らざるに至れり、抑々源五郎は幽学直門の士に非ずして亮規の時身を土工に起し入門せし者にして素養ある者に非ず、随て至誠の観念を欠き、道の何たるを解せず、俗念充満し只名利是れ随ふの一小輩にして而かも巧言礼色以て人を瞞着するの才に長じたり……

以下、この調子の文章が延々と続く。高木の石毛へのこの異様な憎しみは、どこからきているのか。高木は「石毛派非石毛派」の「非石毛派」だった。遠藤没後、やがて性学は分裂し、結局石毛は、明治三十九年一月、八石を追われる。高木は勝者として敗者を裁いたのである。高木がこれを書き、それを載せた『幽学全書』が刊行(明治四十四年)された時、石毛はまだ生きていた。石毛は、東京の根岸(後述)か近江石部(石毛もここで死んだ)で、この高木の文章を多分読んだであろう。

高木の右の文章は石毛への憎しみを表現して余す所ないが、事実認定においては若干のミスがある。右の文章では、遠藤が病躯をおして石部で活動し、石毛がそれを補佐したように読めるが、これは前述のように誤りである。[2] 遠藤は瀕死の状態で(あるいは既に死んで)石部へ着いた。石毛はこれを追いかけていたのである。また、右の高木の文章は白神美春(「義春」ではない)・宮田正之・伊藤隼らの士族と石毛が組んで、三代目の教主になったように表現しているが、彼らの入門(神文入れ)はいずれも遠藤没後しばらくたってからであって(白神＝明治八年八月、宮田＝明治十三年六月、伊藤＝明治十三年七月)、この三人が分裂に当って、またそれ以後石毛派として大いに活躍したことは明らかだが、遠藤没の段階において、彼らが既に性学同調者であったとしても、その時期の彼らがどの程度の発言力を持っていたかは、大いに疑わしい。また高木は、石毛が「身を土工に起し」た者だといっている。そうだったのかもしれない。しかし、石毛は明治十三年当時、府馬村において一町三反余を所有する中農である。[3]

右の高木の文章は、後人の石毛観に大きな影響を与えた。[4] しかし、石毛にはあたかも、元来人格的な欠陥があったかのように高木が書くと、それでは何故、石毛が三代目の「教主」になり得たのか、ということがわからなくなる。石毛は私的に「教主」を名乗ったのでは決してなく、主要道友の会議において公的にその地位についたのであって、だからこそ、その地位が、後年問題となったのである。

表題も筆者名もないが、明らかに石毛派の者が書いた文書がある。[5] 石毛の死についても書いてあるから、大正四年以降のものである。これには石毛の教主就任の事情が次のように書いてある。

……百ヶ日目(遠藤没後の—木村、以下同)、長部村隠居(遠藤氏宅)にて御葬礼式実行す、(翌七年)七月十三日遠藤尊師御出立以来石毛尊師其費用之始末をなす、愈〻御相談となりし処三ヶ村(長部・諸徳寺・十日市場)始古く学ぶ人々の意見は、此上は迚も行れぬと云、石毛尊師にハ、遠藤尊師より伝へられたる道流の本意もて成か成らぬか勤め見度との御意見、遂に石毛尊師に負されると御相談極りぬこれは石毛派の文章だから、それなりの文飾はもちろんあろうが、石毛就任の事情は、この方がわかり易い。遠藤の後継者をきめる会議は、没後一年近くたった翌七年七月十三日に開かれた。この遅さは、それ自体が、遠藤没後における性学の活力の無さ、あるいは内部的ごたごたを示している。幽学以来の門人たる長老たちの意見は、当初〝もう駄目だ。解散だ〟というところにあったようで、石毛を積極的に推薦する者は一人もいなかった。そこへ石毛が〝私にやらせてみて下さい〟と発言したのである。長老たちは相談して〝ではやらせて見るか〟ということになった、という。石毛という人物は、敏腕を認められてはいたが、特に彼を引き立てようとする長老はいなかったようで、やむなく石毛が自ら発言したらしい(これは石毛派の文章だから、この辺のところは本当であろう)。しかし、いずれにせよ、公議を以て石毛の三代目教主は決せられたことなのであり、石毛に、高木が書いたような、いわば人格的欠陥があれば、このようなことにはならない。問題は、教主就任以降の石毛の考え方・やり方なのである。

石毛源五郎の父は吉蔵。医者(産婦人科)で元仙と号した。源五郎の生まれた翌天保四年没、行年二十五歳。吉蔵(元仙)の父が富蔵、これも医者で運仙と号した(文政六年没、行年六一歳)。富蔵(運仙)の時、匝瑳郡新町村から府馬村に移ってきた。

石毛源五郎は父祖の事績を明らかにするのに熱心で、系譜を自ら作成した。府馬村岡田新兵衛宅の戸棚から出てきた祖父「石毛運仙」の署名(薬袋に署名)を、「仙光院様御直筆」として大事に保存した。父元仙が死んだ時、源五郎は未だ幼児だったから、父の顔も覚えておらず、彼は、このことをひどく残念に思い、父の遺品を探した(嘉永五年石毛の家は火災にあっている)。漸くにして、元仙が筆子(元仙は手習師匠をしていた)に与えた手習本を他家より見出し、これに「訳書(わけがき)」を記して大事に保存した。父元仙に「医輿道術居士」というものものしい戒名をつけてもらったのも源五郎である。父元仙は、立野竜貞に学んだことがあるらしい。竜貞は江戸の著名な産科医(著に「産科新論」あり）で、元来、上総国市原郡前原早川氏の二男である。源五郎は、父元仙が竜貞に学んだことがあるのを、多分、母（元仙妻、くら）から聞いたのであろう。竜貞についても調べ、「四代目立野竜貞先生ゟ御書類」を仕立てた。この中には「石毛様　別紙入　立野」とした手紙の上書が大切に貼り込んである。また、竜貞の事績を記した軸を作り、これを掲げた。

さらに、源五郎は母くらを尊崇すること並々ならぬものがあり、彼女について多くの文献が作成された（くらについては第一編七「門人群像」の項に略述）(6)。

このような、執念ともいえる父祖の顕彰は、石毛源五郎の特質の一つである。これは、石毛の家が府馬の旧家ではなく、しかも源五郎が父と早く死に別れたことから生じた、きわめて個人的な屈折した心情にもとづいているのであろう。

石毛の妻をたつという。彼女は、石毛の母くらの弟の娘、つまりいとこである。この妻との間に二男二女をもうけたが、一男一女は早世した。この他に養子が一〇人いた（女八、男二）。これらの多くは道友の子女らしい。子を取り換えて相互に教育する、いわゆる「預り子」（換子教育）は性学仕法の一つであり、石毛の師遠藤は、これに特に熱心だったが、これは養子にすることとは違う。養女のうち四人が士族に嫁していることにも、注目される。特にその一人が白神源助（美春）へ嫁していることには、重大な意味がある。白神は「山口県士族、長門国阿武郡紫福村」の人であり、性学の分裂に当っては、石毛派の論客として鳴らすと共に、武術にも長けた行動隊長でもあり、旧派には、石毛に次いで評判の悪い人物だった。白神へ嫁した養女のくには「伊勢国窪田村山路九郎兵衛の女」とある。明治十四年一月十七日の神文に「伊勢国奄芸郡窪田村山路武助」がある。くにはこの武助の娘である。山路武助は、恐らく近江石部の人々との関係において道友となったのであろう。

以上、石毛源五郎の周辺を概見した。父祖の顕彰や養子縁組を媒介とする個人的関係の強化等、幽学や遠藤とは異質なものが石毛にはある。

2 石毛時代の性学

石毛時代の門人は少ない。神文によって見ておく(第1表)。注目すべきは「士族」である。一八八人中一九人の士族が見えるが、実数はもう少しいたと思われ、石毛時代の神文数の一割を優に超える。これらの士族のうち白神と中野を除いては、いずれも旧幕臣であって、中には、かつては高禄の旗本だった者もいた。遠藤時代の末期にも、足柄県士族を中心とする士族の入門があるが、これらの人人の分裂後の行動は定かでない。これに対し、石毛時代に入門した士族はいずれも石毛派の強力なメンバーになっている。このことが、性学における農民的性格の弱化を招かないだろうか。なお、石部を中心とする近江の入門者は、明治十三年からであって、これらの人々は石毛との関係において入門したのである。

第2表は、石毛時代に入れられた神文の地域的分布を示している。前代に神文を入れた門人のうち相当部分は石毛時代にも引き継がれているが、それにしても、新規神文者の激減は、当然、性学の衰勢を示すものであり、東総における新しい発展は殆ど見られない。これに対して、東京・静岡・近江等の遠隔地神文が目立つ。これは、性学地盤の拡散と変質を示すものである。

施設については、長部村弁当所や小日向の改修等が行われているが、(7) 注目すべきは、東京根岸における出張所の建設である。根岸についての独立した文書の初見は、明治十二年十二月「東京根岸之里伊藤氏方道学修行場ニ付手入諸掛之扣」(8)であって、伊藤氏とは、旧幕臣伊藤隼(明治十三年七月神文)のことである。この文書は同人宅を「修行場」として手入れするための費用の書上げであり、これ以前から伊藤宅は性学会合所として用いられていたのであろう。それが明治十二年の暮に、専門の会合所として一部改築されたと考えられる。しかし、いつ頃から、この、根岸伊藤宅が性学施設として用いられていたかは定かでない。多分石毛時代になってからと思われるが、遠藤時代の末期にはそうなっていた可能性もある。(9)

明治十五年六月、石毛は、東京府下金杉村一八六番地、静岡県士族佐藤為信所有地に教会出張所を建てたい旨の

第1表　石毛時代の神文

年	数	備　考
明治 6	15	遠藤没(8月22日)後
〃 7	5	
〃 8	28	内士族2(中野・白神―いずれも長州)
〃 9	6	
〃 10	2	
〃 11	10	内静岡県士族1
〃 12	10	内東京府士族1
〃 13	12	内東京府士族2，静岡県士族6，近江2
〃 14	20	内東京府士族1，近江 1，伊勢1
〃 15	7	内静岡県士族2
〃 16	7	内近江3
〃 17	10	内東京府士族1，静岡県士族1，近江1
〃 18	12	内東京府士族1，近江2
〃 19	5	内近江1
〃 20	11	
〃 21	6	内東京府士族1，近江1
〃 22	2	
〃 23	1	
〃 24	3	
〃 26	2	
〃 27	5	
〃 28	4	
〃 29	1	
〃 30	1	
〃 36	1	
〃 37	2	内近江2
	188	士族19.近江13,伊勢1.

注）『旭市史』第3巻「大原幽学門人神文集」による。「士族」の肩書きある者のみならず，それとの関係において士族と思われる者も入れた。なお，これらの他にも，居住地からおして，士族と思われる者がいるが，関係がはっきりしない場合は入れていない。

第2表　石毛時代神文の地域性

村別神文数	村数	神文数小計	村名
1	31	31	小見川，新宿，小南，田部，青馬，谷津，東松崎，岡飯田，貝塚，入野，川島，佐野，喜多，井戸野，足川，栢田，長沼，西寺，佐倉，東京竹町，東京根岸，東京下谷町入，静岡山中新田，遠州上野．同上野原川，伊勢窪田，近江安養寺，同東寺，同神領，長州生賀，同紫福
2	16	32	大角，諸徳寺，米野井，琴田，高田，大友，川口，水戸，大塚原，岩井，新町，上総山中，武蔵日暮里，駿州，近江西寺，同観音寺
3	10	30	平木，松崎，万歳，米込，長部，長岡，十日市場，遠州上之原，近江東坂，滋賀大原市場
4	2	8	鏑木，東京本所相生町
5	4	20	松ケ谷，多古，小舟木，東京
6	1	6	石出
8	2	16	溝原，静岡
9	2	18	府馬，成田
10	1	10	堀川
17	1	17	夏目
合計	70	188	

注）『旭市史』第3巻より，松沢和彦作表。

願書を、内務卿山田顕義宛に出し、それは九月に許可された。実際の建築は、明治十七年二月からのようで、この時の関係文書が若干存在している(10)。

三代目教主となった石毛は、主として八石にいたのだが、根岸にもしきりに赴いており、そこに寝泊りし、教導に当った。ここには、旧幕臣の道友やその家族(女性も多い)がしばしば出入りし、この人々は八石へも行っている。根岸における性学は、元来の農民的性学を殆ど失っていた、といえるようである。ここでの生活風俗が、『荒川区の生活と福祉』(荒川区福祉事業史刊行委員会、一九六三年)に、「八石教会」として若干描かれているが(11)、そこには、ちょんまげ(12)、肉食せず、どこへ行くにも人力車・馬車・鉄道を利用せず、わらじ・脚絆で専ら歩く人々の姿がある。根岸は、あたかも旧幕臣たちの反文明のとりでの観がある。石毛時代の性学はそうした性格をも持つに至っていた。

近江石部における性学施設は、遠藤の墓を以て最初とする。これは、服部仁兵衛の土地寄進によって建てられたものである。以下の文書がある。(13)

記

字青木ヶ上

一、山地壱ヶ所

四方限　東道沾　西境標沾
　　　南東寺西寺両村境沾　北道沾

右反別内訳左ニ

一、壱畝廿弐歩　御墓地

一、壱畝拾六歩　宅地

一、六畝廿七歩　畑地

右ハ明治六年八月大講義遠藤先生西京ヘ御登リ之途中、於当所遠行ニ相成、碩学高徳感戴ニ付、我等所有之地及進呈候処、滋賀県庁江伺済之上埋葬ニ相成、随徒之衆中草庵ヲ補理御墓御守護被成候所、今般地租改正ニ付、猶改境界相立進上仕候処実正也、然ル上者子ミ孫ミニ至沾聊相違為無之親類連印を以証書差出置候処如件、

明治九年九月

譲り主
近江国甲賀郡石部
服部　仁兵衛　㊞

親類証人
服部　善　七　㊞
藤谷　治左衛門　㊞
福嶋　仲　次　㊞

遠藤　良　輔殿
菅谷幸左衛門殿
石　毛　源五郎殿
鈴　木　英　三殿
外御門弟中

これは、地租改正にともなって作成された書類であって、この明治九年九月以前にも、墓地と墓守りの小宅があったことを示している。

「教生庵」も石部における性学施設である。山崎衡「教生庵之記」(14)によると、墓所を寄進した服部仁兵衛の親族に内貴長兵衛という者があり、酒を好み行状もよくなかったが、性学に接して改心し、別居していた親の居宅を青木ヶ峯に移し、これを「家族集会習の所とし」「教生庵」と名づけたという。山崎の「教生庵之記」は、明治十年六月に書かれたものだから、この少し前に「教生庵」は設立されていたことになる。

近江の石部町円山に「八石教会所」が竣工したのは、明治二十二年八月のことのようである。(15)これは円山の小台地上にあり、そこへの道を示す「八石教会所へ是ヨリ三町」(16)という道標も残っている(元の位置にではないが)。この小台地には、現在でも性学記念碑が立っている。この碑は明治二十八年八月に建設されたもので、そこには石毛はじめ四三人の名が刻まれており、白神源助・伊藤隼・新見正寿等士族の名がある。府馬の人々の名も多い。溝原の鈴木英三の名もある。伊勢の山路武助の名はあるが、石部の服部氏の名はない。遠藤良左衛門の子良輔の名もない。この円山の建物や記念碑の創設は、石毛派（新派）と反石毛派（旧派）の対立抗争の時期であり、旧派系の人々はこれに関係しなかったのだろう。

箱根山中新田における接待茶屋の起源は、文政七年のようだが、これは維新の社会的動揺に押し流され、明治のごく初年には消滅していた。遠藤良左衛門はその復活を期したが、明治六年八月近江石部で病没した。その志を受けてこれが新設されたのは明治十二年十月二十八日である。これは箱根路を往来する人々に湯茶を接待する施設で、長部の遠藤新太郎と足川の飯島八十八がここに移住して、運営の責任者となり、他の道友が交替でここへ赴いた。以後長年運営されたが、交通事情の変化により、その茶釜を下ろし機能を停止したのは、昭和四十五年である（鈴木とき『大原幽学遠藤亮規と山中新田接待茶屋』による）。

縄ないや糸ひきの「丹精」は、石毛時代において激甚をきわめた。これが、遠藤時代の末期に八石の「危機」との関係において組織的に強化され、それが一応の成功をおさめたことについては既に述べた。石毛時代における丹精記録はきわめて多く、その一々を分析しても仕方のないことである。明治八年二月一日初「村〻ニ而終日終夜勉強之記」(17)（この場合の「勉強」とは縄丹精等による出金のこと）は、明治八年九月から、翌九年五月までの丹精記録で、その合計金額は一四一両余である。これには八石教導所、各手習所、小日向、各人の自宅での丹精が、金銭で記されている。「性理学勉強録」と題された全十一巻に上る厖大な記録が作られたのも石毛時代である。この「勉強録」からさらに「勉強録之内抜群之分」まで作られた（丹精競争の手段としてであろう）。その冒頭には、山口県士族白神美春が明治十二年（当時二四歳）四月二十六日午後八時頃から、翌二十七日午後四時頃まで（つまり、寝ないで）縄を七〇〇尋なった、と書いてある。東京の士族道友も、きわめて熱心だったようで、「抜群」の中に記されている者が多い。もちろん、多いのは農民で、一〇歳代前半の者も少なくない。石毛時代前半の性学は、巨大な丹精機関と化していた。

明治八年一月二日「道相続学之柱立」[18]によると、「奉公」が、男女それぞれ四組に組織されており、それぞれに「月〻見廻り」が二人ずついることがわかる。男四組の合計は七二人、女四組のそれは七四人、計一四六人の名と、八石へ提出した給金が記されている。男の給金は計三八二両二分、女のそれは二三一両、合計六一三両二分の巨額に上る。明治八年という時期は、石毛の教主就任間もない頃で、遠藤時代の方式の継続と見るべきだろうが、これが、以後一層増幅される。

石毛時代の「八石」は、あたかも丹精奉公金吸収機関的様相を呈しているが、それでも足りず、諸方から借金をし、その返済でもめ事を起すことすらあった。[19]

なぜこんなことになったのか。

明治三十九・四十年頃に書かれた「八石改革之記」[20]という文書がある。これは、性学の分裂抗争を反石毛派の立場から書いたものである。当時石毛は既に八石から追放されており、思う存分に石毛の悪口が書いてある。しかし、八石財政の問題についても数字をあげて書いており、少なくともこの部分については信用できると思われる。以下、これによって、八石財政と丹精奉公の関係を概観しておこう。

財政困難の最大の理由は、遠藤はじめ道友の逮捕と裁判、そして遠藤の石部での客死にあった、と「八石改革之記」は記す。この処理に当ったのが、主として石毛源五郎だったことは既に記した。石毛も大変だったのである。「改革之記」は、その後も借金が増え、その合計は、明治十二年十二月末には、実に一八、九一七円六九銭にも上っていた、と記す。丹精奉公金は、主としてこの元利返済のために注ぎこまれたのであって、明治十五年の奉公金一、三六二円は利子に費消された、という。

石毛の努力にもかかわらず、この大負債の返済は困難だった。「改革之記」は、一八、九一七円余のうち四、〇五〇円余は二七年間で返済したが、一四、八六七円余は返済できず、「此借用証書参百八十四通ニ対シテハ、元金モ入レズ利子ヲモ入レズ、二十七年間放任」したという。

しかし、八石の組織が堅固に維持され、丹精奉公金がきちんと上がってくれば、そして、それが正確に管理されて借金の返済にあてられていれば、二〇年もすれば、大体は返済できたはずである。それが二七年間に、四、〇五〇円余しか返済できず(あれだけの丹精奉公金がありながら)、大部分が返済できなかった、というのはおかしい。「改革之記」はその辺についても書いている。石毛は、明治十七年に没した母くらの葬儀のために「金千有余円ノ金員ヲ乱費」したとか、他にも「五千余円ノ金員ヲ濫用費消」したという。総じて石毛は「金円ノ収入アリナガラ其返済ハ更ニ履行」しなかった、という。「八石改革之記」のいうようなことはあったのかもしれない。しかし、それを裏付ける他の史料は見当らないし、「改革之記」におけるこの部分の記事は、慎重に取り扱う必要がある。

問題のすべてを石毛個人に帰せしむべきではない、というのが、私の見解である。本質的な問題は、八石組織の分裂と抗争の激化(後述)そのものにある。石毛時代の最初のうちは、組織を挙げて丹精奉公をしたのだが、分裂が起り、対立抗争が激化するに伴い、八石には石毛派の人々だけが集まり(石毛は「教主」だから八石を握っている)、反石毛派の人々は石毛の指示に服しなくなる。数においては、反石毛派の方が多かったようだから、石毛派が集める丹精奉公金はしだいに少なくなってくる。新入門者は元来少ないのだが、それが明治二十年を越えると激減する。つまり、分裂・抗争の激化に伴い丹精奉公金は激減し、そのことが、借金返済不能の根本原因となったのではないか、ということである。

石毛には熱心が過ぎて、反対意見を吐く者を「懲戒スルト唱ヘ」て、時に同志に命じて暴行を働かせるようなこともあったといわれる。つまり、彼は熱心だったが、その熱心さは時に偏狭さをも伴ったようで、それが、先輩道友の離反をまねき、いわばじり貧に陥って行ったようである。教主就任からしばらくの間、彼の活動はまことに目覚ましく、多大の丹精奉公金が八石に集まった。この調子を持続できれば、借金は返済できたはずである。しかし、間もなく分裂が起り、それは次第に激化して行く。その結果、組織としての八石は、財政的にも組織的にもそして精神的にすら衰退して行く。

石毛は、自らの思想を体系的に書き残すことをしなかった。幽学にはあの「微味幽玄考」があり、他にも若干のものがある。遠藤は、元来が農民だったから、幽学に忠実ではあったが、幽学に比すればずっと「不学」だった。しかし彼には、既に見たように、自らの思想を拙いながら懸命に表現した幾つかの文章がある。石毛は、遠藤に比しても「不学」だったようである。石毛の思想は、やがて起る分裂に当って、何人かの士族によって代弁されることになる。

幽学も遠藤もそして石毛も、多くの軸物を書いた。これは幽学以来の伝統である。遠藤の軸には幽学の軸と同じものが多い。これは石毛の場合も同じである。ただ遠藤には、一般に「性学だるま」といわれる面白い軸がある。これは軸の上方に「人なべて悪に移り、学びの志を失ふ事あれバ　ころばされてもころばされても　おきてすハるハ達磨なり」と書し、下方に達磨の画を描いたものである。通俗的教説ではあるが、いかにも遠藤らしく土着的である。これは幽学が書かなかったもので、遠藤のいわば独創である。石毛独自の書としては「天照皇大神の御時と今と競バ、貧窮の者といへども衣食住を始めもの足らずといふ事無し、人足る事を知らざれハ奢りに限リハなきもの也」がある。石毛のこの軸は、内容的には幽学の三福対の第一幅と「分相応」の混成と見てよい。

幽学時代に多面的に展開された各種の仕法は、遠藤時代には新展開を見なかった。ただ遠藤が、子供の教育にきわめて熱心だったことは有名である。石毛時代にも、新仕法の展開は見られない。しかし、このような性学の、いわば精神化にもかかわらず、幽学以来の仕法を守り続けた人々はおり、それは農業における「年中仕事割」の作成となって持続された。十日市場の林家では、昭和期に入るまで「仕事割帳」をつけていた。(21)長部の遠藤家には、明治十四年一月「仕事割控」が残っている。(22)

3　対立そして分裂

分裂問題に入ろう。内部分裂の徴候が出てきたのは明治九年、遅くも同十年早々である。石毛の教主就任は明治七年七月だから、ずいぶん早い。恐らく石毛は就任早々から活発な活動を開始し、古い幹部級道友が〝あれよあれよ〟という間に思わざる方向に走り出し、それに気づいて、石毛や鈴木に意見をしたのが、九年ないし遅くも十年早々だったということとなのだろう。こうした軋轢は「性理学八石教会」を監督する立場にある大教正稲葉正邦にも聞こえ、稲葉は事情を聴取したようである。

明治十年四月「示談大趣意」という文書がある。(23)これは、遠藤良輔(良左衛門の子、少講義)・石毛源五郎(権少講義)・鈴木英三(同)・萱谷幸左衛門(又左衛門の弟、当時の長老)連名で、「神道第三部引受大教正稲葉正邦」に提出したものである。右の四人のうち、遠藤と萱谷が同グループ(A)、石毛と鈴木が同グループ(B)である。つまりA・Bそれぞれは、二つの大きなグループの代表者である。

この「示談大趣意」は、A・Bがこれまでの対立を和解し、以後「同心協力」する旨を稲葉宛に届けたものである。ここには両者の対立の模様が、以下のような文章で述べられている(傍点―木村)。

……近来度々厄難、不得已ノ時勢トハ乍申、石毛源五郎鈴木英三等同志之輩、奮発死力ヲ尽シ候余リ、教費負債筋又ハ右償却ニ付、教道相続ノ為メ、丹精勤方其他諸事過激ニ相見、右ヲ及相談候而モ真実ノ協議行届兼候様心得、左候而ハ大勢ノ道友中情意相離レ候者出来、向後何様ノ弊可相生哉ト古老ノ菅谷幸左衛門等ト相談……教導上剛柔寛厳ノ異同有之候ハ、道義ヲ張ルト守ルトノ間ニ於テ進ムト退クトノ差ヒ、此道ノ興敗ニ係リ、意見出合兼候脈絡ハ多少修行上ノ見解ニ渉リ、未タ全ク貫通ニハ不至候得共……党派ヲ激争候様ニ而者教道可相立情義モ無之……此上先導ノ者ニ於テ互ニ過不及ノ弊不生様注意熟議……爾後同心協力……示談相熟候……

この段階では、いまだ「同志」内部における意見の不一致である。A(遠藤・菅谷ら)はB(石毛・鈴木ら)の行動を「厄難」から八石を救うためのやむを得ざる行動と見ている。しかしながら、「丹精勤方其他諸事」についてBのやり方が「過激」だとAには見え、それを批判したのである。Aは、Bの「過激」を見かね、意見をし議論を交した。両者の意見は、全く一致するには至らなかったが、このような党争をしていたのでは八石の前途が危ぶまれるので、以後「注意熟議」することとし、今後の「同心協力」を約して「示談」したのである。これを受けた稲葉は、四月七日付を以て、〝今後一致してしっかりやれ〟と注意・激励の書面を発した。

つまり、対立は明治十年四月以前に既にあり、AとBとの議論や交渉は、何度も繰り返されていたのである。その理由は、一口に言えば〝石毛等のやることは過激であって、これでは道友が離れてしまう〟という点にあった。石毛らは〝そんなことはない。これが性学の本道だ〟と主張したに相違ない。したがって、両者の意見は完全には一致しなかった。一致を見ないまま、この示談書は作成されている。こうして八石内部の党争は、ひとまず回避されるかに見えた。しかし、これはきわめて不安定な回避であり、党争の種は、そのまま残った。四月以後も、両者の理論闘争は激烈だったようで、それを示す史料も残っているが、これについては後述する。

両者(以後石毛派を「新派」、反石毛派を「旧派」と記す場合がある)の対立が、理論闘争に止まらず、ついに暴力事件にまで立ち至ったのが、明治十三年である(以後、長期にわたり、さまざまな事件が起る)。

明治十三年一月二十九日朝、諸徳寺村菅谷又左衛門(当時三一歳、襲名。父又左衛門は幽学の弟子、性学の中心人物の一人、元治元年没、四八歳)は、村の開墾地字西一番にある五反五畝余の畑地に植えておいた茶樹が悉く引き抜かれ、横積みにされているのを見た。びっくりした彼は、まず「万歳署」(佐原警察署の分署)に届けた。万歳署から巡査が来て、又左衛門ら関係者と実地検分をした。又左衛門らは、この時地図を作って巡査に渡した。その日付は一月二十九日となっている。又左衛門は同じ二十九日付を以て「茶畑御検視願」を千葉県令宛に出した。

又左衛門は、荒された茶畑や横積みにされた茶樹を見て動転したには違いないが、なぜこんなことになったかは、多分すぐ気付いたことだろう。というのは、この茶樹については前々から道友たちの間で問題になっていたからである。それはわかりやすく言えば、〝茶は商品作物であり、そのようなものを植えるのはよくない。又左衛門は、茶を植えてから行状が悪くなった〟ということである。又左衛門は、茶のことで道友に批判され、〝それでは皆さんにお任せしましょう〟と一度は言ったこともあるらしい。しかし、彼はその後「変心」(又左衛門の母ゆきが、二月六日付で佐原警察署へ提出した「始末書」(24)した。

又左衛門の茶樹を最も心配していたのは、実は母のゆきだった。ゆきは先代又左衛門の妻、かつての「七ヶ年の厄難」の時期に当って、性学組織を守って奮闘した女性(前述)である。明治十三年当時五十九歳。彼女は子又左衛門が、茶樹について「変心」したことを憤り、道友たちに頼み、その茶樹を引き抜いてもらった(一月二十八日夜)という。この事件の張本人は、ゆきだった。ゆきが教主たる石毛に頼み、石毛が指揮して茶樹を引き抜いたのである。事情はたちまち明白になり、石毛ら一九人は佐原警察署に拘留された（その後千葉へ護送拘留）。ゆきや又左衛門ももちろん取調べを受けたが、彼らは帰された。しかし、この二人は、その後「自首書」や「上願書」を出して、自ら拘留を願い、そうなったようである。取調べに当ったのは「東京裁判所千葉支庁」であって、この千葉支庁が六月二十九日に「申渡」を出し、これで裁判は決着した。これには「萱谷又左衛門母ゆき外弐拾弐人」あるいは「石毛源五郎外弐拾弐人」とあり、加害者側は計二三人に上っていたことがわかる。

この「申渡」は、茶樹を引き抜かれた萱谷又左衛門に対しては「茶ノ木代価ハ同人（石毛―木村）共ヨリ償受クベシ」、「石毛源五郎外弐拾弐名」に対しては「悪意ナキヲ以テ罪ノ問フ可キナシ、但抜取茶ノ樹代価ハ又左衛門へ償へ」であった。石毛らは、弁償はしたが、罪は問われなかった（しかし、彼らは「始末書」は取られている）。ゆきも「罪ノ問フ可キナシ」であった。しかも、この裁判の過程において、又左衛門は石毛に宛てて「御詫書」を出した（六月一日）。これは、〃家を継いで以来性学に不熱心になり、「八石大難渋之御時節」にも傍観し、したがって「家法」を失い、なお「近年ニ至り眼前之利ニ迷ヒ茶樹植付候より追〻行状」が崩れ、皆さんに御心配をかけた。「数〻御教諭之上母親始メ大勢之道友ニ而茶樹抜株致シ呉候御厚意ニ感ジ」以後「悔悟」する。今後は「自分了簡一切不用、八石之御思召」に従って、不正を洗い、親の志を継ぎ、道を立てる決心である〃という内容のもので、宛先は「石毛先生」となっている。この事件は、石毛派の全面勝利だった。茶樹を引き抜いた張本人は母なのであり、又左衛門としては、こうするより他なかったのだろう。

又左衛門は、以前から性学熱心ではなくなっており、このことが亡父や母との比較から目立っていたようである。それがあったから、茶樹の植付けを契機に問題が激発したのである。幽学の教えが、自給自足的農業の充実に力点があったことは確かだが、幽学が茶樹を植えてはいけないと言っていたわけではもちろんない。幽学は、暴利を貪るな、と教えたが、商業や商人を目の仇にしたわけではない（幽学の弟子の中には商人もいる）。幽学が、明治十三年まで仮に生きていて、又左衛門の茶畑を見たら、どう言うかはわからないことである。しかし、ゆきや石毛らは、いわば確信を以て茶樹を引き抜いた。つまり、彼らは時勢には全くかかわりなく行動している。性学の教条主義化と言えるかもしれない。

茶樹一件は、又左衛門の詫書及び裁判所の「申渡」で落着したように見えた。七月になると又左衛門宅に、八石から清水権右衛門という人物が派遣されてきた。清水の任務は又左衛門の監視だった。これはゆきが石毛に頼んで派遣してもらったものらしい。しかし、又左衛門に同情し、石毛らの行動を苦々しく思う道友も当然いた。菅谷家は、石毛派と反石毛派の抗争の場となりはじめた。

明治十四年一月二十日、先代又左衛門の一七回忌が菅谷家で営まれた。騒ぎはこの時起った。又左衛門側の言分によれば、〝墓所へ塔婆を立てていると、母がやって来て塔婆を「折捨」てた。また、親類・組合一同が集まっている所へやって来て、亡父又左衛門の位牌を持ち出そうとしたので、それを一同で止めたところ大暴れした〟という。ゆきの言分によれば〝亡夫の位牌を持ち出そうとしたのは悴で、それを止めようとして突き倒された〟と逆になる。他の関係者の証言では、位牌を持ち出そうとしたのはゆきである。

この場所には、新旧両派の者が居合せており、乱闘となった。この時新派の白神美春らと旧派の菅谷又左衛門らがなぐり合ったようである。白神は（恐らく石毛の意を受けて）この前からしばしば菅谷家に出入りしており、一月二十日の席にも当然居合せた。この事件の十日後、一月三十日には、ゆきは家を出て八石に行ってしまった。又左衛門らは八石に赴き、母を戻すよう交渉したが、面会できなかった。この事件もまた裁判になった。明治十四年十二月二十三日付の「言渡書」(菅谷家文書)で、又左衛門は白神美春をなぐったことの罪を問われ、二〇日間の懲役に処せられた。

この事件は、事を菅谷家の内部問題にかりた新旧両派の正面切った抗争であって、菅谷家は抗争の舞台に利用された観がある。なお、ゆきが一貫して、石毛と行を共にする「新派」であることに注目したい。ゆきのような、古くからの道友でも新派に属する人がいたのである。「新派」とは石毛派への当時からの異称で(「新派」に対して「旧派」になる)、この派には、新しい門人が多く、幽学以来の道友は「古く学ぶ人々」(つまり「旧派」)とされたのだが、中にはゆきのような人もいた。「新」と「旧」には、道友としての年歴だけではなく、性学についての考え方の差が根底にあった。新派のやり方は、旧派に言わせれば「過激」(前掲「示談大趣意」)だったのである。

いったん堰を切った暴力は、以後とめどがなくなる。新旧いずれに理があるにせよ、これがあの性学か、と人をして嘆かしむる態のものになってしまう。以下では、個々の事件の内容を細かく紹介するのはやめて、ごくざっと記す。

明治十八年九月、八石より菅谷又左衛門宅へ派遣されてきた十人ほどの者が、菅谷家の屋根普請に取り掛り、それを制止しようとした又左衛門に暴行を働いたという事件(明治十八年九月十四日、菅谷又左衛門が書いた「暴行御説諭願」による)。[25]

明治二十年七月七日夜、新派の者多数が高木忠右衛門を殴打した事件。「性学先師ノ待夜」(「先師」は幽学)のため集まった人々が、墓所へ赴く途中、二人の者が通路から突き落とされた。そこにたまたま高木忠右衛門がいるのを見かけ、高木を多勢でなぐった。この事件を八石の石毛へ知らせると、石毛は「忠右衛門ハ七ヶ年前ニモ教会へ対シ容易ナラザル悪事ヲ為シタモノ」だから、ついでに詰問せよ、と白神に命じた。そこで白神も現場に駆け付け、高木を殴り責めた。苦痛に堪えかねた高木は、八石への敵対とその夜の闇打ちを「自白」し、詫書を書いた(明治二十一年八月八日、「始審裁判所」の「裁判言渡書」による)。[26]

明治二十年十二月二十日、菅谷又左衛門邸内にある元の手習所を、これは性学のために建てたものだから引き渡せ、と要求し、巡査の制止をも聞かず侵入、又左衛門を殴った事件(同右「裁判言渡書」)。

始審裁判所は、七月七日事件と十二月二十日事件とを一括審理し、計二九人の者に対し、それぞれ判決を言い渡している。石毛は一年三ヵ月、白神は一年二ヵ月の重禁錮に処せられた。白神はこれを不服として控訴(多分他も同じであろう)しているが、結果は明らかでない。

明治二十年十二月二十二日午後、石毛の意を受けた白神美春・鈴木英三ら五人が、「府馬村菅谷勝蔵宅ニ至リ、家人ノ許シヲ受ケズ無断」侵入した事件(明治二十一年四月二十二日「予審終結言渡シ書」)。[27]これは勝蔵の不行跡を意見しようとしたことから起ったものである。

以上列記したのは、裁判に至った事件のみである。裁判にまでは至らない小事件が、他にも多数あったと考えるのが自然である。こうなると、理非を超えた憎しみ合いである。

石毛派と反石毛派の抗争は、明治三十九年一月、石毛が追放されるまで止むことはない。既に見たように、この対立の発端は、師遠藤以下の逮捕と遠藤の客死による多大な費用の処理問題にあった。石毛は教主だったから、当然、この問題の責任者だった。したがって彼は、「過激」なまでに丹精奉公を促進し、それが、多くの道友の離反を招いたのである。[28]こうした財政上の問題のほかに、教主たる石毛の性格が、直線的で激情に駆られやすく、しかも一徹で、寛容の長者(遠藤にはそれがあったようだ)といった風がなかったらしいこともあろう。とはいっても、近江石部の人々が道友になったのは、石毛に接してからのことであって、そうした人々は他にも少なからずいたのであり、石毛の個人的性格だけに、この分裂抗争問題を収斂させることは慎しまねばならない。

4　新旧両派対立の思想的根底

根底には、性学についての意見の対立があった。明治十年十月という早い時期における「示談大趣意」は、問題の所在を既に暗示している。

「性理学実行評論」という小冊子がある。これは、山崎衡の旧派的立場での新派への批判と、新派の代弁者の一人としての伊佐岑満(旧幕臣)の答弁を、伊藤隼(旧幕臣、新派)が小冊子にまとめた印刷物で、明治十年十一月に「百部ヲカギリ活版」(伊藤のあとがき)にされ、関係者に配布されたものである。この「性理学実行評論」を通しての、新・旧両派の思想的対立については、別に記したことがあるが、(29)事は非常に重要なので、再述する。

「性理学実行評論」は、前文として山崎の伊佐宛書簡をのせている。山崎は「……北総教会近頃之景況に付此八九年来心配罷在候……」と記す。「此八九年来」とは、八、九年以前からという意味ではなく、明治八、九年から、との意味である(山崎は前述のように、明治五年に「検査書」を書いて性学を教部省傘下に入れることに尽力した人物である。遠藤在世中である八、九年前から「心配」していたとすれば、山崎が右のようなことをするわけがない)。石毛の教主就任は明治七年だから、山崎の眼には、早くもその翌年あたりから「心配」の種が出てきていた。山崎は「心配」はしているが、その心配が当っているかどうかは心許ないので、意見を書くから「御一評」願いたいとしている。この態度は理性的なものである。伊佐の返答もまた同様であって、だからこそ伊藤隼は、勉強になると思って活版に付したのである。この段階では性学の内部抗争は、いまだ暴力的にはなっておらず、事はあくまでも「理論」的であって、だからこそ、それぞれの意見の差が思想的なものとして表現されている。なお山崎は、同じ書面を「石毛君之入御覧」れたと伊佐に書き送っている。「石毛君」とあることに注意したい。趣旨説明をしている山崎の前文的書簡に対する伊佐の返事には、〃以下の反論は「石毛先生に問たゞして」書いた〃とある。こちらは「石毛先生」である。

以下、本論部分における問答の若干を例示的に記す。(30) 山崎はなかなかの学者であって、やや難解な部分もあるが、論理そのものは明快である。

山崎は問う。「其行ひ峻ならざるに非ず、其志高からざるに非ず、然れども其節を失ふに至て父子夫婦朋友倫常の間これを待するの恩情見て以て私情とし道の糟粕とし累縁とし殆ど道を重んじて倫を軽んずるに出入し、事物を賤んじて心を論ずるに至る、故に其道とすることの為めにするや父母妻子の饑寒を顧みるに遑あらず、君長国土の制令に触るゝを畏れず」(傍点—木村、以下同)。

これに対し伊佐は答える。「倫常の間相待するの恩情を私情と視玉ふは非也、吾輩勉むる処は、唯惑溺の愛情を制め人倫の常情を行はしめんとすることにあり、しかるを概して節を失ふとし玉ふは僻見なり、故に我党の内父母妻子を凍餒し、君長国土の制令に背きしものあることなし」。

山崎は、石毛派において、日常的な人倫の軽視、具体的な事物への蔑視を見、それを、高尚なようで空虚な精神論として非難している。山崎は、あなた方は節度を失っているのではないか、とも指摘している。これに対し伊佐は、ともすれば惑溺に陥りやすい「愛情」を制御し、そのことによって「人倫の常情」に至ることを主張している。

山崎はさらに、石毛らが約束を守らず、訴訟をしきりに行うことなど「……友義を失ひ朋信を誤り或は身代限りを命ぜらるゝと雖、苟も之を奉ずるは道に非ずとして檻獄せらるゝ……」と、その挙動を批難する。これに対し伊佐は、これらを「……一時の失策にして甘んじて其譴責をうけんのみ」と認めながらも、負債の償還については「……婦女の身を以て一昼夜に二千余尋の縄をなひあぐる……」等の努力は「是朋友の信義を失はざるの勤ならずして何ぞや」と反論する。

しかし、山崎には、このような石毛派の動向はすべて「前師（遠藤のこと―木村）の教風と心術毫芒の差」があるものであり、「猖狂自恣に赴く」ものとしか思えず、「子等の近況」については「甘心賛助する能はざるのみならず痛惜嘆慨其弊害の底止するなきに至らんを憂ひ黙視するに忍びざる」ものとした。

「産業」についての両者の見解はどうか。山崎は言う。「……産業を修むるを以て身家を利するとなし、農桑の本務を軽賤し、法度事物を慢視し、其極や以て信義を失ふを遺れ、倫常を軽んずるを思はず、眼前を離れ遠大を期すると言て負債積で丘山の如く……」。

右の、あなた方は「農桑の本務を軽賤し」ているではないか、との山崎の指摘の対する伊佐の反論は長い。伊佐は言う。「人産業なくして世に立つべきの理なし、只修むる所は産業を主とせずして道義を重んずるにあり、一家道義に浴し、人々道義の心より産業に従事せんには、若きは素より其労に服して労ともせず、老者も亦其老に安ぜず強弱老少自ら一致し、楽んで其産業を勤むるに至るべし……若道義を重ぜず産業をのみ執着すれば、只利にのみ趨て其極言べからざるに至る、世人の形跡をみて知るべし、我輩深く此に見あり、依て念々勤る所、道を修る為に産業を勤るなり、然るを農にして商を兼ぬるを嫌ふは言を待ず、農一方にして其本業を勤るにも其産業のみを主として道を道具に用ふるに至れば、不知不知自分限りのものに陥り其弊必定驕奢に流れ、其一家の破倒に至るべきこと其勢親く歴見する所なり」。

つまり、山崎による「農桑の本務の軽賤」批判については、〃いや軽賤などするわけがない。「只修むる所は産業を主とせず道義を重」んじているのだ〟と切り返している。この「只」の持つ、微妙だが重要な論理の転倒を見よ。この「只」は論理の転倒において、最も一般的な用語なのであり、ここで、両者は永久にすれ違うのである。

また山崎は言う。〝妻子を棄てても励まなければ「道心」とは言い難いとするあなた方の立場は「中庸の正旨を離れ、先師温雅の教意」に背くものではないか〟。これに対する伊佐の反論。〝妻子を棄てるのではない。妻子に惑溺する「迷情」を棄てるのだ。中庸とは中ぶらりんのことではない。そんな中庸は笑止の限りだ〟。また、「先師」において「温雅」のみを見る所論に対しては「……抑先師亮規君臨末の行状を察するに……猛威言語の及ぶ所にあらず……君只先師温和の風のみを認め、厳然の励威を思はざる也」と反論した。

山崎の所論は各般にわたっているが、全体としては「毫厘の差ひ千里の謬り」を指摘しているのである。

右の山崎の所論は、明治十年という石毛時代の早い時期に書かれたとは思えないほど、その後の石毛派性学の前途を明示している。文書には現われないけれども、石毛の「教主」就任直後の明治八、九年には、石毛の言行をめぐる各種の議論が存在していたようである。また、石毛側からする訴訟の提起などもあったものと見られる。

前述のように、幽学時代の性学と遠藤時代のそれとは大きな差があった。幽学時代の性学にあっては、その教説と「農桑の本務」とが矛盾しないどころか、豊かに統一されており、性学は「農桑の本務」を発展させた。遠藤時代、ことにその末期には、道者風の精神性が高まり、小日向における「三十日修行」のように、「農桑の本務」と矛盾を来すような修行形態も出現していた。しかし、その矛盾が性学全体を覆うようなことはまだなかった。遠藤は何といっても根っからの農民だった。ところが、石毛時代になって、急激に精神性のみが前面に出てきたのである。

山崎衡にとっての性学は、日常的な人倫性に富み、農業を重視し、総じてバランスのとれた温和な教説である。

ところが、石毛や伊佐にとっては、求道の精神を、日常的な人倫性や「農桑の本務」より上位に置く、総じて激烈な教説なのである。性学における宗教的性格は、遠藤時代の末期に出現してくるが、それが石毛時代になって、一気に昂進したのである。

「農桑の本務」についての両者の対立は激烈だし、重大でもある。石毛時代になっても、性学の階層基盤の最大のものは農民である。彼らがいなければ「丹精」も「奉公」も成り立たない。にもかかわらず、一方では士族の加入があり、白神は八石で大活躍しているし、根岸は旧幕臣やその家族の拠点になっている。白神は、石毛にとっての参謀兼行動隊長だし、石毛はしばしば根岸に赴いた。つまり、石毛時代になると、「農桑の本務」から元来遠い人人を側近としつつ、農民から丹精奉公金を吸い上げるという奇妙な構図が、急速に固まってきたのである。しかし、石毛の、いわば激しい精神主義について行く多数の農民がいたこともまた事実であって（でなければ、石毛はたちまちに孤立し失脚する）、石毛的精神主義の世界を是とした農民もいたのである。これは一種の幻想世界であって、その幻想に身をひたすことの快感、といったものを石毛が与えていたようにも思われる。

ともあれ、明治十年十一月という早い時点における、山崎衡による石毛派への全面的批判と、それに対する伊佐の反論は、性学における新旧両派の抗争が、財政処理等の現実的問題だけから発したものでは決してなく、その根底には性学の本質についての意見の差、つまり思想的対立が存在していたことを明確に示している。このような性質の対立が、明治十三年頃から暴力的対決の様相を帯び、以後それが昂進し、ついには収拾のつかない分裂、そして石毛の追放という局面に至るのである。

5　石毛の追放と八石性理学会の創立

「八石」を握っていたのは教主石毛である。つまり、石毛反対派にも、石毛を追い落とすほどの力量はなかった。明治二十三年の幽学三三年祭は分裂して挙行された。[31] それ以降、両派とも活発な動きがなくなる。これは長年の分裂抗争の結果、両派ともに力を失い、幽学以来の性学が全体として衰退してしまったからだ、と思われる。つまり、争うほどの力もなくなってしまった、ということである。この間、石毛は根岸にいることが多かったようだが、この根岸の出張所も、明治三十五、六年の頃、一万円で売却してしまったようである。[32]

こうした、いわば、衰弱しながらの小康状態が一気に破られたのは、明治三十六年である。この年五月二十二日午前二時頃、[33] 八石教会所裏の物置より出火し、教会所が全焼した。これは、明治五〜六年に成った遠藤時代末期の建物で、これが、いわゆる「八石」の根拠地だった。[34] この建物の焼失後、石毛は、かつての幽学居宅に住んでいたようである。[35]

翌三十七年一月一日、長部の弁当所が焼けた。[36] これは、かつての改心楼跡敷地に建っていたものである。半年余の間に教会所と弁当所の二つの大きな近接した建物が焼けたのだから、容易なことではない(二つの建物の間にはさまれた旧幽学居宅は焼けなかった。これは多分、人々の懸命な努力によって守られたのであろう)。

この両度の大火が恐らく旧派をして結集させたものと想像される。つまり〝もう八石に石毛を置けない。どんなことが起るかわからない〟という気分である。教会所焼失後石毛は、旧幽学居宅に住んでいたようであり、これが焼けたのではたまらないという思いが旧派を結集させたようにも思われる。旧派の相談は、八石を財団法人として新しく組織しようということで一致し、この目標を達成する過程において、石毛を排除することに決したようである。

明治三十八年三月二十五日、旧派主要メンバーが「中和村長部弐百参拾弐番地」に集まり、「八石教会法人組織ニ付」[37]会議を開いた。この日の議事は役員選出だった。新見正寿(旧幕臣、この頃になると、士族でも石毛を離れる者が少なからずいたようである)を議長に選び、まず評議員の選出を行った。この時の「出席投票者」＝二四人、棄権者＝八人(この中には石毛派と目される人々がいる)。石毛はこのいずれの中にもいない。完全に外されているのである。選ばれた評議員二〇人の圧倒的多数はもちろん旧派である。理事は遠藤孝太郎(良左衛門の孫)・林金之助・菅谷又左衛門の三人、監事は岩井市右衛門、もちろんいずれも旧派。この明治三十八年三月二十五日の会は、旧派の結集大会と目すべきもので、石毛派は殆ど締め出されている。しかも、この時点の石毛派は別組織を結集することができない。つまり、もう極度に衰退していた、としか言いようがない。こうなると、石毛が八石を握っているといっても、それは形ばかりのものであり、追放は時間の問題となる。

これに対抗して石毛は、四月二日に、三月二十五日と同じ場所で総会を開いた。これも財団法人設立のためであり、石毛が招集したものである。しかし、石毛は、ここで全く敗北した。石毛は、この自らの招集した総会において不信任を決議されたのである。[38]その「理由」がこの決議書に長々と書かれている。その題名だけを以下あげる。「教旨悖戻」、「財務濫用」、「教風弊害」、「傲慢奢侈」、「詐偽行為」、「虐待」、「暴威暴行」。石毛は、自らが対抗的に招集した総会において、このような不信任決議を受けたのである。

しかし、石毛としては、ここで引っ込むわけには行かない。彼は「八石教会趣意書附会則」[39]を作り、これを諸方面に配布し、新しい結集を図った。これが持つ意味については既に別に述べているので、[40]ここでは簡略にしたい。これは全三四ヵ条から成り、その第一条には「本教会ハ神道ニ属シ、性理学ノ教規ニ拠リ、信徒ヲ教訓指導スルモノトス」とある。石毛にとっての性学は、全く「神道」なのであり、道友は「信徒」なのである。石毛のこの「会則」は、全六章より成る整然としたものではあるけれども、「信徒ヲ教訓指導スル」以外の事業目的は記されておらず、「農桑」については、全く言及されていない。

石毛のこの挙に対し、旧派は対抗手段をとる。明治三十九年二月十五日付で「神道管長本多康穣」に提出された、石毛源五郎の教導職解任願がそれである。これには①「八石教会少教正石毛源五郎儀ニ付上願書」、②「石毛源五郎儀ニ付上願書」の二種がある。(41)②は委任状のついた印刷物で、これが正文、①は案文と思われる。なお③「八石改革之記」(42)は①②とほぼ同文である。②によると、この神道管長宛の請願人の代表は高木千太郎・高木安太郎(以上、中和村長部)・萱谷又左衛門(諸徳寺＝当時は中和村清和甲)、渡辺章(東京)の四人であって、彼らに諸事を委任した人々は六三人に上る。つまり、計六七人が、「神道本局へ石毛源五郎ノ御処分ヲ請願」したのである。石毛が結集し得た人数は定かではないが、この足下にも及ばない少数だったようである。石毛は結局、少教正の身分を解かれた。(43)

石毛の少教正解任願が出された翌月(三月)の六日「財団法人設立許可申請」(44)が「内務大臣原敬」宛に提出された。「設立者総代」として許可申請をしたのは、遠藤孝太郎(長部)・萱谷又左衛門(諸徳寺)・林金之助(十日市場＝旭町)の三人であった。この三ヵ村は幽学以来の性学の拠点村である。この「財団法人」が「八石性理学会」である。この性理学会会則は全八章二九ヵ条(他に附則二条)より成り、目的及び組織をうたった第一条にはこうある。「本会ハ修身斉家及農事改良ヲ指導奨励スルヲ以テ目的トス」。また「事業執行ノ方法」を記した第一〇条は以下の如し。「本会ハ毎月一回集会シ、勤倹貯蓄又ハ冠婚葬祭育児ノ方法等ヲ講ジ、又勧業上ニ就テハ正条植害虫駆除其他灌排水撰種ノ励行ヲ図ルモノトス」。つまり、この性理学会は「農桑の本務」をきわめて重視する団体であって、前掲石毛の「八石教会」が「信徒ヲ教訓指導スル」だけなのと大きく異なっている。

しかも、旧派は「八石性理学会」とは別に「八石教会」を設立したのである。元来「八石教会」の名は、明治五年、性学が教部省傘下に入った頃よりのものであり、石毛はその教会主であった。旧派の激しい批判を受けた石毛は、既述のように、明治三十八年に「八石教会趣意書附会則」(前出)をつくり、教会の再組織を図った。しかも、これまでのいきさつからすれば、「教会」を石毛が握っていることには正統性がある。だから、旧派は性理学会を設立したのだが、それだけでは石毛の「八石教会」はいつまでも存続することになる。したがって、旧派としては、どうしても別の「八石教会」を新しく組織し、そのことによって、石毛の「八石教会」を消滅させる必要があった。ややこしいので、以下「八石教会」(新=石毛派)と、「八石教会」(旧=反石毛派)とに書き分けることにする。

「八石教会」(新)がきわめて神道的であり、教会員が「信徒」と規定されていることについては前述した。ところが「八石教会」(旧)もまた同様なのである。念のため「八石教会」(旧)の「教規」[45]を見ておこう。

第壱章　名　称

第壱条　本教会ハ神道ニ属シ八石教会ト称ス

第弐条　本教会ハ千葉県香取郡中和村長部字八石参百四拾壱番地ニ置ク

第弐章　主　神

天照皇大神八幡大神春日大神ノ三柱ノ大御神ヲ奉祭シ、毎年四月拾七日ヲ以テ大祭ヲ執行ス

第参章　教　旨

第四条　三条ノ教憲ハ謹テ之ヲ遵守ス

これでは、石毛の「八石教会」(新)とその趣旨において全く変るところがないではないか。ところが、これ以下が、石毛のそれとは違う。

第五条　教導ハ教祖大原幽学ノ定ムル処従来ノ教規ニヨリ信徒ヲ訓戒指導スルモノトス

第六条　協力同心誠実ヲ以テ基礎トシ修身斉家ノ実行ヲ擧グルコトヲ勗ム

第七条　農桑ノ業ヲ励行指導シ殖産ヲ発達セシムルコト

「八石教会」(旧)の会員も、石毛派のそれと同じく「信徒」であり、この点は同じだが、「旧」には、「大原幽学ノ定ムル処」を以て指針とする旨が銘記されている(「新」では、前文において幽学に触れているが、このような明確な規定はない)。第六条では「協力同心誠実」をうたい、「修身斉家ノ実行」を期しているが、これは、石毛派が、そうではなかった、という認識にもとづき、書き入れたのであろう。第七条は「農桑」を重んずることを表明したものであって、性理学会則と同質のものであり、石毛の「八石教会」(新)には全くないものである。つまり、二つの「八石教会」の教規は、よく似ているようだが、内実には大きな差がある。「八石教会」(旧)は、「八石教会」(新)と同じ部分を持つことによって、石毛派の組織を無意味にする目的を持つ一方、石毛派とははっきり違う側面をも表明している。しかも、この「八石教会」(旧)の具体的性質は、以下の二条によって、全く明らかになる。

第拾六条　本教会ノ会計ハ財団法人八石性理学会ニ於テ之ヲ総括ス

第拾七条　本教会ノ事務ハ性理学会ノ役員ト総テ協議執行スルモノトス

これによって、本は「性理学会」にあり、「八石教会」(旧)はそれに運営を握られている団体たることが明らかとなる。とにかく、旧派は、「八石教会」(旧)の設立によって、「八石教会」(新)の根底を掘り崩したのである。なお、八石教会(旧)の設立年は定かではないが、八石性理学会の創立(財団法人認可は、明治四十年二月)[46]後である。

石毛は敗北した。五月一日(明治三十九年)神道管長本多康穣は、「八石教会整理委員」に対し、「今般其教会長石毛源五郎儀、事務取扱上不都合ノ行為アリト認メ、教師及会長共解免尚一切ノ物件ヲ整理委員ヘ引継グベキ旨命令候条、此旨ヲ領シ至急引継ヲ受クル手続ヲナスベシ、右示達ス」という示達書を出した。ここに石毛の命運はきわまり、あとは八石財産の引継ぎ問題だけとなった。(47)

石毛源五郎は、既に明治三十九年一月七日、八石の本部を追放されていた。本部を追われた彼は、当初「教会附属ノ家屋ニ」移転したが、間もなく東京へ去った。その時、石毛は数々の書類を残していったので、「整理委員等ハ之ヲ基礎トシテ彼の行為ヲ捜査シタ」という。

しかし、この段階の石毛にも同志はいたのである。石毛は少教正の身分を失い、八石教会長の地位から落ち、しかも、八石を追い出された。(48)八石の財産はすべて新組織に引き継がれることにもなった。それでも、石毛の同志はおり、「日暮里出張所」(根岸の後身であろう)の引渡しを拒む等々の挙があり、整理委員は彼らを神道管長に訴えている(明治四十年二月十四日「請願書」(49))。

また、明治四十二年には、石毛派の同志九人が、神道本院管長宛に「上申書」(50)を提出した。その文面は以下の如し。「謹テ奉申上候、千葉県香取郡中和村小字長部八石教会整理員等方今ノ現状ヲ目撃スルニ、曩ニ教会長石毛源五郎始メ引摺出シ其跡ヘ入リ込ミ道ヲ整理スル処ハ更ニ無之、却而累年教長頭共始メ非凡ノ精神ヲ以テ道学実行、一ッヲ貫キ積上ケタル教則ヲ揉ミ潰シ、既ニ大原師以来八拾年、今日ニ到リ辺土ニ設立シ有シモ我カ国益ノ一端トモ相成哉ト不肖等ニ於テ思惟シ候モ、暴人ノ為メニ水泡ニ帰ス云々、依之座視傍観スルニ不堪、学友信徒ト相計リ、整理員ノ名称解除相成度、乍恐彼等ノ虚実御探訂被成下、従来ノ通リ道義相立候様伏テ奉懇願候」。この石毛擁護の「上申書」の署名人は九人である。府馬村の者＝三人、静岡県浜名郡＝二人、千葉県匝瑳郡＝二人、滋賀県栗太郡＝一人、東京府下日暮里＝一人。つまり、石毛の地盤が、彼の居村である府馬と遠隔地において若干残っていたことがわかる。しかし、長年の盟友鈴木英三は、右の「上申書」署名人の中には見えない。石毛と鈴木は、明治三

十八、九年の頃、仲たがいしたようである。石毛は「鈴木担任教師ヲ讒謗罵倒シ」[51]たという。この「上申書」は神道管長に顧みられなかったらしい。

大正四年三月十三日、石毛源五郎は、近江石部青木ヶ峰教生庵（前出）において、その波瀾にみちた生涯を閉じた。八四歳。石毛の活動の痕跡は、近江石部にかすかに残っている。

石毛の没後、その性学活動を継ぐ者はいなかった模様である。

石毛追放後、財団法人として組織された八石性理学会は、現在も活動を続けている。

注

（1）『幽学全書』五四七～五五一頁。

（2）高木は遠藤の生前に「……近江国石部に支部を設け」たと書いている（『幽学全書』五四七頁）。中井信彦『大原幽学』はこれを踏襲している。前述のように、これは誤り。

（3）藤田昭造「明治初期村落と性学門人層―千葉県香取郡府馬村について―」（「駿台史学」四一号）。

（4）拙稿「性学仕法の受容と変質」（「明治大学人文科学研究所紀要」一七冊）には、高木以外の石毛観につき、若干例をあげている。中井信彦『大原幽学』や『旭市史』第三巻は抑制された筆致で淡々と記しているが、他の多くは、多かれ少なかれ高木を踏襲している。

（5）（14）石毛家文書。

（6）以上、石毛の父祖に関する記述はすべて石毛家文書による。以下、石毛並びにその周辺に関する記述は、特に断らない限りすべて石毛家文書。

（7）明治十二年一月九日「長部村弁当所取建入用控」、明治十四年六月十一日「女行家取建入用控」、明治二十年八月七日「小日向修覆建前之記」（いずれも遠藤家文書）。

(8)(18)(22)(26)(44)(45)　遠藤家文書。

(9)　高木千次郎「幽学の死後に於ける門生の状況」(『幽学全書』所収)には、遠藤時代に「江戸根岸、相模国小田原、近江国石部に支部を設け……」とあり、中井信彦『大原幽学』はこれを踏襲している(三〇二頁)。右のうち、「石部」が誤りであることは前述。小田原は正しい。根岸については遠藤時代の確証はないが、可能性はある。

(10)　明治十七年二月二日「上根岸用材寄下帳」、同二月八日「上根岸普請人夫之控」、同年同月日「上根岸建前材木之下帳」(いずれも遠藤家文書)。

(11)　その記述は下田将美『東京と大阪』(中央公論社、一九三〇年)に依拠している。

(12)　性学の人々すべてが、ちょんまげをいつまでも結っていたわけではあるまいが、彼らの一部が、長くその風を保っていたことは確かであって、十日市場(現、旭市)の道友の中には、昭和に入ってもちょんまげをしていた人があり、町の名物になっていたようである。中には親子揃ってのちょんまげもあり、「大ちょん」「小ちょん」と呼ばれた、という(聞取り)。しかし、これらの古風な人々が、きわめて礼儀正しく、節度ある生活を営んでいたこともまた確かであって、彼らは一方では尊敬もされていたのである。

(13)　遠藤家文書。石毛家文書。

(15)　円山については明治二十二年八月二十一日「円山取建精心之記」(遠藤家文書)が初出。

(16)　石部円山においても「八石教会所」と称していた。

(17)　以下の丹精関係文書はすべて遠藤家文書。

(19)　府馬、宇井家文書には、明治十年十月十日「性学金談日誌　山中正夫」と記した小さな帳簿がある。これは冒頭に「金談違約談判記録」とあり、金談違約談判の経過を示した日記である。ここで問題になっている金額は二一九円余で、翌十一年五月までの記事がある。

(20)　遠藤家文書(『旭市史』第三巻所収)。

(21)　『旭市史』第三巻、七二七頁。

(23)(25)(38)　菅谷家文書。

(24)　同右。茶樹一件についての記述は、主として菅谷家文書による(一部、遠藤家文書)。

(27)　宇井家文書。この事件については各種の文書が同家文書中にあるが、省略。

(28)　〝性学に入ると財産をなくすからうちは入らなかった〟とか、〝性学に入ってずいぶん絞られた〟といった類いの話が現在でも残っている。これは、石毛時代の性学についてのものである。

(29)　拙稿「性学思想の受容と変質」(「明大人文研紀要」一七)。

なお「性理学実行評論」(宇井家文書)は『幽学全書』にも収載されている。しかし『幽学全書』所収「性理学実行評論」には、その後文に大きな改竄部分がある。この改竄問題は重要なので、双方の後文を以下に示す。

『幽学全書』所収「性理学実行評論」後文。

此書は性理学世にひろくなり行にしたがひ自然弊風の生ぜん事をおそれ、山崎氏論を作りて伊佐氏へおくられけるを、同氏今人のつとめ行ふ実地を有のまゝに答へられし也、こはともに学の道に退心生ぜんものゝ為めにはよき鍼砭なるべしと信ず、然れども此書たるや石毛が教主となりたる時に発行せられたるものなりしも、後年に至り石毛氏は自己の専横をなすに不都合なるを以て、口実を設け之を門人より強制的に取り上、之を焼捨てたるなり、故に或二三の門人の蔵せるもの二三冊存するのみ

原「性理学実行評論」後文＝仮名は片仮名。「鍼砭ナルベシト信ズ」迄は前と同じ。以下が全く異なっている。

余も近頃コノ学ニツキ大ニ感悟スル処アレバ、オナジクハ世ノタスケニモナレカシトオモフ心ヨリ、百部ヲカギリ活版ニ刷スルハ、学ノ友ドチヘウツシオクルニ筆ノ労ヲハブカントスルニナン、明治十年十一月　伊藤隼

なお、原「性理学実行評論」は、上段に山崎の所論を大きな活字で、下段に伊佐の反論を小さな活字で記している。『幽学全書』所収のそれは、上下に分けず、山崎の所論を項を分けて大きな活字でまず掲げ、その項ごとに伊佐の反論を小活字で掲げている。この本論の部分は双方差がないので、本稿の引用は『幽学全書』所収のものによる。

(30)　山崎対伊佐の問答の例示ならびにそれについての説明は、前掲拙稿にほぼ全面的に依拠。

(31)　『旭市史』第三巻、七二六頁。

(32)　「教導職剝奪之儀請願書」(遠藤家文書)。

(33) 石毛自筆の焼失品調(無題)による。五月二十一日説もある。

(34) この教会所は以後再建されず、敷地は、遠藤家裏山頂上の台地(幽学旧居や改心楼跡より一段高い)にあり、現在でもその面影を偲ぶことができる。

(35) 前出「八石改革之記」(『旭市史』第三巻所収)。

(36) 弁当所焼失については「八石改革之記」に次の記述がある。

又翌三十七年一月一日夕、村々ガ自費ヲ以丹精シタル、村々弁当所三間ニ六間或ハ七間ノ建家六棟外木材家一ヶ所悉ク焼尽シタリ、源五郎ガ暴状大不徳ノ為メ、近頃此弁当所ニ詰メ居ル者一人モナシ、此明キ家ヨリ出火ス、源五郎ニ対スル怨恨ノ放火ナルベシト風聞ス

この「村々弁当所」とは、村々にあるという意ではなく、村々から来て宿泊するという意であって、長部にある弁当所のこと。

(37) 明治三十八年三月二十五日「議事録」(遠藤家文書)。

(39) 宇井家文書。吉岡家文書。この石毛の「趣意書」には「明治三十八年」とだけあり、月日の記載がない。但し、事の経過から推して、四月二日に不信任決議を受けた後のものであろう。

(40) 拙稿「性学思想の受容と変質」(明大人文研紀要」一七)。

(41) いずれも遠藤家文書。

(42) 『旭市史』第三巻所収。

(43) 明治四十年二月十四日「請願書」(八石教会整理委員より神道管長宛)に「明治三拾九年五月一日、本教会前教会長石毛源五郎事務取扱上不都合ノ行為アルヲ以解免ノ御沙汰被成下」(『旭市史』第三巻、八二五頁)とある。

(46) 八石性理学会に対する財団法人認可書は次の如し。

指令書(写)

千葉県香取郡中和村

設立者総代遠藤孝太郎

外二名

明治三十九年三月六日申請財団法人八石性理学会設立ノ件

右民法第三十四条ニ依リ許可ス

明治四十年二月廿七日

内務大臣　原　敬　印

(47)　明治三十九年五月十六日「追申書」（告発代理人より東京地方裁判所検事宛）。これは、五月十四日「告発状」の追申書である。つまり、反石毛派は専門家を依嘱して、石毛とその同調者宮田せいを裁判所に訴えたのである。事はすべて八石財産問題である（遠藤家文書。菅谷家文書）。

(48)(50)　明治四十二年、石毛派の九人が「神道本院管長本多康穣」に出した「上申書」（遠藤家文書）によると、反石毛派が「石毛源五郎始メ引摺出シ」たという。

(49)　『旭市史』第三巻、八二五〜八二七頁。

(51)　前出、明治四十年二月十四日「請願書」（『旭市史』第三巻）。

（木村　礎）

終章　位置と意味

本書を閉じるに当り、以下雑感を記す。これまでとの重複はお許しいただきたい。

大原幽学という人は、その晩年の悲劇性の故に、元来が沈鬱な人だったような印象を受ける。だが、本質的には明るい人だったらしい。彼の日記的作品「口まめ草」や幾つかの旅行記には、それがよく表現されている。また、「聞書集」には、ずけずけと率直に物を言う幽学が出てくる。そういう人だったのだろう。時には非常に厳しかったが、日常的にはやさしい人でもあった。彼をめぐるさまざまな逸話や「義論集」の序などから、そうしたことがよくわかる。思索的な頭脳の持主ではあったが、抽象的思弁のみに長けていたわけではなく、その思索は常に現実や実践と結合していた。

上田・小諸、そして東総へ出現してきた頃の幽学は、独特な魅力をたたえた人間になっていたらしい。若い時からの「漂泊」の辛酸によって、世間智にもずいぶん富んでいたが、不思議とそれに汚されていなかった。彼に接した人々の多くは、彼の〝人間〟に魅かれた。彼はすぐれた教師であった。

気になることが一つある。彼は全国的な政治問題に全く眼を向けていないのである。彼が活動を開始した天保期は、一般には幕末激動のスタートの時期として捉えられている。ところが、幽学には、大塩の乱もペリー来航も念頭になかったようである。彼は天下国家を論ずることをしなかった。鏑木村の豪農知識人平山正義はこうではなかった。平田派国学の人々の精神と行動との関係は周知のことに属する。これに対し、幽学はひたすら庶民の生活に沈潜しつつ生き、そして死んだ。こうした知識人の存在もまた銘記されてよい。

彼は、天保期の日本を〃天下泰平の世〃とし、幕府存立の正当性を完全に容認していた。彼の教学そのものから反体制的要素をひき出すことは困難である。にもかかわらず、彼の性学は受難に満ちていた。信州上田・小諸での活動を僅か一年で停止し、江戸へ去らざるを得なかったのは、その教学が弾圧・禁止されたからである。東総においても同じことが起った。ある領主はこれを弾圧し、他の領主はこれを奨励するというちぐはぐなこともあったが、結局は弾圧された。彼のもとに人々が集まり、領主はそれを徒党として恐れたということもあろう。しかし、事の本質は、彼の教学と実践との関係にあったように思われる。それを最もよく示すものが先祖株仕法である。これは、その「先祖株」の名が示すように、「家」を保ち「孝」を実践するための具体策である。このプランは恐らくは彼の独創ではなく、彼と門人、ことに遠藤良左衛門との合作ではないかと私は推察しているが、それにしても幽学が、その実現のために懸命に奔走したことは全く明らかである。この先祖株組合は、幕藩制的土地制度に抵触するものであり、だからこそ幕府勘定所はその解散を命じたのである。

幽学における「孝」が「家」の維持(「永続」)という現実と密着していることについては既に述べた。「孝」は幽学における中核的徳目である。「孝」は伝統的徳目であると共に、この時期の幕府が「孝行和讃」を発布してその実践をすすめたような体制的徳目でもあった。その「孝」が幽学にかかると先祖株組合へと発展し、そして弾圧されるのである。このような、幽学における教学と実践との独特な関係は、類例の少ないもののように思われる。平たくいえば、言うことは体制的だが、やることは反体制的になる、という全体的構造が幽学にはある。

安政五年三月八日未明、長部村遠藤家墓地において自刃した大原幽学とは、こういう人であった。

幽学研究の面白さは、彼を取り巻く門人(道友)たちもまた浮び上がってくる、というところにある。彼らはいずれも師に似て魅力的な人々である。遠藤良左衛門・本多元俊・菅谷又左衛門・林伊兵衛・西之宮茂兵衛妻なみ・椎名琁蔵妻やす等々(一々列挙できない)。こうした個性的な庶民男女の実像が歴史に残ったことを、彼ら並びに幽学に感謝せねばなるまい。幽学は複雑な性格の持主であり、門人たちの幽学像は多様だった。それが大きくは「義論集」的と「聞書集」的に分けられることについては前述した。

いずれにせよ、東総の人々にとっての幽学は、きわめて新鮮な存在だった。幽学は、村々の寺子屋師匠とは異なり、その思想を自ら築き上げていたし、思想の全体性もあった。何よりも思想と実践が結合していた。長沼村の医師(在村知識人)本多元俊のような人が、幽学を師として仰いだことは、幽学に「不学」以上の何ものかがあったことを示している。広い知的視野を持つ平山正義すら一時は幽学に傾倒していた。

幽学の主要門人のあとは、多くの場合、今に続いている。そこを歴訪しての感銘は、人々が今も幽学に深い尊敬と愛情を持っていることである。人々は、幽学について語る時、面を改め、姿を正し、今も「先生」とよぶ。

幽学が活躍していた当時の東総には、平田派国学が既に展開していたし、和歌や俳諧が村の中で一般化し、歌会も一部の上・中流農民の間でしきりに開かれていた。また、旧態依然たる寺子屋への批判も高まり、新しい質の知識や教養が望まれていた。これは、大局的には、「荒廃」やその「克服」といった社会経済的諸状況の大きな変化に対応している。こうした変化が一方では村人の精神的覚醒を促し、他方では博徒を生み出したのである。

このような新しい知識や教養、精神的拠りどころへの欲求は、もちろん東総だけに固有のものではない。これは恐らく、当時の全日本的現象だった。藩校の充実・都市における心学講舎の発展・報徳の展開、そして宗教的には、富士講への熱狂(やがて丸山教へ)、黒住教や天理教等々の成立。新しい精神的欲求は全国的な広がりを持つと共に、各階級・階層へと深まりつつあった。庶民に即して言えば、彼らもまた新しい精神的拠りどころを激しく求めていたということである。性学は、このような大きな精神的うねりの一つとして展開されたものである。性学だけが幕末社会を反映したわけではない。それは、大きな全体の中の一つの個としての位置を持つものである。この個は、その個性の発現によって、時代の断面を見事に表現した、といってよい。

幽学没後の性学には、大きな変質が見られる。変化はまず、遠藤時代における門人の激増、施設の拡大という形をとって表れた。そしてさらに、性学そのものの内容変化に至り、全体的に変質してくる。遠藤の晩年明治五年、性学は教部省傘下に入り、神道の一部として公認された。だから、これ以降の性学に神道的色彩が濃くなるのは当然だが、宗教的傾向は慶応期には既に出ていた。遠藤時代にも、幽学居宅のある長部村八石(はちこく)が性学の本拠なのだが、この他に小日向(八石の西二キロ余)に教導所ができ、ここで三十日修行が行われるようになった。小日向には「行家(ぎょうや)」が設けられ、人々はそこでしきりに水垢離したりした。これが過ぎて死ぬ人も出たほどである。小日向に籠る人々は「道者」と呼ばれ、「道歌」がしきりに歌われた。このようないわば密室的宗教性ともいうべき傾向は、遠藤時代の後半にことに強くなった。遠藤は農民出身であり、幽学より一層「不学」だった。しかし、彼は彼なりの土着的な語り口で、師の思い出や彼の性学を語っていた。遠藤は新しい門人のみならず、幽学時代からのいわば同僚にも信頼され、尊敬されていた。遠藤は小日向が好きで、ここにしばしば赴いた。小日向における密室的宗教性は、遠藤自体が抱懐していたものでもあった。

遠藤の主要な関心は、「八石」を組織として維持・発展させることにあった。師のつくったものを懸命に守ろうとしたのである。そのためには、遠藤を取り巻く門人たちの精神的動向に彼自身を合せなければならない。幽学生前の遠藤からは、合理性に富んだ実践家、総じてしっかり者の印象を受けるが、教主時代、ことにその晩年からは、一見温和だが一方気むずかしく、重い沈んだ印象を受ける。幽学生前における濶達な実践家の相貌を晩年の彼に見出すことは難しい。これは、遠藤の老齢化の故だけではなく、彼を取り巻く人々の精神的傾向に自らを合致させ、しかもそれを促進した故だと考えられる。

小日向の異様さについては、早く菅原兵治の指摘がある(前述)。小日向に表現される宗教的密室性には、当時の東総の人々の重い心がにじみ出ているように、私は思う。「明治」ことにその初期は、庶民にとっては、行方も定かでない暗い時代だったに違いない。

遠藤の逮捕とその死には胸が痛む。遠藤良左衛門は、朝廷への不逞、つまり国家への反逆を企む集団の首魁としての嫌疑により、逮捕されたのである。八石に残る当時の日記は、政府の取調べ内容について余りのことに全く記していない。明治政府はこの善良な老人を逮捕し、彼を死に追いやった。このことは、成立早々の明治政府の基礎がいかに脆弱であったかを示している。政府はその脆弱さを自らよく知っており、各方面の動向に極度に敏感だった。そしてきわめて強権的に対応したのである。後年における明治国家の〝隆盛発展〟から、直ちに成立期の明治政権を考えてはならない。遠藤逮捕事件は、このような意味で、歴史家への大きな教訓となる。一方、〃三つ子の魂百までも〃といわれるように、この時発揮された明治政府の強権的性格は、その後の日本国家の性格を貫く太い線になった。これもまた歴史家の銘記すべきことである。

石毛時代の性学は対立・抗争・分裂の歴史である。これについては、既にことこまかに述べた。石毛は、ちょんまげをつけ、鉄道を利用しなかった。性学の人すべてが石毛の如くであったわけではないが、石毛に倣う人々も少なくなかった。彼らのいわば「反文明」ともいうべき態度はやや異様である。

遠藤時代の末期から石毛時代にかけての日本は、「文明開化」の時代だった。強烈な近代化志向は、東総にも展開され、それが小学校の設立や学習結社の活動となって出現した。日本の「近代」は、形の上では自由民権運動やこれらの新しい動きが担ったものである。これに対して、この時代の性学には、あの幽学時代の輝きはない。

しかし、庶民にとっての「明治」は、「文明」と「近代」だけでは決してなかったことを、この時期の性学は示している。「文明」と「近代」の皮を一枚はぐと、性学につどう庶民、性学とは関係なくともそれと同じような庶民がうずくまっていたのである。遠藤時代後期や石毛時代の性学は、日本における「近代」や「文明」の意味の問い直しをわれわれに迫っている。彼らの存在こそが歴史の深淵というものなのであり、私はそれを少しは見たように思う。

（木村　礎）

あとがき――研究経過を中心に――

私がはじめて大原幽学の故地(千葉県香取郡干潟町長部)を見たのは、一九七〇年四月十二日だった。十一日から十二日にかけて、明治大学大学院学生と東総地方の巡見を行った。初日の十一日は、前年に調査結果を公刊(『耕地と集落の歴史―香取社領村落の中世と近世―』)した香取社領を歩いた。かつて社領村だった下小野の台地で、豪雨に見舞われたことを憶えている。その日は香取神社近くの旅館で一泊し、翌十二日、大原幽学の故地へ赴いた。

中井信彦さんが好著『大原幽学』(一九六三年刊)を公刊されて間もなく、私は、短い紹介的な書評をある新聞に書いたことがあり、幽学のことを少し知っていた。また、一九七〇年当時大学院学生だった鈴木秀幸氏は、学部時代から、大原幽学の故地を含む千葉県香取郡干潟町地域の文書調査をしており、私はその話をきいていたし、興味も持っていた。私は、〃状況さえ許せば、来年(一九七一年)から、この地で、幽学関係文書を中心に、文書調査をやってみよう〃という思いをも抱いて、旧長部村八石の地に赴いたのである。

一九七〇年当時、私が持っていた研究状況は複雑だった。前年に香取社領の研究は終ったが(前掲書)、この失敗作から学びとることもまた多く、私は、通常の意味における日本近世史研究から、日本村落史研究へと大きく推転していた。一九六三年からはじまった譜代藩政文書たる内藤家文書の研究はまだ纏まらず、多くの共同研究者がこれに苦労していた(『譜代藩の研究―譜代内藤藩の藩政と藩領―』の公刊は一九七二年)。さらに、静岡県掛川地方において報徳仕法を中心とする共同研究を小規模ながらも展開していたが、これは未だ海のものとも山のものともつかなかった(『村落・報徳・地主制—日本近代の基底—』の公刊は一九七六年)。

一九七〇年当時、私が働く明治大学の混乱は一向におさまらなかった。いうところの大学紛争(あるいは闘争)である。前年の一九六九年、混乱の絶頂期に、私は、明治大学改革準備委員会の委員長の座にあり、深く疲労した。

つまり、一九七〇年当時、私は混迷し、疲れていた。私はこれまでやってきた近世史研究に限界を感じ、嫌気すらさしていた。今にして思えば一九七〇年当時は、私の転回期だった。転回の一つの方向性は「日本村落史」であって、私はこの時期から、これまでとは異なった性質の文章を書きはじめるようになった(それらを集めた『日本村落史』の公刊は一九七八年)。もう一つが、この〝大原幽学とその周辺〟についての研究である。率直にいって、私は人間の内面を見つめる手掛りを歴史の中に求めたかった。二宮尊徳については、掛川地方(ここには、尊徳の弟子岡田佐平治、その子良一郎らがいた)の研究を通じて少しは知っていたが、尊徳の〝成功〟は、私には魅力がなかった。私には、尊徳という人間そのものは遠い存在だった。私は恐らく、幽学の失意と〝失敗〟にひかれたのであろう。ある種の情念が、私を大原幽学へ駆りたてたとしても、「研究」ともなれば、それは冷静かつ客観的、場合によっては容赦のないものでなければならない。そして、それが「共同研究」であれば、計画的かつ組織的でなければならない。最初の巡見をすませた時、私は来年から文書調査をやろうときめた。

最初の共同調査は一九七一年だが、この時には、今後の調査の方向性はきまっていた。それは、これまでの共同研究と同じく大体十年くらいを目途とすること、できるだけ若い人々を中心とすること、の二つである。ただし、若い人々だけでは最初のうちは力量が不足なので、若干の練達の人々にも調査参加を依頼した。

鈴木秀幸氏は、現地の事情に最も通じていたということもあり、一九七一年の最初の合宿調査以来、共同研究のマネージャーとして任務を遂行してきたが、当時同氏は大学院修士課程二年目の学生だった。そして間もなく鈴木秀幸氏を助けるようになる栗原四郎氏は学部三年生、同鈴木邦男氏は学部一年生だった。本書執筆者の約半数は大体同じような若さの人々である。

調査は、例によって所在調査・目録作成からスタートした。文書だけではなく書物も、というのがこの調査の大きな特色である。その地域は、まず、厳密に干潟町内に限定され、この中では、こまかな、いわば面としての調査を施行した。この段階における干潟町教育委員会の御後援はまことに心強かった。広報紙はもとより、調査期間中は有線放送で、町民各位の協力方を徹底的に呼びかけて下さった。我々の存在は、たちまちのうちに町内に知れわたった。

面としての調査をしたのは、この干潟町に隣接する山田町の府馬地区、東庄町のごく一部だけであって、他は、すべて点や線としての調査である。これもはじめから意図されていたことである。

一九七一年から七七年までは、多くの学部学生が参加しているが、七八年からは参加していない。これは、七七年までには、基礎的な史料を筆写し尽してしまい、研究分担者による特殊研究に移行したからである（学部学生は七八年からは他のフィールドに移った）。写真撮影による史料の獲得も、この七八年からである。

研究内容についての方向性は、最初から〝大原幽学とその周辺〟であって、その意味については「序章」で述べた。簡略に繰り返せば、①幽学（本書第一編）のみならず、幽学と同時代のさまざまな状況についても調べる（本書第二編、第三編）、②幽学没後の状況をも追跡する（本書第四編）、ということであり、この方針は、一九七四年六月七日の研究会によって確定された。

この共同研究には、多くの若い人々が参加した。本書は執筆者だけによって成立したものでは決してない。毎年の合宿調査参加者の氏名を、左にすべて掲げ、その活動を銘記する。

○一九七一年八月二十七日〜九月二日

干潟町における文書所在調査、目録作成。

卒業生＝木村礎、神崎彰利、川名登、渡辺隆喜、門前博之、小川信雄、味水亨次、鈴木秀幸、菊池保男、藤野泰造、沢崎安紀子。四年生＝石川国雄、藤田昭造。三年生＝安食徹雄、荒木益子、神谷和利、川口節、川辺福司、小岩哲郎、小林佳代子、栗原四郎、福島昭、星野志津枝、松木照美、渡辺美代子、割沢恵美子。一年生＝石谷完、上野一彦、白井美知子、鈴木邦男、外谷直子、武田和子、田中真由美、長塚誠、前島恵里子(計三五名)。

○一九七二年八月七日〜十三日

干潟町における文書所在調査、目録作成。

卒業生＝木村礎、神崎彰利、渡辺隆喜、門前博之、味水亨次、鈴木秀幸、和泉清司、藤田昭造。四年生＝安食徹雄、上村文輝、栗原四郎、小岩哲郎、塩野賢治、福島昭、星野志津枝、本間京子、宮本文子、山口豊樹。三年生＝及部智津子、大島りえ子、岡本恵子、下山田貞子、原田信男、平野満、武藤幸子、百足光生、森永徳一。二年生＝石谷完、鈴木邦男、長塚誠、深沢杉生、宮入あや(計三一名)。

○一九七三年八月四日〜十日

干潟町における文書目録の作成、筆写。

卒業生＝神崎彰利、渡辺隆喜、門前博之、小川信雄、鈴木秀幸、味水亨次、和泉清司、吉武佳一郎、藤田昭造、栗原四郎、酒井右二。四年生＝百足光生、森永徳一。三年生＝石谷完、鈴木邦男(計一五名)。

○一九七四年八月八日〜十四日

干潟町における文書目録の作成、筆写。山田町府馬地区における文書調査。

卒業生=木村礎、松沢和彦、原博、神崎彰利、渡辺隆喜、門前博之、味水亨次、鈴木秀幸、吉武佳一郎、和泉清司、藤野泰造、藤田昭造、栗原四郎、平野満。　四年生=石谷完、清水辰男、鈴木邦男。　三年生=伊藤隆之、金子芳子、木村淳子、藤秀男、渡部明江。　二年生=内田澄子、坂口裕美、山口幸子、横田貞子(計二六名)。

○一九七五年八月五日〜十一日
干潟町、山田町府馬地区、東庄町南部地区文書所在調査、目録作成、文書筆写。

卒業生=木村礎、松沢和彦、原博、神崎彰利、渡辺隆喜、小松郁夫、門前博之、山本光正、小川信雄、味水亨次、鈴木秀幸、吉武佳一郎、和泉清司、藤野泰造、藤田昭造、斎藤純、栗原四郎、深沢杉生、吉田優、笠原静雄、鈴木邦男。

四年生=深川美枝子。　三年生=阿部悦男、荒牧真理子、内田澄子、北村京子、木村浩子、後藤守弘、才崎知保、佐藤泰至、鈴木茂子、千里啓子、中島あけみ、中本潔、仲家三千彦、西川武臣、西川哲、谷中和子、谷中淳子、横田貞子、横手康弘。　一年生=稲橋陵一、椿坂信弥、平尾和彦、山下智通(計四五名)。

○一九七六年八月四日〜十日
干潟町、山田町府馬地区、東庄町稲荷入地区調査。

卒業生=木村礎、松沢和彦、神崎彰利、渡辺隆喜、門前博之、鈴木秀幸、吉武佳一郎、藤野泰造、藤田昭造、斎藤純、栗原四郎、安食徹雄、平野満、鈴木邦男、塩野雅代、青木英、工藤幹男。　三年生=浅利裕子、石井修、大庭綾子、小川聖、勝田ひとみ、香山みどり、清水慈子、千葉裕子、永吉裕臣、原山公隆、樋熊厚子、本間庸子、松本芳弘、森隆久、山口三千代、米沢伸子、和瀬田幸子(計三四名)。

○一九七七年八月四日〜十日
干潟町、山田町府馬地区、成田市幡谷、荒海地区調査。

卒業生=木村礎、松沢和彦、神崎彰利、渡辺隆喜、門前博之、鈴木秀幸、吉武佳一郎、藤田昭造、栗原四郎、鈴木邦男。　四年生=山口三千代、勝田ひとみ。　三年生=鵜沢保裕、風間明美、笹栗哲郎、椿坂信弥、長谷川千何子、平尾和彦、平賀泰子、檜山邦夫、山形万里子、山下智通(計二三名)。
○一九七八年八月八日～十四日
干潟町、山田町、東庄町の各一部調査(主として写真撮影)。

木村礎、松沢和彦、神崎彰利、渡辺隆喜、門前博之、鈴木秀幸、和泉清司、藤田昭造、藤野泰造、栗原四郎、平野満、鈴木邦男(計一二名)。他に今田洋三、田中充、横山十四男。
○一九七九年八月七日～十三日
干潟町、山田町、東庄町、旭市、飯岡町の各一部調査(主として写真撮影)。

木村礎、松沢和彦、神崎彰利、渡辺隆喜、門前博之、鈴木秀幸、和泉清司、藤田昭造、藤野泰造、栗原四郎、平野満、鈴木邦男(計一二名)。他に千葉大学生福山裕貴子、三矢伸子。
○一九八〇年七月三十日～八月五日
最終補充調査。旭市、八日市場市、東庄町、小見川町、山田町等の旧門人宅歴訪。

木村礎、松沢和彦、神崎彰利、川名登、渡辺隆喜、門前博之、鈴木秀幸、和泉清司、藤田昭造、藤野泰造、栗原四郎、平野満、福山裕貴子(計一三名)。


本書執筆分担者は、右のような多数の調査参加者の中から生まれたものである。右の合宿調査以外にも、執筆分担者による個々の調査が数多く実施されたことはもちろんである。

本書を目ざしての研究会のスタートは、一九七六年十一月と割合遅い。この独立した研究会は、「干潟研究会」と俗称されてきた。左に「干潟研究会」における研究の足どりを記す。

「干潟研究会」の発表内容一覧

1	一九七六・一一・一二	（栗原）	干潟における社会経済史研究の動向
2	一二・一〇	（鈴木）	干潟の思想文化史研究史
3	一九七七・一・四	（木村）	大原幽学の思想㈠—思想研究のための基礎的前提—
4	二・一一	（門前）	井上家文書の検討
5	三・一一	（栗原）	平山家をめぐる諸問題
6	四・一六	（松沢）	大原幽学の仕法について
7	五・一三	（藤田）	明治期研究の諸問題—千葉県を中心に—
8	五・二一		「駿台史学」干潟特集の執筆内容報告
9	六・二四	（栗原）	平山家の経営—化政〜天保期—
10	七・八	（鈴木）	林彦兵衛の教育活動と教育観—万力学校時代—
11	七・二五		「駿台史学」干潟特集の執筆について
12	九・一五		「駿台史学」干潟特集の原稿の検討
13	一〇・一四	（栗原）	史料紹介　平山家の「家事記録」
14	一一・一一	（松沢）	日記からみた幽学の行動
15	一二・九	（鈴木）	書籍会「興揚社」について
16	一九七八・一・一三	（木村）	大原幽学の思想㈡—原型・体系・核心—
17	二・一一		「駿台史学」四一号と門前論文の検討—今後の問題
18	三・二四	（藤田）	明治十年長部村「土地台帳」の分析

19 四・二八（藤野）博徒について㈠
20 五・一二（門前）「荒廃論」をめぐって
21 六・九（栗原）東総における五〇町歩地主形成の前提ー特に土地集積過程の性格についてー
22 六・二三（鈴木）学制前の庶民教育ー特に干潟地方の寺子屋・私塾についてー
23 七・八 夏季合宿調査の目的と内容の検討
24 七・一四（木村）大原幽学の思想㈢ー受容と変質ー
25 九・二九（藤野）博徒について㈡
26 一〇・一三（栗原）土地集積過程の性格ー平山家についてー
27 一一・一〇（神崎）平山家と領主と村
28 一二・二二（平野）干潟地域における知的状況（文化・思想）を考えるために
29 一九七九・一・一九（和泉）杉崎家の農業経営ー「年中仕事日記」の検討ー
30 二・一一 今後の調査と原稿執筆について
31 三・二三（松沢）大原幽学の交友について
32 四・二七（渡辺）先祖株仕法に関する史料
33 六・八（栗原）豪農経営の展開ー「小作帳」の検討を中心にー
34 七・七 夏季合宿調査の目的と内容の検討
35 一〇・二二 夏季合宿調査の整理と反省
36 一二・一四（栗原）平山家経営文書の検討
37 一九八〇・一・一八（神崎）平山家所蔵「万覚帳」について
38 二・一一 今後の調査・研究について

39　四・二八　（横　山）　小諸における幽学の門人達
40　五・一六　（門　前）　長部村の「荒廃」状況
41　六・一三　（藤　田）　米込村「地引帳」の分析
42　七・一七　（松　沢）　大原幽学の門人群像
43　七・三〇　（渡　辺）　萱谷家の経営構造
44　一〇・　三　　夏季合宿の整理と反省—原稿提出
45　一一・一四　　年表作成について㈠
46　一二・二八　　年表作成について㈡

右の他、一般的な「金曜研究会」においても、研究発表が行われた。左に記す。

「金曜研究会」の発表内容一覧—干潟関係分—

1　一九七一・七・一六　（鈴　木）　大原幽学の研究史について
2　一九七四・六・　七　（木　村）　大原幽学とその周辺
3　一九七五・七・　四　（鈴　木）　地域社会における教員の役割について—明治期前半の干潟地方の場合—
4　一九七六・五・二一　（鈴　木）　書籍会の研究序説—干潟の場合を中心に—
5　六・一八　（木　村）　幽学没後における性学の動向　付性学における女性の位置
6　七・一六　（栗　原）　平山家文書目録の検討
7　一九七七・五・　六　（木　村）　性学仕法の基礎的考察
8　一九七八・四・二一　（栗　原）　東総農村の生産力について

9　一九八〇・七・二一（門　前）「荒廃論」への一つの検討
10　　　　　六・　六（栗　原）平山家の日記類を検討して
11　　　　　六・二〇（和　泉）中農杉崎家の経営収支
12　　　　　七・　五（鈴　木）好問社とその後

本書関係者による研究論文も数多く書かれ、これらは、研究発表と共に、本書の基礎になっている。左に記す。

修士論文

鈴木　秀幸「維新変革期の教育者―東総地方を中心に―」（一九七〇年度）

学部卒業論文

安食　徹雄「農民教化運動の展開―八石性理学会について―」（一九七二年度）
栗原　四郎「旗本財政と豪農―下総国香取郡鏑木村平山家の土地集積における旗本財政の役割」（一九七二年度）
勝田ひとみ「江戸時代前期における新田村落の特質と歴史的意義―千葉県香取郡椿新田の場合―」（一九七七年度）
山口三千代「幕末期東総における地主経営と社会動向」（一九七七年度）

公刊された論文等

門前　博之「井上家と井上家文書にみる幕末期の村々の様相―井上家文書調査中間報告―」（私家版、タイプ印書、一九七七年一二月）
川　名　登他「東総農村と大原幽学―千葉県香取郡干潟町近世史料調査報告―」（千葉大学「文化科学紀要」第五輯、一九六三年三月）

川名　登「草莽の国学者宮負定雄について—著作からみたその生涯—」(「商経論集」四、一九七二年三月)

同「草莽の国学『下総国学』について」(「商経論集」五、一九七三年三月)

同「下総における一村方地主の農業経営—国学者宮負定雄家について—」(「商経論集」七、一九七五年三月)

同「大原幽学門人層の社会的性格について」(「日本歴史」三三五、一九七六年四月)

木村　礎(「大原幽学とその周辺」研究についての)「研究計画・経過の大要」(「駿台史学」四一、一九七七年九月)

同「性学仕法の基礎的考察」(同右)

同「大原幽学と農民」(『地方文化の日本史』第七巻、木村礎編『江戸と地方文化』㈡所収、一九七八年四月、文一総合出版)

同「性学思想の受容と変質—大原幽学と門人たち—」(「明治大学人文科学研究所紀要」一七、一九七九年三月)

同「大原幽学とその門人」(「明治大学人文科学研究所文化講座講演集」二、一九七九年七月)

同「大原幽学の思想㈠—若干の前提—」(津田秀夫編『近世国家の展開』所収、一九八〇年一〇月、塙書房)

同「大原幽学の思想㈡—体系と核心—」(芳賀幸四郎先生古稀記念『日本文化史研究』所収、一九八〇年五月、笠間書院)

栗原　四郎「幕末期東総における地主経営—下総国香取郡鏑木村豪農平山家の経営と思想—」(「駿台史学」四一、一九七七年九月)

同「東総における五〇町歩地主形成の前提—特に土地集積過程の性格について—」(「歴史論」六、一九七九年八月)

鈴木　秀幸「『学則』前における教育者の精神構造—下総の鈴木雅之を中心として—」(「歴史論」四、一九七一年六月)

同「維新変革期の教育者—東総干潟地方を例に—」(「駿台史学」三二、一九七三年三月)

同「明治前期における教員と地域社会—千葉県香取郡干潟の林家二代を通じて—」(「地方史研究」一四一、一九

七六年六月）
鈴木　秀幸「林彦兵衛と万力学校」（『駿台史学』四一、一九七七年九月）
原　　博（一九七九年五月没）「大原幽学の思想―教育観を中心として―」（『青稲』二〇、一九七八年九月）
藤田　昭造「明治初期村落と性学門人層―千葉県香取郡府馬村について―」（『駿台史学』四一、一九七七年九月）
藤野　泰造「『天保水滸伝』について」（『歴史論』六、一九七九年八月）
松沢　和彦「大原幽学日記（全集本）の検討―特に『道の記』『性学日記』『口まめ草』について―」（『駿台史学』四一、一九七七年九月）

本研究に当り、御厄介をおかけした方々はまことに多い。その主要な方々及び機関は、冒頭の「例言」に掲げた。深く感謝する。

ことに干潟町教育委員会各位、なかんずく歴代教育長各位、上代光祐、中央公民館 今田マサ子、長部 遠藤良太郎・清和甲 萱谷豊三・鏑木 平山忠義・同 鏑木寿一郎・万力 林修一・米込 杉崎伝蔵・万歳 井上洋一・山田町府馬 宇井隆の諸氏には、何と御礼を申し述べてよいものやら思案に余るほどの御厄介をおかけした。これらの方々の所には毎年多勢で押し掛けた。干潟町は、一九七一年から八〇年迄中央公民館を快く宿舎として利用させて下さった。本書の成るに当り、右の方々をはじめ、多くの方々、並びに八木書店専務八木壮一氏の御厚意に、さらには、誠意を以て割付・校正を進行された同出版部の方々に改めて感謝の意を表するものである。

木村　礎

『大原幽学とその周辺』関係年表

注 年号欄中の( )内小数字は改元月日、干支欄中の○印内数字は閏月を示す。年齢はすべて数え年。

年号	干支	西暦	事項	参考事項
天明五	乙巳	一七八五	○この年、遠藤伊兵衛(長部村)生まれる。	
寛政四	壬子②	一七九二	○一月、飯岡助五郎生まれる。 ○一二月、鏑木村平山家、地頭原田氏用人格となり二人扶持を与えられ、「知行所村々取締」を勤む。	一二月、老中松平定信、海防のため、安房・上総・下総・伊豆・相模の海岸を巡視
六	甲寅⑪	一七九四	○この年、林伊兵衛(十日市場村)生まれる。	
九	丁巳⑦	一七九七	○三月一七日、**大原幽学、この日に生まれる、とされる。** ○九月一〇日、宮負定雄(定賢の長男)生まれる。	
享和(2・5)元	辛酉	一八〇一	○三月、平山家、小作米滞出入。	文化二年六月、幕府、関東取締出役を設置
文化三	丙寅	一八〇六	○この年、糸河平右衛門(荒海村)生まれる。	
四	丁卯	一八〇七	○九月八日、平山正義生まれる。	
五	戊辰⑥	一八〇八	○この年、万力村、村役人不正出入。	
七	庚午	一八一〇	○五月、平山正名、「詠草」をしたためる。 ○この年、笹川繁蔵生まれる。	

年号	干支	西暦	事項	参考事項
文化八	辛未②	一八一一	○この年、遠藤良左衛門(長部村)生まれる。本多元俊(長沼村)生まれる。	
一一	甲戌	一八一四	○この年、幽学「漂泊」の旅に出る、とされる。 ○この年、平山武左衛門、旗本原田氏の地頭賄辞退。	(一八一五年、フランス―ナポレオン、ワーテルローの戦いに敗れ没落)
一三	丙子⑧	一八一六	○この年、平田篤胤、東総地方を遊歴(これより「下総国学」起る)。	
一四	丁丑	一八一七	○この年、菅谷又左衛門政興(諸徳寺村)生まれる。	
文政二	己卯④	一八一九	○三月、平田篤胤、再び東総地方を遊歴(三月一五日江戸出立、閏四月八日帰宅)。 ○三月二八日、松沢村宮負定賢(定雄の父)、平田門に入る(同村熊野神社神主宇井包教の入門は翌二九日)。 ○四月二日、平田篤胤、鏑木村平山満晴(平山氏分家)に至り逗留。 ○同日、平山満晴・正蔵父子、平田篤胤入門。	
四	辛巳	一八二一	○この年、あるいは翌五年、幽学、伊賀上野より近江日野・八幡・彦根のあたりを周遊。	一二月、佐倉藩文政改革始まる(至六年)
六	癸未	一八二三	○三月末、幽学、高野山より大和宇陀郡十束村へ赴く。 ○この年、幽学、近江伊吹山松尾寺僧提宗(四七歳)のもとを離れる。	
八	乙酉	一八二五	○七月、幽学、紀伊国有田郡立神の神主を訪れる。 ○一〇月、幽学、九条氏に仕える上村某と別れ、伏見より大坂に赴く。	二月、幕府、諸大名に異国船打払いを指令
九	丙戌	一八二六	○三月一八日、宮負定雄、「農業要集」の草稿をたずさえて平田篤胤を訪れる(翌一九日入門)。 ○七月一七日、幽学、大坂より兵庫に至る(この日より「口まめ草」書き始める。天保一三年九月一八日まで)。以後丸亀・室津・姫路・	

年号	干支	西暦	事項	一般事項
			明石・西の宮・尼崎・天王寺・堺・大坂・奈良方面を周遊し、大和郡山にて越年。	
一〇	丁亥⑥	一八二七	○八月五日、宮負定雄、「農業要集」出版(平田篤胤序文)。 ○九月、「神文」(易道)初見。 ○幽学、大和郡山・大坂・根来・和歌山・大坂・高野山(六～一〇月)・大坂・池田・伊丹・大坂・橋本方面を周遊し、大坂にて越年。	二月、幕府、関東全域の取締り、改革組合村の結成を指令
一一	戊子	一八二八	○この年、宇井包高生まれる。 ○この年、平山家、小作「議定書」締結(小作附米納付日確定)。 ○幽学、大坂・橋本・京都・橋本・京都・伏見・宇治・黄檗山・大坂・伏見・京都・小浜・敦賀・三国・敦賀・唐崎・大津・三井寺・瀬田・石山寺・京都・亀山方面を周遊し、京都にて越年。	
一二	己丑	一八二九	○幽学、京都・伏見・大坂・有間・室津・丸亀・阿波新宮・徳島・紀州和田・大坂・高野山・伏見・京都・坂本方面を周遊し、八月一六日京都着(これ以後、翌一三年三月四日までの行動は不明)。 ○九月、平山家別家(武左衛門家)破産。	
天保元(12・10)	庚寅③	一八三〇	○三月五日、幽学、この日以降、大坂・京都・大坂・伏見・京都・膳所・坂本・長浜方面を周遊。 ○同月二一日、幽学、長浜より伊吹山松尾寺に至り、僧提宗を再訪(二三日早朝去る)。 ○八月九日、幽学、中山道により上田に入る。これより一年間、上田・小諸に留まる。	一二月、水戸藩天保改革始まる
二	辛卯	一八三一	○一月一日、幽学、上田において初めて門人をとり、教化活動を行う。九日より入門者多し。	

天保　三	壬辰⑪	一八三二	○二月一九日、幽学、初めて小諸で教化活動。この日入門者一二人。 ○同月、伊藤椿跡ら、万力六軒家に「俳諧筆墳」建立。 ○四月一二日、上田において幽学への入門者多く、改心の者多し。 ○五月六日、幽学、新別所の温泉に遊ぶ。友人十余人来るも、世間の風説を恐れて一三日上田に帰る。 ○六月七日、幽学、小諸の翁屋嘉吉宅に移る。以後小諸に滞在。 ○同月二九日、「原町問屋日記」この日の項に、上田藩当局が聖学のために小諸へ行くことを禁じた旨記載あり。 ○七月一日、幽学、山の湯の温泉に入湯。この時、上田藩家中の武士と三日間飯食をともにする。 ○同月二五日、「原町問屋日記」に、上田藩当局が、聖学のための寄合いをとがめ、禁令を出した旨記載あり。 ○八月九日、幽学、信州上田・小諸を去る(江戸に赴く)。 ○同月一四日、幽学、初めて江戸の土を踏む。 ○一一月一八日、幽学、上総百子村に上陸。 ○同月二〇日、幽学、館山藩儒者林潤造に初めて会う。 ○一二月六日、幽学、小湊誕生寺に詣ず。 ○同月二三日、幽学、路用逼迫、一ノ宮に逗留、越年。 ○この年、幽学の足跡、安房・上総におよぶ。 ○この年、宮負定雄、「民家要術」、「国益本論」を著わす。 ○このころ、平山家、小作経営の重点を附米高一〇俵以上層に移す。 ○三月六日、幽学、林潤造の斡旋により、久留利藩家老岡本藤左衛門の弟新九郎を善導(三月二一日まで滞在)。

			○四月一三日、幽学、江戸へ出、それより鎌倉見物。 ○八月二一日、幽学、屋形村海保忠左衛門に邂逅。 ○九月七日、幽学、飯岡より銚子へ行く。 ○同月一四日、幽学、香取に至る。 ○同月上旬、幽学、銚子において下総最初の門人をとる。 ○一一月一日、幽学、常陸太田に至る。 ○一二月二五日、平山家小作減免騒動起る(天保四年二月まで)。 ○この年、万力村に、九カ年石取平均年貢改正出入起る。 ○この年、石毛源五郎生まれる。	
四	癸巳	一八三三	○一月一日、幽学、「道の記」書き始め。 ○同月九日〜二月二五日、幽学、香取に逗留、香取神宮神主等と歓を尽す。一月、このころ幽学の足跡東総に収束。 ○六月六日、幽学、東総において「聖学」の語の使用を開始。 ○一一月、長沼村門人、初めて性学神文を入れる。 ○この年末、幽学、長沼・銚子(鏑木・松沢・足洗)・小見川・八日市場方面の遊歴地域確定。 ○この年、石毛源五郎の父吉蔵(号元仙)没(二五歳)。	一一月、佐倉藩天保改革始まる
五	甲午	一八三四	○二月七日、幽学、干潟地域を訪問、万歳村に宿泊。 ○四月、遠藤本蔵(良左衛門)、幽学に入門(性学同門)。 ○六月、平山正義、幽学に入門(人相)。 ○七月六日、「景物」のこと「口まめ草」に初見。 ○一〇月一日、宮負定賢、幽学に神文(人相)を入れる。 ○一二月一〇日、「道の記」において「聖学」を「性学」に替える。	

年号			事項
天保 六	乙未⑦	一八三五	○この年、小林謙斎生まれる。 ○四月二三日、幽学、銚子の門人の約束に違うことあり銚子より退去、以後銚子の土を踏まず。 ○八月三日、幽学、長部村名主遠藤伊兵衛に性学講義を請われ、行きて講談。 ○九月一九日、平山正義、大原幽学と問答(小作人問題)。 ○同月、諸徳寺村菅谷又左衛門(政成＝政興の父)、幽学に入門。 ○この年、幽学、「年中仕事割」の作成を奨める。
七	丙申	一八三六	○一月二九日、幽学「諸君子句集」書き始め(天保七年二月八日まで)。 ○同日、幽学、宇井包教・本多元俊・遠藤本蔵・椎名琁蔵・檜垣祥蔵の五人とともに奥州旅行に出発(三月四日松沢村へ帰着)。この時、宮負定雄、はなむけの和歌を贈る。 ○二月九日、幽学、「陸奥つれ〳〵草」書き始め(天保七年三月四日まで)。 ○三月四日、幽学、「無題日記」書き始め(天保一一年一二月末まで)。 ○四月四日、幽学、上方へ退去の意志を表明し、門弟へ別れを告げる。 ○同月一四日、八日市場にて性学門人頭分会合。 ○八月二一日、幽学、一ノ宮に滞在中、東総の主要門人に迎えられ、飯倉に会す。 ○九月一三日、幽学、江戸より性学惣連中宛に永々相続講結成を促す書を発す。 ○同月、幽学、「性学趣意」擱筆。 ○一〇月、東総九二名の門人、「連中誓約之事」に署名、幽学に提出。

			○一二月中・下旬、幽学、長沼村本多元俊宅にて「著述下書」(後に「微味幽玄考」となる)。 ○同月二七日、幽学、長部村遠藤良左衛門宅に逗留、越年。 ○この年天候不順、多雨にて冷夏、凶作にて翌年飢饉。	
八	丁酉	一八三七	○三月三日、鏑木村、三〇日間粥施行。 ○同月二三日、江戸米相場、両ニ一斗八升の高値を記録。 ○春、幽学、「連中誓約之事」に奥書。 ○九月一五日、幽学遠藤良左衛門差向の使者の懇望により、一ノ宮より長部に迎えられる(西上断念)。 ○この年、鈴木雅之生まれる。	二月、大坂に大塩平八郎の乱起る
九	戊戌④	一八三八	○一月、諸徳寺村菅谷家、「年中仕事割」を作成。 ○八月、下総国香取郡万歳村外三三ヵ村組合諸商の調査行われる。 ○九月、長部村、先祖株組合結成さる。 ○この年、飯倉村椎名琁蔵没。 ○この年、幽学、「行状突合会席議定」を多く書く。	
一〇	己亥	一八三九	○一月二二日、幽学同行二三人房州・金沢・鎌倉・江ノ島・江戸旅行(二月一一日帰着)。 ○四月二五日、府馬村宇井太兵衛(正夫)生まれる。 ○九月、長沼村本多元俊、幽学に稲葉氏領における性学弾圧を報告。 ○一二月、稲葉氏領大森役所、性学を禁止。	
一一	庚子	一八四〇	○二月、長部村、先祖株組合の認可を領主に申請。 ○五月、幽学、長部・諸徳寺・十日市場各村において田植指導。 ○八月一七日、領主清水氏、長部村先祖株組合を認可。	(中国—阿片戦争起る)

年号	干支	西暦	事項	備考
			○一〇月、鏑木村地頭原田氏、総知行地村々の身元よき者へ御用金を課す。 ○この年、長部村遠藤伊兵衛宅裏物置を修覆して、性学講釈場とする。	
天保一二	辛丑①	一八四一	○一月、長部村名主遠藤良左衛門、「年中仕事割」作成。 ○同月一日、幽学「種々日記」書き始め(天保一三年七月九日まで)。 ○閏一月一一日、諸徳寺村萱谷又左衛門(政成)没。 ○同月二二日、この日より二月七日にかけて「子供大会」を開く。 ○二月一六日、この日より三月中旬にかけて長部村耕地整理実施。 ○四月、幽学、荒海村において田植指導。 ○五月一〇日、大雨により椿新田満水となる。 ○同月、荒海村、先祖株組合結成を許可さる。 ○九月四日、幽学、遠藤良左衛門と共に長部村住居移転のための下見を行う(実施は翌一三年カ)。 ○同月、香取郡桜井村の領主、性学出精につき下知書を下す。 ○この年、米込村杉崎太兵衛、農業経営帳簿(大積帳)をつけ始める。	五月、幕府天保改革始まる
一三	壬寅	一八四二	○一月一〇日、幽学同行一八人陸奥旅行(二月二四日帰着)。 ○同月、林彦兵衛、寺子屋開業。 ○五月一二日、万歳村和算家花香安精没。 ○七月一九日、幽学同行九人陸奥旅行(九月五日帰着)。 ○九月一八日、幽学、「口まめ草」記述終る(文政九年七月一七日に始まる)。 ○同月、遠藤良左衛門ら、幽学の草庵を長部村(遠藤家敷地内)に造	

			る。	
一四	癸卯⑨	一八四三	○一〇月、幡谷村、先祖株組合の結成を届出る。 ○二月一〇日、宇井包高、松沢村に併存塾開業。 ○三月、「義論集」の「序」が遠藤良左衛門名で書かれる。 ○四月二一日、一三年五月幕令により身元宜き者の持高・渡世・献金等を書き上げる。 ○五月二四日、長部村八石に幽学の居宅ができ、家移り規式を行う。この日より六月にかけて新築披露の諸会合を行う。 ○この年、諸徳寺村菅谷又左衛門、「年中定礼控」を作成。 ○この年、幽学、肥料指導。	閏九月、水野忠邦、老中を罷免（幕府天保改革終る）
弘化元（12・2）	甲辰	一八四四	○四月、平山正義、はじめて、「詠草」をしたためる。 ○八月六日、飯岡助五郎、繁蔵を召捕りに笹川に乗り込む（世にいう大利根河原の決闘）。	
二	乙巳	一八四五	○三月、幽学、長部村を立ち、信州小諸・上田に赴き五月帰村。 ○四月、埴生郡荒海村の性学門人、領主田安氏の出役に呼び出され教諭を受ける。 ○八月、幽学、再び信州に赴き、九月に帰村。 ○一〇月、平山正義、性学神文を入れる。	
三	丙午⑤	一八四六	○二月、幽学、信州に赴き、上田・小諸の門人を伴って越後高田および諏訪に旅行。五月帰村。 ○八月、幽学、小諸・上田に赴き九月帰村。 ○この年、米込村杉崎家の農業日誌初見（杉崎太兵衛）。	
四	丁未	一八四七	○二月、平山正義、地頭原田氏より二人扶持を与えらる。	

年号	干支	西暦	事項	参考
嘉永元(2・28)	戊申	一八四八	○三月、幽学、信州に赴き五月帰村。 ○七月四日、笹川繁蔵暗殺さる(三八歳)。 ○この年、幡谷村神崎孫右衛門、幽学の指導により家屋を普請。 ○二月一六日、長部村名主伊兵衛、同見習良左衛門、領主に「議定仕候以来之仕末書」を提出。 ○同月、長部村、領主(清水氏)に表彰さる。 ○三月、この月より小諸の道友の会合が、月三回定期的に行われるようになる(嘉永四年三月頃まで続いた模様)。 ○四月三日、幽学、信州に来る。二一日下総へ出立。そのうち六日間は、上田の菱屋に出向く。 ○七月二五日、この日下総から到着した書状は、小諸の道友宛が一九通、上田の道友宛が三通。	
二	己酉④	一八四九	○四月、長部村改心楼建設開始(四月一五日、良左衛門による絵図面定)。 ○同月二八日、勢力富五郎自殺。 ○一一月二五日、改心楼棟上。	
三	庚戌	一八五〇	○一月一九日、改心楼開校。 ○同月、鏑木村平右衛門、仙吉悴栄助不法に付、出訴のため平山正義に添状を願う。 ○同月、宇井太兵衛(寿)没。 ○三月八日、新築の改心楼にて初の公式会合(女会。男会は翌九日)。 ○同月二六日、遠藤良左衛門、信州小諸に来る。四月二日まで滞在。そのうち四日間上田へ出向く。	(中国—太平天国の乱起る)

			○六月頃、平山正義、性学運動から和歌歌会運動に転換。 ○この年、嘉永版「天保水滸伝」成立。	
四	辛亥	一八五一	○三月、鏑木村宿内新集落の設定成る。 ○四月一八日、**関東取締出役手先常州牛渡村忠左衛門ら五人、改心楼に乱入、「牛渡村一件」(後に「七ヶ年の厄難」といわれる)を起す。** ○七月一日、平山家、温度計(華氏)使用開始。	
五	壬子②	一八五二	○閏二月、荒海村平右衛門ら、教導所設立願書を領主(田安家地方役所)に提出。 ○三月、荒海村教導所設立許可。 ○五月二三日、小見川藩領布野村喜兵衛ら一三人、神文返却を申出る(破門される)。 ○六月一五日、関東取締出役中山誠一郎ら、性学につき、鏑木村平山忠兵衛(正義)を尋問。 ○同月一六日、関東取締出役、銚子在本城村において、幽学ら性学関係者を取調べ。 ○同月二二日、関東取締出役、性学取調べの結果を申渡す。 ○同月、幽学、「教導筋奉申上候」を書き、関東取締出役に提出。 ○八月、この月より、性学に対する勘定所の審理始まる。 ○一一月一日、尾張藩、幽学の「養父」大原左近の所在をたずねる廻状を領内関係地域に出す。 ○この年、長部村名主遠藤良左衛門、「年中仕業割并日記控」作成。	
六	癸丑	一八五三	○三月一四日、幽学門人等に対する審理が勘定所役人菊地某により行われる。	六月、ペリー来航

年号	干支	西暦	事項	一般事項
			○一一月三日、鏑木村地頭原田氏、総知行地へ異国船渡来軍備金を課す。 ○同月、幽学の裁判費用を助けるための、門人子女による出奉公、このころから始まる。 ○一二月、林健治(万力村)生まれる。 ○幽学裁判中の費用は、嘉永五、六の両年だけで、四五一両余。 ○平山家、この時期以降「時事」文書出現。	
安政元(11・27)	甲寅⑦	一八五四	○平山家、この前後に手作経営放棄。 ○この年、上田藩内の農村に「永続講」を結成するよう上野尚志らが提唱する。	三月、日米和親条約調印
二	乙卯	一八五五	○この年、長部村・堀之内村・鏑木村・秋田村・万力村等の清水領、幕領となる。	
三	丙辰	一八五六	○一月一一日、長部村名主遠藤伊兵衛没(七二歳)。 ○三月一七日、門人、幽学六一歳の賀を祝す。	
四	丁巳⑤	一八五七	○一〇月二三日、幽学らに対する勘定所の裁決下る(先祖株組合解散、長部村改心楼・荒海村教導所破却、幽学一〇〇日押込め)。	(インドーセポイの反乱起る)
五	戊午	一八五八	○二月五日、幽学、一〇〇日押込め解ける。一五日、長部村へ帰る。 ○三月八日、**未明、幽学自殺(切腹。六二歳)**。幽学没後、**遠藤良左衛門が性学の組織を引継ぐ(二代目「教主」)**。 ○この月、平山小四郎、大橋訥庵塾入門。 ○九月二二日、宮負定雄没(六二歳)。	六月、日米修好通商条約調印
六	己未	一八五九	○この年、神山魚貫撰、「麻葉集」刊行。 ○三月、宇井正夫、地頭依田信濃守御用所より組頭役を命ぜられる。	この年、安政の大獄起る

年号	干支	西暦	事項	一般事項
万延元(3・18)	庚申③	一八六〇	○四月一四日、飯岡助五郎没(六八歳)。 ○この年より慶応元年迄、「神文」提出者激増。 ○このころから、各村に手習所できる。 ○九月、佐藤万太郎(大久保村)生まれる。	三月、大老井伊直弼暗殺さる (一八六一年、アメリカに南北戦争起る)
文久二	壬戌⑧	一八六二	○二月一九日、平山正義没(五六歳)。 ○九月、遠藤良左衛門妻ゑつ没(四九歳)。	
三	癸亥	一八六三	○四月一七日、糸河平右衛門(荒海村)没(五八歳)。 ○五月、長部村に弁当所できる。	五月、長州藩、下関において外国艦隊を砲撃、七月薩英戦争
元治元(2・20)	甲子	一八六四	○一二月二一日、菅谷又左衛門政興(諸徳寺村)没(四八歳)。	三月、水戸藩天狗党の乱 七月、京都禁門の変 慶応二年六月、武州世直し一揆
慶応三	丁卯	一八六七	○三月二六日、小日向教導所縄張り。 ○八月二三日、小日向教導所竣工。 ○この年、鈴木雅之、「撞賢木」を著わす。 ○慶応年中、鈴木雅之、「民政要論」を著わす。	慶応三年より翌年にかけて〝えゝじゃないか〟起る 一二月、王政復古
明治元(9・8)	戊辰④	一八六八	○六月九日、杉崎伝蔵(米込村)没(六一歳)。 ○六月、長部村遠藤氏宅地内に、江戸弁当所を設けることを決定。 ○九月、地頭依田氏、旧領府馬村に土着する。名主・組頭が依田氏一族を一時扶持することに決し、依田彦之丞の家族三名が明治三年八月迄、宇井家に寓居する。 ○この年、遠藤伊兵衛妻ほの没(八一歳)。	明治元年四月、新政府軍江戸入城、閏四月市川・船橋戦争、五月上野戦争
二	己巳	一八六九	○一月一三日、宮谷県設置。 ○六月三日、前年一一月九日より、この日に至るまでの奉公金提出	

年号	干支	西暦	事項	一般事項
			者は二一七人、金額は三六九両余。このころから奉公強化。 ○一二月、前年六月二一日より、この年一二月晦日までの丹精件数二六二件、金額六六七両余。このころから丹精強化。 ○この年、小日向教導所における「三十日修業」発足。 ○この年、鈴木雅之撰、「清風集」刊行。	
明治三	庚午⑩	一八七〇	○一月一五日、宮谷県、義倉儲穀設置を布達。 ○二月、宮谷県支配村々、「義倉書上帳」・「三等農書上帳」(「上中下農書上帳」)提出。 ○三月八日、林彦兵衛、神葬祭を万力村惣代として宮谷県へ出願。 ○この月、菅谷又左衛門(政成)妻ゑつ没(七三歳)。 ○七月、林伊兵衛(十日市場村)没(七七歳)。 ○一〇月、林彦兵衛、宮谷県社祠局属兼郷校教師拝命。 ○一一月、本多元俊、宇井正夫宅に寓居する(約半年間)。 ○この年、小日向教導所に、修行のための行家を設ける。	一月、大教宣布の詔勅でる
四	辛未	一八七一	○この年、あるいは六年、名古屋万松寺に幽学の墓を建立。 ○この年、林彦兵衛、私学開業。	
五	壬申	一八七二	○九月二五日、遠藤良左衛門、権大講義となる。石毛源五郎・鈴木英三訓導となる。 ○この月、教部省権大録山崎衡、性学を教部省傘下に入れるために「検査書」を書く。 ○一〇月、長部村八石に教会所建設開始(翌六年四月に完成)。 ○一一月、宇井正夫、新治県より府馬村副戸長拝命。	三月、神祇省を廃し、教部省を置く 四月、庄屋・名主等廃止、戸長・副戸長等を置く。教導職を置き、教部省の所管とする 八月、学制を制定
六	癸酉	一八七三	○三月、林彦兵衛、家塾開業。	

年	干支	西暦	事項	一般事項
七	甲戌	一八七四	○四月七日、遠藤良左衛門、箱根入湯のため長部村を出立。 ○同月一五日、遠藤、箱根堂ヶ嶋大和屋着。 ○同月三〇日、遠藤ら、箱根風祭の路上で司法省役人らにより逮捕さる(他に性学門人の逮捕九〇余人)。 ○五月一日、遠藤ら、東京司法省へ護送される(四日まで取調べ)。 ○同月一四日、宇井包高、「家塾　御願書」を新治県に上申(松沢学舎)。 ○六月二四日、遠藤ら釈放。 ○同月二八日、遠藤ら長部へ帰着。直ちに土浦(新治県庁あり)へ赴く。 ○七月一日、遠藤ら土浦を発し帰路につく。 ○同月一三日、遠藤、西国への旅に出る。 ○八月二二日、**遠藤良左衛門、滋賀県甲賀郡石部において没(六三歳)**。 ○一〇月一三日、教部省、「八石教会」の一〇〇円寄付に対し、賞詞を与える。 ○一月、溝原村鈴木英三祖母はつ没(七六歳)。 ○七月一三日、**性学有力門人の協議により、石毛源五郎、三代目「教主」となる。** ○八月一五日、新治県村落第七校万力学校開校(教員、林彦兵衛)。 ○一〇月一七日、新治県村落第九校万歳学校開校(教員、井上勇次郎)。	七月、地租改正条例発布 一月、民撰議院設立建白

年号	干支	西暦	事項	一般事項
明治 八	乙亥	一八七五	○二月一日、この日より「村々ニ而終日終夜勉強之記」を記載し始める。丹精競争激化。またこのころより奉公を組織化。 ○この年、性学内部に対立の徴候起る。	六月、第一回地方官会議
九	丙子	一八七六	○三月、小見川成毛茂兵衛(西之宮)没(七一歳)。 ○六月四日、万力・鏑木両村戸長ら「万力学校位置移転願」を、千葉県へ提出。 ○六月二四日、本多元俊(長沼村)没(六六歳)。 ○九月、石部の人服部仁兵衛、地租改正に付、遠藤良左衛門墓所並びに墓守草庵の地を改めて寄付。 ○この月、鏑木学校開校。	
一〇	丁丑	一八七七	○一月七日、諸徳寺学校開校。 ○四月、性学の内部対立が一応の和解に達したことを示す「示談大趣意」成る。 ○この月、万力小学校、第二校舎建設(一一年四月に付属校、一六年五月に第三校舎も建設)。 ○六月、山崎衡、「教生庵之記」を書く(教生庵は近江石部における性学施設)。 ○この月、旧新治県の還付金獲得問題発生。 ○一一月、石毛派(新派)と反石毛派(旧派)との思想的対立を示す「性理学実行評論」刊行。	二月、西南戦争起る
一一	戊寅	一八七八	○四月、宇井正夫、府馬外三カ村の戸長に当選。病気のため辞任。 ○六月二〇日、学資金について論じた林彦兵衛の投稿、「東京日日新聞」に掲載。	七月、郡区町村編成法・府県会規則・地方税

一二	己卯	一八七九	○八月六日、「内外教育新報」の日下部三之介論文「教育ノ事務ハ悉ク人民ニ委ス可キノ論」を批判した林健治の投稿、同誌に掲載。 ○同月七日、杉崎太兵衛、学校事務係拝命。 ○一一月、井上勇次郎ら、寄付金を募り、書籍購入。 ○七月二九日、鏑木村の学事景況を記した山崎平右衛門の報告、「郵便報知新聞」に掲載。 ○八月三〇日、「朝野新聞」論説「学制ノ弊害」を批判した林彦兵衛の投稿、「内外教育新報」に掲載。 ○一〇月二八日、箱根接待茶屋を設ける。 ○一二月、東京根岸伊藤宅を修業場として手入れ。 ○同月末、この時までの八石の借金累積額一八、九一七円余。	規則(三新法)を制定
一三	庚辰	一八八〇	○一月二八日、諸徳寺村萱谷又左衛門の畑から茶樹が引き抜かれる(石毛派と反石毛派の対立激化)。 ○四月、林健治ら、「螢雪社」設立。 ○六月二九日、萱谷又左衛門茶樹引抜事件に付、東京裁判所千葉支庁申渡し。 ○この年、宇井正夫、府馬村長当選。	
一四	辛巳	一八八一	○一月二〇日、先代萱谷又左衛門の一七回忌に当り、萱谷家において新・旧両派乱闘。 ○一二月七日、佐藤万太郎ら、「好問社」設立。	一〇月、自由党創立
一五	壬午	一八八二	○三月、佐藤万太郎ら、「自由党下総地方部」設立に参加。 ○一一月一五日、小林謙斎ら、「興揚社」設立。	
一七	甲申	一八八四	○二月、このころ、東京上根岸に教会所を新設。	

年号	干支	西暦	事項	一般事項
			○四月、林彦兵衛、文部省より賞される。 ○八月二八日、林彦兵衛、万力小学校長拝命。 ○一一月、井上勇次郎、「私立興東文武館」設立。 ○この年、府馬村石毛源五郎母くら没(七三歳)。 ○この年、宇井正夫、府馬村会議長に当選。	一〇月、自由党解党、秩父事件起る
明治一八	乙酉	一八八五	○一月九日、各村連合の勧業党、第一回集会開催。 ○この年、菅谷又左衛門(政興)妻ゆき没(六四歳)。	
一九	丙戌	一八八六	○三月、佐藤万太郎、「寿筵吟藻」刊行。 ○七月、林彦兵衛、万歳教育会長就任(以後一五ヵ年間、会長)。	
二〇	丁亥	一八八七	○四月、万力校と鏑木校合併、「陽発校」と改称。 ○この月、林彦兵衛、変則中学校「精到学校」創設。 ○七月七日、石毛派による高木忠右衛門殴打事件起る。 ○一一月、林彦兵衛、香取郡教育会で小学校教授法の巡視について提案(可決)。 ○一二月一七日、歌道の衰退を論じた林彦兵衛の投稿、「千葉新報」に掲載。 ○同月二〇日、諸徳寺村菅谷又左衛門地内の手習所をめぐり、石毛派と反石毛派対立。 ○同月二二日、府馬村菅谷勝蔵宅に石毛派の者五人が無断に侵入したとして訴訟問題起る。 ○同月二五日、珠算教授法について論じた林彦兵衛の投稿、「千葉教育会雑誌」に掲載。	一〇月、大同団結運動 一二月、保安条例公布
二二	己丑	一八八九	○五月一九日、林健治ら、「学術研究会」創設。	二月、大日本帝国憲法発

			○同月二四日、妙経寺にて政談会開催。 ○六月、旧万力小学校、古城小学校万力分校として発足。 ○七月、宇井正夫、府馬村長に当選。 ○八月、石部円山に性学の教会所を設立。 ○一一月一七日、万力学校建碑式挙行。 ○一二月一五日、文教社、「非政論」発刊(のち誌名を「文教」・「無逸」と改称。さらに社名を同志文学社とし、誌名も「同志文学」と改称)。 ○この年、林健治、香取郡会議長就任。	布 四月、市制・町村制実施
二三	庚寅	一八九〇	○四月二三日、布施亀次郎、「竹園遺稿」刊行。 ○この年、幽学三三年祭(石毛派と反石毛派とが分裂して実施)。	七月、第一回総選挙
二四	辛卯	一八九一	○四月一日、有為社、「明友」発刊。	
二五	壬辰	一八九二	○七月、小見川成毛茂兵衛妻なみ没(八三歳)。	
二六	癸巳	一八九三	○一〇月一四日、林彦兵衛・大川蕃雄・宇井包高、香取郡南部の和歌の指導者として「東海新報」に紹介される。 ○この年、万力小学校、再発足(林彦兵衛、校長拝命)。	
二七	甲午	一八九四	○一二月一三日、井上勇次郎没。	八月、清国に宣戦布告(日清戦争)
三四	辛丑	一九〇一	○一月一日、体操について論じた林彦兵衛の投稿、「教育報知」に掲載。	
三五	壬寅	一九〇二	○三月、万力小学校、再び鏑木小学校や沖小学校と合併、「古城小学校」と改称(林彦兵衛、教員退職)。 ○一一月二五日、林彦兵衛、「美濃尾張家苞くらべ」刊行。	
三六	癸卯	一九〇三	○五月二二日、八石教会所焼失。	

年号	干支	西暦	事項	一般
明治三七	甲辰	一九〇四	○八月二〇日、林彦兵衛、「国語活語早まなび伝授書」刊行。	二月、ロシアに宣戦布告（日露戦争）
三八	乙巳	一九〇五	○一月一日、長部村弁当所焼失。 ○三月二五日、八石教会法人組織準備のため反石毛派集会。 ○四月二日、石毛源五郎、八石の総会を開く。総会は石毛不信任を決議。 ○一〇月一四日、宇井正夫没（六七歳）。 ○この年、石毛、「八石教会趣意書附会則」を作成し、関係方面に配布。	（ロシア－ペテルブルグ血の日曜日事件＝第一次ロシア革命）
三九	丙午	一九〇六	○一月七日、**石毛源五郎、八石を追放される。** ○二月一五日、反石毛派、神道管長に宛て石毛の教導職解任願を提出（石毛解任さる）。 ○三月六日、財団法人八石性理学会設立願を内務大臣に提出。 ○五月一日、神道管長、八石教会整理委員に対し、石毛の罷免及び財産の引継ぎを命令。	
四〇	丁未	一九〇七	○二月二七日、**八石性理学会、財団法人を認可される。**	
四一	戊申	一九〇八		一〇月、戊申詔書発布
四二	己酉	一九〇九	○この年、石毛派の同志九人、石毛擁護の上申書を神道管長宛提出。	
四三	庚戌	一九一〇		五月、大逆事件検挙。八月韓国併合
大正四	乙卯	一九一五	○三月一三日、石毛源五郎、近江石部において没（八四歳）。	
七	戊午	一九一八	○この年、溝原村鈴木英三没（八一歳）。 （以上）	

（本年表は、執筆者各人の持ち寄った年表カードにより、鈴木秀幸・栗原四郎が原稿を作成し、それに木村礎が若干手を入れたものである。）

索　　引

【一　般　事　項】

ア　行

カ　行

サ　行

タ　行

ナ　行

ハ　行

マ　行

ヤ　行

ラ　行

ワ　行

【地　　名】

ア　行

カ　行

サ　行

タ　行

ナ　行

ハ　行

マ　行

ヤ　行

ラ　行

【人　名】

ア　行

カ　行

サ　行

タ　行

ナ　行

ハ　行

マ　行

ヤ　行

【研究者名】

ナ　行

ハ　行

マ　行

ヤ　行

ワ　行

執筆者略歴〔執筆順〕(生年・卒業学校・職場)

木村　　礎	1924年。明治大学専門部文科，東京文理科大学。明治大学。
横山十四男	1925年。東京文理科大学。筑波大学。
青木歳幸	1948年。信州大学人文学部。長野県立上田東高校。
松沢和彦	1927年。明治大学文学部，同大学院修士課程。国士舘大学。
渡辺隆喜	1936年。明治大学文学部，同大学院博士課程。明治大学。
鈴木秀幸	1944年。明治大学文学部，同大学院修士課程。川口市立県陽高校。
平野　　満	1946年。明治大学文学部，同大学院博士課程。日本学習センター。
栗原四郎	1948年。明治大学文学部。株式会社竜角散。
川名　　登	1934年。千葉大学文理学部，明治大学大学院博士課程。千葉経済短大。
神崎彰利	1930年。明治大学文学部，同大学院修士課程。明治大学。
門前博之	1942年。明治大学文学部，同大学院博士課程。明治大学。
和泉清司	1944年。東京学芸大学，明治大学大学院博士課程。東京都立江戸川高校。
藤野泰造	1948年。明治大学文学部，同大学院修士課程。厚木市役所。
藤田昭造	1948年。明治大学文学部，同大学院修士課程。明大付属明治中学校。

大原幽学とその周辺　日本史研究叢書　定価 7,800 円

昭和 56 年 10 月 5 日　初版第 1 刷発行

編　者　木　村　　礎

発行者　八　木　敏　夫

発行所　株式会社　八　木　書　店

東京都 千代田区 神田小川町 3－8

電話03(291)2965 振替東京4―10457

製版 国際文化交易 印刷所 上毛印刷 製本所 橋本製本所

3321-2009-8500

1：200,000地形図「千　葉」昭和53年発行，国土地理院による